アルトゥール・エンゲルマン
民事訴訟法概史

アルトゥール・エンゲルマン
民事訴訟法概史
Der Civilprozeß.
Geschichte und System.
von
Arthur Engelmann

Zweiter Band:
Geschichte des Civilprozesses.
1890, 1891, 1895

民事訴訟法概史

アルトゥール・エンゲルマン 著

小野木　常
中野貞一郎
　　　編訳

信山社

編訳者はしがき

　本書は，Arthur Engelmann, Der Civilprozess. Geschichte und System. Zweiter Band : Geschichte des Civilprozesses. Erstes Heft : Der mittelalterlich-deutsche Prozess.Breslau, 1890. Zweites Heft : Der römische Civilprozess. Breslau, 1891. Drittes Heft : Der romanisch-kanonische Prozess und die Entwicklung des Prozessrechts in Deutschland bis zum Erlass der deutschen Civilprozessordnung. Breslau, 1895 の全訳である。すでに 1957 年 8 月から 1988 年 8 月に亘って「阪大法学」（大阪大学法学会）の誌上に連載された「小野木常・中野貞一郎ほか共訳　アルトゥール・エンゲルマン著　民事訴訟法概史（一）〜（三〇）」を合本したもので，表題を「民事訴訟の歴史」とせず，当時のまま「民事訴訟法概史」としたのも，そのためである。

　原著「アルトゥール・エンゲルマン・民事訴訟——歴史と体系」は，全 3 巻の構成であるが，ここに訳出した第 2 巻「民事訴訟の歴史」は，第 1 巻「民事訴訟総論」および第 3 巻「ドイツの民事訴訟」（裁判所構成・訴訟・強制執行・破産の体系的叙述）とは独立に，専ら歴史的観点から民事訴訟を捉え，古ゲルマンの訴訟に発してローマの訴訟を概説し，ドイツを中心に近代のヨーロッパ諸国における民事訴訟法の成立に及んでいる。出版以来，すでに 100 年余を経ているが，いわゆる古典の類には属せず，むしろ，教育・研究上の参考書として貴重な価値をもつ。著者エンゲルマンは，裁判官であって，専門の法制史家ではなく，叙述にも学問的な業績に対する強い意欲は窺えない。それよりも，彼が「第 1 編への序文」のなかで述べているように，本書において「自分の果たすべき課題」としたのは「今日のわれわれの法観念から遠く離れ，それゆえに理解が困難な多数の法制度を，当時の法生活からすれば自然で合理的な現象であるものとして説明すること」なのである。しかし，いずれにしても，これまでの長い時間の流れのなかで広い領域に亘って民事訴訟が辿ってきた道筋を，系統立ててこれほど整然かつ明快に解説した文献は，他に類を見ない。先年，著名な学者による多くの古典と並んで，原著の復刻版がドイツで出版された（1970 年，Verlag Ferdinand Keip 社）のも，そのためであろう。この書物は，われわれが訴訟法上の個別的な問題を研究するときに参考資料の中でしばしば遭遇する古い観念や事象について，その正確な内容と歴史上の方位を標定する貴

v

編訳者はしがき

重な手段となる。そして，ひとは，本書を通読し了えたときに，民事訴訟の歴史において，時は移り，国や土地や社会事情はどんなに変わっても，裁判の適正・公平・迅速といった理念を追う改革の努力は，それぞれの社会や文化に対応する変転を重ねながら，絶えず続けられ，繰り返されてきているのであり，おそらく今後も同じような経過を辿るのであろうという深い感慨を禁じ得ないのではなかろうか。

著者アルトゥール・エンゲルマンについては，その名も経歴も一般には全く知られておらず，ほとんど資料もない。ただ，後記の英訳本の冒頭に，編訳者であり比較法の大家とされるロバート・ミラーがブレスラウ大学の年紀 (Cronik) に基づいて書いたという著者紹介がある。これによれば，エンゲルマンは，1853年9月28日，旧ドイツ領で現在ではポーランドの一部となっているシレジア (Schlesien) のナイセ (Neisse) に生まれ，ブレスラウ (Breslau，現在の名称では Wroclaw)，ライプチッヒおよびベルリンに学んだ後，1881年に Ujest あたりの区裁判所判事から出発して，1906年にはブレスラウ高等裁判所の部長判事となり，1912年10月14日に死亡するまで在職した。その間，1903年からは，ブレスラウ大学法学部において客員教授として主に民事訴訟法および破産法を講じている。主著として上記の「民事訴訟——歴史と体系」があるほか，わが国でもよく用いられてきたフェルスター＝カンのドイツ民事訴訟法注釈書 (Förster/Kann, Die Zivilprozessordnung für das Deutsche Reich, 2. Aufl., Bd. 1, 1908) の共編者の一人となっており，デルンブルク編の「ドイツ・プロイセン民法」(Dernburg, Das bürgerliche Recht des Deutschen Reichs und Preußens, Bd. 1, 4. Aufl., 1909, u. Bd. 5, 3. Aufl., 1911) においても，第2部債務法の総論および第5部相続法の重要部分を担当した。「彼は，熟達した法律実務家であっただけでなく，歴史の領域でも円熟した学者であり，さまざまな興味をもつことを楽しみ，絵画やスケッチの趣味にも及んでいた。彼の豊かな教養と自由な精神は，彼の著作にも反映しており，判断の健全性および解説の卓越した明晰さにおいて傑出している。」

最初にエンゲルマンのこの書物をいわば発見し，その翻訳・出版を志向されたのは，大阪大学法学部教授であられた故小野木常博士である。本書の「第1編　中世ドイツの訴訟」の全部および「第2編　ローマの民事訴訟」の第2節 §58までは，博士自身が訳出されたノートがあり，当初は，それをほとんどそのまま基にしながら私（中野）が訳稿を作成したが，その後の部分は私だけで訳出し，いずれも，博士と私の連名で「阪大法学」に掲載された。それから

編訳者はしがき

　5年後に，訳業を再開し，「第3編　ローマ＝カノン系訴訟およびドイツ民事訴訟法典の発布に至るまでのドイツにおける訴訟法の発展」に入ったが，ここでは，原著のこの部分を大阪大学大学院法学研究科における私の授業の教材として使用し，それぞれの学年度における参加者全員と私とで訳稿を仕上げ，ちくじ「阪大法学」に掲載された。共訳に加わって下さったのは，後に掲げる方方である。専門外の事項に亘る部分が非常に多く，先達となる参考文献も少なくて，きびしい苦労の連続であったが，参加して下さった方方の熱意と努力によって完結に至ることができた。また，旧訳の進行中には，上山安敏氏（京都大学名誉教授）および鈴木正裕氏（神戸大学名誉教授）から温かい励ましとご指摘をいただいた。そのほか，旧訳の当時にラテン語の長文につき岡徹氏（関西大学教授）の教示を受け，また，本書の上梓に際して林智良氏（大阪大学教授）から原著者が引用する原典との照合に基づく多くの教示とご指摘を受けることができた。それらの方方のひとりひとりに，心から深甚の謝意を表する次第である。

　原著の翻訳としては，アメリカ・ロースクール協会（Association of American Law Schools）により1927年に出版された大冊 "A History of Continental Civil Procedure"（The Continental Legal History Series, Vol. 7, Little, Brown, and Co., Boston）の中に，その主要部分として，エンゲルマンの「民事訴訟の歴史」の英訳（訳者は Robert W. Millar）を収めており，フランス・イタリア・スエーデンの訴訟につきエンゲルマン以外の著者による記述をも加えている。そのほか，原著第3編第5章～第9章の邦訳として，最近に出版された「塙浩訳著・ヨーロッパ私法史」（塙浩著作集〔西洋法史研究〕第20巻・信山社）204頁～353頁に，「A・エンゲルマン『民事訴訟法史――一四九五年以後のドイツにおける民事訴訟法の展開』」がある。前者は，英米の学生向きの翻訳であるが，後者は，西洋諸国の法史の研究に巨大な業績を遺す優れた学者による翻訳であり，本書の校訂にも参考にさせて頂いた。

　訳業を開始してから50年に近く，いま，ようやく全訳が刊行される日を迎えようとして，なによりもまず，亡き小野木常先生にご報告をし，深い感謝を捧げたい。

　本訳書の出版については，今から約20年前，信山社が創立されたころに袖山貴社主から出版をお勧めいただき，その後もたびたび慫慂されたが，旧訳の見直しに相当の準備と日時を要することを考え，積極のご返事を差し上げることができないでいた。このところ，民事訴訟なりヨーロッパ法史について注目

編訳者はしがき

される数々の研究が発表されており、それらを参酌することが、残念ながら、全くできていないのである。しかし、最近ようやく私に残された星霜を数えるに至って、多少の不備・不正確あるいは誤謬を忍んでもなお利用して下さる方があればと思い直し、大阪大学法学会と小野木先生のご遺族および他共訳者の方々の許諾を得て、本書の出版にこぎつけた次第である。

上梓のための作業を進めるうち、あらためて、歴史からみた民事訴訟の世界の広大を知り、その内容の豊かさに驚くとともに、法史についての自分自身の素養の貧しさを痛感させられることになった。なんといっても、初出から訳了まで実に30年余の歳月を経ており、共同の訳業でもあるので、旧訳には随所に数多くの不統一や混乱がある。共訳者の中から酒井一氏が第1編・第2編、また、内山衛次氏が第3編の全部を通して、それぞれ旧訳の校訂と索引の準備を担当して下さったのは、まことに有難い限りであった。そのうえで、私が全体の見直しと調整を行ったが、作業の終盤に至るまで難渋を重ねてしまい、追加の校正および事項索引・欧文索引の作成に当たって、下村正明氏（京都産業大学教授）父子および櫛比昭人氏（慶應義塾大学大学院）の貴重なご協力を頂き、ようやく作業を終えることができた。これらの方方に対し、編者として、また個人として、厚く御礼を申し上げたい。

最後に、われわれの隠れた仕事に注目して出版を勧め、長い間に亘って温かく見守り、終始、万端のお世話を頂いた袖山貴社主に対して、共訳者全員を代表して衷心から深甚の謝意を表する。

2006年10月10日

中野貞一郎

共　訳　者

小野木　　常（第1編，第2編　§1－§58）
中野貞一郎（第1編，第2編，第3編）

栗田　　　隆（第3編　§1－§38）
角森　　正雄（第3編　§1－§21）
角田　　猛之（第3編　§1－§21）
内山　　衛次（第3編　§39－§74）
酒井　　　一（第3編　§39－§56）
渡邉　　惺之（第3編　§22－§38，§57－§74）
三成　　賢次（第3編　§22－§38，§57－§74）

（括弧内は，共訳者各自の執筆担当・参加部分）

第1編への序文

　以下に行う中世ドイツの民事訴訟法の叙述では，時と所を異にして形成された沢山の諸現象から指導的な原理として浮かび上がってくる法命題を描き上げることをもって満足しなければならなかった。その際に著者が自分の果たすべき課題とみたのは，古ドイツの訴訟のもつ，今日のわれわれの法観念から遠く離れ，それゆえに理解が困難な多数の法制度を，単に述べ伝えるだけではなしに，当時の法生活からすれば自然で合理的な現象であるものとして説明することである。

　題目の区分は，本書第1巻「民事訴訟総論」において立てた体系にここでも従ったが，歴史的な発展に対する顧慮をゆるがせにはしていない。

　歴史の部分の続編は，遠くない時期に出す予定である。

　Gleiwitz にて，1890年6月11日

著者　A．エンゲルマン

第2編への序文

　ローマの民事訴訟を取り扱うについては，本書第1巻「民事訴訟総論」において立てた，そして中世ドイツの訴訟の叙述を仕上げるにも基礎とした体系に入る前に，ローマの訴訟の発展経過についての関連した叙述をしておかなければならなかった。このやり方によってのみ，体系的な部分の理解を可能とすることができたのであるし，また，単純な取引関係に対してしか適合しない鈍重な訴訟方式からして今日の時代の複雑な取引関係への移し替えに抵抗しない手続に発展していったという現象を考慮に入れることができたからである。

　ローマの民事訴訟の格別に特徴的な諸現象は，ただ一つの個所においてだけではなく，種々の観点から，従って種々の個所において述べてある。そのことは，次のことで許していただきたい。著者にとっては，できるだけ沢山の事実的素材を供するよりも，むしろ至るところで基本的な考えを探り出し，理解にもっていくことの方がもっと重要であったのである。

　Berlin にて，1891年6月8日

著者　A．エンゲルマン

第3編への序文

　本編の作成についても，私の努力は，歴史的な事実を裸のまま記述することと法史家のみが興味をもつ諸現象の余りにも詳しい叙述との間で，正当な真ん中を見出すことを目標とした。

　Berlin にて，1895年9月5日

　　　　　　　　　　　　　　　　　　　　　著者　A.エンゲルマン

目　次

編訳者はしがき (v)

第1編　中世ドイツの訴訟

序　章 ……………………………………………………………………… 1
　　第1節　古ドイツ裁判手続の発展の概観　§1 ………………………… 1
　　第2節　古ドイツ訴訟法の法源と文献　§2 …………………………… 3

第1部　裁判所の構成

第1章　最古の時代からザクセンシュピーゲル（約1230年）まで
　　　　　§3−§5 ……………………………………………………………… 7
　　第1節　世俗裁判権 ………………………………………………………… 11
　　　Ⅰ　国家裁判所 …………………………………………………………… 11
　　　　第1　任命された裁判官の裁判所　§6−§15
　　　　第2　国王裁判所　宮廷裁判所　§16−§17
　　　Ⅱ　非国家裁判所　§18−§21 ………………………………………… 21
　　第2節　宗教裁判権　§22 ………………………………………………… 24

第2章　帝室裁判所の設立（1495年）に至るまでのその後の
　　　　　発展　§23−§27 ……………………………………………………… 25

第2部　訴　訟

第1章　訴訟法と他の法領域との限界　§28−§29 ……………………… 29
第2章　訴訟法の諸原則 …………………………………………………… 30
　　第1節　法律関係としての訴訟 …………………………………………… 30
　　　Ⅰ　訴訟の主体
　　　　　　裁判所　§30　　当事者　§31−§32
　　　　　　当事者の代理人と輔佐人　§33 ………………………………… 30
　　　Ⅱ　訴訟行為 ……………………………………………………………… 34
　　　　第1　当事者の行為
　　　　　　A　当事者の行為の内容

xiii

目　次

　　　　　　　1　訴訟追行
　　　　　　　　　一般　§34　　訴訟の開始　§35　　訴訟の完結　§36
　　　　　　　2　訴訟弁論と訴訟資料
　　　　　　　　(a)　終局判決までの手続　§37－§40
　　　　　　　　　(1)　債務に関する訴え　§41
　　　　　　　　　(2)　財産に関する訴え　§42－§46
　　　　　　　　(b)　執行手続　§47－§52
　　　　　B　当事者の行為の方式　§53－§54
　　　第2　裁判所の行為
　　　　　1　裁判官の行為の内容　§55－§58-1
　　　　　2　裁判官の行為の方式　§58-2－§59
　　　第3　当事者の行為と裁判官の行為との相互関係
　　　　　1　当事者の行為　§60－§63
　　　　　2　裁判官の行為　§64－§65

　　第2節　手続の進行 ……………………………………………………………92
　　　　1　行為の順序　§66－§69 ……………………………………………92
　　　　2　場所と時期　§70－§73 ……………………………………………99

第2編　ローマの民事訴訟

　　序　　章 ……………………………………………………………………………103
　　　第1節　ローマ民事訴訟発展の概観　§1 …………………………………103
　　　第2節　ローマ訴訟法の法源と文献　§2 …………………………………105

　第1部　裁判所の構成

　　第1章　法務官の面前における手続（jus）と裁判人の面前に
　　　　　　おける手続（judicium）の分離の時代 ……………………………109
　　　第1節　手続分離の意義 ……………………………………………………109
　　　　沿革　§3　　帰結　§4　　法律訴訟と方式書訴訟の対比　§5
　　　　通常訴訟手続と特別訴訟手続　§6

　　　第2節　個々の裁判機関 ……………………………………………………115
　　　　第1　政　務　官 ……………………………………………………………115
　　　　　命令権と裁判権　§7　　裁判権を有する個々の政務官　§8
　　　　　顧問　§9
　　　　第2　裁　判　所 ……………………………………………………………118
　　　　　1　常設裁判所
　　　　　　百人官裁判所　§10　　十人官裁判所　§11

目　次

　　　　　2　非常設裁判所
　　　　　　　裁判人・仲裁人・審理員　§12　　裁判人裁判所の形成　§13
　　　　　　　法定の訴訟と命令権に基づく訴訟　§14
　　第2章　帝政後期の裁判所の構成 ··· *124*
　　　　特別手続の成立　§15　　皇帝の裁判権　§16, §17　　皇帝の官吏　§18
　　　　顧問　§19　　補助官吏と下級官吏　§20　　宗教裁判権　§21

第2部　訴　　　訟

　第1章　ローマ民事訴訟の史的発展 ··· *129*
　　第1節　法務官の面前における手続（jus）と裁判人の面前における
　　　　　　手続（judicium）の分離の時代 ··· *129*
　　　Ⅰ　法律訴訟 ··· *129*
　　　　　第1　法律訴訟の概念と本質　§22－§25
　　　　　第2　個々の法律訴訟
　　　　　　　1　神聖賭金式法律訴訟　§26　　対物訴訟　§27
　　　　　　　　対人訴訟　§28　　争点決定　§29
　　　　　　　2　裁判人または仲裁人申請式法律訴訟　§30
　　　　　　　3　通告式法律訴訟　§31
　　　　　　　4　拿捕式法律訴訟　§32
　　　　　　　5　差押式法律訴訟　§33
　　　Ⅱ　法律訴訟手続の廃止と方式書訴訟の導入　§34 ····························· *142*
　　　Ⅲ　方式書訴訟 ··· *145*
　　　　　第1　方式書　§35　　方式書の各部分　§36　　附加　§37
　　　　　　　主観的条件および客観的条件の変更　§38
　　　　　　　方式書の瑕疵　§39　　方式書の変更　§40
　　　　　第2　争点決定　§41　　消耗効　§42
　　　Ⅳ　命令権によって与えられた権利保護 ······································· *167*
　　　　　一般　§43　　占有委付　§44　　原状回復　§45
　　　　　法務官の問答契約　§46　　特示命令　§47
　　第2節　特別訴訟手続と帝政後期の訴訟 ··· *176*
　　　　特別訴訟手続　§48　　特別訴訟手続がアクチオ体系に与えた影響　§49
　　　　新訴訟の本質　§50　　訴訟告知　§51　　指令訴訟　§52
　　　　ユスティニアヌスの書面訴訟　§53　　争点決定　§54
　第2章　ローマ訴訟法の体系 ··· *186*
　　第1節　民事訴訟法と他の領域との限界 ··· *186*
　　　　民事訴訟と刑事訴訟　§55　　訴訟と行政　§56　　非訟事件　§57

目　　次

　　　第2節　民事訴訟法の諸原則 ……………………………………………190
　　　　Ⅰ　法律関係としての訴訟 ……………………………………………190
　　　　　第1　訴訟の主体
　　　　　　1　裁判所官庁
　　　　　　　管轄　§58　　裁判官の中立と能力　§59
　　　　　　2　当 事 者
　　　　　　　当事者の役割　§60　　代理人　§61　　輔佐人　§62
　　　　　第2　訴訟行為
　　　　　　A　行為自体
　　　　　　　1　当事者の行為
　　　　　　　　(a)　当事者の行為の内容
　　　　　　　　　訴訟追行　§63　　召喚　§64　　訴訟弁論　§65
　　　　　　　　　訴えと防御　§66　　証拠　§67　　証拠方法　§68
　　　　　　　　　強制執行　§69　　仮差押え　§70
　　　　　　　　(b)　当事者の行為の形式　§71
　　　　　　　2　裁判所官庁の行為
　　　　　　　　(a)　政務官および裁判人の行為の内容
　　　　　　　　　一般　§72　上訴　§73
　　　　　　　　　濫訴に対する措置　§74
　　　　　　　　(b)　裁判所官庁のなす行為の形式　§75
　　　　　　B　当事者の行為と裁判官の行為との相互関係
　　　　　　　1　当事者の行為
　　　　　　　　処分権主義と弁論主義　§76　　当事者の行為の懈怠　§77
　　　　　　　2　裁判所官庁の行為
　　　　　　　　消耗効と既判力　§78
　　　　Ⅱ　手続の進行 …………………………………………………………253
　　　　　第1　訴訟行為の順序　§79
　　　　　　1　法律訴訟における手続の進行
　　　　　　2　方式書訴訟における手続の進行
　　　　　　3　ユスティニアヌス訴訟の進行　§80
　　　　　第2　訴訟行為の場所と時期
　　　　　　1　場　　所　§81
　　　　　　2　時　　期　§82

第3編　ローマ＝カノン系訴訟およびドイツ民事訴訟法典の
　　　　発布に至るまでのドイツにおける訴訟法の発展

　　　序　　章
　　　　歴史的発展の概観　§1　　本編の概要　§2

目　次

第1章　ローマ的な基盤上のゲルマン諸国における発展 …………263
概説　§3
  1　西ゴート法書の訴訟　§4
  2　ランゴバルド法の訴訟　§5
  3　ランゴバルドの裁判所構成と訴訟　§6
  4　11世紀のローマの民事訴訟　§7

第2章　ローマ法の影響の増大 ……………………………………274
法学校　§8　　偽勅法集　§9　　法学綱要　§10

第3章　ローマ＝カノン系訴訟の形成 ……………………………280
  1　ボローニャの法学校とローマ法学者　§11－§12
  2　教会の法とカノン法学者たち　§13－§14
  3　イタリアの領域法　§15

第4章　ローマ＝カノン系訴訟 ……………………………………295
概説　§16
第1節　通常訴訟 ………………………………………………296
手続経過　§17　　書面主義　§18　　裁判官と裁判所書記　§19
当事者　§20　　訴え　§21　　呼出し　§22　　闕席手続　§23
争点決定　§24　　抗弁　§25　　反訴　§26
担保および不濫訴宣誓　§27　　争訟弁論，訴点，項目　§28
その他の手続　§29　　判決　§30　　判決の取消し　§31
証拠　§32　　判決の執行　§33
第2節　略式訴訟の発展と領域法の影響 ……………………331
イタリア条例法の訴訟　§34　　クレメンティナ・サエペ　§35
イタリア法の略式訴訟　§36　　カノン占有訴訟　§37
判決無効の申立て　§38

第5章　ドイツにおけるローマ＝カノン系訴訟の受容 …………343
総説　§39　　継受以前の法状態　§40　　継受を促進した諸事情　§41
帝室裁判所　§42　　帝国宮廷顧問会議　§43　　帝室裁判所の訴訟　§44
ラント立法への影響　§45

第6章　外国訴訟法の受容に対する反動と普通訴訟法の形成 ……362
ザクセン古法と学問　§46　　ザクセンの律令立法　§47
最後の帝国最終決定　§48　　ドイツ普通訴訟法の学問　§49

第7章　ドイツ普通民事訴訟 ………………………………………373
一般的諸原則　§50　　裁判所　§51　　通常訴訟と特別訴訟の対立　§52
第1節　通常訴訟 ………………………………………………375

xvii

目　　次

　　　概説　§53
　　　1　書面交換　§54
　　　2　証拠手続　§55　§56
　　　3　判　　決　§57
　　　4　強制執行　§58　§59
　　第2節　特別訴訟　§60······································402
　　　1　通常＝不定式略式訴訟　§61
　　　2　非常＝定式略式訴訟　§62

第8章　フランス民事訴訟の発展およびイギリスの訴訟 ············409
　　フランスの法発展とドイツの法発展の対比　§63　　法源　§64
　　デュ・ブルーユの最高法院手続方例集　§65
　　1667年の民事訴訟王令　§66　　民事訴訟法典　§67
　　イギリス民事訴訟の概要　§68

第9章　ドイツの地方特別立法および統一的訴訟法の創成 ·········427
　　普通民事訴訟の批判　§69　　プロイセンの立法　§70
　　オーストリアの訴訟　§71　　改革の諸提案　§72
　　地方特別改革諸法　§73　　ドイツ民事訴訟法の成立　§74

　事項索引（巻末）
　欧文索引（巻末）

xviii

第1編　中世ドイツの訴訟

序　章

第1節　古ドイツ裁判手続の発展の概観

§1　古代ゲルマンの裁判手続を知るための最も古い法源は，紀元486年から496年の間に成立したサリカ法典（Lex Salica）である。このサリカ法典は，それ以前の訴訟法の発展の成果を成文化したものである[1]。これによれば，その手続は，私法上の請求権を主張するためのものであるが，しかも，これを法によって秩序づけるのは，私人である権利者の強制力の行使を裁判所を通して共同体の監視の下に置くという点にあった。

　このことから説明がつくのだが，手続は無制限な当事者追行に委ねられ，裁判所は，直接の強制力，ひいては，手続に対する直接の干渉権を有しなかっただけでなく，当事者の重要な行為は，裁判所外でなされた。この裁判官の強制力の欠如をある意味で補ったものは，方式である。当事者の行為は，一定の方式によって行わなければならず，この方式に従った訴訟行為がなされた以上，相手方当事者も裁判所も，訴訟上，ある行動を採らざるを得なかった。そこで，裁判所の任務は，原告の権利の存否を宣言することではなく，当事者が採るべき行動の基準を確立することであった。なぜなら，判決は，挙証に先立って行われるからである。判決は，証拠判決であると同時に条件附終局判決である。すなわち，それは挙証者および挙証の方法と時期を確定し，証明の成否に応じて，法であるべきものを宣言するが，挙証をし，その相手方となり，さらに，請求の主張を満足させ，または，これを放棄することは，その後の問題として，当事者が，契約によって，こういう義務を負うかどうかに委ねられた。証明の目的は，事実の真実なことについて，裁判官の判断力を動かしてその確信を生じさせることではなく，相手方に対する関係で，証明について定められた方式を充たすことである。こういう契約が結ばれ，証明がなされたときに，私的差押えによって実現されるのは，この契約上の義務であって，判決ではない。こ

（1）　Sohm, Prozess der Lex Salica, 1867, Vorrede p. V.

の契約の締結が拒まれたときは，結局，法外処分（Friedloslegung）という，強力ではあるが間接的な強制方法が発動せしめられた。

　こういう手続は，今日では理解しにくいことであるが，その基礎として，これを支配した，形式による強制と当事者追行は，中世ドイツの裁判手続の特徴であり，その消滅するまで維持された。だから，現在でも広く行き渡っている見方であるが，中世におけるドイツ人の訴訟は，家父長的な方法で，衡平による自由な裁量に従い，裁決されたというよりは調整されたのだと見る見方ほど，誤ったものはない[2]。ところで，この手続がそれ以上に発展の能力も必要もあったことは，いうまでもなく，その発展の目標は，極端な点を緩和することにほかならなかった。それは，強力となったフランク王国から始まった。この王国は，その立法，すなわち，勅令（Capitularia）によって，王権に基づくものとして，裁判官の権力の強化に努め，その目的を達した。こうして，ある程度の裁判官の強制力が，かつては万事を支配した当事者の権力と並存し，当事者の行為は，裁判上の行為となり，裁判所は，もはや，当事者の契約に基づいて行動するかわりに，訴訟を裁決することになった。さらに，裁判所は，証明を，単なる方式から，裁判官の思惟に影響を及ぼす論議の問題に高めるという，結局は実現しなかったが，長期にわたる不断の発展をたどった。だが，古代ドイツの裁判手続については，その崩壊の萌芽は，この点に見出される。古い証拠方法は，かつては人々を支配した力の多くを失ったが，裁判官の批判的な知性に影響を及ぼして真実についての裁判官の確信を生じさせようとするならば，単に，証拠法の改造だけではなく，手続全体の原則の改造を必要とした。こういうふうに原則を改造する必要に役立ったのは，すなわち，ローマ・イタリアの訴訟であり，ローマ・イタリアの訴訟はドイツの裁判所に継受されるや，古ドイツの訴訟を駆逐した。

　部族法の形式的な訴訟は，フランク王国の立法のもたらした変化を採り入れたが，このために，その基礎まで失うことはなかった。この部族法の訴訟とならんで，フランク王国の王室裁判所では，これとは別の訴訟が発展した。これは，国王の立法権によって厳格法（jus strictum）上の形式の強制から解放され，衡平を基準とし，従って，無制限な当事者追行の原則とはあまり親しまない手続であった。ノルマン民族の支配を受けたイギリスの訴訟法の発展は，こういう王室裁判所の手続から出発したが，ドイツでは，フランク王国の崩壊の結果として，この手続は採り入れられなかった[3]。

（2）　この点につき，Brunner, Entstehung der Schwurgerichte, S. 43 参照。

第2節　古ドイツ訴訟法の法源と文献

§2　1　法　源　裁判上の手続は，当事者双方の純然たる私的行為から次第に発展し，裁判所共同体では，単に紛争が持ち出されただけでなく，重要な法律行為もまた，なされたが，こういう事情は，実体法と訴訟法との間に存する区別を認める妨げとなった。従って，訴訟法だけを取り扱った特別の法源もなければ，残された法文書でも，この区分に応じた取扱は見られなかった。すなわち，古ドイツ法一般を認識する基礎となる法源は，同時に訴訟法の法源でもある。だから，ここで，これらの法源の起源なり，年代，内容，分類なりに言及する必要はない[1]。ただ，次の点は，述べておかなければならない。

　古い時代の訴訟法を知るための法源は，比較的豊富である。蛮民法典（leges barbarorum）には，数多くの訴訟法規が含まれていて，それらの規定は，既に述べたように，決して，裁判所の手続をまとめて述べたものではないが，残存する方式集と対照し，北部ゲルマンの法源と比較すれば，これらの規定によって古代訴訟についてかなり確実に知ることができる。部族法のうちで，最も重要な地位を占めるのは，前にも一言したサリカ法典（Lex Salica）であり，この研究で最も多く出てくる方式は，ツォイマーのゲルマン古法集第5編（Zeumer, Monumenta Germaniae, sectio V）とド・ロジェールのフランク王国における慣用方式集3巻（de Roziere, recueil general des formules usitées dans lémpire des Francs, 3 Bde. Paris, 1859-71）に集められている。これに次ぐのは，フランク国王の法律である勅令（capitula または capitularia）で，これらの法源はフランク王国の分割まで続いている。この分割から13世紀の前半までは，法源が非常に少ない。この期間には，訴訟法は，主として，裁判所の慣行を通じて，発展したからである。この裁判所の慣行は，フランク王国時代の成文法を基礎とし，その本質的な諸原則を維持したが，しかも，個々の点では，多くの特別形態をもたらした。

　13世紀には，ザクセンシュピーゲル（Sachsenspiegel）を始めとして，法源の非常に豊富な時代となる。至るところで，法が次第に不確実となるに応じて，従前の法的慣行を記録し，これによって，参審員（Schöffen）に対して，現実の法を教えるだけでなく，この現実の法自体にある程度の統一を与えようとい

---

(3)　Brunner, Entstehung der Schwurgerichte, S. 60 - 62.
(1)　この点については，ドイツ法制史の概説書および教科書のほか，Stobbe, Geschichte der deutschen Rechtsquellen, 2 Bde., 1860-1864. を参照されたい。

う必要が生まれた。この必要に応じた最初のものは，私人の労作にすぎなかったが，特別の権威を有するに至ったのは，1215年から1235年の間に，アンハルトの参審員であったアイケ・フォン・レプガウ（Eike von Repgau）が著したザクセンシュピーゲルである。これは，主として北ドイツにおいてではあるが，南ドイツにおいてもまた，同世紀に著わされたドイチエンシュピーゲル（Deutschenspiegel）およびシュワーベンシュピーゲル（Schwabenspiegel）などの法記録作成の刺激となり，その基礎となった。これらの労作は，なお，実体法と訴訟を無体系に並列するという古来の立場に立つ。

実体法と訴訟の体系的な分離が始まったのは，漸く14世紀の第2四半期になってからである。すなわち，この時代に，ブランデンブルグの宮廷裁判官であったヨハン・フォン・ブッフ（Johann von Buch）は，ザクセンシュピーゲルを基礎として，ラント法訴訟法書（Richtsteig Landrechts）とレーエン法訴訟法書（Richtsteig Lehnrechts）という，裁判手続に関する裁判慣行のための2労作を著した。14世紀中葉におけるヘルマン・フォン・オェスフェルト（Hermann von Oesfeld）の方式集（Cautela und Premis）は，これほど重要ではないが，同様の作品である。

訴訟を知るために重要な意味を有するものに，数多くの都市法，判決集，判決意見（Weistümer）集，裁判手続方式集および荘園法，家人法がある。

ローマ法の影響が見られるのは，15世紀の中頃からである。従って，この影響を受けた法源は，中世ドイツの訴訟法を知るには参照することができない。

2　文　献　中世ドイツの訴訟に関する文献は，法源の豊富なこととその領域が区区であるために，多くは，それぞれの時代だけを取り扱いまたはそれぞれの法源の施行地域だけを取り扱うにすぎない。全時代を通じ，問題となる全領域に亘って，訴訟の全発展を述べているのは，ドイツ法制史の著作だけである。その重要なものに，次のものがある。

アイヒホルン「ドイツ国家史および法制史」（K. F. Eichhorn, deutsche Staats- und Rechtsgeschichte, 5. Aufl., 1843-44）ワルター「ドイツ法制史」（Walter, deutsche Rechtsgeschichte, 2. Aufl., 1857）ツェプフル「ドイツ国家史および法制史」（Zöpfl, deutsche Staat-und Rechtsgeschichte, 4. Aufl., 1871-72），フォン・シュルテ「ドイツ国史および法制史講義」（v. Schulte, Lehrbuch der deutschen Reichs-und Rechtsgeschichte. 5. Aufl., 1881）ジーゲル「ドイツ法制史」（Siegel, deutsche Rechtsgeschichte. 2. Aufl., 1889），シュレーダー「ドイツ法制史講義」（Schröder, Lehrbuch der deutschen Rechtsgeschichte. 1887-89.），ブルンナー「ドイツ法制史」（Brunner, deutsche Rechtsgeschichte. Bd. I. 1887. 以下は未刊）。ブルンナーには，

さらに，ホルツェンドルフの百科全書（v. Holtzendorffs Enzyklopädie）のうちに，「綱要」（Abriss）がある。これらの作品は，すべて，ドイツ法の発展の全体を示すのが，その目的である。訴訟法だけを取り扱ったものには，次の作品がある。ロッゲ「ゲルマン裁判所制度」（Rogge, Ueber das Gerichtswesen der Germanen, 1820.），マウラー「古代ゲルマン，とくに，古代バイエルンの裁判所の公開および口頭の手続の発展，とくに，ドイツおよびバイエルンにおけるその利害と衰滅」（Georg Ludwig Maurer, Geschichte des altgermanischen und namentlich altbayrischer, öffentlich-mündlichen Gerichts-Verfahrens, dessen Vortheile, Nachtheile und Untergang in Deutschland und in Bayern insbesondere, 1824.）。この労作は，その後の新研究によって，多くの点で，追い越されたけれども，いまなお，非常に価値多いものである。ジーゲル「ドイツ裁判所手続の歴史」（Siegel, Geschichte des deutschen Gerichtsverfahrens, 1857）。ただ，第1巻が刊行されただけだが，それは，最古の時代を取り扱っている。ホーマイヤー「ラント法訴訟法書」（C. G. Homeyer, Der Richtsteig landrechts, 1857）。その410頁から521頁までは，一部はこの法源を利用して，法書の裁判所手続を体系的に取り扱っている。フォン・ベートマン＝ホルヴェーク「民事訴訟の歴史的発展」第4巻「5世紀―8世紀のゲルマン＝ローマ系の民事訴訟」と第5巻「8世紀―11世紀のゲルマン＝ローマ系の民事訴訟」（v. Bethmann=Hollweg, Der Civilprozess in geschichtlicher Entwickelnng, Bd. IV, 1868, Der germanisch-romanische Civilprozess vom 5. -8., Bd. V, 1871, Der germanisch-romanische Civilprozess vom 8. -11. Jahrhundert.）。これは，部族法およびレーゲス・ロマナエ（leges Romanae）による最古の時代のほか，さらに，カロリング時代およびイタリアにおける訴訟の発展を取り扱っている。ゾーム「サリカ法典の訴訟」（Sohm, der Prozess der Lex Salica, 1867）。これは，この法源を取り扱うにすぎないが，他の部族法をも比較に供している。最後に，プランク「ザクセンシュピーゲルおよびこれに類する法源から見た中世ドイツの裁判手続」2巻（Planck, das deutsche Gerichtsverfahren in Mittelalter nach dem Sachsenspiegel und den verwandten Rechtsquellen, 2 Bde., 1879）。これは最も根本的な法源の研究に基づく広汎な重要作品であるが，その取り扱う範囲は，13世紀と14世紀のザクセンの法源に限られている。キューンス「10世紀から15世紀までのマルク・ブランデンブルクにおける裁判所構成と訴訟の歴史」2巻（Kühns, Geschichte der Gerichtsverfassung und des Prozesses in der Mark Brandenburg vom 10. bis zum Ablauf des 15. Jahrhunderts, 2 Bde., 1865-67）。

　裁判所の構成を取り扱うものには，これらの作品のほかに，なお，次のもの

第1編　中世ドイツの訴訟

がある。ウンガー「古ドイツの裁判所構成」（Unger, die altdeutsche Gerichtsverfassung. 1842.）ゾーム「フランク王国の組織と裁判所構成」（Sohm, die fränkische Reichs- und Gerichtsverfassung, 1871），フランクリン「中世の宮廷裁判所」第1巻，第2巻（Franklin, das Reichshofgericht im Mittelalter, I. 1867, II. 1869.），シュレーダーの法制史雑誌（ゲルマン法部門）第18巻1頁以下の「ザクセンシュピーゲルにおける裁判所構成」（Schröder, die Gerichtsverfassung des Sachsenspiegels in der Zeitschrift fur Rechtsgeschichte (germ. Abth.) Bd. 18, S. 1 ff.），ヴァイツ「ドイツ憲法史」8巻各版（Waitz, deutsche Verfassungsgeschichte, in 8 Bde.）。

　数多くの単行論文なり個々の論文は，それぞれの個所で引用するが，このほか，中世の訴訟を知るために不可欠労作として，次のものを挙げておく。

　ヘーネル「ザクセンシュピーゲルの証拠制度」（Hänel, das Beweissystem des Sachsenspiegels, 1858），フォン・バール「ゲルマン訴訟の証拠判決」（v. Bar, das Beweisurtheil des germanischen Prozesses, 1866），プランク「証拠判決論」（Planck, Die Lehre vom Beweisurtheil, 1848），ラーバント「ザクセンの法書による財産法上の訴え」（Laband, die vermögensrechtlichen Klagen nach den sächsischen Rechtsbüchern, 1869），ブルンナー「陪審裁判所の成立」（Brunner, Entstehung der Schwurgerichte, 1872），ホイスラー「ドイツ私法提要」（Heusler, Institutionen des deutschen Privatrechts, 1885），ペルチーレ「イタリア法論」第6巻（Pertile, storia del diritto italiano, Vol. VI, 1887）も，非常に価値が高い。

第 1 部　裁判所の構成

第 1 章　最古の時代からザクセンシュピーゲル（約 1230 年）まで

§3　ドイツの最古の裁判所制度について現存する資料は，きわめて少ないが，これらによれば，第 1 に，司法の処理は，百人組長（Hundertschaftfürst）の任務に属したこと，第 2 に，この百人組長の裁判官としての行為は，百人組すなわち裁判所共同体（Gerichtsgemeinde）の同意をまって，初めて，その法的効力を生じたことが明かである[1]。

　裁判所制度のその後の発展の萌芽は，こういう事情のうちに認めることができる。すなわち，判決が成立するためには，裁判官としての百人組長と裁判所共同体としての百人組との協力が必要であるが，この両者は，それぞれ，独立の機能を果した。裁判官は，判決を発見し，これを提案して裁判所共同体と協議（consilium）するが，この提案は，裁判所共同体の同意があって，初めて裁判所の議決としての効力を有した（auctoritas）。

　この百人組集会（Hundertschaftsthing）――thing, Ding は集会である――の有する通常裁判権のほかに，さらに，これと競合して領主の集会（Landthing）の有する特別裁判権があった[2]。タキトゥス（Tacitus）は，明らかに，「集会において，告発し，かつ，死刑の判決を求めることが許されている」（licet apud consilium accusare quoque et discrimen capitus intendere.）と述べている（Germania c. 12）。この後者の裁判所が，特定の事件について，専属管轄を有していたことは確実ではないが，いずれにしても，この裁判所は，ただ，犯罪についてだけ判決を下した。

（1）　カエサル，ガリア戦記Ⅵ，23。「郡および村落の首長は，その住民の間において法を宣言し，かつ，争訟を裁断する。」（principes regionum atque pagorum inter suos jus dicunt controversiasque minuunt.）タキトゥス，ゲルマニア，第 12 章。「同じ集会（すなわち，領主の一般集会）において，郡および村落に対して法を宣言する首長が選ばれる。各部族の中から選ばれた百人づつの従者達が協議と同時に権威のためにこれに附属する。」（eliguntur in iisdem consiliis《nämlich den allgemeinen Landesversammlungen》et princeps, qui jura per pagos vicosque reddunt, centeni singulis ex plebe comites consilium simul et auctoritas adsunt.）

（2）　Schröder, Deutsche Rechtsgeschichte, S. 35 ; Brunner, Deutsche Rechtsgeschichte, I. S. 128 f.

第1編　中世ドイツの訴訟　第1部

§ 4　こういう状態は，民族移動の結果として，人民集会（Landesthing）を主権者とする，同種族からなる国家が，王国に転換するに応じて，変化せざるを得なかった。その後は，法の淵源であり，同時にこれに由来する平和と法の保護者であるものは，もはや人民集会ではなく，王である[3]。王は，裁判権，すなわち，いわゆる Gerichtsbann の唯一の主体となった。裁判をなすには，王から裁判官にこの裁判権を委譲することが必要となった。

　この裁判官の権限については，しかし，見解が分かれる。一方では，ドイツの各部族において，当初は百人組長と裁判所共同体との間に分配された権限の全体が裁判官に委譲されたものと見られたが，他方では，判決を宣言する権限（Bann）と判決の発見（thuon）とは別物であり，裁判官は，ただ，この前者の権限を行うにとどまり，判決の発見は裁判所共同体の権限に残されていると考えられた。

　第1の見解によれば，裁判官は，判決発見の権限を有し，ただ，裁判官の発見した判決に対して部族共同体が同意する必要がなくなったのだから，この限りでは，この見解は原初の制度から発展したものということができる。こういう一元化の方向が採られたことについては，おそらくは，ローマ法の影響があったであろう。

　こういう方向を採ったものに，次のものがある。ブルグント族では，王の代官（comes）が判決をしたが，この代官は，法的素養のある補助者として，王の派遣する補助裁判官（judex deputatus）の補助を受けた[4]。ゴート族では，王の代官だけが判決をした。ランゴバルド族では，部族の全体もその一部も司法に関与することなく，裁判官だけが，あるいは単独で，あるいは合議体で，判決をしたことは，明らかである。共同体構成員が裁判所の弁論に列席したのではあるが，それは，ただ，手続の公開という点から，単純に説明することができる[5]。

　現存する資料から見ると，これに反して，ドイツの他の部族では，その裁判所の制度について，共同体は，依然として，裁判所の不可欠の構成部分であっ

（3）　v. Sybel, Entstehung des deutschen Königthums, S. 241ff.；Schröder, Rechtsgeschichte, S. 15 ff. 35, 106 ff.；Brunner, Rechtsgeschichte, I. S. 119 ff.

（4）　v. Sybel, a. a. O., S. 382 ff. しかし，補助裁判官（judex deputatus）が王の代官（comes）に対して有する地位に関しては，見解が非常に分かれている。Vgl. v. Bethmann=Hollweg, IV. S. 161ff.

（5）　v. Bethmann=Hollweg, IV. S. 356-360；Brunner, Rechtsgeschichte, S. 153；Pertile, storia del diritto, VI. p. 20-25.

第1章　最古の時代からザクセンシュピーゲル（約1230年）まで

た。ところで，裁判権（Bann）が裁判官に委譲せられてからは，裁判所共同体の行動は，弁論を聴取し，提案せられた判決を是認しまたは否認することであった。この判決提案（Urteilsvorschlag）をするのは，もはや裁判官ではなく，これがために特に設けられた1名または数名の人たちである。裁判官は，ただ，弁論を指揮し，発見せられた判決を，法的命令として，宣言し，判決の執行に協力するだけである。バイエルン族，アレマン族，ザクセン族，フリース族では，この判決提案は，法宣言者（Gesetzsprecher）（judex, êsago, êsagare, eosago, asegare, 法，秩序を意味する ea から出た言葉）の任務であった[6]。この法宣言者は，裁判官または住民が，貴族のうちから選任した常設の裁判所吏員で，裁判官の指揮のもとに，集会に出席した住民に法的意見を述べ，判決提案をする[7]。

これらの諸部族とは反対に，フランク族では，7人のラヒムブルク（Rachimburgen）（意見を述べる者）という判決発見人からなる合議体があった。この判決発見人は，（裁判官によるか共同体によるかは，不明であるが）個個の開廷について，裁判所に出席する自由な共同体構成員のうちから選任された。カール大帝の時代には，常設の判決人合議体が，この非常設の判決発見人に代わることになった。中部フリース族と東フリース族では，13世紀以来，共同体から選ばれた16人の Redjeven（意見を述べる者，consules）という合議体が，上に述べた法宣言者に代わることになった。

個個の事件について，法を発見する者が，法宣言者であるとまたは住民から選ばれた数名の法発見者であるとを問わず，ローマ法の影響を受けないドイツの諸部族における裁判所の構成の特徴は，どこでも，裁判所の命令と判決行為の区別，すなわち，裁判権の行使と法の発見を厳密に区別することである。前者は，権力を有する裁判官（裁判官庁《Gerichtsobrigkeit》，裁判所の主宰者《Gerichtsherr》[8]）によって行われ，後者は，住民の全体または法的知識を有する住民中の有識者によって行われる。前者の任務は，法を強化し，不法を抑圧し，かくて，不法がなされたという訴えに基づいて，法の発見を促し，発見さ

---

(6)　Merkel, der judex im bairischen Volksrechte, ZRG (germ. A.) Bd. I, S. 131 ff.; Beseler, ebendas, Bd. IX, S. 244 ff.; Schröder, IV. S. 215; Schröder, Rechtsgeschichte, S. 34, 35, 167, 168; Brunner, Rechtsgeschichte, I. S. 150, 151 u. A.

(7)　Lex Alam. 41, 1-3, 42. 1; Lex Bajuw. II 14-18. X VII, 5; Capit. Saxonicum a. 797, c. 4. 8.

(8)　裁判官（Richter）という語は，Richt-Herr から来ている。Vgl. Stölzel, Brandenburg-Preussens Rechtsverfassung, S. 25.

9

れた法を拘束力のある法的命令に高め，強制の方法によって，この命令を実現することであり，後者の任務は，個個の事件について，法を発見し，裁判官の宣言すべき法的命令に対する法的内容を供することである。

　裁判官の強制権をバン[9]（Bann）というが，これは，命令，禁止の権限および命令違反に対する処罰の権限を意味する。ここで問題としている時代には，罰令権（Bannrecht）を有するものは，王だけで，王は，この罰令に基づいて，部族法に反しない命令を発し，刑罰権によって，その命令に対する遵守を強制することができた。裁判権（Gerichtsbann），すなわち，具体的事件を解決する裁判官の命令を発し，60シリングまでの刑罰を定める権限は，こういう罰令権の一部である。王の任命する裁判官が，この裁判権を行うためには，罰令権の付与（Bannleihe），すなわち，裁判官に対する王の罰令権の委譲が必要であった。

§ 5　こういう法の発見と法の宣言との区別によって，法発見の独立性と部族性が維持された。王自らが裁判官となる王裁判所においてさえ，裁判官が法を発見するのではないから，後日，密室裁判（Kabinetsjustiz）と呼ばれたものなり，権力者のめざす特殊の目的によって司法が影響を受けるというようなことは，問題とならなかった。ひとたび，法として発見されたものは，裁判官庁が発見された判決をその命令として宣言することによって，官庁の全権力の保護を受けた。

　こういう裁判所の機能の区別は，フランク王国で採られた形態のもとに，カール大帝によって，その支配する領域を拡大され，ドイツでは，ローマ・イタリアの訴訟を継受するまで，維持された。そこで，中世ドイツの裁判所を述べるには，フランクの制度を詳しく参照しなければならない。

　しかし，中世では，世俗裁判権のほかに，宗教裁判権があったから，裁判所の構成を述べる際には，この裁判権の区別を明確にしなければならない。さらに，世俗裁判権は，国家の裁判権と非国家の裁判権に区別せられるが，前者は，王または王の名において他の者が行った。

（9）　Schröder, Rechtsgeschichte, S. 34-36, 115 ff.；Friderici II Statutum（curia Sibidati）a. 1232, Monum. Germ. Leges II 291 ff.；Sachsenspiegel, I 59, III 64 § 4；Schwabenspiegel, c. 75.

第1章　最古の時代からザクセンシュピーゲル（約1230年）まで

第1節　世俗裁判権

Ⅰ　国家裁判所

第1　任命された裁判官の裁判所

§6　サリカ法典の時代には，裁判（Rechtsprechung）は，共同体の任務であり，これに反して，執行権の処理は，王の行政の一部であった。

　通常裁判所は，タキトゥスの時代と同じように，百人組裁判所（Hundertschaftsgericht）であった。その裁判官は，この当時には，すでに，王権（Königsbann）に服してはいたが，民会で住民から選ばれたトゥンギイヌス（thunginus）である。判決提案をなすものは，ラヒムブルク（Rachimburgen），すなわち，7名の裁判所共同体の構成員からなる団体で，裁判所のために定められた場所に席を占めた。裁判所共同体の構成員は，裁判所が開かれる場所（mallus, mallobergus）を取り囲んで[1]，提案された判決に対して，その同意（volbort, Vollwort）を与えたりまたは拒んだりして，裁判に関与した。

　この部族裁判所は，執行権を有しないから，これを補助するものとして，次のような王の行政官があった。その1は，サケバローネ（Sacebarones, sagibarones）という，王の任命する官吏で，王に支払うべき贖罪金（Friedensgelder）を取り立てる職務を有し，他の1は，上伯（Graf）という，いくつかの百人組を含む州全体のために王の任命する行政官で，部族裁判所の言い渡した判決の執行を司どった。

　裁判所（thing, 集会）は，常設裁判所（echtes《mallus legitimus, d. i. ungebotenes》gericht）と臨時裁判所（gebotenes Gericht）に区別することができる。前者は，40夜ごとに集会し，そのために，予告を必要としないが，後者は，トゥンギイヌスが，必要に応じて，これを招集（geboten）した。

　百人組に属する成年の自由人は，だれでも，裁判に協力すべき，いわゆる裁判所協力義務（Dingpflicht）を負っていた。こういう自由人は，この義務に基づいて，常設裁判所または臨時裁判所に出頭し，あるいは法発見者（Rachimburge）として，あるいは立会人（Umstand）として，裁判所の判決の成立に協力しなければならなかった。

§7　裁判所のこういう組織は，カール大帝より前に，すでにフランクの諸王のもとで相当の変化を受けた。

　サリカ法典の作成後，まもなくトゥンギイヌスは消滅し，王の官吏である上

---

(1) Umstand と呼ばれるのは，そのためである。

伯が，これに代った。すなわち，これまでは行政官にすぎなかった上伯が，この時から，その州内で，王の委託に基づき，王の名で，裁判官の職権をも行うことになった。もっとも，州に属するすべての百人組が結合して，ただ1つの，州の裁判所となったわけではなく，古来の百人組が，依然として，それぞれの裁判管轄を保有したが，いまや，その各百人組は，すべてを巡回する代官であった。

トゥンギイヌスの機能が代官に移されたことに応じて，サケバローネという名称は消滅したが，その職務は存続した。これを，いまや，ケンテナリウス（centenarius），スクルダシウス（sculdasius），スクルダーヒス（sculdahis），シュルトハイス（Schultheiss）といった。これは，共同体の選挙に基づき，王，または王の名において上伯によって任命されるが，代官に従属する官吏で，判決の執行もまた，その職務に属することになった。

常設裁判所（echtes Ding）と臨時裁判所（gebotenes Ding）の区別は，引き続き，存続した。常設裁判所は，依然として，州のために，一定の期間を置いて開かれたが，その期間は，40日から6週に伸ばされ，その結果，1年を通じて8回または9回開かれた。もっとも各百人組についていえば，それは1年に2回か3回開かれた。裁判所協力義務（Dingpflicht）が，常設または臨時の裁判所に出頭するために，すべての成年の自由人に課せられるところの臣民の義務であることは，以前と変らなかった。

§8 カール大帝は，775年に，裁判所の構成に，さらに次のような改革を加えた。すなわち

(a) これまで，法発見者は，開廷ごとに招集され，従ってその顔ぶれは変らざるを得なかったが，これを常設の合議体に改め，さらに，

(b) 共同体仲間の裁判所協力義務を緩和した。

この第1の変革は，判決人選出についての既存の制度を採り入れ，事実状態を法律として認めたにすぎない。というわけは，疑もなく，それ以前でも，原則として，同一人が，判決人または仲裁人に選ばれたからである[2]。ところで，この改正によって，王の副官（missi dominici）または代官は，共同体の協力を得て，終身の法発見者を選任し，さらに，その法発見者としての義務を良心的に行わせるため，宣誓をさせなければならない（jurare faciant, ut scienter injuste judicare non debeant），という規定が設けられた。こういう手続によってscabinus（＝参審員 Schöffen）に選任せられた者は，王の任命と宣誓のために，

（2） Stölzel, Entwickelung des gelehrten Richterthums, 1872, S. 238.

第1章　最古の時代からザクセンシュピーゲル（約1230年）まで

王の官吏としての資格を取得した。

　つぎに，裁判所協力義務は，臨時裁判所がしばしば開かれたために，貧困な階級にとっては大きな負担となり，その義務違反に対しては厳重な刑罰が科せられた結果，土地所有者の多くも，その権利を譲渡せざるを得ない破目に陥ったのであるが，カール大帝は，これを緩和して，共同体構成員は代官の常設裁判所へ出頭する義務を負うだけでよく，臨時裁判所へ出頭する義務を負うのは州のために選任された参審員だけである，という規定を設けた。州全体の参審員の数は，12人であったようであるが，臨時裁判所を構成するには，7人の参審員で足りたから，裁判所協力義務は，必ずしも常に，州の参審員全部に及んだわけではない。

　ところで，臨時裁判所はしばしば開かれ，臨時裁判所の判決を発見する権限を有したにすぎない参審員は，常設裁判所でも，まず，その判決について諮問を受けたことは明らかであるから，こういうカロリング朝の改革によって，特別の参審員階級が発達し，この階級内で法の知識を養成するという基礎が置かれた。裁判に対して部落員の単なる思い付き以上に，確実性を与えようとする，カール大帝の配慮は，次の規定にも現われている。すなわち，「まず第1に，裁判所は，民衆の賢者達によって作られた法を知らなければならない。」(Primum namque judici discenda est lex a sapientibus populi composita.) (cap. a. 789 c. 62) また，「裁判所は成文の法に従って正当に裁判すべく，恣意に従って裁判してはならない。」(… ut judices secundum scriptam legem juste judicent, non secundum arbitrium.) (cap. a. 802 c. 26)

　これらの改革は，常設裁判所と臨時裁判所の区別の強化を結果せざるを得なかった。臨時裁判所では，参審員が唯一の判決発見人であり，共同体構成員が立ち会ったときでも，その構成員は，単なる傍聴者となった。これに対して，常設裁判所では，共同体は，依然として裁判所の組織上の構成部分であり，かつての法発見者のように，改革後の参審員は，ただ，判決提案をなし得るにとどまり，その判決提案は，立会人が明示的にまたは黙示的にこれを承認し，さらに裁判所がこれを宣告して，はじめて拘束力のある法的命令となった。

　裁判所の構成について見られるこういう区別に応じて，これを指揮する裁判長を区別することができる。常設裁判所は，代官またはその選任する代理人を裁判長としてのみ，これを開くことができる。臨時裁判所も，代官を裁判長として開くことができたことは，明らかであるが，この時代には，その裁判長は，原則として，シュルトハイス (Schultheiß) であった。このシュルトハイスは，その他の点では判決執行者の機能を有し，この資格で，常設裁判所に立ち会う

べき義務を負っていた。

　これらの改革以来，常設裁判所は，大事件（maiores causae），すなわち，自由と土地所有に関する訴訟および自由人に対する刑事事件で死刑にあたるものだけを管轄した(3)。その開廷場所なり，すでに述べたように，その開廷時は一定し，いつも3日間継続して開かれた。臨時裁判所は，小事件（leviores causae），すなわち，債権と動産に関する民事訴訟を管轄した。その開廷の場所も時期も，さらに，開廷の期間も，一定ではなく，必要に応じて開かれ，事件の完結次第，ただちに解散した。

§9　裁判所のこういう組織は，フランク王国全体の裁判所の組織となったが，フランク王国の分割後は，個々の領土で必ずしも一様に維持されたわけではない。ランゴバルト王国では，フランク族によって征服せられてから，カロリング朝の裁判所の組織が同時に採り入れられたが，このランゴバルト王国なり西部フランクでは，代官職が世襲となり，僧侶の特権が次第に拡充せられた結果，代官制度の解消を見るに至った(4)。フランスでは，やがて，参審員は，ただ，認証人として弁論に出席するだけで，判決は，判官（Centenar, Prevost）だけですることになったが，都市では参審員の制度が存続した。イタリアでは，都市の独立の強化が，代官制度の解消に与かって力があった。都市は，独自の裁判権を取得したからである(5)。さらに，イタリアでは，裁判官と判決発見人の区別は，必ずしも常に，厳密に守られなかったが，参審員の職は，多くは父から子へと伝えられる職となり，従って，学問的な教養を必要とするに至った（パヴィアにおける法学校）。なぜなら，ランゴバルト法の成文化と数多くの勅令（Capitularien）の発付のために，早くから，法の知識は成文法源の研究となっていたからである。

　このカロリング朝の制度は，とくに，ドイツの裁判所の組織ともなった。ドイツで，ある期間，その完全な実現を妨げたのは，法宣言者の職（Gesetzsprecheramt）の制度であった。この制度は，アレマン族とバイエルン族では9世紀まで，フリース族では14世紀まで存続し，ザクセン族のシュルトハイスの制度(6)はおそらくは，ザクセン族についても認められるエオサゴー(7)

（3）　Cap. Aquisgran. a. 812 c. 4., a. 810 c. 2. さらにカール大帝以後にも，Cap. Aquisgran. 817 c. 11. がある。

（4）　v. Bethmann=Hollweg, V. S. 186 ff.；Ficker, Forschungen zur Reichs- und Rechtsgeschichte Italiens, Bd. III, S. 232 ff.；Pertile, storia, VI. p. 32 − 59.

（5）　Hegel, Geschichte der Städteverfassung in Italien, II. S. 128 ff.

（6）　フランクの制度におけるシュルトハイスと混同してはならない。

第1章　最古の時代からザクセンシュピーゲル（約1230年）まで

(eosago) の改造にほかならなかった。実際，臨時裁判所について，フランク王国では，一般的な裁判所協力義務が免除されたが，ザクセン族でも，その判決を発見したのは，参審員ではなく，裁判所共同体であって，参審員の制度は，完全には採り入れられなかったのである[8]。

§ 10　ドイツでは，中世の末期に至るまで，引き続いて，次の国家の通常裁判所が存続した。すなわち，

(a)　州裁判所（Grafengericht oder Landgericht《judicium majus》）
(b)　下級裁判所（Nieder-《Cent-, Go-》gericht《judicium minus》）

1　ドイツの州裁判所は，フランクの裁判所組織における常設裁判所で，フランクにおけると同じように，ドイツでは，裁判所が開かれる場所の百人組が州全体について管轄権を有する意味で，百人組裁判所であった[9]。

州裁判所の裁判官は，従来どおり，原則として，上伯（Graf）であった。しかし，カロリング朝の制度が確立してからザクセンシュピーゲルができるまでの間に，上伯は，王の官吏から領国主（Landesherr）となり，かくて，裁判権もまた，自己固有の権利として，これを取得することになった。しかも，これにかかわらず，州裁判所では，王権（Königsbann）のもとにおいてのみ，裁判することができるという原則が，依然として認められた。この王権は，封土（Reichslehn）を有する諸候（Fürst）が，これを受けることにより，しかも，自己の権利として，これを取得した。ところで，1領国主の支配する領土は，原則として，数多くの州（Grafschaft）を含み，しかも，その州には，それぞれの上伯がいたから，諸候は，代官（Vicegrafen《Vögten》）を設けざるを得なかった。この代官が，常設裁判所で，裁判所の職務を行うことができるためには，王から，直接に王権の付与を受けなければならなかった。

各州には，少なくとも3つの裁判所の場所があったが，常設裁判所は，この場所で1年に3回，開かれたから，州裁判所は，原則として，6週間ごとに開かれたわけである[10]。

州裁判所について，裁判所協力義務を負うのは，百人組の地域内に居住する全自由人であったが，13世紀頃からは，家臣[11]（Ministerialen）も，この協

---

(7)　Schröder, ZRG Bd. 17, S. 228, Bd. 20, S. 1 ff., Rechtsgeschichte, S. 167, 168.
(8)　Schröder, ZRG Bd. 18, S. 52.
(9)　Sachsenspiegel, I 2 § 2 ; Wetzell, S. 375 ff. ; Schröder, ZRG Bd. 18, S. 47, S. Rechtsgeschichte S. 542 ff.
(10)　Sachsenspiegel, I 2 § 2, I 62 § 6, I 67 § 1, II 3 § 2, III 26 § 2. ; Richtsteig Landrechts, 33 § § 3, 4 ; Schröder, ZRG Bd. 18, S, 3, 4.

力義務を負うた。しかし，判決を発見するのは参審員であって，参審員は，終身として選任せられ，かつ，宣誓をしなければならなかった。参審員となる資格があるのは，常に，土地を所有する自由人か，ある所では，自由領主（freie Herren）に限られ，法律の認めるその員数は，7人であった[12]。裁判所共同体は，ドイツでも，常設裁判所の不可欠の構成部分で，各個の共同体構成員は，すべて，従前どおり，よりよい判決を提案して，参審員の発見した判決を非難する（schelten）ことができた。裁判所は，非難されない判決提案，従って，少くとも暗黙的に承認された判決提案だけを，判決として言い渡す（ausgeben）ことができたわけである。

　常設裁判所は，州内に存する土地所有権に関するあらゆる民事訴訟とアウフラッスング（Anflassungen），自由に関する訴訟および身体または名誉に関する刑罰にあたる犯罪の訴え（die an Hals oder Hand oder Ehregehenden Ungerichtsklagen）について，管轄を有した。

　2　臨時裁判所は，代伯である Centgrafen, Hunnen, Schultheissen の裁判所であり，ザクセンでは，同じく Gografen の裁判所である。この裁判所は，本当の州裁判所に対して下級の裁判権を有し，参審員となる資格を有しない者についても，すなわち，債権と動産に関する訴訟（Prozesse um Schuld und fahrende Habe）について裁判し，しかも，その裁判に対しては，州裁判所に不服の申立ができたから，下級裁判所とも呼ばれる。

　この下級裁判所の裁判長は，領国主の官吏となり[13]，ただ，領国主の有する裁判権を行うだけであるから，王権（Königsbann）のもとで，裁判をするわけではない。上伯（諸侯）がその裁判長を任命するには，これに先立って共同体の選挙が行われるのが，通常であった。後の時代には，この裁判長の職は，封職（Belehnung）の対象となった[14]。

　裁判所協力義務については，ドイツでは，すでに述べた区別のとおり，ザクセンでは，臨時裁判所に出頭する義務が免除せられなかったが，これに反して，ドイツの他の部分では，この協力義務を参審員に限定するカロリンガの方式が

---

(11)　Sachsenspiegel, I 2 § 1, III 68 § 2. Plank, Gerichtsverfassung, I. § 10 S. 52, 53. Schröder, Rechtsgeschichte, S. 545.

(12)　Schwabenspiegel c. 148 によれば，12人である。Vgl. Planck, I. § 18 S. 98 ff.

(13)　1231年の，首長たちのためのヘンリー王の制定法。「地方の裁判官もまた，領主あるいは領主より封土を与えられる者から百人組の裁判権を受け取る。」(Item centumgravii recipiant centas a domino terrae vel ab eo qui per dominum terrae fuerit infeudatus.)

(14)　Schröder, ZRG Bd. 18, S. 63, 64.

第1章　最古の時代からザクセンシュピーゲル（約1230年）まで

採り入れられた。それゆえ，ザクセンでは，百人組に属する自由人は，すべて，下級裁判所に出頭する義務を負ったわけで，土地占有者（Pfleghaften）（納税義務のある土地を占有する自由人）なり，土地居住者（landsassen）（自己の土地占有を有しない自由人，従って，土地用益賃借人および小作人《Pächter und Zinsbauern》）もまた，こういう義務を負った。

　臨時裁判所は，各百人組について，常に，6週の間を置いて，従って，州では14日目ごとに開かれた。

§ 11　一方，領邦では，数多くの州が原則として結合し，その各州は，それぞれ王権（Königsbann）を有する上伯の支配に服し，諸候は，上級上伯の地位を有したが，他方，辺州[15]（Markgrafschaft）は，それぞれ単一の州であり，従って，統一的な裁判区域であった。ザクセンシュピーゲルが，辺伯（Markgraf）について「自己固有の権限に基づいて司法を掌る者」(„der dinget bie sînes selbes hulden")といっているのは，辺伯も王権付与（Bannleihe）を要しないという意味ではなく，前後の文章から判るように，通常の上伯と辺伯の区別を意味した。すなわち，上伯は，特別の王権付与を受ける必要があるが，これに反して，辺伯は，封土（Reichslehn）を受けることによって，当然，裁判権（Gerichtsbann）をも受け，ザクセンシュピーゲルの当時には，自ら，裁判権を行うのが慣わしであった。辺伯の裁判所は，上級裁判所であった。他の州では，代伯（Cent- oder Gografen）に属した下級裁判権は，辺州では，下級裁判官が，これを行ったが，この下級裁判官は，辺伯が，これを任命し，北ドイツでは代官（Vögte），オーストリアではLandrichterと呼ばれた。

§ 12　ドイツでは，裁判所の通常の構成員として，法源では，フローンボーテ（Frohnbote），ビュッテル（Büttel），ブデルス（budellus），シェルゲ（Scherge），ヴァイベル（Waibel），プラエコ（praeco）という，いろいろの名称で現れてくる下級官吏があった（ザクセンシュピーゲルIII 61 § 1）。この職務は，下級裁判官としての機能が，代伯（Cent- oder Gografen）に移り，判決執行者としての機能がフローンボーテに移るというふうにして，フランクのシュルトハイスの職務から発展したものである。訴訟関係人の呼出しなり，法廷における秩序の維持もまた，この下級官吏の職務であった。それは，裁判官および参審員によって選任されたが，王の官吏であるから，王に対して宣誓をしなけれ

---

(15)　Sachsenspiegel, II 12 § 6 ; Brunner, Sitzungsberichte der Wiener Akademie, Bd. 47, S. 315 ff. ; Kühns, Geschichte der Gerichtsverfassung und des Prozess in der Mark Brandenburg, 2 Bde. ; Bornhak, Geschichte des preussischen Verwaltungsrechrs, Bd. I, 1884 ; Schröder, ZRG Bd. 18, S. 9 ff., 25 ; Schröder, Rechtsgeschichte, S. 551 ff.

ばならなかった（ザクセンシュピーゲル III, 56 § 1）。あまり意味のない官吏と見られたわけでは，決してない。

§ 13 オストファーレンの特別のものに，シュ・ル・ト・ハ・イ・ス（Schultheiß）がある。これは，裁判所の通常の構成員であるが[16]，フランクのシュルトハイスと混同してはならない。フランクのシュルトハイスは，下級裁判官であるが，ザクセンのシュルトハイスは，常設裁判所における代官の補助者である。代官が裁判を拒むときは，この者が，代官の代りに，判決を諮問すべきであるが，そうでないときは，この者は最初の判決者と認められ，代官は，この者に対して，裁判所の開廷に当って，通常なすべき諮問をなすべきであった。「王権のもとに裁判する裁判官は，そのシュルトハイスがいなければ，常設裁判所を開くことができない。裁判官は，この者の面前で，手続を進めることを宣言し，シュルトハイスに対して，最初の判決，すなわち，裁判をなすべき時であるかどうか，ついで，妨害と不注意を禁ずべきかどうか，を諮問しなければならない[17]」（Ez en mag chein richter, der bî Kunges banne dinget, echt ding habn âne sînen schultheizen, vordeme er sich zu rechte bieten sal ; dâr umbe sal her den schultheizen des êrsten urteiles vrâgen, ab ez dinges zît sî, unde dar nâh, ab her verbîten muze dingslete unde unlust.）。ホルシュタインのオ・ー・フ・ェ・ル・ボ・ー・デ（overbode）は，このシュルトハイスと同一である。

§ 14 裁・判・所・書・記[18]は，官吏としては，通常裁判所に知られていなかった。裁判所書記が現れるときは，裁判官なり参審員の個人的な仕事をするだけで，裁判所の構成員には属しなかった。

§ 15 都・市は[19]，カロリンガ時代には，まだ，郡（Gau）なり百人組の組織の一部であったが，ドイツでは，次第に発展して，こういう組織が分離し，特別の裁判区域となった。なぜなら，都市は，あるいは特別の州となり，あるいは州内で特別の百人組となったからである。後の場合でも，都市裁判所は，特別のシュルトハイスを裁判長とし，自由な土地所有権の贈与（Vergabungen）について，裁判権を取得した。

判決発見者の機能を果したのは，原則として，常設の参審員団であるが，市民から，そのつど，選ばれた参審員を新たに構成し，または，裁判所を構成す

---

(16) Sachsenspiegel, III 52 § 3. とくに，Schröder, ZRG Bd. 20, S. 1 ff. を見よ。
(17) Sachsenspiegel, I 59 § 2.
(18) Brunner, Zur Rechtsgeschichte der römischen und germanischen Urkunde, 1880. S. 235 ff. ; Planck, I. S. 110 Note 29, II. S. 196, 197.
(19) Planck, I. S. 25 ff. ; Schröder, Rechtsgeschichte, S. 588 ff.

第1章　最古の時代からザクセンシュピーゲル（約1230年）まで

る市民の全部が判決を発見した例が，数多く残っている。

第2　国王裁判所　宮廷裁判所

§ 16　国王裁判所（Königsgericht）では，王が自ら裁判権を行った[1]。この国王裁判所は，州裁判所（Landesthing）に代るものであるが，王は，その処理する手続について，独自の規範を定めることができたから，国王裁判所については，部族法とは違った原則に従うことが多かった。国王裁判所は，とくに，開廷場所（Dingstätte）も開廷時期（Dingzeit）も一定しなかったのである。宮廷なり，どこかの離宮（Pfalz）で開かれるのが通常ではあったが，決して，これらの場所で開かなければならなかったわけではなく，王が旅行すれば，国王裁判所も，その旅行先へついてまわった。この裁判所は，メロヴィング朝では，通常，毎月の初めに，カロリング朝では毎週開かれたが，その後は，もっぱら，王が任意にこれを開くことができた。裁判所の構成も，一定していなかった。国王裁判所の裁判官は，王かまたは王の任命する代理人であった。ピピン以来，この裁判長の代理は，宮中伯（Pfalzgraf）に移されたが，この原則は，その後，しばしば，破られ，ついに，1235年のフリートリッヒ2世のマインツ平和令（Landfriede）によって，常設の宮廷裁判官（justitiarius curiae regis）という，王の常時の代理人が置かれた。この宮廷裁判官は，独自の権限に基づく裁判官ではなく，王の官吏であったから，独自の勤務場所を持たず，王の宮廷の所在地に従わなければならなかったし，王が国内にいないときは裁判することができなかった。さらに，王が死亡すれば，宮廷裁判官の職も消滅した。宮廷裁判所に持ち出される事件は，すべてこの宮廷裁判官の手に渡り，宮廷裁判官が通常これを処理したが，その際一定の開廷日に従わなければならない，ということはなかった。追放（Reichsacht）の言渡と貴族（principes）すなわち諸侯（Fürst）および諸侯仲間の重要な事件だけは，王に留保された。

　常設の判決発見者は，宮廷裁判所では，決して存しなかった。判決発見者は，むしろ，関係人の時間なり事情または関係が許すかぎり，王が，その随行者から，できるだけ，当事者の種族なり階級を顧慮して，これを選任した。とくに，14世紀の初頃から，諸侯の生命，名誉および封土（Reichslehn）に関する事件では，諸侯なり諸侯仲間だけが判決を発見することができるという法的原則が，厳重に守られた。この判決発見者は，少くとも，7人存在しなければならな

（1）　Waitz, II. S. 183 ff.; IV. S. 473 ff.；Barchewitz, das Königsgericht der Merowinger und Karolinger, 1882；v. Bethmann=Hollweg, IV. S. 435 ff., V, S. 18, 28；Wetzell（Sohm），Civilprozess. 3. Aufl. S. 343 ff. さらに，とくに Franklin, das Reichshofgericht im Mittelalter, 2 Bde. 1867-69.

かったが，しばしば，それ以上の相当数のものが出頭した。判決発見者は，その主人としての王に対して，宣誓をし，この宣誓に基づいて判決をしたが，特別の判決宣誓をすることはなかった。15世紀には，しばしば，必要な員数の判決発見者がなかったから，有給の常設補助者（Beisitzer）を任命するという方法を採った。

　宮廷裁判所では，裁判所書記の職ができ上った。すでに，フランクの時代に，宮廷裁判所では，書記者として宮中伯の出頭が必要であった。最初は，その報告に基づいて，尚書（Reichskanzlei）が，宮廷裁判所の弁論について，記録を作成した。カロリング朝以来，特別の裁判所書記が置かれた。裁判所書記は，弁論に出頭して，自己の認識に基づいて弁論の内容を記録するが，しかし，裁判所の正規の構成員ではなかった。この制度がすたれてから，宮廷裁判官と同時に，宮廷裁判所書記（notarius curiae）が置かれた。この裁判所書記は，職務宣誓をすることを要し，提出された書類を登録し，追放簿（Achtregister）と判決簿（Urteilsbücher）を作成し，裁判所の弁論を記録するのが，その任務であった。しかし，この時代になっても，裁判所書記は，正規の裁判所の構成員ではなかった。

　宮廷裁判所の管轄は，あるいは，通常裁判所と競合し，あるいは，専属である。

　王は，確定判決によって完結しないあらゆる事件を宮廷裁判所に移す（evociren）ことができたから，この意味で，宮廷裁判所は，競合裁判権を行った。しかし，そのうちに次第に，数多くの不移審特権（privilegia de non evocando）が附与せられ，この特権を有する管轄裁判所から事件を宮廷裁判所へ移す王の権利は，排除された。この特権は，1356年の金印勅書（goldene Bulle）によって，選帝候（Kürfürst）の憲法上の権利となり，ついに，1487年には，王の移審権は，全く廃止された。さらに，王は，州に来るときは，州の裁判所を開き，まだ係属していない事件およびまだ完結していない事件を，すべて，裁判することができた（ザクセンシュピーゲルIII 60 §§ 2, 3）。

　宮廷裁判所が専属管轄を有する事件は，通常裁判所が裁判を拒んだ事件，通常裁判官の判決に対して上訴が提起せられた事件および異議権（Reklamationsrecht）が認められた事件である。数多くの不上訴特権（privilegia de non appellando）が付与せられたから，その範囲で，宮廷裁判所は，上訴裁判所として，その管轄について制限を受けた。1356年の金印勅書は，この特権を，選帝候の領土について，選帝候に与えた。異議権，すなわち，通常裁判所で弁論された自己の事件を王裁判所に移すという特定人の権利は，すでにフランク

第1章　最古の時代からザクセンシュピーゲル（約1230年）まで

時代に，しかも，とくに，国庫，王の保護を受ける者および王の特恵（Beneficien）に関するあらゆる訴訟について存在したが，その後，拡張せられ，王の直属者（Reichsunmittelbaren）が，王の裁判を受けるという，その通常の人的裁判籍を取得した原因となった。

§ 17　カール大帝が設けた巡察使⁽²⁾（Sendboten, Königsboten, missi dominici）は，州を巡察するに当ってその裁判権の行使を求められたときは，王の受任者としてのみ，これを行った。それは，決して常設裁判所の裁判長ではなく，こういうことは，その職務からいって，許されなかったわけであるが，ただ，必要がある場合に，その滞在する地区の州裁判所の裁判長となっただけである。その際，単に，王からとくに委譲された裁判権を王に代って行っただけであるから，部族法による手続上の方式には拘束されなかった。

II　非国家裁判所

§ 18　裁判権は，すべて，国家から発する，という原則は，自然でもあり，もともと中世でも支配的であったが，ドイツ法は，国家に発しない裁判権を認めて，この原則を破った。この裁判権は，中世の取引生活にとって，重要な数多くの事件について，国家の裁判権を排除した。私法関係と公法関係の区別は，中世では，まだ完全に意識せられなかったが，裁判権のこういう現象は，これらの関係の独自の混淆による。一方では，公法上の支配権を私法行為の対象としたこともあれば，他方では，国法上の権利を行う権能を私権を有することにかからしめたこともある。国法上の権利行使を広汎かつ自由な土地所有権の属性と見るのが例であった。国民大衆の経済生活は，国民大衆と大土地所有者との関係に依存したが，この関係は，原則として，土地を所有しない者が土地所有者に対して人的にも従属することを結果したから，土地所有者が領主となる関係においては，すべて土地所有者は国法上の権利を行う権能を有する，という思想が生れた。一般法は，この土地所有者に依存する国民大衆の重要な生活関係を承認しなかったから，こういう思想は，それだけ容易に受け入れられたはずである。

§ 19⁽¹⁾　自由な土地領主（Grundherr）の土地には，数多くの不自由人が生活していたが，部族法は，これらの不自由人の法律行為を無効としたから，不自

---

(2) Sohm, Die fränkische Reichs- und Gerichtsverfassung, S. 489 ff.; Waitz, IV. 413 ff.; Wetzell, S. 348.

(1) Schröder, Rechsgeschichte, S. 174 ff.; Brunner, Rechtsgeschichte, I. § 26; Wetzell, S. 359 ff.

由人は，公の裁判所で訴訟を追行することができず，また，第三者の不法行為の訴えに対しては，通常の裁判所では，その主人によって代理されることを要した。主人は，最初は，その自由裁量によって，これらの不自由人の訴訟を処理するのが常であった。しかし，管理人（Meier）または支配人（Gutsvögte）に大土地を管理させ，さらに，隷属民（Hörige）の法的事件も，これらの代理人に裁決させるという風習が生じてから，国民の全階級の間に生き生きとした法的感情と土地領主（Grundherr）の利己心に導かれて，自他の農地で発展した伝統と一定の法規範を標準として，裁判するようになった。

さらに，フランク時代の経済事情は，大土地の所有者が，その土地を自由人の利用に委ねるという事態をもたらした。その結果，利用を委ねられた者は，人的な従属関係に立つことになり，ひいては，その完全な自由を半減させ，半自由人（minores）となるに至った。そこで，これらの半自由人もまた，第三者の訴えに対しては，公の裁判所で，その主人によって代理されなければならないものと認め，主人の代理義務の及ぶ範囲では，主人の利益のために，公の裁判権を排除した。かくて，土地に居住する自由人に対しても，土地所有に基づく，土地領主の（世襲的）裁判権が生じた[2]。

これに加えて，免除（Immunität）の制度が発展した。免除というのは，公租公課の免除を意味する。国庫に属する財産は，この以前から，この免除を受けていた。国庫に属する財産については，王の選任する官吏（domestici）が，上伯とは無関係に，王の権利を行った。ところで，6世紀頃以来，他の土地領主（とくに，僧院《Bisthümer》と修道院《Klöster》）が，免除の特権によって，こういう公租公課の免除を受け，ひいては，その支配地区から国家の官吏を遠ざけ，国庫に属すべき公租公課を自己のために取り立てる権利を取得してからは，裁判所の科する罰金（Gerichtsgefälle）もこういう公租公課に属するので，土地領主が設けた特別の，いわゆる免除裁判所（Immunitätsgericht）が，国家の承認のもとに発展した。

しかし，この免除裁判所の裁判権は制限的であった。それ自体として自由な臣下（Hintersassen）は権利能力なり訴訟能力を有したから，常設裁判所の管轄に属する事件については，上伯による国家の裁判権に服し，臣下の相手方が免除地内に居住していないときは，代伯の裁判権にも服した。だから，免除裁判所の裁判権は，国家の下級裁判権に代っただけで，同一の免除地内に居住する者の間における事件なり，土地領主と臣下の間における事件に限られた。こ

（2） v. Bethmann=Hollweg, IV. S. 438 ff.; Pertile, storia, VI. p. 166.

第1章　最古の時代からザクセンシュピーゲル（約1230年）まで

の裁判権が，これらの者の法律関係になんらかの関係をもつ事件，従って特に相続権にも，及んだことはいうまでもない。その裁判長は土地領主または管理役（villicus）であり，判決発見者は，宮廷一族の全員であるか，または，この全員の選任する参審員であった。

§20　同じような事情に基づいて，封建裁判権（Lehngerichtsbarkeit）が発展した(3)。ここでは，もとより，封建制度の成立に言及することはできないが，封建関係は，もともと恩恵に基づくものであり，領主と家臣の間の合意にかかるだけであったことを指摘すれば，十分である。この合意を維持することは，領主にとっても，重要であった。だから，領主が，自ら，かつ，ほしいままに，事件を処理しないで，その隷属民（Hörigen）に対する関係では，伝習（Herkommen）を法規範として裁判したように，封建関係について，封建風習（Lehnssitte）を法規範として裁判したのは，領主と家臣の利益のためであった。ところで，単なる伝来の規範が発展して法規となるに従い，全封建関係は，純然たる事実関係から，相互の権利義務を生ずる法律関係となった。封建法規に通じない第三者，おそらくは，階級を同じくしない第三者の干渉を排除するために，封建契約のうちに，領主の封建裁判権に服従することを採り入れた。このうちには，土地所有によって条件づけられた公権という思想が含まれていたから，この公権によって，後の時代には，こういう契約による明示の必要はなくなった。

ところで，封建裁判権(4)は，同一領主の多数の家臣（Vasallen）を前提とし，同一領主の家臣の間または領主とその家臣との間の事件に限られたが，封建関係に関するあらゆる法律行為については，合意による裁判にも及んだ。裁判官は領主であるが，領主自身が当事者であるときは，領主の任命する代理人であり，判決発見者は家臣であった。

家人裁判所（Dienstmannengericht）は，封建裁判所と全く同様であったが，後には，封建裁判所に移行した。

§21　さらに，いわゆる辺地裁判所(5)（Märkerdinge）もまた，非国家裁判所であった。この裁判所は，辺地の住民によって構成せられ，辺地における犯罪（Markfrevel）のほか，辺地の全体に関する紛争についても，裁判した。

（3）　Albrecht, die Gewere, 1828, S. 290 ff.; Eichhorn, die Staats- und Rechtsgeschichte, II. S. 448 § 303; Unger, Altdeutsche Gerichtsverfassung, 1842, S. 264 ff.
（4）　Homeyer, System des Lehnrechts der sächsischen Rechtsbücher, S. 562 ff.; Plank, I. S. 15 ff.; Schröder, Rechtsgeschichte, S. 568.
（5）　とくに，F. Thudichum, Die Gau und Markverfassung in Deutschland, 1860. 参照。

第2節　宗教裁判権[1]

§22 教会の世俗的な免除裁判権（Immunitäts-Gerichtsbarkeit）と異るものに，司教の宗教裁判権がある。前者は，私人としての土地所有に基づく世襲の権限であるが，後者は，教会主宰者の教会的な，従って，公法上の権利に基づくものである。

　フランク時代の最初の数世紀には，国家の裁判権が認められただけである。614年に，クロタール2世は，はじめて，俗人が僧侶を相手方として訴える場合にも，僧侶に対する下級裁判権を司教裁判所に委ねて，僧侶は世俗の裁判官の裁判を受けるべきではないという，教会の側から熱心に主張せられた要求を容れた。かくて，司教裁判所は，下級裁判所（Schultheissengericht）に代ることになったが，前者は，後者と同じように，世俗法の規定に従って手続を進め，その判決は，国家の世俗裁判所と同一の拘束力を有した。司教裁判所の開廷には，執行官吏として，代官またはシュルトハイスが，出頭した。（常設裁判所の）上級裁判権は，依然として，国家に属したが，その後，787年には，僧侶の間における土地所有権に関する訴訟については，これに先立って司教の面前で，和解の勧試（Sühneversuch）がされなければならない，という規定が設けられ，9世紀の中葉には，若干の司教裁判所に対して，こういう訴訟について自ら裁判する権利が与えられた。国家の裁判所では，僧侶は，教会の執事（Vogt）に代理させることができた。司教裁判所に対しては，偽イシドール教令とベネディクトウス・レヴィタ（Benedictus Levita）の出現に促がされて，ますます広汎な裁判権が与えられた。ついに教会は，僧侶が，宗教裁判所でのみ，訴訟をすることができるだけでなく，当事者の身分とは無関係に，宗教裁判所が，いやしくも，教会または宗教になんらかの関係がある以上，あらゆる事件，従って，婚姻事件，遺言事件，僧職授与に関する事件（Kirchenpatronatssachen），10分の1税に関する事件（Zehntsachen），暴利行為に基づく訴訟，約束宣誓（promissorischer Eid）によって強化された行為に基づく訴訟について，裁判することを明文で認められた[2]。皇帝と法王は，神から，法の保護者として，設けられたものだという思想は，実際，ザクセンシュピーゲル（I, 1）

（1）　Sohm, Zeitschrift für Kirchenrecht, Bd. 9, S. 193 ff.; Nissl, Garichtsstand des Klerus im fränkischen Reich, 1886; E. Löning, Geschichte des deutschen Kirchenrechts, II. S. 507 ff.; Hinschius, Holtzendorfs Encyklopädie, S. 143–146; Pertile, storia, VI. p. 77–97; Schröder, Rechtsgeschichte, S. 178 ff.
（2）　刑事事件においても，これに応ずる権限拡張が行われた。

なりこれに類する法源にも，現れている。

　宗教裁判権は，宗教会議（Synode）で行われたが，宗教会議は，司教が巡察に当たって開き，その方法としては，司教が僧侶の補助のもとに自ら判決を発見し，これを言い渡した。次第に，おそらくは，9世紀になってから初めて，宗教裁判権は世俗裁判所の組織を採るようになった。各教区（Kirchspiel）の有力者から，いわゆる宗教会議監事（juratores synodi）が任命されて，宣誓をした。この宗教会議監事は，初めは，知り得た違反事件（Vorfälle）を宗教会議裁判所（Sendgericht）に告発するのが，その任務であったが，その後は，告発者とならないかぎり，参審員として判決を発見した。宗教会議裁判所は，世俗法の常設裁判所と同じように，各教区（Taufkirche）について，常に一定の期間を置いて開かれ，すべて教区民（Eingepfarrten）は，これに出頭しなければならなかった。

第2章　帝室裁判所の設立（1495年）に至るまでのその後の発展

§23　カロリング朝における裁判所の構成は，数世紀にわたる発展の結晶である。裁判権は，王の有する裁判権で，王の官吏が掌理した。ザクセンシュピーゲルにおける裁判所の構成は，こういう結末を示すものではなく，領国主権（Landeshoheit）は強化したが，なお，裁判権を完全に自己のものにはしていなかった。上記のように，高次の裁判権は王に留まり，下級裁判権だけが領国主の裁判権となった。完全な自由を保持した者は，重要な事件については，常設裁判所で裁判を受けたが，この常設裁判所は，依然として，王権（Königsbann）に服したから，これらの事件については，王の直接の支配を受けた。これに対して，他の住民は，下級裁判所に裁判権を有したが，皇帝（Reichsoberhaupt）の支配を受けた。それにもかかわらず，領国主権は，引き続いて発展し，ついには，帝室裁判所（Reichskammergericht）の設立を見るに至った[1]。この発展は，次の諸現象に見ることができる。まず，領国主が，上伯という従来の資格で，裁判長となっていた裁判所は，宮廷裁判所を手本として，領国主の上級裁判所（landesherrliche Hofgerichte）となったが，この裁判所は，貴族のあらゆる事件，さらに，高位聖職者や都市についても専属管轄を有し，下級裁判所に対する上訴裁判所であった。こうして，代官（Vögte）が開いた他の州裁判所は，これと同一の権限を有する裁判所としては，その地位を失った。な

（1）　Wetzell, S. 375；Schröder, Rechtsgeschichte, S. 556 ff.

ぜなら，従前の王の裁判権が完全に領国主に移ったので，これらの代官も領国主の官吏となったから，この代官なりその裁判所は，諸候が自ら開く裁判所の下に立たざるを得なかったからである。しかし，この代官の開いた裁判所は，常設裁判所（echtes Ding）に裁判籍を有しない者について，常設裁判所に属するあらゆる事件を管轄し，それ以来，しばしば，簡単に，州裁判所（Landgericht）と呼ばれた。従来の下級裁判所（Cent- oder Gogericht）は，私法上の行為に基づいて，しばしば，土地領主の手に移され，土地領主自身の裁判所に合流したから，家父長的な裁判権が著しい重要な拡大をみた。

§ 24 国王裁判所自体は勿論であるが，こういう発展にかかわらず，各個の州裁判所も，依然として王の裁判所であった。

 1 フランクとシュワーベンでは，皇帝の個別の州裁判所（Landgericht）が存続した。この裁判所では，皇帝の任命する国代官（Reichsvogt），州代官（Landvogt）または州裁判官（Landrichter）が，裁判官となり，皇帝の直臣（Reichsministerialen）が，参審員の職を行った。そのうち，特別の意味を認められたのは，ニュールンベルクの州裁判所とロートヴァイルの宮廷裁判所である。これらの裁判所は，王権（Königsbann）のもとに，裁判権を行い，宮廷裁判所（Reichshofgericht）と同じように，追放を科し，全国の訴訟について，裁判することができたから，他の裁判所に比べて，大きな権能を有した[2]。

 2 ヴェストファーレンの自由裁判所[3]（Freigerichte）もまた，王の裁判所であった。この裁判所は，フェーメ（veme）と呼び慣らわされていて，この言葉は，13世紀以来，刑罰の意味に使われたが，この言葉の示すように，一般の訴訟原則とは違った方法で刑事裁判権を処理した点に，この自由裁判所の意味があった。これを自由裁判所，その補助者を自由参審員（Freischöffen），その裁判長を自由代伯（Freigrafen）と呼んだのは，ひとえに，他の場所では，州裁判所が単なる貴族裁判所となったのに（§ 23 参照），ヴェストファーレンでは，とくに数多くいた自由な土地所有者は，州裁判所について，参審員となる資格（Schöffenbarkeit）と完全な裁判所協力義務を保持し，その結果，この裁判所は，事実上，あらゆる自由人に対する裁判所であったからである。領国主権は，他の領域では，急速に発展したが，このヴェストファーレンでは，そ

（2） v. Schulte. Rechtsgeschite, 5. Aufl, S. 367 ; Schröder, Rechtsgeschichte, S. 560, Wetzell, S. 379.

（3） 非常に膨大な文献が存するが，これについては，Schröder, Rechtsgeschichte, S. 561. n. 206. 参照。とくに，Lindner, Die Veme. Bornhak, Preussische Jahrbücher, Bd. 62 S. 1 ff. ; v. Schulte, Rechtsgeschichte, 5. Aufl. S. 368 ff. を挙げておく。

第2章 帝国司法裁判所の設立（1495年）に至るまでのその後の発展

の発展は緩慢であった。ヴェストファーレンでは，下級裁判所（Gogericht）だけが領国主権に服したが，これに反して，州裁判所は，なお長い間，王権（Königsbann）のもとに裁判し，15世紀になって初めて，領国権力が強化せられるにつれてこの権力に服するに至った。自由裁判所（Vemegericht）の民事裁判権は，他の裁判所と変らないから，ここでは，この自由裁判所の特質に言及する必要はない。

§ 25 都市は，かつては，百人組または特別の州として，王の裁判権を行ったが，発展の結果，次第にその独立性を増大した。都市も，以前は王の裁判権の及ぶ特別の地区にすぎなかったから，領国主の裁判権に服せざるを得なかったが，多くの都市は，この領国主の裁判権の支配を受けないようになった。それ以来，事件の審級は，都市裁判所から，宮廷裁判所へではなく，都市参事会（Stadtrath）へ移ることになった。

各個の重要な都市の参審員団は，13世紀の初頭以来，影響力の強い上級裁判所（Oberhöfe）となった。とくに，マグデブルク，リューベック，フランクフルト・アム・マインやイグラウがそれであるが，イグラウは，とくに，鉱山法に関する問題について，非常な権威を認められた[4]。しかし，これらの参審員団が，他の裁判所の裁判に及ぼした影響をその上級審裁判所としての地位に帰するのは，誤りである。裁判所としては，その判決は，裁判権の及ぶ地域内だけで，法的意味をもつにすぎず，いかなる場合でも，狭い都市の裁判区域を超えてまで，意味を有しなかったからである。これらの参審員団にこういう名声を与えたのは，ただ，そこに現われた，当時としては特に進歩した法知識であった。争いのある法律問題については，これらの参審員団から教示を求め，教示を求めた参審員は，その教示を判決として提案して，これを判決の法的内容に用いたが，もちろん，上級裁判所の意見に拘束されたわけではない。しかし，法的教示を求めた都市の参審員は，多くは，いわゆる上級裁判所を有する都市からこれを受けたから，事実上の慣行を通じて，こういう都市の上級裁判所が上級審裁判所の権限を有するかのように見る思想が生じた。しかし，こういう思想のために，審級の確定とか，法律上，影響力の少い都市が上級裁判所の裁判権に服するという結果にはならなかった。

§ 26 皇帝フリートリッヒ三世（1440年—1493年）は，ほとんど帝国に属しない相続領地に滞在し，従って，帝国内に居住する騎士または諸侯によって宮廷

---

(4) この点については，Schultze, Privatrecht und Prozess in Wechselwirkung, 1883. S. 127 ff.; Tomaschek, Der Oberhof Iglau in Mähren, 1868; Michelsen, Der Oberhof zu Lübeck; Thomas, Der Oberhof zu Frankfurt, Böhlau, ZRG Bd. 9, S. 1 ff. 参照。

第1編　中世ドイツの訴訟　第1部

裁判所を構成することが不可能となったから，宮廷裁判所は，1450年には，その活動を停止した。そこで，皇帝は，皇帝に提出された王の裁判所の管轄に属する事件は，その閣員を参加させて，自らまたは代理官によって，裁判するのが通例であった。この制度は，単なる慣行に基づくもので，司法裁判所（Kammergericht）と呼ばれたが，1471年10月24日の命令によって，法律上，確認された。もっとも，この裁判所の司法は，皇帝の内閣の司法と同じように，不信の眼をもって見られ，実際，不完全なものに終った。一定の場所に定在し，皇帝とは独立した帝国裁判所の設置を求める等族階級の要求は，ますます強くなったが，次の皇帝であるマキシミリアン一世は，初めて，1495年に「皇帝および帝室裁判所」（das kaiserliche und Reichskammergericht）を設置して，この要求に応じた。この裁判所の沿革と構成は，ドイツ普通民事訴訟に関する章で述べるところに譲らなければならない[5]。

　ちなみに，13世紀の「無帝」時代（kaiserlose Zeit）以来，すでに，最も重要な事件は，宮廷裁判所の裁判を受けることはなかった。この時代から，個々の事件についてではなく，一定の者の間で将来起るかも分らないあらゆる事件について，合意を取り結び，こういう合意によって同階級者の裁定に服するという慣行が生じたからである。この合意を，「協約」（Austräge）と呼んだ。この合意は，それ自体としては，ただ合意当事者を拘束するだけであるが，諸候と帝国直属都市（Reichsstädte）の協約は，王の特権によって，第三者に対しても，拘束力を取得した。

§ 27　中世の裁判所の組織に関する説明を終るに当って，なお，裁判所は，訴訟裁判権だけでなく，いずれもその管轄区域内では非訟裁判権をも行ったことを，述べておかなければならない。とくに，諸種の権利の移転に必要なアウフラッスング（Auflassung）は，裁判所の面前で行われ，裁判官の宣告（Friedewirken）と出頭者の請求を排除する除斥判決によって，その効力を確保された。

（5）　Franklin, Das Reichshofgericht im Mittelalter, I. S. 320 ff. II, S. 162 ; Franklin, Das königliche Kammergericht vor dem Jahre 1495. 1871 ; Stobbe, Leipziger Rektoratsrede vom 31. Oktober 1878.

第2部　訴　　　訟

第1章　訴訟法と他の法領域との限界

§ 28　中世ドイツ法では，権利侵害は，すべて，法的平和の破壊であり，裁判上の手続は，破壊された法的平和を回復する手段であったから，民事訴訟と刑事訴訟は，はっきりとは区別されなかった[1]。こういう思想に促されて，非行によって侵害を受けた者が，自力救済によって復讐を行うかわりに，法的平和の破壊者の処罰を求める場合だけについて，裁判上の手続が形成されるに至った。やがて，フランクの古代に，被害者は，ますます，単に，罰金（Busse）または贖金（Wergeld）の支払を求めるだけに甘んぜざるを得なくなってから，純然たる私法上の財産上の請求権をも，通常の訴訟手続で追求する方法が開かれたが，このことは，義務者が，権利者に対して違法行為を犯したことを前提とした。ところで，こういう要件は，権利者が，裁判外で，かつ，所定の方式に従って，相手方に対し適式に締結された契約の履行を催告し，催告を受けた相手方がその義務を争ったときに，充たされる。動産を占有する第三者に対する動産の追行も，ただ，窃盗の訴えによって許された。この訴えは，第一次的には刑罰を目的としたが，これと並んで，盗まれた物の回復をも結果した。こうして，最古のドイツ法は，裁判上の通常手続としては，不法行為訴訟だけを認めた。その後の発展の結果，あらゆる私法上の請求が，この裁判上の通常手続によることになってから，民事の訴えと不法行為の訴えに通ずる統一的な手続が設けられた。ところで，不法行為の訴えについては，いくつかの特異点が認められ[2]，さらに，宗教裁判所および自由裁判所（Vemgerichte）を通じて，一般的な法的平和を破壊する行為は職権で処罰しなければならないことが認められるに至った[3]が，それでも，民事訴訟と刑事訴訟とを原則的に区別するまでには至らなかった。

§ 29　司法と行政も，同じように，同一の官吏の手に，完全に結合されていた。中世のある法源は，現代の法概念からすれば，公法上の概念に属する義務

---

(1)　Siegel, Gerichtsverfahren, S. 58 ; Löning, Reinigungseid, S. 4; Pfordten, ZRG Bd. 12, S. 346 ; Schröder, Rechtsgeschichte, S. 79 ; London, Anefangsklage, S. 29.

(2)　Planck, Gerichtsverfahren, I. S. 742 ff.

(3)　Schröder, Rechtsgeschichte, S. 571, 716 ; Bornhak, Preuss. Jahrb. Bd. 62, S. 1 ff.

について，裁判所の判決で裁判したこと[4]を示しているが，この法源は，こういう事情と一致している。私法と公法の区別は，近代になって，初めて意識せられたことであり，中世法は，国家の概念を認めることなく，国家の支配権を，むしろ私権の流出物と見たにすぎないことを考えるならば，この現象は，怪しむにはあたらない。

第2章　訴訟法の諸原則

第1節　法律関係としての訴訟

I　訴訟の主体

§30　裁判所　裁判所は，裁判官と判決発見人とで構成せられるから，司法権は，裁判官が裁判権を有し，判決発見人がその裁判所協力義務を果したときに，はじめて，これを行うことができる。

　1　王の裁判権は[1]無制限であったが，王以外の裁判官の裁判権は総て制限的である。後者の裁判権に服したのは，ただ，裁判所の区域内に居住する者だけであったが，すでにフランク時代には，住所地の裁判籍と並んで，不動産所在地の裁判籍[2]，さらに，不法行為地の裁判籍および反訴の裁判籍[3]が認められた。その後の時代（15世紀）には，仮差押えの裁判籍もできた[4]。

　さて，ザクセンシュピーゲル（I 82 §1）の「1つの場所で敗訴した者は，あらゆる場所で敗訴する」（Swer sîn recht vor gerichte verlûset hat an einer stat der hat ez uberal verlorn.）という規定では，ある裁判所で言い渡した判決は，あらゆる者を拘束する，という原則が示されているが，同一階級の裁判所に対して，その裁判を執行することによって，共助を与えなければならない，という義務は存しなかった。

　2　**裁判所協力義務**[5]（Dingpfiicht）は，最も広い意味では，司法に協力すべ

（4）　Sachsenspiegel Lehnrecht, 4 §1, 46 §1 － 3 ; Hach, Das alte Lübische Recht, 1839, I. 3.
（1）　Sohm, Reichs- und Gerichtsverfassung. S. 298 ff. ; Planck, I. §§ 2 ff, §§ 8, 9.
（2）　Capit. Aquisgran. a. 817. c. 10 ; Sachsenspiegel, III 25 §2.
（3）　Sachsenspiegel, I 60 §3.「法を求めた場所がどこであれ，その場所では，法を求めた者は法を守り，たすけなければならない。」（Swôr der man vorderet recht, dâ sal he rechtis pflegen und helfen.）
（4）　Kühns, Gerichtsverfassung Brandenburgs, II. S. 339, 340.
（5）　Sohm, Reichs- und Gerichtsverfassung, S. 333 ff. ; Siegel, Rechtsgeschichte, §72; Planck, I, §10 ff. ; Homeyer, Richtschteig Landrechts, S. 413.

き義務である。その協力は，こういう協力義務者が，裁判所に出頭し（richteres ding to sukene），裁判所で，裁判官の命令に基づいて，判決を発見し，当事者の代弁人（Vorsprecher）となり，裁判官の使者として，上級裁判所から判決案を貰い，いわゆる裁判所証明（Gerichtszeugnis）をする（rechtes to helpene）ことである。しかし，中世のドイツ法は，呼出を受けた当事者が出頭し，裁判官の質問に対して被告が答弁し，弁論が延期されたときに，当事者がこれに再出頭することも，この義務の履行と見た。裁判官の命令に従わない者は，裁判官に対して罰金（Gewelte）を払わなければならなかった。

　最初は，裁判所の区域内に居住する者は総て，裁判所に出頭すべき義務を負った。カール大王は，すでに述べたように（§8），この義務を軽減し，その後の時代には，義務者の階級のいかんにより，裁判所の管轄に応じて，この義務を区別した。

§31　当事者[6]　個人の法律問題は，その法的紛争であれまたは法律行為であれ，すべて，裁判所の面前で，公に討議せられ，解決されることによって，総員の共通の法的事件となった。あらゆる自由人は，法の擁護者とせられ，自由人は，おのおの，裁判所協力義務に基づいて，法の支配に協力すべき義務を負った。特に，裁判所に出頭する自由人が，裁判所の面前で権利が行われないで違法行為がなされた，と考えるときは，これに対して異議（Einsprache）を述べる義務があったが，この異議義務は，この義務の1つである。その結果，裁判所の面前で，かつ，裁判所を通して，この異議を受けずに，または，異議があっても，それが排斥されて作り出された状態は，不可侵の適法な状態となった[7]。この状態が生ずる結果として，さらに，異議を述べた者は，総て，異議を述べることによって，他人の間で討議される事件に介入することになった。法律行為，とくに，土地所有権の譲渡をなす際におけるいわゆる沈黙（Verschweigen）の効果なり，後に詳しく述べることであるが，判決非難（Urteilsschelte）は，こういう思想から説明することができる。こういう思想からすれば，訴訟における係争当事者として対立する者は，一定の請求を追行し，およびこれを排斥する者ではなく，みずから訴訟物について最も利害関係があることを主張する者であり，従って，訴訟の進行中に，さらに密接な利害関係

---

(6)　Zöpfl, Rechtsgeschichte, §125 a VII, §126 IV; Planck, I. §27.

(7)　Sachsenspiepel, II 6 §4.「どんな賄賂が与えられたのを知った場合でも，または，どんな判決が発見されたのを聞いた場合でも，これに対して直ちに異議を述べない者は，後に異議を述べることができない。」（Swilche gâbe der man siht, oder swilch urteil her vinden hôrt, en widerredet ers zu hant nicht, dar nâh en mac ers nicht widerreden.）

があることを主張する者に取って代られることにもなった。それゆえ，現在，伝わっている当事者の名称[8]は，あるいは，紛争そのものを意味し（causidicus, causaticus, causator, causans），あるいは，単に表面的に，訴訟を始めた者と防御の陳述をしなければならない者を区別する（accusans, petitor, quaesitor, qui pulsat, quaerit ; prosecutor causae ; — accusatus, pulsatus, qui respondet, se defendit）。ザクセンシュピーゲルでも，一定した当事者の名称は見当らない。当事者は，一般的に，sakeweldigen, sakewalden と呼ばれるのが原則であった。攻撃者は，しばしば，原告（Kläger）と呼ばれたが，被告という言葉は，他の言葉で言い表わされた（「訴えを受ける者」ûf den die klage gat Sp. I. 53 §1）。ラント法訴訟法書（Richtsteig Landrechts）では，この点について進歩が認められ，被告を訴えられる者（beclagender man, besculdegede），応答者（den antwerder）と呼んだ。一般的には，原告または被告という当事者の地位を，ますます厳密に限界づける方へ発展した。

§ 32　訴訟能力[9]は，一般的には，完全な権利者となる資格と一致する。不自由人（eigene Leute）は，州裁判所においては，訴訟能力を有しなかったが，宮廷裁判所においては，これを有した。法外者（Recht- und Friedlosen）は，訴訟能力を有しなかった。

　婦人は，訴訟能力を制限せられた。婦人は，その保護者の補佐を受けなければ，訴えることができなかった。訴えられたときは，婦人は，その保護者がいない以上，自由に，弁論の延期を求めるか，裁判官に対して，特別の訴訟補佐人の選任を求めるか，さらに，自ら，訴えに対して応訴することができた。当事者宣誓は，婦人が自らこれをした。

　成年に達しない者は，最初は，ひとりで裁判所に出頭することもできなければ，その保護者の代理を受けることもできなかったから，その訴訟は，その者が成年に達するまで，延ばしておかなければならなかった[10]。後の時代には，未成年者は，その保護者の輔佐を受けて，出頭することができた。なんらかの理由に基づいて後見に付せられた成年者は，古い時代から，保護者の輔佐を得て，訴訟行為を行うことができた。

§ 33　当事者の代理人と輔佐人[11]

（1）ドイツの古代法は，ただ，訴訟能力を有しない者についてだけ，訴訟代

（ 8 ）　Vgl. Lex Salica, 60, 1 ; Lex Baiuvariorum, 16, 2 ; Lex Visigothorum, II 2 c. 10.

（ 9 ）　Planck, I, §28; Schröder, Rechtsgeschichte, S. 314, 315, 317. なお，Vgl. Kraut, die Vormundschaft, I. S. 362 ff. ; Heusler, Institutionen des deutschen Privatrechts, II. S. 480 ff.

（10）　Cap. legi Salicae additum v. J. 819. c. 5 ; Lex Ribuaria. 81.

理を許した。もっとも，すでに，ザクセンシュピーゲルは，諸候に対して，書面による代理権を有する従者によって代理させる権利を与え，さらに，諸都市では，当事者について単に事実上の障碍がある場合でも，当事者が裁判所の面前で代理権を授与したときは，利害関係を有しない者による代理が許された。裁判所の面前で代理権を授与するというこの方式は，書証の重要性が増し，筆記術が拡まるにつれて，書面による代理権の授与にとって代られたが，こういう方式の緩和は，外国法が次第に侵入してくるに伴って，法学者によって代理させる必要に応ずるものであった。

　(2)　代弁人（Vorsprecher, Fürsprech）は，当事者の代理人ではなく，その輔佐人（Beistand）であった。代弁者は，当事者と同伴してのみ，出頭することができた。代弁人は，当事者に代って陳述するが，しかも，その陳述は，当然には，当事者の陳述とみなされたのではなく，裁判官は，代弁人の陳述があってから後に，当事者に対して，代弁人の陳述を認めるかどうか，について質問した。当事者が，これを認めずに，異議を述べて，代弁人の陳述を「撤回」（sich erholen）したときは，効力を有したのは，代弁人の発言ではなく，当事者の発言であった。ところで，当事者は，原則として，自己の陳述を撤回することができなかったが，しかも，中世の後期には，方式尊重の風潮が極端となった結果，事情に通じない素人にとって，訴訟追行は，きわめて恐ろしい「危険物」（Gefahr）となったから，代弁人を選任することは，非常な利益となり，従って，事実上，これを選任するのが通例となった。当事者は，弁論の開始に当って，代弁人を選任するかどうかを陳述しなければならなかった。当事者は，悪評のない（unbescholten），かつ，法外者でない（nicht geächtet）者から代弁人を選ぶか，または，裁判官に対して，代弁人の選任を求めなければならなかった。その選任を受諾し，または，裁判官の選任に従うことは，裁判所協力義務に属した。代弁人がその職務を引き受けた時から，当事者は，同一の期日には，まえに述べたように，裁判官の質問に応ずるのは格別，裁判所では，もはや，声高に発言することは許されなかった。ただ，他人に聞えない程度に低声で，代弁人と話し合うことができただけである。

---

(11)　Planck, I. §§29, 30 ; Planck, Lehrbuch des Civilprozessrechts, I, §35 ; Zöpfl, Rechtsgeschichte. §§125 a. X. 126 Ⅳ ; Schröder, Rechtsgeschichte, S. 709 ; Nietzsche, de prolocutoribus. 1831 ; Homeyer, Richtsteig Landrechts, S. 420 ff.

II 訴訟行為
第1 当事者の行為
A 当事者の行為の内容
1 訴訟追行

§ 34 一般 訴訟追行は，完全に，当事者の手に握られていた。この原則は，最古の時代には，もっとも純粋な形で認められていた。訴訟を準備して，その開始を条件づける重要な行為は，裁判所内で行われただけでなく，被告は，原告の適式な催告があってはじめて，答弁をなし，裁判所は，これに次いでなされる適式な申立をまってはじめて，裁判を言い渡すことになったが，これらの点は，いずれも，この原則の現われである。この原則は，多少，弱められはしたが，終始，支配的な原理であった。ザクセンシュピーゲルの注釈[1]（I 62 §1）には，「原告のないところには，裁判官もない」(Wo kein cleger ist, do ist ouch kein richter.) という言葉がある。このことは，民事訴訟については，自明のことであるが，中世の手続では，刑事訴訟をも支配した。ザクセンシュピーゲル自体（III 16 §1）は，裁判官は，被告の申立てがなければ，原告の請求を棄却することができない，といっている。裁判所が，証明すべき事実を直接に認識することができるときでも，証拠の申出なり挙証もまた，当事者の仕事であった。

§ 35 訴訟の開始 訴訟を開始する行為は，呼出しである[2]。

最古の時代なりフランク時代でもなお，呼出しは，つぎのようにしてなされた。すなわち，原告は，数人の証人を同伴して，被告の家に赴き，そこで，被告，もし，被告が不在であれば，被告の妻なり他の世帯員に対して，訴状を示し，被告が一定の日時が経過してから，その訴状について弁論するために，裁判所に出頭すべきことを催告した[3]。この呼出しを mannitio とよんだ。呼出しが成規の方式に従ってなされたときは，当事者双方は，これに基づいて，所定の日時に，裁判所に出頭すべき義務を負い，出頭しない者は，その不出頭を弁解できないときは，刑罰を科せられた。呼出しが成規の方式に反してされたときは，当事者が欠席しても，懈怠の効果を生じなかったが，呼出しをした原

（1） ヨハン・フォン・ブッフによるもの（1340年頃）。
（2） Sohm, Prozess der Lex Salica, S. 11, 27, 36, 126 ; Siegel, Gerichtsverfahren, §§9−13. Siegel, Rechtsgeschichte, § 181 ff. ; Zöpfl, Rechtsgeschichte, §125 a VIII ; Grimm, Rechtsalterthümer, S. 842 ff.
（3） Lex Salica, I, 1, 2, 3, 4, 5 ; Lex Ribuaria, 32. Lex Baiuvariorum, 12, 2.
（4） Lex Salica, 96, 2.

告は，mannitio を繰返すまで，1 年間，待たなければならなかった[4]。

この mannitio と並んで，すでに早くから，bannitio という呼出しがあった。これは，裁判官が，一方の当事者の申立てに基づいて，相手方当事者に対してなす呼出しである。この bannitio は，最初は，ただ，欠席者が裁判所の命令を無視したという理由で有罪の判決を受ける，という効果しか有しなかった。裁判官は，保護を求める者が正義の保護を受けるように助ける権限がある，という思想がゆきわたってから初めて，bannitio にも，mannitio と同一の効力が認められた。最後に，bannitio は，817 年の勅令（Capitular）によって，唯一の呼出方式となった[5]。

bannitio について，原告は，まず，裁判官にこれを申し立てなければならなかった。bannitio は，通常，次の方法でなされた。すなわち，原告は，開廷日に，裁判所に訴えを提起し，裁判官が，これに基づいて，被告に対して答弁を催告することを，裁判官に求める。被告が裁判所に出頭していないときにだけ，その呼出しは，裁判官の命令に基づいて，フローンボーテ（Frohnbote）によって行われた。フローンボーテは，2 人の証人の立会のもとに，呼出しを受けた者またはその世帯員の面前で，呼出しを朗読した。王の裁判所では，原告が裁判所外で裁判官に対して被告の呼出しを求めるのが通例となったが，さらに，13 世紀以来，書面による呼出しが慣行となった。呼出状には，当事者，期日，弁論の対象および出頭すべき者の催告が記載せられた。呼出状は，被告の住所地の通常裁判所の使者（Bote）が，被告に送達するが，被告に対する呼出状の送達は，原告の配慮すべきことで，このために，呼出状は，原則として，原告に交付された。もっとも，こういう方式と並んで，すでに早くから，王の裁判所が使者に直接に委託して送達をさせることが認められた[6]。

要するに，訴訟は，原告または裁判官が不出頭の被告を呼び出すか，あるいは，裁判官が出頭している被告に対して答弁を催告するか，そのいずれであっても，原告から出た陳述によって開始され，そのためには，被告の協力を必要としなかった。

§ 36　訴訟の完結　裁判所の行動が証拠判決（Beweisurteil），それは同時に条件附終局判決でもあったが，その証拠判決を言い渡し，ついで，当事者の判決履行の誓約（Urteilserfüllungsgelöbnis）と挙証に立ち会うことに限られていた間は，訴訟関係は，裁判所のこういう行動か，または法外処分（Friedloslegung）

（5）　Sohm, Fränkische Reichts- und Gerichtsverfassung, I. S. 115－117 ; Brunner, Schwurgerichts, S. 62.

（6）　Franklin, Hofgericht, II. S. 211 ff.

の宣告によって完結せざるを得なかった。いずれにしても，判決履行の誓約の執行は，もはや，訴訟には属しなかった。判決履行の誓約は，他の片面的な，期限の到来した（liquid）私法上の請求権の実現と同じように，原告がいわゆる取立手続（Betreibungsverfahren）を通じた裁判所の協力を受けることなく，行われた。その後，判決履行の誓約が行われなくなり，挙証が終ってから無条件の終局判決を求める慣行となり，最後に，判決の執行のために裁判所の協力を必要とするようになって，こういう事態は，現代法のように変った。

　　　　　　　　2　訴訟弁論と訴訟資料
　　　　　　　　(a)　終局判決までの手続

§ 37　権利の確認を目的とする手続の段階における訴訟弁論は，・当・事・者・の・陳・述と反対陳述（Rede und Gegenrede）およびこれに基づいてなされる・裁・判・所・の・判・決をその内容とする。

　当事者の陳述は，あるいは，訴訟物に対して当事者が有する法的関係または当事者が有するものと主張する法的関係の表白をその内容とし，あるいは，本来の係争点に対して前提問題をなすところの純然たる訴訟法上の問題または特殊の訴訟状態によって起った法律問題に対する態度をその内容とする。

　裁判所の手続は，一歩ずつ，判決から判決へと進行する。あらゆる係争点は，しばしば，くりかえされる当事者の要求でも，特別な判決の対象とされた。しかも，その判決は，あるときは全く抽象的に，多くの場合には，当面の事件に適用するが，いかなる場合でも現存する法を公証した。

　このことから，当事者の陳述は，第1に，常に，判決による解答を必要とする最も手近な問題に対する態度だけをその内容とすることになるが，第2に，常に，権利主張またはこれに対応する法的否認を含まなければならないことになる。ところで，当事者の陳述は，事実の通知を含むこともできるが，・原・則・と・し・て・は，権利主張にほかならず，他の訴訟法，とくに，現代訴訟法の体系における権利主張のように，事実の陳述に解消せられないことは，中世の訴訟手続の特徴であった。このことは，訴訟全体を通じて最も重要な権利主張である訴について，とくに，そうである。原告が，被告の態度に促がされて，その法的原因を表示し，被告も，単なる法的否認によって，訴えに応答するかわりに，事実的性質を有する異議を提出することもあるが，こういう場合でも，当事者は事実の通知によって，法的概念を分析するかわりに，・法・的・概・念・そのものを提示するのが，慣わしであった。ところで，権利主張を理由づける事実は，相手方を理解させるのに必要な程度に，当事者の陳述に採り入れられたにすぎない。だから，事実に基づく推論は，現代では，裁判官が，陳述された事実に基づい

て，なすのであるが，当時は，当事者が，裁判所外で行ったわけである。ラント法訴訟法書（Richtsteig Landrechts）の第7・8章に記されている事件では，原告は，こういうふうにして，裁判官に対して，「被告は，私に10マルクの債務がある」という，それ自体，完成された権利主張をしている。原告がこういう主張をするに至った理由は，何もいっていない。被告は，これに対して，「私は，債務を負わない（unschuldig d. h. nichtschuldig）」と答えている。被告が，この応答によって，債務が発生したことを争おうとするのか，または，債務が後になって消滅したことを主張しようとするのか，ということは，なんら，明らかにされていない。被告は，さらに，原告に債務を支払った（vergolten）ことを主張し，または，原告から免除を受けた（losgelassen）ことを主張することもできるが，支払なり免除という，これらの法的行為が，どのように行われたかということは，被告においては，なにも陳述しない(1)。

　こういう現象は，現在のわれわれにとっては，親しみにくいが，これは，当時の法状態が共同体構成員のだれにでもたやすくわかる簡単なものであり，さらに，一定の権利主張をする者は，その権利主張を理由づける根拠となる事実を良心的に審査するであろうと信頼されたことから，説明することができる。この判断が良心的になされたという保障を与えるものは，証拠法であった。すなわち，訴えに関する弁論に際して，各当事者にとって重要なことは，事件の状態に応じて，裁判所が，最も証明に値するものと考えるような主張をすることであった。ただ，当事者の一方だけが証明をしたが，多くの場合に，その挙証は，その当事者だけの宣誓かまたは宣誓補助者（Eideshelfer）の支持を受けた宣誓によって行われた。すなわち，された主張が，はたして真実に合致するかどうかについて，多数の他人による審査がなお必要というわけではないが，いずれにしても，その当事者自身による詳細な審査は宣誓の履行に先立って必要であった(2)。

　権利主張は，原則として，当事者の意思表示がこれに結びついていた。すな

（1）　ほかに，被告が，請求せられた償金を支払う責に任じなければならないようなことをした覚えはない，と主張し（Richtsteig Landrechts, 38 §4），あるいは，原告が（組合関係に基づいて）請求できただけのものは，すでに原告に支払った，と主張する（1270年の Hamburger Stadtrecht, III, 16）例がある。同旨，Laband, Klagen, S. 19, 20.
（2）　現在でも，訴訟裁判官は，素朴な人達が，人がその権利を誓うことができるという，確固たる意見をもっているのに遭遇することがあり，この意見を反駁することが容易でない。「私に権利があることを誓います」とか，「私は彼に負債を負うていません。そして，私は，これを誓うことができます。」というのである。その場合，こういう陳述の事実的な基礎づけは，まったく薄弱であることが多い。

わち，答弁を求めることを内容とする原告の催告がそれであり，最初は，一定の方式に従い，被告に対してなされたが，フランク時代からは，被告に対して答弁を命ずることを求める要求であり，これは，裁判長に対してなされた。さらに，陳述と反対陳述があった後では，判決の諮問を求める要求があり，これは，裁判官に対してなされた。

§ 38　訴えは，ドイツ法では，私法上の請求権の追行ではなく，被告に対する違法行為の実行または続行の非難と考えられた[3]。klagen, sculdegen という言葉は，こういう見方に応ずるものである。ドイツ法には，権利の区別なり，権利に応じて訴えを表示することがなかったことも，こういう見方から，説明することができる。すなわち，訴えは，違法を摘発するものであるが，こういう違法は，あるいは，客観法に違反する行為か，あるいは，客観法に適合しない状態として発現すると考えられたのは，自然な見方である。違法の結果は，前の場合には，平和が破壊されることであり，後の場合には，原告に帰すべきものが妨げられることである。問題は，前の場合には，違法を贖い，法的平和を回復することであり，後の場合には，違法によって妨げられた対象物を引き渡して，違法状態を排除することである。だから，ザクセンシュピーゲルは，犯罪に関する訴え，債務に関する訴え，動産に関する訴えおよび土地に関する訴え（clage umbe ungerichte, umb schult, ûf gût und ûf erbe）ということをいっている（I 70 §§ 1, 2, III 79 § 2）。第1のものは，法的平和の破壊を非難するものであり，第2のものは，被告が，給付すべき義務があるものを給付しないことについて，被告を非難するもの，さらに，第3と第4のものは，原告が占有すべきものを被告が占有することを主張するものである。

訴えの体系について進歩をもたらしたのは，ラント法訴訟法書（Richtsteig Landrechts）である。これによれば（5章），民事の訴え，刑事の訴え，および混合的訴えが認められた。その刑事の訴えは，被告が行った平和の破壊について，被告の処罰を求める原告の訴えである。混合的訴えは，あるいは，（例えば，被告の責に帰すべき違法の容態というような）被告の不遵守（Ungehorsam）について，被告に対して，刑罰を科する機会を裁判所に与える民事の訴えであり，あるいは，被告の処罰を目的とはするが，なんらかの理由に基づいて，この目的を達しないで，損害賠償を命ずる結果に終る刑事の訴えである[4]。民

---

(3)　Vgl. Planck, I. § 49 ; Laband, vermögensrechtliche Klagen, S. 2 ff. 中世ドイツの訴訟法では，相手方の違法を非難する法的主張は，すべて，訴えと呼ばれたのであり，とくに，現在，われわれが執行申立てと呼ぶ当事者の陳述も，訴えであった。

(4)　Richtsteig Landrechts, cap. 36－46. この訴訟法書にいう混合の訴えは，ローマ法の

事の訴えは，債務または財産あるいは動産追行（umme scult, umme gut und umme anevanc）を目的とする。

しかし，この区別も，完全でも正当でもない。身分関係も，訴訟の対象になることは，この区別には，すこしも，現われていない[5]。さらに，動産追行（um anevanc）を目的とする訴えは，財産に関するその一形式にすぎないから，両者を同一面に配列することはできない。実際，財産法上の訴えは，ただ，債務に関する訴えと財産に関する訴えとに区別することができただけである[6]。この区別は，古い時代から，探し当てることができる。この区別は，訴えによって被告に対して非難せられる違法の差異に現われる。債務に関する訴えでは，あるいは，ただ被告の義務の存在が主張されるか，あるいは，必要と考えられるときは，被告の義務の原因も主張されるか，のいずれかである。被告の義務の原因が主張されるときは，あるいは，当事者が締結した契約なり，あるいは，被告が犯した不法行為が援用される。これに反して，財産に関する訴えの特徴は，被告が，財産を違法に占有する（malo ordine possides）という主張である。原告が自分のためにその財産の占有を求める基礎になる権利は，どうでもよい問題として，この主張の背後に隠れてしまう。

§ 39　種々の訴えについて，本質的に同じような手続原則を生み出したのは，数世紀にわたる発展の結果である。

すでに述べたように（§ 28），最古の時代には，ただ，不法行為訴訟について，成規の裁判上の手続があっただけである。原告は，不法行為訴訟によってのみ，奪われた物の占有を回復することができた。なぜなら，この不法行為訴訟における被告敗訴の判決は，窃盗に対する贖罪金の支払を命じただけではなく，盗品の引渡しまたは賠償をも命じたからである。いわゆる第三者訴訟[7]（Dritthandsverfahren）は，こういう不法行為訴訟の特別形態にすぎない。すなわち，窃盗の訴えは，次の３つの方法でこれを提起することができた。第１に，現行を取り押さえられた盗人を裁判所に連れゆき，裁判所で，その死刑の判決を受ける方法であるが，この場合には，被告は，防御することができなかった。

　　　混合訴訟（actiones mixtae）と混同してはならない。
（５）　たとえば，Sachsenspiegel, III 28, 32 §2 参照。Richtsteig Landrechts, cap. 24 は，不同格出生（Unebenbürtigkeit）の問題を，単に，相続争いの前提問題としている。なお，Bethmann=Hollweg, IV. S. 61 ff. ; Planck, Gerichtsverfassung, S. 739 ; Behrend, Zum Prozess der Lex Salica, S. 63. 参照。
（６）　Heusler, Institutionen des deutschen Privatrechts, I. §78.
（７）　とくに，London, die Anefangsklage, 1885 ; Schröder, Rechtsgeschichte, S. 346 ff. 参照。

原告は，盗品を簡単に取り戻すことができた。第2に，原告は，客観的な証拠方法を有しないときは，通常の訴え（schlichte klage）を提起し，単純な，窃盗の非難をなすことができた。この場合には，当事者の陳述の内容に関するドイツ法の原則上，被告に不利な個個の嫌疑事実を述べたてることは，原告には，なんの役にも立たず，むしろ，原告は，被告は窃盗の疑がある，という単純な権利主張で甘んぜざるを得なかったから，被告は，自分は責任がない，という単純な法的否認で，原告のこういう非難に答えることができた。古ドイツの証拠法によれば，この場合には，原則として，被告のために，雪冤宣誓（Reinigungseid）が許される結果となった。

　被告が喪失した物を占有していることを発見された場合には，事情は，原告にとって，これほど不利ではなかった。中世法では，こういう事態は，被告の有責をきわめて強力に推定するものと考えられた結果，被告は，強力な事実をもって，挙証すべき反対証拠によって，窃盗の責任を覆えさなければならなかった[8]。ところで，盗品の占有者を発見するという，この証拠方法を確保するには，盗まれた者は，盗人追跡（Spurfolge, vestigii minatio）によって奪われた物を探し求めなければならなかった。盗まれた者は，叫声[9]（Gerüfte）をあげて，人人を呼び集める。これが，盗人追跡のはじまりで，この叫声を聞いた者は，これに応ずる義務があり，これに応じて集った人人は，盗まれた者が抵抗を受けるときは，これを援助し，そうでないときは，この法的に重要な出来事について，盗まれた者の証人となった。追跡の結果，住家に至ったときは，盗まれた者は，一定の方式をふんで，家の中を捜索することができた。住家の占有者は，抵抗したときは，窃盗の刑罰に処せられ，家の捜索がなんの結果をも齎さなかったときは，逆に，贖金を求めることができた。盗品が発見されても，その占有者の方で，盗んだ物ではないと主張する場合には，盗まれた者は，その物のうえに手を置いて，第三者にその保管を求めた。物のこういう把握をanfahen, anfangと呼んだ。その後で，双方当事者は，次のような宣誓をしたが，この宣誓は，証拠宣誓（Beweiseid）ではなく，いわゆる不悪意宣誓（Gefährdeeid）と呼ぶことができるだけである。すなわち，原告は，ここで自分が発見した物は，奪われたものであることを誓い，同時に被告に対して，悪意または軽率な訴えをしないことを確約し，これに対して，被告は，その物は，直接または間接に，他人から取得したことを誓い，同時に原告に対して，悪意の抗

（8）　London, a. a. O., S. 119.
（9）　この叫声は，援助を求める声として役立つ。

弁をしないことを確約した。これに次いで，被告は，直近の開廷日に，裁判所で，主張した直接または間接の取得を挙証することを約束し，原告は，この挙証を受けることを約束した。その後の手続は，次のようにして行われた。すなわち，被告は，発見された物が盗品と同一でないこと，ことに，被告が，すでに窃盗前から，その物を占有していたこと，または，その物が窃盗後にはじめて生じたことを証明することができる。この場合には，被告は，その物を保有し，原告は，贖金を支払わなければならなかった。これより重要なのは，被告が，第三者から，その物を取得したと主張する場合である。被告は，その前主を指名することができないときは，その物を引き渡すべき旨の判決を受けたが，雪冤宣誓（Reinigungseid）によって，その物を盗んだのではないことを明らかにすれば，窃盗の刑罰を免れた。

　被告は，その担保責任者（Gewährsmann）を指名したときは，これを裁判所に連れて来なければならないが，その際，連れて来られた者が，その担保責任者とされる者であること（Gewährsschaft）を争ったときは，本来の被告と担保責任者との間で，訴訟手続が始まることになる。担保責任者とされる者は，みずから進んでまたはやむを得ずに，前主であること（Auktorschaft）を認めたときは，被告に対して前に被告から受け取った金員を償還しなければならない。この場合には，被告は，訴訟から脱退し，追及手続（Anefangsverfahren）は，この担保責任者を相手方とすることになって，その物を盗んだ者が発見されるか，または，直接の取得を証明する者が発見されるまで，同じ手続が繰返えされた。最初の被告が，担保責任者という「第三者」を引合に出し，係争物の保管がこの第三者に移される場合が最も多く，手続の発展にとっても，重要であったから，手続は，全体として，第三者手続（intertiatio, Dritthandverfahren）と呼ばれた。この手続は，前述のように，本質的には，裁判外の手続である。裁判所では，ただ，挙証がなされるだけであり，裁判所も，古い時代の法的原則に従って，引渡請求権についてではなく，争がある場合に，原告が，形式的に，追及訴訟（Anefangsprozess）を開始することができるかどうかについて，裁判したにすぎなかった。この訴訟自体は，その大綱においては，中世のドイツ訴訟法が消滅するまで存続した。

　不動産の占有に関する裁判上の手続は，サリカ法典には，まだ，知られていなかった。これに反して，その後の部族法は，こういう手続についても，基礎を与えたが，これによれば，土地の引渡しを求める訴えは，被告が違法に土地を占有している，という主張によって理由づけられた。

　金額の支払なり，他人に交付した（überlassen）物の引渡しを目的とする他

の財産法上の請求権は，サリカ法典の時代には，まだ，裁判外の取立手続（Betreibungsverfahren）によって，追行することができただけである[10]。というのは，裁判上の手続では，被告に対する給付判決ではなく，ただ，一定の方式をふんだ，被告の履行約束を結果しただけであったから，債権契約に基づく期限の到来した（liquid）片面的債権があるときは，裁判所に訴える必要がなかったからである。債権者は，裁判所に訴えるかわりに，その債権の履行期（原則として，約束ができてから40夜）の到来後，証人の立会のもとに，債務者の住家に赴いて，債務者に対して，一定の方式に従い，履行を催告した。債務者が，この催告に応じはしたけれども，債権者に対して，代物弁済として，目的物以外の物を給付したときは，立会証人は，その物の価額を評価しなければならなかった。こういう催告は，多くは，数回くりかえされたが，債務者がこの催告に応じないときは，債権者は，立会証人をして，適式に催告をしたこと，および債務者がこれに応じないことを証明させ，その後で差押えに着手した。

裁判所の対審手続（kontradiktorisches Verfahren）が始まるのは，催告を受けた者が債務を争う場合だけであった。この手続では，債権者がその債務者を出頭させ，請求権と同時に，催告が適式になされたことについて，裁判がなされた。訴訟が原告の不利に帰したときは，原告は，贖金を支払わなければならなかったが，原告の有利に帰したときは，被告は，原告と裁判官の両者に対して，贖金を支払わなければならなかった。いずれの場合でも，差押えの着手は，債務者に対する一定方式の支払命令，フランク時代の支払命令（nexti cantichio）を前提とした。この支払命令は，裁判官が債権者の申立てに基づいて発したが，古代ドイツ法を通じて保持された特徴である。

訴えの刑罰的性質も，この手続の特徴である。債権者は，債務者に対して，その違法を非難するが，その違法は，債務者がその義務を行わないことであり，その不履行のために，債務者の処罰を結果した。こういう裁判上の手続が，次第に，原則となったが，これに並んで，履行期の到来した片面的請求権については，取立手続が存続した。

§ 40 このようにして，あらゆる私法関係について，次第に，裁判上の確認を求める道が開かれ，あらゆる訴えについて本質的に同じような手続が発展した。中世のドイツ法では，もちろん，他の訴訟法体系に比べて，形式法と実体法は，互に密接な関係を有していた。というわけは，訴えの理由づけに応じて，

---

(10) Sohm, Prozess der Lex Salica, S. 11 ff., 163 ff. ; Behrend, Zum Prozess der Lex Salica, 1873; Brunner, Rechtsgeschichte, S. 184, Schröder, Rechtsgeschichte, S. 86 ff.

第 2 章　訴訟法の諸原則

訴えの方式が区別せられたが，この区別に応じて，防御の種類なり，とくに，証明役割（Beweisrolle）の決定および法の許容する証拠方法またはその要求する証拠方法も区別されたからである。

　常に，ただ当事者の一方だけが証明し，反対証拠が許されなかったことは，証拠法の特徴で，これは後に詳しく述べるが，この特徴は，当事者の権利主張に反作用を及ぼさざるを得なかった。当事者なり判決人は，どの権利主張が証拠について優位を占める期待があるかという，この期待の大小の観点から，当事者の主張を取り扱った。当事者の努力は，証明権（Beweisrecht）の取得に向けられ，判決人の任務は，どういう主張に対して証明権を認めるべきか，という問題を審査することであった。ドイツ法学は，古くから，この審査に当ってどういう原則が標準となるか，という問題を取り扱ってきた。この問題は，ドイツ訴訟法の全体を理解するために重要であるから，その最も主要な諸見解をここに述べておかなければならない。

　長い間にわたって，証明役割は被告に属し，この原則に反するのは例外である，という説明で満足されていた。現在，伝えられて来た多くの事件では，実際，被告が証明する当事者であったから，この見解は，この点からすれば，いずれにしても，一理がある。しかし，原告が証明をした事件も非常に多いから，これを単なる例外とみることはできない。むしろ，一の原則に基づくもので，この原則が，少なくない事件について，被告が証明者であるという前述の原則の適用を排除したものと考えざるを得ない。プランクは，こういう事態に促がされて，証明役割は，攻撃を受ける者に認められたが，攻撃を受けるのは，必ずしも常に被告であるとはかぎらない，という原則を立てた[11]。「被告は，少くとも，外観上は，係争財産を失おうとする者であり，訴訟状態からすれば，一応，攻撃を受ける者である。被告は，一応，攻撃を受ける者の地位（in der were）（ラント法訴訟法書 4 末段）に立つ。しかし，被告が，法的には原告に属するものを，ただ，事実上もっていることもあれば，被告が，法的には所持しているが，同時に，法的に，これを原告に与え，または原告がこれを取ることを許すべき義務を負うこともあり得る。これらの場合には，攻撃を受ける者は，被告ではなく，原告である。というわけは，原告は，法の立場からいえば，被告の拒絶によって，法的には，「すでに原告が有しまたは原告に帰属すべき財産を失おうとする者だからである。」しかし，この説明をくつがえすのは，攻

---

(11)　当初は，Zeitschrift für deutsches Recht, Bd. 10, 1846, S. 205－324. において，後には，das deutsche Gerichtsverfahren, 1879, I, S. 423 ff. において。後者は，しばしば，引用される。

撃者となるのは，単に，係争物を求める権利（Recht auf den Streitgegenstand）を主張する者ではなく，こういう権利を主張することによって現存する事実状態の変更を求めようとする者である，という事態である。従って，現在有するところのものを保持しようとするだけの被告は，防御のために，原告の主張を単純に否認するか，あるいは，なんらかの権利に基づいてこれを否認するか，そのいずれであるを問わず，常に防御するだけであることがわかる。さらに，プランクは，その見解が 13, 14 世紀の自然の法的感情にただ従うだけで全く教育のない農民の思想であった，というが，このことは信用するわけにゆかない。被告は，債務の免除なり猶予を受けたことを抗弁とするときは，これによって原告を攻撃するのだ，というような見解は，法律家にとっても，なかなか理解しにくいことではなかろうか（Planck, Das deutsche Gerichtsverfahren, 1879, I, S. 451, 452）。

フォン・バールの見解[12]は，証明役割を認められるのは，証明により近く，より蓋然性があるものと認められる主張であり，証明は，まさに，この蓋然性を確実性に高めるものである，というのであるが，この見解は，プランクのものにくらべて，さらに理由がない。この見解を覆えすのは，通常の債務の訴え（schlichte Schuldklage）について適用される原則である。被告は，原告の提出する債務の主張に対して，債務を負わないことを主張する。この二つの主張は，それ自体としては，いずれも同一の信用力をもっているが，この場合には，被告が，債務を負わないという主張を証明する。ところで，この主張をより蓋然性があるものと認めるには，一連の諸事情，おそらくは，原告の性格なり，当事者双方の財産関係を自由に審査することが必要であろう。しかし，ドイツの訴訟法が裁判官の主観的確信に影響を及ぼすあらゆる諸事情をこれほど自由に評価することを認めたことは，曾てなかった。

判決人は，証明役割を分配するに当って，全く自然でもあり簡単でもある原則に従ったが，こういう原則を明らかにするのは，まさに，通常の債務の訴えの場合である。

各当事者の主張は，相手方当事者の反対主張によって効力を失うまでは，真実と認められた。従って，相手方の主張を失効せしめるには，積極的な反対主張を提出することが必要であった。原告が，「被告は，自分に対して，10 マルクの債務がある」と主張するときは，被告は，「自分は，原告に対して，なんら債務がない」とか，または，法源の言葉を借りると，「自分は，債務を負っ

---

(12) v. Bar, Beweisurtheil des germanischen Prozesses, 1866, S. 41 ff.

第 2 章　訴訟法の諸原則

ていない」(Ich bin unschuldig) とかいう反対主張によって，こういう原告の主張を失効させるわけである。この相手方の主張は，話しかけられた当事者，この例の場合には原告が，これに対して，なんの陳述もしないとき，または，これを「自認」した (bekannte) とき，すなわち，相手方当事者の主張を，明らかに，正しいと認めたときは，その効力を保持し，ただ，単純にこれを争うにすぎないとき，いいかえれば，相手方の主張を疑わしいと認めさせるだけでは，その効力を強められることもなければ，弱められることもない。ある主張を単に疑わせることと，反対の事実を主張してこれを覆えすこととは，このように，事実上，区別されたが，ドイツの訴訟法が，こういう区分を認めるようになったのは，債務の訴えに関する，次のような歴史的発展が原因である。前述したことであるが，債務の訴えを起すには，これに先立って，原告は，被告に対して，約定の給付をするように催告しなければならなかった。その際，被告は，単にこれを争うという余地は少しもなく，ただ，原告の要求に応ずるか，またはその要求を拒むか，そのいずれかを選ばなければならなかった。ところで，最初は，訴えも，裁判所の面前でなされる催告にほかならなかった。こういう催告は，「被告は，自分に対して，30マルクの債務がある。被告は，これを支払うかどうかを陳述せよ。」というだけのことであったが，これに対して有効に対抗できたのは，「自分は，債務を負っていないから，支払わない」といって，明らかに，これを拒むことだけである。「自分は，債務を負うかどうかを知らない」という答えは，相手方の陳述にそぐわないものであり，従って，当時の思想からすれば，なんら答弁ではなかった。後の時代になって，こういう単なる疑問も許されたが，それは，ただ，これに対して，原告が，自己の挙証によって，問題となった主張を明確にしなければならない，という効果を有しただけで，積極的な反対主張の証明は，被告に委ねられた。こういう事態から，その結論として，相手方の主張を失効させるような主張が証明について優位 (Beweisvorzug) を認められた，ということになる。この原則は，被告が，その見解からして，原告の法律上の主張とは反対の事実を生ずるような事実を主張したときでも，適用された。その際，原告が，こういう事実に対して，さらに，他の事実を対立させたときは，主張された事実の重要性を審査し，他のあらゆる主張が覆えされるような主張，従って，その証明によって，訴訟の裁判がもたらされるような主張を見出すことは，判決人の任務であった[13]。

　ところで，この審査は，たとえば，支払ったが，さらに，債務の免除を受け

---

(13)　ここで述べた見解は，ラーバントが，その „Vermögenrechtliche Klagen" その他にお

45

た，というように，同じ目的を追求するが，しかも相互に矛盾する多くの主張を併合することが許されなかったことと，さらに，たとえば，猶予なり免除を対抗する者は，相手方の主張する債務の存在を自白したことになる，というように，独立の事実の陳述が相手方の主張の自白を包含したことによって，これをなすことができた。

同じ価値を有する多くの主張が相互に対立するときは，そのいずれの主張が証明について優位を認められるかを決したのは，より有力な証拠方法があるかどうか，ということであった[14]。

個々の種類の訴えについて，これらの諸原則は，次のように適用された[15]。

(1) 債務に関する訴え[1]

§41 債務に関する訴えは，次の二つの方式で提起することができた。

(i) 原告は，被告が，自分に対して一定の給付をなすべき債務がある，という主張をするが，こういう主張が，なんら，事実に基づかない場合。こういう主張は，債務を負わない（unschuldig, nichtschuldig）という被告の反対主張によって，失効する。従って，この場合には，被告の反対主張も，何ら事実に基づかずに，被告はこういう反対主張をするだけで充分である。被告は，債務を負わないという宣誓（Unschuldseid）によって，この反対主張を証明するが，この宣誓は，被告が，単独で，これをした。原告は，原則として，ただ，債務が存在する，という従前の主張を繰返すことができただけである。被告が何らかの理由に基づいて，債務を負わない（Nichtschuld, slicht versaken）という単なる主張のかわりに，たとえば，支払った，というように，事実上の主張に基づく抗弁（Widerspruch, wedderrede）を選んだときは，訴えの主張は，これによって失効するから，被告は，その抗弁を証明しなければならない。しかし，訴えの主張は，これによって，その全範囲にわたって，覆えされるわけではな

いて主張し，法源の多数の部分によって疑問の余地のないものとされた見解と一致する。おそらくは，ただ，ラーバントを挙げておくだけで充分であったかもしれない。しかし，ラーバントが，場所的および時期的にかぎられた一定範囲についてだけではあるが，示している豊富な法源資料をここに挙げることができなかったので，著者がゾーム，プランク，フォン・バールの労作を検討した後にどういう経路をたどって上に述べた確信に到達したかということを，明らかにしておくことが，有用であろうと思ったのである。

(14) Brunner, Schwurgerichte, S. 52; Löning, Reinigungseid bei Ungerichtsklagen, S. 12-20.

(15) ここでは，概説にとどめる。詳細に立ち入ることは，あまりにも深く私法におよぶ結果になる。詳細な研究として，ラーバントおよびプランクを参照されたい。

(1) Planck, I. S. 429 ff.; Laband, Vermögensrechtliche Klagen, S. 10-50.

く，弁済を抗弁とする被告は，むしろ，債権が存在したことを自認し，ただ，債務を消滅せしめる事実（schuldaufhebende Tatsache）を裁判所に知らせるだけである。こういう事実は，他人も認めることができ，あるいは何らか他の方法で知ることができる事実である。だから，この際，裁判所なり相手方は，被告の単独宣誓（Eineid）で甘んずることができず，より大きな確信力を有する証明，すなわち，証言かまたは被告と2人の宣誓補助者（Eideshelfer）の宣誓を求めることができた。原告が事実によって，その法律上の主張を基礎づけることができないときに，被告が，これに対して，単なる否認で対抗するならば，このことは，債務関係の存否の問題が，当事者双方の自由な判断にかかるというしるしである。この場合には，原告は，被告に対して，良心的な審査に基づく，被告の単独宣誓を求めるほかはなかった。

　被告が，原告に対して，それ自体としては理由のある給付義務を免れさせるような権利を対抗するときは，原告は，前の場合の被告と同じ地位を有する。すなわち，原告は，こういう権利存在の主張について，陳述をしなければならない。原告は，こういう権利主張に対して，単なる否認で対抗するときでも，単純に訴えの主張を繰返すのではなく，反対主張によって，被告の独立の防御方向を失効させるのであるから，原告が，これを証明することになる。

　(ii)　取引がますます発展し，単純でない新たな法律関係が生れるにつれて，被告の債務を負わないという宣誓（Unschuldseid）にたよることは，ますます不都合な結果となった。なぜなら，原告は，債務者の良心だけではなく，債務者の判断力なり，その記憶の確実性をも信頼するからである。そこで，被告に対して，その債務を負わないという宣誓にたよることを拒むことになった。すでに，ザクセンシュピーゲルは，このための手段を提供し，「裁判所の面前で約束をしたときは，その相手方は，裁判所に対して，2人の者でこのことを証明し，裁判官は3人目の者である[(2)]」（Swaz her aber vor gerichte tût, des verzûget in der sachewalde mit zwen mannen und der richter sal der dirte sin.）といっている（Ⅰ7）。すなわち，裁判所の面前で，債務を引き受けた者があれば，このことは，裁判所証明（Gerichtszeugnis）によって，証明することができる，というのである。そこで，原告は，あるいはすでに訴状で，裁判所証明のある被告の債務承認を援用して，被告の抗争を困難にするか，あるいは，すでに抗争があったときは，被告の裁判所における陳述を指摘して，その抗争を失効させることができた。この点から，「通常の」（schlichte）方式の訴えに対して，

（2）　この点で一致するのは，Richtsteig Landrechts, 46 §1.

第1編　中世ドイツの訴訟　第2部

　第2の「強化された」（verstärkte）方式の訴えが発展したが[3]，しかし，それは，前述した理由から，主として，都市法で発展した。原告が，すでに訴状で，信頼するに足る私人の証言を援用したときは，証明をするのは原告であった。もっとも，被告も，その主張について，同じ程度に強力な証拠方法を援用したときは，別で，この場合には，前述した証明役割（Beweisrolle）に関する一般原則が，そのまま，適用された。いずれにしても，被告の，単なる，債務を負わないという宣誓は，原告の証拠申出によって不可能になった。もっとも原告が，被告の答弁に促されて，訴えを識別（lndividualisierung）するために必要な事実上の主張を補充することは，なんの妨げもなく，証拠判決があって初めて，事後の主張が許されなくなった。

　取引関係の発展に応じた有理的な訴えの理由づけへと発展したが，この重要な進歩は，これらの事態のうちに看取することができる。

　(2)　財産に関する訴え[1]

§ 42　財産に関する訴えは，次のように理由づけることができた。すなわち，

　Nが，より強力な権利によって，原告に属する物を所持し，あるいは，Nが原告に属する物を有すること（dat N under sic hebbe dat he bilker hedde wen he oder dat N. des sines hebbe），

　または，被告が，動産または土地について，原告の所持を奪ったこと（oder dat he《der Beklagte》sik hebbe dines gudes edder egens underwunden），

　または，被告が，原告の馬を抑えて，これを返そうとしないこと（oder dat he em syn pert vorholde unde wil is em nicht weddergeven），

というのが，これである[2]。それは，要するに，被告が原告の所持すべき物を違法に所持するということである。こういう財産に関する訴えに促がされて，被告がこれを自認して，判決を不必要にしない以上[3]，あるいは原告が係争物について権利を有することを争い，あるいは，被告がみずからそれを所持する権利を有することを主張することになる。前の場合には，訴えは，覆えされたり，失効するのではなく，ただ，争われるだけであるから，証明をする者は

---

(3)　Planck, I. § 96; v. Bar, Beweisurtheil, S. 255 ff; v. d. Pfordten, ZRG Bd. 12., S. 354. Heusler, ZRG Bd. 6. S. 127 ff. なお, Laband, a. a. O. S. 25 ff.

(1)　Planck, I. §§ 49, 62 ff,; Laband, Vermögensrechtliche Klagen, S. 50-106, 155 ff.; Homeyer, Sachsenspiegel, II 2 S. 618; Hänel, Beweissystem des Sachsenspiegels, S. 182 ff.; Heusler, Institutionen, I. S. 376 ff. 384 ff. II S. 209 ff.

(2)　Richtsteig Landrechts, 11. §§ 1, 3. 26 § 1; Glosse Sächs. Ldr. II 6 § 1.

(3)　Sachsenspiegel Lehnrecht, 7 § 2.

第2章　訴訟法の諸原則

原告である。後の場合には，被告は，自己の権利を示さなければならない。これによって，被告は，自己の所持が違法である，という訴えの主張を失効させ，証明権（Beweisrecht）を取得する。原告は，被告の主張を争うことによって，被告のこの証明権を奪うことができない。なぜなら，原告は，これでは，ただ，被告が違法に所持するという，訴えの主張を繰返すだけだからである。訴えに対する答弁を覆えすのは，むしろ，原告の仕事である。このために，原告は，あるいは，積極的な主張によって被告の権利取得を否認し，あるいは，被告の権利を排除するような，より強力な権利を主張するが，この後の場合には，この権利を証明するのは，原告である。

　不動産に関する争では，あるいは，当事者の双方がこれを所持することを主張する場合，あるいは，当事者のいずれもこれを所持しないが，自分が所持すべきである，と主張する場合に，ある種の困難が生ずる。第1の場合には，近隣者からなる陪審員が構成されて，この陪審員が，多数決によって，だれが所持者であるかを決定した。陪審員（Umsassen）が，事情を知らないために，決定を下すことができなかったときは，あるいは，水判（Wasserurteil）の手段がとられるか，あるいは，当事者の双方に対して，その陳述が，その良心に従ってなされたという不悪意宣誓（Gefährdeeid）が要求せられ，その後で，土地が分割された[4]。第2の場合には，証明権を決定したのは，証明優先（Beweisvorzug）に関する一般原則に従って，より強力な権利であるか，または，より強力な証拠の申出であったが，最悪の場合には，この際にも，土地の分割という逃避手段が採られた。もっとも，2人のうちのだれが所持者であるかという問題に関する争は，所持する権利に関する訴訟では，中間の争であった。ドイツ法では，本来の占有の訴えは知られていなかったから，占有の保護と本権の保護（petitorischer und possessorischer Schutz）も知られていなかった[5]。ところで，暴力で，その土地を奪われた者は，1年と1日内に，2人の証人によって，所持の剥奪を証明して，訴訟が起されたときは，被告の地位，従って，多くの場合には，証明者という地位を占める利益を確保することができた[6]。

　動産の引渡しを求める訴えは，次のようにして提起することができた。

（4）　Sachsenspiegel, III 21; Sachsenspiegel Lehnrecht, 140; Richtsteig Landrechts. 26 §6; Richtsteig Lehnrechts. 29 §§ 2−5.

（5）　Bruns, Recht des Besitzes, S. 285 ff.; Delbrück, Zeitschrift für deutsches Recht, Bd. 14 S. 241 f.; Laband, Vermögensrechtliche Klagen, S. 173 f. Planck, I. §74 S. 687 ff.; Heusler, Institutionen, II, S. 46.

（6）　Laband, a. a. O. S.185 ff. ; Heusler, Institutionen, II, S. 46.

（ⅰ）第一に，原告が，保管，利用または担保のために，物を被告に交付した場合に，この訴えを提起することができた。この場合には，返還の要件，ことに，約定の返還期が到来したことと，被告が原告に属する物を現在違法に所持することの二つの事実を基礎とするときにかぎって，この訴えを提起することができた。

　財産の返還を求める訴えは，常に，被告が，事実上，物を所持することを要件とする。だから，被告は，物を所持しないという反対主張によって，この訴えの主張を失効させ，責に任じないという宣誓（Unschuldseid）によって，その反対主張を証明するが，原告が，被告の所持という事実について，より有力な証拠方法を申し出ることができるときは別で，この場合には，原告が証明する。

（ⅱ）さらに，この訴えは，原告が，最初から，被告の所持という事実について，否定を許さないような証拠方法を申し出るという方法で，これを理由づけることができた。この場合の訴えが，前述した追及の訴え（Anefangsklage）である。しかし，この訴えは，時代の経過に伴って，ますます，その刑罰的性格を失った。この訴えは，自由意志に基づかないで所持を失ったあらゆる場合に，許されたが，盗人の処罰は，その第２次的な目的で，第１次的には，係争物の回復を目的とした。さらに，この訴えは，もはや，原告が，盗人追跡（Spurfolge）の方法によって物を発見することを前提としないで，ただ，原告において，その理由はいずれにしても，被告が物を所持することを発見し，ただちに，これを取り押えることを前提としただけであった。

§43　反訴の提起は，それ自体としては許されたが，本訴に関する裁判所を阻むことはできなかった(7)。

§44　これまで述べてきたところでは，多くの箇所で，古ドイツの証拠法の特殊性に触れてきた。この古ドイツの証拠法は，その形式主義によって，いわゆる法定証拠主義(8)（Legaltheorie）の極端をなしている。というのは，なによりもまず，証明する当事者が証明について法の要求する方式を充たしたときに証明がなされる，という原則が最高（Spitze）だったからである。どのような証拠方法によって証明をすべきかということは制定法または慣習法によって確定しており，裁判所は，個々の事件について，その証拠判決で，これを宣言する。さらに，こういう証拠法がどういう性質を有するものでなければならない

（7）　Sachsenspiegel, III 12 §1.
（8）　Vgl. Engelmann, Der Civilprozess, Bd. 1, S. 127 ff.

か，どういう方法に従ってこれを提出しなければならないかということも，一般的に規定されていた。従って，挙証者が個々の事件についてこうして法の要求を充たすことを任務としたように，挙証者の相手方（Beweisempfänger）は，証拠の形式的要件を審査することで，その任務が終ったのである。

こういう現象は，現在のわれわれにとっては不思議に思えるが，この理由は，自由人の誇り高い自己意識のうちに見出される。自由人は，こういう自己意識に制せられて，自分の法律事件について法律以外の力に従うことを肯んじなかったし，ひいては，特に，他人の判断を自分自身の判断より高く評価することができなかった。ところで，挙証ということは，挙証者の相手方に対して，有理的な（schlüssig）個々の事実を提出して，その判断を，その思惟活動なり経験および思想に委ねることであるが，こういう挙証は，よりよい判断として挙証者の相手方という他人の判断に服しなければならない，という挙証者に対する要求と必然的に結びつく。前述のように，完結したものとして方式化せられた法律上の主張を提出するだけで十分であり，裁判所に対して，当事者の権利の基礎となる具体的な事実状態（Tatumstände）を述べることは，全く不要である，というのは，裁判所は，当事者がこういう具体的な事実からその権利を引き出すという推論が正当であるかどうかを審査することができないからである。従って，また，証明のために権利主張を分析して，その個々の事実的諸要素だけについて裁判所の確信を生ぜしめることは，全く重要ではなかった。さらに，もともと挙証者は，その相手方を相手どり，裁判所はただ，この相手方がその証明は不成功であると主張するまで傍観するだけで，相手方からこういう主張があれば，裁判所は，直ちに当事者のいずれが正当であるかについて裁判したのであるが，このことも理解できる。なぜなら，前述した証拠の審査は簡単であったから，相手方に対してされた証明は，あらゆる者に対してなされたわけであり，法律の要求を充したからである。

ところで，証拠法の第1に位置する，こういう古ドイツの原則から，必然的に反対証明（Gegenbeweis）が排除されることになり，いわゆる証拠法制の一面性（Einseitigkeit des Beweissystems）ということが生ずる。なぜなら，反対証明も，証拠について法の定立する形式的要件を充して初めてすることができたはずである。しかし，こういう形式的要件は，他方の当事者の方ですでに充しているのであるから，反対証明を許すならば，直接，矛盾するこの証拠結果を生ぜしめることになるが，しかも，それは，いずれも全く同じ価値を有したからである。いわゆる第1の手続，すなわち，当事者主張の段階が証拠に「より近いかどうか」（Nähersein）という，証明権（Beweisrecht）をめぐる争いであ

51

り，証明優先（Beweisvorzug）を認める基準となる規範が生ぜざるを得なかったことも，これらの事情から，説明できる。ところで，こういう特殊性を有する証拠手続ができあがったことは，説明することができるにしても，その合目的性に対しては，大きな疑問が生ぜざるを得ない。挙証者の相手方（Beweisempfänger）も，思惟活動をしたというが，こういう思惟活動が，結局，挙証する当事者の判断に委ねられるならば，その当事者が，あらゆる事態を考慮し，これを正しく判断したことを，だれがいったい保障するのであろうか。取引関係が複雑化し，教養と判断の相違が大きくなるにつれて，争いのある主張が客観的に正当であることを保障できるのは，偏頗でない（unbefangen）第三者による事実の審査であり，だれのものであるかという判断（Urteile über Mein und Dein）は，熱情にかられる当事者の見解に基づく代りに，こういうより確実な基礎に基づく方がよいのではなかろうか，という問題が立法者（rechtschaffende Organe）にとって切実となったはずである。たしかに，こういう思想が盛んになり，その実現を図ったのである。ところで，こういう思想は，まえに述べた独立の要求と争わざるを得なかったから，この思想を実現するには，証拠方法を，できるだけ，争となっている主張が有する性質に適合させるほかはなかった。実際，まさに証明すべき事実について高度の蓋然性を与えるような証拠方法が選ばれた。制定法の要求を充たすことは，しばしば，非常に困難なことであったが，こういう困難に基づいて，挙証者の相手方は，証明された事実が真実であることについて，全く確信をもったものと考えることができる。神判（Gottesurteil）は，神判（Ordal-Urteil）の結果が，ある主張が真実であるか真実でないかということについての神の証言である，という民族の素朴な信仰から説明できる。他人の面前でなされ，または他人が知るのが通常であるような事実が争われたときは，実際，あるいは証言なり，あるいは当事者の宣誓のほかに，人数には多少の差はあったが，他人の宣誓を要求した。こういう他人は，当事者と同じように，ある主張が真実であることについて，その人格を賭けたのである。当事者の単独宣誓（Eineid）で足りたのは，ただ，無関係の第三者には分からないのが通常であるような事実が問題となった場合だけである。まえに述べたように，当事者には，債務を負わない，または，無責宣誓（Unschuldseid）を許さないで，これに代えて，その相手方当事者が挙証者の相手方により強力な印象を与えざるを得ないような証拠方法を提出するように，努力が払われた。一般的にいえば，ドイツ訴訟法は，方式化された簡単な権利主張に対して，当事者の権利主張の事実的基礎に重点を置くという方向へ発展した。発展は，外国法，とくに，カノン法の影響に帰せられるべきではなく，

現実に，裁判官を確信させるような挙証が必要であるという意識が発達したことに帰せられるべきである[9]。もっとも，こういう発展が，カノン＝ローマの訴訟法の浸透を容易に受け入れたわけでもある。

§45　証明を必要としたのは，相手方が争う (versaken) 主張である。証明を要しないのは，相手方当事者が「自認」(bekennt) した主張である。裁判所に顕著な事実は，ドイツ法の知らないところで，集会した裁判所の耳目のまえでくりひろげられた出来事でさえ，形式的な証明を必要とした。

　個々の場合に要求され提出される証拠方法が，それ自体，有する証明力が強いか弱いかを問わず，証明原因 (Beweisgrund) は，つねに，挙証について制定法の定める形式的要件を充たすことであった。

　証拠方法については，次に詳しく述べなければならない。

§46　個々の証拠方法には，次のものがあった。

　　(i)　神　　判[10]

　神判 (Gottesurteil) は，ほとんど，犯罪の処罰を目的とする手続だけに適用された。この場合でも，神判は，現在でもそれに広く認められているような意味を有しなかった。すなわち，神判は，（不自由人または法外者について）雪冤宣誓 (Reinigungseid) が許されない場合，または，被告が必要な数だけの宣誓補助者を提出することができない場合に，最後の証拠方法として利用されただけである。さらに，当事者なり証人がなそうとする宣誓，または，すでになした宣誓が，相手方当事者から，偽誓 (Meineid) であると主張されたとき，または，証書が，偽造であると「攻撃された」(gescholten) ときも，神判が利用された。

　教会は，当初は神判を奨励したが，その後，次第にこれを排斥するようになり，ついに，1215年のラテラン宗教会議 (das lateranensische Concilium) は，これを禁止した。ただ，その最も重要な神判である決闘は，なお，その後の世紀まで存続した。とくに，ザクセンシュピーゲル (I 18 §3) は，個々の場合に決闘に言及し，王の裁判所で発見された判決を非難する (schelten) 当事者が，

---

(9)　Sächs. Weichbildrecht, c. 130. London, Anfangsklage. S. 139, 140. Vgl.（14世紀の後半につき）v. d. Pfordten, ZRG Bd. 12. S. 349;（14世紀および15世紀につき）Kühns, Geschichte der Gerichtsverfassung und des Prozesses in der Mark Brandenburg, II, S. 346, 348. 反証をみとめた判決は，15世紀から，存する。

(10)　Ordal, ordel は，判決の意。従って，神判を Ordal という名でよぶのは，適当ではない。Grimm, Rechtsalterthümer, S. 908 ff. なお，とくに，Wilda in Ersch u. Gruber, Allgemeine Encyklopädie der Wissenschaften u. Künste, Sektion III. Bd. 4, S. 453−490.

決闘によって，その裁決を求めることができるのは，カール大帝の意思に反して維持されたザクセン法であることを強調している。

(ii) 宣　　誓

古ドイツの訴訟では，証言は限られた場合に許されただけであったから，当事者宣誓（Parteieid）は，その最も重要な証拠方法であった。この当事者宣誓は，ローマ訴訟法および現代訴訟法の解決宣誓（Schiedeseid）および裁判上の宣誓（Notheid）とは非常に違って，ある主張をし，これを証明する当事者自身が，自分の証明すべき主張を強化することである。つまり，当事者宣誓は，当事者の処分行為ではなく(11)，証拠方法であり，しかも，これに先立って試みてはみたが完全には成功しなかった挙証を条件とし，これを補充する証拠方法ではなく，独立の排他的な証拠方法である。裁判所は，法律上，宣誓によってのみ，証明を要する主張を明らかにすることができる場合には，証拠法の形式主義に従って，当事者宣誓を許容しなければならなかった。宣誓の対象なり内容は，つねに，裁判所の証拠判決（Beweisurteil）によって，重要性があると宣言された。当事者の主張であり，従って，多くの場合には，権利主張，すなわち，当事者だけが知っている事実，おそらくは，当事者だけが知っているものと推定される事実の価値および効力に関する，当事者の判断であった。従って，宣誓の内容は，当事者の主張に応じて，きわめて多様であり得たが，宣誓の内容に従って，それを，一々あげることは，それほど意味のあることではない。ここでは，ただ，刑罰的行為を犯したことを理由に訴追された者が，その非難を雪ぐ宣誓，すなわち，雪冤宣誓（Reinigungseid）と，債務に関する訴えを排除する宣誓，すなわち，無責宣誓（Unschuldseid, 正確にいえば，Nichtschuldeid）を挙げるにとどめる。

方式どおり正しく宣誓をすれば，法の要求する方式が充たされるから，宣誓された主張は証明されたことになる。相手方は，挙証者に対して宣誓することを免除できたが，この場合には，証明があったものとみなされた。

宣誓は，あるいは，当事者が単独で行う単独宣誓（Eineid）であることもあれば，当事者の宣誓が，宣誓補助者（Eideshelfer, sacramentales, consacramentales, conjuratores）の宣誓の補助を受けるときは，その宣誓補助者の人数に応じて，あるいは，3人宣誓，7人宣誓など（selbdritt, selbsiebent usw. geleisterer Eid）であることもある。

単独宣誓は，例外と見ることができる。単独宣誓は，前述したように，ただ，

――――――――――
(11) 当事者宣誓については，Engelmann, Der Civilprozess, Bd. 1, §§ 84－86 参照。

その性質上，他人が通常は判断できないような主張だけについて許され，特に，債務に関する訴えに対して，被告が提出する，債務を負わないという主張（Nichtschuld）を証明する証拠方法として，認められた。ところで，中世後期には，原告が，その主張について，単独宣誓より強力な証拠方法を提出することによって，被告の，債務を負わないという宣誓を不可能とするようになり，従って，原告は，こういう強力な証拠方法を利用しないときは，その訴えの運命を，ひとえに被告の良心と判断力とに委ねることになったから，こういう場合には，被告が，当事者の処分行為に基づいて，宣誓をなすことができたような外観を呈するにいたった。

全く異る原因に基づくこの2つの現象が，こういうふうに，事実上，類似することは，ここでは，これに注意を促すだけであるが，偶然のことであった。ドイツ法が，単独宣誓をも，単なる証拠方法と見たことは，確かである。すなわち，その証明力（Zwingende Kraft）は，単独宣誓に内在するものと考えられるような契約的性質に基づくものではなく，宣誓が，なんら批難を受けないで，なされるならば，相手方当事者だけでなく，法的協同体を構成する全員も満足するという事情に由来した。そうでなければ，宣誓を履行する方式は，しばしば非常に誇張され，従って，危険の大きいものであったが，相手方当事者は，こういう伝来の方式を自由に放棄することができたはずである(12)。

宣誓補助者(13)の宣誓の補助を受ける宣誓が求められたときは，当事者は，証明すべき事実を宣誓し，宣誓補助者は，当事者のこの宣誓が真実であり偽誓ではない(14)（rein und unmein）ことを宣誓した。宣誓補助者が当事者のした宣誓が真実であるという確信を得るに至った原因については，相手方も裁判所も，これを知らなかった。制定法なり慣習のうちに示された，全社会の法意識にとっては，当事者が，その宣誓が真実であることについて，自分の人格をかけよう（einsetzen）とするほど，確信を有する人々を見出したという事実で十分であった。最古の時代には，当事者自身が，その宣誓補助者を選んだが，すでに，フランク時代には，宣誓補助者の一部は，相手方当事者が選び出すことに

---

(12) Löning, Reinigungseid, S. 274–276 は，「宣誓の」要求（Ansprechen "auf den Eid"）を，当事者の処分と見ているが，そうとすると奇妙な事実，すなわち，（当事者の処分という）この観念がドイツ法においてそれ以上発展しなかったという事実を認めなければならない。

(13) とくに，Cosack, die Eidhelfer des Beklagten. 1885; Brunner, Rechtsgeschichte, I. S. 182; Maurer, in der krit. Ueberschau, Bd. 5, S. 197–213; Homeyer, Richtsteig Landrechts, S. 457 ff.; Planck, II. §§ 104–107.

(14) mein は，verbrecherisch（犯罪的）の意。

定められた。こういう規定があったために，その選定は，親族とか近隣者または部落員というふうに，ごく狭い範囲の者に限られるという結果とならざるを得なかった。

　宣誓補助者の人数は，法源なり係争事件が異なるに従ってさまざまであった。もっとも，この点についても，各法的協同体においては，変更を許さない一定の規範によったことは，確かである。ザクセンの法源では，自由，権利能力，封土関係（Lehn），土地所有者（Eigen）または不動産上の権利が問題であるときは6人，金銭または動産（fahrende Habe）が問題であるときは2人の宣誓補助者が必要であった。最初，いわゆる完全宣誓（Volleid）は，12人の宣誓補助者とともに，宣誓され，ザクセンシュピーゲルでも，なお，債権者が，相続人に対して訴えを起し，相続人が，単に債務を争うだけであるときは，原告は，12人の宣誓補助者とともに，宣誓をしなければならなかった（Ⅰ6§2）。こういう極端な事例は，次第に廃止された。もっとも，宣誓者の人数は，具体的場合の状態に応じて決めるべきであるということを認識するほどには進歩しなかった。法定数を厳守して，その宣誓補助者の全員が，宣誓の履行について要求される方式を，批難を受けないで，充たしたときに限って，ただそれだけで証明があったものと認められた。

　先行宣誓（Voreid）または反対宣誓（Widereid）については，他の箇所で，述べることにする。

　　　(iii)　証　　人

　過去の事実の審査と判断を当事者に委ねる証拠体系では，証人による証拠は，これを認める余地が全くないが，あっても従属的な意味を有するだけである。証人による証拠は，中世ドイツの訴訟にとって，早くから不可欠のものであったが，証拠法を支配する諸原則に妨げられて，ローマ法がそうであったし，ローマ法の侵入以来，現在もそうであるように，裁判官に対して，適法か違法かの判決を条件づける出来事について，いきいきとした印象を与えるための最も自然な手段となることができなかった。というわけは，こういう証拠体系では，その重点は，証人が，みずから五官の作用で認識した出来事を裁判所で物語ることではなく，ただ，証明すべき当事者の主張を宣誓によって強化することであったのは，当然の帰結であった。決定的なことは，証人が，当事者が，ただ，主張したことを誓言したことであった。多くの場合に，証言事項（thema probandum）をただ，肯定するか否定するかにすぎない証人が，五官の作用による自分の認識に基づいて知ったこと以上に誓言したこと，さらに，証人が，他人の報告なり挙証者の真実性に対する単なる信頼，または他の事実か

ら推論することによって，自分の知らないことを補わなければならなかったことは，明らかである。だから，証人の証言は，宣誓補助者のする宣誓の内容と類似した。ザクセンシュピーゲルでは，すでに，宣誓補助者が，その宣誓についてある程度の拠り所を有することが重要であったが，証人の証言と宣誓補助者の宣誓を，いずれも，誓言（getüch）という同じ言葉で呼び，決して，両者をはっきり区別しなかった(15)のは，異とするに足りない。しかし，この両者の区別は必要である。宣誓補助者は，当事者とともに，誓言するが，証人は，当事者なしで，誓言する。宣誓補助者は，当事者のした宣誓が真実であることを誓言するが，証人は，直接，証明すべき主張を誓言する。ところで，証人の知識が当事者の主張と一致することが稀であることは，前に指摘したが，ドイツ法は，こういう経験を正しく考慮して，ただ，偶然にその場所に居合わしたというだけで出来事を知るようになった者は，証人となることを許さなかった。こういう者は，後に証明を必要とする出来事を，始めから終りまで認識するに必要な注意力を欠き，そういう機会を有しないことが多いからである。従って，証人として許されたのは，次の者にかぎられた。すなわち，

① 証書証人（Urkundszeugen），すなわち，あるいは，一定の出来事の公証について成規の方法に従って立ち合い，あるいは，偶然に居合わしたときはその出来事に注意を促がされて，後日に証言するように求められた者

② 経験証人（Erfahrungszeugen），すなわち，たとえば，親族関係，近隣関係，住民共同体というような一定の事情に基づいて，相当期間継続する状態を知っていると推定される者。

このいずれの場合でも，証人が，事実上誓言することを知っているということは，かなり確実に保障されるわけである。証人を許すべき条件があるかどうかは，相手方なり裁判官の質問によって，確かめられた。こういう質問は，証人から，その知っていることを聞きとるためではなく，ただ，証人が，証明すべき事実を知ることが可能であるかどうかということを審査するために，いいかえれば，証人の資格を審査するために役立てられた。こういう資格としては，さらに，証人能力，すなわち，土地所有者であることが必要であった。

証人が当事者の主張を誓言するときは，証明がされたわけであり，これに反して，当事者の申し出た証人が誓言しないときは，証明が立たなかったわけである。後の場合には，挙証当事者は，他の証人を申し出ることを許されなかった。

---

(15)　たとえば，Sachsenspiegel, III 88 § 3 が，そうである。

このように，一方では，証人による証拠の許される場合が限定され，他方では，証人による証拠を申し出る当事者は，証拠について優位（Beweisvorrecht）を占めたが，これらの事情に促がされて，訴訟法なり実体法の少しでも重要な法的行為においては，すべて，書記（Urkundsperson）を立ち合わせるという結果になった。

経験証人または共同体証人（Gemeindezeugnis）は，フランク時代，とくにカロリング朝の時代には，証人による証拠とは全く異った特殊の制度を生み出す機縁となった。証書証人でない者は，当事者から，証人として援助を求められても，当事者の呼出し（mannitio）に従わなければならないという義務を負わなかったが，王から証言をして真実の発見に協力するように求められたときは，これに応ずることは国民の義務と認められた。ところで，王の裁判所に係属する訴訟である事実が問題となり，一般訴訟法（厳格法，jus strictum）の形式的な証拠方法では，その事実の確定について，必要な保障ができないときは，王は，自ら進んで，信頼できる者を王の裁判所へ呼び出し，これに対して，王が裁判官として定めた質問をして，これに答えさせた。すなわち，こういう証人にとっては，証拠判決によって，証明すべきものと定められた，当事者の主張を，ただ誓言することではなく，弁論の進行中になされるあらゆる質問に対して，自分の知っていることを報告して答えることが問題であった。従って，部族法上の証人は，主張（確言）宣誓（Behauptungs-《assertorischer》Eid）をしたが，こういう証人と違って，これらの，王の呼出しを受ける証人に対しては，その尋問前に，約束宣誓（Versprechens-《promissorischer》Eid）をさせねばならなかった。この宣誓があってから，開始される尋問（Verhör, inquisitio）は，あるいは，証人の1人1人に，1またはそれ以上の質問をなし，その結果を自由に判断する場合もあれば，あるいは，証人または宣誓者（Geschworenen《jurati, 宣誓をなした者であるから》）の全体に，1の質問をなし，証人が，全体として，これに答える場合もあった。後の手続の方が，はるかに多く見られたが，この手続は，された質問を肯定するか否定するかのいずれかで，その1人1人なり，または全体が，これを肯定しまたは否定するに至った理由を示す必要がなかったから，この点では部族法上の手続に近い。その後の時代に宣誓者が常に単一体（jurata, jurea, jurée, jury）と見られた理由は，こういう事情であったろう。

独自の手続方式を作り出すことができたのは王だけであったから，尋問権（Inquisitionsrecht）を有したのは，王だけであった，しかし，尋問権は，王の巡察使（Sendboten）なり，特権に基づいて，若干の教会に移譲され，さら

に，民族裁判所で，代官の面前で弁論すべき訴訟については，個別的に，特別の請願に基づいて，代官にも移譲せられた。かくて，民族法の訴訟方式の厳格性に促がされて，民族法と並んで，衡平法（jus aequum）が形成された。この衡平法は，他の場所で述べるが，参審裁判所（Schwurgericht）を発展せしめる根拠となった。ここでは，その説明を打ち切らなければならない。というわけは，この尋問手続（Inquisitionsverfahren）は，カロリング朝が崩壊してからは，北部フランクで存続しただけで，ノルマンとともに，英国に渡って行き，ドイツでは，なお認められもし，若干の場合には適用されたこともあったが，証拠法の当時の発展に対しては，何の影響をも及ぼさなかったからである。

　(iv)　裁判所証明[16]

　裁判所証明（Gerichtszeugnis）は，裁判所自身が五官の作用で認識した事実を証明するために利用された[17]。この証拠方法は，最古の法なりフランク法の知らないところであり，ザクセンの法源で形成された。それは，通常裁判官が，その就職の際にした宣誓を援用して，2人または6人の判決発見者とともに，問題の事実を確言することであった。場合によっては，裁判官が，厳格な方式によらないで，問題の主張を確認し，判決発見者が，沈黙することによって，これに対し，その同意を与える，ということもあった。

　(v)　文　　書

　文書が真実の証拠方法となるようになったのは，きわめて徐徐であった。ただ，王の文書だけは，古くから証拠方法と認められたが，それは，王の文書で公証された事実を争うことが，禁じられ，これを犯せば死刑に処せられたからである。その他の文書は，すべて挙証には適しなかった。なぜなら，挙証者が文書を提出して相手方がその内容を正当と認めるか，または，これを争う陳述をしないだけでも，文書に記載された事実は，文書によって証明されるわけではなく，証明をもはや必要としなかったからである。これに反して，相手方が文書の内容を争ったときは，挙証者は，他の証拠方法，しかも，証人，多くは文書の作成者を証人として，その内容を証明し，サリカ法では，12人の宣誓

---

(16)　Brunner, Entstehung der Schwurgerichte, S. 50; ZRG 23, S. 243 ; Sohm, Fränkische Reichs- und Gerichtsverfassung, S. 436, 525, 526 ; Maurer, krit. Ueberschau. Bd. 5, S. 192 ; Planck, II. §§117 ff.

(17)　権利主張は，つぎの理由からだけでも，証言の対象となることができなかった。すなわち，これを認めるとなると，判決をするためでなしにより出された裁判官が，裁判を受けるために提出された法律問題を裁判することになるからである。Vgl. Laband, Vermögenrechtliche Klagen. S. 29 ff.

補助者とともに宣誓をして，これを証明しなければならなかった。これと並んで，文書非難（Urkundenschelte）がなされたということが伝えられている。これは，文書に穴をあけるという象徴的行為を伴い，一定の方式に従ってされたが，文書の作成者なり証人が嘘をいっていることを主張し，結局は，文書を攻撃する相手方と文書の作成者なり他の証人との間の決闘で，この中間の争を解決した。他の部族では，文書は，フランクほど重要な意味を有しなかった。

13世紀頃になって，はじめて，取引が次第に増大し，その結果，文書によって，広範囲になった法律行為的表示を確定することが必要となって，訴訟でも，文書の取扱を変更しなければならなくなった。すなわち，文書は，証人以上の証拠方法と認められ，自由なり効果のある挙証によって，文書の真正が確定したときは，文書の内容に対する異議を排除した。さらに，裁判所でなされるあらゆる法的行為について，文書を作成するという慣行が生じた。こういう文書，すなわち，記録は，やがて裁判所証明にとってかわり，または，これを支持することになった。

(b) 執 行 手 続[1]

§ 47 強制執行の手続の規整に当って，部族法は，必ずしも同一の見地に立ったのではなかった。東ゴート，ブルグンド，バイエルン，アングロサクソンおよびランゴバルドは，執行を債権者の私的活動に委ね，この点で，北ゲルマン法と一致していたが[2]，西ゴート，ザリア＝フランク，リブアリア＝フランクは，ただ，裁判上の差押えを許しただけであった。しかし，これらの部族法を通じて，共通の原則は，執行されるのは，裁判所の判決ではなく，裁判所の判決に基づいて債務者の行う判決履行の誓約（Urteilserfüllungsgelöbnis）であり，執行の開始は裁判官の支払命令を条件とした，ということが共通の原則であった。この支払命令は，裁判官に対して，強制執行の要件を証明したときにかぎって，付与された。

執行法の発展については，サリカ法典が，とくに，重要であるが，これによれば，こういう裁判上の強制執行は，まえに（§39）述べた取立手続（Betreibungsverfahren）によって，開始された。債務者が，債権者から受けた支払の催告に対して，その支払義務を否定したときは，こういう異議については，裁判所で，弁論し，裁判しなければならなかった。ところで，債務者が，こう

（1） Schröder, Rechtsgeschichte, S. 85, 365, 715.
（2） v. Amira, Nordgermanisches Obligationenrecht, S. 109, 161; Brunner, Rechtsgeschichte, I. S. 183. そのほか，執行が，判決履行の誓約にあたって立てられた保証人に委ねられることも多かった。

いう異議も述べなければ，支払もしないときは，債権者は，債務者を裁判所へ呼び出し，裁判所で，債務の履行を求めた際に，成規の方式を遵守したことを証明して，裁判官（thunginus）から nexti cantichio，すなわち，債務者に対する支払命令を取得する。これに次いで，債権者は，催告すなわち「他のなにびとに対しても支払をしてはならず，支払の担保をも供してはならない旨の申入れ」(testare, ut nulli alteri nec solvat nec pignus donet solucionis) をしてから，1週間の間をおいて，さらに3回，前にした支払の催告を繰返し，こういう催告も無視されたときに，債権者は，代官に対して，法の定めた方式に従った申立てをして，差押えをすることを求めることができた。代官は，この要件が充たされたと認めるときは，評価人を伴って，債権者とともに債務者の住居におもむき，ここでもう一度，債務者に対して，債権者に支払うよう最後の催告をし，債務者がこれにも応じないときは，差押え（Pfändung），すなわち，動産を取り上げることになるが，差し押えた動産は，支払に代えて債権者が取得した。差し押えることのできる財産が不十分であるときは，債務者は，債権者の債務奴隷（Schuldknechtschaft）となった。——ところで，債務者が，債権者の催告に応じないか，または，判決履行の誓約をすることを拒んだときは，王は，債権者の申立てに基づいて，債務者に対して，法外（friedlos）の宣言をした。債務者は，この宣言によって，身体および財産の保護を失い，みずから進んで判決履行の誓約をするまで「荒れ狼」（wilder Wolf《wargus》）として，取り扱われた。

　こうして，法外宣言（Friedloserklärung）は，債務者の不遵守に対する刑罰であったが，同時に，債務者の意思を抑圧するための強制手段であったことは，当然である。——サリカ法典には，債務奴隷について何も伝えていないが，後の時代の法では，債務奴隷は，債務を償却するに足りるだけの差押えの可能な財産を有しない債務者に対して，課せられた。ただ，犯罪のために約束した贖罪金（Sühnegeld）の訴求があって，債務者自身もその親族も，その債務を支払うことができなかったときは，債務者を競売に付し，その効果がなければ，債務者は，債権者に引き渡された。この引渡し（Überantwortung）は，債務奴隷とはちがって，債務者が，その後は，奴隷として債権者の所有物となったり，または，働きながら債務を償却するためではなく，被害者が犯罪を贖わないままでいる債務者に復讐を加えるためになされた[3]。

　一方では，不遵守は，債務者にとって，きわめて重大な結果を招くもので

（3）　とくに，Sohm, Prozess der Lex Salica, S. 175 ff. 参照。

あったが，他方では，債権者にとっても，争のない債権の実現が，同じように，努力を要し，かつ，時間のかかることであった。もっとも，催告の効果がなければ，その度に，罰金（Busse）が加わったことは，いうまでもなく，債務者は，債務の目的物と並んで，この罰金をも支払わなければならなかった。

　6世紀に，法外宣言が真の強制執行に変ってから，初めて，合目的的な変化が生じた。すなわち，金銭債権だけが問題であるときならば，法外宣言は，債務者に対しては，ただ，財産の喪失をもたらしただけであった。王は，差押え（Beschlagnahme,《missio in bannum, vronung》）を命じ，債務者が，1年と1日（Jahr und Tag）内にその債務を支払って，この拘束（Bann）を解消させないときは，債務者の財産の没収を命じた。債権者は，国家を通して，没収された財産から満足を受けたから，この処分は，その範囲では，債権者にとって有利であった。と同時に，この差押え（Frohnung）は，不動産に対しても及ぼされたから，この処分は，不動産執行の道を開いたわけである。

　執行法の発展について，重要な進歩を示したのは，13，14世紀の法源である。争のない請求権の執行のために必要な強制は裁判官の公権の属性の1つであるという思想が，すでにフランク法で認められていたが，この思想は，この時代に支配的となった。私的強制執行はなく，ただ，裁判上の強制執行だけがあったわけである。裁判官が行為するのは，自力的に行動する当事者の補助者とか代理としてではなく，当事者の申立てに基づいて，当事者の双方に優越し，その双方の利益を保護する公権によってである(4)。従って，係争当事者と裁判官の関係は，原則的には，強制手続でも，確定手続でも，同じことである。取立原告は，裁判官に対して，その執行請求権の要件を証明し，必要があるときは，執行一般なり個個の強制処分が許されるかどうかについて，裁判所の判決を受けなければならなかった。

§ 48　ところで，強制執行の要件は，次のいずれかであった。

　①　被告に対して給付を命ずる裁判所の判決，または，被告の欠席の結果としてなされる裁判官の支払命令（緊急権によって取得した債務《die mit Nothrecht gewonnene Schuld》）。前の点について，フランク時代には，証明するか支払うかのいずれかを命ずる判決（auf Beweis und Sühnevertrag lautendes Urtheil）であったが，ここで問題とする時代には，こういう給付判決が通常と

（4）　v. Meibom, Pfandrecht, S. 126 ff. ; Krech u. Fischer, Das preussische Gesetz betreffend die Zwangsvollstrekkung in das unbeweglichen Vermögen, S. 19.　一定の場合につき，同旨，Planck, II. S. 235−237. 反対，Wilda, Zeitschrift für deutsches Recht, I. S. 183.（いうまでもなく，比較的古い時代についてであるが）Siegel, Gerichtsverfahren, S. 248.

なった。

　②　債務者が，原告に対して，訴訟であるいは訴訟外で，裁判所の面前でした債務承認（gichtige schuld）。

　強制執行の開始については，裁判官の給付命令が必要であるというのがドイツ法の考え方であるが，この給付命令は，前の場合には，給付を命ずる判決のうちに含まれているから，後の場合にだけ，債務承認と並んで執行の特別要件となるわけである。

　執行手続においても，裁判官の判決を必要とすることがある。この時代にも，あらゆる執行行為について，裁判所の判決によって，争うことも撤回することもできない許可を得るという，面倒ではあるが，それだけ確実な方法を選んだことは，疑う余地がない。実際，当事者の執行申立てを，訴えという言葉で表したのであった。

§ 49　行為をさせることを目的とする強制執行が，どういうふうになされたか，ということについては，あまり報告が伝えられていない。最初は，刑罰の予告によって，義務者の意思に影響を及ぼそうと試みたが，後には，債権者が，その要求する行為を自ら実行し，裁判所が，これに協力し援助することになった[5]。

　被告が物を引き渡すべきときは，裁判所は，原告にその物の占有を取得させ（ザクセンシュピーゲルⅠ70§1），それが不動産であるときは，さらに，原告に対して他人の異議を除斥する裁判官の宣言もなされた（Friede wirken）。この宣言の違反は，被告に対して体刑なり死刑の結果を伴った（ザクセンシュピーゲルⅡ24§1, Ⅲ20§3）。

　金銭債権のためにする強制執行は，その対象が，債務者の身体であるか，その動産であるか，または不動産であるかによって，その手続が異った。

　対人執行（Personalexekution）（債権者の身体の摑取）と対物執行（Realexekution）（債務償却のためにする，債務者の財産の利用）とが，どういう関係を有するか，という問題は，法源が異なるに応じて，異った解釈を与えられている。しかし，確実にいえるのは，債権者は，原則として，対人執行をする権利を有したが，債務者は，現実に弁済を提供して，間接の強制方法として作用するこの害悪を避けることができ，債権者は，こういう提供を受けとるべき義務を負い，たとえ，債務が完済されないときでも，対物執行をしなければならなかったということである。対物執行をしても，全然効果がないか，または，一部し

（5）　Planck, Ⅱ. S. 166.

か効果がなかったときは,債権者は,対人執行に手をつけることができた[(6)]。従って,ここでは,最後に,対人執行を取り扱うことにする。

不動産執行に先立って,まず,動産執行をしなければならなかった。動産執行では,まず,無生物を差し押え,次に,生物を差し押えたが,不動産執行では,まず,果実だけを差し押え,土地は,その次に,はじめて差し押えることができた。

　動産執行は,差押え(Pfändung),すなわち,動産の取上げによって,開始されたが,差押えは,フローンボーテ(Frohnbote)が,これを実施した。差し押えられた物は,債務者の所持に委ねられることなく,フローンボーテがこれを保管した。ザクセンの法源によれば,知れない権利者に対して,異議によってその権利を主張する機会を与えるために,差押物について,数回,公示催告が行われ,ついで,差押物を取り戻すために,これを債務者に呈示し,最後に,裁判官は,差押物を債権者に交付し(geweldiget),債権者は,交付された差押物を担保にとるか(versetzen),または売却した。債務者に取戻権を留保するために,担保の設定(Versatz)の方が,より多く選ばれた。フランク法では,差押物(Pfandgegenstand)自体が支払に代えて債権者の所有とされたが,ザクセンの法源では,これと異り,債権者の満足は,担保の設定なり売却によって得られた売得金によってなされ,ただ,これによっても債権者の満足が得られないときにだけ,差押物は,債権者の所有とされた。15世紀にあって,はじめて,裁判上の売却が債権者による私的売却に取って代ることになった。

　債務者の債権は,古代法では,差し押えることができる財産とは認められなかった。後の時代には,次第に,こういう思想から開放せられ,債権の裁判上の移付(Überweisung)を要求するに至った。一定の債権については,債権者は,移付を得ないで第三債務者に対してこれを主張することができたが,こういう債権は,法源で特別に挙げられるのが通常であった。

　不動産執行は,どこでも,差押え(Frohnung)によって,開始された。この差押えは,債務者に対する譲渡禁止であり,債務者は,これによって土地に対する処分権を失った。債務者が,事実的にも処分することを妨げるために,しばしば,債務者の占有を解き(Ausweisung),債権者に占有させた(Einweisung)。いずれにしても,wifa(1束の藁),手袋または十字架を土地の上において,第三者に差押えが判るようにした。ザクセンシュピーゲル(Landrecht, II 41§2,

---

(6) とくに,Planck, II. S. 243—246参照。v. Meibom, Pfandrecht. S. 39も,これを示唆している。

第2章　訴訟法の諸原則

Lehnrecht, 65§8）によれば，なお，こういう手続をとってから，1年と1日が経過すれば，土地は，支払に代えて債権者のものとなったが，そのためには，これに先立って，まず，第三者に，所有権があればそれを届け出させるために，裁判所開廷日に3回の催告を発しなければならなかった。宮廷裁判所の判決の執行については，裁判所は，原告に対して「手引」（Anleite）を付与した。すなわち，裁判所は，原告の提案に基づいて保管人を選任したが，この保管人の任務は，さしあたり土地を占有し，ついで一定の期間が経過すれば，原告に土地の占有なり利用をさせることであった。さらに，一定の期間が経過すれば，土地は，原告のものとなった。他の法源，とくに，南ドイツの法源は，北ドイツの都市法も，そうであるが，ザクセンシュピーゲルのこういう原則を，全く認めなかったが，これらの法源によれば，土地自体が債権者のものとなったのは，その担保の設定なり譲渡が実行できないと判ったときだけであった。むしろ，債権者は，動産執行と同じように，まず，裁判所によって土地の引渡し（Ueberantwortung）を受けた。債権者は，占有を取得することによって，土地について正式のゲヴエーレ（rechte Gewere）と土地の所有権を移転する権利を取得したが，土地所有権の移転は，不動産の譲渡に関する規定に従ってなされ，債権者は，その売得金によって満足を受けた。

　債務奴隷[7]（Schuldknechtschaft）は，債務者が，弁済期が到来しても債務を弁済もせず，債権者に担保を提供することもしないとき，または，債務者の財産に対して強制執行をしても，その効果がなかったときに，認められた。なお，債権者は，債務者のこういう担保の提供を承諾する義務があった。ところで，債務奴隷の制度は，古代には，債務者を債権者の奴隷にしたが，時代の進展に伴って緩和され，債務者が，労働によって，その債務を償却すべき義務を負うという関係となり，最後には，こういう労働強制を伴わない，単なる自由の剥奪となるに至った。こういうふうに緩和されても，債権者の管理に服させることは危険であるから，債務者を，債権者の管理から脱してフローンボーテなり裁判官の監督に服させるようになったのは，当然のことである。いずれの場合でも，債権者は，債務者の生活費を負担しなければならなかった。ところで，債務者に自由活動を許しはするが，不名誉な服装を強制したり，堪えがたいほど，いろいろと自由を制限したりして債務者を抑圧した結果，債務者が債務を償却するために全力を尽すということもあった。これらの手段が，債務者を道

（7）　Planck, II. S. 258 ff.; Löning, Vertragsbruch, S. 192 ff.; Kohler, Shakespeare vor dem Forum der Jurisprudenz, S. 20 ff.; Stobbe, Zur Geschichte des älteren deutschen Konkursprozesses, S. 98 ff.

徳的に堕落させたり，部落から逃亡せざるを得ないようにさせたことに与って力があったことも，いうまでもない。

§ 50[(8)] 多数の債権者が，債務者の財産について，同時に満足を求め，しかも，その債権者が，その債務を支払おうとしないか，十分な財産がないために，これを支払うことができないときは，13，14世紀には，なお，個個の債権者が，執行によって，債務者の財産を攫取した順序に従って，単純に，その満足を受けた。すなわち，ただ，個々の個別執行が前後しまたは並存しただけであった。

14世紀頃になって，はじめて，ハンザ諸都市その他若干の商業都市で，債権者の共同かつ平等の満足が行われるようになったが，それは，債務者が逃亡するか，または支払不能の状態で死亡したことを前提とした。債務者が，その居住地を離れないで，あるいは，債権者が，債務者の完全な経済的没落をおもんばかって，仮差押えなり強制執行によって，債務者の財産を差し押え，あるいは，債務者が自らその支払不能を宣言したときでも，こういう手続を採るようになったのは，その後の発展の結果である。

債権者の同時かつ平等の満足という原則の承認は，必然的に，こういう特別の目的に奉仕する訴訟上の手続を生み出さざるを得なかった。実際，こういう手続は，時代の進展に伴って，外国法の継受前に，すでに，かなり均一に発展した。この手続は，一般的には，裁判官憲の行う差押え（Beschlagnahme）によって開始されたが，この差押えによって，債務者は，その財産に対する処分権を奪われ，債権者は，個別執行によってその財産を攫取する権能を失った。その後の手続は，多くは債権者の自治活動に委ねられた。債権者の任務は，その裁量に従って，財団を確定し配当することであったが，手続の指揮は，多くは，官庁（裁判所，参事会）に委ねられた。

差押えの公告があってから，債権者がその債権を届け出る期間が指定されたが，この期間は，期間後に届け出た債権者が，届出の順序に従って，ただ，残存する財団の部分についてのみ，満足を受けることができたという意味で，除斥的な効力を有した。配当について，斟酌を受けようとする者は，その債権の原因および額を開示し，これを証明しなければならなかった。債権について，争があれば，その存在について，裁判所の弁論および裁判が必要であった。

財団の管理，換価および配当のために，管財人が選任された。管財人は，単

---

(8) Planck, II. S. 384, 399, 400 ff.; Stobbe, Zur Geschichte des älteren deutschen Konkursprozesses. 1888.

に，債権者の代理人ではなく，債務者の利益をも保護すべきであって，特に，債務者は，手続の開始後は法律行為を締結することができなかったから，こういう法律行為は，管財人が債務者に代ってしなければならなかった。財団は，差押えの当時，債務者に属する全財産および債務者が手続の進行中に取得した財産で構成された。こういう財産については，目録を作成し，債務者は，宣誓して，この目録を確認した。破産宣告前に譲渡されたものではあるが，事実上，すでに，支払不能が発生した当時に譲渡されたものなり，債務者が，その逃亡の直前に，しかも，逃亡を予想して移離したもの，さらに，債務者が病床で移離した物もまた，財団に組み入れられた。これに反して，債務者に属しない財産は，財団から取り除かれた。財団自体は，売却するのが通常であった。その売得金なり，債務者の手許で見出された現金は，確定債権者に平等に配当された。財団の配当が完了してから，管財人は，計算書を提出した。

　配当によって，完全な満足を受けなかった者は，残額請求権を保有し，いつでも，後日に取得する債務者の財産を攫取することができた。債務者は，その取得財産を挙げて債権者に提供すべき義務を負い，ただ，その生活のために，極度に切りつめて消費しなければならないものだけを留保することができた。

　多くの地域では，自己の過失によらないで，倒産状態に陥った債務者のために，強制和議（Zwangsvergleich）が認められたが，それには，債権者の（数額によって計算した）多数決が必要であった。こういう和議によって，債務者は，履行の猶予なり，その当時の財産を提供する代りに，それによって償却されない残存債権額の免除を受けた。債務者が，和議で引き受けた義務を履行しなかったときは，和議は効力を失い，手続が新たに開始せられたが，債務者は，人的拘留（Personalhaft）を受けた。

　しだいに，債権の破産上の優先権（Konkursprivilegien）なり，その結果として，破産債権の複雑な順位ができてきた。地主の地代債権，家主の家賃債権，労賃（Gesindelohn）および食費（Kostgeld）の請求権は，ほとんど一般的に，優先順位を認められた。質権者および定期金売買の債権者（Rentenkäufer）が，その特別の担保財産について，別除的満足を求める権利を有したことを，特に指摘しておかなければならない。破産手続の開始当時に，すでに，仮差押えまたは個別執行によって，債務者の財産を攫取していた者にも，同じ権利が認められた。

　故意にまたは軽率に倒産状態を招いたことは，すでに早くから，犯罪行為と認められた。こういう思想は，債務者が拘留され，しかも，債務の未払額に応じて計算した期間，拘留された点に，しばしば現われている。このほか，債務

者は，数多くの名誉刑を科せられた。

§ 51 裁判上の強制執行を求める権利と並んで，ある場合には，債権者の自
力差押権（Selbstpfändungsrecht）が認められた。若干の法源によれば，契約に
よって，こういう自力差押権を設定することができ[9]，さらに，他の法源に
よれば，ある種の債権は，法律上当然，自力差押権を有した。たとえば，（ザ
クセンシュピーゲルI54§4によれば，）地主の未払地代の債権がそうであり，13
世紀の末期か，14世紀の初期のゴスラーの制定法（21，22）によれば，家主の
未払家賃の債権がそうであった。

諸都市では，裁判所の面前でなされた債務承認は判決に代る，という原則を
利用して，不動産担保権の迅速な実行をはかった。すなわち，この場合には，
債務者は，裁判所の面前で，債権者の立会のもとに，その債務を承認し，その
家屋を担保に入れる，という方法で，担保を設定した。裁判所は，この債務承
認の陳述を都市登記簿（Stadtbuch）に登記し，平和宣言（Friedewirken）を
した。債務者は，土地を占有し利用することができたが，弁済期が到来すれば，
裁判上の執行を受けた。平和宣言は，不動産差押え（Frohnung）に代ったから，
後は，ただ，債権者が担保物を取得するかまたは担保物の売却があるだけで，
それだけ，裁判上の執行は，迅速に行われた[10]。

§ 52 現在ではまだ強制執行ができないために生ずるような危険を除去する
ことを目的として，後期中世の諸都市法は，仮差押え，すなわち，将来の執行
に先行して，一定の財産に対する債務者の処分を禁止する処分を認めた[11]。
その要件は，あるいは，特に，債務者が，知れた相続人を残さないで死亡し，
失踪し，逃亡するときのように，訴えの相手方となるべき債務者が存在しない
か，あるいは，債務者の財産が減少する危険があるにもかかわらず，現存の債
務者に対して，現在，訴えを起すことができない，という事情であった。

仮差押えは，裁判官が，まず審査して，これを宣言し，フローンボーテが，
これを実行した。例外として，裁判官の許可を受けないこともできたが，この
場合には，数人の同市民の協力を受け，かつ，処分をした後で，ただちに，そ
の処分について，裁判所の裁判を求めなければならなかった。本来の強制執行
と同じように，仮差押えも，あるいは，債務者の身体を摑取し，あるいは，そ

---

(9) v. Meibom, Pfandrecht. S. 220 ff.

(10) Planck, II. S. 342 ff.; Heusler, Institutionen, II. S. 128 ff.; Stobbe, Handbuch des deut-schen Privatrechts, II. §§ 106 f.; v. Meibom, Pfandrecht, S. 429, 456; Schröder, Rechts-geschichte, S. 375, 376. この制度のもっと詳しい説明は，私法に属する。

(11) Planck, II. S. 331 ff.; v. Meibom, Pfandrecht, S. 147 ff.

の財産を攫取した。債務者は，処分当時に現在する場所に留めおかれたが，こういうふうにして，その財産を消費することができなくなり，さらに，その債権者の訴えに応訴せざるを得なかった。動産は，債務者から取り上げて，保管せられた。債務者が，未払の債権を有するときはその債務者，すなわち，第三債務者に対して支払禁止が発せられ，債務者が，不動産を所持するときは，債務者自身に対して譲渡禁止が発せられた。

　仮差押申請（Arrestgesuch）は，被保全請求権に関する訴訟を開始するものと認められた。仮差押訴訟と本案訴訟との分離は，ドイツ法の知らなかったところである。ところで，この訴えが，債権者の勝訴に終ったときは，債務者が，なんらかの方法で担保を供して拘留を脱しないかぎり，仮の拘留は，債務奴隷に変り，仮の財産差押えは，終局的な差押えに代り，従って，その後は，動産差押え（Pfändung）なり不動産差押え（Frohnung）があった後の強制執行と同一の方法で，手続を進めることができた。

B　当事者の行為の方式(1)

§ 53　中世ドイツの訴訟では，当事者の陳述方法は，常にただ，裁判所なり相手方その他の関係人に対してする，口頭による発言であった。読み書きが容易に覚えられない技術であった時代には，書面による思想の伝達は，実際，行われるべくもなかった。それにもかかわらず，ボローニャで研究したヨハン・フォン・ブッフ（Johann von Buch）は，（14世紀の第2四半期の）ザクセンのラント法に対する注釈で，ザクセン人は文書を知らなかった（dat sick die Sassen up bryve nicht vorstunden）という理由だけで，口頭主義が行われたことを説明している。むしろ，ドイツ中世では，生活関係の簡単であった他の諸時代と同じように，自ら口頭主義が行われ，書面による交通というようなことに考え及びもしなかったのは，より当然の成り行きであったし，また，口頭主義は，陳述について判断する人人の全体，それは，多くの場合きわめて多数であったが，こういう人人の全体に対して同時に陳述を知らせるには，唯一の方法であったのである。

　弁論が口頭で行われることは，ある危険を伴うが，中世では，こういう危険は，きわめて少なかった。第1に，生活関係，従って，法律関係の性質は簡単であったが，当事者は，裁判所で，完全に方式化された権利主張を行い，事件の事実面については，ほとんど物語ることはなかったから，複雑な関係がどういうふうに成立したかを長長と述べる余地がなかった。さらに，その手続では，

　（1）　なお，Engelmann, Der Civilprozess, Bd. 1, S. 112 ff.；Planck, I. § 23, S. 133. を見よ。

弁論は，数回の期日にわたって続行され，数多くの当事者の主張および証明を結合する弁論が終結してから，判決がなされ，しかも，その判決では，それまでに提出されたあらゆる事項を斟酌するというものではなく，争いとなったあらゆる問題が，個別的に，当事者の陳述および反対陳述があってから，直ちに，特別の判決の対象とされ，従って，判決人は，つねに，こういうふうに特定の問題に限ってされた陳述だけを記憶していればよかった。もっとも，フランクの王の裁判所では，裁判所書記が司法機関となり，弁論について記録を作成するという慣習が，その後，次第に広まり，ついに確立したが，それは，決して，同一の手続で裁判所に対して判断の対象である訴訟資料を知るための永続的な根拠を与えることを目的としたのではなく，他の事件で，あるいは，後日，裁判所証明（Gerichtszeugnis）が必要となったときに，その記憶を補助して，この裁判所証明を容易ならしめることを目的としたのである。

§ 54 古ドイツの訴訟を理解するために，特に，重要なことは，当事者の主張について，法が要求した特別の方式をどう説明するかということである。というのは，これまでの叙述の一連の暗示の1つ1つからすでに明らかであるように，古ドイツの訴訟は，全体として，厳格な形式主義の支配を受けたからである。しかし，この形式主義は，随伴的な附加物として，それ自体としては，無方式な行為に附加されたというよりは，むしろ，当事者の行為自体が常に最初から一定の要件を充たさなければならない，ということであった。ところで，こういう方式強制の意味は，ただ，法規に適合する行為だけを斟酌することができ，しかも，法規に適合する行為が，実体上理由があるかどうかをとわず，強制力を有していた，という点にあった。

さて，方式が支配するところでは，当然，個個の事件の特殊性が，ある程度，斟酌されないことになる。古代ドイツの訴訟の方式の背後には，種種の事件の特殊性に対するこういう無関心が隠されていたが，一方，こういう欠点は，さほど，大きなものではなく，他方，こういう方式強制は，古代の訴訟法が立っていた発展段階なり，自由人の独立性という民族的思想のうちに，その深い根拠があった。フランク時代なり，その後でも，少くとも地方ではそうであったが，取引関係がきわめて簡単であった時代，さらに，なにほどか重要な法的行為は，すべて，裁判所共同体の全体なり，そうでなくても，自ら立会を求めた証人の前で行うという慣習が行われた場所では，民事上の請求権は数多くなかったし，そういう請求権の基礎となる法律要件が多種多様であったことは，確かに，きわめて稀であった。ところで，厳格な方式強制は，程度の低い文化の時代には，当事者の激情を抑制し早急な取引なり無益な話合いを制止し，当

事者をして，事態を静観的に審査させ，その陳述内容を慎重に考慮させるための有効な手段であるだけでなく，あまりにも早急に，衡平の観点を斟酌して，法の機構の確立を妨げることに対する制限でもある。ちなみに，事態の特殊性に無制限に深入りすることは，裁判官の，とらわれない，経験を積んだ判断が，とらわれた，経験のない当事者の判断よりも高い価値があり，従って，当事者は自己の事件については裁判官の判断に従わなければならないという思想のもとで，初めて許されることである。しかし，こういう思想は，当時の人々の自己意識に矛盾したし，また，矛盾せざるを得なかった。なぜなら，判断する任務を有した人々は，経験なり判断力および教育の点では，法律事件の判断を受ける人々より以上に良い保障を与えたのでは決してなかったからである。ところで，個人に対して，別の，おそらくは，より良い判断を教えることができる1つの力がなければならなかったが，こういう力となることができたのは，自由な民族構成員の全体だけであった。そこで，民族確信に基づいて，慣習法的に，法律上有効な行為について，一定の要件が定立されたが，こういう要件は，一般の判断が基準的かつ許されるものと認めるこれらの方式を厳守させることによって，個々の事件を，特定人の単なる意見に委ねないで，こういう一般の判断に従わせるための方法であった。従って，形式主義は，証拠法のうちに，その最も重要な場所を見出さなければならなかったし，実際，形式主義が証拠法のうちに最も長く存続したことは，ドイツ訴訟法の歴史の示すところである。確信させる力の強い証拠方法を優位におくという傾向が，明かに現われたのではあったが，証拠法を変革するまでには至らなかった。むしろ，制定法の規定する要件を充たして初めて，証拠を提出することができ，その要件を充たさなければ，証拠とならない (beweisfällig)，という原則が，依然として，支配的であった。たとえば，法の要求する12人の宣誓補助者のかわりに，ただ，11人の宣誓補助者を申し出ることができただけの者は，その要求された挙証をすることができなかった。

　しかし，方式の支配は，さらに，裁判所なり相手方に対して，完全に方式化された権利主張を提出しなければならない，という命令のうちにも，現われている。一定の法律関係に関する事実上の出来事を概観し，判断して，その事態に適合する権利主張にまとめることができなかった者は，むしろ，訴訟という危険の多い道にふみ入らない方が利口であった。相手方は，正しくない方式化または不慣れな方式化でも，これを自己の利益に利用して，自己の方に理由があるという外観を装って，理由のある請求に対抗することができた。もっとも，ひとたび証拠判決が言い渡された以上，その前に提出した主張を変更すること

は，いかなる変更でも許されなかった。

　ところで，客観法の要求する方式の履行は，訴訟上の強制方法としても，作用した。最古の時代の訴訟では，裁判官の強制権がなかったから，こういう訴訟上の強制方法が必要であった。すなわち，裁判官の強制権は，当事者の個々の行為が部族法の要求する方式を装い，その結果，こういう方式のうちに発動する当事者の要求が，常に避けることのできない，全体の命令と見られたということで，完全に補充された。この理由で，まさに，最古の訴訟は，特徴的な方式を数多くもっていた。こういう方式については，すでに多くの箇所で述べた。方式的な，履行の催告，呼出し，追及（Spurfolge）に当って，証人を立ち合わせること，一定の儀式に従って住居の捜索をしなければならないこと，請求の意思を儀式的に現わして発見した物に手を触れることなどが，それである。これらは，全て，当事者のなす，方式的な，従って，出頭義務を負わせる証人の呼出しと同じように，裁判所外の行為である。しかし，集会した裁判所の面前でなされたtanganare（＝強要する）という行為も，同じ性質を有した。この行為は，訴えの提起に結合して，原告が，被告に対して，一語一語，訴えに答えるように求める，儀式的な催告である。被告は，不遵守（Ungehorsam）の効果を受けまいとすれば，この要求に応じなければならなかった。

　裁判官のbannitioが方式的なmannitioに代ったように，他の方式的な当事者の行為，特に，儀式的な答弁の要求は，ドイツの訴訟から次第に消失した。フランク時代に，王権は次第に強力になったが，最初は，同一の権威として，部族法に基づく強制権と並存し，後には，唯一の支配的権力として方式の強制力を駆逐し，完全にこれに代ることになったのは，裁判官の行使するこの王権であった。こういう発展に応じて，最古の時代には，ただ，当事者の強要（tangano）が認められただけであったが，キリスト教＝フランクの時代には，これと並んで，その後しばらくして，これに代って，裁判官の答弁命令が現れた。

　前述したように，ある程度の方式強制は，訴訟の構造と支配的な思想のうちに，その根拠があった。この必要な限度を超えたものは，いかなるものでも，方式偏重（Formenkultus）に堕落せざるを得なかったが，実際，こういう堕落が生じた。方式強制の有効な作用が無視され，重要でない数多くの外観を極端に遵守することが，その意味と考えられた。こうして，特に，宣誓の履行は，非常に厳格な儀式で装われたから，それまで，いかなる法廷にも出頭したことがなく，その方式を詳しく知らない者にとって，これに通じた者の援助を求めずに，こういう儀式行為に列することは，危険であった。宣誓をする際に，言い淀んだり，言い誤った者，宣誓した後で裁判官の許可を受けないで，挙げた

宣誓の手（右手）を下した者，聖遺物の箱の前に跪く際に規定どおりの身体の位置をとらない者は，訴訟に敗訴した。法源自体は，方式の違反を危険（vare,ラテン語では，非常に特徴的に，verborum insidia という）といったが，こういう危険があったために，訴訟は，事実上，弁護士訴訟とならざるを得なかった。いいかえれば，精通した代弁人（Fürsprecher）なしに訴訟を追行することは冒険であったが，当事者が，代弁人の陳述を取り消すことができたことは，まえに（§33）述べたとおりである。さらに，たとえ簡単な事件でも，当事者は，そのなそうとする陳述を中止して，代弁者なり友人または特別の相談相手，いわゆる傾聴者（Horcher）なり警告者（Warner）と相談してもよい，という裁判官の許可を求めるのが通例となった。古ゲルマンの訴訟の構造は，非常に単純であったにかかわらず，こういう現象が生まれたことは，実際，中世法の最も有力な権威者の1人（ジーゲル）をして，次のようにいわせている。すなわち，「これらの方式は，あたかも，裁判所で行為する者を敗訴させるために，特に工夫されたかのようであった。その構造は，非常に精細かつ油断できないものであったが，それだけ，その実行も，困難であった。」と。

第2　裁判所の行為

1　裁判官の行為の内容

§ 55　訴訟指揮権は次第に発展したが，これに比べて，中世の訴訟では，裁判所の判決行為は，はるかに重要な意味を有したから，ここでは理解を容易にするために，まず，この判決行為を取り扱わなければならない。この領域でも，現在の法思想とは全くかけはなれた，一連の現象に出会う。特に，ゲルマンの裁判所の判決の本質を理解するには，われわれが近づきになった，中世訴訟の最古の時代に判決が有していた地位を考えなければならない。

　ローマでは，また外国法の継受以来のドイツでも，原告は，その請求権を終局的に確認する判決を取得し，こういう判決によって，その請求権を強制的に実現する権利を取得しようと努力するが，古ゲルマンの判決は，訴訟の目的である請求権の終局的な確認を含まなかった。むしろ，その判決は，ただ，当該訴訟では，どの主張が問題であり，これに応じて，どの主張を証明すべきであるか，さらに，当事者のいずれがこの証明をなすべきであるか，ということを宣誓するだけである。証明が立ったときに，何が法であり，証明が立たないときに，何が法であるかは，何ら明白な説明を必要としなかった。この点については，証拠判決の内容上，いささかの疑問も容れる余地がなかった。

　原告は，被告の，いわゆる判決履行の誓約（Urteilserfüllungsgelöbnis）によって初めて，その請求権を強制的に追行する権利を取得した。かくて，判決は，

第1編　中世ドイツの訴訟　第2部

執行名義の資格を有しなかったから，判決の意義は，ただ，これこれの主張が真実であれば，民族のうちに支配する法的意識では，何が法であるか，ということを教えるだけであった。すなわち，判決は，ただ，民族のうちに生きている法について，具体的な事件を通じて，証明するだけであった。個人は，判決という，法を形成する社会全体のこういう宣言に，無条件に服したのであり，その後に，さらに，その権利を追行する際には，こういう判決による規範を，適宜，利用することができた。

　判決履行の誓約は，後の時代に消滅し，裁判所は，当事者の要求に基づいて，紛争を終局的に裁決することになったが，単なる証拠判決も，なお，認められていた。これに対して，訴訟の結果に影響を及ぼすような疑いなり争いのある個々の問題について判決を求め，従って，これについて判決をするという慣行が，ますます有力になった。ところで，当事者は，いつでも自由に訴訟を続行することができたから，多くの訴訟は，先決問題の裁判以上に出ることはなかった。というわけは，判決は，現在の法に関する証明であると見る，前述した，原始的な判決の本質観は，中世の法源の性質と非常に密接な関係がある。

　立法は，それ自体，あまり有用でなかったが，中世の末期にいたるまで，ほとんど全然といってもよいほど，私法なり刑法および訴訟法の領域には，触れなかった。その法の根拠は，全く，民族の法的確信であったが，その法的確信は，同一の問題についても，個個の部族，都市その他の団体が異るに応じて，しばしば，非常に相違した。こういうふうに法の根拠が安定しなかったために，すでに早くから，13世紀以後は最も強力に，現存の慣習法を記録する結果となった。こういう記録は，自己または他人の事件の判断について，確実な基礎を与えようという，一般の要望に応えるものであったから，非常に行きわたり[1]，その若干のものは[2]，一般法（gemeines Recht）を記録しようという抱負をもって，現われさえもした。しかし，慣習法の認識と発展の双方について，最も重要な手段は，なお，裁判所の判決であった。なぜなら，裁判所の判決は，裁判所共同体なり，場合によっては広範囲の領域の住民の間で支配する法的確信で，具体的事件を通じて明らかになったものの記録を含んでいたからである。判決が，こういう，むしろ理論的な意味と，個々の事件の裁判規範という直接に実際的な価値を結合することができたのは，中世の手続を支配した区別であ

（1）　特に，ザクセンシュピーゲルおよびマグデブルクの都市法のような個別的都市法がそうであった。
（2）　ドイチェンシュピーゲルおよびシュヴァーベンシュピーゲルである。

り，裁判官の機能と判決発見者の機能とが区別されたからである。

　個々の判決は，つまり，次のような方法で成立した。当事者が陳述と反対陳述を交換して，係争事件が裁判所全体に明らかになった後に，当事者の一方が，裁判官に対して請願という形式で判決を発見してもらいたいという申立てをした。裁判官は，参審員（Schöffen）なり裁判所構成員（Dingmannen）の1人に判決を諮問して，この申立てに応じた。多くの場合には，当事者自身がその解答を求める一定の問題を提出するから，裁判官は，争点が何であるか，すなわち，どういう特別の法律問題が判決による解決を必要としているか，ということを繰返す必要がなかった。諮問を受けた者は，その裁判所協力義務（Dingpflicht）に基づいて判決を発見しなければならなかった。もっとも，諮問を受けた者は，その共同参審員と相談することを求めることもできれば，判決を発見することができないことを誓言することもできた。こういう場合には，他の者に諮問し，必要があれば，諮問が解答せられるまで，さらに，他の者に諮問した。参審員の全員が解答を拒んだときは，ただちに，期日を指定して，その期日まで，事件を中止し，場合によっては，諮問を記録することもあった。新期日では，諮問せられた判決を提出しなければならなかった。諮問を受けた者は，判決を提出しないときは，裁判所協力義務に違反したものとして，刑罰を免れなかった。法の記録（Rechtsaufzeichnung）がないか，または，不完全なときは，判決の諮問を受けた者は，自分の法的意識だけが，頼りであった。彼が，こういう自分の法的意識を審査することは，宣誓によって引き受けたその義務であるが，彼は，自分の法的意識を審査して，適用すべき法規を「発見」する。なぜかといえば，中世ドイツの思想によれば，あらゆる法秩序は，民族の「良心」（Wissen）のうちに，隠れているからである。判決の諮問を受けた者は，裁判官に対する解答の形式で，こういうふうにして発見した判決を，声高く，告げなければならない。すなわち，「裁判官殿，法を聞いて下さい」（といえば，）裁判官は，「よろしい」といい，そこで，法発見者は，「私は，諸君のために，……の法を発見する。」というのである（Here her richter, wil gi horen dat recht ? So secgo der richter : ja. So secge jene : ic finde in（Euch）tu rechte dat ……）(3)。ところで，これだけでは，ただ，裁判官は，まず，諮問した者の証言が分っただけである。この証言は，場合によっては，正しくないこと，いいかえると，社会全体の法的確信と一致しないこともあり得る。そこで，裁判官

（3）　Richtsteig Landrechts, 1 § 2.
（4）　Richtsteig Landrechts, 48 § 3 ; Richtsteig Lehnrechts, 9 § 3.

は，さらに，この者の判決に同意するかどうか，または，それより良い判決を知っている者は，誰かいないか，という諮問をしなければならない。この同意なり承認（Folge. vulbort = Vollwort）は，無方式でされたが，誰も反対をしなければ，それだけで同意があったものと認められた。よりよい判決を発見したと信ずる者は，その判決を宣言しなければならない。彼が，その際，最初に発見された判決を非難する（schelten）（これについては，次段参照）ものと見られるのを避けようとすれば，発見された二つの判決のうちのどちらが正しいか，という決定は，集会に委ねられることを附加すればよい(4)。この場合には，儀式的になされる判決非難（Urteilsschelte）と違って，判決をなす権限のある出頭者が多数決で決定した。判決人の全員またはその多数が「同意した」（gelobte）判決は，集合判決（Gesammenturteil）と呼ばれた。こういう判決によって，裁判官は，法を知る者から，何が法であるかを知るが，法は，裁判官に指示され，いわば，あたかも裁判官に対して，当該事件をどういうふうに裁判すべきかを読めばすむように法典を開いて示すようなものである。というわけは，判決人が，発見した法を宣言するだけでは，係争事件は，まだ，裁判されたわけではなく，ただ，されるべき裁判の内容が与えられるだけで，裁判自体は，裁判官が，これが法であることを儀式的に宣言して，発見された法の内容に法的命令の効力を与えるという判決の言渡し（utgeben）によって行われたのである。要するに，参審員の判決は，ただ，この種の事件について，何が法であるかを証言するという意味があるだけであるが，裁判官は，この当該事件において，何が法であるべきかを宣言するわけである。

　裁判官は，法の指示を受けた後では，原則として，当事者に対して法的命令をなすべき義務があった。もっとも，13世紀の末期なり14世紀の法源によれば，裁判官は，発見された判決が不当であると考えるときは，参審員に対して，より良い判決を発見するかまたは上級裁判所（Oberhof）からより良い判決を貰ってくるように促したという(5)。

　ザクセンシュピーゲル(6)の説明から分るように，争のない簡単な法規を適用するだけで済むときは，裁判官は，迅速を要する事件について，例外として自ら判決を発見することができた。他方，純然たる訴訟指揮行為をするに当って疑問があるときは，裁判官は，職権でも，判決を諮問することができた。このことは，おそらく，個々の訴訟指揮行為に対して不服申立てがないようにし，

（5）　Planck, I. S, 89 ff. ; Schuitze, S. 107f.
（6）　II, 10 §§ 5, 6 ; なお，Planck, II. S. 403 ff. を見よ。

勝手な行為をすると見られることを極力避けるために，非常にしばしば，なされたようである。特に，適法な開廷場所（Dingort）に集会しているかどうか，開廷時期（Dingzeit）が適法であるかどうかなどの，手続が有効であるための若干の一般的前提要件について，判決によって，あらゆる疑問をなくするのが慣行であった。さらに，当事者の申立てに基づいて，裁判所の面前で締結された法律行為を確認するために判決がなされた。最後に，裁判所に出頭するだれかの一方的な申立てに基づいて，訴訟とは何の関係もないか，少くとも，顕著な関係のない純然たる法律問題について，判決がなされることもあった。これらの場合の当面の問題は，特定の事件において実際問題となるような法律問題について，裁判所の見解を確かめ，これに応じて，将来の態度を教えられるということであった[7]。こうして，例えば，ボヘミアのヴェンツェル（Wenzel）王が提起した問題であるが，暴力または強迫によって強制された義務負担の表示は有効であり，拘束力があるかという問題に答えた1283年のルドルフ一世の判決が伝えられている[8]。事実関係なり強迫について責に任ずる者は，いずれも伝えられていない。

法を証明するという判決の性質は，これら総ての場合には特に明らかである。それらの場合においては，常に，たとえ特に傑出しており名望もある参審員であっても，こういう参審員の単純な鑑定の代りに，裁判所の方式的な判決そのものが求められたのであり，それは，私人の証明なら覆えされるのに対して，非難を受けない（nicht gescholtene）裁判官のした判決は不服申立ても撤回もできない（Unanfechtbarkeit und Unwiderruflichkeit）という性質を有していた，という事情から説明できる。

§ 56　現代法の意味するような上訴は，存しなかった。判決非難（Urteilsschelte）は，上訴と呼ぶことはできない[9]。なぜなら，判決非難の目的とは，上級裁判所をして，裁判所の裁判を他の裁判に代えさせることではなく，これから発見しようとし，裁判官が言い渡そうとする判決に対して，正しい内容を与えることであったからである。いいかえれば，判決非難の対象は，裁判官が公の意思として宣言した完成した判決ではなく，諮問を受けた判決発見者が提出した判決提案であった。判決非難は，提案された判決が不当であり，従って，裁判官の法的命令を与えるべきではない，という主張である。だから，判決非

（7）　v. Bar, Beweisurtheil, S. 5 ; Franklin, Reichshofgericht, II. S. 278, 279.
（8）　Pertz Leges, II, 444.
（9）　Planck, I. § 39 ; Schröder, Rechtsgeschichte, S. 174 ; 363, 715 ; Schultze, a. a. O. S. 145 ff. ; Homeyer, Richtsteig Landrechts, S. 508 ff.

難は，提案された判決の成立を妨げ，より良い法の知識があると考えられる他の裁判所に対して，より良い他の判決を求めるという結果になる。

　ところで，訴訟を裁判する，官庁の行為が正しいかどうかについて，利害関係を有するのは，こういう行為によって直接に影響を受ける者だけであるが，判決発見者がした法の証言が正しいかどうかについては，だれでも，同じような利害関係を有する。従って，判決非難をなす権限があるのは，当事者だけではなく，自ら判決発見者となることができる者で，裁判所に出頭した者はだれでも，こういう権限を有していた。提案された判決を非難しようとする者は，この提案に同意（Folge）が与えられる前に，ただちに，これを非難し，しかも，「参審員Nが発見した判決を，私は非難する。それは，法ではない。」（dat ordel dat de scepe N. gevunden heft, das bescelde ic, it is unrecht）（ラント法訴訟法書49）という，一定の方式に従った明示の陳述によって非難しなければならなかった。次いで，「異議のある」（widerworfen）判決を発見した参審員が占めていた席について，自分がより正しいと考える判決を提案した(10)。この場合には，集会した裁判所は，もはや，いずれのものが本当に唯一の正しい判決であるか，または，より良い判決であるかを決定することができなかった。ここで，判決発見者と判決非難者との間で，訴訟の完結を妨げる中間の争いが生じたわけで，この中間の争いは，古代には決闘によって解決されたが，フランク王朝時代からは，原則として，上級裁判所が解決した。たとえば，ザクセンシュピーゲル（II, 12, §4）によれば，その審級は，下級裁判所（Gogericht）から州裁判所（代官裁判所）へ，州裁判所から王の裁判所へと進んだ。王の裁判所の判決は，これを非難しても，審級が他の裁判所に進むことはなかった。従って，王の裁判所の判決を非難することはできなかったが，ザクセンだけは，この判決についても判決非難を認めた。もっとも，この場合には7人対7人の決闘で事を解決することができた(11)。ところで，適用すべき法についてより良い知識をもっている裁判所だけが解決することができる，という思想に促がされて，次第に，法を借用した都市の裁判所に解決を求め，さらに「書物を参考にす

---

　(10)　Sachsecnspiegel, II, 12 §13.「判決非難は，立ち上がってなすべく，判決の発見は，各自，自己の席に着いて，王の裁判権のもとに，なすべきである。しかして，判決発見者の家柄に生れついていない者は，他の判決を発見するよう命ぜられると同時に，席を求めるべきである」（Stênde sal man urteil schelden, siczende sal man urteil vinden under Kunges banne, manlich ûf sîme stûle. Der aber zû den benken nicht geborn en ist, der sal stûles biten mit urteilen, ein ander urteil zu vindene.）

　(11)　Franklin, Reichshofgericht, II. S. 280 ff.

る」(anf das Buch zog)，いいかえれば，基準となる法の記録を所持する裁判所に必要な法の証言を求める，という結果になった[12]。というわけは，前の場合には，都市の裁判所で，そういう法について，最善の知識が得られたからであり，後の場合には，法の記録を所持する裁判所は，ただ書物から適用すべき法規を読み出して，法の教示を求める裁判所にこれを伝えるだけでよかったからである。判決非難の本質は，これから言い渡そうとする判決について，問題となっている法に関する誤りのない証明を得るための単なる方法であるが，こういう本質は，これらの点にも現われている。完成した裁判所の判決は，官庁の法的命令であるから，これを取り消すことができるのは，常にただ上級官庁だけであるはずだからである。ところで，証言を求められた裁判所が，適用すべき法を証明することができるようにするために，使者を通じて，弁論の内容，判決の諮問，非難を受けた判決とこれに対立する判決を，この裁判所に伝え，こういう方法でその解答を受け取った。後の時代には，文書による往復が使者を仲介とする口頭の往復に代ることになった。

　証言を求められた裁判所の発見した判決は，受訴裁判所の裁判官がなすべき判決の法的内容となった。

　判決非難の本質からして，上級の裁判官の面前では，あらゆる新たな提出が許されなかったこと，さらに，上級の裁判官が，ただ，非難を受けた判決か，これに対立する反対判決（Gegenurteil）のいずれかを，法のより正しい証明であると宣言することができただけで，非難を受けた判決を取り消したり変更したりすることができなかったことは，判決非難についてこれまで述べたことから，これ以上に説明する必要はあるまい。

§ 57　普通訴訟法（das gemeine Prozessrecht）なり現代の訴訟法は，訴訟指揮行為（prozessleitende Tätigkeit）と訴訟裁判行為（prozessentscheidende Tätigkeit）を，はっきり区別するが，こういうはっきりした区別は中世ドイツ法の知らなかったところで，特に，判決発見者が裁判行為をし，裁判官は訴訟指揮行為をしたものと考えるのは，誤りである。判決が，この２つの機能の協力によって，はじめて，できあがったように，訴えに対して答えるようにという催告なり代弁者の選任のように，ただ，訴訟の進行を目的とするだけであっても，裁判長のあらゆる個々の行為は，判決の対象とすることができ，しかも，それは，当事者の申立てに基づくこともあれば，§ 55で述べたように，裁判官自身の職権によってもできた。特に，裁判官の答弁命令が当事者の強要（tangano）に

---

(12)　Homeyer, Richtsteig, S. 517 ff.; Schultze, a. a. O. S. 152.

代ってから，裁判官が訴訟を完結するために命令を発する権限を認められるようになったが，その際，裁判官は，常に，裁判所全体の機関として行為をしたわけであり，裁判官のこういう行為の効力は，裁判所集会の明示または黙示の同意を要件とした。さらに，裁判官の訴訟指揮行為については，きわめて限られた領域が残されていただけである。挙証は，裁判官が命じたのではなく，判決の対象であった。この判決は，どの当事者が証明をすべきか，という法律問題を裁判したが，同時に，証明する当事者が，挙証のために，どういう要件を充たすべきかという同じように重要な問題にも解答を与えた。すなわち，証拠判決は，裁判にほかならなかった。なお，裁判所をして事実を判断さることは問題ではなかったから，現代法では，非常に重要な裁判官の釈明権も存しなかった。要するに，訴訟指揮行為は，原則として，被告の呼出命令，代弁者の選任，答弁命令および判決の諸問に限られたわけである。

§58‐1　ところで，訴訟上の権能の濫用を防止するための手段も，こういう訴訟指揮行為に属する(13)。

　(1)　防止手段として役立ったのは，宣誓による確言（eidliche Versicherung）と担保の提供であった。

　中世ドイツの訴訟では，宣誓による確言(14)は，仮に訴訟行為をすることを許す際に，訴訟行為をする当事者が，その権利があると確信していることを相手方に保証すべきときには，常に利用された。これらの場合には，その宣誓は，不悪意宣誓（Gefährdeeid），すなわち，相手方をわざと困らせるような意図は全然ないという，訴訟行為をする当事者の保証として役立ったが，同時に，一定の方式に従うべき証拠ではないが，単なる疎明の方法としても役立った。追及訴訟（Anefangsprozess）で，第三者手続（Dritthandsverfahren）を開始するに当って，当事者の双方が，いわゆる先行宣誓（Voreid）をしたことを挙げなければならない。この宣誓は，双方の主張を証明する力をもたなかったが，原告の求める物を盗人によって失ったという，追及訴訟の要件を疎明すると同時に，物を盗んだのではないという被告の抗弁をも疎明するものであった。複雑な第三者手続を不必要に惹起させないためには，これらの2点が，ある程度，確かでなければならないと考えられたわけである。さらに，相続した物で裁判官なり第三者の所持するものを自己の手に収めようとする者は，その権利が疑問視されたときには，その相続人である資格を宣誓によって確言しなければならな

---

(13)　Engelmann, Der Civilprozess, Bd. 1, §104. を見よ。
(14)　Planck, II. S, 102 ff.；Löning, Reinigungseid, S. 302.

かった⁽¹⁵⁾。原告が先行宣誓をなすまでは，被告は，証拠方法の裏づけのない訴えに応訴する必要がなかったとさえ，いわれている⁽¹⁶⁾。

これら総ての場合には，宣誓は，証拠方法として役立ったのではないから，これを確言宣誓（Sicherungseid）と呼ぶ方が合目的的である（プランク）。

ドイツ法は，いろいろの場合に，訴訟行為をする者が，要求に応じて相手方に担保を提供すべき義務があることを認めた。

これに属するものには，特に，──一般的にゆきわたったのではないが──起訴担保（Klagengewere）の制度⁽¹⁷⁾があった。すなわち，被告は，現在の訴えの目的物である物について，さらに，他の訴えによって，請求を受けるおそれがあるときは，他の方法で，後日に請求を受けるおそれがないように応訴を担保の提供にかからせることができた。土地所有者は宣誓による約束により，他の者は担保権なり保証人によって，それがないときは人身担保（persönliche Sicherheitshaft）によって，この担保を提供した。刑事の訴えによって訴えられた者は，一たん起された訴えを追行することについて，同じ方法で担保を求めることができた。担保の提供は，同時に，原告も他の訴えを提起することができないこと，従って，一たん起した訴えを，どういう関係においても，変更することができない，という効果があった。

なお，追及（Spurfelge）に当って住家を捜索しようとする者は，その措置が効果がないときは罰金（Wette und Busse）を支払わなければならなかったが，こういう罰金のために担保を提供しなければならなかったことを挙げておかなければならない。

判決非難（Urteilsschelte）の場合には，非難によって生ずる中間の争の当事者は，双方とも，使者に費用を払うために裁判官が支出する立替金のために，担保を提供し，判決非難者は，このほかに，さらに，その異議が効果を有しなかったときに支払うべき罰金（Busse und Wette）についても，担保を提供しなければならなかった⁽¹⁸⁾。

(2)　中世の訴訟では，訴訟罰（Prozessstrafen）に，当事者罰金（Busse）と裁判所罰金（Gewedde, Wette）があった。

当事者罰金は，訴訟の相手方に支払うべきもので，その金額は，一定してい

---

(15)　Sachsenspiegel, I 28, II 41 § 2, 60 §§ 1. 2.
(16)　Brunner, Sohöffenbuch, c. 39.
(17)　Planck, I. S. 379ff. ; Schröder, Rechtsgeschichte, S. 713. Anm. 14.
(18)　この点につき，Planck, I. S. 279. を見よ。なお，他の場合における担保提供に関して，Planck, II. S. 333. 参照。

たが，ただ，相手方の身分によって，差異があった。最初は，実権限なしに，または，方式に違反して適用された，形式的な当事者要求（Parteigebot）の実力強制に対する罰であったが，後には，理由のない当事者の行為一般に対する罰に拡張された。その適用範囲，ことに，ただ訴訟上の行為は効果がなかったという事実だけにかかるのか，または，有責な違反を前提とするのか，という点に争いがあるが，前の見解に従うべきである。裁判所罰金は，法秩序に対する違反のために裁判官に支払うべき罰金であるが，これについても，当事者罰金と同じように争いがある。当事者罰金は，相手方に加えた権利侵害に対する罰であるが，裁判所罰金は，一般的な法的平和の侵害について科せられるもので，従って，王権（Obrigkeit）に支払われた罰である。裁判所罰金の適用範囲も広かった。裁判所罰金は，当事者罰金と並行して，原則として，当事者罰金を支払った者に科せられた。裁判所で，「法に反して，語りまたは行為する」（spricht oder tût wider recht）（ザクセンシュピーゲルⅠ 53§1）ことは，すでに，それだけで，一般的な法秩序を犯すものであり，法的行為が効果がなかったということは，それが違法であったことの最善の証明であるから，理由なしに当事者の行為をなすことが相手方当事者の侵害であるように，それは，常に，一般的な法秩序の違反でもあったわけである。

　ところで，相手方の権利を侵害しないで，ただ，公の秩序を犯しただけの者も，裁判所罰金（の刑罰）を科せられた。特に，裁判所協力義務（Dingpflicht）に違反して，理由なしに裁判所に出頭しない者，判決の諮問に対して理由なしに回答を拒む者，裁判所で不相応な行為を咎められた者，また，裁判長が秩序を維持するためにした処分を無視する者が，そうであった[19]。

---

(19)　これを明確に示すものとして，Sachsenspiegel, I, 53 § 1.「叫声があがったときに追行をしない者，法に従ってその訴えを追行しない者，適法に免責された者に対して争訟を挑む者，定められた裁判所に適時に出頭せず，または，欠席する者，その態様をとわず，開廷中に法に反して語りまたは行為する者，または，判決で確定された債務を開廷中に支払うことができない者は，だれでも，これらの各事項に関して，裁判官に罰金を支払うべく，あらゆる債務につき，当事者が罰金を取得する場合には，裁判官もまた，その罰金を取得する。しかし，開廷中にした不法に関しては，裁判官に対し，重い罰金を支払うべく，この場合には，原告も被告も，罰金を取得することができない。」
(Swer sô nicht en volget, als man daz gerüchte schriet, und sine clage nâch rechte nicnt vorderet, oder ein man zu kamphe vâhet, der ime mit rechte, entgêt, oder zu uz gelegetem dinge zu ziten nicht en kümt, oder ez al versûmet, oder ab er binnen deme dinge icht spricht oder tût wider recht, oder nicht engilt gewunnene schult binnen dinge : umbe îclîche dise sache wettet her dem richtêre, unde umbe alle schult, dâ der man sîne bûze mete gewinnet, dâ hât der richter sîn gewette an. Doch wettet man deme richtêre dicke

第2章　訴訟法の諸原則

当事者罰金も，裁判所罰金も，ただ，訴訟上の行為の効果がなかったという事実だけでその違法が明らかになったときに，科せられた[20]。古代ドイツの刑法では，犯罪構成要件が外部に実現された以上，これに対して，行為者の主観的な責任の問題は，その背後に隠されたが，訴訟罰の取扱も，こういう古代ドイツの刑法の根本思想に承応したわけである。ところで，盗品の所持と同じように，訴訟罰についても，訴訟行為の効果がなかったということが一応の証明（prima-facie-Beweis）にすぎないことは確かで，責任の欠缺が初めから明らかであったときは，こういう一応の証明は無意味であった。しかし，最多数の場合には，この一応の証明は，これを覆えすことができなかった。これを覆えすことは，ドイツの裁判官が，敗訴の当事者が善意で行為したか，軽率に行為したか，または，悪意で行為したか，というような問題について，自由な心証に従って裁判することが許されたのでなければ，不可能であったわけである。

司法は，原則として無償であり，相手方に生じた出費の賠償を求める請求権も認められなかったが，裁判所罰金は，官庁に生じた費用を償い，当事者罰金は，勝訴の相手方に生じた費用を償ったから，これらの訴訟罰は，いずれも，同時に，訴訟費用負担義務の欠缺を補うものでもあった[21]。

これらの訴訟罰は，同時に，犯された違法を贖うという目的を有した。すなわち，当事者罰金は侵害を受けた相手方を贖い，裁判所罰金は侵害せられた法秩序を贖った。裁判所罰金を支払った者は，自分自身をそこから締出した法的平和を，再び買い戻したわけである。

これらの訴訟罰については，これを科せられることになった訴訟と同じ訴訟で，判決で裁判した。

2　裁判官の行為の方式

§58-2　当事者の行為と同じように，裁判所の行為も口頭の陳述という方法で，表現された。前述した，古代サリカの支払命令（nexti cantichio）のように，しばしば，繰返される裁判所の行為については，一定の方式ができ上がった。しかし，裁判官の行為が拘束力を有する根拠は，裁判所の権力であり，後には

---

umbe unzucht. die man tût binnen dinge, dâ der clegere, noch uf den die clage get, cheine bûze an gewinnet.）

(20)　この点について，Löning, Vertragsbuch, S. 323 ff. 566 と Planck, I, S. 140 が対立している。両者の見解は行きすぎであるように思われるのであって，本文に示した見解は，両者を折衷したものといえる。

(21)　当事者をして，各個の行為につき，特に，上級裁判所への使者の派遣につき，裁判官に生じた立替金を償還させ，かつ，そのために担保を供与させることが，通常となったのは，おそらく，14世紀以後になってからである。

裁判長の行う王の強制権であったから，裁判所の行為の効力を一定の儀式的な方式の遵守にかからせる必要はなかった。

　宮廷裁判所では，すでにフランク時代に，裁判所における弁論内容が記録された。その後，この慣行は，一般的となり，ことに，諸都市では，帳簿を設けて，裁判所の面前でなされた法律行為なり，裁判所の言い渡した判決を，この帳簿に登記した。しかし，これは，公証のために行われただけで，裁判所の行為の効力は，その内容を登記することを条件としなかった。

§ 59　発見された判決が，どういう方式で言い渡されたか，具体的な事実関係に対してどういう立場をとったかということは，もとより個個の事件の事情によって決定された。抽象的な法規だけを記載した判決が伝えられているが，――これは，裁判所に対して，一般的な法規の証明だけを求める，という慣行に承応するものである。これに対して，判決の大前提となった一般的な法規を示さないで，当事者の採るべき態度を詳しく指示し，従って，具体的な事実関係を述べる判決も，残っている。場合によっては，これこれの当事者の陳述は「正しい陳述」(rechte Rede) であるとか，被告が土地を所持する方が原告が被告から土地を取り上げるよりも正しい (näher) ということが，宣告されている[22]――これは，当事者のした判決要求なり，これに対する，諮問を受けた参審員の回答に全く承応するわけである。だから，こういう方式の判決を理解するには，当事者の陳述なり，判決要求および判決発見者の回答を知ることが必要であった。後日になって，これらの点について，疑問が起こり，従って，判決の意味についても疑問が生じたときは，新たな訴訟では，(後の時代になって，裁判所の記録にとって代られたが) 裁判所証明 (Gerichtszugnis) に訴えなければならなかった。

第3　当事者の行為と裁判官の行為との相互関係

1　当事者の行為

§ 60　中世ドイツの訴訟法は「当事者は，訴訟の目的とした権利を自由に処分する権利を有し，その訴訟行為は，こういう処分権の発動である」という原則，すなわち，無制限の処分権主義と弁論主義を厳重に格守した[1]。このことは，実際，そうならざるを得なかった。ゲルマン人に対して，個人の力の範

---

(22)　例えば，原告を排斥するのが正当である，とか，原告はその物を受けとることができる，とか，被告がその物を保有するのは正当である，とか，被告はこの土地を明け渡すべきである，等。Richtsteig Landrechts. c. 23.

(1)　処分権主義および弁論主義の概念については，Engelmann, Der Civilprozess, Bd. 1, §§ 128. 132 参照。

囲を超越する高次の目的のために，自分で決める自由を裁判所共同体に譲れと強いることは，ゲルマン人の自己意識なり自由感情に著しく反することであったろう。裁判所共同体は，ただ，部族構成員の自由と権利を保護するという目的だけで，集合したのである。さらに，自発的なあらゆる審査を許すことになれば，裁判所は，その調査の結果を自由に審査せざるを得ないことになり，ひいては，同時に，証拠の体系を覆えすことになったであろう。当事者に発問して，不明確または不完全に陳述された事実関係を完全に明確にするという有効な手段さえも，古ドイツの訴訟法には知られないままであった。というわけは，問題は，事実を裁判所の判断に委ねることではなく，むしろ，完全に方式化された権利主張を通して，だれの主張が相手方当事者の反対の陳述を排除するかということについて，裁判を得ることであり，こういう権利主張は，当事者が裁判所外でした事実の調査の結果であったからである。

従って，訴訟でされる法律行為で直接に当事者の権利に関係するものだけでなく，訴訟上の攻撃方法なり防禦方法を利用することも利用しないことも，処分権を有する当事者の意思行為としての効力を有した。たとえ，判決発見者が，偶然，事実関係を知っているために，当事者の態度を是認できないときでも，裁判所は，当事者のなした行動をそのまま受けとるべきで，これを無視することは許されなかった。こういう事情が自分の利益になれば，相手方当事者は，この利益を完全に利用することができたし，その際，自分に有利な，他方の陳述の意味だけでなく，その用語自体を援用することができた。しかし，陳述をなした当事者自身にとっては，もはや，一旦なされた処分を撤回することはできなかった。とくに，自認（Bekenntnis）についてであるが，自白（Geständnis）と認諾（Anerkenntnis）との区別は[(2)]，まだ，意識せられていなかったから，自認は，この両者を包含していた。それ自体としてみれば，相手方の提出した主張だけを正当と陳述するのは単なる自白であるが，原告の訴えによる請求を現わす法律上の主張に対してなされるときは，認諾，すなわち，明白に訴えによる請求に服することになる。

§ 61 当事者が，その権利を保護するために，行為すべきであり，または，行為することができたにかかわらず行為しないということも，私法上の処分権に基づく行為であり，古ドイツ法は，実際，常にこういう不行為を処分権に基づく行為として取り扱った。古ドイツ法にとって，不行為，とくに，訴訟の相手方が提出した権利主張に対する不陳述は，さしあたり，あるがままに受け取

（2） 自認，自白および認諾に関しては，Engelmann, a. a. O. § 130 参照。

られ，単に異議を述べない，ということにほかならない。ところで，ドイツの見方によれば，一人の言葉は，他人の反対陳述と同じように信頼されたから，さきに述べた，異議を述べない，ということは，自白を擬制するという効力を有しないで（なぜなら，擬制ということは，ドイツ法に知られていなかったから），行為する当事者の言葉に寄せられた当初の信頼を維持させるという効力を有した。陳述をしなければならない当事者，特に，訴えに対して態度を採らなければならない被告が，全然出頭しないか，または，出頭しても答弁を拒むかは，どうでもよいはずであったし，実際，どうでもよかった。ところで，不完全な反対陳述にも，同じ原則が適用された。古代ドイツの訴訟の形式主義は，当事者の陳述の文字解釈を結果した。各当事者は，相手方当事者の陳述に対して，完全に，最古の時代には，一語一語，陳述をしなければならなかった。当事者が，こういうふうに陳述しないときは，その当事者は陳述できなくて陳述しなかったものと取り扱われるか，あるいは，少くとも，相手方の言葉からみて現実に反論を受けた範囲内でのみ，反論を受けたものと認められた。訴訟上の陳述の方式化についての，当事者の手落ちなり不慣れは，たとえ捉われない者の眼からみて，こういうふうに表現が完全でないことがきわめて明らかであっても，斟酌されないままであった。ところで，原告は，事実を陳述しなければならない，ということはなかったから，これに対して異議を述べないということの効果は，たとえ，原告が事実を主張しても，こういう事実が真実であることが確定することではなく，原告の権利主張が確定することであった。被告の欠席の場合でも，対席弁論の場合と同じように，裁判所は，原告の権利主張を審査することができなかったから，被告は，それだけで，「敗訴したもの」（überwunden）と認められざるを得なかった[3]。

ところで，裁判所協力義務（Dingpflicht）は，相手方に対してだけではなく，法秩序に対する関係でも，履行しなければならないものであり，従って，その違反は公罰を招いたが，ドイツ法は，適式に呼出を受けた当事者の不出頭なり，出頭した当事者の不答弁のうちに，こういう裁判所協力義務の違反を認めた。なぜなら，裁判所協力義務は，個人に対して，裁判所集会に出席して裁判

（3） プランク（Planck, II. S. 268, 269）は，この効果を「ドイツ法の観念に従えば，なんらの弁論も判決も」一方の当事者しか出頭しない場合には，不可能であった，ということから説明している。こういう観念は，どこにも現れていない。一体，なぜ，一方的な弁論が不可能であったというのか。右の効果は，むしろ，一方の当事者しか出頭しない場合には，弁論の必要がなかったのだ，という理由から生じたものであるに違いないと思われる。

第2章　訴訟法の諸原則

(Rechtsprechung)に協力することを要求するだけではなく，自己の相手方が正義を得るように協力し，従って，特に，訴えに応答して弁論を続行すべき義務をも負わせたからである。最古の時代には，裁判所は，被告に対する無条件の給付判決によって，執行力のある債務名義を原告に与えることができず，こういう債務名義は，むしろ，ただ判決履行の誓約によって作り出すことができただけで，いいかえれば，被告が進んでこういう誓約をしようとしない以上，原告の請求権の実現は不可能であったから，法秩序は，こういう応訴義務の履行について，それだけ，切実な関心を有した。古代法は，厳重な刑罰を科して，被告の出頭なり判決履行の誓約を強制したが，こういう刑罰は，これらの事情から説明することができる。権利保護に対する協力を拒んだ者は，自分の尊重しない法秩序から自ら脱退したわけで，判決履行の誓約をして，再び，法的平和を買い戻すまでは，法外（friedlos）の者となった。この刑罰は，その後，緩和され，法外宣言は，初めの頃は，ただ財産だけに及んだが[4]（上述参照），さらに，後の時代には，ただ，重罪（Ungericht）について訴追せられた者なり，宮廷裁判所（Reichshofgericht）で訴えられた者が[5]，その「傲慢」（Hochmuthe）（ラント法訴訟法書37，§3）のために，呼出しに応じなかった場合にだけ，科せられることになった。国王裁判所（Königsgericht）に対する不遵守は，まず，仮追放（blosse Acht）を招き，不遵守が継続すれば，本追放（Oberacht）を結果したが，この終局的な追放は，法外の効果を伴った。後には，教会の権力が発動されて，破門（Bann）が科せられた。要するに，初めに，適用された強制方法が緩和せられたが，それにかかわらず，不出頭なり不答弁は可罰的な法の違反であるという原則は，そのまま維持されたわけである。

　不出頭の当事者が本案について敗訴することなり，刑罰が科せられるという，この法律効果は，いずれも現実の懈怠，すなわち，呼出しが適式になされたことと欠席の弁解となる障害原因が存しないことを前提とした。フランク法は，すでに，制定法の是認するこういう原因（sumnis, sunnis）を認めたが，後には，これらの原因を，真実の必要（echte oder ehehafte not）という名前で，総

（4）　ルートヴィッヒ敬虔帝815年の勅令第12条。「……，しかして，ある者が集会における1回およびなお1回の催告を受けた後，不当に，出頭をしようとしないときは，差し押えられた当人の財産によって，出頭しかつ法に従って行為することを強制される。」(cap. Ludwigs des Frommen a. 817 c.1 2 ; ……et si post unam et alteram comitis admonitionem aliquis ad mallum venire noluerit, rebus ejus in bannum missis venire et justitiam facere compellatur.)

（5）　Planck, II. S. 285 ; Franklin, Reichshofgericht, II. S. 234 ff.

括した⁽⁶⁾。ところで，個々の懈怠は，それぞれ，すでにそれだけで，当事者罰金と裁判所罰金を招いたが，法外，追放などの重大な法的不利益は，3回，呼出しをしても効果がなく，その各期日に被告が欠席しても，そのたびごとに訴えを提起したときに，初めて，生じた。これらの要件が備われば，債務の訴えについては，原告の請求権は，終局的に確定し，被告は，債務について敗訴する（ザクセンシュピーゲルⅢ，39§3）。第1回の呼出が効果がなければ，その時にすでに，債権者の保全のために差押えをすることもできるが，債務者が敗訴すれば，もとより強制執行をすることができる。土地の訴えについて，あいついで開かれる3回の開廷日に，その訴えが繰返されたときは，原告は，土地を所持することができ，ゲヴェーレを取得する。ところで，債務の訴えについては，後で懈怠の効果を取り消すことができなかったが，土地の訴えについては，被告は，なお1年と1日の期間内に，原告の土地の所持を覆えして，自分の土地を防禦することができた（ザクセンシュピーゲルⅠ70§§1，2）。

答弁の拒絶なり弁論続行の拒絶は，不出頭と同じ取扱を受けた。

原告が欠席したときは，被告は，相次いで開かれる3回の開廷日に，訴えに対して防禦する用意があることを陳述していれば，あるいは，永久的に，あるいは，一時的に，訴えを免れることになった。土地の訴えが提起されたときは，被告は，請求せられた土地に関して，裁判官の平和宣言（Friedewirken）を求めることができた⁽⁷⁾。

§ 62 訴訟物とされた私法上の法律関係と同じように，訴訟法律関係の成立，発展および終了も，当事者の処分権に服した。いいかえれば，・当・事・者・追・行・の・原・則⁽⁸⁾が行われた。手続の開始，訴えの提起，被告の答弁，判決の発見，挙証，強制執行の開始と続行は，当事者の意思に依存し，裁判官は，どういう場合でも，訴訟を追行させるために，当事者が直接に要求する次の段階の行為を越えて，それ以上の行動を採ることは，許されなかった。

しかし，当事者のこういう訴訟上の処分権が公益のために設けられた規則によって制限されたことは，当然である。手続全体の順序なり個々の訴訟行為の

（6） Sachsenspiegel, II, 7 ; Schwabenspiegel, 22. 「真実の必要とは，拘禁されている場合，国，領主もしくは神の役務に服している場合，および，疾病により妨げられた場合である」（Ehaft not ist vancnusse und ob ein man in des riches dienste ist oder in sins herren dienste oder in gotes dienste und den siechtum irret.）; Grimm, Rechtsalterthümer, S. 847 ff.; Planck, II. S. 326 ff.; Schmidt, Echte Not, 1888.

（7） Planck, II. S. 319 ff.

（8） Engelmann, Der Civilprozess, Bd. 1, §§ 134-138.

方式は確定していて，これを破ることはできなかった。些かでも，これらの方式に反することは，たとえ，相手方当事者が明らかに同意しても，それだけでは許されなかった。当事者の行為は，一定の方式を装ったときに初めて，相手方当事者なり裁判所に対して，拘束力をもつことができただけである。

§ 63 弁論主義と当事者追行の原則は，相互に対立する当事者の純然たる私益が主張される場合に初めて，文字どおり，これを実現することができる。訴訟当事者が一般の利益の代弁者にすぎない場合には，すべて，きわめて重要な利益について代弁者を見出せないことも稀ではないという経験に促がされて，これらの主義なり原則を揺るがさざるを得なかった。中世ドイツ法で，もともと，単一の手続から刑事訴訟上の特別原則が生み出されたのは，こういう思想の現われである。公訴裁判所（Rügegericht）なり刑事裁判所（Vehmgericht）は，法的平和の破壊に対しての処罰を目的とする手続を合目的的に形成するという努力から生れた。

ところで，同じような思想に促されて，すでに早くから，フランク諸王のもとで，通常訴訟の諸原則に従わない手続ができ上った[9]。部族法上の通常訴訟の方式に拘束されないで，その指揮する手続の原則をみずから規定する権力を有したのは，王だけであった。従って，こういう例外的な手続は，ただ，王なりその代理者（missi）の裁判所で行うことができただけである。もっとも，カロリング朝以来は，州裁判所でも，王の命令に基づいて，こういう例外的な手続によらなければならなかった。この例外的な手続は，もともと，本来的には，行政事件なり刑事事件に適用されたのではあるが，国庫の権利に関する訴訟にも適用され，さらに，特別の許可に基づいて，王の教会なり修道院の訴訟にも適用された。この例外的手続では，当事者の申立に基づいてまたは職権によって，有識者（glaubhafte Männer）を裁判所に呼び出し，裁判官が，その知っていることを諮問したが，インクイジチオ（inquisitio）と呼ばれたのは，そのためである。これらの説明からわかるように，この手続は，通常訴訟の諸原則とは，非常に異った手続であるが，あるいは，すでに係属する訴訟のうちで，部族法上の形式的証拠の代用物として役立ち，あるいは，ドイツの現代の準備手続のように，事後の訴訟手続を準備する手段として役立った。

この例外的手続は，東フランク王国には，採り入れられなかった。

---

(9) Brunner, Zeugen und Inquisitionsbeweis der karolingischen Zeit in den Sitzungs-berichten der Wiener Akademie ; Brunner, Entstehung der Schwurgerichte, S. 85 ff.; Waitz, Deutsche Verfassungsgeschichte, IV. S. 425 ff.; Sohm, F. Reichs-und G.-Verf. S. 126 ff., 167, 168 ; Bethmann-Hollweg, V. S. 148 ff.

2　裁判官の行為

§ 64　裁判官の判決は，その二重の性質に対応して，二重の効力を生じなければならない。すなわち，第 1 に，それは，既存の法の証明であり，こういう証明としての効力を生ずるのは，単に，存在する法命題をあらたに確証するだけによってであるか，あるいはまた，不明瞭な法命題を明らかにし，従って，既存の法を時代に適するように発展させるということによるかのいずれかであった。判決のどちらかといえば理論的なこの意義があるために，判決に対する一般的な関心が生れ，この関心から，判決録を作って，重要な法律問題について裁判した個々の判決を収載し，将来，類似の事件においては，これらの判決に従って決しようとする動きを生じた[1]。

そして，第 2 に，判決は，裁判官がこれを言い渡すことによって，強制的な法的命令となり，具体的な係争問題の裁判として，この問題において何が正当であるかを確定するものとしての効力を生ずる。これによって，判決は，訴訟の対象に関係を有するあらゆる人間に対して，実際的な意義を獲得する。中世ドイツの訴訟における判決は，裁判官によって言い渡されると同時に裁判官にとっては撤回できないものとなり，当事者としても不服を申し立てることができないものとなったから，それだけますます，右の実際的な要求にかなうことになる。すでに述べたように，判決非難が行われえたのは，諮問を受けた参審員によって提案されたが未だ採決されるに至らない判決だけである。従って，

（1）「ゲルマンを通じて，命令が，訴訟および私人の事件において，古代からの慣習および不文の法によって，定めることは，妨げられない。しかし，一般の秩序や国の平安を変更する重要な事項につき，まだ特別の規定が設けられるに至っていないから，たまたま，慣習のある部分が訴訟において引用されたならば，定立された法の内容または主張された反対の判決の内容よりも，むしろ，作られた意見が決定した。……同様に，裁判所書記は，将来において類似の事件にさいして曖昧さがなくなるように，たいていの訴訟において，われわれの面前で得られたすべての判決，および，特に，主張された反対の判決を記録し，これを俗に gesamint-urteile というのであるが，さらに，どの土地の慣習に従って裁判されたかという，その土地を明示してなす。」（Constit. pacis Moguntin. a. 1235. Licet per Germaniam constituti dicant in causis et negotiis privatorum consuetudinibus antiquitus traditis et jure non scripto ; quia tamen ardua quaedam, quae generalem statum et tranquillitatem imperii reformabant, nondum fuerant specialiter introducta, morum partem aliquam, si quando casus trahebat in causam, ficta magis opinio quam statuti juris aut optentae contradictorio judicio consuetudinis sententia terminabat. ……Item scribet（notrarius d. i. der Hofgerichtsschreiber）omnes sententias coram nobis in majoribus causis inventas maxime contradictorio judicio obtentas, quae vulgo dicuntur gesamint-urteile, ut in posterum in casibus similibus ambiguitas rescindatur, expressa terra, secundum consuetudinem cujus sententiatum est.）

判決は，裁判官の側で言い渡すことによって，形式的確定力を生ずるのであるから，それ自体，債務名義たるに適するものであった。もっとも，個個の場合において，判決が債務名義たる資格を有しないことがあったとしても，それは，必ずしも総ての判決が給付をなすべき直接の義務を宣言するものとは限らないということから説明できる。繰返し述べたように，比較的古い時代には，証拠判決だけがなされたのであり，これにつけ加えて，挙証がなされた場合には何が正当であることになるのか，挙証がなされない場合には何が正当であることになるのかを明らかにしておくのが通常であった。こういう判決の基礎には，敗訴の当事者に対して直接の強制を加えようという意図は，全く存しなかった。比較的古い時代の法としては，こういう強制を加えることは不可能であったのであり，むしろ，法は，当事者が法に従って生活し違法を避けようとするなら，いかなる態度をとらなければならないかを教えようとしただけであって，要するに，当事者によって締結されるべき判決履行の誓約の内容だけが判決で確定されたわけである。後の時代の法では，判決自体のうちに執行の名義を認め，履行約束の法律上の必要性を除いたのではあるが，それでも，当事者が証拠判決だけにとどめておいて，従前のように，ただちに契約によって，挙証が成功した場合または失敗した場合の容易に認識できる法効果に服することや，たかだか，証拠が「完全」(vollkommen) であるか，すなわち，挙証がされたかどうかについて判決を求めることや，それどころか，およそ，一般的な法律問題だけについて判決を求め，判決の教示に従い，契約をもって当事者間の法律関係を確定することも，稀ではなかった。これらすべての場合において，判決の執行力を云云する余地はなかったわけである。

§ 65　判決の対象となった法律関係は，判決によって，この法律関係に何らかの関係を有し，かつ，法にかなった判決を生じさせるために寄与することができたはずの人のすべてに対して，拘束的に確定される[2]。現代の法によれば，常に，訴訟当事者間に存在する法的関係だけが確定せられ，第三者が訴訟物について勝訴した当事者に優先する権利を有すると否とにかかわらないのであるが，古代ゲルマンの判決は，訴訟物について，絶対的な確定をする。すなわち，係争財産が一方または他方の当事者に正当に属するとか，被告はその相手方に対して給付をなすべき義務があるという裁判がされた場合には，裁判所集会に出頭していた各人および紛争の渦中にあった各人が，この裁判に拘束された。なぜなら，これらの人に対しては，まさに，自己の優先的な権利を主張

---

(2)　Planck, I. S. 320 ff.

する機会が与えられたのに，この機会を利用せずに放置したのは，「沈黙による権利の喪失」（verschwiegen）すなわち自己の権利の放棄をしたものにほかならないからである。

判決のこの効果を直ちに外見上明らかにするために，裁判官は，勝訴当事者の申立てに基づいて，いわゆる平和宣言（Friedewirken），すなわち，判決において認められた権利を何びとも犯してはならないという儀式的な宣言をした。

従って，実体的確定力の効果は，現在におけるよりも，さらに広くおよんだのである。いったん判決によって明らかとされた法律関係に対して，後に，裁判上これを争った場合には，妨訴抗弁をもって対抗することができた。

第2節　手続の進行(1)

1　行為の順序

§ 66　個個の訴訟行為が一定の形式に服させられていたと同様に，すべての訴訟行為の全体が確定された順序に服させられており，個個の行為の形式が厳格であっただけに，全体としての手続もそれだけ弾力性を欠いていた。

こういう順序は，第1に，手続が個々の段階に分解されることに現れており，第2に，各個の行為が一定の段階でなされるべきことを指示する，厳格な失権の原則（Präklusionsprinzip）が支配している点に現れている。

§ 67　手続の段階は，予め定められ，かつ，はっきりと区別されていたが，その内部では，法律問題が裁判を必要とした数だけ，特別の段階を作ることができた。すなわち，弁論が，当事者双方にとって，または，当事者の一方だけにとってでもよいが，疑問とおもわれる問題の論議に移る場合には，そのたびごとに，裁判所の判決を受ける必要が生じた。ところで，各判決は，裁判官の儀式的な宣言によって，形式的確定力を得たから，それが，その後の手続に対して，変更することのできない基礎を形成したのであり，また，訴訟を終局的に裁判する判決のためには，あらゆる前提問題が予め判決によって解決されていなければならず，先に判決によって解決された争点へ後に立ちもどることは許されなかった。

こういうわけで，古代ゲルマンの手続は，個々の法律問題について訴訟資料が増える場合には，これに応ずる数の個々の特別の訴訟段階と特別の判決を与えることによって対応していったのであり，少くともその範囲では個個の事件の特殊性に即応した。しかし，手続の主たる段階は，常に同一であった。

（1）　Engelmann, Der Civilprozess, Bd. 1, §§ 145 ff.

第2章　訴訟法の諸原則

　こういう主たる段階の第1のものは，訴訟開始を目的として原告のした行為が，訴訟関係，従って，被告の応訴義務を基礎づけたかどうかという問題を取り扱かった⁽²⁾。訴訟要件に属したものは，とりわけ，あらゆる訴訟上の行為の前提条件，すなわち，適法な開廷場所（Dingstatt）と適法な開廷時期（Dingzeit）であり，これらの点は，ふつう，裁判官が職権で調査したが，その欠陥がある場合には，あらゆる被告が答弁義務を免れたのである。まさに特定の被告に対してしか効力を有しない訴訟要件には，形式的性質のものと実体的性質のものがあった。前者に属するものとして，裁判所の事物管轄と土地管轄，裁判所または特定の裁判所に出頭する権利を原告が有すること，および，さらに，被告の適切な防御が可能である程度に原告の権利主張が明瞭であることがあげられる。だから，被告は，財産に関する訴えでは，申し立てられた目的物の十分な表示を，また，債務に関する事件では，法律上の原因の陳述を要求することができ，この要求が履行されるまで，被告は，答弁を拒否することができた⁽³⁾。さらに，ザクセン法に従い原告の義務とされた起訴担保（Klagengewere. 上述 § 58 参照）の提供がない場合にも，答弁義務から解放された。最後に，原告が，およそ裁判上の手続の前提条件の確定，または，まさに提起された請求権の確定を特に目的とする裁判外の行為を適式に実行することを怠った場合には，被告は応訴義務を免れた。ここでは，次のことを注意するにとどめる。すなわち，債務に関する訴えは，方式をふんでなされた督促と，これに基づいてなされた被告の異議を要件としたこと，追行の訴えは，請求された物が被告のもとで見出された場合にのみ提起できたこと，および，いずれの場合においても，被告が適式にかつ期間を保って呼出しを受けた場合にだけ，その答弁を要求し得たことである。

　実体的な訴訟要件の欠陥を非難するものとしては，原告が正当な原告でなく，被告が正当な被告でないという抗弁，原告がその請求権を従前の沈黙による権利の喪失（Verschweigen）または和解によって放棄したという抗弁，同一の請求権について以前に判決をもってすでに裁判がなされているという抗弁が認められた。

　被告がその応訴義務に反対してなすこういう異議の1つを提起した場合には，判決によって裁判しなければならなかった。上述のような抗弁が主張されな

（2）　Siegel, Gerichtsverfahren, § 20 ; Planck, I. §§ 51-58.
（3）　Laband, Vermögensr. Klagen, S. 11 ff.; Planck, I. S. 374. 裁判所は，こういう要求を，職権をもって，原告に対してなすことはできなかった。というのは，法律上の原因の陳述は，それじたいとしては，訴が完全であるための要件ではなかったからである。

かった場合には，判決によって答弁義務を宣言する必要はなく，ここで第1の可能な段階と呼ぶものは，少くとも，外面的には生じなかったわけである。

　主たる段階の第2は，現在もそうであるように，当時でも，事実上は，たいていの場合において第1の段階をなしていたのであろうが，それは，相互に対立する当事者の主張のいずれが決定的であるかという紛争を対象とするものであった。すなわち，この段階は，ふつう，訴え，答弁，および，原告の反対陳述といったものに尽きるが，被告の自認（Bekenntnis）または判決において，その終結がみられた。

　すなわち，被告が原告の権利主張に対して無条件の自認を与えた場合には，裁判所が判決することを要しなかったが，原告としては，債務につき被告に勝訴したという趣旨の判決を受けることを妨げられなかった。

　事件が終局判決をするに熟した場合には，裁判所が一方の当事者の主張を法律上認めることができないものとみた場合であれ，決定的な主張が自白され，または，単に争われなかったにとどまる場合であれ，終局判決がされた。

　事件の核心をなす主張が相手方によって明示的に誤りとして否定される場合の方が，より多かったし，また，より重要であった。この場合においては，証拠判決がされたが，これは，裁判所が後にその結果に基づいて判断しようとする一定の挙証をすべきことを命ずるといったものではなくて，他の判決と同じように，法の証言（Rechtszeugnis）となるものであった。まさに，この点に，証拠判決が訴訟に対して有する高い意義が含まれている。とりわけ，証拠判決に包含されるものは，証明されるべき当事者の主張であり，同時に，挙証しなければならない当事者の表示であり，証明の手段となるべき証拠方法の指示であった。証明事項についての裁判は，あらかじめなされる係争事件の法的な判断によって決まった。すなわち，この裁判は，全訴訟を決するのは，当事者のどの主張であるかを明らかにすることによって，右の判断の結果をふたたび示した。ところで，反証が許されない場合には，要証事実の種類に従って必要な証拠方法が挙げられることによって，右のただひとつ決定的な当事者の主張が真実であると認められるかどうかが依存している要件も確定されたのであるから，証拠判決は，本来の訴訟の裁判を含むものであった。従って，古代の訴訟においては，証拠判決が，直ちに判決であったのであり，それ以上の判決は，必要ではなかった。証拠判決は，実際，挙証者がその主張を立証するか，それとも，相手方の主張に屈するかを誓約すべきことを示したのである。北部ゲルマンの法は，実際，――証明せよ，あるいは，給付せよという――制約を余計なものと考え，純然たる証拠判決にとどめた。しかしながら，ドイツ人は，判

決履行の誓約の消滅後も，証明が成功した場合の効果を，たいていの場合にはきわめて大ざっぱにではあるが，証拠判決自体の中で宣言するのを慣例とした。

　証拠判決があった後は，訴訟は，主たる段階の第 3，すなわち，証明手続に進む。障害が存しない場合，特に，証拠方法がその場に存する場合には，ただちに，挙証を行うことができる。

　当事者が宣誓をしなければならない場合には，古代フランクの時代には，相手方が儀式的な強要（tangano）によって，後の時代には，裁判官がこれを要求した。宣誓は，種種の儀式（聖者の遺物にふれること，剣を立てまたはこれにふれること，髭，胸，仮髪に手をおくこと等）のもとに，宣誓当事者が，厳密に証拠判決の文章に従って口述し，神および聖物が自己に助力すること（dat mi god so helpe unde de hilgen）（ザクセンシュピーゲル III 88 §3）を述べて結びとした。宣誓は，「杖によってなされた」（gestabt）。すなわち，古代においては反対当事者が，後の時代には裁判官が，宣誓義務者に対して 1 本の杖を差し出し，宣誓義務者は，これを握って，杖を差し出す者が先に語る言葉を繰返していうのであった。

　宣誓が補助者とともにされる場合には，まず，当事者が，単独で宣誓をすべき場合と同じように，誓約を行い，その後に，宣誓補助者が，当事者の宣誓は真実であり偽誓ではない（rein und unmein）ことを誓った。しかも古代においては，手をそろえ，異口同音に誓ったのであるが，キリスト教＝フランクの時代以後は，各人が単独で行った。

　証人による証拠が提出された場合には，まず，呼出しを受けた証人が相手方および裁判所の面前に立ち，§ 46 に述べた証人適格を調査する手続が開始される。その後に，証人は，挙証者があらかじめ証人に語った，証拠判決に相応する立証事項[4]を誓言した。証人および補助者は，かつては，当事者がこれを呼び出したのであり（サリカ法典第 49 章），しかも，強制力を有する儀式的な命令によって呼び出した。後の時代には，ここでも，裁判官の呼出しが当事者の呼出し（mannitio）の代りに行われるに至った。

　挙証は，裁判所の面前で行われる。なぜなら，裁判所は，例えば果して証拠が「完全である」（vulkomen si）かどうか，つまり，立証が成功したかどうかについておこる争いを，直ちに裁判しなければならなかったからである。この判決と同時に証拠手続は終ることになる。

（4）　ランゴバルドでは，証人が宣誓すべき証明事項は，証拠判決において規定されるのでなく，証人は，彼が知っていることについて尋問を受けた。Zorn, D. Beweisverf. nach long. Recht, 1872, S. 44.

古代においては，判決履行の誓約があるために，終局判決をする必要はなかった。なぜなら，場合によって成立する給付義務は，判決によってではなく，この誓約によって，より詳しく決定されるからである。後の時代には，すでに証拠判決のなかに証拠の結果による効果が，まったく疑いを容れない程度にはっきりと宣言されていない場合にだけ，終局判決も必要と認められた。特に，原告に所有させる，とか，原告はその物を取ることができる，とか被告が占有するのは正当である，といった判決がなされた。

　被告が，自認したにせよ，また，証拠の結果がその不利となったにせよ，敗訴した場合には，給付の時期および方法，ならびに，不履行の効果について，自認または判決に添加して，さらに判決がなされた。

　これによって，手続の主たる段階の最後のものである強制執行の道が開かれる。強制執行の経過については，さきに§49に，必要な記述をしておいた。

§68　しかし，上述した手続の順序が固定したものになったのは，失権の原則（Präklusionsprinzip）がきわめて厳格に実施されたからにほかならない。この原則に従えば，主たる段階のそれぞれ，および，個個の附随的段階のそれぞれにおいて，当事者の行為は直接に，かつ，もっぱら，この段階の目的に役立つことができるものに限って，これを斟酌することができた。ある事情によって答弁義務を免れたという異議を提出しなかった者は，応訴後，または，他の妨訴抗弁がその不利に判断された後は，こういう異議をもはや提出することができなかった。さらに，手続の現実の休止点（Cäsur）となったものは，証拠判決であって，証拠判決以前には，当事者が訴訟の対象に対する態度をきめる相互の権利主張だけが可能であり，証拠判決以後には，ただ，挙証行為だけが可能であった。このことから，次の結果を生ずる。すなわち，証拠判決があった後は，当事者の主張は，もはや，変更することができないし，とくに，当事者の新たな陳述も許されないのであって，従って，同一の1箇の訴訟では，ただ1つの証拠判決だけがなされ得る，ということである。このことは，他の箇所で論じた，古代ドイツの訴訟の原則に相応するものであった。すなわち，当事者の主張の中で，その効力において他のすべての主張にまさり，それゆえに訴訟全体を決定するただ1つの主張だけが証明を許されたのであり，かの反証も，右の主張に対してなされたのである。だから，被告が充分に表示されたこれこれの証拠をもたらすならば被告の勝訴とする，という判決がされた場合には，もし，挙証前または挙証後に，立証事項として挙げられた主張を解消させるような新たな主張が提出されたとすると，右の判決は，確定した後においても，破棄されなければならないことになるであろう。

しかし，右の休止点によって当事者の主張と分離されたのは，挙証(Beweisführung)だけで，証拠の申出はすでに証拠判決前にすることができた。しかし，このことは，失権の原則の厳格さを少しも変更するものではなかった。証拠の申出，すなわち，主張のために存在する証拠方法の表示は，古ドイツの法には，原則としてなじまないものであって，中世の終りごろになって，次第に慣用されるようになったものの，依然として例外であったし，相手方の単独宣誓を妨げて，自己の主張につき，証拠についての優先権を得る目的のためにされたにすぎないからである。証拠の申出は，当事者の陳述の通常の構成部分を成すものではなかった。証明の方式や手段は，どういう種類の主張についても全く同一であったからである。

しかしながら，この法定序列主義のうちに，これとは本質的に異なる同時提出主義をみようとするのは，誤りであろう。同時提出主義は，一連の当事者の行為を，その１つが他のものよりも後に斟酌されるように，積み重ねさせ，矛盾する陳述の併列に至らしめることが稀ではないのであるが，古ドイツの訴訟は，これをまったく知らなかった。古ドイツの訴訟は，とりわけ，各当事者に一定の陳述を要求した。あらゆる場合にそなえて多数の独立の攻撃防禦方法を累積的に提出することを認めると，いったい，当事者はどの陳述を決定的なものとみようとしたかについて疑問を生じさせることになったであろうが，ただ１つの主張しか証明を許すことができなかったのである。もし，あらゆる主張の証明を必要としたとするならば，矛盾する主張の証明を許すか，順次に多数の証拠判決をするか，いずれかを認めざるを得なかったであろう。そのいずれも，全く許されなかったと思われる。

§ 69 右に述べた手続の秩序は，ドイツ法の認める唯一つのものでもあった。通常の手続および特別手続と矛盾する手続は，行われなかった。なぜなら，ある請求権は常設裁判所においてのみ，また，他の請求権は下級裁判所においてのみ，これを追行することができ，それゆえに，前者は後者よりも，より早く解決できたのではあるが，手続は，両場合において同一であった。また，証明される当事者の主張の性質しだいで法律の要求する証拠方法が異なるからといって，それが手続の相違を生じさせることもなかった。

しかしながら，部族法上の訴訟の厳格な形式は，すでに早くから，こういう手続が多種多様な権利保護の必要に順応してゆくには，全く不向きである，という考えを生じさせた。しかし，一定の形式を与えられた事件に対し，こういう形式から解放して他の訴訟形式を与えるという権力を有したのは，王だけである。ところで，フランクの王たちがどういう方法でこの権力を行使したかは，

これまでに，多くの箇所で，証人手続や尋問手続について述べる機会に言及した[5]。部族法上の手続からのこの手続の相違は，古代ゲルマンの手続のもっとも重要な部分であり，全訴訟の構成につきまさに決定的な部分である証拠法において生じたのであり，部族法上の訴訟の証明が当事者のただ1つの主張の形式的な確証にかぎられたのに対し，一連の個個の事実の探知を可能ならしめるとともに，これによって，裁判所が証明の結果を公正かつ自由な裁量に従って判断することができるようにしたのである。このようにして，厳格法のみに服する手続の傍らに衡平法を適用する手続方法がおかれ，部族法による訴訟とならんで，官職法による訴訟がおかれた。後者の訴訟様式が国王裁判所および王の巡回裁判官の裁判所に限られず，王の命令によって，州裁判所においても行われなければならなかったこと，および，この手続の原則に従って弁論する権能が特権の対象となったことは，部族法上の手続に対する右の訴訟様式の優位を認めなければならないことを示している。右の訴訟様式は，当初，フランクの王朝時代にその萌芽がみられるが，それから，北部フランスおよび，さらに，ノルマンの征服の結果としてイギリスにおいて，その展開がみられた。その発展段階については，他の箇所で述べるが，ここでは，ドイツにおいては全く発展をみなかったことを一言するにとどめる。

　ここで，もし，外国法の侵入が国内法の発展の継続を中断しなかったとすると，単に特別の訴訟手続の形式といったものにとどまらず，訴訟全体の完全な変容が，宣誓によって被告が債務を否定し去ることを困難にしようとする，ますます強まる努力を通じて，実現されたことであろう。追行手続および現場を押さえられた犯人に対する手続は，そのための規範を与えるものであった。すなわち，これらの場合におけると同様に，単純な債務事件においても，すでに訴えの中で，一定の事実を主張し，効果的な防禦の可能性を排除したものと考えられるほどに強力な証拠方法をもって右の事実の裏づけとすることが重要となった。こうして，実際，通常の訴えと強化された訴えの区別が生ずるにいたった。とくに，後者においては，裁判所証明の援用と，物証に代わる裁判書類の援用が有効であった。しかし，書面に作成された債権を活潑に実現する必要に応ずるためには，被告の防御権をも狭める訴訟様式を与えるほかはないことを承認するまでには至らなかったけれども，防御を事実上困難にしようという上述の努力が，少くともいわゆる執行訴訟（Exekutivprozess）のその後の発展を支えるものとなった。

（5） Brunner, Schwurgerichte, S. 84 ; Schröder, Rechtsgeschichte, S. 369 f.

しかし，通常訴訟の原則からの現実の離反が，この通常訴訟自体を通して，可能となった。債務に関する通常の訴えがあった場合，被告としては，自認するか，給付するか，それとも，異議を述べるか，宣誓するかを選択するほかはなく，判決発見者の協力は疑問のある権利または争いのある権利を確認すべき場合に限って必要となったにすぎないから，単純かつ明白な債務事件を迅速に解決する可能性が与えられていた(6)。じっさい，多くの都市法においては，債務に関する通常の訴えを裁判官に提起し，裁判官が，被告を自らの面前に呼び出して，被告が自認する場合には支払命令を発するが，被告が答弁を拒否しまたは債務を争う場合には，事件をつぎの正規の開廷日におくる，ということを認めることによって，右の機会を利用したのである。

2 場所と時期

§ 70 訴訟行為は，原則として，一定の裁判所の場所で行われたが，こういう場所以外でも，まさに訴訟行為を必要とした場所において訴訟行為をなすこともできた。

後者に属したものは，本来の訴訟に対して開始行為および要件たる関係に立つすべての行為である。たとえば，追及手続および債務支払命令（Schuldheischung）の場合における，家の捜索，発見された物の把持および不悪意宣誓（Gefährdeeid）の実施や，債務に関する訴えにおける不服従の抗議（Ungehorsamsprotest）がそれである。これらの行為，および，強制執行の多くの行為は，被告の土地の上でだけ，することができたし，普通は，それらの行為が裁判官の現在しないところでされ，また，裁判官の面前でされない限りにおいては，裁判外の行為でもあった。

しかし，開始された訴訟の裁判を求め，または，執行処分を実施するための裁判官の授権を求める行為は，すべて，裁判官が現在するところでだけ，することができたし，一定の場所と結びついていた。これらの場所（集会場《Mahlstätten, Mallobergi》mâl は談論《Sprache》の意[1]）は，古くから確定しており，聖別された場所として取り扱われた[2]。これらの場所は，あるいは山の上または谷の中であり，あるいは聖なる森の中であることもあったが，1本の樫または菩提樹を目印とするのが通例であり，その下で，当初は露天で裁判所が開かれ，裁判官およびその左右に着席する判決発見者のために空地が設けられて

---

(6)　Planck, II. § 153.
(1)　Grimm, R.=A. S. 746, 747.
(2)　国王裁判所では，これと異なり，確たる開廷場所を有しなかったが，たいていは王城なり宮中伯の居城で開かれた。

いた。すでにカロリング朝の時代には、この場所に、悪天候に備えて、屋根が設けられ、または、おそらく独立の建物も設けられるに至った。都市においては、この特別の目的のために用いる建物または市役所（Stadt-Haus）において、裁判所が開かれた。

§ 71　裁判所としては、常に、すべての人が行ける場所が選択された。しかし、弁論の公開（Öffentlichkeit der Verhandlungen）は、現在のように、特別の法政策的な考慮から明示的に公布された原則ではなくて、部族の全部が裁判に関与するという当時の考え方が行われるうえに欠くことのできない機構的な制度なのであった。公開の原則は、あらゆる裁判所について行われ、国王裁判所についても行われたし、裁判所の面前で行うべきすべての行為について行われた。判決の成立も、公開して行われなければならなかった。判決を諮問された者は、その提案を裁判所において声高に表示して、各人がこれを検討し、場合によっては非難することができるようにしなければならなかった。ただ、当事者がその代言人および友人達とする協議、また、諮問を受けた参審員が他の判決発見者たちとする協議は、公開されなかったが、これらは、単に訴訟上の行為の準備に役立ったにすぎない。

§ 72　弁論の公開は、厳しい法廷警察（Sitzungspolizei）の実施を必要とした[(3)]。法廷警察は、裁判長によって行われた。裁判長は、開廷にあたって、集会の妨害および騒乱（dingslete unde unlust）を禁じ、いいかえると弁論に対するいかなる妨害をも禁止し、出席者全員に対し、細心の注意を要求する。この命令の励行にあたるのは、フローンボーテ（Frohnbote）である。不当な行状をする者は、裁判官に支払をすべき刑罰を科せられる。暴力行為に訴えたいという気持をなくするために、ザクセンシュピーゲル[(4)]は、裁判官および参審員が武器をもたずに出席し、平和のしるしとして、そのマントを着るべきことを規定している。彼等は、頭に被り物をつけずに、その腰掛に着席すべく、裁判官は、中央の一段高い椅子に着席しなければならない。

閉廷後は、人は、開廷中おかれていた重苦しい状態から抜け出るため酒宴をひらくのを常とした。

§ 73　裁判所は、一定の時期にのみ開くことができたこと、および、正規の開廷日は、いつも、一定の期間をおいて反覆されたことは、先に述べたところである。この日以外では、急を要する行為だけを行うことができた。通常の開

（3）　Planck, I. S. 126 ff.
（4）　III 69 § 1.

廷日は火曜日であったが，臨時に金曜日であることもあった。開廷日は，裁判上の行為については，日出とともに開始し，日没とともに終了した。

　常設裁判所の法廷は，3日間連続して開かれた。従って，ここで弁論されるべき事件の数がきわめて少いものであるはずがないという結論が是認される。また，弁論が込み入っている場合，当事者がその友人達と協議するために退席することを必要と考えた多数の事件の場合，また，確かにしばしばそうであったように，参審員達が協議することを常とした事件の場合には，個個の各事件に長い時間を費したかもしれないことが考えられる。

　多くの法源においては，遅延を防ぐために，裁判官がその仕事を処理し判決発見者が法を発見すべき期間を定めていた。

第2編　ローマの民事訴訟

序　章

第1節　ローマ民事訴訟発展の概観

§1　ローマ訴訟法の起原については，確実なことは分かっていない。われわれが有する知識は，十二表法以前には及んでいない。十二表法は，法律訴訟（legis actio）による手続につき伝えており，これによると，法的に規整された訴訟の発展は，すでに完成したもののように思われる。しかし，「法律訴訟」という名前だけからしても，手続が法の支配に服していたことがわかる。

いずれにしても，ローマにおいて，他民族の場合と同様に，訴訟法の発展が次のようにして行われたことについては疑をいれない。すなわち，まず，個人の私的行為を確たる方式と結びつけ，さらに，個々の場合に形式が十分に守られるように国家の側で監視し，そのために，単なる方式に強制力を付与することによって，自力救済を公共の監督のもとにおく，という方法である。

訴訟発展のこの第1段階が執行をもって開始されたかのようにわれわれは考えがちであるが，実は，執行のうちに訴訟が存在していた。方式が守られたかどうか，私的な強制の行使が従って適法であったかどうかについての争いが執行に付随して生じ得たからである。

私的な強制行使の適法性の問題に対する裁判が強制行使に先立って行われなければならないとし，それが強制行使の要件となるのだという見解が，ついに確立されたときに，訴訟法の成立は，さらに前進の一歩をふみ出したに違いない。なぜなら，これと同時に，この問題の弁論と裁判は，訴訟の主要な構成部分となったからである。

たしかに，ここでは，宗教的な影響が共同的に作用した。というのは，最古の訴訟形式である神聖賭金式法律訴訟（legis actio sacramento）は，宗教的な起源を有し，後でもなお，神官団が，最古の法学である訴訟方式および訴えの方式についての学問を育て上げ，保護する者として現れている。しかし，神官（pontifices）の訴訟法に対する影響が直接的であったか，間接的であったか，神官が国家の司法になんらかの方法で関与したかどうか，神官が単に国家の機

第 2 編　ローマの民事訴訟

関をたすけて助言したのかどうか，あるいは，神官が慣行的に仲裁人に選定されたのかどうかは分かっていないし，おそらくは将来も分からないことであろう[1]。

　当初は（紀元前 3 世紀中頃），法律訴訟と並んで，ついには（帝政初期）法律訴訟に代って現れたのが，方式書訴訟であった。

　この二つの訴訟制度に特有なのは，手続を，国家権力を行使する政務官の面前における弁論（in jure）と人民の中から選ばれた 1 人または数人の裁判官もしくは裁判人の面前における弁論（in judicio）に厳密に分けることである。手続のかような部分のそれぞれに対し，特別の課題が与えられている。すなわち，政務官の面前における手続においては，果して，また，いかなる範囲で，裁判官の裁判を必要とする法的紛争が存在するかを確定し，裁判人の面前における手続では，この紛争につき，弁論がなされ，裁判人の判決によって裁判がなされる。しかし，法律訴訟と方式書訴訟の区別は，本質的には次の点に存する。法律訴訟では，政務官の面前で，方式書訴訟では，政務官の活動的な協力のもとに，弁論が行われること，裁判人の裁判が法律訴訟では許容され，方式書訴訟では命ぜられること，法律訴訟では，政務官および裁判人は，専ら法規の支配のもとに立つが，方式書訴訟では，裁判人は政務官の広汎な影響に服する（「告示権」）ということ，がそれである。

　方式書訴訟およびこれとともに手続の分離は，紀元後 3 世紀の終まで引きつづき行われたが，これに先立ち，すでに帝政期の初頭以来，正規の訴訟手続とならんで，一定の事件についてのみ許された特別の手続（職権審理手続 extra-ordinaria cognitio）が存在していた。

　個々の発展段階の対比は，ここでは，概観のためにのみ述べたのであり，以下に詳しく論ずるが，この対比は，裁判所の構成を述べるさいにも，また，訴訟法について述べるさいにも，法務官の面前における手続と裁判人の面前における手続の分離を基礎とする古い法制度と，このような分離をもはや認めないその後の法との間の厳密な区別を正当づけるものといえよう。法律訴訟を論ずる場合には，これと古ゲルマンの法との若干の類似点が明らかとなるであろう。また，方式書訴訟には，われわれは，かつてから特別の関心を払ってきたし，現在でも，そうである。ローマ法は，その学問的な完成を，まさに，方式書訴

---

(1)　この点について，Jhering, Geist des römischen Rechts, I. § 18. 参照（第 1 版を第 4 版と比較せよ）。Karlowa, Der römische Civilprozess z. Zt. der Legisaktionen, 1872, S. 21 ff.; Danz, Der sakrale Schutz im römischen Rechtsverkehr, 1857; Schultze, Privatrecht und Prozess, 1883, S. 509 ff.

序　章

訟に負うており，その方式を知ることは，ローマ私法を理解するために今日でも欠くことができないからである。最後に，また，5世紀および6世紀にとった形におけるローマの訴訟は，カノン訴訟法，普通訴訟法，従って現行ドイツ訴訟法の基礎となったから，そのかぎりにおいて，きわめて大きな意義を有する。

第2節　ローマ訴訟法の法源と文献

§2　(1)　ローマ私法を認識する基礎となる法源は，同時に，われわれがローマの民事訴訟を認識するための法源でもある。というのは，現在，私法と訴訟を分離するのが通例であるが，ローマ人は，こういう区別を知らなかったからである[1]。ローマ人の私法は，権利の体系というよりは，むしろ，法的手段の体系であったから，このような法的手段の利用なり実現なりについての理論も，じっさい上，より重要な法の部分として，大きな関心を払われた。十二表法の立法は，訴訟をその体系の冒頭に置き，訴訟につき比較的詳細な規定を設け，法務官の告示も，訴訟の開始（exordium litis）から始まり，ついで法の保護（auxilia juris）に移るが，そのさい，訴権の内容，すなわち，私権を取り扱い，訴訟の終了（finibus litium）で結ぶ，というように，法務官の実際の行動から出発する[2]。ユスティニアヌスの学説類集（Digesten）も，この同じ体系に従っている。

それゆえ，ここでは，ローマの民事訴訟を認識するためにとくに重要な若干の法源を挙げるにとどめる。これらの法源のうち，最古の時代については，現存する十二表法の立法[3]の断片，帝政時代については，テオドシウス帝とユスティニアヌス帝の大編著，とくに，その後者が重要である。これらの作品の成立，分類および内容については，ローマ法史およびローマ法の法源に関する詳細な，数多くの著書に譲らねばならない[4]。

共和政時代および帝政初期の裁判所の構成なり民事訴訟について豊富な収穫を与えるローマの著作者の中でアウルス・ゲルリウス（紀元後2世紀頃）の

---

(1) この点については，最近に，Fischer, Recht und Rechtsschutz, 1889, S. 6 ff. がある。
(2) Bruns, Geschichte und Quellen d. röm. Rechts (in v. Holtzendorffs Enzyklopädie), § 25; Lenel, Das Edictum perpetuum, 1883.
(3) Bruns, Fontes juris romani antiqui (ed. II. 1871) p. 12 sqq. なお，Voigt, Die zwölf Tafeln, 1883, Bd. I. S. 691 ff.
(4) Bruns, Geschichte und Quellen d. röm. Rechts (in v. Holtzendorffs Enzyklopädie). しかし，現在では，とくに，Krüger, Geschichte der Quellen und Literatur der römischen Rechts, 1888. (Bindingsche Sammlung).

第2編　ローマの民事訴訟

「アッチカの夜」（noctes Atticae），マルクス・ファビウス・クインティリアヌス（紀元後35年から118年頃）の雄弁術（institutio oratoria），および，紀元後2世紀の文法家であるセクストゥス・ポムペイウス・フェストゥス（Sextus Pompeius Festus）の語義論（de verborum significatu）（1839年，K. D. ミュラーの出版がある）を挙げなければならない。ところで，これらすべてを凌ぐものは，ガイウス（Gaius）（ハドリアヌスの時代に生き，紀元後178年にもまだ生存していた）である。ローマの民事訴訟について重要なガイウスの作品は，4巻の法学提要（institutionum comentarii）であるが，これは，18世紀にはじめて一葉が発見せられ，1742年に出版された。ニーブール（Niebuhr）は，1816年にヴェロナの大寺院付属の図書館において，三葉を除いて，その残部を発見した。その第4巻で，ガイウスは，訴訟に関する法（ius quod ad actiones pertinet），従って，法律訴訟と方式書訴訟を説明した。その本文には欠缺があり，ガイウスの意図は，後の世紀のためにローマの民事訴訟に関する史書をものすることではなく，むしろ，その当時のために教科書を書くことにあったから，彼のこの作品が，われわれにとって，なかでも，われわれの関心をよびおこす古代訴訟における数多くの諸点について明瞭にしてくれないことは，避けられない。しかしながら，ガイウスは，ローマの民事訴訟の重要な理論についてわれわれの有するただ1つの法源であり，彼がわれわれに示してくれる説明は，その欠缺にかかわらず，きわめて豊富で，ローマの民事訴訟の学問は，ガイウスが発見されてはじめて可能となったほどである。ウルピアヌス（Ulpianus）とパウルス[5]（Paulus）の著作は，方式書訴訟を理解するために同様に重要ではあるが，しかし，その重要性は，ガイウスの法学提要にはるかに劣っている。

　当然のことではあるが，法源によって知られる時代が遡れば遡るほど，法源の数も信頼度も，ますます減少する。従って，われわれが確実なことを何一つ知りえないものについての仮設の数も多いというわけである。

　(2) ローマ民事訴訟の文献は，非常に豊富である。それは，ローマ法史についての著作で民事訴訟の歴史的展開をもともに取扱っているもの，さらに，民事訴訟だけを叙述する著作，および，民事訴訟的＝歴史的な内容を有する個々の論文やモノグラフィーに分類できる。

　(a) 第1のカテゴリーに属するのは，次のものである。

　ツィムメルン「ユスティニアヌスにいたるまでのローマ私法史」第3巻，ローマ民事訴訟の歴史的展開（Zimmern, Geschichte des römischen Privatrechts

---

（5）　Huschke, Jurisprudentiae antejustinianae quae supersunt, (ed. IV. 1879) p. 434. sq.

bis auf Justinian, 3. Bd, Der römische Civilprozess in geschichtlicher Entwickelung, Heidelberg, 1829)。

　ライン「帝政の第1世紀にいたるまでのローマ私法と民事訴訟」(訴訟，403頁 ― 522頁) (Rein, Das römische Privatrecht und der Civilprozess bis in das erste Jahrhundert der Kaiserherrschaft, Leipzig, 1836)。

　フォイクト「十二表法」2巻 (Voigt, Die zwölf Tafeln. 1883)。第1巻に民事訴訟がふくまれる。

　また，特に，次のものを挙げなければならない。プフタ「法学提要講義」(第2巻，ローマ民事訴訟の歴史) (Puchta, Kursus der Institutionen, Bd. 2, Leipzig 9. Aufl., 1841-1881)。より簡略なものでは，ルドルフ「ローマ法史」(第2巻第1章，民事司法) (Rudorff, Römische Rechtsgeschichte, Leipzig, 1857-1859)，バロン「ローマ法史，第1巻 (以下は未刊)，法学提要と民事訴訟」(民事訴訟，345頁―452頁) (Baron, Geschichte des römischen Rechts. Bd. 1, Berlin, 1884)，ゾーム「ローマ法の法学提要」(権利保護，33節― 55節) (Sohm, Institutionen des römischen Rechts, 1888)，シューリン「ローマ法史講義」(訴訟，505頁以下) (Schulin, Lehrbuch der Geschichte des römischen Rechts, Stuttgart, 1889)。クヴァリッチ (Quaritsch) は，その「法学提要と法史」(Institutionen und Rechtsgeschichte) の末尾に，すぐれた概観を与えている。

　(b)　民事訴訟だけを叙述する優れた著作としては，フォン・ベートマン＝ホルヴェーク「普通法民事訴訟の歴史的発展」(第1巻法律訴訟，第2巻方式書，第3巻職権審理手続) (v. Bethmann=Hollweg, Der Civilprozess des gemeinen Rechts in geschichtlicher Entwickelung, 1864-1866)，および，ケラー「ローマ民事訴訟およびアクチオ概説」(Keller, Der römische Civilprozess und die Aktionen in summarischer Darstellung, 5・6 Aufl., Wach編，1876・1883) があり，さらに，ベッカー「ローマ私法のアクチオ」(Bekker, Die Aktionen des römischen Privatrechts, 1871-1873)，カルロヴァ「法律訴訟当時のローマ民事訴訟」(Karlowa, Der römische Civilprozess zur Zeit der Legisaktionen, 1872)，ヴィーディンク「ユスティニアヌスの訴状訴訟」(Wieding, Der justinianeische Libellprozess, Wien, 1865) がある。

　(c)　第3のカテゴリーに属する著作や論文は，個々の場所で引用する。

　さらに，ローマ民事訴訟の理解のために欠くことができないのは，イエリンク「ローマ法の精神」(1851年以降の各版第4部) (v. Jhering, Geist des römischen Rechts 4. Aufl., 1880)，シュルツェ「私法と訴訟」1883年 (Schultze, Privatrecht und Prozess.)，モムゼン「ローマ国法」(Mommsen, Römisches Staatsrecht 3. Aufl., 1887)，プンチャルト「ローマ人の基本法的私法の発展」(Puntschart, Die

第2編　ローマの民事訴訟

Entwickelung des grundgesetzlichen Civilrechts der Römer, 1872），ヨェルス「ローマの法学の歴史」(Jörs, Geschichte der römischen Rechtswissenschaft, 1888) である。

第1部　裁判所の構成

第1章　法務官の面前における手続（jus）と裁判人の面前における手続（judicium）の分離の時代

第1節　手続分離の意義

§3　[沿革]　国権を代表する官吏の面前で審理する第1の段階と，国民を代表する裁判人の面前で審理する第2の段階の2つに手続を分離することは，法律訴訟および方式書訴訟の基本原則であり，その起源は，きわめて古い。ハリカルナス（Halikarnas）のディオニシウス[(1)]（Dionysius）は，次のように述べて，この手続の分離をロムルスに帰している。すなわち，ロムルスは，重大な意味を有する違法については，自ら裁判したが，こういう意味を有しない違法については，長老（Senator）に委ね，その手続で誤りが行われないように配慮した，というのである（antiquit. rom. II, 14, 29）。一般的に，司法権の行使について，ローマの諸王は，判決をせよという命令をしただけであり（IV, 25, X, 1），最初の執政官たち（Konsuln）も十人組裁判所（Decemvirn）も，同じことをしたという。ローマの著作者達も，この報告と一致している。この報告を文字どおりに受け取ることはできないにしても，こういう手続の分離が伝説的なローマの最初の諸王に由来することは，この制度が数世紀後でもなお，ローマの国家制度の基礎の1つとみられたことからも明らかである。こういう制度の存在は，確かに，個々の実定法規によるものではなく，数世紀に亘る発展によるものであり，制定法は，この発展を完結し承認しただけであった。

　この発展は，ローマにおいては，相争う2人の見解の相違について公平な1人または数人の第三者の意見を求めるという慣行から出発したものであるが，こういう慣行は，すでに野蛮な原始状態から開放され始めていた時代では，自然のことであった。係争者は，任意に，予期される宣言に服し，その約束を履行しないときは不利益を引き受けるという方法で紛争を平和的に解決したが，その前の時代には，野蛮な暴力によって紛争を解決したのであった。ところが，共同体の形成という最初の困難が克服され，個人の自由に対して公共の支配が

---

(1)　紀元前7年頃まで生存し，ギリシャ語で，ローマ史（$\dot{\alpha}\rho\chi\alpha\iota o\lambda o\gamma\iota\alpha\ \rho\omega\mu\alpha\iota\chi\eta$）を書いた。

第2編　ローマの民事訴訟　第1部

及ぶようになってから，ただちに，個人は，第三者の仲裁判断を求め，かつ，それに従うように強制された。共同体の命令に従わない者は，共同体に属するに値しないものであり，共同体から排除された。平和喪失（Friedloslegung）の制度は，最古のドイツ法でみられ，ローマ法も，紀元前4世紀までは，なお，知っていたのであるが，それは，文化のこの程度の発展段階で認められた唯一の徹底した威嚇手段であり，権力手段であった。もっとも，共同体なり，その権力を行使する機関だけがこういう権力を適用することができた。だから，この時代になれば，第三者の判断に服従せよという要求なり，こういう判断自体に必要な強制力を与えようとする者は，国権の発動を求めることが必要であった。しかし，仲裁判断は，時代の前後を通じて相変らず，共同体を支配する法的確信についての最も誤りのない証拠なのである。

　こういうふうに，司法を確実にするために，国権と仲裁制度は，次のような関係をもつに至った。すなわち，前者は命令し強制する権力をもって，後者は民族の中に生きている法をもって，結合することになる。前者は，判決することを命令し，判決せられたことを強制するのに対して，後者は，自己自身の法的確信の中に具体的事件を裁判する規範を発見し，このようにして，判決を発見したわけである。

　ドイツ法は裁判官と判決発見人とを区別し，ローマ法は法務官の面前における手続と裁判人の面前における手続とを区別したが，この区別は，こうして自然に説明することができる。この区別の根拠と発展は，両者に共通である。従ってまた，この区別の基礎となった思想も同一である。ゲルマンにあっては，裁判官は，法の宣言がなされることについて配慮をすべく，具体的な事件について，その判決諮問によって，法を知る者が判決を発見することを命令するが，これと同様に，ローマの訴訟における官吏の行動も，民族の中に生きている法的確信の代表者が，判決（sententia），「真実の宣言」（Wahrspruch）によって，具体的事件につき何が法であるかについての証明をせよという命令，すなわち，「権力的宣言」（Machtspruch）（ゾーム）をなすこと以上でもなければ以下でもなかった。こういう証明は，国権の権力的宣言によって強制的命令にまで高められないならば，それ自体としてそうであるもの，つまり，公平な第三者が当事者に教示し，当事者が自由に利用できるためにする鑑定にとどまるであろう。ところで，中世ドイツの訴訟では，裁判官の権力的宣言は，外部的には，判決の諮問と判決の言渡しとに分割され，判決の発見と併行してされたが[2]，これに反して，ローマの官吏の権力的命令は，判決の発見に先立って行われた。

　こういう現象は，法と国家についてのゲルマンとローマの見解の相違が，そ

第1章　法務官の面前における手続と裁判人の面前における手続の分離の時代

の深い理由をなしている。ゲルマン人にとっては，個人の自由と権利に関する客観的な基準がなく，法は，彼等にとって，永遠の秩序ではあるが，こういう秩序は，実定法規の中にではなく，民族の意識の中に生きているから，民族構成員の全体だけがこれをうみだし，保護することができた。そして，国権は，彼等にとっては，ただ，全員の証明に従って法であるものを命令し，不法であるものを禁止する権能と考えられた。これに反して，ローマ人にとっては，法は，客観的に確立された規範であり，国家は，法の化身である。だから，国権の使命は，法の実現と保護であり，従って，法の宣言も，ただ，客観的な規範を個個の事件に適用することなのであって，国家は，自らが承認した法を適用する手段である法の宣言を，その権力手段をもって支持することができたにすぎない。いいかえると，国権は，事件ごとに，裁判人の判決によって国家の承認する法だけが実際に表現されることを保障しなければならないのである。すでに発見された判決を国家の審査に服させ，こういうふうにして民族の最高級の人々の困難かつ良心的な努力の成果を疑うことは，ローマ市民の品位にふさわしくなかったであろう。そこで，判決の言渡しに先立って国家の審査をしなければならなかったが，ひいては，こういう審査の対象となりえたのは，ただ，法的紛争について裁判人による裁判を求めるという当事者の要求だけである。国家の審査の目的は，「当事者の要求は国家の承認した法に適合するかどうか」という，国家だけが関心をもつ問題の解答でなければならなかった。この問題が肯定されるときは，国家が要求し，かつ，国家の介入を条件とする保障が与えられることになるが，この場合には，判決の発見を命ずることは，国家機関の義務でもあり，この命令に従うことは，権限ある裁判人の義務であった。こういうふうにして，法の宣言について有する国家の関心も満たされ，国家を代表する官吏の職務行為も終了したのである。

　国権の代表者と裁判人のそれぞれに委ねられた行動が時間的に前後し，外部的に分離されたことは，これで説明がつく。

§4　[帰結]　いま述べた発展から，次のような一連の結論がでてくる。

(1)　手続が2つの段階に分離されたことは，執行（権）と判決発見の区別に照応する。

(2)　判決の発見は，執行権者がそれを命じたときに始めてなされる。

(3)　この命令は，一定の条件にかかるが，その条件が存在するかどうかは，公益のために，国権の機関が審査する。

（2）　これらすべてについては，本書第1編§4，§5，§64参照。

(4) 手続の第1の段階であるjusは，訴訟条件の審査にあてられる。その任務は，当事者間に裁判人の裁判を必要とするような法的紛争が存在するかどうかを確定することである。ところで，これを肯定的に確定することができるのは，当事者間にある紛争があって，国家がその実現を保障する法的諸原則に従い判決によってその紛争を解決することが許される場合に限る。当事者双方が政務官の面前で意思表示をしてその見解の相違を除去したときは，紛争は，もはや存在しない。また，訴訟要件の欠缺のために判決されても無効であるようなとき，または，当事者が国家の承認する法を基礎とすることができないような請求を主張するときは，裁判人の面前における手続であるjudiciumは，法上，許されない。なぜなら，無効の裁判を避け，国家が法的諸原則として承認する原則だけを実現させることは，公益の要求するところだからである。

(5) それゆえ，裁判人は，裁判にあたって，その行動につき，国家の利益のために定められた条件に拘束されるが，当事者から提出を受けた事実を法的に判断し，当事者のなす証明を評価する範囲では，独立である。

(6) 判決が発見されたときは，国民から選ばれた裁判人の行動は終了し，同時に，手続の第2の段階であるjudiciumが完結する。判決すなわち国家の意思を実現することは，ふたたび執行権に属する事柄である。

§5 ［法律訴訟と方式書訴訟の対比］　さて，裁判人の面前における手続（in judicio）は，現在知られている最古の時代から手続の分離が廃止されるまで，本質的には，前後同一であったが，法務官の面前における手続（in jure）は，すでに，3世紀の中頃に変化を生じた。この変化は，国権が法務官の面前における手続で行う審理の果す任務については，従前の考えを動かすものではなかったが，市民生活上の取引について，法的規範として取り扱うべきものに関して次第に考え方が変化したことによって惹き起されたものである。

十二表法の立法が法の定立を目的とする強力な国民運動によって成立したことは，周知のとおりである。その直後の時代に，できるだけ細心に成文法の諸原則を厳守し，些かでも制定法の文言から離れることを，たといそれが類推によって必要な場合でも，法的安定性を危くするものとして惧れたことは，なんら驚くにあたらない。そこでは，当事者の法的請求権で制定法の文言を装ったものだけが，制定法によって理由づけられるがゆえに，これを存在するものとみることができた。従って，民事訴訟における国家官庁の任務は，当事者が，制定法の文言によって，その法律上の主張を陳述することができたかどうかを審理することだけであった。なぜなら，当事者が制定法の文言によってその法律上の主張を陳述することができたときは，制定法，従って国家の承認する法

第1章 法務官の面前における手続と裁判人の面前における手続の分離の時代

だけが適用されるという保障が与えられたからである。裁判人の仕事は，まさに，当事者がその法律上の主張を理由づけるために提出した事実が，現実に制定法の文言に該当するかどうかを審査することであった。だから，裁判人の面前における手続（judicium）は，法律訴訟（legis actio）が成立したとき，すなわち，当事者が判決発見のために制定法が定めた条件をみたすことに成功したときに，これを命じなければならなかった。制定法（leges）の数が少く，簡単であったから，政務官の仕事も簡単であり，それどころかほとんど機械的であったが，成文法の遵守のためには非常に重要であった。

ところで，イタリアが完全に服従し，ローマがますます拡大された海上取引および商取引の中心となるに至ってからは，比較的簡単な関係について与えられた古代国民法の諸原則は，ローマ市民相互の取引関係についてさえも，もはや，唯一の基準となるわけにはゆかなかった。日日に重要性を加える取引において，いろいろな請求権が発生したが，これらの請求権は，理由があると考えられるにかかわらず，制定法（lex）の文言を基礎とすることができず，従って，裁判人の裁判によってこれを確定し，執行することは，決してできなかった。こういう場合に，再び生活の要求に応ずるような裁判を獲得する方法となったのは，政務官の告示権（jus edicendi）であった。政務官は，その命令権（imperium）に基づいて，具体的事件につき処分をなすだけでなく，一般的命令を下す権能を有していた。この権能に基づいて命令された事項は，国家の意思と認められたが，こういう告示（Edikt）の効力は，これを発した官吏の在職年限と結びついていたから，制定法と認められたわけではなかった。こういうふうにして，司法官が，その就任にあたり，告示によって，一定の生活関係から生ずる法的紛争につき裁判規範として取り扱おうとする諸原則を公示すれば，これによって，その在職期間中は，国家の欲する法が公布されたことになり，その後，告示で公布されたこういう諸原則に従って裁判できるような紛争が，実際に司法官の面前にもちだされたときは，裁判人の面前における手続で国家の承認する法が実現されるかどうかという司法官の審査は，もとより，これを肯定する結果とならざるを得なかった。しかしながら，司法官は，具体的事件の特別の状態に促されて，自分が宣言した原則を拡張または制限することができたから，政務官が基準を認めた裁判規範を何らかの制限または変更とともに，1つの書面に記載するという必要がおのずから生じざるを得なかった。この書面は，裁判人に対して発せられる命令という形態をとったから，その方式は，法務官の行動の本質に完全に合致したわけである。この書面を方式書（formula）といい，これに由来して，方式書によって命じられる訴訟を方式書

第2編　ローマの民事訴訟　第1部

訴訟（Formularprozess）と呼ぶ。

　この方式書訴訟がアエブチア法（lex Aebutia）によって取り入れられたのか，または，適法なものとして承認されたにとどまるか，ということは，ここで論ずる必要がない。いずれにしても，法律訴訟から方式書訴訟の変化は，紀元前3世紀に始まったのであるが，この変化は，次第に拡大し，アウグストゥス（Augustus）のときに完了した。すなわち，アウグストゥスの統治時代（紀元前30年—後14年）の法律によって，方式書訴訟は，例外を別として，必要的な通常の訴訟方式となったのである。

　裁判権を有する政務官が方式書訴訟を通じて実体法の発展に対しどれほど測り知れない影響を及したかは，ここで詳しく述べるまでもない。訴訟法にとっては，方式書訴訟の導入は，方式強制（Formenzwang）の支配の終末を意味したのである。

§6　［通常訴訟手続と特別訴訟手続］　ローマ法の法源においては，比較的古い時代の通常の正式の訴訟手続は ordo iudiciorum と呼ばれるのがふつうである。しかし，この呼び名は，決して，その訴訟を当事者や裁判人の行為の整然たる継起として示そうとするのではなく，各個の訴訟の間における整然たる結果を示そうとするのである[3]。

　ローマ人は，もともと，農民と兵員の民族であった。公共の市民生活に属する事務を処理するために彼等に残された時間としては，戦役と農耕に用のない時期だけであった。この時期に彼等はローマに集合し，民会（Comitien）が開かれ，市民達の争訟が解決されたが，この時期を開廷期（rerum actus）という名でよび，この時期に開かれる市民の集会を conventus とよんだ。この conventus から，裁判人に指名されるべき人人が選ばれた。それゆえ，訴訟の解決は，両当事者がローマにいたときでも，conventus の招集まで待たなければならなかった。そのため，開廷期が始まると，自分たちの訴訟をできるだけ早く解決してもらおうとする，法を求める当事者達が殺到する結果になった。そこで，不当なえこひいきがされないように，法務官の面前における手続で審理され，その後，裁判人に付託されるべき個個の事件の順序は，籤によって確定された。その際，訴訟の順序を ordo iudiciorum と呼んだのである。しかし，その解決が conventus に依存しない事件や，その審理期日が籤によって決せられない事件は，それぞれ，順序の外（extra ordinem）に立ち，この意味において，

（3）　Hartmann-Ubbelohde, Der ordo iudiciorum, 1886. S. 179 ff.; Rudorff, Röm. Rechtsgeschichte, II. §2; Karlowa, Röm. Civilprozess zur Zeit der Legisaktionen, S. 252 ff.

114

第1章　法務官の面前における手続と裁判人の面前における手続の分離の時代

特別手続（iudicium extraordinarium）をなすものであった。

当事者が，短期の消滅時効が完成しようとしているといった理由から，待つことを欲せず，あるいは，待つことができない場合には，単独裁判人の選出について合意することができた（l. 2 pr. D. 4, 6 参照）。この場合には，この手続（iudicium）も特別手続（ein extraordinarium）であった。その後，帝政時代の初期以降は，政務官だけによって審理，判決され，およそ裁判人には付託されない訴訟もまた，おのずから，右の最後にあげた名前でよばれた。ところで，この時代になると，開廷期は，もはや旧時の意義を有しなかったから，特別の手続すなわち cognitio extraordinaria という呼び名は，専ら，手続の分離が存在しないこの種の訴訟だけに用いられた。

第2節　個々の裁判機関

第1　政　務　官

§ 7　［命令権と裁判権］　ゲルマン人にあって強制権（Bann）が統師権（Heerbann）と裁判権（Gerichtsbann）にわかれたように，ローマ人においても，命令権（imperium）は，最高の軍事上の権力と最高の民事上の権力を結合していた。命令権は，もともと，王自身の法によって王に属していたが，王制の廃止と同時に，――当初，Prätoren と呼ばれたところの――執政官（Konsul）にうつり，執政官は，これを，貴族会の議決（lex curiata de imperio）によって，その在職中，委託されたのである。この命令権は，裁判所を主宰する権力である裁判権（jurisdictio）をふくんでいたが，それが最高の職権の不可分の構成部分であることは，明確に意識されていなかったようである。それが，はっきり意識されるに至ったのは，リキニア法（紀元前367年の lex Licinia）の結果として，平民も執政官に選出されうるものとなり，また，法務官職という，新たな，当初は貴族だけの職務が作られてからである。というのは，裁判権は，法務官に委託されたからである。しかし，法務官は，専ら裁判権だけを有するのでなく，そのほかにも命令権を有したから，単純命令権（imperium merum）と混合命令権（imperium mixtum）の区別という観念が出てきた。単純命令権とは，l. 3 D. de iurisd. 2, 1 におけるウルピアヌスの言葉に従うならば，犯人を処罰するために刑罰権を有することであり，そのために，また，権力とも呼ばれるもの（habere gladii potestatem ad animadvertendum in facinorosos homines, quod etiam potestas appellatur），すなわち刑事裁判権である。法務官に与えられたのは，混合命令権であり，それは，裁判権と一体をなし，また，裁判権がそのなかにふくまれるもの（mixtum imperium, quod jurisdictioni cohaeret《l. 1. D. de off. ejus

115

cui. mand. 1, 21》cui etiam jurisdictio inest《l. 3 de jurisd. 2, 1.》，つまり，裁判権を包含し，かつ，これと関連する権力をさす。この区別から同時に分かることは，裁判権（jurisdictio）は民事裁判権だけを意味する，ということである。そして，じっさい，裁判権の内容を示すには，そのなかに含まれる3つの権能をもってする。すなわち，承認すること，宣言すること，付与すること（dare, dicere, addicere）が，それである。承認することとは，裁判人を承認すること，すなわち，争訟の裁判のため1人の裁判人を選任する権能をさし，宣言することとは，法を宣言することであるが，それは，裁判自体といったものでなく，個個の各事件において国家の承認した法が適用されるように取り計らうことをいい，また，付与することというのは，物の付与，すなわち，裁判官の判決の実行である。つまり，この3つの言葉の中に，民事訴訟において果されるべき政務官の機能が示されている。しかしながら，裁判権には，いわゆる非訟裁判権（jurisdictio voluntaria）における協力も含まれていた。なぜなら，法律訴訟および方式書訴訟の支配するところでは，法律行為の実行は，法務官の面前において，仮装訴訟（Scheinprozess）の形式でされたからである。しかして，命令権の右の部分は，法務官の職権のなかになお裁判権とならんで存在したが，これによって，法務官は，民事訴訟とまったく同様に私権に役立つが直接に当事者に向けられ，当事者に一定の行為を授権し，あるいは一定の行為を義務づける処分をすることができた。こういう処分に属するものとして，財産委付（missio in bona），原状回復（restitutio in integrum），いわゆる法務官の問答契約（Stipulationes pratoriae）をなすべき旨の命令，特示命令（Interdikten）の発布がある。しかし，法務官の権限内部において命令権と裁判権の区別を認めようとするのは誤りであろう。しかし，「裁判権がそのなかに含まれるもの」（cui etiam jurisdictio inest）という，上にあげたウルピアヌスの言葉からわかるように，法務官は，第2の，独立の職権として委託されているのではなく，むしろ，彼に与えられた命令権によって（kraft des inperium），かつ，彼が命令権の一分肢を行使するがゆえに，裁判権を有するのである。このことから，次の帰結が導かれる。すなわち，裁判権は命令権と異なる法的性質をもつわけがないということであり，とくに，裁判権のなかには裁判（Entscheidung）をする権能は存しないことであり，裁判権もまた，一定の内容を与えられた命令権力（Befehlsgewalt）にすぎないことである。このことをはっきりさせておくことが，とくに方式書というものを認識するうえに，きわめて重要である。

§ 8　［裁判権を有する個個の政務官］　裁判権を有する個個の政務官に関しては，紀元前367年に初めて市民係法務官（praetor urbanus）の官職が設けられ，

第1章　法務官の面前における手続と裁判人の面前における手続の分離の時代

ついで，247年には，外人係法務官（praetor peregrinus）の官職が設けられた。前者は，当事者双方がローマ市民であったときに（qui inter cives jus dicit）裁判権を有し，後者は，ローマ市民と外国人が当事者として対立したときに（qui inter cives et peregrinos jus dicit）裁判権を有した。法務官の数は，その後，繰返し増員されたのではあるが（紀元前227年には4人に，197年には6人に，スルラのもとでは8人に，カエサルのもとでは16人に），しかし，ローマでは，前後を通じて，2種の法務官があっただけで，他の法務官は州の行政権を委ねられたのである。

法務官の官職と同時に（紀元前367年），高等按察官（aedilis curulis）の官職が設けられた。高等按察官は，市場取引の監視と保安警察の権限を有し，ひいては，裁判権（jurisdictio）を委ねられたが，この裁判権は，市場事件と公共の場所に危険な動物をつれこんだことによる損害賠償の訴訟とに限られていた。法務官と同じように，高等按察官も，告示権（jus edicendi）を有していた。

イタリア内外の都市（自由都市 municipia，植民都市 coloniae）では，都市自身の政務官が裁判権を行使した。ガリア・キサルピナ地方に関するルブリア法（lex Rubria de Gallia cisalpina）（紀元前49年），および，自由都市に関するユリア法（lex Julia municipalis）（紀元前45年）の公布以来，これらの都市では，裁判権は種々の官吏に委ねられた。4人官（quatuorviri），2人裁判官（duoviri juri dicundo）がそれである。これらの官吏が純然たる裁判権だけを有していたが，それとも，命令権（imperium）をも併せ有していたかは，分かっていないが，いずれにしても，ルブリア法によれば1万5000セステルティウスまでの目的物に関する訴訟に限られていた。これらの官吏の権限が及ばないところでは，どこでも，法務官なり州の長官が介入した。

州では，その長官が裁判権を行使した。もっとも，副長官（legati proconsulis）に民事訴訟裁判権を委ねる（委任する）のが，慣例であった。この副長官のほかに，出納官（Quästoren）は，ローマにおいて按察官が有した裁判権を行使した。

§9　［顧問］　裁判権の行使について法務官の法的知識の必要が大きくなればなるほど，ますます，政務官が法的知識のある補助者を侍らせるという慣行が強まった[1]。これらの補助人（assessor）は，国家の官吏ではなく，その補助する政務官の私的補助者であった。従って，補助人は裁判権の行使に対して決定的な影響を及ぼしたわけではなく，ただ，自己の責任で行為する官吏の相談

---

(1)　　Cicero, de orat. 1, 37 ; Suetonius, Claudius 12, Tiberius 33 ; Baron, Geschichte, §185.

117

第2編　ローマの民事訴訟　第1部

を受けることに限られていた。

第2　裁　判　所
1　常設裁判所

§10　百人官裁判所[1]（Centumviralgericht）は，いずれにしても，十人官裁判所（Decemviralgericht）と当時に，しかも，ローマ建設より起算して513年後暫らくして，すなわち，外人係法務官の創設後まもなく，設置された。百人官裁判所の廃止の時期は，明確でない。ユスティニアヌスは，それをもはや存在しない制度であるといっているが（l. 12 pr. C. de her. Pet. 3, 31），紀元後4世紀の末期には，まだ存在していたはずである。

　百人官裁判所は，当初は，35の各部族からそれぞれ3人の裁判人を選ぶという方法で構成された。従って，それは，105人の構成員を数えたわけである。この員数は，その後，いずれにしてもアウグストゥスのもとでは，180人に増加された。古代の105人の構成員が具体的事件について唯一かつ単一の合議体として行動したかどうかは判っていないが，そういうことは，ほとんど認められない。帝政期には，百人官裁判所は，4部から成り，その各部は，十人官（decemviri）の1人を裁判長とする独立の裁判所であった。同一または別異の当事者間で同一または本質的に同種の事実関係の訴訟が係属するときは，この4部は，当事者の陳述および証拠弁論を聴取するために，結合して1つの裁判所となったが，個々の訴訟の合議および裁判のために，その後，再び分離した[2]。

　裁判所の管轄については，意見が分かれている。所有権訴訟と相続訴訟を百人官裁判所が裁判したことだけは確かであるが，これらの訴訟なり同種のあらゆる訴訟について百人官裁判所が専属管轄を有したものとみることはできない。むしろ，百人官は，他の裁判人と競合する裁判権を有していたとみる方が，ずっと真実に近いが，いずれにしても，比較的重要な事件についてだけ訴訟を受理したことは，確かである[3]。

　裁判所のシンボルは，槍（hasta）であったが，これは，ガイウス（inst. IV,

（1）　Puchta, Kursus, §153 ; Keller, Röm. Civilprozess, §6 ; Baron, Geschichte, §182 II ; Hartmann-Ubbelohde, Der ordo judiciorum, I. S. 298 ff.; Wlassak, Prozessgesetze, S. 127 ff., 201 ff.

（2）　百人官（Centumviri）という名称は，便宜上の必要によるものにすぎない。フェストゥスの重要詞華集には，「百人官は……百五人であったけれども，より呼びやすかったために，しばしば，百人官とよばれる」centumviralia …… et licequinque amplius quam centum fuerint, tamen quo facilius nominarentur centumviri sunt dicti）とある。Varro, de re rust., 2, 1.

第1章　法務官の面前における手続と裁判人の面前における手続の分離の時代

16）によれば，民法上の所有権のしるしであった。「槍を持つ」（hastae praeesse）という表現は，百人官裁判所を主宰することを意味し，十人官裁判所について用いられた「槍を立てる」（cogere hastam）という言葉は，開廷のために百人官を召集することを意味している。

§ 11　十人官裁判所[4]（Decemviralgericht）の存した時代なり管轄権についてわれわれに知られていることは，さらに少ない。ローマ建設後305年（紀元前449年）に公布されたホラチア法（lex Horatia）は，すでに，十人官（decemviris）に言及してはいるが，この制度が，法学者ポムポニウス（Pomponius）が l. 2 § 29 D. de O. J. 1, 2 において報告しているような，十人審判官（decemviris litibus judicandis）と同一でないことは，確かにそう考えることができる[5]。後者は，むしろ，百人官裁判所と同時に設けられた，常設の，裁判人の合議体である。十人官裁判所は，じっさい，古い時代には，自由人たる身分に関する訴訟において裁判したが，この事件については，審理員（Rekuperatoren）と競合する裁判権を有していたようである。アウグストゥスは，十人官に対し，百人官裁判所の個々の部における裁判長たる地位をゆだねた[6]。このときから，十人官裁判所は，独立の裁判機関としては消滅し，百人官裁判所じたいとともに廃止されたことは確かである。

2　非常設裁判所

§ 12　［裁判人・仲裁人・審理員］　法律訴訟の時代に，すでに，常設の裁判人合議体とならんで，特定の個々の事件の裁判のためにだけ設けられる裁判所があった。単独裁判人（unus judex），1人または数人の仲裁人（arbiter od. arbitri）ならびに審理員（Rekuperatoren）が，これである。

(1)　単独裁判人の制度は，いずれにしても，（紀元前5ないし4世紀における）ピナリア法（lex Pinaria）より以前に，すでに存在していた[1]。これが事実で

---

(3)　同旨 Wlassak, a. a. O.
(4)　Puchta, Kursus, § 153 ; Keller, Röm Civilprozess, § 5 ; Baron, Geschichte, § 182 I ; Hartmann-Ubbelohde, ordo, I. S. 298 ff. ; Wlassak, Prozessgesetze, S. 131 ff. ; Bethmann=Hollweg, Civilprozess, I. § 23.
(5)　Wlassak, a. a. O. S. 139 ff. を見よ。
(6)　ポムポニウス（本文参照），「その後また，裁判所を主宰する政務官の必要を生じたので，十人審判官を設けた。」（Deinde quum esset necessarius magistratus qui hastae praeesset, decemviri litibus judicandis sunt constituti.）スエトニウス（Suetonius, Octavianus, C. 36），「また，右のものの中に他種の事件の裁判機関が存在した。──百人官裁判所の各部を財務官が開廷のために召集するのを常としていたが，これと同様に，十人官が召集することになった。」（Auctor et aliarum rerum fuit in quibus : ── ut centumviralem hastam quam quaestura functi consuerant cogere, decemviri cogerent.）

第2編　ローマの民事訴訟　第1部

あったにちがいないということは，シリア法（lex Silia）およびカルプルニア法（lex Calpurnia）によって，通告式法律訴訟（legis actio per condictionem）の方式で弁論されるあらゆる事件につき，単独裁判人の選任が規定されていた，ということから明らかである。この単独裁判人は，その職権の行使について，通常，顧問（consilium）を立ち会わせたが，決定的な発言力をもったのは，単独裁判人だけであった。

　単独裁判人とならんで，1人の仲裁人（arbiter）または合議体の仲裁人（arbitri）が挙げられるが，時としては，裁判人（judex）と同じ意味に用いられた。これらの仲裁人もまた，個々の事件について選任される裁判官である。両者，つまり，裁判人と仲裁人は，いずれも，政務官によって選任される。それゆえ，この意味における仲裁人は，当事者相互間で締結される仲裁契約（compromissum）によって選任され，自身と当事者との間で締結される引受契約（receptum）をとおして，当事者の手から訴訟の裁判をする権利を受ける仲裁人（Schiedsrichter）と混同してはならない。むしろ，官庁の選任を受けることによって，仲裁人のなす宣言が国家的権威を取得するのである。

　しかし，いずれにしても，仲裁人は，もともとは当事者の選択に基づいて生じたのである[2]。従って，その指名のさいの政務官の協力は，果して，裁判人の職務そのものを行使する能力をもつ人が選ばれたかどうかという問題を審査し，この問題を肯定する場合には，その選択を承認することに限られていた。しかし，仲裁人が選ばれたのは，厳格な法の諸原則を単純に適用するよりも，むしろ，混乱しかつ不明瞭となった法的諸関係を秩序づけることが重要であるような，あらゆる事件においてであった。だから，裁判人は，個々の具体的事件の個別性に立ち入ることができず，むしろ，その面前に提出された法的問題に，「然り」あるいは「否」をもって答えなければならなかったのに対し，仲裁人は，より自由な立場にあった[3]。ところで，当事者は，裁判人の職務に適する人々のうちから仲裁人を自由に選択することができたので，当事者としては，特別の人的性質を通じてまさに当該訴訟についての裁判をするに適した人を選ぶことができるという長所があり，さらに，裁判人（judices）に指定された者なら，出頭していなければならない時間というものがあったが，それに拘束されないという長所もあった。

　しかしながら，当事者の合意がない場合には法務官が自己の裁量に従って仲

（1）　Gaius, inst., IV, 15 ; Wlassak, Prozessgesetze, I. S. 132-134.
（2）　Hartmann-Ubbelohde, ordo, S. 264 ff.
（3）　Keller, Röm. Civiprozess, §7 ; Karlowa, Röm. Civilprozess, S. 54.

第1章　法務官の面前における手続と裁判人の面前における手続の分離の時代

裁人を選任したであろうことを，述べておかなければならない。この点なり，時代が移るにつれて，裁判人に対しても，数多くの事件につき，より自由な地位が認められたという事情のために，裁判人と仲裁人の区別は抹消され，その結果，すでにキケロの時代の法学者は，この区別を知らなかったほどである[4]。しかし，この区別は，当初は事実上存在し堅持されていて，実際，事件が裁判人と仲裁人とのいずれによりよく適合するかに従って，事件を分けたのであった。十二表法によって，分割の訴えが数人の仲裁人にゆだねられ[5]，灌漑用水路原状回復の訴え（actio aquae pluviae arcendae）が2人の仲裁人[6]にゆだねられたのがそれであり，さらに，後見関係に基づく訴え，組合関係に基づく訴え，嫁資の返還を求める訴え，そのほか，争のない現存の法律関係の解消を求める多数の訴えが，仲裁人の管轄に属していた。これに対し，裁判人は特に確定貸金額請求の訴え（actio de certa credita pecunia）について裁判した[7]。

(2)　審理員裁判所[8]は，ローマと友交関係にある外国との条約により設けられた裁判所で，異なる国の市民間に存する渉外的な争訟を裁判することになっていた。審理員（reciperator）のもとで財産の取戻および回収が行われ，私人の財産権が相互に主張される旨の規約がローマ国と外国の君主，人民および国家との間に成立している場合に，回収がなされる（Reciperatio est, cum inter populum et reges nationesque et civi-tates peregrinas lex convenit, quomodo per reciperatores reddantur res reciperen-turque resque privatas inter se persequantur）（フェストゥス274頁におけるAelius Gallus）。この裁判所における手続がいかに構成されていたかは分っていない。さらに，われわれは，この裁判所が果して，また，いかなる態様で両国の市民から構成されたかも知らない。いずれにしても，それは，3人あるいは5人の裁判人の合議体であった。この裁判所がローマの民事訴訟について高度な意義を与えられたことは，それがローマの国民的制度となり，ローマ市民間の訴訟についても裁判権が拡張されたという事情による。この現象を生じた原因は，審理員の手続が，当事者なり証人としてこの裁判所に出頭する外国人に対する関係上，促進されたこと，そのため，迅速な

---

(4)　Cicero, Pro Murena, c. 12, §27 ; Hartmann-Ubbelohde, ordo, S. 270 ; Bekker, Aktionen, I. S. 234 ff. ; Baron, Geschichte, S. 357, 358.
(5)　Cicero, pro Caec : 7 ; de legibus, 1, 21 ; top. 10, 43.
(6)　Cicero, top, 9, 10.
(7)　Cicero, Pro Roscio com. 4, 5.
(8)　Karlowa, Röm. Civiprozess, §25, S. 218 ff. ; Keller, Röm. Civilprozess, §8 ; Voigt, Die zwölf Tafeln, §66 ; Baron, Geschichte, S. 359.

裁判が必要であるような，あらゆる内国の訴訟に好んで利用されたことにあった。こういう事件に属したものは，多数の特示命令，とりわけ，武力による占有侵奪に関する特示命令（interdictum de vi armata），境界標移動についての公共訴訟（Popularklage）および若干の身分事件，とくに自由人たる身分と市民権に関する訴訟であった。

§ 13　［裁判人裁判所の形成］　古代ローマの思想によると，裁判人に選任することができたのは，当事者がその指名に同意したものだけであった。つまり，当事者が法務官に対して裁判人の職務を行うに適する者を指名したときは，この者を裁判人に選任することを拒む理由は，全くなかった。そうでない場合には，この合意は，法務官の面前における手続（in jure）自体の中で，はじめて，原告が１人の裁判人を提案し（judicem procare 後には judicem ferre），被告がこれを承認する（judicem sumere），という方法で成立した。被告が提案された裁判人を承認しない場合にはその拒否を理由づけなければならなかったし，被告がこの裁判人には適正な判決を期待できないことを述べるにとどめることもできたが，この場合には，自己の確信を宣誓によって証明しなければならなかった。その後，おそらくは，共和政末期にはすでに，いずれにしても帝政期には，裁判人の抽籤（sortitio）が，こういう選択方法にとって代った。抽籤によって決定された者で当事者から拒否されない者は，従前において当事者の合意があった者と同様に，政務官がこれを裁判人に指名し，宣誓させた（裁判人の承認，付与 dare, addicere judicem）。

　仲裁人の選択については，当事者は，当初，自由であったことは確かであるが，誰を裁判人とするかの合意にあたっては，一定数の特定人に拘束された。

　裁判人なり仲裁人については，これを指名した法務官が監督権をもっていた。彼等が懈怠した場合には，政務官は，強制処分によって，その義務の履行を促し，おそらくは，一定の事由がある場合には，これを解任することもできた。政務官が裁判人に対して法的教示を与えたことだけが，この事情と結びついているのでなく，執るべき手続について政務官が拘束力のある指示を与えることができたことも，そうなのである。

§ 14　法定の訴訟（judicium legitimum）と命令権に基づく訴訟（judicium, quod imperio continetur）

　両訴訟の区別は，ガイウス（IV 103-109）にみられる。これによると（IV. 104），法定の訴訟（legitima judicia）は，ローマ市内またはローマ市外一里標石に至るまでの地域内であらゆるローマ市民の間に単独裁判人の下に受諾されるもの（quae in urbe Roma vel intra primum urbis Romae miliarium inter omnes cives Ro-

第1章　法務官の面前における手続と裁判人の面前における手続の分離の時代

manos sub uno judice accipiuntur) と定義されている。これらの要件の1つでも満さない訴訟は，すべて，命令権に基づいて存在する (imperio continens)。ガイウスの説明によれば，命令権に基づく訴訟 (judicium imperio continens) は，これを命じた政務官の退職とともに失効し，その結果，裁判人は，その行動を中止しなければならなかったが，法定の訴訟は，訴訟に関するユリア法 (lex Julia judiciaria) に従い，争点決定後1年6月を徒過したときに，はじめて，消滅した。さらに，法定の訴訟では，対人訴訟 (actio in personam) が市民法によって作成された方式書をもって弁論された場合には，法上当然に，訴権消耗の効力を生じたが，命令権に基づく訴訟において弁論され，その後に同一の訴えが提起された場合には，訴権の消耗は，抗弁 (exceptio rei in judicium deductae または = judicatae) によって主張しなければならなかった。

ところで，こういうことが，深く根ざす原因の現われにすぎないことは明らかである。しかし，この原因がどこにあり，この区別の歴史的な起源が何であるかを，ガイウスは述べていない。そこで，一連の仮設が立てられている[9]。それにもかかわらず，確実に主張できることは，次のことである[10]。すなわち，訴訟 (judicium) ということばは，方式書訴訟について初めて現われたのであるが，それ以前のローマの訴訟では，訴えだけでなく，手続全体も（法律）訴訟（《legis》 actio）とよばれ，従って，それは法定の手続に他ならなかった。新たな訴訟法規の発布があってからは，法定の手続（法定の訴訟）というのは，ただ，これらの制定法によって設けられた裁判所の面前で，それらの制定法の規定する方式に従って行われた手続だけであった。こういう訴訟では，法務官は，制定法の機関 (Organ) にすぎなかった。制定法は，法務官の上に立ち，法務官の権限を超越したから，手続の継続を，この手続を命ずる政務官の職権の継続に依存させることはありえなかったし，訴権の消耗は法務官の官職法上の権力によってではなく，制定法によって生じざるをえなかった。これに反して，その他の訴訟は，すべて，法務官の職権に基づいていたから，その職権の消滅とともに，おのずから終了しないわけにはゆかなかったのである。

---

(9) Keller, Litiskontestation und Urtheil, 1827, §12; Voigt, Zwölf Tafeln, §55, Anm. 42; Dernburg, in der Heidelberger krit. Zeitschrift, I. S. 470; Eisele, Materielle Grundlage der exceptio, 1871, S. 161 u. a.

(10) 同旨，Wlassak, Prozessgesetze, 1888.（もちろん，異論がないわけではない。たとえば，Lotmar, Krit. Vier teljahrsschrift, Bd. 31, S. 488 参照）

第2章　帝政後期の裁判所の構成

§ 15　［特別手続の成立］　すでに帝政時代の初期に，ある種の訴訟の弁論と裁判が排他的に政務官の手中に委ねられていた。この訴訟というのは，一連の具体的かつ個別的な事実関係を斟酌して初めて確定できるような請求権に関するものであった。その手続は，法務官の面前における手続（ius）と裁判人の面前における手続（iudicium）の分離に基づかないという意味で通常の手続と異った特別の手続であり，特別審理手続（extraordinaria cognitio）と呼ばれた。時代の進展に伴って，その適用は拡大せられ，これを通常の訴訟と同列の資格で併存する手続とみるようになり，ついには，新たな訴訟法規の公布によってではないが，裁判所構成の改革によって，これを通常訴訟となすに至った。それというのは，ディオクレティアヌスとマクシミアヌスが紀元後294年に裁判人の承認（iudicis datio）を廃止し，州の長官に対して，その手元に係属する訴訟は原則として自ら弁論し，裁判すべく，事務が輻湊する場合にのみ特別の裁判人を選任すべき旨を命じたことによる。これと同時に，法務官の面前における手続と裁判人の面前における手続の分離，ひいては，政務官と裁判人の区別もまた，ローマ国の裁判所の組織なり訴訟から影をひそめたのである。

　ところで，こういう裁判所の組織の変更も，ただ，適用されるべき実体法を貫いた変遷の終局の結果に他ならなかった。すなわち，告示権（jus edicendi）の中に市民法の生きた声（viva vox iuris civilis）がいきいきと保持されていた間には，法務官の告示は，常に，適用されるべき法的諸原則に関し公衆に与えられた約束（Verheissung）にすぎなかった。しかし，皇帝ハドリアヌス（117年—138年）は，法学者サルウイウス・ユリアヌスをして，それまでに発布され，つねに更新されてきた伝統的告示（edicta tralaticia）を1つの体系にまとめさせた。その後，永久告示（edictum perpetuum）と呼ばれたこの告示は制定法となったから，政務官は，これを廃止変更することができなかった。その後の政務官の行動は，もはや，各個の事件についてそのたびに法創造を繰返すことではなく，この永久告示のおよぶ範囲内で，たんに法を適用するだけであった。新たな告示の発布は，ますます少くなり，適用されるべき法は，ほとんどすべてが制定法であった。だから，各個の事件において裁判人に彼の適用すべき諸原則を教える必要がなくなり，政務官は，裁判人もなすべきであったこと，すなわち，個々の係争事件に対し確定した制定法を適用すること以外のことをすることができなかったのだから，政務官に事件の裁判をも委ね，制定法，すな

わち国家の欲した法だけが適用せられることを監視するものとして，法務官より上級の官吏を設ける方が，むしろ，簡単であった。その結果，同時に上訴を取り入れる必要と上級審の制度が生れた。

§ 16 ［皇帝の裁判権］　裁判権[1]は，以前と同じように，国家における最高の権力の属性であり，従って，この時代には，皇帝の権力の属性であった。

　ところで，皇帝は，司法をあるいは自己自身で処理し，あるいは，所定の官吏または特別に委任を受けた者をして皇帝の名において行わせた。

§ 17[2]　皇帝がみずから民事司法を処理したのは，請願（Supplikation），反対請願（Relation）または上訴（Appellation）の結果，皇帝の裁判が求められた場合である。そのさい，皇帝は，皇帝顧問（consilium principis）の助言を受けるならわしであったが，裁判は，皇帝自身が行った。だから，司法に対する皇帝の関係が，司法に対するドイツの王の関係と異っている点は，ローマの裁判人が中世ドイツの裁判官と異っていた点と同じである[3]。

§ 18 ［皇帝の官吏］　皇帝の名において裁判権を行使する官吏に関しては，この時代には，もはや，これを政務官（magistratus）ということばでは呼ばなかった。このことばは，その当時でも，ただ，地方団体の役人をさすためだけに用いられたが，裁判官吏については，裁判官（judices）という名が一般的であった。これら裁判官は，皇帝の任命によって，提訴を受けかつその管轄に属するあらゆる訴訟を受理する権限があるか，それとも，特定の事件について特に任命されるかの区別に従って，あるいは常設の裁判官であり，あるいは非常設の裁判官であることもあった。

(1)　常設裁判官は，通常裁判官（judices ordinarii）であるか，皇帝裁判官（iudices sacri）であるかのいずれかであった。

通常裁判官[4]は，第一審の裁判官であり，州長官（rectores provinciarum）がそれである。通常裁判官は，完全な裁判権（jurisdictio）を有し，比較的高額の訴訟物に関するあらゆる民事訴訟，および，いわゆる免除の特権を与えられた者（eximierte Personen），すなわち，都市，および，州に居住する元老院議員の民事訴訟につき，第一審として裁判し，公共団体の役人または保護官が第一

---

(1)　Rudorff, Römische Rechtsgeschichte, Bd. 2, § 11 ; Puchta, Kursus, § 183.
(2)　Bethmann=Hollweg, Handbuch, I. § 38 ; Civilprozess, III. § 164 ; Puchta, Kursus, § 178. 皇帝の裁判官としての活動については，いずれ，関係箇所で詳しく述べるつもりである。
(3)　本書第 1 編 § 5，§ 16 参照。
(4)　Bethmann=Hollweg, Civilprozess, III. § 131.

審として裁判した軽微な事件につき，第二審として裁判した。その裁判所は，州の首都で開廷された。

　皇帝裁判官に属する者には，特に，近衛長官（praefectus praetorio）およびその代理官（vicarius）があった。近衛長官は，ディオクレティアヌス以来4人であったが，委任を受けた，地域的にかぎられた県内における最高の国家官吏であった。皇帝裁判官は，通常裁判官の判決に対する上訴に基づき，第二審として裁判したが，また，皇帝と同じように，第一審として裁判するために事件を引受けることもできた。ところで，皇帝裁判官は，皇帝の最高の裁判権を全面的に行使したから（皇帝の代りに《vice sacra》。皇帝裁判官《judices sacri》という名前があるのも，このゆえんである），彼等の判決については，上訴は，もはや，許されなかった。近衛長官の判決に対して請願なり反対請願の申立てがあっても，不服を申立てられた判決をした近衛長官が，もう一度，裁判しただけである。これに反して，代理官の判決に対しては，上訴が認められ，この上訴は，直接に，皇帝に対してなされた。ユスティニアヌスに至って，10封度金以下の事件についての代理官の判決に対する上訴の禁止が規定された。

　帝政時代の初期には，法務官は，その従前の裁判権を保有していた。しかし，時代の経過とともに，この点が全く変ってしまった。皇帝カラカルラが市民権を一般化したときに，外人係法務官（praetor peregrinus）が消滅し，市民係法務官（praetor urbanus）の裁判権は，しだいに，都市長官（praefectus urbi）に移った。ユスティニアヌスの時代には，市民係法務官は，まだ，自由に関する訴訟と原状回復事件の裁判，さらに，非訟裁判権，後見人と保佐人の選任および未成年者の土地の譲渡の承認だけを行なった。ローマにおける通常裁判官（iudex ordinarius）は，むしろ，すでに述べたように，都市長官となっていた。都市長官の判決に対しては，皇帝に上訴することができた。なお，イタリア近衛長官（praefectus praetorio Italiae）は，都市長官と競合する裁判権を有した[5]。

　諸都市では，その固有の官吏の裁判権が保持されたが，この時代には，単に，政務官と呼ばれた。4世紀以来，軽微な事件については，いわゆる市民保護官（defensor civitatis）がこれに代った。

　(2)　以上の常設裁判官と区別されるものに，個々の事件につき選任される裁判官があった。これらの裁判官は特別の委任に基づいて裁判権を行使するが，さらに，これを区別して，皇帝が委任する裁判官と皇帝の官吏が委任する裁判

（5）　この複雑な，たびたび変更された構成と管轄の細部まで述べたところで，なんの利益もない。

官，つまり，受命裁判権（jurisdictio delegata）と受託裁判権（jurisdictio mandata）とする。

　皇帝の委任を受けた裁判官は，原則として，特定の訴訟について委任を受けるが，その範囲内では，皇帝の官吏と全く同一の地位を有した。裁判官の選択について皇帝は特定の階級の人に拘束されることはなかったから，それ自体としては裁判権を有しない皇帝の官吏や，当の事件の管轄権を有しない官吏に委任することができた。もっとも，選ばれるのは，法の知識のある者であるのが常であった。このことは，とくに，コンスタンチノープルでは，もともと，こういう目的のために特別の裁判官団が作られ，ユスティニアヌス（Nov. 82. C. 2）は，この団体から担当裁判官を指名すべき旨を規定したことから明らかである。皇帝から委任された裁判官は，さらに，事件を他の者に委任することができた。

　最後に述べた権能は，皇帝の官吏の委任を受けた裁判官には，なかった。皇帝の官吏の委任を受けた裁判官のうち特別の階級を構成したのは，補助裁判官（judices pedanei）である。ディオクレティアヌスは，州の長官に対して，事務が甚しく輻湊する場合に訴訟の裁判を，その選任する特別の裁判官に委ねる権能を与えた。この裁判官を補助裁判官と呼んだのである。ユリアヌスは，362年に（l. 5 C. de ped. iud. 3, 3），あらゆる軽微な事件について補助裁判官の任命を許した。補助裁判官は，弁護士の団体なり皇帝の特別の裁判官名簿から選ばれたが，いずれにしても，法の知識のある者だけが，この名簿に登録された。

§ 19　［顧問］　裁判権の処理を委ねられた官吏なり非常設の裁判官が法の知識を有することは，その選任の法定の条件ではなかった。しかし，法学校で修めた法の学識は，裁判権の処理について，しだいに，その重要性を増大した。そこで，顧問（consilium）（§ 9参照）または補助人（assessor）を１人でも立会わせることが，常時の制度となった[6]。これらの補助者は，この時代には，裁判官が選任するが，しかも，皇帝の有給の官吏であった。補助者は，裁判所の開廷に立会い，自己の責任をもって裁判官に助言しなければならなかった。また，処分書の作成とか，判決の言渡をしない個個の期日を開くといった個別的事務を補助者に委ねることも，慣例となった。その結果，裁判官は，あらゆる時代を通じて裁判官の本質的特徴をなすところのもの，つまり，訴訟を裁判する宣言に任務を限られることになった[7]。

（6）　Bethmann=Hollweg, Civilprozess, III. § 141.
（7）　Engelmann, Der Civilprozess, Bd. 1, § 6.

第2編　ローマの民事訴訟　第1部

§ 20　［補助官吏と下級官吏］　裁判権を有する官吏は，すべて，その官署[8] (officium)，すなわち，一定数の補助官吏と下級官吏を有していたが，これらの者は，皇帝が任命し，政務官が，これを個々の部（Kanzleien, scrinia）に分配した。これらの官吏は，一般的には，政務官の面前で弁論せられた事件を記録し，政務官の命令を実行することを任務とした。と同時に，手続が制定法なり義務に従ってなされることを監視し，制定法に反する処分については，その協力を拒否すべき義務を有した。民事訴訟に関して最も重要な官吏は，記録官（ab actis）とその属史（adjutores）であった。その任務は，裁判所の弁論の記録と帳簿（regesta quotidiana）すなわち日記簿の作成であったが，この日記簿には，その日その日になされた裁判所の行為を日附順に抄録したのである。そのほかに，送達官，執行官，呼出官，使丁（apparitores, nomenclatores, viatores）というような，下級の職務に従事する一連の人人があった。

§ 21　［宗教裁判権］　宗教裁判権[9]の始まりも，帝政時代のローマに遡る。すでにコリント人への手紙第一（第6章1節—6節）のなかに，キリスト信者に対して，彼等の訴訟を彼等の中から選んだ仲裁人に裁判させよという訓えが説かれている。コンスタンティヌスは，制定法によって，この掟を承認し，それどころか，当事者の一方だけでも移送の申立てをした場合には，世俗裁判所にすでに係属する事件を僧正の宗教裁判所に移送することを許した。これによって，僧正の裁判権は，国家の承認する権利保護制度となった。しかし，ホノリウスは，398年の制定法によって，仲裁契約があった場合にだけ僧正に訴えることを認めて，この特典を再び奪った。のちに，ウァレンティニアヌス3世は，452年に，僧正へ訴えることを当事者の有する，それ自体として存在する権利として，もう一度，承認した。僧侶が僧正の裁判所に訴える義務を負うようになったのは，始めは，宗教会議の議決（397年および451年），後にはユスティニアヌスの制定法（Nov. 79. 83. 123 c. 8. 21-23）によってであった。僧正自身は，大僧正または宗教会議の裁判権に服したが，およそ僧正は，世俗裁判所の面前で証言する必要がなかった。

（8）　Bethmann=Hollweg, Civilprozess, III. § 142. における詳細な記述を参照せよ。

（9）　Bethmann=Hollweg, Civilprozess, III. § 139 ; E. Löning, Geschichte des deutschen Kirchenrechts, Bd. I, S. 252 ff. ; Richter-Dove, Lehrbuch des Kirchenrechts, 8. Aufl., 1886, S. 742 ff. ; Zorn, Lehrbuch des Kirchenrechts, 1888, S. 33 f.

第2部 訴　　訟

第1章　ローマ民事訴訟の史的発展

第1節　法務官の面前における手続（jus）と裁判人の面前における手続（judicium）の分離の時代

I　法律訴訟
第1　法律訴訟の概念と本質[1]

§ 22　lege agere とは，文字どおりに解すると，制定法によって行為するという意味であり，agere ということばが特別の意味で用いられる場合には，制定法によってなされる権利の行使を指す。最古のローマの訴訟手続は，これによって特徴づけられる。権利を追行する者は，自己自身で行為するのではなく，国家が設けた官吏を自己の代りに行動させるのでもなく，もっぱら法律だけに語らせる。権利追行の手段としての制定法は，制定法を援用することができる者だけがこれを利用することができる。また，制定法を援用することができたのも，制定法によって与えられた権利を追行する者，しかも，この権利を制定法の規定した形式において追行する者だけであった。こうして，legisactio ということばが，実際，二つの意味をもつことになる。すなわち，

(a)　制定法によって与えられた請求権という意味，および，

(b)　制定法によって認められた手続という意味，である。

§ 23　第1に挙げた意味において legis actio を理解することの根拠は，さきに述べた，個人は国家が是認した法にのみ服しているということによって与えられる。この法は十二表法およびその後に生ずる制定法（leges）のなかに記録された。これらの法原則以外のものの適用は，十二表法の立法に至らしめた経過からすれば，聖別された法の侵犯として，また，法でないもの（Un=Recht）の適用を受けるべき個人に対する迫害として，受けとられたにちがいない。ところで，しかし，制定法の違反があればすぐに分かるようにし，また，違反を不可能とするために，制定法の文字に拘泥し，また，法的請求権を制定法の用語

---

(1)　とくに v. Jhering, Geist, II. § 47; Schultze, Privatrecht und Prozess, S. 439 ff.; Karlowa, Röm. Civilprozess, S. 1 ff.; Demelius, Die Confessio im röm. Civilprozess, Graz, 1880, S. 42 ff. 参照。

でよそおうことが要求された。法が味方をするのは，その請求権を制定法の用語で理由づけることのできる者だけに対してであり，それができない者は，たとい，彼が制定法の用いた成語の代りに他のことばを使用しなければならないとか，あるいは，制定法の成語を省略し，または，これに付け加えなければならないような場合であったにもせよ，法の保護する請求権を有するものではなかった(2)。その適切な例を，ガイウス(3)が伝えている。ある者が，樹木が伐採された場合について定める十二表法の規定に基づいて訴えを提起しようとしたが，樹木（arbores）といわないで葡萄樹（vites）といったために敗訴した，というのであり，疑もなく葡萄樹は十二表法のいう樹木に含まれるにもかかわらず，たんに，彼が制定法のなかにふくまれた成語以外のことばを使用したというだけの理由による。

　だから，請求権の主張は，中世ドイツの訴訟におけると同様，事実の陳述ではなく，当事者によって方式化された権利主張の陳述であった。しかし，ゲルマン人が，何が法であり何が非法であるかを示す法規範のもとに事実関係をあてはめることによって自己自身の法確信を追い求めたのに対し，ローマ人は，成文の法規に従った。また，ゲルマン人は，彼の権利主張について判決を求めることによって，彼の法確信が彼の共同体仲間のそれと一致し，それゆえ法であるかどうかを確定しようとしたのであるが，ローマ人は，すべての人を支配する制定法を適法性の試金石とし，自己の意思の道具としたのであった。

§ 24　ある請求権が制定法の認める請求権であることを認識し，これを制定法の成語で提示することは，法の規定する場合が存在するときには，一般に，なんら大した困難をみない。しかし，類似の諸場合に制定法を類推適用しようとし，制定法が制限解釈を許すか拡張解釈を許すかという問題を論じなければならなくなると，法適用の困難が出てくる。実際，最古の法学は，新たな legis actiones を形成する（componere）(4)ことにその使命を見出したにちがいない。すなわち，いかに制定法が異種の事実関係に類推適用されうるか，従って，このような諸関係から導き出された請求権をいかに制定法のもとに齎しうるか，ということである。この学問は，神官の手によって育てられた。神官は，ふるくから司法に対して与えてきた影響を維持するために，その学問的な活動の成果を，彼らの身分に特別の名誉を与える知識として秘密にしてきたようである。しかし，紀元前 300 年頃，神官アッピウス・クラウディウス（Appius Claudius）

---

(2)　Fragm. Vaticana, §318.
(3)　Gaius, IV, 11.
(4)　1, 2 §6, D. de orig. jur. 1, 2.（Pomponius）.

第1章　ローマ民事訴訟の史的発展

の著わした本が公表され，そこには，確かに，裁判上の訴えのための書式集がふくまれていたのであるし，約40年後（前252年）に，はじめて，平民であるティベリウス・コルンカニウス（Tiberius Coruncanius）が大神官（pontifex maximus）の地位についた。彼は，市民法をはじめて国民に公表した者だといわれている。これによって，法および司法に対する神官の影響も消滅した。神官団の構成員の1人が，毎年，法を求める者に助言を与えるために置かれるという慣行(5)は消滅し，世俗の法の形成をもっぱら世俗の手にゆだねるための障害は，もはや存在しなくなった。

§ 25　legis actio ということばは，さきに（§ 22）述べたように，制定法によって規整された手続をも意味する。この手続が，厳格な，儀式的な方式において行われたことは，容易に，説明できる。文化の発展は徐徐であるが，そのある時期には，方式というものが，なにか神秘的なもの，強制力を伴って存在するもののように考えられる(6)。方式を遵守しなかった者は，法の外で行為をしたのであり，法的な効果を得ることはできなかった。

　完成された法律訴訟（Legisaktionenprozess）には，こういう手続方式が5つあり，神聖賭金式法律訴訟，裁判人申請式法律訴訟および通告式法律訴訟は，疑問のある，または，争となっている請求権の裁判上の確定に役立つが，拿捕式法律訴訟および差押式法律訴訟は，確定している請求権を執行により実現するのに役立つ。

第2　個々の法律訴訟

1　神聖賭金式法律訴訟(1)

§ 26　神聖賭金式法律訴訟（legis actio sacramento）は，通常の訴訟形式であり，いいかえると，ガイウス（Ⅳ, 13）が称したように，一般訴訟（actio generalis）である。なぜなら，他の方式によって訴えるべきことを特に法律によって規定されない事件については，この方式によって訴訟が行われたからである（de quibus enim rebus ut aliter ageretur lege cautum non erat, de his sacramento agebatur）。

　この訴訟の性質は，当事者が制定法の成語を使用してその権利主張を提出する点，および，これに基づき，各当事者が，訴訟において敗訴する者の賭金が国庫に帰するという定めをして，ある額の金銭（神聖賭金 summa sacramenti）を供託し，もしくはその支払を約束する点に存する。そのあと，裁判人の面前

（5）　これは，若干のゲルマン部族における法宣言者の職（Gesetzsprecheramt）を想起させる。本書第1編§ 4参照。
（6）　v. Jhering Geist, Ⅱ. § 44. 本書第1編§ 54参照。
（1）　Keller, röm. Civilprozess, § 13; Bethmann=Hollweg, Civilprozess, Ⅰ. S. 121 ff.

131

における手続では，双方の神聖賭金のうち，いずれが正当であり，いずれが不当であるか（utrius sacramentum justum, utrius injustum sit），という問題を裁判する。

神聖賭金（sacramentum）が何であったか，という点については，古くから争いがあった。一方では，その手続全体が賭けであり，神聖賭金は賭金であり，裁判人は，ただ，当事者のいずれがその賭金を求める請求権を有するかを裁判するにすぎない，という見解がある[2]。神聖賭金は金額であり，裁判人の裁判の対象ではあるが，賭金ではなく，敗訴に対する罰金であるとか[3]，または，神々に供えられる奉納金である[4]，という見解は，こういう見解を弱めたものである。他方では，神聖賭金は，宣誓してなす陳述であり[5]，裁判人の裁判の対象は，こういう陳述が真実であるかどうか，という問題である，とする見解がある。

ところで，神聖賭金ということばが宗教的な関係を暗示することは確かであり，さらに古代ローマの思想によっても，負けた賭金なら国庫ではなく敗訴者の相手方に帰すべきはずであったろうから，神聖賭金ということばが賭金という意味でありえないことも確かである。そして，ガイウスがわれわれに伝えている神聖賭金式法律訴訟を祭司（Pontifices）の創造物とみても，誤りではなかろう。最古の時代には，祭司は，私法上の事件についても広汎な影響力をおよぼしたが，こういう影響力によって，祭司は，国家の訴訟体系ができあがるまで，日常取引上の紛争について常時の仲裁人であった。ところで，祭司の権威を維持するためには，どのような場合でも，単なる利己心や空虚な闘争欲に基づく理由のない見解の相違を遠ざけることが必要であった。こういう思想に導かれて，当事者の対立する法律上の主張の真面目なことを審査することになり，当事者に対して良心的な審査を促すような宣誓による確言を要求して，こういう目的を達しようと努めた。こういう確言は，宣誓者の提出する主張が真実であることを宣誓によって強化することではなく，宣誓当事者が自己の権利について確信をもっていることを強化するだけであったことは，いうまでもない。だから，宣誓は，古代ドイツ法の追及手続（Anefangsverfahren）において当事

---

(2) Keller, a. a. O.; Bethmann=Hollweg, a. a. O.
(3) v. Jhering, Geist, I. §18a.
(4) Stintzing, Verhältniss der legis actio sacramento zum Verfahren durch sponsio praejudicialis, 1853, S. 9 ff.
(5) Danz, Der sakrale Schutz im römischen Rechtsverkehr, S. 151 ff.; Karlowa Röm. Civilprozess, S. 14 ff.; Schultze, a. a. O.

第1章　ローマ民事訴訟の史的発展

者双方がなした宣誓の陳述[6]と同一の意義を有したわけである。宣誓のほかに，さらに，金額の提供をも必要としたかどうかは，さておいて，いずれにしても，国家による権利保護が祭司による仲裁制度にとってかわり，司法が世俗の事件となってからは，当事者の良心的なことを審査するために，こういう世俗的な方法が必要であったようである。金銭の供託が宣誓に代ったか，または，これと併存したかはとにかく，神聖賭金ということばの古くからの意味は，宣誓によって当事者の主張を強めることであったが，こういう古くからの意味は，いずれにしても，存続させられた。それゆえ，裁判の対象は，こういう当事者の主張が制定法上正当であったかどうかということであった。供託された金額の運命は，判決の内容によって簡単に定められた。

　こうして，神聖賭金式法律訴訟の手続によって実現された思想は，つぎのようなものであった[7]。原告は，その権利主張を提出し，これを制定法の成語で装うことにより，制定法を実現しようと試みる。被告が沈黙しておれば，原告の権利主張は，攻撃を受けないでその効力を保持し，当事者間の具体的係争事件については，原告の援用する制定法が支配することになる[8]。これに反して，被告が有効に異議を述べようとすれば，被告の方でも原告の主張の反対を含み，従って，原告の主張を失効させるような権利主張を提出しなければならなかった。被告がこういう主張を提出すれば，同じ価値をもつ２つの権利主張が互いに対立することになるが，そのうちの１つは，必然的に不当でなければならないわけである。ところで，実際上，制定法に従わなかった当事者は，自己の主張を細心に審査するように促されたときは，おそらくは，その非法 (Unrecht) を承認するに至り，ただちに，自己の主張を放棄するであろう。これがために，神聖賭金を支払うように相互に要求がなされたわけである。だから，この神聖賭金は，当事者が，それぞれ，その権利について確信をもっていることを，いまいちど審査し，儀式的に確言し，財産の喪失を引き受けることによって強化して主張することである。こういう主張があれば，当事者が互いに譲歩して紛争を解決する見込みは，すべて消えうせ，裁判人の裁判を必要とする法的紛争が存在することになり，裁判人の面前における手続 (judicium) を命じて，権利主張のいずれが制定法によって支持されるか，ということについて裁判をしなければならないことになる。

（6）　本書第１編 § 39 参照。
（7）　Karlowa, a. a. O. S. 16, 17.
（8）　Karlowa, a. a. O. S. 112; Demelius, Confessio, S. 81 ff.; Schultze, a. a. O. S. 455 ff.
（9）　Lenel, Über Ursprung und Wirkung der Exceptionen, 1876, S. 41 ff.; Karlowa, a. a. O.

こういう手続では，抗弁の余地はなかった[9]。というわけは，原告の権利主張が失効するとすれば，これに対して同じ価値を有する権利主張を対立させなければならなかったはずであったからである。しかし，こういうことは，原告が自己のために主張するものと同じ権利を被告が主張したときか，原告の権利を消滅させるような法的事実を主張することができたときにだけ，可能であった。原告の主張に対して，被告は第1の場合には同一の権利の主張により，第2の場合には単なる否認によって，対抗するわけである。ところで，原告の権利は，そのまま存続せしめ，ただ，その現在の実行可能性を制限するような反対権をどういうふうにして承認するに至ったかは，分かっていない[10]。いずれにしても，最古の時代の単純な取引関係にあっては，こういう反対権を承認する必要は，きわめて少なかった。あまつさえ，質権の設定は，所有権移転の方式によってのみ認められたのである（握取行為《mancipatio》または信託的合意《pactum fiduciae》を伴う法廷譲与《in jure cessio》）。

神聖賭金式法律訴訟は，対物訴訟（legis actio sacramento in rem）と対人訴訟（lagis actio sacramento in personam）に区別される。

§ 27　［対物訴訟］　対物神聖賭金式法律訴訟は，現実の闘争が官庁の介入によって平和裡に解決される姿を示している。ガイウス[11]の示す説明は，次のとおりである。

すなわち，原告は，法務官の面前に伴ってきた係争物をつかんで，次のようにいう。「私は，この人（奴隷）がその取得原因によってローマ市民法上私の所有であることを主張する。私は，主張どおりに，見よ，棍棒を置いた。」(Hunc ego hominem（奴隷）ex jure Quiritium meum esse ajo secundum suam causam. Sicut dixi, ecce tibi vindictam imposui.)，と。原告は，こういって，所有権の象徴（棍棒は適法な所有権の象徴である槍に代るものである。festuca hastae loco signum quoddam justi dominii）として，棍棒を係争物のうえに置く。被告も同一のことをいい，ついで，同一のことを行う。当事者は，いずれも，同一の係争物をつかむから，これがすなわち manuum consertio である。ついで，法務官は，「ふたりとも，その物を放て」(Mittite ambo rem) と命じ，当事者は，いずれも，係争物を放すが，原告は，被告に対して，「私は，貴下がいかなる原因によっ

S. 346 ff.
(10) この点について立てられている仮設には，満足できない。Karlowa, a. a. O. S. 346 ff. および同所に掲げる文献を参照されたい。なお，Lenel, a. a. O.; Baron, Geschichte, § 205, 1, N. 21.
(11) Gaius, IV, 16; Gellius, Noctes Atticae, 20, 10; Cicero, pro Murena, 12, 26.

て回収の主張をしたかを言明するかどうかを問う」(Postulo anne dicas qua ex causa vindicaveris?) という質問を発し，被告は，「私は棍棒を置いたように権利を実行した」(Jus peregi sicut vindictam imposui) と答える。おそらくは，これについで被告も同一の質問を発し，同一の回答を得たことと考えられる。そこで，原告は，さらに語をついで，「貴下が不法に回収を主張したから，私は，500アス（または50アス）(12)の神聖賭金をもって，貴下に挑む」(Quando tu injuria vindicavisti, sacramento quingenario《od. quinquagenario》te provoco) といい，被告も，「私も貴下に対して同様に」(Similiter ego te) と答える。

　係争物が不動産または携帯に困難な動産であるときは，こういう法律訴訟の儀式は，当初は，その所在地でなされたが，後には，法廷でなされ，法廷には，係争物の象徴を持参した。この場合には，原告は，次のようにいった。すなわち，「何某が召喚せられたる土地に存する地所がローマ市民法上私のものであることを，私は断言する。それゆえ，ここに，私は法によって係争物をつかんだものとして貴下を召喚する」(Fundus, qui est in agro, qui Sabinus vocatur, eum ex jure Quiritium meum esse ajo; inde ibi ego te ex jure manum consertum voco.)。これに答えて，被告は，つぎのようにいう。「貴下が法によって係争物をつかんだものとして私を召喚したから，私は，ここに貴下を再召喚する」(Unde tu me ex jure manu consertum vocasti, inde ibi ego te revoco.)。そのうえで法務官は，次のように命ずる。「余は，双方の在廷の証人につぎの手続を命ずる。汝ら，道をゆき，道を戻れ」(Suis utrisque superstitibus praesentibus istam viam dico : ite viam, redite viam.)，と。当事者は，当初は，係争土地にゆき，土地から土塊をとってくるという方法で，後には，初めから持参していた土塊を差し出すという方法で，この命令に従った。その後の儀式は，動産の回復訴訟と同じようにされた。

　いずれの場合でも，この挑発は，神聖賭金の供託か，その支払約束を結果した。これについで，仮占有が付与された。すなわち，法務官は，当事者の手から物を受けとり，訴訟の係属中，これを当事者の一方，しかも，より確実な担保を供した当事者に委ねた。物の受領者は，物と果実を訴訟中保管し，その終結後これを引き渡すための引受人 (praedes litis et vindiciarum id est rei et fructuum) を立てて，相手方が勝訴したときは物とその果実を相手方に引き渡すことを担保した。

---

(12) 12表法の規定によれば，訴訟物価額が1000アスまたはそれ以下である場合には神聖賭金は50アス，1000アスを超える場合には神聖賭金は500アスであり，自由人たる身分に関する訴訟の場合には，50アスであった。Gaius, IV, 14.

第2編　ローマの民事訴訟　第2部

　従って，物をめぐる紛争では，当事者は，互いに言葉と行為をもって対立し，いずれも自分が所有権を有することを主張し，力をもってこれを実行しようとする。この紛争は，法務官の介入によって一時休戦となり，当事者は，いずれも，相手方に対して，その権力を行使するゆえんを質問するが，これに対する回答は，自分が所有権者だから，ということである。ところで，当事者の双方が同一の係争物について所有権を有することはありえないから，残された手段は，ただ，相手方に対してある譲歩を促すこと，すなわち神聖賭金の支払を要求することだけである。これによって各当事者には，自己の財産について金銭を失うという危険をおかしてまで自己の良心に照して自分の権利について確信があるという宣誓による陳述を維持するかどうかを新たに繰返して審査する機会が今一度与えられることになる。当事者が依然としてその法律上の陳述を固執するならば，神聖賭金の供託がなされ，本来の訴訟，すなわち，裁判人の面前における手続（judicium）が開始できるわけである。

　ところで，対物神聖賭金式法律訴訟という伝来の儀式は，回収訴訟（vindicatio）の二面性をも明らかに証明する(13)。すなわち，当事者は，いずれも，係争物について所有権を主張し，この自己の所有権の承認を求めた。それゆえ，裁判人の任務は，いずれにしても，紛争当事者の一方に対しては所有権を承認することであるが，このことは，所有権の取得が儀式行為と結合するか，または，とくに短期（土地については2年，他の物については1年）の権原を要しない取得時効に依存していたこの時代には，それだけ困難を感ずることはきわめて稀であった。

　仮占有の付与（vindicias dicere）は，当事者の一方に対して仮の占有をゆだねることであり，占有者の立てる引受人（praedes）は国家に対して義務を負う保証人であった。というのは，占有は，国家にゆだねられ，勝訴者は，国家の手から係争物を受けとったから，係争物が滅失したときは，国家がその責に任じなければならず，従って，国家に対して担保を供さねばならなかったわけである。この手続は，同時に，係争物について判決によって確定された権利の実行自体をも可能にした。占有者は，勝訴すれば，そのまま占有を保持するが，その相手方が勝訴すれば，係争物自体を掴取する直接の強制執行が行われないので，むしろ，占有者が任意に係争物を引き渡さないときは，引受人が，その

---

(13)　Eck, Die doppelseitigen Klagen des röm. und gem. deutschen Rechts, 1870; Dernburg, Entwicklung und Begriff des juristischen Besitzes des römischen Rechts, 1883, S. 34 ff.

(14)　Gradenwitz, Zwangsvollstreckung und Urtheilssicherung, 1888, S. 4-9.

存在を脅かされた⁽¹⁴⁾。それゆえ，引受人が，自ら係争物を保管するという条件のもとにおいてのみ，こういう引受人を求めることができたことは，考えられることである。

§ 28 ［対人訴訟］ 対人神聖賭金式法律訴訟は，あらゆる民事上の対人訴権（actiones in personam）の訴訟方式であった。この訴訟における法定の用語は，次のとおりであった。すなわち，「私は，貴下が私に対して 1 万を供与することを要することを主張する」（ajo te mihi decem milia dare oportere）というのである。債務取得原因（causa debendi）を表示したということは，分かってはいないが，そうであったらしい。被告の異議がどういう用語でなされたかということも伝わっていないが，いずれにしても，「私は，貴下に対して 1 万を供することを要しない」（Nego me tibi decem milia dare oportere.）という陳述に限定せられたことは，あきらかである。これ以上の儀式は，必要でなく，むしろ，ただちに，神聖賭金の挑発（provocatio sacramento）がなされたが，そのうち，原告のなした要求だけがわかっている。すなわち，「貴下は否定したから，私は，500 アスの神聖賭金をもって貴下に挑む」（Quando negas, te sacramento quingenario provoco）というのであるが，いずれにしても，これに次いで，「貴下は……と主張するから云々」（Quand ais ……）という用語でこれに対する被告の挑発がなされたことは確かである。こういう事件では，単独裁判人（unus judex）が裁判したが，この単独裁判人は，神聖賭金の供託があった後に選任された。もっとも，ピナリア法（lex Pinaria）によれば，30 日経過してから初めて，裁判人の選任がなされた。

§ 29 ［争点決定］ こういう儀式的な方式を装った弁論に先立って，無方式の弁論が行われた。この無方式の弁論では，特に訴訟要件が審査され，1 つの行為でこの弁論についでなされる争点決定（litis contestatio）が行える程度に事件を準備しなければならなかった。訴訟要件の 1 つが欠けているとき，または，原告がその請求権を制定法の用語で装うことができなかったときは，決定（この決定を，訴訟拒絶 denegatio actionis という）によって争点決定を拒否したが，被告が抗争しようとしなかったとき，または，制定法の方式で抗争することができなかったときは，被告は，自白者（confessus）であり，または，自白者とみなされ，ひいては，判決された者（pro judicato）とみなされたから，同様に，裁判人の裁判を必要としなかった。

訴訟拒絶がなく，また，被告が判決された者ともみなされないときは，前述（§ 27，§ 28）した儀式がなされるが，この儀式を争点決定とよんだ。予備弁論の結果，争点（lis）すなわち裁判人の裁判を必要とする法的紛争の存在が明

137

らかになったときに，はじめて争点決定の段階に入りえたわけである。争点決定というこの儀式的行為は，当事者の抗争意思の方式的な陳述をふくみ，紛争の内容と対象をも同時に明らかにしなければならなかったし，こういう行為は記録しなければならなかった。というのは，裁判人は，当事者が抗争する諸点なり，その理由を知らねばならず，裁判人は，これを当事者の口頭の陳述で知るのであるから，法務官の面前における手続で確定された以外の争点が裁判人の面前で持ち出されるという危険を防がなければならなかったためである。これを記録するために，当事者は，たまたま同席する者なり，そのためにわざわざ同伴した者に対して，「証書を作って下さい」（testes estote!）という用語で抗争意思の陳述という儀式的行為に立ち会うことを求めた。争点決定 （litis contestatio）という名称は，ここから出たのである。

　こういう説明から分かるように，争点決定の本質[15]は，当事者間に一定内容の法的紛争があって，裁判人の判決によってこれを裁判すべきであるという当事者および裁判人を拘束する形式的な陳述であった。換言すれば，争点決定は，契約によって訴訟関係を設定することであった。

　ところで，争点決定は，紛争の対象であった私法関係にも必然的に影響を及ぼさざるをえなかった。すなわち，古くから，「同一事件については再び訴訟がない」（ne bis de eadem re sit actio）という原則がみられた。いいかえると，同一権利については，ただ一度だけ法律訴訟が許された，というのである。法律訴訟があって，裁判人の面前における手続が命ぜられたときは，こういう手続を求める当事者の権利は，目的を達して消滅した。それゆえ，「争点決定は訴権を消耗する」（litis contestatione actio consumitur）という表現は，適切なわけである。ある請求権について裁判人の面前における手続を求めるための権利がこの手続の付与によって消滅したとすれば，この請求権が数人の者に属し，または，数人の者に対して存する場合について1人の権利者から，または，1人の義務者に対してのみ，1つの請求権を主張されたときは，実体上の法律関係は，これがために変化せざるをえなかった。というわけは，将来なされるべき判決は，争点決定によってあらわされたところの，当事者の一致する意思に従って裁判人の面前における手続に係属する法律関係に対する規範を与えるわ

---

(15) この点については，沢山の文献がある。とくに，Keller, Über Litiskontestation und Urtheil, 1827; Wächter, Erörterungen, Heft 3, 1847; v. Savigny, System des heut. röm. Rechts, Bd. 6, 1847; S. 1 ff.; Bekker, Die processualische Consumtion, 1853; Krüger, Die prozessualische Consumtion, 1864; Wlassak, Die Litiskontestation im Formularprozess, 1889.

けであるが，この規範は，訴訟当事者として相互に対立した者だけを義務づけることができたからである。いいかえると，債権者は，連帯債務者の１人だけを訴求したときは，争点決定について自己の権利一般について判決が宣言するところに服したわけであるが，判決は，ただ，この１人の被告が義務を負うと認めるか，または義務を負わないとして放免するか，そのいずれかを言い渡すことができるだけであるから，他の連帯債務者は，争点決定によっておのずからその責を免れた。そこで，争点決定によって私法関係に生ずる変化を，問答契約（Stipulationen）によって生ずる変化と比較して，更改（Novation）とよんだのは，もっともであった。「債務者は，争点決定前には，供与（dare）することを要し，争点決定後には，有責判決を受けることを要する」（Ante litem contestatam dare debitorem oportere, post litem contestatam condemnari oportere）(Gaius, III, 180)，といわれたのは，これがためである。ところで，争点決定を問答契約と同様に取扱うようになった以上，相互に争点（litem）を決定する当事者が問答契約を締結したときに生ずるような，あらゆる結論を導き出さざるを得なかった[16]。

2 裁判人または仲裁人申請式法律訴訟 [1]

§ 30 この裁判人申請式法律訴訟（legis actio per iudicis arbitrive postulationem）という訴訟方式をガイウスが取り扱っている箇所は判読できないので，この訴訟方式については，きわめて僅かしか，分かっていない。ただ，神聖賭金がなかったことだけは，確かである。多数の見解によれば，その手続は，原告がまず制定法の用語で，その法律上の主張を装い，次いで被告が争い，そのあとで当事者の双方が法務官に対して裁判人（judex）なり仲裁人（arbiter）の選任の申立てをするというふうに進められたのである。この申立てをする用語は，「法務官よ，私は，貴方が裁判人または仲裁人を承認すべきことを申請する」(Te praetor judicem arbitrumve postulo uti des) ということであったという。この法律訴訟は，おそらくは，簡単な人的請求権について簡易な手続を設けようという努力から生れたものと考えられる。

---

(16) Vgl. 1. 3 § 11, 1. 5 D. de peculio 15, 1.「何となれば，方式書により契約する者は，問答契約により息子と契約する者と同様であるから」(nam sicut stipulatione contrahitur cum filio, ita judicio contrahi)

(1) Bekker, Aktionen, 1871, Kap. 3.; Karlowa, Röm. Civilprozess, S. 152 ff.; Baron, Zur legis actio per judicis arbitrive postulationem u. per condictionem, 1873; Schmidt, ZRG Bd. 2, S. 147-164.

3　通告式法律訴訟[1]

§ 31　通告式法律訴訟（legis actio per condictionem）も，手続を簡易化するためにシリア法（lex Silia）（前269年？）によって確定金額（certa pecunia credita）を求める訴えについて認められ，カルプルニア法（lex Calpurnia）によって金額以外のあらゆる確定物（omnis certa res praeter pecuniam）を求める訴えについて認められた。この訴訟方式でも，神聖賭金の挑発はなかったから，その手続は，おそらくは，ただ，原告の法律上の主張と被告の法律上の否認，さらに裁判人の選任のために30日目に再び法務官の面前に出頭するようにという当事者相互の通告（condictio）から成っていたものと考えられる。この法律訴訟については，これ以上のことは，分かっていない。

4　拿捕式法律訴訟[2]

§ 32　拿捕式法律訴訟（legis actio per manus injectionem）は，われわれに伝えられている方式によれば，当初はあらゆる債権に結合していた執行権が弱化されて確定された債権のための執行方式となったものにすぎないことは確かである。ポエテリア法（lex Poetelia）（前313年）までは，拘束行為（nexum）すなわち一定の方式に従う契約に従って発生する債権も，こういう債権と認められたが，この時代から拿捕（manus injectio）によって実現できたのは，裁判官の判決によって争いがなくなった請求権および法務官の面前における自白または宣誓（confessio in jure ; ius jurandum in jure）によって争いがなくなった請求権だけであった。ところで，これらのあらゆる場合を通じて，この法律訴訟も，その特徴は，制定法を実現するその方式ということであった。制定法は，支払の義務を負いながら支払をしない者が債権者の手中におちいることを欲するのである。制定法のこういう意思の実現者は，債権者自身であるが，債権者がこういう実現者であるのは，制定法上の執行要件をみたし，制定法上の方式を遵守するときだけである。債権者は，制定法の護持者である法務官の面前で，制定法の用語に従い，債務者その人に対する自己の請求権を主張して，この要件なり方式を満たしたことを証明せねばならなかった。すなわち，その手続は，次のようにして進められた。

　債権者は，その債務者を拿捕して法務官の面前に連行し，債務者に手をかけ

（1）　2注（1）所掲のBaronの書，および，Baron, Die Kondiktionen, 1881, §§15, 16; Karlowa, Röm. Civilprozess, S. 230 ff.

（2）　Huschke, Über das Recht des Nexum und das alte röm Schuldrecht, 1846, S. 79 ff.; v. Jhering, Geist, I, §11c; Karlowa, Röm. Civilprozess, S. 144 ff.; Demelius, Confessio, S. 52 ff.; Gallinger, Der Offenbarungseid des Schuldners, 1884, S. 1 ff.

て，「貴下は私に対して1万セステルティウスについて責があると判決（宣言）され，これを弁済しないから，私は，これを理由として，判決債務額たる1万セステルティウスについて貴下を拿捕する」（Quod tu mihi judicatus《damnatus》es sestertium decem milia, quae ad hoc non solvisti, ob eam rem ego tibi sestertium decem milium manum injicio），といった。債務者が有効にこれを争わないときは，原告の法律上の主張は，その効力を保持し，すなわち，債務者は，債権者の主張する債務のために債権者の手にゆだねられた。債務者がただちに支払をするか，または債権者の主張を争って債権者に対して保護者（vindex）を立てるときは，こういう結果を避けることができた。保護者は，自己が敗訴した場合に，債権者の主張に従って債務者が支払う義務あるものを給付すべき義務を引き受けた。すなわち，保護者の提供があったときは，債務について，債権者と保護者との間で訴訟が始まるが，この債務は形式的には保護者の債務であっても，経済的には本来の債務者の債務であった。この訴訟で，保護者が敗訴すれば，債務額の2倍を支払わなければならないという罰を受け，このために自ら拿捕を受けることになるが，債権者が敗訴すれば，本来の債務者に対してした拿捕が制定法に従わないことが証明されたことになる。

　ポエテリア法は，債権者の手にゆだねられる債務者の状態を著しく改善したが，このポエテリア法の公布後は，まだ判決なり認諾によって確定していない2，3の特殊な債権についても，拿捕が許された。この時代から，判決のための拿捕（manus injectio pro judicato）と単純な拿捕（manus injectio pura）を区別した。前者を受けた者は，判決債務者（judicatus）と同視され，保護者がその代りになるときだけ，有効に債権者の主張を争うことができたが，これに反して，後者を受けた者は，この法律訴訟に対してみずから防御することができた（manum sibi depellere et pro se lege agere potest）。

5　差押式法律訴訟[1]

§33　差押式法律訴訟（legis actio per pignoris capionem）については，古くから，これを法律訴訟にかぞえ入れることができるかどうか，問題であった。というのは，差押え（pignoris capio）は，官吏の面前でなされず，債務者の立会のもとでなす必要もなく，さらに，非開廷日（dies nefastus）にも，これをなすことができたからである。しかし，債権者が一定方式の用語で，すなわち，いずれにしても，制定法の用語を用いてある給付請求権を主張した点では，差押えは，法律訴訟と類似する。債務者がこういう差押えに対しても債権者の請

（1）　Karlowa, Röm. Civilprozess, S. 201 ff.

求権を争って訴訟を促すことができたことは，確かである。差押えは，物の所有者に対する請求権の満足のために物を掴取（zugreifen）することであったが，私法的性格よりは，むしろ，公法的性格を有する権利を実現するために，特定の場合にだけ許された。これに属するものは，軍事給与金（aes militare）を求める兵士の給与権，騎馬購入金（aes equeste）を求める騎士（eques）の請求権，馬匹飼養料（hordearium）を求める騎士の請求権であったが，これらの請求権の相手方は，その支払を委託された官吏なり，直接にその支払義務を負う私人であった。さらに，犠牲の補償を求める請求権なり，納税義務者に対する徴税請負人（publicanus）の請求権も，これに属した。いいかえると，差押えは，現在の行政強制手続に代るものであった。

II　法律訴訟手続の廃止と方式書訴訟の導入[1]

§34　われわれがこの表題に掲げた出来事について現実に知っていることは，きわめて乏しい。ただ，次の諸事実だけは確実といえる。すなわち，ローマ建設後6世紀または7世紀に——この時期についても，われわれは詳しいことを知らない——アエブチア法（lex Aebutia）が公布されたが，同法は，既存の慣行を制定法にたかめただけであるか，新たな手続として導入したかはとにかくとして，方式書による主張（agere per formulas）を制定法上の訴訟方式とした。さらに，訴訟に関する二つのユリア法（leges Juliae judiciariae）は，アウグストゥスが与えたことはほとんど確かであるが，方式書訴訟を原則的な訴訟方式と認め，法律訴訟は，これと並んで，ただ，百人官裁判所の面前で弁論する事件についてだけ，なお存続させられた。方式書訴訟の始まりとほとんど時を同じくして，誓約による（per sponsiones）手続が発展したが，この訴訟では，当事者は，その関心をもつ法律問題なりその他の問題について賭けをなし，ついで，この賭金額，ひいては，こういう問題について裁判人の判決を求めた。

これらの事実は，歴史的にはあまり証明されていないが，こういう事実から一連の推定がうまれる。

法律訴訟が強力に発展する取引の増大する要求に応えることができなかったことは，証明を要しないであろう。一方では，錯綜した事実関係および法律関係から導き出された請求権を実際に適用を受ける制定法の用語で装うことは困難であり，数多くの場合には確かに不可能でもあったが，一定の請求権は，これを容赦なく実現することが，きわめて容易であったに違いない。しかも，抗

---

(1) Puchta, Keller, Bethmann=Hollweg, Rudorff のほか，とくに，Keller, semestrium ad M. T. Ciceronem lib. 1, 1842; Stintzing, Über das Verhältnis der legis actio saciamento zu dem Verfahren durch sponsio praejudic vialis, 1853; Bekker, Aktionen, I. S. 212, 258. 参照。

第1章　ローマ民事訴訟の史的発展

弁なり具体的諸事情を公平に斟酌する余地なり，後の時代の，いわゆる現在の悪意の抗弁（exceptio doli praesentis）が広く認められる余地はなかった。古い時代に手続にめぐらされた厳格な方式は，訴訟の最古の発展にとっては，深い意味をもっていたが，後には，空虚な揚足とりとなり[2]，嘲笑の的となった。これらの方式は，すでに裁判人申請式法律訴訟および通告式法律訴訟の導入によって簡易化され，これらの手続によって，日常の法的取引上の数多くの事件については，神聖賭金式手続が敗訴者に対して包蔵していた大きな危険は除去されていた。結局，手続をより自由に形成することに出口を求めていたわけであるが，その際，当時の法的生活に知られていた既存の現象を頼りとしたことは，確かである。

　私法に関する制定法は，数が少なく簡単でもあったから，取引は，国家の権利保護を保障するような方式の内部で活動せざるを得なかった。こういう方式に属するものに問答によって成立する儀式的誓約（sponsio）という契約があったが，この方式は，あらゆる内容をとりいれるに適し，とくに，この誓約で条件付義務を引き受けることもできた。それゆえ，ローマで，あらゆる問題について些かでも疑いがあれば，誓約を締結するという慣行ができたことは，まことに当然の成りゆきであった。誓約を締結したときは，対人神聖賭金式法律訴訟なり後には通告式法律訴訟の方式で賭金の支払を訴求したが，こういうふうにして，複雑な対物神聖賭金式法律訴訟を回避する道が開け，実際，対物神聖賭金式法律訴訟の二面的手続とならんで，一面的な誓約による回収訴訟（vindicatio per sponsionem）が存することになった。

　すなわち，所有権に基づく請求を起こそうとする者は，その相手方に対して，「訴訟の目的物である奴隷がローマ市民法によって私の所有であるとすれば，貴下は私に対して25セステルティウスを与えることを誓約するか」（Si homo quo de agitur, ex jure Quiritium meus est, viginti quinque nummos dare spondes?），という用語で[3]，「誓約する」（spondeo）という返答を求め，そのうえで，特定物返還請求訴訟（condictio certi）によって，この条件付で約束した金額を訴求した。この者は，裁判人に対して，その所有権を証明したときにかぎり，勝訴判決を受けることができたが，この場合には，この誓約は，予備訴訟（prae-judicialis）とよばれ，できるだけ少額の金額について締結された。ところで，被告に対して物の引渡しについて必要な強制を加えるために，被告は，目的物およ

---

(2) Cicero, pro Caecina, c. 23; pro Murena, c. 11-13; de oratore, I, 22; de officiis, I, 10; Konstantin in 1. 1 Cod. de form. subl. 2, 58.
(3) Gaius, IV, 93.

び果実についての問答契約（stipulatio pro praede litis et vindiciarum）を締結し，これによって誓約人（sponsores）を立てて，物とその果実の引渡しを約束した。

いいかえると，ガイウスの報告（IV, 93, sq.）から分かるように，誓約は，原則的な訴訟方式を回避し，手続を簡易化するのに役立ったが，制定法（lex）がないために裁判人の裁判を求めることができないような関係について裁判人の判決を可能にするためにも役立った。こういう場合には，当事者は，いわゆる官吏の有する命令権（imperium）に基づいて法務官の面前における手続で誓約を締結するように促されたが，誓約があれば，直接，争点決定がなされた。こういうふうにして，誓約は，法務官の訴訟の道具（Prozessorgan）として，さらに法務官の職権に基づく新たな法的保護請求を導入するために利用されたが，この誓約には，法務官がこれに賦与しようとした程度の効果しか認めることができなかった。そこで，市民法（jus civile）が十分でない事件で新たな関係から生ずる請求権を認めねばならないようなものについては，誓約金の支払を命ずる判決を一連の留保にかからしめることを避けることができなかった。ところで，争点決定に立ちあう証人は，制定法の用語だけを聞きとったから，裁判人に対してこれらの留保を知らせることができなかった。それゆえ，法務官が選任された裁判人に対して法務官が当事者と確定した有責判決の諸条件を直接知らせることが必要であった。その際，文書による方式が取り入れられたことは，文書による確定が必要であったことから，当然のことであった。

これについて外人訴訟が示した模範を頼りとするだけでよかったことは，確かである[4]。すなわち，形式的には，なお，主権を有する国家の国民であるが，条約によってローマ市民との取引権（commercium cum civibus Romanis）が与えられない外国人なり市民権（civitas）を失ったローマ国の国民で相互の契約によって取引権（commercium）も回復権（recuperatio）も賦与されえない者（降伏外人— dediticii），いいかえると，法律訴訟によって訴求できない者のため手続の分離というローマ法思想に適合するような訴訟方式を作り出さなければならなかった。そのさい，法的制度が知られるようになった諸国民の一つから方式書を知るに至ったのか，または，方式書はローマ法務官の独自の発明に基づくものであるかということはさておいて，いずれにせよ，外国人に対して裁判人の面前における手続を賦与した法務官が，裁判人に対して，その裁判をなすさいに斟酌すべき法的諸原則を指示したことは，まったく当然であったとお

（ 4 ）　Wlassak, Römische Prozessgesetze, S. 75; Schmidt, Zum internationalen Rechtsverkehr der Römer（Dekanatsprogramm, 1889）; Eisele, Abhandlungen zum röm. Civilprozess, S. 67 ff.

もわれる。

　こうして、万民法上の制度は、ローマ法における需要に応ずることになり、ローマの国民的な制度をまず制限し、ついには、これを排除したのである。

　というのは、アエブチア法が方式書訴訟を制定法上のものに高めたのは、その後は、この新たな手続によってのみ訴訟ができるという意味では決してなく、むしろ、ただ、法律訴訟に方式書訴訟を併存せしめただけであった。ある事件は、この手続だけで、他の事件は他の手続だけで、というふうに弁論できたのか[5]、または、当事者が2つの訴訟方式のいずれかを選択することができたのか[6]、ということは疑問であるが、前の推測のほうが確かであり、この推測が当たっているとすれば、通告式法律訴訟が排除されたものと認めなければならない。

　アウグストゥスの時代に訴訟に関する2つの（ユリア）法（leges《Juliae》judiciariae）が公布された。これらの法は、方式書訴訟のために法律訴訟を未発生の損害（damnum infectum）についての訴えと百人官裁判所の管轄に属する事件に制限した。ところで、百人官裁判所が相続事件についてだけ管轄を有したか、または、所有権の訴訟についても管轄を有したかは、疑問である[7]。

　最後に、法律訴訟は、非訟事件行為を仮装する仮装訴訟として維持された。

III　方式書訴訟
第1　方式書（Formula）

§ 35　これまでの説明で、最も強い関心を必要とするローマの民事訴訟制度の開明を相当に準備したので、ここでは、ただ、次の結論を引き出すだけで充分であろう。

　(1)　方式書は、裁判権を有する官吏が裁判人に対して付与するところの、判決によって一定の法的紛争を裁判すべき旨の命令である。法律訴訟における法務官の権威的宣言と異って、方式書は、その本質においてだけではなく、その方式においても命令である。方式書は、「チチウスは裁判人となれ。もし………ならば、有責と判決せよ、免訴せよ、判決権限を付与せよ、確認せよ」（Titius judex esto.　…………condemna, absolve, adjudica, pronuntia.）という用語で裁判人に向けられるからである。方式書がその本質上命令であることは、方式書が裁判権を委ねられた官吏の命令権（imperium）の流出物であり、裁判人の職務が公義務（manus publicum）であることから、明らかである。裁判人の面

（ 5 ）　Eisele, a. a. O. S. 105 ff.
（ 6 ）　Wlassak, a. a. O. S. 58 ff. 127-130.
（ 7 ）　前述 § 10 および Wlassak, a. a. O. S. 201 ff. 参照。

前における手続（judicium）を求める当事者の要求が正当であれば，法務官は，この手続を命ずることができ，また，これを命じなければならないが，裁判人は，ローマ国の支配を受ける者として，国権の代表者である法務官の命令に従うべき義務があった。法律訴訟でも，裁判人の面前における手続は，法務官の命令権に由来する命令を基礎としたが，この命令は，命令というよりは，むしろ，許容であった。なぜなら，法律訴訟では，裁判人の判決を求める要求が正当であるかどうかということは，ひとえに，当事者が制定法の規定する用語と形式でその請求をよそおうことができたかどうか，という一事にかかるだけであったが，法務官もまた，制定法に従うべきであったから，その方式が満たされたときは，法務官は，裁判人の面前における手続を命じなければならなかった。それゆえ，法務官の行動は，当事者のなす陳述が制定法の要求する方式に適合するかどうかを審査することであった。法務官は，この問題を否定する場合には，訴訟拒絶（denegatio actionis）を宣言しなければならなかった。法務官は，その面前における手続（in jure）の終結行為である争点決定を拒んだわけである。しかし，この拒否の可能性が法上存在するというだけで，そのために，争点決定の単純な許容が，あたかも，裁判人の面前における手続をなしうる，従って，なすべしという権力的宣言のように考えられた。方式書訴訟でも，法務官が古代の訴訟と同様に，制定法に服従したことは，自明のことである。法務官は，市民法の恩恵に奉仕するために（adjuvandi juris civilis gratia）設けられたわけである。いいかえると，原告が，ただ，制定法（lex）によって，その請求権を基礎づけることができさえずれば，法務官は，裁判人の面前における手続を付与すべき義務があった。ところが，方式書の実体法的意味は，当事者の要求が制定法によって支持されないところでも，法務官が方式書を付与して，裁判人の面前における手続を命ずることができた点にある。すなわち，法務官は，市民法の恩恵を補充するために（supplendi juris civilis gratia）行動したわけである。この場合における問題は，法務官が，その告示によって，最初から，その面前に提出された事件について，裁判人の面前における手続を付与する義務を負うかどうか，または，告示には当該事件に適応するような一般的約束が与えられていないが，裁判人の手続と判決を命ずるのが適当である様な事件であるかどうか，という問題を審査することであった。最後に，市民法の恩恵を修正するような（corrigendi iuris civilis gratia）法務官の行動が要求されることもあった。法務官のこういう行動は，制定法によって基礎づけられた請求権の実現をある条件にかからせることであったが，こういうさいには，法務官は，たいていの場合には，当事者の選んだ方式だけではなく，当事者の提出した事

実をも審査して，方式書を付与した。それゆえ，この点に関する法務官の行動は，以前に比して，その困難が増大し，その責任が倍加された。すなわち，問題は，「当事者が一応正当であると前提して提出する事実が裁判人の保護を必要とするような関係を作り出すに適するか」ということであった。法務官がこの問題を肯定した場合には，裁判人の面前における手続は，まったく，法務官の権限に基づくものであった。なぜなら，裁判人の判決を求める制定法上の権利は，存在しなかったからである。だから，方式書訴訟では，法務官の権限は，法律訴訟に比して，非常に広汎であり，方式書は，こういう権限をも表現できるところの形態であった。

(2)　方式書は，条件付命令である。というわけは，裁判人の手続の開始を命ずる命令は，ただ，国家の承認する法だけが確実に適用される，という条件にかかっているからである。ところで，国家の承認する法は，国民の制定法（leges）だけではなく，法務官が国家の機関として適用しようとする諸原則もまた，そうであった。これらの諸原則は，制定法を補充するだけでなく，場合によっては，制定法の適用を阻止したから（supplendi-corrigendi juris civilis gratia），当事者が制定法を援用したときでさえも，具体的な個個の事件において裁判人の従うべき法的諸原則の内容と範囲は，具体的な事態によって定まる法務官の裁量に依存した。ところで，あらゆる個個の事件について裁判人に対しある1つの原則を適用せよという一般的な指示が発せられたとすれば，まず，はたして裁判人がこの原則を法務官の抱いたのとまったく同じ意味で適用するであろうという保障がないことになったであろうし，さらに，当事者が裁判人に対して法務官の面前で提出した攻撃防禦方法とは異る攻撃防禦方法を提出するという可能性が生じたであろう。つまり，客観的な法の多様性ひいてはその不安定性という危険が生ずるだけではなく，裁判人の面前における手続が何度もくりかえされ，ひいては著しく遅延させる，という危険も生ずるであろう。法務官に対して，当事者のどういう主張が適用されるべき諸原則に該当し，従って，その斟酌を求めることができるか，という問題の決定を委ねて，こういう危険を避け，こういう安定性を図ったのである。いいかえると，法務官は裁判人が斟酌すべき当事者の主張を方式書の中に総括することによって，ある法的諸原則を判断の基準と宣言し，方式書において総括する主張はこういう諸原則の単なる適用であるというふうに特質づけた。方式書に取り入れられた当事者の主張が理由があるかどうかという審査は，裁判人の任務であり，従って，方式書の要件の証明は，裁判人の判決の内容に対する条件であった。この条件は，方式書では，「………（たとえば，アウルス・アゲリウスがヌメリウス・ネギディウス

に銀製の卓子を寄託したことが)，明白であるときは（si paret)」という用語で表された。この条件が存在すれば，有責の判決（condemna）がなされたが，それが存在しないときは（「明白でないときは」si non paret)，免訴が命じられた。

裁判人は，方式書によって制限を受けたが，その制限にもかかわらず，裁判人の自由がどれほど大きかったかということが，次に述べる方式書の構成部分から明らかである。

§ 36　［方式書の各部分］　ガイウス（IV, 39）の報告によると，方式書の各部分は，請求原因の表示（demonstratio)・請求表示（intentio)・裁定権限付与の表示（adiudicatio）および判決権限付与の表示（condemnatio）である。その意味は，方式書が，それぞれ，これらの構成部分を有しなければならないとか，ほかの部分（附加）をもつことができないというのではない。しかし，上の4つが，通例，方式書の部分をなすのである。

(1)　請求原因の表示とは，訴訟の原因である事実を明示するために方式書の冒頭におかれる部分をいい（demonstratio est ea pars formulae, quae ideo inseritur, ut demonstretur res de qua agitur.)（Gaius IV, 40)，いいかえれば，訴えの原因（Klagegrund）の表示である。（たとえば，「アウルス・アゲリウスは，ヌメリウス・ネギディウスに銀製の卓子を寄託したから」《quod Aulus Agerius apud Numerium Negidium mensam argenteam *deposuit*》,「アウルス・アゲリウスは，ヌメリウス・ネギディウスに奴隷を売却したから」《quod A. A. No. No. hominem *Vendidit*》,「アウルス・アゲリウスは，ヌメリウス・ネギディウスの事務を管理したから」《quod N. N. Ai. Ai. *nogotia gessit*》,「アウルス・アゲリウスは，ヌメリウス・ネギディウスと不特定物について問答契約をしたから」《quod A. A. de No. No. incertum *stipulatus* est》,「アウルス・アゲリウスは，ヌメリウス・ネギディウスによって悪意の争いのため傷害を受けたから」《quod Ao. Ao. pugno mala a No. No. *percussa* est》といい，つねに，「それを訴求する」《qua de re agitur》という附加を伴った。)

これらの設例は，いずれも，不特定物に関する対人訴訟（actiones in personam incertae rei）の場合をとりあげたのであり，実際上，こういう場合にだけ，請求原因の表示がみられた。特定物に関する訴訟（actiones certae rei）では，請求原因の表示がなくてもよかった。つまり，返還請求の訴え（Kondiktionen）は，制定法によって承認された法原因に基づく訴えであり，従って，これに関しては，適用されるべき法規を表示することは，不要であった[1]。ほかの特定物に関する訴訟では，請求表示（intentio）における簡単な記載だけで，事実記載の必要をみたした（たとえば，「ヌメリウス・ネギディウスが，チチウスの遺

148

第1章　ローマ民事訴訟の史的発展

言によって，アウルス・アゲリウスに奴隷スチクスを与えるべきことが明白であるときは」《si paret, Num. Num. Ao. Ao. servum Stichum ex testamento L. Titii dare oportere.》)。最後に，対物訴訟では，物権の理由づけの仕方は，物権自体には，何らの影響をおよぼさず，従って，請求表示においてなされる権利の単なる表示だけで充分であったから，請求原因の表示は要らなかった。これに反して，不特定物に関する対人訴訟（actiones in personam incerti）が提起されたときは，債務の発生原因を表示して，この債権から発生する請求権を識別できるようにしなければならない。すなわち，前に挙げた諸例では，それが直接寄託訴訟（actio depositi directa），売渡訴訟（actio venditi），直接事務管理訴訟（actio negotiorum gestorum directa），問答契約訴訟（actio ex stipulatu），侵害訴訟（actio injuriarum）であることが分かる。

(2)　請求表示とは，原告がその要求を表示する方式書の部分をいう（intentio est ea pars formulae, qua actor desiderium suum concludit.）(Gaius, IV, 41)。すなわち，そこに，原告のなす権利主張がふくまれている。例を示せば，つぎのようである。「ヌメリウス・ネギディウスがアウルス・アゲリウスに1万セステルティウスを与えるべきことが，明白であるときは」（si paret, Num. Num. Ao. Ao. sestertium decem milia dare oportere）(給付を目的とする請求権の主張，確定の返還請求訴訟，condictio certi)，「奴隷スチクスがローマ市民法によりアウルス・アゲリウスの所有であることが明白であるときは」（si paret, hominem Stichum ex jure Quiritium Ai. Ai. esse;）（所有権の主張），「通行権がローマ市民法によりアウルス・アゲリウスのものであることが明白であるときは」（si paret, ius esse Ai. Ai. ex jure Quiritium eundi;）（役権の主張）。訴えは，それぞれ，権利主張を含んでいるから，請求表示は，各方式書において必要である。請求表示は，対人的に，あるいは，対物的になされ，対人的になされるときは，主張する権利以外に，請求の相手方である者を表示し（「ヌメリウス・ネギディウスがアウルス・アゲリウスに……………与えるべきことが明白であるときは」《si paret, Numerium Negidium Ao. Ao. ……… dare oportere》），対物的になされるときは，権利のほかに，この権利の対象だけを表示し，権利が向けられている相手方である人を表示しない（「人《または土地，役権，遺産》が，ローマ市民法上，アウルス・アゲリウスのものであることが，明白であるときは」si paret, hominem《fundum, jus utendi fruendi, hereditatem》ex iure Quiritium Ai. Ai. esse)。ここにおいて，相対権と絶対権の区別が立てられる。すなわち，前者は，特定の人に対する関係にお

（1）　Vgl. Baron, Die Condictionen, 1881.

いて成立し，後者は，特定の財産対象についてだけ成立するが，あらゆる人に対して効力を有する。ところで，裁判人が，法務官の命令に従い，原告がその主張する権利を有するかどうかを，それが明白であるときに（si paret）確定するものであるならば，裁判人が相対権の存在を確定できるのは，もっぱら，法律関係の当事者を裁判人が知っている場合にかぎられるが，絶対権の存在は，その権利の設定と対象だけが裁判人に立証されるときは，これを確定することができる。個々の人的な訴えには，対物請求表示（intentio in rem）を含むものもあり，これらは，形式的対物訴訟（actiones in rem scriptae）といわれるが，この現象は，ここで問題となる請求権が当初の義務者に対してだけでなく，ある場合には，その発生原因と対象が立証されさえすれば確定される他の人に対する関係でも，被侵害者に帰属する，という点に根拠がある。

　請求表示は，さらに，原告の主張する権利の対象が方式書のなかに指定されているか，裁判人の確定にゆだねられているかに従って，あるいは確定（certa）のものであり，あるいは，不確定（incerta）のものである。不確定請求表示（intentio incerta）の例として，「何にせよ，右の事実によりヌメリウス・ネギディウスがアウルス・アゲリウスに与えまたはなすことを要するものにつき」（quidquid ob eam rem Num. Num. Ao. Ao. dare facere oportet ;），確定請求表示（intentio certa）の例として，「ヌメリウス・ネギディウスが，アウルス・アゲリウスに10ヌムス，奴隷スチクス，コルネリウスの土地，コルネリウスの土地の通行権，最上のアフリカ小麦100桝を与えるべきことが明白であるときは」（si paret, Num. Num. Ao. Ao. decem nummos, hominem Stichum, fundum Cornelianum, jus eundi agendi in fundo Corneliano, centum modios tritici Africi optimi dare oportere.），というのが挙げられる。

　最後に，請求表示には，法に基づくもの（in jure）と，事実に基づいて作成されるもの（in factum concepta）とがある。すなわち，原告がその権利主張の理由づけを市民法に求めたときは，法務官は，方式書の付与を拒むことはできず，彼の見解に従えば主張された権利がその存在にかかっている諸要件を方式書のなかで指示することさえもできない。なぜなら，もし，それができるなら，法務官は，裁判人の判断を制限し，制定法自体ではなしに自己の主観的な意見を押しつけることになりかねないからである。従って，法務官が裁判人に指示することができたのは，主張された市民法上の権利が原告に属するかどうか，を審理することだけであり，そのさい，原告が自己の権利について述べた発生原因が主張された権利を理由づけるのに適しているかどうかを判断するのは，裁判人の仕事である。「奴隷スチクスがローマ市民法上アウルス・アゲリウス

のものであることが明白であるときは」(si paret, hominem Stichum ex jure Quiritium Ai. Ai. esse ;) とか，「アウルス・アゲリウスがコルネリウスの土地に通行権を有することが明白であるときは」(si paret, Ao. Ao. jus esse eundi agendi in fundo Corneliano ;) とか，「ヌメリウス・ネギディウスがアウルス・アゲリウスに1万セステルティウスを与えるべきことが明白であるときは」(si paret, Num. Num. Ao. Ao. sestertium decem milia dare oportere)（確定の返還請求 condictio certi）というのは，こういう方式書である。しかし，あらたな方式書，および，これにともなう新たな訴権をつくりだすことができたのは，もっぱら，法務官が裁判人に対し，被告への給付命令を一定の事実——市民法上の請求権を理由づけるものではないが，法務官の意見によれば，判決（judicium）を与えよとの要求を正当化するような事実——の確定にかからしめることを指示する，という方法によってであった。こういう場合において付与された方式書は，そのさい，告示において1回かぎりで与えられることとなったものであるか，現実の場合についての原告の申請を検討した後に初めて作られたものであるかのいずれかであった。このいずれの場合においても，裁判人の審理は，法務官の法感情に従い法的に保護されるべき要求を生ぜしめるのに必要かつ充分な事実関係の存在だけに限られた。こういう事実関係と方式書（formulae）は，最後には，非常に沢山になった。たとえば，次のようなのがそれである。「保護者アウルスが被解放者ヌメリウス・ネギディウスより法務官コルネリウスの告示に違反して法廷に召喚されたことが明白であるときは，審理員よ，被解放者ヌメリウス・ネギディウスは，保護者アウルスに対し5千セステルティウスについて責あるものと判決せよ」(si paret, Aulum patronum a No. No. liberto contra edictum Cornelii praetoris in jus vocatum esse, recuperatores Num. libertum Ao. patrono sestertium quinque milia condemnate)，「ヌメリウス・ネギディウスの悪意でアウルス・アゲリウスがコルネリウスの土地をチチウスに譲渡したという事実があることが明白であるときは，貴下の仲裁によりヌメリウスがアウルスに目的物を返還しないかぎり，目的物の有する価額につき，ヌメリウスがアウルスに対し責あるものと判決せよ」(si paret, dolo malo Ni. Ni. factum esse, ut A. A. fundum Cornelianum Titio mancipio daret, nisi arbitratu tuo N. Ao. rem restituat, quanti ea res erit, Num. Ao. condemna)，「係争物がその人の財産に当時属していたところの者から約定の金銭のためにアウルスに質に入れられていること，そして，その金銭が弁済されることもなく，また，彼の側からの支払もなく，また，支払われて満足しあるいは履行されないことにつきアウルスに責任があるのでもないことが明白であるときは，ヌメリウスが貴下の仲裁によりアウルスに返還しない

151

かぎり，目的物の有する価額につき，ヌメリウスはアウルスに責あるものと判決せよ」（準セルウィアナ方式書）（si paret, eam rem, qua de agitur, ab eo, cujus in bonis tum fuit, ob pecuniam promissam Ao. pignori obligatam eamque pecuniam neque solutam neque eo nomine satisfactum esse, neque per Aum. stare, quomiuns solvatur satisve fiat, nisi arbitratu tuo N. Ao. restituet, quanti ea res erit, Num. Ao. condemna）（formula quasi Serviana）。

　ここに明らかなことは，新たな方式書が認められるという方法で法発展が可能となったが，この法発展は，実生活の必要をとおして決定され，この必要に完全に応ずるものであったこと，しかし，この発展は，制定法の立法によって画された道を離れた方向をたどったことである。そのわけは，立法は，個人に権利を与え，この権利の追行の可能性を与える制度をつくるが，政務官の裁判権は，権利保護請求権をつくり出し，その結果として，これから，実体権をつくるのである。こうして，ローマ法は，十二表法の時代には権利の体系であったのが，方式書の導入によって訴えの体系となっていったのである。

　(3)　裁定権限付与の表示とは，訴訟当事者のいずれかに訴訟の目的物を帰属させる権限を裁判人に付与する方式書の部分をいう（adjudicatio est ea pars formulae, qua permittitur judici rem alicui ex litigatoribus adjudicare）（Gaius, IV, 42）。そのわけは，分割の訴えにあっては，当事者の申立てに従って裁判するという裁判人の権限だけでは充分でなく，共有に属する物の所有権を一方または他方の当事者に与えるための授権を必要としたからである。方式書の用語では，「裁定されることを要するものは，裁判人は，これをチチウスに裁定せよ」（Quantum adjudicari oportet, judex, Titio adjudicato.）という。

　(4)　判決権限付与の表示とは，裁判人に有責判決または免訴判決を言い渡す権限を付与する方式書の部分をいう（condemnatio est ea pars formulae, qua iudici condemnandi absolvendive potestas permittitur.）（Gaius, IV, 43）。この説明は，（Gaius, IV, 48において）つぎのことばによって補充されている。すなわち，判決権限付与の表示を含むすべての方式書においては，判決権限付与の表示は，金銭をもってする評価額について作成される（omnium formularum, quae condemnationem habent, ad pecuniariam aestimationem condemnatio concepta est.）と。いいかえると，有責判決は，つねに，金額の支払という方式でなされなければならなかったが，こういう現象は，当時の執行法の構成にその原因がある。最古の時代には，ただ，債務者の身体に対する強制執行だけが知られていたが，その後の時代には，債務者の財産がその身体自身にとって代ることになった。ところで，特定物なり特定の給付を目的とする原告の請求権が一般的な価値基

準の一定量すなわち金額を目的とする債権に転換したときにだけ，債務者の財産の全体が執行の目的物となることができた。そこで，被告が原状回復義務なり引渡義務または金銭以外の目的物に関する給付義務を負う場合に，敗訴の被告がこういう本来の義務を履行しないときは，爾後手続で金銭評価をなし，その評価額の支払を命じなければならなかったのである。

ところで，判決権限付与の表示は，金額が方式書に記載されるか，または，裁判人の評価にゆだねられるかに応じて，あるいは確定のものであり，あるいは不確定のものであった。たとえば，方式書の用語が，「ヌメリウス・ネギディウスはアウルス・アゲリウスに対し1万セステルティウスについて責あるものと判決せよ。明白でないときは免訴せよ」(Num. Num. Ao. Ao. sestertium decem milia, si non paret absolve.) という場合のように，判決権限付与の表示が確定のものであるときは，裁判人には，自由の余地が全然残されていなかった。すなわち，原告が原則的には理由があるが，現実に要求できる以上の請求をしたことを発見したときは，裁判人は，原告の請求額で方式書に記載された金額を言渡すことができず，被告を免訴しないわけにはゆかなかった。こういう有責判決は，特定の返還請求の場合において，法に基づく請求表示（intentio juris）について現れることがあるが，原告が絶対的に定まっている罰金を要求するときは，事実に基づいて作成される請求表示（intentio in factum concepta）についても現われることがあった（たとえば，Gaius, IV, 46）

不確定の判決権限付与の表示は，「目的物が有すべき価格を相当する金額について，裁判人よ，ヌメリウスはアウルスに対して責あるものと判決せよ」(quanti es res erit, tantam pecuniam judex Num. Ao. condemna.)，または，「何にせよ，与えまたはなすべきところにつき，裁判人よ，云々」(quidquid dare facere oportet, judex etc.) という用語をとるか，あるいは，「裁判人よ，ヌメリウス・ネギディウスはアウルス・アゲリウスに対して1万セステルティウスに至るまでの金額について責あるものと判決せよ」(judex Num. Num. Ao. Ao. dumtaxat sestertium decem milia condemna ;)，「裁判人よ，ヌメリウス・ネギディウスはアウルス・アゲリウスに対してヌメリウス・ネギディウスに帰したその特有財産の限度内で責あるものと判決せよ」(ejus Num. Num. Ao. Ao. dumtaxat de peculio, quod penes Num. Num. est et si quid in rem Ni. Ni. inde versum est, condemna)，「裁判人よ，ヌメリウス・ネギディウスはアウルス・アゲリウスに対してなしうる限度内で責あるものと判決せよ」(ejus Num. Num. Ao. Ao. dumtaxat in id quod facere potest condemna)，という用語をとった。前の場合には，裁判人の裁量に対して自由な余地が残されているが，後の場合には，ある限度が設けら

れている。すなわち，裁判人は，最高限度１万セステルティウスに至るまで，特有財産の限度内で，または，被告が給付できる範囲で，判決をしなければならない。

　判決権限付与の表示は，確認宣言（pronuntiatio）で補うことができる。これは予備訴訟の方式書にみられる。この予備訴訟方式書によっては，裁判人は，被告のなすべき給付を命ずる判決をなすことを指示されるのではなく，たとえば，ある人が自由人であるかどうか（an aliquis liber sit），ある人が被解放者であるかどうか（an aliquis libertus sit），妻であるかどうか（an uxor sit），子であるかどうか（an filius sit），合意であるかどうか（an praedictum sit），通行権があるかどうか（an bona jure venierint），嫁資はどれほどか（quanta dos sit），というような，法上の，または，事実上のものではあるが法的に意味のある状態についてだけ判決することを指示された。これらの例から分かるように，予備訴訟方式書は，主として，身分法上の身分の裁判人による確認に役立てられた。これらの場合に，裁判人の宣言は，確認宣言（pronuntiatio）とよばれた。そこで，その方式書は，たとえば，次の用語をもちいた。「訴求されたパンフィリウスがローマ市民法上，アウルス・アゲリウスのものであることが明白であるときは，裁判人よ，これを確認して，もし，明白できないときは，確認しないで宣言せよ。」（Si paret Pamphilium Ai. Ai. esse ex Quiritium, qua de re agitur, judex, eum videri, si non paret, eum non videri pronuntia.）。確認宣言は，通常，その後の権利追行の準備に役立ったが，この権利追行については，その基準でもあったから，その手続を予備訴訟（praeiudicium）と呼び，方式書を予備訴訟方式書といった。この方式書は，当事者を結ぶ法律関係の存在を示すものではなかったから，請求表示は，対物的である。

　ここに述べた方式書の各部分は，必要と考えられた拡張なり附加とともに，１つの文章にまとめられたが，この文章は，請求原因の表示に始まり，ついで，これと結合する請求表示を記載し，判決権限の付与の表示で結ばれた。１人または数人の裁判人の選任は，この文章の冒頭におかれた。あらゆる構成部分を含む方式書は，たとえば，次のようであった。「オクタヴィウスを裁判人とする。アウルス・アゲリウスはヌメリウス・ネギディウスとチチアヌスの土地を共有し，アウルス・アゲリウスの名において，ヌメリウス・ネギディウスに対して共有物の分割を請求するから（請求原因の表示），誠意によって係争土地を当事者の一方からその他方に帰属せしめるか，または，当事者の一方がその他方に対して責あるものと判決することを要することが明白であるときは（請求表示），裁判人よ，当事者の一方から他方に帰属せしめよ（裁定権限付与の表

示)，または，当事者の一方がその他方に対して責あるものと判決せよ，明白でないときは，免訴の判決をせよ（判決権限付与の表示）」(Octavius judex esto. Quod Ao. Ao. cum No. No. fundus Titianus communis est, quo nomine A. A. Num. Num. communi dividundo provocavit, qua de re agitur 《demonstratio》, quantum paret ob eam rem alteri ab altero adjudicari alterumve alteri condemnari oportere ex fide bona 《intentio》, tantum, judex, alteri ab altero adjudicato 《adjudicatio》 tantique alterum alteri condemnato, si non paret absolve 《condemnatio》)。

　これに反して，「オクタヴィウスを裁判人とする。アウルス・アゲリウスがローマ市民法によってコルネリウスの土地を所有することが明白であるときは，裁判人よ，ヌメリウス・ネギディウスはアウルス・アゲリウスに対して係争土地の価格に相当する金額について責あるものと判決せよ，明白でないときは，免訴の判決をせよ」(Octavius judex esto. Si paret, fundum Cornelianum Ai. Ai. esse ex jure Quiritium qua de agitur, quanti ea res erit, tantam pecuniam, judex, Num. Num. Ao. Ao. condemna, si non paret, absolve.) という方式書は，請求原因の表示を欠くが，法に基づいて作成する請求表示（intentio in jus concepta）と不確定の判決権限付与の表示（condemnatio incerta）を含んでいる。

§ 37　［附加］　前節で述べた方式書の構成では，あらゆる権利保護の必要をみたすことはできず，とりわけ，被告側のそれが十分にとりあげられなかった。しかし，方式書は，法律関係が多種多様につくられても，これに満足を与えることができるだけの柔軟性をもっていた。特に，この要請に応える手段となったのは，まさに，方式書がみずからのなかに取りこんだ附加（Zusätze）であった。

　(1)　返還すること，引き渡すこと，支払うこと，加害物を委付することについての仲裁（arbitrium de restituendo, exhibendo, solvendo, noxae dedendo）の部分は，方式書に付せられた附加であり，これによって，被告に対し本来の真実の訴訟物の給付を課し，これに被告が従わない場合にはじめて一定額の金銭の支払を命ずる，という権限が裁判人に付与された。このように拡張された方式書は，たとえば，次のようにいった。「係争中のコルネリウスの土地が，ローマ市民法上，アウルス・アゲリウスのものであることが明白であるときは，ヌメリウス・ネギディウスにその土地の役権が存することが明白でなく，また，土地が貴下の仲裁によりアウルス・アゲリウスに返還されない場合には，目的物が有する価格に相当する金額につき，裁判人よ，ヌメリウス・ネギディウスはアウルス・アゲリウスに対し責あるものと判決せよ。明白でないときは，免訴せよ。」(Si paret, fundum Cornelianum Ai. Ai. esse ex jure Quiritium, quo de agitur, si non No. No. jus utendi fruendi eo fundo est neque fundus Ao. Ao. arbitrio tuo restituatur, quanti ea res est, tantam pecuniam, judex, Num. Num. Ao. Ao. condemna, si non paret, absolve.）裁判人のこの仮裁定は，判決（sententia）ではなく，これを執行することはできない。なぜなら，そこには何らの判決権限付与の表示（codemnatio），すなわち金銭の給付命令が含まれていないからである。それにもかかわらず，この裁定は，請求表示を理由あるものと宣言したのであるから，そのなかには，原告の権利を確定する裁判人の宣言（pronuntiatio）がある。これによって，訴訟は，その結末に達した・・・・・はずであるし，また，それが可能・・であった。被告が仲裁判断（arbitratus）に従わなかったときは，懈怠（contumax）として取り扱われ，いまや，金銭支払の宣告を受けなければならなかった。裁判人がこの金銭支払の宣告をするやり方は，被告に対して，仲裁判断を任意に履行するように圧力をかけるものであった。すなわち，裁判人は，原告に対し彼の利益を宣誓により評価することをゆだねることができたが，そのさい，宣誓の履行前に，超過することのできない限度を定めることもできたし（juramentum cum taxatione），あるいはまた，宣誓の履行後に宣誓された額を引き下げることもできたが，いずれの場合にも裁判人は，それをなすについて完全に自由であった。このことだけのなかに，すでに，被告の不服従に対する刑罰が存したのであり，この刑罰は，裁判人が，真実の利益を超過する額を言い渡したり，被告が宣言の結果として破廉恥（Infamie）に陥るときには，まさに，痛烈に作用した。そのために，仲裁判断に従った被告は，免訴の宣言を請求することができた。

　原告の権利について先行的になされた裁判の後に原告の請求権の履行がないということによる，原告の利益についてのかような事後手続は，返還，引渡，加害物委付（restituere, exhibere, noxae dedere）を目的とするいろいろの訴えのさいになされ，また，抵当訴訟（actio hypothecaria）および特定の場所において供与されることを要するものに関する訴訟（actio de eo quod certo loco）の際にもなされたが，最後の場合には，仲裁判断は，支払の履行を目的とした。

　(2)　他の附加は，請求原因の表示によって可能な程度以上にくわしく請求権を表示することを目的とするか，それとも，被告のために留保をつけることを目的とするか，のいずれかの目的に奉仕するものであった。

　(i)　第1の種類の附加は，前加文（praescriptiones）である。これは，請求原因の表示とならんで・・・・・現れるか，それとも，その代りに・・・現れるかのいずれかであり，その名称は，通常の方式書の各部分よりも前におかれるのがふつうであったことから来ている。

第1章 ローマ民事訴訟の史的発展

　原告の利益のためにその権利の消耗を妨げることを目的とする前加文は，請求原因の表示とならんで現れた。すなわち，原告が，その請求権の一部分だけを訴求しようと欲したとき，あるいは，たとえば年金請求や賃料請求におけるように，現に期限の到来している部分だけを訴求できた場合には，消耗の原則の厳密な帰結としては，原告の権利全体がこの部分の給付をなすべきことを判決するために消滅することになったが，この結論は，方式書自体に記入された異議によってのみ避けることができた。表面上は，請求原因の表示の拡張として現れるけれども，このような前加文は，本当は，たとえば，「期限の到来した目的物」とか，「係争物の，これこれの分量」（cujus rei dies fuit od. ea res agatur tantundem de ……）というような言葉によって，原告がその権利全体についてではなしに，現在，追行できる，あるいは，追行したい部分だけについて判決を求めるのだということを示すことによって，請求原因の表示および請求表示を制限する趣旨なのである。「アウルス・アゲリウスは，ヌメリウス・ネギディウスをして不確定の給付を諾約させたから（請求原因の表示），すでに期限が到来した範囲で，（前加文，期限の到来している割合を示す），これこれの物につき」（Quod A. A. de No. No incertum stipulatus est《demonstratio》modo cujus rei dies fuit《praesriptio》, quidquid ob eam rem……）というようなのがその例である。

　このような附加は，被告の利益のため（pro reo）に方式書に記入されることもあった(1)。われわれに周知のものは，予備訴訟の前加文(2)（praescriptio praejudicii）であり，その目的とするところは，判決をすればより大きなまたはより重要な法的紛争の裁判に先行することになる場合に，その訴訟または少くとも判決をさせないようにする点にある。たとえば，原告が遺産に属する請求権のひとつを被告に対して提起したが，被告は原告の相続権を争っている，という場合であり，この場合には，遺産に対し予備訴訟をなさない旨の前加文（praescriptio ne praejudicium fiat hereditati）が方式書に記入される。また，既判事項の前加文，和解の前加文（praescriptio rei judicatae, transactionis）も，その例である。これらの前加文は，のちの時代には，方式書自体のなかにとり入れられ，その結果，抗弁（exceptiones）となった。おそらく，古い時代には，前加文をおくことによって，裁判人に，前加文の内容についてあらかじめ審理させ，場合によっては，請求権について裁判する判決をしないようにさせようと

（1）　Bülow, de praeiudicialibus exceptionibus. 1863 ; Bülow, Die Lehre von den Prozesseinreden und die Prozessvoraussetzungen, 1868.
（2）　Gaius, IV, 133 ; 1. 16 D. de exc. 44, 1.

157

考えたのだという推測が正しいであろう。
　請求原因の表示の代りに前加文が現れたのは，請求原因の表示では訴えの原因を完全に裁判人に知らせるのに十分でない，という場合である。こういう場合に当たるのは，権力者がその権力に服する者のした行為に基づいて確定の訴訟（actio certa）（この訴えでは，請求原因の表示はない）を提起する場合，権利の承継が生じた場合，訴えが従たる債務者に対して提起された場合，であったが，特に，訴えが無名契約（Innominatkontrakt）を基礎としている場合がそうであった。なぜなら，ほかの場合ならば，請求原因の表示のなかでその請求権を生じさせる市民法上の行為――その概念は裁判人にも法務官にそうであるのと同様によく分っている――を単純に指示すればよいのであるが，ここでは，内容を示すに足る名称がないので，具体的な契約の内容を請求原因の表示に代えて方式書の冒頭に示さなければならなかったわけである。そこで，無名契約の履行を求める訴えは，前加文による訴訟（actio praescriptis verbis）とよばれた。たとえば，「アウルス・アゲリウスは，彼の奴隷スチクスを解放するとの条件のもとに，ヌメリウス・ネギディウスに十金を渡したので，本件につき，これこれであることが明らかであるところの物が，訴求される」（Ea res agatur, quod A. A. No. No. decem ea lege dedit, ut Stichum servum suum manumitteret, quidquid paret ob eam rem ……）とか，「アウルス・アゲリウスは，値をつけられた奴隷スチクスを売却することにより，ヌメリウス・ネギディウスに引き渡したので，これこれの物を訴求する」（Quod A. A. No. No. Stichum servum aestimatum vendendum dedit, qua de re agitur, quidquid……），というなどである。
　(ii)　被告の利益のために方式書のなかでなされる留保を，抗弁[3]（exceptiones）という。すなわち，方式書では，被告に対する給付判決は，訴えの請求（請求表示）の諸要件が存在しているという，積極的な，「明白であるときは」（si paret）ということばで導かれる条件だけに結びつけられている。だから，被告としては，訴えの要件の1つが生ぜず，あるいは，後になって（といっても，方式書の付与より前に）消滅した場合にだけ，免訴を期待することができた。従って，以前に存在した原告の権利を消滅させるべき事実が生じていた場合には，方式書に特別の留保をつけて，右の事実を斟酌するよう裁判人に指示

（3）　抗弁については，非常に多数の文献がある。Bekker, Prozessualische Consumtion, 1853, S. 93 ff.; Bekker, Aktionen, 1873. II, S. 22 ff.; Eisele, Die matrielle Grundlage der exceptio, 1871; Eisele, Compensationen, 1876. §§ 7-9; Lenel, Ursprung und Wirkung der Exceptionen, 1876; Pernice, Labeo, 1878, S. 126 ff.; Schultze, Privatrecht und Prozess. S. 273 ff.

第1章　ローマ民事訴訟の史的発展

する必要がなかった。なぜなら，その場合には，原告は，争点決定の当時には，(もはや) その主張した権利を有せず，「明白であるときは」という条件も，従って存在しないから，その結果として，被告は免訴の判決を受けたからである。原告の権利を存続させ，しかも，その被告に対する実行だけを妨げるような事実の大部分は，給付判決の条件を実際に定めるさいに，斟酌されないままにおかれるほかはなかった。このことが権利の適正な取扱にまったく合しないことは，いうまでもない。ただ，法務官は，その職権を市民法の恩恵を修正するために (corrigendi juris civilis gratia) 行使することができ，従って，市民法上理由のある訴求権に対して，事件の状態から必要である場合には，その権利の実現をこばむ権能を有していたことを注意しなければならない。そのための手段となったのが，第2の，しかし，消極的な形でつくられた条件を方式書に書くということであった。この条件の意味は，従って，裁判官は，訴の要件が存在する場合には，被告が……でないかぎり，給付判決をなすべきだ，というにある。つまり，第2の（消極的な）条件は，留保であり，例外であって，これが抗弁である。ガイウス (IV, 119) が，抗弁について「有責判決の条件をなす」(conditionalem facit condemnationem) といい，ウルピアヌス (l. 2 pr. D. de exc. 44, 1) が抗弁を，「請求表示または判決権限付与の表示のなかに提示されたものを排除するために，何らかの物に対する訴えに対抗させるのを常とする排除」(exclusio quae opponi actioni cujusque rei solet ad excludendum id quod in intentionem condemnationemve deductum est.) とよんでいるのは，そのためである。

　政務官は，訴訟における彼の職責に基づいて，市民法上斟酌しなければならない事情を抗弁として取り扱わなければならない義務があったし，また，それを認めれば彼の正当とする法原則の適用をみることになるような抗弁を与える権能をもっていた。この後者の抗弁は，法務官の告示のなかで (im album praetoris) 1回かぎりで公示されるか (Gaius, IV, 118)，それとも，事件の特別の事情に従って，はじめて作られるか，のどちらかであった。いずれの場合にも，法務官は，抗弁によって，裁判人に対し，被告に属する権利の審理と確定，従って，法律上重要な事実の独立の判断を課すこともでき，あるいはまた，特定して表示した事情の確定だけを課すこともできたから，法に基づく抗弁と事実に基づく抗弁 (exceptiones in jus und in factum conceptae) とがあったわけである。そこで，たとえば，被告に対し所有物返還の給付判決をすることを，被告が返還を請求された物のうえに質権を有しない，という留保にかからせることができたし（法に基づく抗弁），あるいは被告が必要費 (impensae necessariae) を支出しなかったこと，または，被告が原告と不請求の合意 (pactum de

159

non petendo）を締結しなかったことにかからせることもできた（事実に基づく抗弁）。さらにまた，抗弁は，私法（返還請求の目的物のうえの用益権または留置権，役権の存在を認諾させる訴訟《actio confessoria》に対抗する役権）に根拠をもつこともあれば，訴訟法に（たとえば，管轄をもつ裁判所に訴えられるという被告の権利に）根拠をもつこともあり，また，棄却的抗弁（exc. peremptoria），すなわち，いかなる時期および場所においても訴えに対抗できる抗弁であることもあれば，延期的抗弁（exc. dilatoria）すなわち，他の時期あるいは他の場所において訴えられた場合には対抗できないであろう抗弁であることもある。

　特別に主要なのは，悪意の抗弁[4]（exceptio doli）であった。悪意の抗弁は，現に係争中の法律関係の設定に際して原告が詐欺をした場合（過去の悪意の抗弁または具体的悪意の抗弁，exc. doli praeteriti od. specialis）だけではなしに，訴えの提起が不法であった場合（現在の悪意の抗弁または一般的悪意の抗弁，exc. doli praesentis od. generalis）にも，被告がこれを援用することができた。後者は，特定の要件事実が定まっていなかったから，訴えの提起が不適法な要求と認められるような各事情を主張するために利用された。「本件に関し何ごともアウルス・アゲリウスの悪意によってなされなかったとき，または，なされないときは」（Si in ea re nihil dolo malo Ai. Ai. factum sit neque fiat）という方式書の用語は，他のあらゆる抗弁を装うために利用するのに適していたから，そこに，抗弁がなければ方式書によって設けられたことになる制限から裁判人の裁量が解放されたわけである。しかし，方式書のなかで，「これこれを誠意によって与えるべきこと」（quidquid……ex fide bona dare oportet）といっている場合には，他の諸場合において上に述べた悪意の抗弁をとおして裁判人に与えられた権限が，そのなかに含まれているから，悪意の抗弁を方式書のなかに書きこむ必要はなかったのであり，このことは，「誠意訴訟には，悪意の抗弁が内在する。」（bonae fidei judiciis exceptio doli inest）という法命題によって表現された。

　原告が抗弁に対して，その効力を妨げる事情を対抗するときは，この事情は，再抗弁（replicatio）の形で方式書にとり上げられたが，この再抗弁に対し，さらに再再抗弁（duplicatio）を対抗することができた。

§ 38　［主観的条件および客観的条件の変更］　方式書の柔軟性は，方式書がもともと認められていなかった法律関係に移されることができたという点に現われている。

　(1)　すなわち，方式書は，請求原因の表示におけるとは別の権利主体を請求

（4）　Hänel, Archiv für civ. Praxis, Bd. 12, S. 422 ff.; Pernice, Labeo. S. 112 ff.

第1章　ローマ民事訴訟の史的発展

表示に記載するという形で，作成することができた。この場合には，本来の権利関係を審理し，確定するのではあるが，もともとこの関係のなかにおかれていたとは別の人に対して，または，別の人のために，給付判決をする，という任務が裁判人に与えられた。権利関係の主観的な面のこういう変更が生じたのは，請求権の譲渡の場合，代理（後述§61参照）の場合，いわゆる追加訴訟（actiones adjecticiae qualitatis）の場合，および最後に，破産財団の買主（bonorum emptor）の訴えの場合である。つぎに，例をかかげる。「使用人チチウスがアウルス・アゲリウスに対し1万セステルティウスを与えるべきことが明白であるときは，裁判人よ，主人ヌメリウス・ネギディウスがアウルス・アゲリウスに対し責あるものと判決せよ」(Si paret Titium magistrum Ao. Ao. sestertium decem milia dare oportere, judex Nm, Nm. exercitorem Ao. Ao. condemna)。さらに，つぎの例がある。「ヌメリウス・ネギディウスが家父マエウイウスに対し1万セステルティウスを与えるべきことが明白であるときは，裁判人よ，ヌメリウス・ネギディウスはアウルス・アゲリウスに対し1万セステルティウスにつき責あるものと判決せよ」(Si paret Nm. Nm. P. Maevio sestertium decem milia dare oportere, judex Nm. Nm. Ao. Ao. S. X. M. condemna.)。このように，方式書という訴訟上の制度をとおし迂路を経て，市民法上の原則（任意代理，直接代理，承継）が導入されたのである。

(2)　擬制によって方式書付与の客観的要件が拡張された場合にも，同様のことがおこった[5]。擬制というのは，ある事実が真実でないことを知りながら，これを真実として，または，真実であることを知りながら，真実でないとして取り扱うのである。そこで，方式書において擬制が利用された結果，かつて一定の関係を対象として作られた方式書が他の事実関係についても与えられ，かくて，市民法上の狭い原則が拡張して適用される，ということにならざるを得なかった。こうして，遺産の占有者（bonorum possessor）の訴または遺産の占有者に対する訴について，方式書に擬制がとり入れられた。「もし相続人であるとすれば」(si heres esset) というのであり，つまり，裁判人は，訴えを提起した者あるいは訴え提起の相手方となった者が市民法上の相続人であるかのごとくに訴えを取扱うことを命じられた。ププリキアナ訴訟の方式書においても，時効期間がすでに経過して所有権取得が完成したという擬制がなされた。人格消滅者（capite minutus）が訴訟主体であった場合には，方式書のなかで，「もし人格消滅者でないとすれば」(si capite minutus non esset) という擬制がなさ

---

(5)　Gaius, IV, 34-38, 80, 86, 87. III, 84

161

れた。法務官の相続法や所有権取得行為としての引渡しのような法制度が法的に承認されたのは方式書訴訟のおかげであることが，以上の例から分かる。プブリキアナ訴訟の場合には，方式書は，次のようにいう。「アウルスが買い入れ，かつ，引渡しを受けた奴隷を1年間占有したとすれば訴訟の目的物である右の奴隷がローマ市民法によってアウルスの所有であることを要するとき，しかも，ヌメリウスが貴下の仲裁によりかの奴隷を返還しないときは，云々」(Si quem hominem A. emit et is ei traditus est, anno possedisset, si eum hominem de quo agitur ejus ex jure Quiritium esse oporteret, neque eum hominem N. arbitrio tuo restituetur etc.……)。

§ 39 ［方式書の瑕疵］ 請求表示が方式書の他の構成部分に対する関係においていかなる重要性をもっていたか，ということは，方式書の誤謬によって生ずる影響の点に，特にはっきりと現れている。

請求原因の表示のなかに正当な訴えの原因が記載されていなかったときは，被告を免訴せざるを得なかった。というのは，主張された債権は，(おそらく)現実に存在する債権とは別物であることが分かったからである。しかし，裁判人の面前における手続では，方式書に特定して記載された債権だけが引き出されたから，他の原因を根拠とするもうひとつの訴えを提起するのに妨げはなかった。「真実でない請求原因の表示は事件を消滅させない。」(Falsa demonstratione res non perimitur) ガイウス (IV, 58-60) の伝えるところによれば，請求原因の表示に過多 (plus) または過少 (minus) を含む場合にも，同じことがいえたであろう。

請求原因の表示が過多をふくむ場合には，被告は，原状回復の救済によって保護を受けることができたが，これに反して，原告は，過少の場合にも，これに対する保護手段をもたなかった (Gaius, IV, 57)。

請求表示において過少に請求した場合には，原告は，あとから新たな訴えをもって残余の部分を請求することができたが，同一法務官の在職中に提起された彼の後訴に対しては，請求分割に対する延期的抗弁[6] (dilatorische exceptio litis dividuae) を対抗することができた。しかし，請求表示が過多の請求 (plus petitio) をふくむ場合には，請求全体が，理由のある部分をもふくめて，敗訴に帰する。なぜなら，裁判人が給付判決をしなければならないのは，請求表示に掲げられた請求権が存在する場合にかぎられ，過多の請求の場合には，被告

---

(6) 残余請求の抗弁 (exceptio litis residuae) は，別の場合に関する。この抗弁は，同一被告に対して多数の請求を有しながら，第1の訴訟が提起されたときと同一の法務官の在職中に第2の訴訟を提起した者に対して抗弁できる。Gaius, IV, 122.

第1章　ローマ民事訴訟の史的発展

を全面的に免訴しなければならない。いまや，原告の請求権が裁判人の面前における手続に達し，これによって消耗したのであるから，もはや，新たな訴えを提起できないのである。ところで，過多の請求は，4つの態様において生じうる。すなわち，物における過多の請求（plus petitio re）は，大きすぎる対象の請求であり，時における過多の請求（plus petitio tempore）は，訴えの提起が早きにすぎた場合である。また，場所における過多の請求（plus petitio loco）は，給付をなすべき場所以外の場所における給付を求める請求であり，原因における過多の請求（plus petitio causa）は，なされるべき給付の種類や方法と違った種類や方法で給付をなすべきことを求める要求である（たとえば，択一的に定められた給付の一方を，被告に選択させないで，原告が訴求した場合）。そして，請求表示において，異なるものが請求せられ，この要求を過多の請求とみることができない場合には，請求原因の表示に同様な誤謬があった場合と同じく被告を免訴しなければならないが，ここにおいても，現実に理由のある請求は，これとは別の右の請求の提起によって消耗せしめられるものではない。

§ 40　［方式書の変更］　同一の訴訟において古い方式書に代えて新たな方式書が与えられることがある。この方式書の変更[7]（translatio judicii）によっては，客観的変更を生じさせることは許されない。方式書の変更が命じられるのは，方式書にあげられた者を変更すべきであるか，あるいは変更しなければならない場合であり，たとえば，裁判人が死亡し，あるいは病気のためその職務を実行することができない場合とか，裁判人が「自分には判然としない」（sibi non liquere）と宣言する場合，さらに，当事者の一方が裁判人の面前における手続の進行中に死亡した場合，代理人が出頭すべき場合，または代理人を除くべき場合がそれである。

第2　争　点　決　定[1]

§ 41　争点決定は，法律訴訟については，すでに（§ 29）述べたように，当事者の争う意思の形式的な表示であった。方式書訴訟においては，当事者はもはや儀式的な陳述によって訴訟物に対する態度を決するのではなくて，その申立てなり主張を無形式的に法務官に対して提出し，法務官に方式書の組み立てを委ねるのであるから，古い時代の訴訟の提起とは，争点決定の本質において，

---

(7) Keller, § 68; v. Bethmann=Hollweg, II. S. 451 ff.
(1) この問題に関しても，非常に多数の文献が存在する。とくに，Keller, Litiskontestation und Urtheil, 1827, S. 1 ff; v. Savigny, System des heutigen röm. Rechts, IV, 1847, §§ 256-301. 最近ではWlassak, Die Litiskontestation im Formularprozess, 1889（in den Festgaben der Breslauer Jurist. Fakultät für Windscheid）.

あきらかに変化が認められ，実際，方式書訴訟における争点決定はもはや訴訟上の行為ではなくて政務官の面前における手続の「仮想の終点」(ideeller Endpunkt)（ケラーが，この意見である）を示すにすぎない，という見解も広まっている。しかし，方式書訴訟は，政務官の機能の本質に変更を加えることがほとんどなかったのであり，それだけ，争点決定の性質を変更することもなかったのである。ただ，適用できる法命題の範囲が拡張され，この拡張の可能性が政務官の裁量に委ねられた。その結果として，国家的に承認された法の適用を監視するという政務官の職務は，暗黙の是認を受けていたのが，明示的に確定されるということに移ってゆかざるをえなかった。自分たちの係争関係を，ある法原則を適用しなければならない判決のもとに服させる，あるいは，争いを止めるという当事者の権利は，訴訟の改革によって除かれたわけではない。反対に，この争う意思の表示は依然として訴訟設定行為であり，争点決定という名前を保持した。争点決定は，いまや，次のようにして行われた。

原告は，被告に対し，自分がどういう請求を提起し，どういう方式書を使用しようとするかを知らせ（訴訟の開示 editio actionis），さらに，政務官に対して，告示において約束された，あるいは，事件の状態に従い初めて新たに形成された方式書（formula od. judicium）を特定して表示し，これを自己に与えよという申立てをする（訴訟の申立て《postulatio actionis》）。この申立てについて，政務官の面前で，方式にしばられない当事者の弁論が行われ，この弁論は，法務官が求められた方式書および同時に裁判上の手続の命令を拒絶するか（訴訟拒絶《denegatio actionis》），それとも，これを与えるか（訴訟の付与，datio actionis, -judicii），のいずれかの結果に導いた。前者の場合には，少くとも，求められた方式書に基づいては訴訟は成立しえず，従って，訴訟設定行為も全然完成しえなかった。後者の場合には，政務官は，すでになされた弁論に従い彼が必要と考えるような形で方式書を作成し，それを原告に交付した。同時に，もし当事者が争おうと欲するならば，争いの弁論はこの方式書に基づいてのみなされうる，という命令がなされた。原告は，方式書を受領し，被告に開示することによって，方式書に対する彼の同意を表示するが，被告は，この開示を異議なく受けることによって，同意を表示した。おそらくは，法律訴訟におけると同時に，方式書訴訟の初期にも，両者の合意を確認するために証人を立ち合わせたのであり，その結果，litis contestatio という名称も，そのもともとの意味を保有したわけである(2)。争点決定によって，当事者双方は，この方式

---

(2) もっとも，この点は争われている。Vgl. Wlassak, a. a. O. S. 69 ff.

書に基づいて，この裁判人の面前で行われる手続に服した。被告が裁判人の面前における手続に服することを拒否したときは，裁判人の面前における手続自体が無効となった。なぜなら，いまや，法務官が原告に対し財産委付（missio in bona）を認め，原告が当初の義務者に対して主張した同じ請求を財団の買主（emptor bonorum）に対して提起できるという効力を生じさせることができた（§ 44，§ 69 参照）にもせよ，そこには，一面においては，まさに間接の強制手段が存したが，他面においては，他の人をもって手続に服そうとしない被告に代えるという処分が含まれていたからである。つまり，訴訟の設定は二面的な1つの訴訟法律行為を要求する。この法律行為は，当事者双方が政務官によって作成された方式書に服することによって成立するのであるが，これが方式書訴訟の争点決定であり，その内容は，両当事者が，彼等の間で争となっている関係については，将来，付与された方式書に基づいてなされるであろう裁判人の判決が基準となるのだ，ということを表示する点にある。

その結果，

(a) 指名された裁判人については，方式書を通じて特定された訴訟を裁判し，しかも，方式書によって設けられた制限を守るべき義務が生じ，

(b) 当事者については，与えられた方式書を基礎とする判決を求める訴訟上の請求権が生じ，これに伴い，他の方式書に基づいて裁判人の面前における他の手続をすることは認められない。

こうして，争点決定によって，この両当事者とこの裁判人を主体とする訴訟法律関係が設定された。しかし，右の(b)に示した消耗（Consumtion）の効果も，争点決定によって生じたのである。

§ 42(3) 消耗効　争点決定の消耗効は，前節で簡単に述べたように，他の方式書，従って，すでに付与された方式書の対象である同一の請求権についての裁判人の面前における他の手続を排除することを内容とする。この効力は，争点決定の法的性質から必然的に生ずるところである。なぜなら，争点決定が純粋に私法的な契約であるとすると，当事者が反対の合意をしてこの契約から離脱し，必要な場合には新たな契約をしてこれに代えることも，何ら妨げないはずである。しかし，この契約は，訴訟法に属している。この契約は，それが，国家によって指名された裁判人に判決をすることを義務づけ，判決をせよという政務官の命令がなされるための条件を作ったことによって，その設定した法

---

(3) とくに，Bekker. Die processualische Consumtion, 1853; Krüger, Die processualische Consumtion, 1864; Eisele, Abhandlungen zum römischen Civilprozess, S. 1 ff. を参照。

律関係のなかに国家を引き入れたのである。同時に，当事者としては左右することができないところの公法上の関係が成立する[4]。つまり，争点決定は，方式書によって特定された，その係争関係については，この方式書によって命ぜられた判決だけが裁判できる，という効果を生じた。「同一事件については再び訴訟がない」(ne bis de eadem re sit actio) という原則，これはすでに法律訴訟においても行われたのであるが[5]，法政策的な考慮に基づいて生じたものでもなく，消耗という法制度の出発点となったものでもなくて，この原則自体が，争点決定の本質からくる単純な結果にすぎなかった。そして，法源が非常に多数の箇所で使用している，「訴権が消耗される」(actio consumitur) という表現は，まったく，事の性質に適合している。というのは，争点決定と同時に，訴権自体が，事実上，使い果されてしまうからである[6]。

その結果，方式書の内容に従って判断されるべき同じ訴訟物については，前の方式書に基づいて判決がなされたか否かにかかわりなく，他の判決を求めることができない。方式書が法定訴訟（iudicium legitimum）において与えられたときは，消耗は，法律上当然に (ipso jure) 生じた。すなわち，請求権は争点決定によって消滅せしめられたから，新たな訴訟においては，争点決定の当時には存在しないもの，従って，裁判人の面前で従前の訴訟を指摘することによって簡単に争いうるものとして，取扱われる。前の訴訟が命令権に基づく訴訟 (judicium quod imperio continetur) であったならば，新たな訴訟では，争点決定完了事項の抗弁 (exceptio rei in judicium deductae) が必要であり，この抗弁は，現実に判決がすでになされた場合においては，既判事項の抗弁 (exceptio rei iudicatae) によって代えられた[7]。

消耗させられた訴えの請求権の代りに，当初の請求権を消耗させた同じ手続によって基礎づけられる，ひとつの請求権が生ずる。すなわち，方式書に表示された私法上の請求権についての判決を求める訴訟上の請求権であり，一方，私法上の請求権をうみ出す私法上の関係は，依然として存続する。この私法上の請求権が相続できないものであった場合でも，訴訟上の請求権は，積極的ま

---

(4) この点については，Engelmann, Der Civilprozess, Bd. 1, §§ 20, 134 を参照。

(5) Gaius, IV, 108. Quintiliani instit. orat. 7, 6.

(6) Baron, Inst. §210, I は，アクチオが「実行される」(effektuirt) というのが正しいのだ，という。これは，本文で消耗効について述べたところからわかるように，不当である。

(7) この抗弁については，とくに，Schwalbach, ZRG (röm. A.), VII, S. 114 ff. ; Eisele, Abhandlungen znm röm C.-P, S. 1 ff.

たは消極的に相続人に移転する。なぜなら、私法上の請求権がきわめて個人的な性質のものであっても、それは、訴訟上の請求権が創られる機縁を与えたにすぎないが、この訴訟上の請求権は、判決によってしか、再び消滅させることができないからである。じっさい、この訴訟上の請求権は、18ケ月という独立の時効（訴訟時効）に服している。ローマ人たちは、この効果を更改（Novation）とよんでいるが[8]、この観念は、債権法においてのみ所を得ることができるのであり、すでに述べたところからわかるように、ここにおいても適当ではない。だからこそ、ローマ法も、更改の性質からくる単純な帰結、つまり、質権も保証もともに消滅させられるという帰結を引き出そうとはしなかったし、また、できなかったわけである。

IV 命令権によって与えられた権利保護

§43 ［一般］ 政務官の裁判権（jurisdictio）によって、つまり、裁判人の面前における手続を命ずることによって、与えられる権利保護は、けっして、あらゆる権利保護の必要を満足させるのに適してはいなかった。というのは、通常の手続では、法務官の面前における手続と裁判人の面前における手続とが分離せられ、裁判人の判決によって終結させられるため、制定法または告示に基礎づけられ、かつ、金銭に評価されうる請求権に対し判決による確定を与える必要だけを充たすものであった。この権利保護制度は、とくに、法律訴訟の支配のもとにおいてまさに不十分であったのだが、その必要とする補完は、政務官の命令権のひとつの分肢のなかに認められた。その分肢というのは、裁判権と併存し、その担い手に対して、法を求める国民に直接に接して、強制の方法で実現できる命令を個人に与える権能を付与するものであった（§7）。すなわち、命令権に属する命令によって、あるいは、一定の行為をなすについての授権がなされ、あるいは、積極的な行為をなすべき義務が科せられた。それらの命令は、あるいは、判決によって確定された権利を実行するという目的に役立ち、あるいはまた、権利保護秩序が判決を求める請求権を与えない場合において、通常の訴訟手続を可能ならしめる目的に役立った。政務官の職権のこの分肢を行使するについて、その担当者は、結局、個々の場合において、自分で審理をし裁判すること（cognitio）を余儀なくされ、それが、この例外を原則に高めようとする訴訟改革のための模範となり、また、それを媒介した。

占有委付（missio in possessionem）、原状回復（restitutio in integrum）、法務官の問答契約（stipulationes praetoriae）および特示命令（interdicta）が、これで

---

(8) Fragmenta Vaticana, 263 …… aut inchoatis litibus novavit. 1, 11 §1 D. de nov. 46, 2.

ある。

§ 44　占有委付[1]（missio in possessionem）は，法務官が，他人の財産の全部または一部の（missio in bona），あるいは他人の財産に属する個個の財物の（missio in rem）占有を許すことである。

　財産の占有委付は，多くの場合において客体保全のために（rei servandae causa）[2]なされる。すなわち，それは，なによりも，財物が費消されないように保全だけをなし，特別の多くの要件がみたされる場合にだけ，その財産の持主に対する債権者に満足を得させるものである。

　この委付の最も重要な場合は，対物執行（Realexekution）である。委付によって，債務者は，その現在のあらゆる債権者のために自己の財産の占有と管理を奪われ，ついで，財産売却（venditio bonorum）が行われ，これによって，売得金から債権者の全員または一部に満足を与える段階に進むのである。（これについては，§ 69 をみよ。）

　第2の，特に重要な場合は，防禦しなかった者，すなわち，法務官の面前における手続において適式な召喚を受けながら出頭せず，あるいは争点決定に協力することを拒んだ者の財産委付（missio in bona indefensi）である。ここでもまた，財産売却が行われ，原告は，財団の買主（bonorum emptor）を相手方として訴えを提起しうることになる。（この点については，§ 77 をみよ。）

　いずれの場合においても，処分の力は，債権者が最後に迂路を経て到達する目標にあるというよりも，むしろ，財産を剝奪するということ，および，財産売却によって破廉恥（Infamie）の汚点をこうむるおそれがあるということが債務者に圧力を加えて，彼に要求された行為をなすことを余儀なくさせる点に存する。直接に満足の目的に役立つのは，人格小減少者の財産委付（missio in bona capite minuti）および相続人不存在の財産委付（missio in bona vacantia）である。前者は，人格小減少者の財産のうち，他人に移転しなかった部分から人格小減少者の債権者に満足を与えようとするものであるが，後者は，無主の相続財産から相続債権者に満足を与えようとするものである。

　さらに，財産委付は，個々の場合においては，間接強制および保全の手段として現われる。たとえば，受遺者がその請求権を当分のあいだ行使することができず，しかも，相続人が受遺者の債権の将来の履行のための担保を任意に供しなかった場合に，受遺者のためにその受遺者の権利を保全するための委付

（1）　Keller, Semestria ad M. T. Ciceronem, 1842, p. 44 sqq. ; Dernburg, Die emptio bonorum, 1850 ; Gallinger, Der Offenbarungseid des Scuhldners, 1884, §§ 2, 3.

（2）　Tit. qua ex causa in poss. 42, 4（1. 1）.

(missio legatorum servandorum causa) や，またある者が現在まだ確定はできないがおそらくは遺産に対して権利を有する場合に，この遺産をかりに占有させるためになされる遺産を管理するための (hereditatis tuendae causa) 委付 (missio in bona ventris nomine, ex Carboniano edicto, furiosi nomine, ex edicto D Hadriani) が，それである。

　財物委付 (missio in rem) がなされるのは，原告が対物的な訴えを提起し，被告が先に述べた意味において防御をしなかった者 (indefensus) である場合である。この場合には，原告に対し，その請求する物を占有することが許され，被告は，この方法で，応訴を促され，同時により有力な自己の権利の立証を促された。

　第2の場合は，未発生の損害賠償の担保 (cautio damni infecti) の設定を拒んだ場合の財物委付である。建物が危険状態にあるために所有者に担保の設定を要求したが容れられない者は，法務官の命令によって，その建物の占有を許され (missio ex primo decreto)，所有者が担保の提供をすべき期間を過ぎても履行しないときは，法務官の第2の処分によって，この建物の財産所有権を取得する (missio ex secundo decreto)。

　ここに挙げたすべての場合において，通常訴訟手続による保護は与えられなかった。第1の場合には，この保護が尽されたという理由からしてそうなのであり，第2の場合には，被告の協力がなければ裁判人の面前における手続がおよそ成立しえなかったからであるが，その他のすべての場合には，法的紛争が全く存在しないか，それが当分の間許されなかったか，のどちらかが理由である。しかし，占有委付の権能は，その側においても，補完を必要とした。なぜなら，委付を受けた者には，その相手方がする抵抗に対して保護を与えなければならなかったからである。この目的に役立ったのは，特示命令 (interdictum ne vis fiat ei qui in poss. missus est) であり，後には，事実訴権 (actiones in factum)，最後には，直接に要求された物の取得を目的とする，いわゆる特別執行 (Spezialexekution) であった。

§ 45　原状回復[(3)] (restitutio in integrum) は，法自体によって作られた状態でその存続が正当でないと考えられるものを，官吏が命令権によって，従前の法律状態に再び戻すことによって，取り消すことである。ここで問題となるのは，法原則を徹底して貫くことによって害 (laesio) を生じた場合，つまり，権利

---

(3)　v. Savigny, System des heutigen röm. Rechts, Bd. 7, §§ 315 ff.; v. Bethmann=Hollweg, II. S. 740 ff.; Keller, §§ 79, 80; Rudorff, ZRG (röm. A.), IV, S. 88 ff.; Bekker, Aktionen, Bd. 2, S. 74 ff.

保護秩序は受けつけないが，特別の救済が与えられなければならない場合（通常の救済《auxilia communia》すなわち訴えと抗弁に対する特別の救済《auxilium extraordinarium》）である。このような救済を与えることができたのは，命令権を帯する政務官だけであった。こういう政務官だけが，具体的な事件において，ひとつの原則を，それが一般的な法規則と矛盾するにかかわらず，国家の欲する法として適用する権能をもっていたからである。原状回復のなされる場合は，確定していなかったし，これを確定することができるわけもなかった。というのは，害が生じたかどうか，また，それが形式的に正確な法適用の結果であるかどうかは，個個の事件の状態にかかっていたからである。だから，政務官は，申請を受けた原状回復について，自由な裁量に従い，彼が原状回復をそれにかからしめた要件をあらかじめ自分で調査したうえで，裁判するのである。この要件というのは，

(1) 法的な不利益で，それを除去するのに通常の法的救済では充分でないもの（laesio）。

(2) 原状回復を与えることを正当と考えさせる原因。原状回復の原因については，民法の叙述にゆだねる。そのもっとも重要なものは，強迫，詐欺，錯誤，未成年および不在であるが，これらの場合だけで他の場合における原状回復が認められないというわけではなく，また，右に挙げた諸原因のうちの一つが存在する場合でも，原状回復を求める請求権が与えられるわけでもなかった。

法務官の行う手続は，さまざまでありうる。原状回復は，法務官が原因の審理（causae cognitio）をしたのち，命令によって，直接に従前の状態の招来という効果を生ずる行為を命じ，あるいは，自ら行うことによってなされることもあり，厳格な法に従えば訴訟が許されないのに，これを命ずることによって，なされることもある。法務官が第1の方法をとる場合，その手段として，法務官は，たとえば命令によって，未成年者の譲渡した物を占有する者がその物を未成年者に返還しなければならない旨を裁判したり[4]，錯誤の結果として不適当に選択され，あるいは作成に瑕疵を生じた方式書を訂正したりする[5]。法務官が第2の方法をえらぶ場合には，法的な帰結に従えば原状回復の原因たる事実のために消滅してしまっているはずの訴権や抗弁をみとめるという手段による。この新たな訴訟は，その場合，回復訴訟とか取消訴訟（judicium restitutorium od. rescissorium）と呼ばれた。

---

(4) l. 13 §1 D. de minor. 4, 4.
(5) l. 46 §3 D. de procur. 3, 3.

第1章　ローマ民事訴訟の史的発展

§ 46　法務官の問答契約[6] (stipulationes praetoriae) とは，法務官の命令に基づいて当事者が締結する問答契約である。その外部的な形は契約であるが，その本質上は，遠まわりながら契約によって権利が与えられるという理由づけをとおして新たな訴権を作ろうとする，法務官の処分であった。

　要式契約として，問答契約は，この目的を達するのに甚だ都合のよい手段であった。そして，問答契約は，この場合に，当然には存在しなかった訴権をつくるという効果を生じ，かつ，この訴権がないと損害が生じるのを避けがたいというのであったから，この問答契約は，担保 (cautio) と呼ばれる。ポムポニウスは，この問答契約を，単に，法務官の問答契約とよび[7] (Inst. III, 16 も，そうである)，ウルピアヌスは，担保の問答契約[8] (stipulationes cautionales) と呼ぶ。問答契約を求める請求権をもつと主張する当事者の申立てにより，政務官は，弁論のために相手方を召喚し，審理して，申立てに理由があるかどうかに基づいて裁判すべく，理由がある場合には，問答契約の締結を命ずる。命令を受けた者がこの命令に従うことを拒む場合には，差押え (pignoris capio) または財産委付 (missio in bona) によって強制することができた。

　こうして，たとえば，未発生の損害賠償の担保 (cautio damni înfecti) および用益権についての担保 (cautio usufructuaria) は，権利保護体系のこの種の補充から成立してきたのである。このいずれの場合にも，アクイリア法 (lex Aquilia) を適用することができなかったから，損害が現実に生じても，その賠償を求める請求権は成立しなかったであろう。問答契約が締結されたときには，問答契約に基づく訴権 (actio ex stipulatu) が与えられた。

§ 47　特示命令[9] (interdicta) とは，当事者の一方の申立てに基づき，法務官が，他方の当事者に対して発した条件付の命令で，一定の行為をなすべきこと (裁決 decreta)，あるいは，してはならないこと (狭義の特示命令) を命ずるものである。特示命令もまた，通常訴訟が果しえない権利保護の必要を満すことを目的としていた。通常訴訟では金銭の給付を命ずる判決だけをもって，これを終ることができたにすぎないため，金銭賠償では満足しないような法的利益は，すべて，不満足なままでおかれねばならなかったから，それだけ，権利保

---

(6)　Schirmer, Über die prätor. Judicialstipulationen, 1853 ; Bekker, Aktionen, II, S. 35 ff. ; Keller, §§ 77, 22.

(7)　l. 5. pr. D. de verborum obligationibus 45, 1.

(8)　l. 1. D. de stip. praet. 46, 5.

(9)　Schmidt, Das Interdiktenverfahren, 1853 ; Lenel, Das edictum perpetuum, 1883, S. 356 ff. ; Pfersche, Die Interdikte des römischen Civilprozesses.

護の必要は満されなかったのである。特示命令は，すでに，法律訴訟の当時に，使用されるようになり，その当時には，おそらく，あらかじめ審理をしたのちに，条件を付けずになされる裁判であった。いずれにしても，特示命令は，われわれの知識が遡る時代においては，条件付の命令として現われている。法務官は，自身では，申立人の主張する事実が正当であるかどうかを審理しない。従って，法務官は申立人の事実上の陳述が真実である，ということを明示の条件として，特示命令を発する。この条件を充たしているかどうかの審理，いいかえると，特示命令の適法性についての判断は，裁判人がすべきものであった。そして，裁判人の面前における手続を可能とするために，誓約（sponsio）がなされる。すなわち，当事者たちは，一定の主張が真実であり，反対の主張が真実でないことを賭けるが，賭け（Wette）は，ここでは，特示命令の事実的な条件に関してなされるのであり，誓約の形式が締結され，この誓約に基づいて，後日，訴えが提起されたときは，裁判人の面前における手続が命じられ，判決が特示命令の適法性という問題を直接に裁判する。

　あらゆる法務官の権利保護措置がそうであるように，特示命令も，告示であらかじめ示された。特示命令によって，ひとは，迅速に，目標に達することができたし，後の裁判人による手続において，仮の処分の事実上の適法性について厳重なコントロールが可能であった，という事情が，特示命令に対して，法のあらゆる分野における広い適用範囲を与えた。ウルピアヌスは，l. 1 pr. D. de int. 43, 1 において，特示命令を分類して，神事特示命令（interd. de divinis rebus）と人事特示命令（interd. de humanis）に分ける。神事についての特示命令は，神物（res sacrae）および宗教物（res religiosae）に関するものである。「人事特示命令は，なにびとかに属するものについての特示命令となにびとにも属しないものについての特示命令（例えば，自由人引渡しについての特示命令）に分かれる。なにびとかに属するものは，公共のものか，あるいは，個人のものである。公共というのは，公共の場所，公共の水道および河川に関するものである。さらに，個人に属するものに関しては特示命令は，相続財産占有回復についての特示命令のように，〔財産の〕総体に関するか，あるいは，不動産占有妨害禁止命令や通行，放牧権，私用物についての特示命令のように，個々の物に関する。」(interdicta de rebus humanis redduntur aut de his, quae sunt alicujus aut de his quae nullius sunt 《z. B. das interdictum de libero homine exhibendo》) ; quae sunt alicujus, sunt aut publica aut singulorum, publica : de locis publicis, de rivis deque fluminibus publicis; quae autem singulorum sunt aut ad universitatem pertinent, ut interdictum quorum bonorum, aut ad singulas res, ut est interdictum uti possidetis

172

de itinere actuque privato.）他の分類根拠に従えば，特示命令は，提示命令（i. exhibitoria），禁止命令（i. prohibitoria），返還命令（i. restitutoria）に分かれ（l. 1 §1. h. t.），最後にまた（l. 2 h. t. におけるパウルスによれば），片面的特示命令（i. simplicia）と双面的特示命令（i. duplica）に分かれる。第1の分類は，可能な特示命令の大多数以外の何ものをも示しておらず，訴訟上重要なのは，他の2つの分類だけであった。提示命令は引渡しを，返還命令は従前の状態の復元を，禁止命令は不作為を求めるものである。片面的特示命令は，一方の当事者の申立てだけに基づいて他方の当事者に対してなされるから，関係人は，原告と被告のように対立することになる。これに対し，双面的特示命令は，両当事者各自の申立てに基づき，他方の当事者に向けられるから，各自が原告でもあり，被告でもある。片面的特示命令のひとつに，暴力に関する特示命令（i. de vi）がある。これは，次のようにいう。「この1年内において，汝またはその家族あるいは代理人は，暴力をもって，某またはその家族あるいは代理人の占有を奪い，かつ，某は汝に対する暴力をもって，または隠秘に，あるいは汝の容仮によって占有したものではないから，汝は返還せよ。」（Unde tu aut familia aut procurator illius illum aut familiam aut procuratorem illius in hoc anno vi dejecisti, quum ille possideret, quod nec vi nec clam nec praecario a te possideret, eo restituas.）占有を奪われた申立人は，ここでは，原告であるにとどまり，また，相手方である侵奪者も，被告であるにとどまる。しかし，不動産占有妨害禁止命令は，双面的特示命令であり，それは，次のようにいう。「汝等が，現在，係争中のかの土地を占有しており，一方の他方に対する暴力をもって，または隠秘に，あるいは容仮によって占有したものではないから，汝等双方が占有を失うに到ることがないために，本職は，暴力の行使を禁止する。」（Uti nunc possidetis eum fundum quo de agitur quod nec vi nec clam nec precario alter ab altero possidetis, quominus ita possideatis vim fieri veto.）ここでは，両当事者に対して，他方の占有を侵害してはならない，という命令がなされている。

　ところで，手続は，次のように構成される。

　特示命令を申し立てようとする者は，通常訴訟において召喚がなされるのと同じ方法で，相手方を法務官の面前に召喚する。両当事者が出頭したときは，原告は，その申立てをし，同時に，方式に拘束されない弁論を開始する。そのさい，被告がその相手方の請求を認諾し，かつ，すでにその履行をなすことを言明した場合には，それ以上の手続は不要であり，特示命令の発付は，なされない。しかし，当事者が争うときは，法務官は真実を，というわけではないが，申立人の陳述した事実が法律上適切であるかどうかを，あらかじめ審理したう

え，特示命令を発し，手続は，一応，終了する。被告が特示命令に従う場合には，手続は，確定的に終了する。被告が特示命令に従わない場合には，手続は，継続される。被告が，当初から，特示命令に従わないであろうことを陳述する場合には，この継続は，なお同一の弁論において行われるから，当初の手続と後続の手続とは外形上の一体をなす。しかし，このことは，継続が新たな弁論においてなされる場合にも，変らない。

その後の手続には，2つの道程がある。

危険のない（sine periculo）手続は，申立人が相手方を召喚し，決定的な事実の調査および特示命令の適法性の判定のために仲裁人（arbiter）が指名され，仲裁約款付方式書（formula arbitraria）が発付される，という内容をもつ。この手続は，明らかに比較的新しいものであるが，後の時代には，おそらく一般的となった。

危険を伴う（cum periculo）手続は，申立人が法務官の面前に召喚したその相手方に，上に述べた賭け（Wette）の支払を求める，という方法で，展開される。すなわち，申立人は，被告側が特示命令の規範に違反する行動をしたことを主張し，かつ，この主張の真実であることが証明された場合に相手方が一定の金額を支払うべきことを要求する。被告は，法務官の面前で，右の条件のもとに支払をすることを，誓約（sponsio）の形式で約束する。しかして，原告も，彼が負けた場合のために，同じ形式で，この金額の支払を約束する（反対問答契約《restipulatio》）。禁止命令の場合に，一定の行為が特示命令によって禁止されているかどうかの点について，当事者間に疑問があるときは，申立人は，その行為が，実際，特示命令によって禁止されているかどうかについての判決を求めることができるために，その相手方に対し，まさにその行為をせよと要求することができた。その場合，この行為は，協定による暴力（vis ex conventu）と呼ばれた。この行為の実行および誓約の履行は，法務官が新たな申立てに基づいて第2次特示命令（i. secundarium）を発し，これによって，事件を特示命令に従わない当事者の不利益に終局的に裁判することができる，という手段によって保障されていた。

誓約および反対問答契約がなされた場合には，これらに基づいて訴えることができるが，いずれの訴訟についても，同一の裁判人が選任され，この裁判人は，ふたつの異った方式書によって指示を受けるのではあるが，単一の問題について裁判したにすぎない。危険（periculum）といったのは，敗訴者の賭金の喪失のことである。

不動産占有妨害禁止命令[10]（interdictum uti possidetis）は，その二重性のため

第1章　ローマ民事訴訟の史的発展

に，特に込み入った手続を生じさせた。ここでは，先に述べたように，各当事者に対して，他方を妨害してはならない旨の命令がなされる。当事者が争う場合，当事者は，誓約および反対問答契約をなす機会が与えられるときに限り，裁判人の裁判を受けることができる。それゆえ，当事者は，特示命令に反する行為が本気でなされていない場合には，仮装のために，協定による暴力（vis ex conventu）を実行しなければならなかった。さらに，特示命令の適法性についての継続の手続において弁論がされる場合には，まず，占有訴訟の係属中どちらの当事者が占有すべきかを裁判しなければならなかった。この裁判は，競売によってなされる。つまり，自己が不利な判決を受けたときに，より高い金額を支払う，と約束する（用益についての担保《cautio fructuaria》）当事者が，訴訟中，占有するのである。この手続を，用益競売（fructus licitatio）という。その後，各当事者は，他方の当事者に対して，誓約を促し（「法務官の告示に違反して，占有者たる予に対して汝が暴力を行使したことが事実であるならば，百金を与えることを誓約するか。」「誓約する。」《Si adversus edictum praetoris possidenti mihi vis abs te facta est, centum dare spondes? Spondeo.》），引続いて，各当事者は他方の当事者に対して反対問答契約を促すのである（「法務官の告示に違反して，予が汝に対して暴力を行使したことが事実でないならば，百金を与えることを誓約するか。」「誓約する。」《Si adversus edictum praetoris tivi vis a me facta non est, centum dare spondes? Spondeo.》）。その後，計4つの誓約ないし反対問答契約に基づき訴えが提起され，あらゆる問題の裁判が単一の裁判人に委ねられる。しかしながら，裁判は，ただ，特示命令の当時に誰が瑕疵のない占有者であったか，という問題に裁判人がいかなる意味で答えるか，ということだけに係っていた。すなわち，この問題につき自己に有利な答えをえた当事者は，法務官の告示に違反した行為はなかったことになるから，約束した誓約金額および反対問答契約金額の支払につき免訴されるのに対し，敗訴の当事者は，その約束した（誓約および反対問答契約）金額の支払をなすべき旨の判決を受けた。用益競売のさい占有を取得した当事者が勝訴したときは，その当事者は占有を保持し，手続は終結される。他方の当事者が勝訴したときは，敗訴の当事者は，占有の価額，用益の価額および最後に用益競売の金額（Licitationssumme），用益についての問答契約（fructuaria stipulatio）の金額を，罰金として支払わなければならない。占有が任意に勝訴者に移転されず，問答契約金額が任意に支払われない場合には，このために，もう1つの訴訟，いわゆるカスケルリアヌム訴訟

(10)　Gaius, IV, 166-170.

175

(iudicium Cascellianum sive secutorium) がなされる。従って，敗訴の不利益は非常に著しい。

　特示命令の訴訟においてもまた，係争の法律問題の間接的判断に達する手段を与えるのは，誓約であり，その抽象的性質の結果として，この手続が与えられるのである。しかし，誓約は，本来の，誓約による訴訟では，それを通して訴訟に達する形式にすぎなかったのに対し（上述，§34参照），ここでは，罰金であった。

第2節　特別訴訟手続と帝政後期の訴訟[1]

§48　［特別訴訟手続］　ローマの訴訟法の展開は，常に，既存の諸制度と結びついていた。法務官の面前における手続（ius）と裁判人の面前における手続（judicium）の分離の廃棄をとおして訴訟が蒙った変容も，出発点となったのは，たんなる命令権に基づいた権利保護制度であって，その命令権の担い手に対して独立の審理と独立の裁判の権限を与えたものであった。政務官のこのような行為〔審理と裁判〕をコグニチオ（cognitio）とよんだ。そして，通常訴訟手続における方式書の付与もひとつのコグニチオを前提としていたので，通常訴訟手続と結びつけられていない政務官の手続のそれぞれが特別訴訟手続（extraordinaria cognitio）とよばれた。しかし，帝政時代には，この名称は，皇帝の立法に基づく場合[2]の政務官のコグニチオで，政務官の宣言によって現実の法的紛争が裁判される場合に限って用いられた。通常の民事訴訟手続（ordo judiciorum privatorum）は，当初は，その適用範囲をせばめられることはなかった。なぜなら，特別訴訟手続（extraordinaria cognitio）は，もともと，法原則の適用よりも，むしろ，社会の倫理観念の事実が問題である法律事件，従って，まさしくこの場合の1つ1つの状態の検討が必要である法律事件においてのみ，許されるものであることが明らかとされていたからである。このような事件を判決するにあたって守らなければならない諸観点を方式書のなかにまとめ上げることは，とてもできなかった。従って，それらの観点を裁判人——裁判人は，まさに，義務と権利を方式書からのみ引き出した——の判断に委ねることができなかった。こういう事件に属したのは，とりわけ，医師，弁護士および教師の謝礼請求権であり，そこでは，有償でなされた自由な労務

　（1）　とくに，v. Bethmann=Hollweg, Civilprozess, Bd. III; Wieding, Der iustinianische Libellprozess, 1865; Muther; krit Vierteljahrsschrift, IX, S. 160 ff. Schultze, Privatrecht und Prozess, S, 533 ff; Baron, Geschichte, §220.

　（2）　Hartmann-Ubbelohde, ordo judiciorum, S. 493.

第 1 章　ローマ民事訴訟の史的発展

(operae liberales) が問題であるため，委任に基づいても賃借によっても訴えることができなかったからであるが，さらに，法律上与えられるべき扶養料についての親子間，保護者と被解放者間の訴訟もそうであり，また，アウグストゥスの規定に従えば特別の事情がある場合にのみ義務とされる信託遺贈の払渡しを求める請求も，そうであった。しかし，だんだんと，それまで裁判所の管轄に属していた事件を特別訴訟手続の方に向けることによって，通常訴訟手続の範囲を制限しようとする傾向に移っていた。

　方式書訴訟をついに消滅に至らせたものは，しかし，政務官の告示が次第にみられなくなったことであったに違いない。政務官の告示は，大量の，裁判上の手続に適用される法原則を，たえず流動させながら，維持してきた。毎年，新たな告示が発せられ，他の告示は，実験済みのものとして維持され，多数の事実と諸関係が，法的な承認を求め，また，これを獲得した。そして，恒常的に繰り返される告示の数が増加し，それが，不十分な市民法とならんで，ひとつの大きな官職法を形づくり，この官職法が，ますます，国民の諸意識のなかで確立され，制定法と対等の地位をもつ法源と考えられた。実際，告示があたかも確定の法原則の完結的な一環をなすかのように，告示に対する注釈が書かれたのも，そのゆえである。しかし，これに伴い，同時に，新たな告示の発布を促すような諸関係の数も減少した。この法発展の結末をついに示したのが，ハドリアヌス帝であって，その手段は，というと，彼は，常に繰り返されてきた告示，つまり永久告示 (edicta perpetua) を法学者サルウィウス・ユリアヌスの手で，ひとつの体系にまとめさせ，同時に，永久告示を確立させたのである (Salvius Julianus edictum composuit)。この労作は，告示の形式をとってはいたが，制定法に高められ，同時に，その後は変更できなくなった。これに伴い，一面において，制定法規定の数，つまり，国家が欲した法で政務官や裁判人が単純に適用すべきものの全体が増加した反面，政務官が個個の場合に適用できる，まさにこの場合に国家が欲した法を知らしめる原則は，減少した。同時に，皇帝の立法が，ますます増大していった。個々の事件における上申に対する訓令のなか，あるいは，一般的な拘束力をもつ告示のなかで，皇帝はいかなる原則が適用されるべきか，従って，何が国家の欲する法であるかを宣言することを引き受けた。官吏の告示権は，なお，当分の間は，永久告示以外でも維持されたが，まったく重要性を失ってしまった。だから，裁判権を有する政務官は，ついには，選任された裁判人に対して，方式書を通じて，裁判人がそれまで知らなかった原則で，それが制定法であるゆえに，この理由に基づいて適用されなければならないものを適用するように命ずることが，まったく，できなく

177

なってしまった。つまり，方式書は，その事件において適用されるべき，その関係の規制のために国家が欲した法の表現としてのその意義を喪失した。294年12月26日のディオクレティアヌス帝とマクシミアヌス帝の勅法[3]において，棄却的抗弁は判決の言渡にいたるまで提出できるから，その主張を懈怠した場合には原状回復（restitutio in integrum）が与えられねばならないということは永久告示に照らし明らかである，という見解を宣明することができたのも，そのためであった。このような見解は，抗弁を方式書のなかで留保する必要はなく，裁判人は，告示に基礎づけられる抗弁を，なんら特別の指示がなくても，斟酌しなければならないのだ，ということが確信されている場合でなければ，右のように「きっぱりと宣明する」（manifeste declarat）ことはできなかったはずである。

　しかし，ひとたび，このような考えが成立したとき，方式書は，余計な時代遅れの制度とみられ，また，法務官の面前における手続と裁判人の面前における手続の分離は，訴訟を遅延させるものとみられないわけにはゆかなかった。この無意義と化した，もはや理解できない方式書訴訟が，そして，これとともに，手続の分離も，いつ形式的にも除去されるかということは，時間の問題にすぎなかった。これを生ぜしめたのは，294年7月18日のディオクレティアヌス帝とマクシミアヌス帝の勅法[4]である。そこでは，従前の意味における裁判人の承認（judicis datio）は廃され，これに対して，州の長官に対し彼に提出された訴訟を自身で裁判することを命じ，ただ，事務が輻湊する場合に補助裁判官（judices pedanei）を選任することが長官に委ねられた。補助裁判官が従前の意味における裁判人（judices），つまり，裁判の権能と適用すべき法規を方式書から引き出す裁判人ではなく裁判官（Richter）であって，州の長官の，審理と裁判の権利を含む裁判権の委託を受けている者であったことは，先に説明したとおりである（§ 15，§ 18）。右の勅法は，裁判所構成法であったが，それがそのまま方式書訴訟をも同時に廃棄することになった。方式書訴訟は，まさに，手続の分離を基礎としていたからである。方式書手続がディオクレティアヌス帝の勅法以後も依然として表面上存続したあらゆる場合については，方式書手続は，コンスタンティウス帝とコンスタンス帝の勅法によって，342年以降，終局的に排除されたが，この勅法をみると，方式書の意義に対する理解がいかに甚だしく消失してしまっているかが同時に明らかとなるのである。

---

(3) 1. 2 C. sent. resc. 7, 50.
(4) 1. 2 C. de ped. jud. 3, 3.

第1章　ローマ民事訴訟の史的発展

すなわち，「ことごとくの訴訟に附着する，分節への拘泥による方式書は，全面的に廃止される(5)」(juris formulae aucupatione syllabarum insidiantes cunctorum actibus radicitus amputentur.) といっている。

§ 49　［特別訴訟手続がアクチオ体系に与えた影響］　このようにして，いまや，特別の手続が正規の手続となった。それにもかかわらず，とくに皇帝の法について，特別法（jus extraordinarium）という名称が維持され，これに対して，市民法および法務官法は，通常法（jus ordinarium）と呼ばれたし，特別訴訟手続における訴えは，訴追（persecutio）と呼ばれたが，この名称も保有された。しかし，アクチオ（actio）ということばは，その後，法によって与えられた私法上の請求権をさすことになった。このことばは，もともとは，法律訴訟（legis actio）と同義であったし，従って，訴訟上の経過をさすものであったのだが，そして後に，方式書訴訟においては，非常にしばしばjudiciumと同じに使われたので，法務官は，formulam dabo, judicium dabo, actionem dabo という各表現を同義に使用することができたのであるが，いまや，このアクチオということばは，方式書の付与を求める請求権から，もし方式書訴訟手続がまだ存続していると仮定すればこの方式書のなかに表示されるであろうところの請求権に転用されるにいたった。エクスケプチオ（exceptio）ということばも，方式書とひとしく方式書における留保ということももはやないことになってからは，その本来の意味を失わないわけにはゆかなかった。このことばも，いまや，方式書があると仮定すれば，抗弁の形で表現されるであろうところの，その実体法上の関係を意味する。方式書訴訟に関連する，固有の訴訟（actio directa）および準訴訟（actio utilis）という区別，および法に基づく訴訟（actio in jus concepta）と事実に基づく訴訟（actio in factum concepta）の区別も，無意義となった。また特示命令手続も，特別の訴訟種類としては，消滅した。なぜなら，各個の場合について，あとで誓約および原状回復を媒介として裁判人の裁判を得るために法務官の具体的な命令あるいは禁令を求めることは，今後は，もはや必要がなく，告示において約束された特示命令は一般的な法命令となったから，一定の行為が告示に違反する場合には，その行為につき相手方を非難する者は，特示命令に関する告示の規定によって相手方に対して向けられた私法上の請求権を与えられるので，ただちに，特示命令に基づいて（ex interdicto）訴・・・・・・・・・・・・・・・・・・・・・・・・えを提起することができたからである(6)。さいごに，新しい手続では，裁判

（5）　l. 1 C. de form. 2, 57.
（6）　われわれは，現在でも，もし方式書訴訟がなお存在するならば一定の方式書の付与

179

人は過多の請求（plus petitio）については，もはや，命令に拘束されない——その命令では，所与の金額の支払を命ずるか，一般的に原告の敗訴をみとめるかのいずれかが裁判人に命じられていた——がゆえに，請求の全部を却下するということは，もはや生じえなかった。

§ 50 ［新訴訟の本質］ 新手続は，単一の手続であったが，その本質は，裁判人を方式書から解放するといった点にあるのではなしに，政務官に判決によって裁判する権能を与えた点にある。歴史的な発展が，それを望んだのであった。なぜなら，新手続は，政務官の命令権のなかにその出発点をもっていた。そして，通常訴訟手続に適しない多数の事件において，政務官自身が審理し裁判することが許され，それどころか命じられた場合には，この手続の適用可能性の拡張が既存の手続と結びつき，政務官の権限の拡張に導いたのは，当然のことにすぎない。実際，この政務官だけが，国家の欲する法が適用されることに対する必要な保障を与えたのであり，国民の間から選ばれ，命令を示す方式書から解放された裁判人が，この保障を与えることは不可能であった。裁判権を有する政務官の職務が過重となる危険を防いだのは，員数の増加と，先に述べた裁判権の委託の許可であった。

手続そのものは，方式に縛られていなかった。自己の要求を政務官に提出する原告の申立てに基づき，政務官は，被告の召喚（evocatio）を命じる。定められた日時に両当事者が出頭したならば，両当事者の攻撃防禦方法が口頭で提出され，論議される。政務官は，証拠調べをし，終りに，命令（Dekret）によって裁判する。この命令は，いまや，政務官が judex（裁判官）と呼ばれるのを常としたところでは，sententia（判決）と呼ばれたが，行為（facere）を目的とする請求権の場合に金銭の給付を命じたほかは，つねに要求された給付そのものをなすことを命じたのであり，これに基づいて直接の特定執行（Spezialexekution）ができた。

§ 51 ［訴訟告知］ 第4世紀には，そして，第5世紀の初めでもまだ，訴訟告知（litis denuntiatio）が，原則的な訴訟開始形式であった[7]。訴訟告知は，

> に到らせるような私法上の請求権が何某に帰属していると考える場合に，何某が廃罷訴権（actio Pauliana）をもつ，とか，プブリキアナ訴権（actio Publiciana）をもつ，と簡単にいう習慣がある。同じように，ひとが，昔なら不動産占有妨害禁止命令（intedictum uti possidetis）の発付に到らせるような請求権を有するということを短くいうために，彼には不動産占有妨害禁止令がある，という。

（7） Baron, Abhandlungen aus dem röm. Civilprozess, III, Der Denunciationsprozess, 1887; Kipp, Die Litisdenunciation als Prozesseinleitungsform im römischen Civilprozess, 1887. この両者は，ほとんどすべての点において，反対の結論に達している。

第1章　ローマ民事訴訟の史的発展

原告の私的な一方的行為であり，第1回の弁論の通知と，原告がその弁論において提起しようと意図する請求の告知とを内容とする。第1回の弁論は，訴訟告知の日から4月を経過したとき（または4月以内）に開かれる。訴訟告知の効果は，特に注目する価値がある。原告については，訴訟告知は，拘束的である。なぜなら，原告が期日に欠席したときは，1回だけは期間の更新によって新期日を求めることができるが，新期日に欠席したときは敗訴するからである。被告が出頭しなかったときは，おそらくはもう一度同じ召喚をしなければならなかったようであるが，再度の召喚も無視されたときは，通常の欠席手続（Contumacialverfahren）が続いて行われた。この制度がいつできたか，また，それがどのような特別の権利保護の権利に役立ったかは，知られていない。ユスティニアヌス帝の当時には，この制度は，もはや，存在しなかった。さらに，訴訟告知と結びついて通常の訴訟手続とちがった訴訟手続が行われたことも，認められない。訴訟告知は，むしろ召喚の1つの種類に過ぎなかったのである。

§52　指令訴訟　当時の特徴的な現象は，いわゆる指令訴訟（Reskriptsprozess）であった[8]。永久告示録の編纂のころまでは，直接に皇帝に対し法的紛争の裁判を求めて請願することが許されていた。その場合には，皇帝は，係争事実の探知を命じ，その発する命令によって紛争を裁判するか，あるいは，裁判に当たって問題となる事実および適用されるべき法原則だけを示し，この事実の認定とこの原則に従う裁判を自己の選任する裁判官または他の管轄裁判官に委ねるか，のいずれかを行った。皇帝の裁定は，epistola, rescriptum とよばれ，請願者（preces, supplicatio, libellus principi oblatus）の提示した事実が真実であるということを前提とした。それゆえ，被告は不真実の異議（praescriptio mendacii）をもつ。つまり，被告は，原告が真実でない事実を主張している旨（praescriptio obreptionis），あるいは，真実を秘匿した旨（praescriptio subreptionis）の異議を申し立てることができた。

　その手続は，特別訴訟手続のそれであった。手続は，原告が受託裁判官に〔皇帝の〕指令（Rescript）を手交することをもって開始され，召喚には，指令の謄本が添えられた（指令告知《editio rescripti》）。

　現在では，われわれにほとんど馴染みのない，この制度は，裁判を委ねられた裁判官に対し，適用すべき法原則を，国家の欲する法について監視する権能と任務を有する地位にある者から教示させる，という慣行から説明がつく。いまや，このような地位にあるのは，皇帝であった。それゆえ，政務官の告示権

---

[8]　v. Bethmann=Hollweg, III. S. 350 ff.; Puchta, §178; Baron, Geschichte, §220 IV.

第2編　ローマの民事訴訟　第2部

がますます重要性を失っていった時期において，実定法に従い容易に裁判できない事件に当って，新たな法規が一般的な拘束力を伴って宣言されえたところに直接に赴いていったことは，当然のことにすぎないように思われる。この時期における私法の発展は，実際，ほとんど排他的に，皇帝の指令に負うている。皇帝の指令は，参議院（consistorium principis）によって準備された。こうして，政務官の告示権は，皇帝の司令権と入れ替わり，方式書は勅書（epistola）と替わったが，一方，国家の欲し，かつ，承認した法原則を維持するという観念は変わらずに存続した。

§ 53　［ユスティニアヌスの書面訴訟］　第4，第5，第6世紀に，訴訟制度の各個の点を規制する皇帝の制定法の影響のもとに発展し，今日では書面訴訟[9]（Libellprozess）の名称でよばれている手続は，ユスティニアヌスがこれに与えた形において，われわれに対し，高い重要性をもち，強い関心を呼ぶ。なぜなら，これこそ，訴訟法のその後の発展の基礎となったものであり，今日のドイツにおける現行訴訟法と，主な諸点において相似しているからである。

　書面訴訟という名称は，訴訟の基礎である，書面による訴え，つまり訴状（libellus conventionis）からきている。訴状には原告が署名するが，この訴状は，主張された請求権を充分に表示すべきものである。といっても，請求権の種類を技術的に示す必要はなかったが，この方法で特定することをしない場合には，少くとも，請求権を基礎づけ，同時に特徴づける事実を示さなければならなかった[10]。訴状は裁判官に提出され，裁判官が，これを審査した。訴状に記載されたところだけからしても請求に理由がないことを裁判官が認めたときは，ただちに，訴状を却下する。そうでない場合には，訴状は，期日のための召喚と同時に，裁判所の下級官吏によって被告に送達される。期日には，訴訟要件の欠陥を理由とする異議が論じられることもあり，これに続いて，法的紛争の口頭弁論が行われる。口頭弁論は，一体性をもつ。判決があるまでは，新たな攻撃防禦方法を主張することができる。訴訟段階は，この手続では，存しなかった。証拠調べは，判決裁判所によってなされる。裁判官の判決（sententia judicis）は，書面をもって作成され，当事者の面前で朗読したのち，その謄本を送達する。

　従って，この手続は，書面を基礎とするその構成や口頭主義，弁論の一体性および段階の欠如といった点で，方式書訴訟の当時における，裁判人の面前に

（9）　§ 48 で挙げた文献を参照せよ。
（10）　Consultatio veteris cuiusd. iurecons. V, 7. 1. 2 C. form. 2, 57.

おける，手続に似ている。ここでは，この手続の争点決定だけについて，もっと説明を加えなければならない。

§ 54 ［争点決定］ 手続の分離が捨てられたと同時に，争点決定も(11)，その従来の意義を失わなければならなかった。争点決定は，それまでは，特定して表示された法的紛争を判決によって裁判してもらう，当事者の二面的な意思表示であったのであり，争点決定がなければ，裁判人の面前における手続や判決を求める請求権は成立しえなかった。なぜなら，争点決定がなければ裁判人の裁判を必要とする法的紛争はなかったわけである。ところが，いまや，裁判人を選任する必要は，もはや，なくなった。裁判官がその職権によって判決すべく義務づけられていたからである。そして，国家の意思を告知する官吏によって国家の欲した法を守るという必要は，もはや，なくなった。この官吏が裁判人になったのであり，その職務上，与えられた法を適用する義務を負っていたからである。判決を必要とする紛争が存在するかどうか，という問題についての裁判なり，この紛争を国家の承認した法規に従って裁判せよ，という命令をするための機関は存在しなかったし，また，その必要もなかった。こういう裁判は，裁判官自身だけがなしえたからである。そして，裁判官に申し立てることによって，それだけで，裁判上の手続が与えられた。訴えを受けた裁判官は，期日指定と被告の召喚によって，判決への第一歩をふみ出した。その後，あとになってから，訴えが訴訟関係をつくることができなかった，ということが分かる場合もあったが，訴えがこの効力を有したときには，訴訟関係もまた，一方的な訴提起だけで，設定されたのであり，この行為に当たっての被告の協力は，もはや，必要がなかったのである(12)。

しかしながら，訴訟関係が二面的な行為によって設定される，という観念が，まったくなくなったわけではなかった。争点決定は，以前の訴訟におけるもっとも重要な，当事者の行為であったのであり，そのゆえにこそ，新しい訴訟においても，争点決定になんらかの場所が与えられねばならなかった。感情のうえでもっともといえるが，ひとは，従前の手続形式に依存しない，争点決定の本質を，当事者が争う意思を表示する行為のなかにみた。両当事者のこういう意思が表明されたならば，訴訟および判決への道が開けたのであり，新たな訴訟においては，この意思が裁判官の前で表示されたときに，裁判官による紛争の審理と裁判を避けえないことについての確実性が裁判官に明瞭となるので

---

(11) Endemann, Magazin für das deutsche Recht der Gegenwart, Bd, 5, S. 177 ff.; v. Bethmann=Hollweg, III. S. 51 ff., 300 ff.

(12) この点については，Engelmann, Der Civilprozess, Bd. 1, §48 を参照。

あった。従って，争点決定が，当事者がその実行によって裁判官に彼らの争いの意思および判決によって紛争を解決してもらいたいという要求を表示する，その訴訟行為に置き換えられたのは，きわめて当然のことであったわけである。202年のある勅法（l. un. Cod. de litis contest. 3, 9）が，次のようにいうのも，右の意味がある。「一方の申立てだけがなされても，あるいは，訴訟の種類が争点決定前にわかっていると考えられる場合にも，事件が争点決定を完了したとは認められない。なぜなら，弁論のあいだに決定されかつ生ぜしめられた訴訟がおおいに重要だからである。なぜなら，争点が決定されたと認められる時点は，裁判官が，相反する主張によって事件の審理を開始したときであるから」（Res in judicium deducta non videtur, si tantum postulatio simplex celebrata sit vel actionis species ante judicium reo cognita ; inter litem enim contestatam et editam actionem permultum interest. Lis enim tunc videtur contestata, quum judex per narrationem negotii causam audire coeperit.），つまり，両当事者が係争関係じたいについて弁論したときだから，というのである。ユスティニアヌスより発している l. 14 § 1(4) C. de jud. 3, 1 に，「さらに，事件の弁護士たちは，……主張が提示せられ反駁が対抗せしめられた後，争点が決定されたであろうときには，……宣誓をなす」（Patroni autem causarum …… cum lis fuerit contestata, post narrationem propositam et contradictionem objectam……juramentum praestent.），とあるのも，同じように解される。最後の箇所からすれば争点決定の時点は，本案そのものに関する当事者の陳述の終了のとき，と考えざるをえない[13]。

　争点決定は，従って，本質的には，従前にそうであったものと変りはなかった。つまり，相互間に存在する法的紛争を（当の裁判所のなす）判決によって裁判してもらう，という，両当事者のなす意思表示であった。しかし，この意思表示は，その形式において，もはや，厳粛なものではなく，また，明示的なものでもなかったのであって，なされた応訴の事実から推測されたものであった。従前と同様，争点決定の効力は，争いの意思に矛盾する行為を排除する点にあったが，訴訟関係を設定するという効力は，もはや，争点決定にはなく，訴訟関係の存在を確認するという効力だけがあった。訴訟関係の成立をみたのは，訴えの提起という一方的行為によってであった。従って，原告は，自己がつくった関係を訴えの取下げによって再び解消させる可能性をもった[14]のに

---

(13) Muther, krit. Vierteljahrsschrift, IX. S. 178 参照。
(14) 1, 5. § 1 C. de fruct. et lit. exp. 7, 51：「……あるいはまた，原告が訴訟を捨てたであろう……」（…… aut actor litem destiterit.）。Nov. 112 c. 2 も，違ったことをいっているのではない。なぜなら，それは，訴えの取下じたいを禁じることなく，訴の取下げの効

第1章 ローマ民事訴訟の史的発展

対し，被告は，相手方によってつくられた関係から一方的にぬけ出すことはできなかった。いまや，一方において訴状送達が，他方において争点決定がもつにいたった意義を正当に評価するにあたって，争点決定の実体法的効力は，訴状送達の行為に移しかえられた。訴状送達が，いまや，時効中断，訴えの相続，被告の遅滞，および，訴の対象が拡大した場合にその給付をなすべき義務を生ぜしめるものとなった。

しかし，訴権の消滅もまた，もはや，争点決定の効果ではなかった。なぜなら，争点決定完了事項の抗弁（exceptio rei in judicium deductae）は，ユスティニアヌスの法には受けつがれず，いまや，確定判決によって解決された請求の再度の提起に対して，既判事項の抗弁（exceptio rei judicatae）における保護が与えられる。原告が欠席する場合には，被告は，切迫状態からの解放（absolutio ab instantia）を求めることができたが，これによって，原告の請求権を理由のないものと決めるのではなくて，ただ，被告が訴訟の厳守から（ab observatione judicii），つまり，訴訟を続行する義務から解放されただけである。訴えが延期的抗弁によって却下された場合には，それにもかかわらず，後になって，新たに訴えを提起することができる。原告が多数の共同債務者のうちの1人または主債務者と争点決定をしたときでも，他の共同債務者なり保証人に対する請求権は，それにもかかわらず依然として存続したが，以前には，この請求権は直ちに消滅したのであった。自己の計算における訴訟代理人（procurator in rem suam）として選任した者に債権を譲渡することは，もはや，不可能であった。なぜなら，争点決定は，当初の主体に対する請求の関係を，なんら，変更するものではないからである。これに反して，主張された請求権の存否は，争点決定の時点を基準として裁判する，という原則は，維持された。また，この時点以後に生じた事実が争点決定の当様に存続した訴権の瑕疵を治癒することはできなかったのと同様に，事後的に訴権が消滅しても，被告に給付を命ずる決定をする妨げとはなりえなかった。ただ，最後の点だけについては，すでに，ガイウス（IV, 114）の当時に，あらゆる訴訟が免訴されうる（omnia judicia esse alsolutoria），すなわち，争点決定後に原告の請求権について履行があった場合には被告免訴の判決がなされる，という，サビヌスの意見が行われていた。

果だけを確定しているのだからである。

185

第2章　ローマ訴訟法の体系

第1節　民事訴訟法と他の領域との限界

§ 55　［民事訴訟と刑事訴訟］　われわれにその知識が与えられるような時代には，民事訴訟と刑事訴訟との対立が明瞭に意識されていた[1]。

　民事訴訟は，市民が他の市民に対してもつ，法律によって基礎づけられた権利をこの市民に対して主張する場合においてのみ，行われる。なぜなら，この場合にのみ法律訴訟（legis actio）が与えられるからである。被告が彼の側でした不法によって相手方の攻撃を誘発したことは，民事訴訟の要件ではない。つまり，訴えは，権利の主張にとどまり，それ自体，不法の非難をふくむものではないのである。

　これに反して，刑事訴訟は，不法がなされ，それによって，国家だけが，あるいは，私人とならんで国家も被害を受け，国家の側からこれに非難をくわえる場合に行われる。ここで問題なのは，一方の側の権利，他方の側の法律上の義務だけでなくて，なされた不法の事実なのである。

　従って，民事訴訟は，ふたりの相互に争う当事者を前提とするのに対し，刑事訴訟では，およそ，当事者なるものは存在しない。また，民事訴訟では，国家は，当事者間の仲裁人として登場し，紛争が国家の承認した法規範に従って裁判されるという利益だけをもつのに対し，刑事訴訟では，国家は，国家自身に対して向けられた攻撃に対し，自己の手中にある権力手段をもって防御するのである。

　特定の行為方法が私人の利益だけを侵害したか，それとも，国家がそのなかに公共に向けられた攻撃をみいだすかは，私的な利益と国家的な利益との境界についての，その当時の見解に係っている。ローマ法は，国家的に保護された法益に対して向けられた積極的な行為であって，今日のわれわれには法秩序自体に対する攻撃と思えるような，そして，ローマ法自体も delicta とよんでいるところの，一連の行為を，私法上の侵害と考えた。それらは，被害者に対して，賠償，多くは金銭の支払を求める権利を与えたが，その額は，普通，加えられた財産損害を超え，単なる賠償手段にとどまらず，刑罰手段として役立つ

---

[1]　v. Bethmann=Hollweg, I. S. 93 ff. II, S. 180 ff.; Mommsen, röm, Staatsrecht, 3. Aufl., I, S. 136, 162.

た。いわゆる不法行為（delicta privata）が，それである。帝政時代には，これらの場合に，私的な罰とならんで，公的な刑罰[2]が，従って，刑事訴訟が現れた。

　刑事訴訟の手続は，じっさい，民事訴訟とは，根本的に異なっており，訴にかかわらず，職権で開始され，事実および行為者の職権探知を内容としていた[3]。しかし，いわゆる査問訴訟（Quästionenprozess）の手続は，民事訴訟の手続に接近している。ただ，査問訴訟においては，（共和政末期）の刑事訴訟法（leges judiciorum publicorum）に挙げられた一定の諸場合についてだけであるが，その他の場合には通常の原則である職権主義に代えるに不告不理の原則をもってし，これによって，手続の開始は，私人の訴えにかからせられた。民事訴訟への接近は，裁判人が判決を下すという点にもみられた。いずれにしても，民事訴訟との対立は，依然として認識せられ，この対立自体も守られた[4]。帝政時代には，この対立は，再び，純粋に行われるようになった。

§ 56　［訴訟と行政］　民事訴訟の本質を構成するものについての，この同じ明確な認識が，行政に対する訴訟法のするどい限界づけにも導いた[5]。

　ゲルマン人が権利，および，従って自己の自由の限界を，自己自身の意識のなかに見出したのに対し，ローマ人は，国家をあらゆる権利の権化とみ，国家の意思を法の強制的命令とみた。個人の自由は，国家がその義務命令をもって乗り越えようとしない限界のなかにおいて，初めて始まったのであるが，ゲルマン人にあっては，共同体は，個人が共同体に与えようと欲した権力だけをもつにすぎないのである。それゆえ，国家権力の担い手は，ローマでは，国家の利益において必要と彼が考える，あらゆる命令をなし，彼のこの命令を強制（coercitio）の方法で実現することができるものとみとめられた[6]。個々の官吏がその権力を濫用し，そのために，任期の満了後に弁明を求められる危険にさらされている場合でさえ，彼の命令は，任期中は，やはり，国家の意思の表現であったし，従って，正当なのであった。このように，何といっても原理上は，

（2）　l. 3 D. de priv. del. 47, I ; l. 92 D. furtis 47, 2.
（3）　Zumpt, Der Kriminalprozess der röm. Republik, 1871; Mommsen, röm. Staatsrecht, III, S. 354 ff.
（4）　現在のドイツにおける附帯私訴手続も，純然たる刑事訴訟である。
（5）　v. Bethmann=Hollweg, I. §30, II, §81; Mommsen, röm Staatsrecht, I, S. 136, 169 ff.
（6）　Mommsen, a. a. O., S. 138.「強制は，政務官がその権限内でなした命令に服従しない者に対する，官吏ならびにその同僚の正当な自力救済である。なにびとかが政務官の職務の執行を妨害し（in ordinem cogit），あるいは，言語や行為をもってその人格を傷つける行為も，不服従と同視される。」

第2編　ローマの民事訴訟　第2部

国家生活，法生活の全体がそれ自体で無制約的な国家の命令権に服していた。しかし，この国家的な命令権は，じっさい，国家の権利においてのみ成立し，国家の利益が尽き私的利益が始まるころにその自然の制約を見出したに違いがなかったし，「ローマ人の国家の関係」(status rei Romanae) だけが国家の領域に属し，「私人の利益」(privatorum utilitas) は，国家の活動範囲外にあった。この私人の利益，つまり，私権に関する事件においては，国家の利益は，法が宣言されること，および，裁判にあたっては国家の承認した法以外のものが適用されないこと，に限られた。従って，裁判所 (judicium) の命令は，国家の行政行為であり，裁判でなかったのである。裁判そのものは，国家が介入を欲しない係争当事者の私益に役立った。しかし，判決がなされたときは，執行に対抗する障害を自らに委ねられた権力によって取り除くことは，国家の仕事なのであった。

　この対照は，ローマの国家生活の一連の諸現象に説明を与えてくれる。

　なかでも，この対照によって示されることは，裁判の行われるのが，かの私人の利益の領域に属する請求権を国民が他の国民に対して行使する場合に限られていたに違いがないということ，しかし，このような請求権が作られたところでは，たとい，それが将来の請求権としてつくられた場合でも，常に裁判がなされたにちがいないということである。それゆえ，命令権に基づき，国家権力の行使を含み，権利保護に役立つ，官吏のこの処分は，総て，国家の行政行為であった（上述，§ 43 以下参照。）他面において，誓約 (sponsio) という法形象が公法のあらゆる問題を裁判官の判決の対象にする可能性を与えたのであり，2人の市民の見解の相違を，誓約という形式の衣をまとった賭けの対象とし，この賭けの履行を求めて訴えることを必要としたわけである。

　さらに，特別訴訟手続は，行政権の作用にすぎなかった。実際，この手続を終結する判決は，sententia と呼ばれないで decretum と呼ばれたが，この呼び名だけからしても，特別訴訟手続が行政官の処分にほかならなかったことが分かる。この行政的な特別訴訟の許される場合がますます多数になったときに，行政官がその処分の実行のために用いる強制手段も，この特別訴訟に移し込まれ，民事訴訟の強制執行法も変容されるに至った。その後，特別訴訟手続が正規の民事訴訟に昇格し，それまで行政官であったものが裁判官になり，裁判官の職務も，原則として，行政を執り行う同じ者に託されるに至ったとき，そこに生じたものは，裁判と行政との相互の密接な関係であった。しかし，この当時には，すでに，法は，非常に高度の学問的完成に達していたので，私法と公法，民事訴訟と行政という，法意識に固く根をおろした対立は，もはや混乱さ

188

第2章　ローマ訴訟法の体系

せられることはありえなかった。皇帝が民事訴訟を自身で裁判する権利を異議なく自らに与えて行使したことは，決して，右に述べたことの反対の証拠となるものではない。なぜなら，国家権力は，何から何まで，皇帝の手に移っていたからである。いまや，裁判官も官吏となり，その職務として，国家権力の一部を行使したので，皇帝は，あらゆる裁判官のうちの最高の者と考えられ，個々の事件を管轄する裁判官に代えて自分をおく権能をもたなければならなかった。この点に司法の独立の重大な危険があったわけであるが，このことは，当時には，あまり，重大に感じられなかったかも知れない。

また，国家的な仲裁人制度は，国家に対し同じ遠近関係に立つ2人の者の事件が問題である場合，つまり，国家には無縁な法事件を国家の介入によって解決すべき場合にのみ，作用しえた。双方の側の権利主張を慎重に考慮し，厳格な正義をおこなうことが必要であったのは，右の場合だけだったのである。これに反して，ローマ国自身の事件が問題である場合には，この国家の一方的な利益によって決することができた。国家の一方的な利益をまもることを，国家と無関係に対立する人々に委ねることはできず，その仕事には，専ら，国家自身の機関が当った。それだからこそ，国家の司法行為に基づく請求権が主張され，従って，私人の利益が共同体と対立する場合においてさえ，行政の方法で審理，裁判がなされた。

最後に挙げた場合において，一方的に，国家の利益が強調されるのと同様に，他の場合において，国家は，公共の利益の保護のために，私人の援助を受けた。公共の利益が個人の私益と一致することは稀ではない。こういう場合に，ローマ法は，市民の各自に，いわゆる公共訴権（actio popularis）を認めた。特に，境界移動に関する訴権（actio de termino moto），流出投下物訴権（actio de effusis et dejectis），据置吊下物訴権（actio de positis vel suspensis），墳墓荒掠訴権（actio de sepulcri violati）が公共訴権に属するが，新工停止告知（operis novi nuntiatio）もまた，公権保護のために（publici juris tuendi causa）これを提起することができる。これらおよび同様の諸場合において訴訟を許容することは，今日の見解に従えば行政官憲の干与に服するところであるが，ただ，原告が彼の側で一定の状態の維持または除去について有する私的権利によってのみ正当化された。だから，多数の市民のなかの誰の訴えを許すかを決したのは，申立人が重要な自己の権利を有するかどうかという問題であった。

§ 57　[非訟事件]　私法関係の形成に国家が協力するという余地は，古代の法生活では，全くなかった。これは，契約当事者の私事なのであった。ローマ市民の契約だけが，一般的な公的な利益を享受した。しかし，法律訴訟による

189

訴訟手続が両当事者の欲した法効果を確定的に生ぜしめることに必要な方式を与えた。権利を取得したいと欲する者は、この権利の主張をひっさげて政務官の面前における訴訟に登場し、この権利を譲渡したいと欲する相手方は、これに異議をとなえず、法務官は、こういう場合に裁判人の面前における手続を命じることはできないが、請求された権利が原告に属することを認める裁判をする。こうして、対物神聖賭金式法律訴訟は、所有権その他の物権の移転のために利用され、この場合には、法廷譲与（in jure cessio）とよばれた。実際、法律訴訟は、訴訟方式としては、排除されたのちも、ながく、非訟行為の方式として維持されたのである。

後には、仮装訴訟の強制は捨てられ、関係人が法律行為的な陳述をそのために特に設けられた政務官の面前ですることによって、非訟行為たる本質が外部的にも表現されるに至った。

第2節　民事訴訟法の諸原則

I　法律関係としての訴訟

第1　訴訟の主体

1　裁判所官庁[1]

§58　［管轄］　訴訟法律関係が成立するための条件をなすものは、当の事件について管轄権を有する裁判官への申請、つまり、法務官の面前における手続と裁判人の面前における手続の分離の時代には、当の事件に対して管轄権を有する裁判人の面前における手続を命ずる権限を有する政務官の申請である。

ローマ共和政の最高政務官の土地および事物の管轄は、もともと、無制限であった。しかし、市民掛法務官（praetor urbanus）の管轄権は、土地的には、ローマ市内（ager Romanus）にかぎられたが、事物的には、引続き無制限であったに違いない。外人掛法務官（praetor peregrinus）の管轄権は、もともと、ローマに居住する外人にかぎられたが、共和政の最後の時期には、ローマのものとなったイタリア全土に拡張された。地方長官（Provinzialstatthalter）は、その地方についてのみ管轄権を有し、都市政務官は、その都市およびその領域についてのみ管轄権を有した。帝政期には、管轄の限界が事物的にも土地的にも十分に確立された。

土地管轄を決定するものは、被告の生地（origo）、つまり、一定の都市共同体における彼の市民権であった。生地裁判籍（forum originis）は、従って、被

（1）　v. Bethmann=Hollweg, II. S. 114 ff.

告がその市民であるところの都市に対して管轄権を有する裁判所をさす。都市には，これに属する地域があったから，この地域に所属する者は，通常，地区都市の市民であった。ローマ市民権が一般化されたとき，各ローマ市民は，ローマに生地を有したから，これをローマで訴えることができた。彼が，そのほかに，他の都市において市民権を有した場合には，彼は訴えに対して，事件を彼の故郷の裁判所に移転する権利（jus domum revocandi）を与えられた。

　生地裁判籍と競合するものは，被告の住所地の裁判籍（forum domicilii）である。

　この被告を相手方として係属するあらゆる事件の管轄が，この両裁判籍に存する。特別の事件については，特別裁判籍があった。契約の裁判籍（forum contractus）が，それで，被告が契約の履行をなすべき地を管轄する裁判所は，その履行を求める訴えにつき管轄権を有する。さらに，管理の裁判籍（forum gestae administrationis）もそれで，財産管理が行われている土地を管轄する裁判所は，この管理より生ずる訴えにつき管轄権を有し，また，不法行為地の裁判籍（forum delicti commissi）では，不法行為のなされた土地を管轄する裁判所が，不法行為の訴えにつき管轄権を有し，物所在地の裁判籍（forum rei sitae）では，物の所在地を管轄する裁判所が，この物に関する対物訴訟につき管轄権を有する。

　そのままでは管轄権を有しない裁判所が，合意によって管轄権を有するに至ることも可能であった。合意は，訴えが提起された裁判所の無管轄を知りながら異議なく争点決定をしたという事実によって，明らかになった[2]。

　管轄権を有しない官吏によってなされた訴訟行為は，無効である。

§ 59　［裁判官の中立と能力］　裁判人となりえたのは，この職務に就く能力を有し，当事者によって理由をもって忌避されない者だけであった。能力を有しないのは，法学者パウルスの表現に従えば，「天性によるもの，聾者，啞者，精神錯乱の常況にある者および未成熟者。判断力を有しないからである。元老院の定めた法によるもの。慣習によるもの，女性と奴隷。判断力を有しないからではないが，公の職務が果されないゆえに除外されているからである。」[3] (natura surdus, mutus et perpetuo furiosus et impubes quia judicio carent ; lege qui Senatu motus est ; moribus feminae et servi, non quia non habent judicium, sed quia receptum est, ut civilibus officiis non fungantur.）そして，まだ完全成熟（plena

---

（2）　とくに，Menzinger, Der Gerichtsstand der Vereinbarung nach röm. Recht, 1888 ; Adam, Die civilprozessuale Zuständigkeitsvereinbarung in geschichtl. Entwicklung, 1888 参照。
（3）　1. 12, § 2 D de iud. 5, 1.

pubertas) すなわち18才に達しない者が，未成熟者として取り扱われた。

　裁判人は，当初は，元老院議員から選ばれた。事件がしだいに増加するにつれ，後には，裁判人を選任する人的範囲も拡大されるにいたった。元老院議員たる財産を有する上流の騎士（equites illustres）さらに騎士（equites）がこれに加わった。アウグストゥスとカリグラが，騎士についで高額の課税を受けている者を加えた。これらの階級を構成する者のなかから，裁判人名簿（album judicum），すなわち裁判人の職につきうる人々の公式の名簿が作成された。

　この名簿に登載されるためには，当初は，25才以上，アウグストゥス以後でも，20才以上の年齢であることが必要であった。

　免除の理由は，政務官の面前で主張されなければならなかった。

　裁判人が当事者と親族の関係にあるときは，その職務を行うことができなかった。この，また，その他の，偏頗の疑いを生ぜしめる事情は，忌避（recusatio suspecti），すなわち，危惧を抱く当事者によって提出され政務官の裁判に服する異議の方法によってのみ，主張することができた。裁判人の選任があらためてなされなかったときは，争点決定前に，却下の理由としてこれを主張することができた。

2　当　事　者

§ 60　［当事者の役割］　ローマ法は，そのもっとも初期の時代に，すでに，当事者概念を厳格に規律し，つとに，当事者の役割を確実に限定する状態に達していた[1]。

　訴訟の設定は，特定の人がした訴訟法上の行為によって，生じた。従って，当事者は，争点決定によって設定された訴訟関係のなかに相互に登場した人々だけであった。この人々は，必ずしも私法上の関係によって，すでに訴訟開始前から相互に結びつけられていたと同じ人々であることを必要とせず，むしろ，他人の権利を管理するにすぎない者も，あたかも，その者が当初から訴訟の対象をなす実体法上の関係のなかに立っていたと同じように，右の意味における当事者となることができた。しかし，こういう者とその他人との法的な関係は，手続自体のなかで，明らかにされたが，その態様なり方法は，非常に明確であったから，事実上行為する者が訴訟関係の外にとどまるか，それとも，訴訟関係のなかに登場したのか，についての疑問は生じえなかった。ところで，判決は，訴訟関係のなかに立つ者だけを権利者および義務者として表示することができたので，当事者の地位も，求められた判決の内容につき各人が明示した

　（1）　ドイツ法につき，本書第1編§ 31参照。

第2章　ローマ訴訟法の体系

と同じ法的利益に従って定まったに違いない。

しかし，この利益は，対物神聖賭金式法律訴訟が認められる場合のすべてにおいて同一であった。先に（§27）示したように，この種の訴訟にあっては，当事者は，相互に，完全に同一の権利主張をもって対立した。各人が係争物に対する所有権を主張したのであり，各当事者が，つまり同時に，原告でもあり被告でもあった。しかし，時がたつにつれて，一方的な所有物返還請求が，誓約[2]（sponsio）を助けとして，後には所有物回収方式書（formula petitoria）の許与により可能となった。そして，この法発展は別として，対人神聖賭金式法律訴訟の手続では，当事者の役割の確実な画定が必要であった。ここでは，法律訴訟でも方式書訴訟でも，原告（actor）は，他人に対して自己に属する請求権[3]を主張し，その請求権の判決による確定を求める者であり，被告（reus）は，この請求権の存在を争い，請求権を否定する判決を要求する者である。とくに，物的な訴えについては，提訴者（petitor）と占有者（possessor）の名が，原告および被告の表示とならんで示される。

以上に述べたことから，次のことが，明らかとなる。すなわち，争点決定前には，訴訟関係に登場すべき人人も，この人人が後に帯びる当事者としての役割も確定しなかったという点である。それにもかかわらず，当事者の名が，争点決定の時点より前に，すでに示されたとしても，それは，召喚によって争点決定への第一歩をすすめ，彼が1つの請求権を主張するであろうことを非形式的な方法で認識させる者は，普通，争点決定の行為において，請求権を主張する側として現われる者と同一人である，という経験を頼りとしているのである。方式書訴訟では，こういう者は，申立て（postulatio）および訴訟開示（editio actionis）のなかで，すでに，裁判人の面前における手続（judicium）がそれについて命じられる請求権を表示することによって，その後の段階での当事者の地位を明瞭に認識させる。その後，実際に方式書が付与される場合には，その者は，法務官から，作成された方式書の交付を受ける者でもある。方式書訴訟がどれほど厳密に当事者の役割を分けたかを示す例は，双面的特示命令（§47）である。ここでは，単純な係争問題が4つの異った問答契約に分解せられ，

（2）　原告は，つぎのようにして，被告に誓約をいどむ。「係争中の奴隷がローマ市民法により我が物であることが明白であるときは，25ヌムスを与えることを誓約するか」（Si homo quo de agitur, ex jure Quiritium meem est, viginti quinque nummos dare spondes?）誓約に基づき，要約者は，確定金額返還請求訴訟（condictio certi）をもって約定金額を訴求した。

（3）　この点については Engelmann, Der Civilprozess, Bd. 1, §30.

その問答契約のそれぞれが，諾約被告（reus promittendi）と要約被告（reus stipulandi）を有し，計4つの請求権が主張され，各別の方式書となったが，係争問題は単一であったから，同一の裁判人が，計4つの請求権について裁判するのである。

　争点決定をなし，それによって当事者となることができるのは，ただ，私法上の法律関係に立つ者だけであったから，奴隷は争点決定をなしえず，また，家子も，彼らに属する財産権が問題である場合に，争点決定をなしえなかった(4)。これらの者は，当事者能力がなかったのである。

　当事者能力のある者は，だからといって，訴訟能力者であることを要しない。つまり，訴訟上の行為によって法的効力を生ぜしめることができなくてもよい。訴訟行為は法律行為であるから，行為無能力者は，この訴訟能力を欠く。彼らには，―法定―代理人（§61参照）が必要である。さらに，高級官吏は，実定的な規定によって，その任期のあいだ，訴訟能力を有しない(5)。

　1つの請求権が多数人に属し，または，多数人に対して存する場合に(6)，多数人のうちの1人の訴えまたは1人に対する訴えが許されることがあったが，それは，他の者が訴訟追行に同意するであろうという担保をその1人が立てた場合である。その場合には，1人だけが当事者として登場し，争点決定をなすが，同意があった場合には，訴訟追行は，全員のために，全員に対して効力を有し，同意がなかった場合には，訴訟追行は，その1人自身に対しても，効力をもたなかった。1つの請求権が各権利者にまたは各義務者に対し全部的に帰属していた，あらゆる場合において，争点決定は，全員の権利義務を消滅させる効力を有した。従って，この場合には，1人の訴訟追行が，無条件に許された。いずれの場合においても，多数の権利者または義務者は，結束して共同の訴訟追行にあたることもできた。そういう場合には，権利者または義務者として登場した人の数だけの多数の個々の請求権が存在したのであり，従って，個々の法的紛争が多数存在したわけである。しかし，単一の権利関係についての裁判官の判断が食違うことは公法に違反する，という考えから，これらの法的紛争の総てに対して1つだけの方式書を与えるか，それとも，多数の方式書

（4）　家子は自己の財産をもつことができずそのかぎりでは権利主体とならなかったので，原告として登場することもありえなかったが，これに反して義務を負うことはできたから，訴を受けることもありえた。

（5）　ハドリアヌス。1. 48 D. de jud. 5, 1.

（6）　とくに，Planck, Die Mehrheit der Rechtsstreitigkeiten im Prozessrecht, 1844; v. Bethmann=Hollweg, II. §101, S 463. ff. 参照。

を与えるにしても裁判人を1人しか選任しないか，どちらかの道がとられた[7]。

他人間に係属する訴訟の結果に法的利益を有する者は，彼が援助して勝訴させたいとおもう当事者の管理人 (procurator) に選任されることができ，あるいは，その当事者の輔佐人として登場することができた。こういう者が，独立に訴訟に介入し，独立に訴訟行為をなす権利を与えられたのは，紀元後2世紀にいたってからのようである。なぜなら，この時期から，第三者が上訴 (Appellation) を提起する権能を取得したことが報告されているからである[8]。

§ 61 ［代理人］[9]　ガイウス (IV, 82) は，法律訴訟の時代には他人の名義で訴訟すること (alterius nomine agere) が許されなかった，と報告している。この原則は，明らかに，法的効力は権利を基礎づける行為をなす者のためにのみ，また，対してのみ基礎づけられうる，という，古代ローマ法の観念に基づいている。だから，争点決定も，その協力によって争点決定を成立せしめた者の間だけの法律関係を生じさせることができた。しかし，当事者が自己の行為によっては右の関係を基礎づけることができなかった場合の総てにおいて，この原則に例外が認められなければならなかった。これに反し，当事者の一時的な支障または都合のため裁判所の面前でその権利を自身で守りかねる場合には，参加要約人 (adstipulator) の選任を利用することができたが，この手段は，債権についての訴訟においてのみ利用できたことは，いうまでもない。

そういうわけで，古い時代のローマ民事訴訟については，必要的 (notwendig) な代理が許されたことだけを挙げることができる。すなわち，公共のため，自由のため，後見のため，および，ホスティリア法によって (pr. J. de his per quos ag. pos. 4, 10)，訴えることができた。

①　公共のため (pro populo)。ローマ国またはローマの市民共同体の財産権をめぐる訴訟では，ローマ国またはローマの市民共同体のために代理人が行為しなければならず，また，することができた。

②　自由のため (pro libertate)。人の自由をめぐる訴訟では，この者は同時

---

(7) Quintil. inst. orat. III, 10. 1. 6 D. de exc. rei jud. 44, 2.
(8) l. 4 §2 sq. 1. 5, 6, 14 D. de appell. 49, 1 ; l. 2 D. quando appell. 49, 4 なお，Wach, Handbuch, I, §56, Anm. 2 をも参照。
(9) Puchta, Institutionen, §156 ; v. Bethmann=Hollweg, I. S. 32, II, S. 416 ff. III, S. 167 ff. ; Keller. §§ 52 ff., 61 ; Wlassak, Zur Geschichte der negotiorum gestio, 1879, S. 39 ff. ; Eisele, Cognitur und Prokuratur, 1881 ; Rümelin, Zur Geschichte der Stellvertretung im röm. Civilprozess, 1986.

に訴訟当事者でも訴訟物でもあることはできなかったから，この者のために代理人，すなわち，いわゆる解放者（assertor in libertatem）が出頭しなければならなかった。

③　後見のため（pro tutela）。後見人は，その被後見人の訴訟を追行することができた(10)。

④　ホスティリア法によって（ex lege Hostilia）。盗品訴訟（actio furti）は，捕虜または国家のための不在者の名において，代理人が，これを提起することができた。

代理人のなかには，保証人（vindex）をも数えるのが，ふつうである(11)。しかし，注意すべきことは，保証人が，訴訟だけではなしに，法廷召喚を受けた者（in jus vocatus）または拿捕（manus injectio）をもって脅かされている者の支払義務をも引き受け，この者が敗訴した場合には2倍額の給付判決を受けた点である。つまり，保証人は，自己自身の義務について争ったのであり，従って，本来，代理人と呼ぶことはできないのであって，ローマ人も，保証人を代理人と考えてはいなかった。ローマ人が代理人の許される場合を挙げているなかには，保証人はとり上げられていないからである。

任意代理は，方式書訴訟が支配的となってはじめて，発展したし，また，そのときになってはじめて，発展することが可能であった。当初は，訴訟関係（dominium litis）は争点決定において対立していた者の間でのみ基礎づけられる，という原則が固執されたのであるが，方式書が，訴訟関係を外部的にも実体的法律関係から分離する可能性を与えたのであり，それは，請求表示が本人の名で，しかし，判決権限付与の表示が代理人の名でなされたことによる。たとえば，こうである。「ヌメリウス・ネギディウスがプブリウス・マエウイウスに1万セステルティウスを与えるべきことが明白であるときは，裁判人よ，ヌメリウス・ネギディウスはルキウス・チチウスに対し1万セステルティウスについて責あるものと判決せよ。」（Si paret, Numerium Negidium Publio Maevio sestertium decem milia dare oportere, judex Numerium Negidium Lucio Titio sestertium decem milia condemna.）ここに，マエウイウスが係争の債権を有するが，チチウスがその代理人として登場していることが，明らかにされている(12)。

代理人は，代訟人（cognitor）であることもあり，管理人（procurator）であることもあった。

---

(10)　pro tutela の意義に関する争いにつき，Rümelin a. a. O., S. 28 ff. 参照。
(11)　Rümelin, a. a. O., S. 55.
(12)　Gaius, IV, 83, 97.

① 代訟人は，相手方の面前において，口頭で，かつ，一定の式語をもって選任された代理人である。その選任は，代訟人がその場にいなくても，できたし，政務官の面前で行われる必要もなかった。指名のさいに用いられた式語としては，ガイウスは，つぎのように伝えている。

「私は貴下に対して土地を請求するから，本件に関して，ルキウス・チチウスを貴下に対し代訟人とする。――貴下は私に対し土地を請求するから，私は，本件に関して，ルキウス・チチウスを代訟人とする。」(Quod ego a te fundum peto, in eam rem L. Titium tibi cognitorem do ―― quod tu a me fundum petis, in eam rem L. T. tibi cognitorem do.)

「私は，貴下に対して訴訟しようと欲するから，本件に関して，ルキウス・チチウスを貴下に対し代訟人とする。――貴下は私に対し訴訟しようと欲するから，私は，本件に関して，ルキウス，チチウスを代訟人とする。」(Quod ego tecum agere volo, in eam rem L. Titium tibi cognitorem do ―― quod tu mecum agere vis, in eam rem L. T. tibi cognitorem do.)

この儀式の効果として，代訟人は，現実の代理人となる。つまり，その行為は，本人の有利および不利に直接の法的効力を生ずる。それゆえ，代訟人が，同時に，自己の事件において選任されたのでなく，従って，実体的法律関係に介入することもなかった場合には，判決債務履行請求訴訟（actio judicati）は，本人に，また，本人に対して許される[13]。

② 管理人（procurator）は，無形式に，相手方のいないところで，相手方に知られないで，選任された代理人である。ひとは，委託がなくても，他人のために，たとえば不在者のために，出頭することができた。後には，選任の旨を自身で裁判所の面前で陳述するか（procurator apud acta factus），委任状を提出して記録に編綴するのを，常とした。

管理人指名がこのように無形式な方法でなされた場合，その結果として，その指名は，訴訟外でなされる行為として，従って訴訟に関係のない行為として取り扱われた。それゆえ，訴訟は，管理人の事件として行われ，本人は，係争権利を自己の権利として主張することを妨げられなかった。いいかえると，訴権は，管理人と相手方との争点決定によっては，当初から，消滅しなかったのである。代理の許容がこのために本人の相手方に対してもたらした危険に対し，これを防ぐために用いられたのは，担保であった。原告の代理人は，何びともさらに同一物について訴訟を提起しない（amplius eo nomine neminem petitu-

---

(13) Fragm. Vatic. 317.

rum）ことに対する担保を立てなければならなかったし，被告の代理人は，判決債務履行の担保（cautio judicatum solvi）を供する（Gaius, Ⅳ, 98）。しかし，そのかわり，本人は，彼の代理人の訴訟追行から，なんらの法的効果を自己に受けることができなかった。判決債務履行請求訴訟は，管理人にまた管理人に対して，認められたのである。こういう法の状態は，ガイウスの時代でもまだ，存続していたのであり，長期間不在で，その出発のさいには，現在発生した訴訟を適切に予見することができなかった者のために，委託を受けない代理人を認める必要があったことから，説明できる。のちには，委託を受けない代理の場合と，委託を受けた代理の場合とが区別されるようになった。明確な委託があった場合には，委託者が訴訟追行に同意を与えることを疑うことができなかったからである。従って，担保が要求されたのは，委任がなかったか，委任が疑をさしはさむことができない程度に明瞭でない場合においてだけであり，明示の代理権が与えられたあらゆる場合において，代理人の争点決定に消耗効が与えられた。しかし，その代りに，判決債務履行請求訴訟は，本人に，また，本人に対して，認められた[14]。

このときでも，訴訟法律関係に登場したのは代理人だけであった。

すでに以前から，procurator praesentis，すなわち，裁判所の場所に出頭していた者の管理人は，代訟人と同様に扱われた。

なお，言及しておかなければならないのは，防御者（defensor）という名称が，被告の代訟人をさすことも，被告の管理人，とくに，委託を受けない代理人をさすことも普通であった，という点である[15]。

訴訟代理の引受は，共和政時代には，すでに職業的に行われたが，個別的な制限に服していた。

§62 ［輔佐人］ 比較的ふるい時代に，すでに，政務官や裁判人の面前に輔佐人を伴って出頭することが，行われていた。政務官や裁判人に必要な申立てをし，裁判人の面前で弁論する，つまり申立てを理由づける者は，patronus または orator と呼ばれ，当事者を，その法知識による助言をもって，または，——当事者が彼とともに裁判所の面前に出頭することによって——その単なる名望によって，支援する者は，advocatus と呼ばれた。

帝政時代には，この区別は除かれた。すなわち，当事者に助言を与える法律家は，当事者とともに裁判所に出頭し，当事者の代りに陳述もするのが，ふつ

---

(14) Vgl. Eisele, a. a. O. §36 ; Rümelin, a. a. O. §15, 16 ; Wach, Handbuch, Ⅰ, S. 558, Anm. 4. 5.

(15) Gaius, Ⅳ, 101 ; l. 33 §2 D. de proc. 3, 3 ; l. 11 §7 D. de exc. rei iud. 44, 2.

第 2 章　ローマ訴訟法の体系

うとなった。こうして，より自由な弁護士業（advocati, togati, causidici, patroni, iuris periti）が形成されたが，それは，古典後期には，国家的監督に服し，公法上の前提条件の履行に係る，多くの点で特権を与えられた，身分に変化していった。法教育を了え，国家官憲による弁護士業への許可を取得した者だけが，弁護士として登場することができた。裁判所において許可を受けた弁護士は，ひとつの団体を構成し，裁判所長の監督権に服した。これらの弁護士は，名簿に登載され，正規の（statuti）弁護士と呼ばれたのに対し，登載せられない，いわゆる定員外（supernumerarii）の弁護士は，正規の弁護士に欠員ができれば昇格するのであるが，下級裁判所においてのみ，弁論することができた。

こういう発展に伴って，輔佐人の報酬に関する見解なり法原則も変っていった。当初は，輔佐の仕事は，名誉とされ，しばしば，元老院や民会に出るために自己を訓練しようとする人々によって行れたのである。キンキア法（lex Cincia）（ローマ建国 550 年，紀元前 204 年）は，輔佐人に贈与の受領を禁止することによって，この考えを表現している。しかし，弁護士業の成立は，もはや，弁護士に約束された報酬を贈与として取り扱うことを許さなかった。報酬の額の決定は，当事者の自由な合意に委ねられたが，報酬が超過してはならない最高限（1 万セステルティウスまたは百金）が確立され[16]，弁護士には，報酬の支払を求めるにつき特別訴追（extraordinaria persecutio）が認められた。しかし，訴訟に勝った場合についての特別の報酬を定めること（pactum de palmario）や，訴訟物の一部を勝訴料と定めること（pactum de quota litis）は，禁止されたし，また，禁止されたままであった。

弁護士がその依頼人のいるときに裁判所の面前で提出したことは，当事者が 3 日以内に異議を述べない場合には，当事者の陳述として取り扱われた[17]。

輔佐人として出頭しようと欲する者は，初めから弁論（申立）能力（Postulationsfähigkeit）をもたなければならなかった。この能力を，ウルピアヌスは，l. 1 § 2 D. de postulando 3, 1 で，「申立てをなすとは，自己または友人の要求を裁判所において裁判を主宰する者の前に陳述し，もしくは，相手方の要求に抗弁するという」（Postulare autem est, desiderium suum vel amici sui in iure apud eum qui jurisdictioni praeest, exponere vel alterius desiderio contradicere.）と定義し

---

(16)　Taciti ann. 11, 7 ; 13, 5 ; Sueton. Nero 17. 一金（aureus. カエサルがとり入れた金貨）＝ 100 セステルチウスは，当初は，22.83 マルクの価値をもっていた。カラカラのもとでは，18.27 マルクだけの価値しかもたなくなった。この制限は，従って，我々の貨幣でいえば，約 2000 マルクということになる。

(17)　Cod. 2, 10.

ているが，それは，訴訟能力と区別しなければならない。訴訟能力を有する者は，自己の行為によってであれ，任意代理人のなす行為によってであれ，彼自身を拘束する訴訟関係を独立に基礎づけることができるが[18]，これに反し，弁論能力は，技術的な特質である[19]。17才以下の者および全聾者は，全く弁論能力を有しない。だから，これらの者は，自己の物についても代弁人を利用しなければならない。他の者は，自己のために申立てをなしうるが，他人のためにはなしえなかった[20]。

第2 訴訟行為
A 行為自体
1 当事者の行為
(a) 当事者の行為の内容

§ 63 訴訟の追行は，当事者に委ねられていた。当事者の行為によって訴訟が設定され，これに続く当事者の行為がなければ，訴訟は，その解決を見出すことができなかった。

訴訟設定行為は，法律訴訟および方式書訴訟では，争点決定，つまり訴訟法律関係の成立にむけられた，当事者の二面的な訴訟上の法律行為であって，これについては，さきに，§ 29 および § 41 において述べ，かつ，特徴づけたとおりである。帝政後期の訴訟では，争点決定は，もはや，訴訟関係を設定する行為という意義を失い，訴訟関係の存在を確定する行為としての意義をもつことになった。争点決定に代って訴訟設定行為となったのは，呼出しである。もっとも，それまでの訴訟においても，呼出しがなければ，争点決定は，不可能であった。なぜなら，呼出しによってのみ，当事者は，裁判権を有する政務官の面前に集められたからである。だから，呼出しは，最初の，導入的な行為であったわけで，ここに詳しく説明しなければならない。

§ 64 [召喚] (1) 法律訴訟においては，法廷召喚（in ius vocatio）が唯一の呼出形式[1]であった。法廷召喚は，原告が被告に対し個人的にかつ口頭でした，自分に従って直ちに裁判所に来い，という要求である。十二表法は，これについて，次のように規定している。「〔原告が被告を〕法廷に召喚するときは，

---

(18) Vgl. Engelmann, Der Civilprozess, Bd. 1, § 32.
(19) Wach, Handbuch, I. S. 606.
(20) Vgl. D. 3, 1 und 3, 2.
(1) Puchta, Kursus, §§ 160, 184 ; Keller, §§ 46-48 ; v. Bethmann=Hollweg, I. §§ 32 ff., II. §§ 83, 122 ; III. §§ 151, 152 ; Karlowa, Civilprozess, S. 320 ff. ; Voigt. Zwöf Tafeln, I, S. 534ff. ; Voigt, Vadimonium, 1881 ; Baron, Institutionen, §§ 194, 220 III.

〔被告は〕行くべし。行かざる場合は，〔原告は〕証人の立会を求むべし。面して，〔被告を〕拿捕すべし。〔被告が〕詭計をもちいまたは逃亡をくわだつる場合には，〔原告は〕これに手を加うべし。〔被告が〕疾病または老齢のゆえに出頭しえざる場合には，〔原告はこれに〕乗用家畜を供すべし。〔被告が〕欲せざるときは，有蓋車を供すべからず。」(Si in jus vocat, ito ; ni it, antestamino ; igitur eum capito ; si calvitur pedemve struit, manum endo jacito ; si morbus aevitasve vitium escit, qui in jus vocabit, iumentum dato ; si nolet, arceram ne sternito.) この窮屈な規定は，法務官の告示によって補充され，拡張された。この規定は，法廷召喚を特に当事者の強制的命令とし，これに対しては，老齢や疾病さえも免除事由とならない。この種の障害が存在する場合には，法廷召喚をする者は，被召喚者に対し，むしろ，簡単な乗物を供しなければならない。被召喚者が要求に従って行くことを拒絶する事実は，証人の面前で確定され，この拒絶によって，召喚者は，被召喚者に手をかけて実力をもって彼を法務官の面前に招致する権能を与えられる。しかし，所有物回収訴訟（vindicatio）の場合には，召喚を完全にするためには，請求の目的物もいっしょに裁判所にもってこい，という要求をなすべく，従って，この目的物に関しても，手をおき，かつ，実力をもって持ち去る権能が召喚者に与えられていた。

　しかし，義務づける命令としての性質が召喚にふくまれたのは，召喚が法律または慣習によって規定された方式を遵守してなされた場合だけであった。召喚は，被召喚者の住居の内部で宣言してはならなかった。なぜなら，家父の拒絶に反して，あるいは，その許諾をえないで，敷居を越えることは，家の平和の破壊とみなされたからである。また，召喚は，不適当な時期，たとえば，被召喚者がまさに裁判人として活動しているとき，近親者の葬儀執行中のとき，犠牲を供しているときそのほか彼の出席を要する行為をなすときに召喚することは許されなかった。尊敬を受ける者（両親・保護者）を召喚するには，あらかじめ，政務官の許可を得る必要があり，老夫婦に対して実力を用いることは許されなかった。召喚を受けるべき者にその住居の外で出合わない場合には，召喚者は，別々の3日に被召喚者宅の中庭の門前に出て，そこから，提起した請求を履行せよ，という要求を，明瞭な声で家宅のなかに叫びこむことができた。この督促が無視された場合には，原告は，もっと後の日に，彼の相手方の家に入り，その内部で相手方に対し召喚を実行することができた。

　適法な方式を踏んで召喚された者は，保証人（vindex）を立てることによってのみ，即時に随行すべき義務を免れることができた。保証人を立てるというのは，召喚者の訴えに対し直ちに応訴すべき義務を引き受け，直ちに召喚に効

果を与える者を指名することである[2]。また，出頭保証契約（vadimonium）が被召喚者を解放する作用をはたすことができた。出頭保証契約は，——普通，保証人を立てることによって担保されるべき——一定の係争事件の弁論のために一定の日に出頭するという約束，と解せられた[3]。原告は，被召喚者のこういう申込を承諾する必要はなかったが，適当な保証人の設定は，受け入れなければならなかった。

　出頭保証契約は任意出頭についての合意であったが，これによって，被告は，準備したうえで法務官の面前に出頭する利点をえた。

　原告が法廷召喚のさいにすでにその請求を明示しなければならなかったかどうかは，争われているけれども，否定すべきであろう。

　(2)　法廷召喚という呼出形式は，古典後期まで使用されている。しかし，一面において，出頭保証契約によって召喚の厳格な効果を回避するという一般的な慣行が生じたと同じように，他面において，召喚の意図を故意に挫折させようとすることに対する有効な法的保護の必要が感じられた。そこで，法務官は，悪意をもって身をかくし，あるいは，およそ何らかの方法で召喚ができないようにした者の財産を処分し，さらに，召喚に従わず保証人をも立てない者に対する刑事上の訴えを許し，また，実力をもって被告の召喚ができないようにしあるいは出頭保証契約の履行を妨げた第三者に対する刑事上の訴え[4]を認めた。

　(3)　帝政期，しかもマルクス・アウレリウス以前にすでに，当初は法廷召喚とならんで，後には法廷召喚に代って，他の呼出形式である訴訟告知（litis denuntiatio）が生じた。訴訟告知は，いずれにしても，旧時の法廷召喚から発展したものであり，法廷召喚同様，一方的な当事者行為である点で，これに似ているが，直ちに裁判所へ随行するよう強制するものではなくて，いまやすでに明確に表示された請求についての訴訟の告知と，原告が彼の訴えの提起のために裁判所に出頭するであろう期日との告知だけを内容とする。この期日は，4月以上さきに告知することはできなかった（§ 51）。

（2）　Gaius, IV, 46. この点については，なお，Demelius と Lenel（Zeitschrift für Rechtsgeschichte, Bd. 1, S. 43ff.）および Max Rümelin（Zur Geschichte der Stellvertretung, S. 75ff）をみよ。

（3）　Gaius, IV, 184.「再出頭の保証をなすこと，すなわち，特定の期日に再び法廷に出頭すべきことを約すべきものとす。」(vadimonium ei faciendum est, id est. ut promittat, se certo die sisti.)

（4）　Gaius, IV, 46 ; l. 2 § 1 D. si quis in jus voc. 2, 5 ; l. 1 pr. 1. 4 §2 D. ne quis eum 2, 7 ; § 12 I. de act, 4, 6. ; l. 3 pr. D. de eo per quem factum est 2, 10 ; l. 3 D. si quis caut. 2, 11.

訴訟告知は，当初，証人の面前で口頭でなされ，証人がこれを私的に記録した。コンスタンティヌス以来，訴訟告知は，公文書を作成する権限のある官吏の立会のもとになされ，この官吏によって記録された(5)。

ユスティニアヌスの法においては，訴訟告知は，もはや言及されていない。いずれにしても，訴訟告知は，ユスティニアヌス以前に，われわれには伝わっていない法律によって廃止されたか，あるいは，使用されなくなった。

(4) 職権審理手続については，呼出しの通常の形式をなしたのは，原告の申立てに基づき政務官によって命じられ，申立人自身かあるいは被告の住所地の市政務官によって執行された呼出しであった。この呼出しは，訴訟告知に著しい応訴期間が結びついているため訴訟告知が合目的的でないと思われるようなあらゆる事件においても認められた。ユスティニアヌスのもとでは，職権による呼出しが唯一の形式である。職権による呼出しは，ここでは，原告が，提起する請求の原因と目的物を訴状（libellus conventionis）に簡潔に表示し署名したうえ，これを裁判所に提出し，裁判所は，訴状を，裁判所の指定した期日に被告を呼び出せとの命令とともに下級官吏に交付し，この下級官吏が召喚命令と訴状とを受領証（ἀνυτεβιβλος）の交付と引換えに被告に手交する，という方法でなされる(6)。

§ 65 ［訴訟弁論］ 訴訟弁論（訴訟資料の提出）(7)における当事者の活動は，裁判人の面前における手続では，法務官の面前における手続とは別の目的をもち，目的のこの差異は，その両者において行われる当事者の活動の法的性質の差異を基礎づける。

法務官の面前における手続においては，総てが，争点決定を招来し，当事者が裁判人の面前における手続において自己の利益のため斟酌してもらいたいと思うことの全てにつき，その斟酌をできるだけ確保するような内容を争点決定に与える，ということを目的としてなされた。しかし，その内部で法的紛争が展開されるべき限界が争点決定によって区画されると，いまや，裁判人に対し，その判決の内容を決定すべき要件の事実上の存在を確信させることが，当事者の任務となる。ところで，争点決定に至りえたのは，国家の承認した法の意思に従い判決に影響を及しうる法的に重要な主張がされた場合にかぎるから，当事者が，法務官の面前における手続において，当事者自身が自己の権利主張をそこから導き出すところの事実を陳述することなしに，完全に構成された権利

---

(5) 1. 2 Cod. Theod. de denunt. (2, 4).
(6) Nov. 53 c, 3 § 2.
(7) Engelmann, Der Civilpsozess, Bd. 1, §§ 50 ff.

主張を提示した場合には，それで十分であった。しかし，裁判人の面前における手続では，当事者は，事実を主張し，争いのある事実につき証拠を提出しないわけにはいかなかった。

　法律訴訟では，この考えは，純粋に実行された。ここでは，当事者にとっては，法定の用語に従ってその主張を構成し，単純な権利主張の形で提示する必要があった。両当事者が，「私は，この土地がローマ市民法上私の所有であることを主張する」(Hunc ego fundum ex jure Quiritium meum esse ajo) と陳述した場合，あるいは，原告が，「私は貴下が私に対して1万を供することを要することを主張する」(Ajo te mihi decem milia dare oportere) と述べた場合には，原告が「誓約により」(ex sponsione) とか，「書面により」(ex literis) と追加し，被告が「私は私が貴下に対し1万を供することを要することを否定する」(nego me tibi X. milia dare oportere) とだけ答えた場合でも，いかなる事実が1方をしてその主張をさせ，他方をしてその反対主張におもむかしめたかは明瞭でなく，この事実を述べることは，まったく不要であった。なぜなら，法務官の任務は，まさに，法定の用語を充足したかどうかを検討することだけであって，当事者がその権利主張をしようと考える基礎となった事実が実際に彼等の保護を正当とするかどうか，また，この事実が真実であるかどうか，を判断するのは，裁判人の仕事であったからである。

　方式書訴訟の導入は，この点では，なんら根本的な変化をもたらさなかった。なぜなら，当事者は，その攻撃防禦方法を市民法または告示のうえに基礎づけたから，事実を述べなくても，これを単純に引用するだけで充分であったのである。たとえば，原告が所有物回収訴訟 (rei vindicatio) を提起しようとおもう場合には，従前同様，彼は相手方の占有する物についての自己の所有権を主張し，法務官が裁判人の面前における手続を命ずるために所有物回収方式書 (formula petitoria) を使用することを要求した。原告がその所有権を導き出す基礎となった事実が本当にこの権利を基礎づけるかどうかということを検討するのは，法務官の任務ではなくて，裁判人の任務であった。原告が，所有権ではなしに，占有侵奪だけを主張できた場合には，原告は，被告の手元に現在ある物を，自分がやがて時効取得するような方法で占有 (Ersitzungsbesitz) してきたことを述べて，プブリキアナ方式書 (formula Publiciana) を求めた。申立につき，いずれの当事者も，市民法を援用できず，告示をも援用できなくて，いずれにせよ，法務官にひとつの（つまり新たな）方式書の付与を促すか，ひとつの（つまり新たな）抗弁，再抗弁などの挿入を促すかの試みがなされる場合には別であって，この場合には，事実を述べなければならなかったことはい

うまでもない[8]。

　ところで，法務官の面前における手続と裁判人の面前における手続の分離がなくなってからは，前者に属する主張と後者に属する主張との区別もなくなった。訴状においては請求だけを主張すれば十分であったかもしれないが，当事者は，やはり，口頭弁論において，その権利主張を事実の陳述に分解しないわけにはゆかなかった。

　この点に，古ドイツの民事訴訟とローマの民事訴訟との本質的な区別が示されている。古ドイツの訴訟では，当事者の権利主張だけで充分であったが[9]，ローマの訴訟では，当事者が，かれらの見解によればその主張する権利を基礎づけることになる総ての事実状態を裁判人に告知し，裁判人にそれでもって当事者の引き出した結論の正当性を検討する可能性を与えることが要求された。法は，ローマ人にあっては，当事者のうえに（über）存立する規範であったから，事実状態の法的重要性についての判断をも，当事者のうえに（über）設けられた客観的に判断する第三者，つまり，裁判人に委ねることができたのである。そうすることだけが，国家的仲裁という観念（§3）にふさわしいものであった。

　しかし，他の訴訟制度におけると同じように，ローマの民事訴訟においても，当事者の弁論活動は，もっぱら権利主張と事実上の陳述だけからなるのではなくて，同時に，訴訟上の利点[10]の作出，より有利な「形勢」（Situation）[11]の取得に向けられた意思表示をも含む。訴訟において管轄司法機関の面前でなされた，あらゆる権利主張なり法的否認は，取りも直さず，主張された権利を，判決によって，存在するものとしてあるいは存在しないものとして確認してほしいという当事者の意思の告知を含んでいる。しかし，自己の権利主張に相応する判決は，最も重要な訴訟上の利点，最も良い訴訟上の形勢を含んで成立するわけで，権利主張は，求められた判決の草案である。

　法律訴訟においては，儀式的な争点決定に先立って，無形式の弁論がなされる。ところで，われわれは，この弁論の内容について何ら法源上の知識を有しないが，それが争点決定の儀式を大幅に準備した結果，争点決定が1つの行為でなされえたのであることを知っている。それゆえ，ここにおいて，当事者双方の要求が自然に対立し，当事者によって要求した判決の内容として提示され

---

(8)　Keller, § 40.
(9)　本書第1編 **§ 37** 参照
(10)　Engelmann, a. a. O. §§ 52, 53. 本書第1編 **§ 37**。
(11)　Kohler, Prozess als Rechtsverhältniss, S. 62ff.

たことが，本当に法律に基礎を有するかどうか，という問題の論議が行われたに違いない。なぜなら，もし法律に基礎を有しない場合であれば，法律訴訟はできなかったので，法務官は訴訟拒絶（denegatio actionis）によって拒否しなければならなかったからである。もちろん，当事者の申立ての，当事者および裁判人を拘束する構成は，その後，争点決定によって，初めて行われた。この点は，方式書訴訟については，もっとよく分っている。方式書訴訟では，法務官の面前における手続は，訴訟開示（editio actionis），すなわち，原告の，彼が政務官に方式書を求めること，および，どういう方式書を求めるかということを被告に対して述べる陳述，および，訴訟申立て（postulatio actionis），つまり，特定して表示したある方式書を裁判人の面前における手続の基礎とすること，または，新たな方式書を創ることを求める政務官に対する原告の申立てをもって開始する。この訴訟申立ては，訴え要求を表示したものであるが，同時に，当の方式書の付与についての弁論を求める申請を含んでいた。抗弁や再抗弁などの方式書への挿入も，これを求める当事者の申立てを前提とした。しかし，当事者双方の要求が，その，あらゆる訴訟主体を拘束する構成をはじめて取得するのは，政務官の作成した方式書に基づき争点決定を通してであった。

　原告の権利主張が原告の求めることができた判決と一致したのは，原告が金銭の支払を求める請求を提起した場合だけであったことは，いうまでもない。判決は，まさに，常に金銭の支払を命ずることしかできなかったからである。しかし，神聖賭金式訴訟において，判決は，「双方の神聖賭金のうちいずれが正当であるか，いずれが不当であるか」（utrius sacramentum justum, utrius injustum esset），すなわち，どちらの権利主張が正当な主張であり，どちらの権利主張が不当な主張であるか，という問題を裁判しなければならなかったかと同じように，方式書訴訟においても，裁判人が「……ことが明白であるときは」（si paret ……）という命令に従い原告の権利主張を肯定しなかった場合には，金銭支払を命ずる判決をすることはできなかった。つまり，判決は，明示的または黙示的に，原告の主張した請求の確認または否定を含んでいたのであり，当事者の申立ては，それゆえ，その本質上，金銭給付の命令または金銭給付の免訴が当事者の活動の目標として方式書にも指定されていた方式書訴訟では，常に，その外見上も，判決草案であった。

　裁判人の面前における手続でなされるべき申立ての範囲と内容は，訴訟のそのときどきの状態から，明らかであった。

　帝政後期の訴訟においては，判決草案は，訴状（libellus conventionis）のなかに含まれていた。他の申立ては，訴訟の状態に応じてすることができた。

申立ての提起は，postulare（§ 62 など参照）とよばれた。

§ 66 ［訴えと防御］　当事者のあらゆる行為のなかで，訴えには，きわめて大きな意義が存する。なぜなら，訴えのなかに含まれた権利主張が，訴訟およびその既判力の範囲に対する——原則として変更できない——基礎を与えたからである。しかし，ローマの民事訴訟の訴えを構成するのはどういう行為であるかが問題となる(12)。

アクチオ（actio）ということばは，もともと，法律訴訟（legis actio）と同義であったのであり，法律によって与えられた私法上の請求権の行使による法律意思（Gesetzeswille）の実証を指した。しかし，法律意思が実証されるのは，争点決定がなされた場合に，初めてそうなるのであった。なぜなら，争点決定までは，果たして訴訟拒絶（denegatio actionis）がされないかどうか，確実ではなかったからである。そして，争点決定という厳粛な行為のさいに原告の側から法律訴訟の形態において権利主張がされたときに，同時に，主張された請求の存在を判決によって宣言せよという，裁判人に対する要求もされたわけである。

しかし，方式書訴訟においては，法務官が方式書の付与によって裁判人の面前における手続を命じたときに，はじめて，裁判人は，判決をなすことを義務づけられるにいたったのであり，従って，そのときに初めて，一定の判決をせよという申立てが可能となったのである。2 つのことば（formulam dabo（方式書の付与）——judicium dabo（裁判人の面前における手続の付与））が同じ意味でもちいられるようになったのは，そのためである。そして，法律訴訟が消滅した後，アクチオということばが，いまや，法律訴訟というせまい意味をもはやもつことができなくなって，直接に，裁判人の面前における手続で追行できるあらゆる請求をさすために用いられたのは，異とするにあたらないし，従って，裁判人の面前における手続のないアクチオとか，裁判人の面前における手続で方式書のないものは考えることができなかったから，アクチオということばが，また，そのままで，方式書および裁判人の面前における手続と同じ意味に用いられたことも，不思議ということはできない。方式書の付与を受けた者が，アクチオをもったのであり，つまり，原告の権利主張は，方式書の付与に依存していた。そして，方式書の付与とともに，裁判人は，判決をすることを義務づけられるに至るから，アクチオは，原告が求めた方式書のなかに表現せられた，その権利主張を，判決によって理由ありとして承認せよという，裁判人につい

---

(12)　Bekker, Die Aktionen des römischen Privatrechts.

てなされた申立てであった。

　以上のことから，次のことが判明する。すなわち，古代ローマの民事訴訟の意味における訴えとしては，単に，争点決定の行為のなかで原告が裁判人に宛ててなした，争点決定のさいに主張した請求の確認を求める申立て，を挙げることができるだけである。訴訟開示（editio actionis）や訴訟申立て（postulatio actionis）は，準備的な行為にすぎず，原告は，法律訴訟の無形式な予備弁論におけると同様に，その要求を争点決定にいたるまで変更することができた。原告の請求は，それが争点決定の対象となった範囲においてのみ，裁判人の面前における手続に達し，この請求だけが判決によって肯定され，あるいは，否定され，従って，既判力をもつにいたった。

　帝政後期の訴訟では，手続は，初めから裁判官の面前で行われたので，一定の請求につき判決をせよという，裁判官に対する最初の要求が，訴えを構成したにちがいない。この要求は，訴状のなかに記載され，争点決定以後は動かすことのできない訴訟の基礎をなすのである。

　右の説明は，同時に，訴えの本質についてのローマ的見解とゲルマン的見解における対立を示している。ゲルマン人にあっては，訴えは，不法の非難をふくんでいたが，ローマ人にあっては，訴えは，被告の不法とは無関係であり，判決による権利の確認を求める申立て以上のなにものでもない[13]。それゆえ，ローマ法にとっては，可能な訴えの種類の最も重要な分類は，権利の多様な性質と結びついた分類であった。訴訟上の重要性をもっていたのは，法に基づく訴訟（actio in jus）と事実に基づく訴訟（actio in factum concepta），仲裁訴訟（actio arbitraria）と予備訴訟（actio praejudicialis）（§ 36，§ 37参照）の区別である。訴えの原因を与えたのは，法律訴訟においては，ここでも制定法であったが，方式書訴訟においては，訴えの原因は，請求原因の表示（demonstratio）のなかにその表現を見出した（§ 36(1)）。

　法務官の面前における手続のなかで被告からも原告に対し請求が提起された場合には，それぞれ別の方式書が与えられたのではあるが，双方の訴えが相互に関連すると否とにかかわらず，1人の裁判人だけが選任せられた[14]。ユスチニアヌスの規定によれば[15]，反訴は，おそくも争点決定のときまでに提起された場合にかぎり，訴えと同時に弁論され，判決された。

　被告の主張が裁判人の面前における手続の形成に対しいかなる影響を与えた

---

(13)　本書第1編 § 38。
(14)　v. Bethmann=Hollweg, II. S. 464.
(15)　Nov. 96 c. 2.

か，については，さきに（§ 37）において説明した。それによれば，つぎの2つを区別しなければならない。
① その結果として原告の主張した権利を消滅せしめる事実。
② 原告の権利を成立させるが，被告に対するその実行を妨げる事実。

①の事実は，法律訴訟においても方式書訴訟においても，被告によって，単純な否認（Negation）の形で主張されただけで，方式書にかかげる必要はなかった。こういう事実が存在する場合には，裁判人は，これこれのことは明白でない（non paret）と宣言しなければならなかったからである。②の事実は，給付命令の例外（抗弁）として方式書のなかに明示的にかかげられた。帝政後期の訴訟では，この区別は，必然的に，なくなった。両方の事実とも裁判官のまえに提出しなければならなかったからである。

§ 67 ［証拠］ 訴えのなかに含まれた権利主張がそうであったように，それを理由づけるのに役立つ事実上の陳述も，裁判人になされた。裁判人は，当事者の権利主張に対し，法という客観的な尺度をあてなければならなかったのであり，裁判人は，それゆえ，当事者がその権利を導き出す基礎となった事実が，はたして，国家の欲した法に照らし，本当に当事者の主張した法的効果を基礎づけるに適しているかどうかを検討しなければならなかった。そこで，こういう事実を述べることによって，裁判人に，当事者の出した結論を自分でも出してみる可能性を与え，また，争われあるいは疑いのある事実が真実であることを裁判人に確信させる，つまり，証明をする必要が生じたわけである。

ここにローマ法と古代ドイツ法とが著しい対照を示しつつ相互に対立していることが明らかである。ゲルマン人にあっては，当事者にとって重要なのは，その証明によって他のあらゆる当事者主張が排されるような主張をすることであり，証明は，法律の要求する形式を，しばしば困難なしに，しばしば困難と闘いつつ，履行することであった。それゆえ，証拠制度は一面的であった[16]。ローマ人にあっては，当事者にとって重要なのは，その権利主張を理由づけること，つまり，それを推論の必然的な結果として立て，小前提として役立つ事実に関し裁判人たる者の主観的確信に影響を与えることであった[17]。しかし，ある当事者の立証から生ずる影響に対し，他方の当事者の立証が反対の影響を与えることも可能であった。それゆえ，証拠制度は二面的であったわけであり，いいかえると，反証が許されていた[18]。ところで，しかし，客観的に判断す

---

(16) 本書第1編 § 37, § 40, § 44。
(17) Engelmann, a. a. O. §§ 54, 55.
(18) Engelmann, a. a. O. § 88.

る公平な人を確信させることが問題であったから，客観的な，そして厳密な批判に堪える証拠原因および証拠方法だけが利用されえたし，また，効果をもつことができた。こういう証拠方法が存在するかどうかが，当事者のさしあたっての最も重要な心配でなければならなかったし，従って，証明をする必要をひとつの負担，挙証責任（onus probandi）と感じないわけにはゆかなかった。ところで，法廷でえられる日常の経験によって，確実な事実が立証できなかったり，あるいは，立証が非常に困難であることがわかったので，制定法が，容易に立証できる一定の事実から証明されるべき他の事実への推論を，それをなすべき裁判人に代わってなすこと，つまり，いわゆる推定（praesumtiones）を設けることを引き受けた。こういう場合には，裁判人には，制定法によって引き出された結論が所与の事件にはあてはまらないことが具体的な事実状態からわかるかどうかを検討する自由だけが残されていた。ムキウスの推定（praesumtio Muciana）を想起するだけでよい。ここでは，疑問のある物は夫の財産から全然離脱しえないことが，事態から実に容易に判明しうる。制定法によってなされたこの推論に対立するのは，判決する裁判人のなす推論であり，さきの法律上の推定（praesumptio iuris）に対し人間の推定または事実上の推定（praesumtio hominis od. facti）といわれる。

§ 68　証拠方法　ローマの民事訴訟で認められた証拠方法には，次のものがある。

　　(ア)　宣　　　誓(1)

　法的紛争の解決に役立つ宣誓は，裁判人の面前における手続（in judicio）なり法務官の面前における手続（in jure）においてなされ，また，裁判上の手続が開始されるまえに行われることもある。この宣誓の法的性質は多様なのではあるが，ここで，宣誓理論全般を総括的に述べておく必要がある。

　(1)　方式書訴訟の当時には，法務官の面前における手続の開始前にされる宣誓は，いずれも，仲裁宣誓（Schiedseid）であった。すなわち，その宣誓は，一方の当事者によって他方の当事者に対し申し出られ，当事者は，これを紛争解決の条件としたのである。しかし，ここでも，2つの著しい対立を区別しなければならない。

　(i)　総ての訴訟において，当事者の合意によって，紛争の裁判を一方の当事者が他方に申し出た宣誓にかからせることができたのであり，その宣誓の内容

（1）　この点の叙述は，Demelius, Schiedseid und Beweiseid im römischen Civilprozesse (1887) に依る。ただし Fierich, Grünhuts Zeitschrift, 16. Bd. S. 71ff. をも参照せよ。

は契約によって定められた。この提案ないし宣誓申出は，原告あるいは被告が，することができた。宣誓履行の対象とすることができたのは，事実と法律関係である。この宣誓（任意的宣誓《juramentum voluntarium》）は，当事者が係争法律関係についてした和解に基づくものであった。だから，その効力は，係争中の関係を契約に従って確認することであった。被告が宣誓した場合には，その効果として，法務官が原告の求めた訴訟を拒絶するか，方式書のなかに宣誓の抗弁（exceptio juris jurandi）が加えられるか，のいずれかがなされた。また，原告が宣誓した場合には，原告は，いまや，明示された権利を主張するための宣誓訴権（actio juris jurandi）をもつことになった。

(ii) 原告は，そして，原告だけが，一定の個別的な諸場合においてのみ，被告に対し係争法律関係について宣誓を要求し，被告が宣誓を履行するか反対に要求するかのいずれかをとらなければならないという効果を生じさせる権利をもっていた。この宣誓は，被告に対し強制として作用し（必要的宣誓 iuramentum necessarium），この宣誓の要求は，法務官の面前における手続においてのみ，することができ，その履行または不履行は，判決の効力を有した。すなわち，被告が宣誓した場合には，それにもかかわらず後に訴えが提起されると，この訴えは，訴訟拒絶（denegatio actionis）によって，あるいは，ここでは既判事項の抗弁（exceptio rei iudicatae）に匹敵する宣誓の抗弁（exceptio juris jurandi）に基づいて，排斥される。また，原告が宣誓した場合には，被告は，宣誓の履行も反対要求もしない場合におけると同じく，自白者として取り扱われ，すなわち，訴えを要しないで，直ちに被告に対する執行ができた。必要的宣誓が許されたのは，実際，当事者に委ねられた係争法律関係についての判断が単純な事実の肯定または否定にかかっている場合，従って，宣誓申出が，良心のあまりにも強い圧迫にも，誤った判断がなされるについてのあまりにも著しい危険にも，導かないような諸場合に限られていた[2]。強制宣誓は，とりわけ，単純かつ迅速な解決を必要とする債務事件を促進するという利益に役立つのであり，この宣誓は，実際，シリア法によって，通告式法律訴訟のために

---

(2) こういう場合としては，確定貸金額返還請求訴訟（actio certae pecuniae creditae），確定物返還請求訴訟（actio de certa re），搬出物返還請求訴訟（actio rerum amotarum. 搬出物不存在の宣誓。l. 11 D. de rerum amot. act. 25, 2），奴隷にかんする加害訴訟（1. 21 § 2 D. de noxal. act. 9, 4. 家長権に服する奴隷をもたないという宣誓），侵害訴訟（actio injuriarum. l. 5 § 8 D. de injur. 47, 10. 侵害をしないという宣誓）があり，債務弁済の約束を制裁する訴訟（actio de pecunia constituta l. 14 D. de jure jur. 12, 2）も，おそらく，そうであろう。

まず導入されたものなのである[3]。この宣誓は，任意的宣誓と異なり，契約に基づくものではない。なぜなら，この宣誓は，被告の意思に依存せず，その要求または反対要求は，当事者処分（Parteidisposition）の最も重要な行為の1つを含んでいる[4]。

(2) 必要的宣誓（jus jurandum necessarium）についての諸原則は，しかし，裁判人の面前における手続において履行された宣誓には，適用されない[5]。この後者は，判決に代るものではなくて，判決を準備すべきものであるが，この目的は，判決がそれにかかっているような事実の真実性について宣誓が裁判官に確実な心証を与えるということによって，達せられる。この目的を達するのは，履行された宣誓であって，拒否された宣誓は，そうではない。いいかえると，宣誓は，ここでは，当事者処分の行為ではなくて，証拠方法である。だからこそ，実際（1. 31 D. de jure jur. 12, 2〔Gaius〕および Quintiliani instit. orat. V, 6. が示すように），当事者は，彼ら自身の主張を宣誓によって強化することを申し出ることができた。この申出については相手方の意見をきかなければならず，相手方が同意した場合には，当事者は，おそらく，宣誓の履行を許されたであろう。相手方が異議を唱えた場合には，裁判官は，その主張が高度の蓋然性に合しあるいは問題となる事実についてきわめて確実な知識をもつことができた者の宣誓による強化を要求したであろう。さらに，一方の当事者が相手方をして宣誓させようという申立てをすることがありえたが，これは，相手方当事者に対してなされた申出（Angebot）ではなくて，裁判官に対してなされた申立て（Antrag）であって，裁判官は，この申立てを認める決定をし，あるいは，これを却下することができた。この宣誓は，裁判上の宣誓（jus jurandum judiciale）とよばれた。判決は，宣誓の履行があったのちでなければ，できなかった。ディオクレティアヌス[6]以後になってはじめて，裁判官は，条件付終局判決によって宣誓の履行を要求することができたのであり，この判決のなかで，宣誓の履行および拒否の効果が決定されなければならなかった[7]。

（3） v. Bethmann=Hollweg, II. S. 175 ; Karlowa, Civilprozess, S. 232 u. a. なお, Schultze, Privatrecht und Prozess, S. 515.

（4） この点については, Engelmann, Der Civilprozess, Bd. 1, §85, および, 後述 § 76 参照.

（5） v. Bethmann=Hollweg, II, S. 583 ff. ; Bülow, Archiv für die civilistische Praxis, Bd. 62, S. 39 ; Schultze, Privatrecht und Prozess, S. 516 ff. とくに, Demelius, a. a. O. S. 85ff. ただし, 反対, Savigny, VII, S. 78 ff. ; Keller, Civilprozess, §66 ; v. Canstein, Die eidliche Parteivernehmung und der Schiedseid, 1886.

（6） 1. 11 C. de sentent. et interloc. 7, 45.

第2章　ローマ訴訟法の体系

　ユスティニアヌスの訴訟では[8]，必要的宣誓の許される，上に挙げた諸場合のなかで，残存するものは稀となっただけでなく，それらは，一般原則の適用される場合になっていった。すなわち，あらゆる法的事件において，一方の当事者は，他方の当事者に対し，判決をするのに重要な事実につき宣誓を要求することができ，その効果として，相手方は，宣誓を履行するか，反対要求するか，のいずれかをとらなければならなかった。そして，訴訟が変化した結果，ついに，宣誓は，事実についてのみ申し立てうることになり，また，単に原告から被告に対してだけでなく，被告から原告に対しても申し立てうることになった。というわけは，こうである。すなわち，法務官の面前における手続と裁判人の面前における手続との分離は，もはや，存在しなくなったので，宣誓の履行や宣誓の拒否によって，判決でもって終結される裁判人の面前における手続に代えることは，もはや，できなかったのであり，重要なのは，ただ，適切な判決基礎をつくり出すこと，つまり，裁判官が判決をなすにあたって利用する事実を確定することだけであったからである。そして，この結果は，当事者がその立証すべき事実に関して宣誓要求を利用したあらゆる場合において，従って，被告が原告に宣誓を申し立てた場合においても，生じたのである。こうして，宣誓がますます形式主義的に取り扱われてゆくにつれて，必要的宣誓と裁判上の宣誓は，単一の法制度に融合した。すなわち，当事者から相手方に対して要求され，相手方が履行するか，反対要求するか，いずれかをえらばなければならない宣誓である。宣誓申立ては，反対要求とおなじく，当事者処分の行為である。この行為は，宣誓が履行された場合には宣誓された事実を，また，宣誓が拒否された場合には，宣誓されるべき事実の反対のことを判決の基礎としなければならない，という効果を生じた。

　宣誓に基づく条件付終局判決によって裁判することを廃止したのは，ユスティニアヌス[9]であり，彼は宣誓の履行が即時に要求され，その履行または拒否があった後に他の争点について弁論すべく，そのあとで無条件の判決によって裁判すべきことを規定したのである。

　証拠宣誓の特殊の種類をなすものは，訴訟物評価の宣誓（jus jurandum in litem）であった。すなわち，多数の場合において，裁判人は，訴訟の結果がそ

（7）　Nissen, Gewissensvertretung, 1861, S. 8. をも参照。
（8）　Demelius, a. a. O., S. 121 ff.；Fierich, Grünhuts Zeitschrift, 16. Bd. S. 130；Planck, Lehrbuch, §123, Anm. 27.
（9）　l. 12 C. de rebus credit. 4, 1. この箇所ならびにこれに先行する l. 11 において，ユスティニアヌスは，宣誓の法全体を新たに規制した。

の不利益に傾いた被告に対し，中間判決（仲裁判断《arbitrium, arbitratus, jussus》）により，原告から正当に要求されたものを給付するように勧告する権限を方式書で与えられていた。被告がこの判決に従おうとしない場合（contumacia），または，被告が故意にあるいは重大な過失によって責ある給付をなす可能性を失った場合には，この給付は，金銭の給付に変化した。その金額は，原告が自己の履行する宣誓によって確定したが，裁判官は，この種の確定に厳重に拘束されることはなかった。裁判官が，当初から，原告の評価がそれを上まわってはならない限度額を定めることができたし，あるいはまた，宣誓がなされた後に，原告の評価を自己の裁量に従い引き下げることもできた。この評価宣誓が許されるということのなかに，中間判決を履行せよという，被告に対する強制が存在したのであり，また，宣誓の履行のなかに被告の違法な態度に対する刑罰があったわけである。こういう訴えは，仲裁訴訟（actiones arbitrariae）といわれる。所有物返還請求訴訟（rei vindicatio），相続財産回収訴訟（hereditatis petitio），寄託訴訟（actio depositi），使用貸借訴訟（actio commodati），強迫訴訟（actio quod metus），詐欺訴訟（actio doli. ここでは，返還に関する仲裁《arbitrium de restituendo》が行われる），提示訴訟（actio ad exhibendum. 提示に関する仲裁《arbitrium de exhibendo》），抵当訴訟（actio hypothecaria），約定の場所以外において給付を請求する訴訟（actio de eo quod certo loco. 弁済に関する仲裁《arbitrium de solvendo》）および加害訴訟（actio noxalis. 加害者委付に関する仲裁《arbitrium de noxae dedendo》）が，それである。

　(イ)　証　　　書

　証書は，特別に有力な証拠方法とされた。

　証書を提出するさいに証人を援用するのがふつうではあったが，証拠方法として役立ったのは，こういう証人ではなくて，証書であった。もともと，証書には，作成者の側では署名せず，証人だけが捺印したのであるが，のちには，（紀元後3世紀頃から）当事者と証人とが署名するようになった。証書をなくしたり，毀損した場合には，別の証拠方法が許された[10]。

　(ウ)　証　　　人

　証言義務は，初期の民事訴訟では，公共の利益に関する事件が問題である場合に，かつ，儀式証人（Solennitätszeugen）についてのみ存在した。ユスティニアヌスに至って，初めて[11]普遍的に認められるに至ったのである。それゆえ，初期の時代には，たまたま居合わせた人々が法的に重要な出来事を彼らの

---

　(10)　1. 5-12 C. de fide instrum. 4, 21 ; Rudorff, röm. Rechtsgeschichte, Bd. II, S. 252ff.

五官で認識した場合には，常に，その出来事が立証されうるかどうかは，証人の自由な意志にかかっていたわけである。

　証人として尋問することができたのは，自由人だけである。証言の証拠力は，証言をした者の社会的地位なり性格上の特質に依存したし，とくに，証人が裁判官に与えた印象にも依存した。裁判所で尋問されなかった証人の供述を録取した証書が受訴裁判所の面前で口頭でされた供述よりも少い価値をもったのは，そのためである。

　証人は，尋問を受ける前に宣誓をさせられ，そのあとで当事者による交互尋問に服した。

　㈡　鑑定人と検証

　鑑定人と検証は，もともと，証拠方法ではなかった[12]のであるが，裁判官の心証に影響しうるすべてのものと同じように，ローマの民事訴訟においても，利用され，とくに，土地についての訴訟においてそうであった。土地についての訴訟において鑑定人として現われたのは，とくに境界確定訴訟では土地測量技師（agrimensores）であったし，また，宣誓した測量官（Regierungsfeldmesser）であった。しかし，これらの者は，実は，裁判官の補助者であった[13]。

§ 69　強制執行における当事者の行為は，判決手続におけるとは別の内容を有する。

　㈠　最古の時代には，ゲルマンにおけると同じようにローマでも，執行は，厳格な法定の規則のもとにおかれた私的強制の行使以外のなにものでもなかった。すなわち，債権者は，強制によって実現されるべき権利の存在の問題をじしんで判断しなければならず，彼がこの問題を肯定するにいたった場合に，彼がその債務者に対して強制を行使する手段となるのは，彼の，国家官庁の授権にまったく依存せず，いわんや，国家官庁の助力を受けない，私的行為である。より進歩した時期には強化された，すべてを支配する国家権力として現われるところの使命を果さなければならないものは，ここでは，ドイツの法発展の初期におけると同じく，形式のもつ強制力である。拿捕式法律訴訟（legis actio per manus injectionem）と差押式法律訴訟（legis actio per pignoris capionem）は，こういう形式であった。国家権力が債権者の私的行為を抑えてゆくという，ここでも次第に高まってゆく発展における第一歩をなしたものは，法務官が，一面において，債権者に対し，法定の私的執行の実施のための授権をし，他面に

---

(11)　l. 16, 19 C. de test. 4, 20. 例外につき，Pauli sententiae, V, 15, 2, 3 参照。
(12)　Engelmann, Der Civilprozess, Bd. 1, §§ 87, 76.
(13)　Vgl. l. 5 C. fin. regund. 3, 39.

おいて，債務者に対し，債権者の適法な実行を妨げてはならない，という権力命令を発することであった。ついには，債権者の行為は，国家官庁に申立てをしてそれを審理してもらうというだけに減少し，一方，官庁だけが強制の権利をもち，官庁自体が，その職務上の権力によって強制を行使することになる。

この発展に伴って生じ，また，生ぜずにいなかったのは，強制執行が判決手続に対して時間的に継起するという考えにおける変化である。最古の訴訟は，執行とともに開始し，その適法性についての裁判は，その後になされる。すなわち，債権者の行為は，債務者が債権者の実行を甘受する場合には，執行であり，債務者が異議をとなえることによって債権者の権利について裁判官の裁判を導く場合には，単なる判決保全にとどまる。強制執行のその後の発展は，なお，そうしなければ欠けるであろう執行可能性が創られること（誓約，法務官の問答契約および委付）によって，原告に属する権利の後の実現を確保することが，まず重要である，という考えを固執したが，やがて，強制じたい，債務者の異議があらかじめ排除された場合にだけ，行使できるのだ，という認識が生まれ，それが，ついには，原則にまで高められた。それゆえ，帝政の後期および最後期の訴訟は，判決手続とともに開始し，執行とともに終了する。

さいごに，強制手段の変改が生じている。ローマ法は，間接強制，すなわち，債務者の意思に働きかけて債権者に満足を与えるべき行為を債務者にさせる手段の使用から転じて，債権者の権利の目的物を債務者からとり上げて債権者に与えることを許し，かつ，要求することによって，直接強制をとった。

(イ)　請求権の執行力のための特別の要件は，最古の時代には，存在しなかったようであり，むしろ，一定の給付を目的とする債権のすべてに対し，内在的な特性として執行権が付属させられていたように思われる[14]。法律訴訟の当時には，執行力という特性を与えられていたのは，ただ，あらかじめ債務者がした意思表示によってか，あるいは，裁判官の判決によって，債務者の異議に対し決定的に守られている請求権——これらの請求権については，それゆえ，債権者の実行は債務者側から妨害されないであろうということを認めることができた——だけに限られた。前者に属したのは，拘束行為 (nexum)，法廷認諾 (confessio in jure) あるいは必要的宣誓 (juramentum necessarium) によって確定された請求権であり，後者に属したのは，裁判人の判決 (sententia judicis) によって確定された請求権だけである。

拘束行為[15]は，債務者の厳粛な義務負担を内容とし，その義務負担行為の

---

(14)　Demelius, Confessio, S. 52.

さいに用いた「与えることが義務づけられたるものたるべし」（dare damnas esto）ということばの効果として，債務者に対する確定の給付判決に与えられた効力が生じた。それゆえ，債権者は，訴訟の不便と危険をまぬがれ，期限がきても支払がされない場合には，拿捕（manus injectio）に進むことができた。

法廷認諾および法廷宣誓は，それらのなかに働いている，訴求された債権の確認を目的とする当事者処分によって，裁判人の判決を不要とし，裁判人の判決と同じように執行権を生じさせた。

しかし，裁判人の判決が債務名義となったのは，それが，右に述べた他の債務名義と同様に，一定の金額の支払をなすべき債務者の義務を宣言した場合だけであった。債務者が敗訴したが金銭の支払を命ぜられたのでない場合には，古代ローマ法の見解によれば，強制執行の可能性は存在せず，従って，判決によって課せられた給付を金銭の給付に変更するための特別の手続が必要であった。この手続は，別の箇所で述べた訴訟物評価の仲裁（arbitrium litis aestimandae）であり，おそらく，方式書訴訟におけると同様，古い時代から，権利の確定と結びついている手続であった。この手続は，職権審理手続において，法務官の混合命令権（imperium mixtum）に基づく各個の行為に附随して，いわゆる直接の特定執行（Spezialexekution）が許されるようになると，余計なものとして使用されなくなった。

さらに，職権審理手続において被告の不利になされた命令も，債務名義となったのであり，この命令では，負担された本来の給付を命ずることができた。

先に述べた強制手段の変改は，次のようにして行われた。

(1)　最古の時代には，私法上の金銭請求権については，対人執行だけが認められていた[16]。拘束行為によって債務を負担した者は，その債務の期限が到来した日に，また，認諾，宣誓あるいは判決の結果として執行に服する者は，支払手段の調達のために債務者に与えられた，30日[17]という法定の期間が経過したのちに，債権者に捕えられ，法務官の面前に連行された。そして，そのときになっても支払もせず保証人も立てなかった場合には，法務官は，この者

---

(15)　とりわけ, Sohm, Institutionen, §65 ; Gallinger, Der Offenbarungseid des Schuldners, 1884, S. 19ff.

(16)　Keller, §83 ; Puchta, Institutionen, §179 ; Huschke, Das Recht des Nexum und das alte römisiche Schuldrecht, 1846, S. 79ff. ; v. Bethmann＝Hollweg, I. S. 495ff. ; Gallinger, a. a. O., S. 1 ff.

(17)　「認諾によると裁判によるとをとわず，30日間の猶予期間あるべし。」（Aeris confessi rebusque jure iudicatis triginta dies justi sunto.）12表法第3表．

を判決によって債権者に付与 (addicere) し，債権者は，これを債務奴隷 (Schuldknechtschaft) として監禁した。債務者は，60日間この状態で鎖につながれ，その間，自己の費用で食事をとることが許されたが，さらに，この期間の後半には，債権者は，第三者が債務者のために支払をなし，この方法によって債務者を解放するという機会を与えられるように，3回の市日 (nundinae) に債務者を法務官の面前に連行し，債務額を公衆に対して大声で知らせなければならなかった。期間を徒過したのちは，債務者は，債権者のものとなり，債権者は，債務者を，殺害し，奴隷として売却し，あるいは，労働によってその債務を償わせることができた[18]。

この強制処分は，非常に苛酷ではあったが，古代ドイツの法における平和喪失とまったく同じように，債務者の肉体的または法的な存在を完全に抹殺するぞという威嚇によって，直接に，債務者およびその周囲にある総ての人々に働きかけて，債権者の満足によって拘禁を避けさせようとしたものにすぎず，強制処分によって満足そのものをえようとしたのではない。

紀元前313年になると，こういう執行に著しい変化が生じたが，それは，この年に発せられたポエテリア法 (lex Poetelia) が拘束行為の直接の執行力だけでなく，債権者売却権や殺害権をも廃止したからである[19]。対人執行は，依然として，存続してはいたけれども，それは緩和されて債務拘禁 (Schuldhaft) となった。拿捕式法律訴訟も，用いられなくなり，これに代って，判決債務履行請求訴訟 (actio judicati) の形式で，直ちに法務官に申立てができることになった。この申立てがあれば，各訴訟と同じく，法務官の面前で2面的な弁論が開始された。この弁論によって，債務者は，執行申立てに対して異議を述べる機会，すなわち，原告は債務名義をもっていないとか，原告は自分つまり被告に対する債務名義をもたないということ，債務名義が無効であるとか，そのときでもまだ提出できる抗弁（弁済，マケドニアヌム元老院議決の抗弁《exceptio senatus consulti Macedoniani》，ウェルレイアヌム元老院議決の抗弁《exceptio senatus consulti Velleiani》，支払能力の範囲内で支払の責がある旨の判決を受けうる利益の抗弁 (exceptio beneficium competentiae)，あるいは，訴権譲渡の抗弁《exceptio cedendarum actionum》) によって失効したことを陳述する機会を与えられた。債務者が，こういうふうに防御した場合には，裁判人の面前における手続が命じられ，執行の適法性について判決で裁判しなければならなかった。

---

(18) Gellius, noctes Atticae, XX, 1.
(19) Livius, VII, 28.

債務者が防禦しなかった場合には，法務官は，無方式な命令で対人執行を実施する権限を債権者に与えた。

対人執行は，こういう形で，まだ，依然として強圧的な処分ではあったが，債務者の人格の完全な否定の危険は，なくなった。やがて，対人執行の不十分なことと，債務者の財産に対してなされる執行の必要性がはっきりとしてこないわけにはゆかなかった。

(2) 最古の法にあって，すでに，差押式法律訴訟（legis actio per pignoris capionem）のなかに，財産，しかも，債務者の個別財産にたいする厳粛な強制執行が認められていた。しかし，この差押え（pignoris capio）は，法律で特別に指定された，少数の一定の請求権に制限されていた。それが財産法上の請求一般に広がっていったとすれば，訴訟法の発展においてひとつの逆行現象をなしたであろう。なぜなら，法律訴訟の手続は用いられなくなったからである。それまでにも，緩和された対人執行がすでにそうであったのだが，財産執行は，国家権力の媒介を必要とするものと考えられるにいたった。そのためには，法は，一連の類推を与えた。行政法上は，国家の官吏が罰金や公租公課の徴収のために債務者の全財産に執行することが認められており，その失効は，財務官（Quästor）の指令と，徴収されるべき金額の支払があれば債務者の財産全体をいわゆる財産買受人（sector bonorum）に売却することによって，なされた。これとならんで故意に身をかくしたり，呼出しがあったのに法務官の面前に出頭しない者を訴えることを可能にするために，その者の財産委付（missio in bona）が許されていた。この財産委付にあっては，同一債務者のあらゆる債権者を債務者の財産にかからしめ，この財産全体を売却するのである。買主（emptor bonorum）は，彼が各個の債権者に按分して満足を与えるという方法で買受代金を支払う義務を引き受けた。この満足を要求する者は，それゆえ，買主にたいして，自己の債権を立証しなければならなかった。

各個の，おそらくは全くとるにたらない債権の満足のために，まさに迂遠で鈍重な手段が，私法上の金銭債権についての強制執行の場合に転用されたのである。従って，強制は，一般執行であり，しかも，それは，債務者の全財産が執行の対象となるという意味においてそうであるだけでなく，同一債務者の全債権者の満足がそれによって求められる，という限りにおいても，そうであった[1]。

---

(1) なお，とくに，Dernburg, Über die emptio bonorum, 1850; Seuffert, Zur Geschichte und Dogmatik des deutschen Konkursrechts, 1888 を参照せよ。

219

あらゆる執行が，だから，債務者の財産についての破産を生ぜしめたのであり，従って，また，それは，債権者を直接に満足させる手段であるというよりも，むしろ，債務者を促して支払をさせる手段であった。

㈦　手続は，3段階に分かれており，それは，以下のとおりである。

(1)　原告は，混合命令権（imperium mixtum）を有する政務官に対し，委付命令の付与を求める申立てをし，政務官は，債務者を審尋しないで，この申立てに応ずる処分をするが，その場合，政務官は，命令（missio）によって，債権者に対し，債務者の財産を占有し売却する権限を与えるのである。この処分の効果として，申立人だけでなく，同一債務者のあらゆる債権者が，その債務者の全財産を，管理（custodia）の目的のために，債務者の法的占有を消滅させることなしに，留置する権能を有するに至る。その目的は，まず，ただ，財物の散逸を防ぐにあったから，債権者は，その従来の所在場所に放置しておけば費消の危険があるような動産だけを特別の保管に付することを許されていた。放置しておれば消滅するような債権の取立てのためには，管理人（curator）を選任することができた（l. 14 pr. D. 42, 5）。委付は，債権者にたいし，債務者の財産の管理と質権[2]をも委ねたのである。申立人の委付によって手続への関与の機会を与えられ，公の掲示によって了知した債権者は，ユスティニアヌス以前には，彼らの債権を証明することを義務づけられてはいなかった。

(2)　委付後30日を経過したときは，債権者は，政務官に対して第2の申立てをしたが，それは，管財人（magister）の選任を求める申立てであった。この申立に応じて，政務官は，債権者を集会に呼び出す。この集会において，債権者は，彼らのなかから，1人または多数の売却管財人（magistri bonorum vendendorum）を選任し，売却条件を確定し，これに基づいて，管財人が10日目に売却期日を指定し，公告する。

(3)　売却自体は，政務官により，債務者の財産の一括競売（addictio）によって行われた。買主（bonorum emptor）は，これによって，債務者の一般承継人となるのではない。なぜなら，買主は，債権者にたいする債務者の義務に介入するのではないからであり，むしろ，買主は，積極財産だけを取得し，買受代金を債権者に対しその債権額の基準に従って支払う義務を負うのである。

この手続は，第2の段階に入ると同時に，債務者を破廉恥者としたが，対人執行を同時に執行することを妨げなかった。ユリア法（lex Julia）は，二つの

---

(2)　この質権については，Dernburg, Das Pfandrecht nach den Grundsätzen des heutigen römischen Recht, 1860 u. 1864, Bd. I, S. 400 ff.; Bachofen, Das römische Pfandrecht, 1847, S. 281 ff. ; Seuffert, a. a. O., S. 20 ff. 参照。

方向において，(カエサルあるいはアウグスツスの) 財産譲与 (cessio bonorum) に緩和をもたらした。すなわち，ユリア法は，その財産を任意に債権者に譲渡した債務者にたいし，破廉恥と債務拘留からの自由を与え，より以前の債務についての財産売却 (venditio bonorum) も，債務者が財産譲与後に重要な財産取得をした場合にのみ許し，最後には，債務者に対し，支払能力の範囲内において支払の責ある旨の判決を受けうる利益 (beneficium competentiae) を与えた。こういう利点を有する財産譲与は，4世紀の法律以後，故意・過失なしに財産状態の悪化に立ち至った債務者に対してのみ，認められた。そして，ユスティニアヌスは，新勅法135第1章において，右の法律を維持し，財産譲与を利用した債務者は，彼が債権者に引き渡した物のほかには別の財産を有しない旨の宣誓を履行しなければならないことを規定した。

委付の手続は手間がかかり煩雑であったために，執行法全体の変革を招くことになった。この変革は，再び行政権に基づいてなされた。行政官，つまり，法務官もこれに入るのだが，の命令は，かねてから，あらゆる種類の直接強制によってこれを実現することができ，特に，債務者の各個の物を実力をもって取り上げることによって実現できたのであり，これは，こういう場合には，官吏は，債権者の限られた執行権ではなしに，国家権力の無制限の力を行使するものであったからである。ところで，特別審理手続において審理され被告の不利に裁判のあった総ての事件において，執行の要件をなすものは，法務官の発した命令だけであった。つまり，これらの事件については，いわゆる個別執行が許されたのである。後に特別手続が通常手続となったとき，個別執行の許容性が通常訴訟に移されたが，一般執行の許容性も，これとならんで，維持された。

いまや，個別執行を求める権利と一般執行を求める権利の間に構成されなければならなくなった関係は，各個の，おそらくは債務者の財産全体をとり尽さない債権が行使される場合には，常に個別執行の方法が選択され，破産は債務者の支払不能の場合に限られる，ということ以外ではありえなかった。破産に関しても，帝政期の法は，著しい進歩をとげた。すなわち，法学者ネラティウス (紀元後2世紀初) が了知していたが今では他により詳しい内容を決定できない元老院議決において，名望家 (例，元老院議員) の破産の場合には，破産財団は，債権者の同意があったときは[3]，個別売却 (venditio bonorum に対して distractio という) によって換価することが許されたのであり，この手続は，配

---

(3)　1. 5, 9 D. de curat. fur. 27, 10.

当財団と債務総額が確定し、あるいは、遅滞なく確定できる場合には問題なく認められたが(4)、それ以外の者の破産のさいにも、認められたことは、疑いを容れない(5)。

　(エ)　このようにして、紀元後3世紀頃に発展をとげ、帝政期の終にも、ユスティニアヌスの法典の成立後も行われた法は、以下のとおりである。

　(1)　金銭債務についての個別執行は、債務者に属する各個の財物の金銭価値の調達に向けられている。手続の内容は、債務者に対して支払期間を指定し、この期間が経過したときに、債権者の申立てに基づき、政務官によって執行が命じられる。その執行は、政務官の下級官吏（使丁《apparitores》）により、各個の財物の差押えを通して実行される。差押えがどのような方法で実行されたか、はたして執行吏が物をその占有におさめたか、あるいは、債務者に対して差押えの意思を告知するにとどめたかは、法源のなかでは報告されておらず、いずれにしても、差押えと譲渡に関しては、動産と不動産の間に区別はなかった。ただ、一定の順序が定まっていた。すなわち、まず動産、次に不動産、最後に第三者にたいする債務者の権利が、執行の対象となった。契約質に匹敵する質権が差押えによって成立することはなかった(6)。最小限2月を経過した後に、裁判所の下級職員による差押物の売却が、公の競売の方法でなされた。職員によって代表された裁判所は、その際、債権者の名において、債権者に属する権利を行使して行為するのではなくて、その職権によって、公法上の権能を行使して行為するのである（「売却の決定をした者の職権によって売却されるのを常とし、決定がなされることを求めた者によって売却されるのではない。」）（《per officium ejus qui ita decrevit venumdari solet, non per eum, qui iudicatum fieri postulavit》l. 2, C. si in caus. iud. 8, 23）。買手がない場合には、その物は、債権者にたいし、その債権のために付与され、買手がついた場合には、売却代金が、債権の満足に必要な限度において、債権者に交付される。——執行の対象が債権であった場合には、裁判所は、その裁量に従い、即時に取り立てるか、あるいは、債権を売却することができた。

---

(4)　Ubbelohde, Über das Verhältniss der bonorum venditio zum ordo judiciorum, 1890, S. 17 ff.

(5)　1. 5, D. de cur. bon. 42, 7.

(6)　もっとも、この点は、盛んに争われている。本文に述べた見解を主張するのは、Dernburg, Pfandrecht, I. S. 417 および Windscheid, Pandekten, I, §233. 現実の質権を認めるのは、Archiv für die civilistische Praxis, Bd. 45, S. 272 および S. 484 のそれぞれにおける Stölzel および Waldeck である。

第2章　ローマ訴訟法の体系

　債務者が作為または不作為の義務を負っている場合には、ユスティニアヌスの法に従えば、なお、金銭的利益が訴訟において評価され、金銭の給付を命ずる判決がなされねばならなかった(7)。

　(2)　一般執行(8)は、債務者の財産が、その総債務を完済するのに足りないことを前提とする。

　一般執行は、次のいずれかにかかっている。

　　(i)　債権者（1人だけでもよい）の申立て（財産委付）。ただし、この債権者が債務者に対する執行力ある請求権を有する場合に限る。

　　(ii)　（財産譲与の）債務者の申立て。ただし、債務者が責なくして財産的破綻におちいり、かつ、──新勅法135以後においては──先に述べた開示宣誓（Manifestationseid）を履行した場合に限る。

　裁判所においてなされる右のいずれかの申立てによって開始される手続は、一般執行の手続であり、すなわち、債務者の全財産にかかってゆくものであって、比例的満足を求める各個の債権者の債権の執行力を前提とする。従って、手続開始の際にすでにこの性質を帯びた債権を有していない者は、破産裁判所に債務者を訴えて執行力ある債務名義の取得に努めなければならない(9)。破産は、破産者の、可能なかぎり全部の債権者の均等の満足に導くべきであった。しかし、この当時には、手続の開始を一般に知らせるのに適当な手段を欠いていたから、手続への参加の届出のために異常に長い期間を与えざるをえず、また、手続自体も、非常に長引かないわけにゆかなかった。すなわち、期間は、債務者の住所と同一の県内にその住所を有する債権者については2年、県外に住所を有する債権者については4年であり、期間経過後に届出をする債権者は、他の債権者が満足を受けて残余を残している場合に、その残余を請求できたにすぎない、という点で、失権を伴っていた。そして、時機に後れた届出に対する考慮のため、右の残余を債務者に返還せず、後に現われてくる債権者の満足のために教会の金庫に保存すべきものとする特別の規定が生ずるにいたった。

　委付を受けた、あるいは、委付に参加した債権者は、債務者の財産を、自身で、あるいは、彼らが多数決によって選定し裁判所が申立てに基づいて任命した管理人（curator）を通じて、管理する。その場合、参加する債権者がその債権の存在とその債権について主張する優先権を証明しなければならない相手は、

───────────────

（7）　差押え（pignoris capio）については、D. de re iud, 42, 1. の1. 31および、とくに、長文の1. 15参照。

（8）　v. Bethmann=Hollweg, III. §159 ; Fuchs, Das Konkursverfahren, 1863, S. 5 ff.

（9）　（532年の）1. 10 C. de bonis auctor. iud. 7, 72.

223

債権者であり，債権者自身またはその管理人である。裁判所の協力は，手続の開始についての裁判，管理人の承認，債権者間で届出のあった債権の参加資格および優先権に関して生じた紛争についての裁判，および，売却の命令にかぎられていた。売却は，個別的に管理人によってなされる。管理人は，また，各個の債権者への売得金の配当を，彼らの優先権と彼らの債権の額を基準として実施した。

　優先権は，かなりの数に上った。しかし，質権は優先権と同列に立たなかった。債務者に属する物のうえに質権を有する者は，ユスティニアヌス以前の法によっても，また，ユスティニアヌスの法によっても，破産に参加する必要はなかった。むしろ，質権者は，債権者に物の引渡を請求することができ，この物の私売によってえた売得金から満足を受けることができた。単純な優先権を有する者は，破産債権者であり，いいかえると，彼が満足を請求する場合には，破産に参加しなければならず，財団から他の債権者に先立って満足を受けることを請求できただけである。一般抵当権を有する者は，破産開始と同時にこれを失ない，そのかわりに，たんなる優先権を取得する。

　破産は，ユスティニアヌスの法以後でも，まだ栄誉権喪失の効果を生じた。すなわち，破産は，債務者に破廉恥の汚点を付させ，また，破産によって全債権者の完全な満足が得られない場合には，債務者は拘禁の危険にさらされた。この二つの不利益は財産譲与によって回避される。

§ 70　［仮差押え］　ローマ法が，その実行を危くされているだけでまだ強制執行に熟しない権利に与えた保護は，完全なものではなかった。なるほど，「判決の保全」をする手段は存在したが，それは，判決が実行できることを確保する目的には役立たず，むしろ，請求権が存在しなかったところに請求権を初めて作り出すことによって，判決の可能性を確保するのに役立っただけである。法務官の問答契約が，これに属する。こういう問答契約を締結するよう債務者を強制するために財産委付を利用することができたのは，いうまでもない。この点につき，未発生の損害のための担保（cautio damni infecti）を想起せよ。委付自体も，それが，事実上，債務者の財産を浪費されないよう保全したにもせよ（§ 34），この目的のために行われたわけでは決してない。意図するところは，むしろ，債務者をして委付を受けた者の利益となる行為を実行する決意をさせるのに適している，できるだけ厳しい圧迫を，債務者に加える，という点にあったのである。官吏が債権の保全のために全財産または個々の財物を差し押えて，それにより債務者の処分を故意に妨げるということは，ローマ法には，まだ知られていなかった[(10)]。

(b) 当事者の行為の形式

§ 71 当事者の陳述の手段は，ローマの訴訟においては，直接に裁判所および相手方に向けられた口語であったし，それが続いた。呼出しでさえ，帝政後期にいたるまで，口頭でなされた（§ 64）。

しかし，法務官の面前における手続（jus）と裁判人の面前における手続（judicium）とに手続が分離されていたことは，争う意思と紛争の内容および対象の公証を必要なものとした。ところで，法律訴訟では，この公証も，証人の援用によって口頭で行われたのであった。方式書訴訟では，書面の作成に踏み切らないわけにはゆかなかった。この書面，つまり，方式書は，口頭弁論につき，裁判人に対し，限界を設け，その基礎を形づくった。なぜなら，方式書に記載された以外の攻撃防御方法は，裁判人の面前における手続では，提出することができなかったからである。しかし，方式書に記載された攻撃防御方法を理由あらしめるに役立つ事実の報告や法律上の陳述は，口頭で提出された。

その後，方式書がなくなり，それと同時に，手続の特質に基礎づけられていた書面の必要性がなくなったとき，書面の使用を当初は望ましいものとし，後には必要なものとしたのは，上訴の許容であった。しかし，書面の要求が，再び，後の口頭弁論の基礎と範囲を形成する訴訟行為つまり訴えについて生じたことは，当然である。裁判所に訴状（libellus conventionis）を提出せよという命令が，そこから出てくる。そして，また，書面を媒介とする呼出しも行われ，当事者の提出について調書が作成されるようになったが，その調書は，口頭弁論がなされたことを報告するにとどまらず，なにが弁論されたかをも報告するものであったのであり，この制度がとられたために，やがて，当事者もまた，彼らが述べようと欲しまたは述べたことを書面にして記録にとどめるために提出するようになったし，裁判所も，口頭主義の堅持にかかわらず，苦痛なしに，口頭で提出されたことだけを取りあげたのである[1]。

ローマ人が弁論の直接性[2]にどれだけ大きな価値をおいていたかを示すものは，裁判人の面前における手続はそれが開始された日に終了すべく，それにもかかわらず延期（ampliatio）が必要な場合には，新期日にもう一度あらたに開始しなければならない，という古くからの規定である。さらに，証拠調を受

---

(10) Dernburg, Pandekten, I, § 168. なお, Muther, Sequestration und Arrest im römischen Recht, 1856 参照。国家の手に入った物を譲渡してはならないという制定法上の禁止が事実上の保全の効力をもった。

(1)　v. Bar, Recht und Beweis im Civilprozess, 1867, S. 13 における v. Bar の注参照。

(2)　Engelmann, Der Civilprozess, Bd. 1, § 99.

訴裁判所の面前で行うことが原則とされたのであり，従って，受訴裁判所の面前で口頭でなされた証人の供述には，他の裁判所の面前で述べられ，判決する裁判人の面前で朗読された証人の供述に対する優位が認められた。

　法律訴訟手続を支配していた特別の形式がいかなる意義をもっていたか，については，さきに（§23）述べた。この形式は，まず，当事者の提出を制定法の用語で装うこと，さらに，争点決定をするさいに荘重な儀式を守ることを内容とするものであった。前者のかたちにおいて，形式は，当事者の陳述内容の適法性に対する試金石となったし，後者のかたちにおいて，形式は，裁判上の手続の起源，当事者の闘争に対する公権力の介入についての記憶を呼び起こし，用いられた象徴の明確性によってだけでなく，荘重な儀式が単純な心情に対して与える昂揚力によっても作用した。裁判上の手続のもっと素直な把握が生じるに及んで，このような儀式はお笑い草となり，法律訴訟がもはや取引の必要を十分に充たさなくなるに及んで，耐えがたい強制と感じられたのであり，法史において独特といえるような力を政務官に与えることによって，いいかえれば，方式書訴訟に移行することによってのみ，その強制から逃れることができたのである。この訴訟制度の名称は反対の考えを呼び起こすのに非常に適しているのではあるが，その名称は，この考えを実質的に正当化するものではない。方式書訴訟手続は，実際上，それまでの形式の強制からの解放を意味しているのである[3]。方式書付与前および裁判人の面前における手続での申立てや提出は，全く方式にしばられず，方式書自体も，柔軟性の点で，できるだけのものを与えた。それにもかかわらず，最後には，方式書は，再び，煩わしく不必要な形式と感じられるようになった。その理由は，方式書が，その特別の個性を詳しく斟酌して，常に各事件ごとにだけ正当に判決できるような関係を承認する妨げとなったからであり，また，私法の法源が完全に変様して，裁判人になお特別のことを指示する必要が全くなくなったように思われたからである。

2　裁判所官庁の行為

(a)　政務官および裁判人の行為の内容

§72　［一般］　政務官は，国家の命令権を行使し，裁判人は，訴訟を裁決することを任務とする。

　この区別が，両者の行為の法律上の性質を決定する。

　(1)　政務官の意思表示は，あることがなされるべきである，または，なされうる，とか，なされるべきでない，または，なされえない，という権力的宣言，

（3）　Bülow, Archiv für die civilistische Praxis, Bd. 64, S. 19.

命令（Anordnungen）以外の何ものでもなく，特に，条件付であれ無条件であれ，判決（Urteile）ではありえない。このことは，特示命令，委付，原状回復および問答契約といった命令権に基づく法的保護処分に関しては，証明を要しないであろう。これらの処分は，いずれも，事件の状態の審理（cognitio）が先に行われることなしには，なしえなかったのではあるが，それでも，なされた処分自体が判決になるわけではなかった。なぜなら，なされた処分は，当事者が当事者に対して有する請求権の存在に関する争いを裁判するのではなくて，国家によってその介入のために設けられた前提条件が満たされていることを確定するにすぎない。

　方式書に関しては，問題は，もっと難しい。方式書は原告の私法上の請求権を一定の条件のもとに存在するものまたは存在しないものというのであるから，判決であり，仮定的または条件付の判決である，といわれる[1]。この見解は，方式書が当事者に対してでなく，裁判人に対して向けられており，方式書が裁判人に対し彼の側で審理し判決をなすべき旨の命令を与えている，という事情と矛盾する。

　原告が彼の請求の根拠として市民法を援用し，従って，方式書も，法に基づいて作成された多数の事件のすべてにおいて，右の見解によれば，法務官の判決は，単に，裁判人が原告の権利の存在を確認する場合にはその権利は存在する，という趣旨となるであろう。法務官は，多数の訴訟において全く自明の，従って，余計なことを荘重な形式で宣言するのを強いられることになろう。しかし，法に基づいて作成された方式書（formula in jus concepta）が問題である場合と，事実に基づいて作成された方式書（formula in factum concepta）が問題である場合とで，方式書の付与の性質が異なるというのは，不可解な考えである。

　方式書の付与は，国家の法的保護処分以外のなにものでもなく，さきに挙げた法的保護処分におけると同様に，方式書の付与にあっても，政務官は，国家の利益だけを守らなければならないのであり，いいかえると，ここでは，事件が裁判官の判決を許すことが必要と思われる状態にあるかどうか，という問いに答えなければならない。すでに強調したとおり，政務官は，裁判人が国家の欲する法だけを適用するように配慮しなければならず，そのために必要な保証が与えられている場合には，裁判人の手続を許容しあるいは命じなければならない。それゆえ，法律訴訟における裁判人の面前における手続の，どちらかと

---

(1)　　Planck, Beweisurteil, 1848, S. 347; Schultze, Privatrecht und Prozess, S. 233 ff.

いえば消極的な許容の内容と，方式書付与という積極的な行為の内容とは，実質上同一であり，いずれも，裁判人の審理と裁判の命令である。この命令は，次の場合には，発せられない。

（i）　法務官の面前における手続中に，法的紛争が当事者間に存在しないこと，または，もはや存在しなくなったこと，従って，裁判人の判決が不要となったことが明らかになった場合。これには，次の諸場合がある。

　　①　被告が原告の請求権の存在を争わない場合（法廷認諾《confessio in jure》）。

　　②　原告が彼の請求権を排除する事情の存在を争わない場合。

　　③　存在する紛争が宣誓（jus jurandum）によって解決される場合（§ 67，（ア））。

（ii）　権利保護に値しない要求について紛争が存在する場合，いいかえると，法律訴訟手続において，当事者がその主張を制定法の用語で装うことができない場合，および，方式書訴訟手続において，原告の請求が制定法にも告示にも根拠をもつことができず，新たな方式書を創る機会を政務官に与えるのでもない場合。

これらの諸場合においても，法務官は，判決を言い渡すのではなくて，ただ，国家は求められた法的保護命令を発することを欲しない，ということを宣言するだけである（訴訟拒絶《denegatio actionis》）。

（2）　それぞれの訴訟において係争のまたは疑問のある法律問題が生じただけの数の判決がなされえた中世ドイツの法(2)とは反対に，ローマの民事訴訟では，ひとつの判決だけがなされる。それは，争点決定を通じて裁判人のまえに提出された原告の私法上の請求権についての裁判人の宣言である。

しかし，ローマの最古の訴訟である神聖賭金法律訴訟（legis actio sacramento）の判決は，ドイツ法の判決と同一の本質をもっている。それは，後者と同じように，係争の法律関係についての裁判所の権威的な教示（Auskunft）であり，両当事者または敗訴した当事者が何をなすべきかを宣言するものではなくて，単に，いずれの神聖賭金が正当であるか（utrius sacramentum justum sit）を表示するにとどまり（§ 26），従って，法的命令ではなしに，たんなる見解，裁判人の意見（sententia judicis）だからである(3)。

仲裁人としての国家の任務に対するこの記憶は，sententia ということばの

（2）　本書第1編 § 37，§ 67 参照。
（3）　v. Jhering, Geist, I. § 12.

第2章 ローマ訴訟法の体系

なかに名残をとどめているが,このことばは,神聖賭金式訴訟が制限され消滅してからは,法的命令という意味をもつようになった。なぜなら,法律訴訟のその後の形式のなかで,すでに,裁判人は,敗訴の被告の有責判決(condemnatio),つまり,被告には何かをなすべき債務があることを宣言したからである。

判決における本質的なものは,いつの時代でも,常に,原告の主張した請求権が存在するか否かの宣言である。判決のこの本質は,単純な pronuntiatio つまり確認判決がなされた場合には,純粋に現われるが,命令の形式でなされる有責判決(condemnatio)も,実際上,法的義務の存在を確認するにとどまる。判決が当事者に法的命令を向ける場合には,判決は,この力を,判決言渡しの動因である公権的命令から借りているのである[4]。

しかし,裁判人の判決(sententia judicis)は,常に,所与の事実関係に対する法の適用であったのであり,けっして,法の創造ではなかった[5]。なぜなら,国家が制定法の形式で告知した,政務官,裁判人および当事者を支配する法か,政務官が国家の代理人として各個の事件につき告知し,当事者および裁判人に対して基準として提示した法か,のいずれかを適用しなければならなかったからである。だから,ローマの裁判人の使命は,彼のうちに存在する法的確信についての証言をなすことではなく,具体的な係争事件を形成する事実関係を,裁判人を超えて存在する所与の法の規範に従って検討することであった。

判決は,原告の請求権が金銭を目的としない場合でも,金銭の支払を命ずるものであったこと,また,その理由については,まえに(§36(4),§37),すでに説明した。返還などの仲裁(arbitrium de restituendo etc.)は,判決(sententia)ではなく,それに先行するものであったが,すでに,権利の確認をふくんでおり,たいていの場合には,おそらく,原告の真の利益を満足させるのに適していた。

手続の分離がなくなると同時に,政務官の行為と裁判人の行為との区別もなくなり,従前の政務官は,裁判官となったし,その宣言も,権力的命令(decreta)から判決(sententiae)になった。

---

(4) Degenkolb, Einlassungszwang und Urteilsnorm, S. 85 ; l.59 pr. §1 D. de re iud. 42, 1 におけるウルピアヌス,および, l. 1 C. de cens. quae sine 7, 46 におけるセウェルスとアントニウス。

(5) シュルツェは,その著書(Schultze, Privatrecht und Prozess.)において,方式書訴訟に関し異見を示す。

ところで，しかし，判決が成立するためには，裁判官は，所与の事実に法を適用しなければならないだけでなく，係争事実の証拠をも調べなければならなかった。証拠調べについては，裁判官は，法律上の規定に拘束されなかったし，また，そうでなければならなかった。なぜなら，ある事実が真実であるか否かという問題の判断にあたっては，ローマ人は，自己の確信がそれに従わなければならないような，なんらの権力をも認めなかったからである。しかし，帝政後期にいたると，各個の証拠方法の証拠力についての一連の法規が，まず，具体的事件の裁判の形式で現われ，やがて，指令訴訟（Reskriptsprozess）の形成にともない，次第に好まれるようになった，裁判官に対する指令のかたちで現われた。裁判官がいまやそのなかから任命されるようになった範囲の人々が従前の自由の真価を知らなかったのか，それとも，その自由を濫用したのかは，さておいて，いずれにしても，2つの事情が裁判官の自由な確信を左右する方向において作用した。すなわち，第1は，あらゆる生活関係に介入して，自身に満ちみちている叡智を愚昧な臣下に上から啓示しようとする皇帝のあくなき熱意であり，第2に，つよく不信にさらされた裁判官の，事実関係の判断にあたって平均的な一般原則にすがろうとする一定の傾向である。こうして，個別的な裁判と個別的な指令から，一般的に拘束力をもつ規定ができた。特に，ひ・と・り・の証人は，いかなる身分を有するものであれ，証拠とはなりえない，とするコンスタンティヌスの規定が，これに属する[6]。ユスティニアヌスは，自身，たくさんの証拠規則を作ったが，それらは，確たる原理を基礎とするものではなかった[7]。ただ，皇帝の諸勅法[8]のなかには，その特徴として，証人証拠に対する強い不信が現われている。いずれにしても，自由心証主義は，決して，完全に除去されたのではなかった。

　権利主張の前提をなす事実について裁判官に確信を抱かせることが重要であったから，ど・ち・ら・の当事者が，一定の事実を立証しなければならないか，いいかえると，一定の事実が立証されないままに終るという不利益を負担しなければならないか，ということについてのはっきりした原則が構成されなければならなかった。しかし，自由心証主義は，挙証責任理論のスコラ的発展には不向きである。それゆえ，「証明は肯定者にかかり，否定者にかからない」（Ei incumbit probatio qui dicit non qui negat）とか，「抗弁において，被告が原告の役

（6）　1. 9 pr. C. de test. 4, 20.
（7）　Endemann, Beweislehre des Civilprozesses, 1860, S. 18, 19. をみよ。
（8）　これらの勅法のひとつひとつを述べることは，まったく利益がない。

割を果さなければならないことが定められる」⁽⁹⁾(in exceptionibus dicendum est reum partibus actoris fungi oportere) という一般原則が固持されたものの，そういう一般原則は，右の2つがそうであったように，込み入った各個の事実関係の取扱いにあたって応用されるべきもので，その取扱いについて拘束的な規範が与えられたというわけではなかった⁽¹⁰⁾。

　判決は，裁判人（裁判官）がその顧問（consilium）にはかり，その後に独立に裁決することによって，成立した。裁判人合議体では，評決がなされ，多数決によって裁決された。可否同数の場合には，自由をめぐる訴訟では自由を主張する当事者に，相続訴訟では指定相続人に，その他の場合には被告に，それぞれ有利な判断がなされた。裁判人が判決に達しえなかった場合には，彼は，彼には判然としない（sibi non liquere）ことを宣誓のうえ陳述することによって，彼の一身につき，判決をなすべき義務から開放されることができた。

　訴訟では，ひ・と・つ・の・判決しか行われなかったのではあるが，事前の決定や中間決定によって判決を準備することができた。しかし，こういう決定は，決して，訴訟の裁判を含まず，訴訟指揮の性質をもつものか，それとも，中間の争いの解決かのいずれかであった⁽¹¹⁾。

§ 73　上・訴・は，ローマの民事訴訟では，はやくから，認められていた。

(1)　政務官の命令（decreta），つまり，命令権（imperium）に基づく法的保護命令は，特に，裁判人の面前における手続（judicium）を命じる命令も，上訴（appellatio）または異議（intercessio）に服した⁽¹²⁾。すなわち，あらゆる公権的命令に対し，不服の申立てによって，その効力を妨げることができた。不服の申立てを受ける権限を有したのは，第1に，par majorve potestas，すなわち，命令者と同等または命令者の上級の各官庁であり，次に，序列と関係なしに，護民官であった。従って，私人が自分には不当と思われる政務官の命令の取消しを欲する場合には，不服の申立てにつき権限を有する官庁の助力を確保しなければならなかった。不服の申立てが確実な法原則と結合せず，管轄官庁の自由な裁量に任せられている場合には，原命令を変更する作用を有せず，取り消す作用をもった。いいかえると，異議を受理した官吏は，不服を申し立て

---

(9)　1. 2, 19 pr. D. de probat. 22, 3.
(10)　v. Bethmann＝Hollweg, II. §109. 現在では，Fitting, Die Grundlagen der Beweislast, ZZP Bd. 13, S. 1 ff. 参照。
(11)　Planck, Beweisurteil, S. 103 ff.；v. Bethmann＝Hollweg, III. S. 291.
(12)　v. Savigny, System, VI, S. 485 ff.；Keller, röm. Civilprozess, §82；Mommsen, Staatsrecht, I, S. 245 ff.

られた処分に代えて別の処分をするのではなく，ただ，前の処分を取り消すことができただけであった。別の処分をすることは，その処分をする権限をもつ官庁が決すべき事柄であった。

　さらに，原状回復（restitutio in integrum）が，政務官の処分によって，それ自体としては許されており法に適合する方法で，侵害に対する保護を与えた（§45）。たとえば，方式書が当事者の申立てには適合するが訴訟の不当な裁判を生じさせるに違いないような誤謬を含んでいる場合に，保護を与えたのである。原状回復の付与を求める申立ては，異議（intercessio）と反対に，侵害を受けた当事者の権能であり，不服申立ての対象である処分をした当の官庁の適正な裁量に向けられた。

　(2) 裁判人の判決に対する上訴は，上訴によって判決が不当として取り消され正当な判決によっておきかえられるべきものとする限りでは，当初は，ローマ法の知らないところであった。裁判人の判決の適正について，裁判人がそのなかから選任されなければならなかったところの人人よりもよい保障を，だれが与ええたであろうか。また，提案されかつ指名された裁判人または常設の裁判所以上の権威を，なにびとがもったであろうか。争点決定の法的性質は，方式書において指名された以外の裁判人の裁判を求めることを法的に不能とした。なぜなら，この裁判人が判決をなす義務を委ねられたのであり，当事者は，この裁判人から，今後は彼らにとって基準となる裁決を受けるべきであった。この裁判人が，判決をすることによって彼の義務を履行し，同時に，当事者の訴訟上の請求を解決したのである。第2の裁判人が介入するには，あらたな方式書を必要としたであろうし，当初の法律関係に基づくあらたな方式書は，訴権の消耗が生じているために，認められなかった。

　ところで，帝政時代に，裁判人が官吏になると，判決にたいする上訴を認める障害となっていたものがなくなっただけでなく，裁判官が国家の欲する法を正当に適用したかどうか，という問題の審査を可能ならしめることが必要と考えられた。従来，国家の欲する法の適用という点を監視してきたのは，政務官であった。それゆえ，いまや，政務官が判決をなす官吏よりも上位の，あるいは，それどころか，より知識のある官吏とみられ，従って，後者の判決が前者に向けられた上訴に服させられたのは，全く当然の現象であった。その間において，上訴は，もう一つの形をとった。皇帝は，至高の国家権力の担い手であったから，何らかの官吏のあらゆる命令に対する不服は，これを皇帝に向けることができたのである。皇帝に統合されている全幅的な国家権力が皇帝に対し，自身で裁判する権能を与えた。当事者に帰属し，不当とする官吏の裁判の

第 2 章　ローマ訴訟法の体系

変更を目標とする，この不服が，変化して，いまや，裁判官の判決に対して許容されたのである。この重要な訴訟改革の時点を確実に確定することはできないが[13]，パウルスやウルピアヌスの時代には，すでに，この上訴は，立ち入った学問的な取扱いの対象となっていた。

　ひとたび認められたとなると，上訴は，官吏のあらゆる裁判，従って，下位の官吏の裁判に対する上訴に基づいて裁判した官吏のそれに対しても，許されなければならなかった。こうして，込み入った審級序列が形成された。すなわち，裁判人については政務官に，政務官については，ローマでは，後には，全イタリアおよび若干の州でも，都市長官（praefectus urbi）に，州においては，州長官（praeses provinciae）については皇帝の任命した執政官（Konsular）に，さいごに，執政官ないし都市長官については，皇帝に，上訴がなされた。ユスティニアヌスは，2回しか上訴を許さなかった[14]。

　そのほか，上訴の濫用があったために，別の，一連の制限が生れた。すなわち，最高の諸官吏については，ウルピアヌスの時代にも，後に，ユスティニアヌスの規定によっても，訴訟物が一定の金額に達する場合にだけ，皇帝への上訴が許された。さらに，判決がある者の認諾に基づいてなされている場合には，上訴は，その者のためには許されず，欠席の当事者は，自己に不利な欠席判決に不服を申し立てることができなかったし（contumax non appellat），同様に，判決がその者の宣誓または宣誓拒絶を根拠としてなされている当事者も，上訴できなかった。そしてまた，コンスタンティヌスは，中間決定にたいする上訴を禁止した。そのほか，上訴審において敗訴した側の当事者は，相手方に対し係争物の3分の1の敗訴金を喪失し，生じた費用の4倍を相手方に償還しなければならなかったが，のちには，公の刑罰と訴訟費用のたんなる償還が右の不利益に代った。

　右の上訴は，包括的であった。当事者が自己に不利な判決を不当と感じた総ての場合において上訴ができたのであり，法が不当に適用されたか，事実関係の調査が不完全であったか，それとも，事実関係が不当な評価を受けたかにかかわらず，上訴によって，あらたな主張，あらたな抗弁，再抗弁等を理由づけるために，あらたな事実を陳述することが許され，それらが功を奏した場合には，取り消された判決に代えて，本案自体を裁判するあらたな判決がなされた。

---

(13)　たとえば，Taciti ann. 14, 28 参照。一般論として，Merkel, Über die Geschichte der klassischen Appellation, 1883, Abhandlungen aus dem Gebiete des röm. Rechts, Heft 2. 参照。

(14)　1. 1 C. ne lic. tert. prov., 7, 70.

つまり，上級審では，法的紛争につき，全面的にあらたな弁論がなされたわけである。

上訴手続は，次のとおりであった。

上訴する旨の当事者の意思表示は，判決の言渡のさいに，ただちに，口頭で，あるいは，短期間内に書面によって（上訴状《libellus appellatorius》によって），不服の対象となった判決をした裁判官に（原審裁判官《judex a quo》に）対し，なされる。その期間は，3日であったが，ユスティニアヌスによって，10日に延長された。当事者は，まだ，上訴の理由を陳述することを要せず，上訴する旨の単なる表示によって，不服の対象となった判決の執行が妨げられた（確定遮断の効力）。ただし，暴力に関する特示命令（interdictum de vi）があった場合には別であった。下級裁判官は，上訴の適法性について裁判すべく，上訴の要件を欠く場合には，抗告の方法で不服を申し立てうる処分によって，上訴を却下し，そうでない場合には，上訴を適法と宣言しなければならなかった。後の場合には，上訴人は，5日内に，移審状（litterae dimissoriae od. apostoli）の付与（裁判官が上訴審裁判官に提起された上訴について通知するための処分）を求める申立てをしなければならなかったが，後には，下級裁判官が，30日内に，職権をもって移審状を発付した。移審状は，当事者に付与されるが，その当事者は，自身の側で，法定の期間内に，後代の法ではふつう6月内に，移審状を，上訴審裁判官に手交しなければならない。同時に，上訴人は，上訴の理由を陳述して（causas appellationis reddere），これによって，上級裁判官の面前における弁論を開始しなければならないのである。上級裁判官の面前における弁論は，原則として，第一審におけると同様に，口頭で行われたが，遠隔地に所在する国の高級官庁の裁判が求められる，たいていの場合には，おそらくは，書面をもって口頭の陳述に代えるほかはなかった。

こういう形式の上訴とならんで，ディオクレティアヌスおよびコンタンティヌス以来，稟議または報告による上訴（appellatio per consultationem od. per relationem）が生じた。これらにあっては，下級裁判官は，上訴提起後，彼の判決の理由を明らかにする報告（relatio, consultatio）を皇帝に直送する。当事者は，あらたな事実を挙げることなく，自己の陳述をこの報告に添付し，皇帝は，指令（Reskript）によって裁判する。ここでは，純粋に書面上の手続が行われるのであり，この手続は，たんに法律問題だけが論ぜられ裁判されるべき事件に適している。しかし，ユスティニアヌスは，あらたな事実の陳述を認めた。

帝政後期に特異な上訴がうまれたが，その成立は，一定の規範に拘束されない，皇帝の裁判権の作用に負うものである。すなわち，普通の上訴の方法で不

服を申し立てえない判決に不服ありとする当事者は，請願（supplicatio）によって，直接に，皇帝に対し救済を求めることが許された。皇帝は，上訴を検討した後，指令によって上訴を却下するか，あるいは，上訴を理由ありと認めた場合には，不服を申し立てられた判決を言い渡した同じ官庁による再審を命ずるか，のいずれかの措置をとった。この上訴に服したのは，近衛長官（praefectus praetorio）の判決であり，ここでも，単に，法の誤った適用を非難する場合だけが問題となりえた。

　古くから，裁判人の判決の無効を主張する可能性が存し(15)，また，こういう方法で，それ自体としては存在するが無効な判決を形式的にも除去する可能性が存した。

　判決は，その設定の無効な裁判人の面前における手続（judicium）においてなされた場合には無効であり，設定させる政務官が裁判人の面前における手続を命ずる権能を有しない場合であると，設定の行為自体が法に従ってなされなかった場合であると，とわない。さらに，当事者が行為能力を有しない場合，または，判決が実在しない当事者のためにまたは対してなされた場合，最後に，判決が既判力ある従前の判決または法原則に矛盾した場合にも，判決は無効であった(16)。

　法律訴訟においては，拿捕式法律訴訟（legis actio per manus iniectionem）の手続が，被告とともに倍額の（in duplum）給付を命じられる危険のもとに判決（sententia）の法的効力を争う保証人（vindex）を被告が原告に対して立てることによって，無効な有責判決の実行を防ぐ可能性を，被告に与えた。拿捕式法律訴訟の消滅後でも，やはり，さしあたり，原告が訴訟（actio）の方法によってのみ自己に有利な勝訴判決を実行しうるという原則が依然として存在した。この判決債務履行請求訴訟（actio judicati）は，他のあらゆる訴えと同様，法務官の手続に係属させなければならなかった。法務官の面前における手続（in jure）において，被告が原告の請求権の存在を争うことが明らかとなった場合には（被告が弁済を主張したのであれ，判決の無効を主張したのであれ），裁判人の面前における手続（judicium）を命ずることができた。被告は，ここでは，最古の訴訟におけると反対に，自身で，当事者として出頭することができたのだが，被告が敗訴した場合には，従前と同じように，判決額の倍額を給付しな

---

(15) Puchta, Kursus, §180 ; Bethmann=Hollweg, II. §118, III. §162 ; Keller, röm. Civilprozess, §82, 1 ; Skedl, Die Nichtigkeitsbeschwerde in ihrer geschichtlichen Entwicklung, 1886, S. 2 ; Eisele, Abhanlungen zum römischen Civilprozess, 1889, S. 127 ff.

(16) l. 19 D. de app. 49, 1 ; l. 1 §2 D. quae sent. 49, 8 ; l. 1 C. quando prov. 7, 64.

ければならなかった。しかし，おそらく⁽¹⁷⁾，この，被告にのみ役立つ防御手段は，すでに方式書訴訟の支配のもとに，双方の側が利用できる法手段となり，同時に攻撃手段となった⁽¹⁸⁾。

すなわち，原告は，最後の給付判決の対象であった請求を，もう一度，提出し，被告の既判事項の抗弁（exceptio rei judicatae）をば判決無効の再抗弁によって打破するという方法で，自己に不利な判決の無効を主張することができた。そして，被告は，判決債務履行請求訴訟に対する抗弁としてだけでなしに，攻撃的に，判決債務履行請求訴訟と関係なしにも，判決の無効を確定させることができた。被告が敗訴した場合には，被告は判決額の2倍の給付をしなければならなかったから，この法手段は，倍額の取消し（revocatio in duplum）とよばれた。この法手段は，出頭者間では10年，また，欠席者間では20年で，時効により消滅した。

この法状態は，ユスティニアヌスのなかに維持されたが，倍額の給付判決だけは，行われないことになった。

裁判人に提出された訴訟資料が，刑罰に相当する行為の結果，歪曲された場合，たとえば，当事者が偽造の証書を援用した場合には，無効，従って，右に述べた法的救済は存在しなかった。そして，古代の通常訴訟手続（ordo iudiciorum）の当時に，すでに，右のような場合に，侵害を受けた当事者は，取消（retractatio）または更新（instauratio）を要求する権利を有した。その場合には，政務官は，同一あるいは別の裁判人の面前におけるあらたな手続（judicium）を与えたのである。10年または20年の経過後には，この法手段は消滅した。

最後に，また，方式書訴訟の支配下において，すでに，裁判人の判決（sententia iudicis）に対する原状回復（restitutio in integrum）が認められたが，ここでも，それ自体としては正当で，従って有効な判決によって，不当と考えなければならない，そして，侵害を受けた当事者がその除去を申し立てることが許されるような法状態ができた，という要件が必要であった。申立てを理由づけるために，一定の回復原因を挙げなければならなかった。そういう回復原因とみなされたものとしては，たとえば，行為をしなかったために懈怠当事者に不利な結果となった前訴における，当事者の責に帰しえない懈怠がある。新たな手続では，回復原因および本案自体について，2回目の弁論と裁判がなされた。しかし，この法手段にも，期間の制限があり，その期間は，古典期の法によれ

---

(17) 異見，Eisele, a. a. O.
(18) なお，ZRG Bd. 2, S. 13 ff. における Meyer の見解をみよ。

ば，1年の実用期間（annus utilis），ユスティニアヌスの法によれば，4年の継続期間（tempus continuum）であった。

§ 74　濫訴に対する措置　現実の事実関係に適合する争点決定をさせるために政務官に，また，有用な判決の基礎を作るために裁判人に，ひろい訴訟指揮権が与えられていた。

　ローマの裁判所官庁が釈明権を有したことは，疑をいれない[1]。釈明権がいかなる範囲で行使されたか，また，はたして釈明権が釈明義務にたかめられたかどうかは，われわれにはわかっていない。しかし，われわれは，裁判官が，訴訟の状態に従い必要となるたびに，また，必要な限度で，訴訟指揮の処分をする権能をもっていたことを知っている。

　ローマ法が訴訟の濫用に対してとった措置については，格別の評価を要する。

　（1）　予防措置に属するものとして，まず，不濫訴宣誓（juramentum calumniae）（危険宣誓《Gefährdeeid》）がある[2]。これは，当事者が自己の権利を信じて一定の訴訟行為をなす旨の当事者の宣誓である。この宣誓によって，相手方当事者は，軽率な，あるいは，シカーネ的な訴訟追行から保護されることになる。宣誓の履行は，相手方の申立てと裁判官の命令に基づいてなされるが，訴訟全体に関してなされるか，それとも，個個の訴訟行為の実施に関してなされるかのいずれかであった[3]（jur. calumuniae generale u. speciale）。ユスティニアヌスの規定によれば，両当事者とその弁護士が争点決定のさいに宣誓を履行しなければならない[4]。

　一連の個別的な諸場合において，ローマ法は，ある要件の存在を疎明することだけが重要であるような訴訟上の請求について，その要件の略式の審理を認めていた。こういう場合としては，たとえば，法務官の問答契約を求める申立てや係争物の提示を求める申立てがある[5]。濫用に対する保障は，ここでは，相手方当事者の利益を危うくする申立てがそれに依存する主張で，その厳格な証明を要求することが，申立人にとっては，まさに，その行為の実施を不可能にするに等しいものについて，その疎明を要求する点に存する。

　担保を提供しなければならない場合は，たくさんあった。

（1）　v. Bar, Recht und Beweis im Civilprozess, S. 146.
（2）　Goldschmidt, Abhandlungen aus dem Civilprozess, 1818, Nr. 4; Zimmermann, Der Glaubenseid, 1863.
（3）　Gaius, IV, 172-176.
（4）　§ 1 I. de poena tem. lit. 4, 16 ; l. 2 C. de jurejus, 2, 58 ; l. 15 C. de iud. 3, 1.
（5）　たとえば，Demelius, Exhibitionspflicht, S. 161.

原告は，ユスティニアヌス以前には，あらゆる担保提供義務をまぬかれていた[6]のであり，ユスティニアヌスに至って，原告が争点決定をすること，争点決定をしない場合には36金を超えない限度で被告に生じた損害の倍額を被告に償還すること，さらに，原告が判決に至るまで訴訟を継続すること（訴訟追行の担保《cautio de lite prosequenda》），および，原告が敗訴の場合に被告にたいし訴訟物価格の10分の1を費用賠償として支払うであろうこと，に対する担保を立てるべき義務を原告に課したのであるが[7]，これに対し，被告の方は，さまざまの担保提供義務に服していた。対物訴訟（actio in rem）が提起された場合には，原告は被告の占有中にある係争物が失われるという危険にさらされる。法律訴訟では，当初，係争物は，国家の占有に移されたが，国家は，訴訟と引渡しの保証人（praedes litis et vindiciarum）を立てるのと引換に，その物を当事者の一方に引き渡した。誓約による対物訴訟（actio in rem per sponsionem）が生じてから後は，占有者は，訴訟と引渡しの保証人のための問答契約（stipulatio pro praede litis et vindiciarum）を行なわなければならなかった[8]。最後に，所有物回収訴訟方式書（formula petitoria）の導入後には，被告は，判決債務履行の担保（cautio judicatum solvi）を提供した。すなわち，被告は，彼が引渡しを拒絶する場合に訴訟物の価額を原告に賠償することを担保し（clausula de re judicata），さらには，弁論のために出頭することを担保し（clausula de re defendenda），また，一般的に誠実に（bona fide）手続をなし，とりわけ，係争物を費消もしくは毀損しないことを担保した（clausula de dolo malo）。担保を提供することを拒んだ場合の効果は，物の占有の原告への移転であり，その結果として，原告は満足を受け，被告が彼の側で原告として登場することを余儀なくされることになる。占有の移転を求める請求権を，原告は，特別の特示命令（interdictum quem fundum, quem usumfructum, quam hereditatem）によって行使する。

対人訴訟では，もともと，一般的な担保提供義務は存在しなかった。ただ，各個の場合に，提供される訴えの性質上，あるいは，被告の不都合な財産状態からして，担保の提供が必要と認められただけである。判決債務履行請求訴訟（actio judicati），弁済費用償還請求訴訟（actio depensi），妻の品行に関する訴訟（actio de moribus mulieris），果実に関する特示命令（interdictum fructuarium）に

---

(6) Gaius, IV, 96, 100.
(7) v. Bethmann=Hollweg, III. S. 247.
(8) この点につき，現在では，Gradenwitz, Zwangsvollstreckung und Urteilssicherung, 1888.

第 2 章　ローマ訴訟法の体系

対して担保を提供しなければならなかったのが，それであるし，さらに，被告が以前に支払不能の状態に陥ったことがある場合，被告に対する破産手続が開始され，財産委付（missio in bona）から 30 日を経過した場合，あるいは，そのほか，被告の支払能力にたいする疑問が存在する場合が，それである。担保を提供することを拒んだ場合には，被告は，法務官の面前における手続に出頭して防御する可能性を奪われ，そのため，後に（§ 77）述べる欠席の効果が生じた。帝政後期には，被告は，ただ，争点決定期日における彼の出頭のために（cautio judicio sisti），また，訴訟における防御の持続のために，担保を提供しなければならなかったにすぎない。

担保の手段は，ふつう，保証人を立てることであり，例外的に，宣誓による約束（cautio juratoria）あるいは単なる問答契約（nuda promissio）によった。

当事者のために代理人が行為する場合には，本人が訴訟追行を追認するであろうことについて，担保を提供しなければならない（cautio dominum rem ratam habiturum）。この義務は，原告のために代訟人（cognitor）が登場する場合には，存在しなかった。というわけは，代訟人の選任の方法からいって，その権限はまったく疑の余地がなかったため，管理人（procurator）が登場する場合と異なり，被告は，同一の訴訟物につき再び所有者（dominus）から追及されるという危険にさらされることはなかったからである。これに反し，被告の代理人は，総て，判決債務履行の担保（cautio judicatum solvi）を提供しなければならなかった。担保が提供されない場合には，その結果として，代理人が拒否された。

(2)　訴訟罰は，ローマ法上，多数認められていた。法律訴訟における神聖賭金の喪失（§ 26），および，上訴が功を奏しなかった当事者が支払わなければならない敗訴罰（Sukkumbenzstrafe）（§ 73）については，すでに述べた。また，個別的な諸場合に有責判決を受けた者に対して加えられる破廉恥（infamia），懲罰的問答契約（stipulatio poenalis），および，根拠のない否認の場合における訴訟増大（Litiskrescenz）も，根拠のない訴訟追行にたいする刑罰として作用した。破廉恥となるのは，たとえば，信託訴訟（actio fiduciae），組合訴訟（actio pro socio），寄託訴訟（actio depositi），後見訴訟（actio tutelae），委任直接訴訟（actio mandati directa）に基づいて有責判決を受けた者であった。ユスティニアヌス以前の法によれば，個別的な諸場合（確定貸金額返還請求訴訟《actio de certa credita pecunia》および弁済約束履行請求訴訟《actio de pecunia constituta》の場合）に，契約（誓約《sponsio》および反対問答契約《restipulatio》）によって，両当事者が，敗訴の場合につき財産上の不利益を引き受けた。訴訟増大（Litiskreszenz）（「訴訟は否定によって倍になる」lis infitiando crescit in duplum）は，最古の訴訟では拿捕式法律訴訟（legis actio per manus iniectionem）について生じ，判決債務履行請求訴訟（actio judicati），（以前は拿捕によっても追行された）弁済費用償還請求訴訟，アクイリア法訴訟（actio legis Aquiliae），および，確定物間接遺贈（legatum certae rei per damnationem relictum）の実行を求める遺言訴訟（actio ex testamento）について維持された。ユスティニアヌスの法では，アクイリア法訴訟の場合だけが残ったが，これに対し，今度は，自己が差し入れた債務証書を否認したが別の証拠方法によって消費貸借の成立が立証された者に対しても，2倍額の有責判決がなされた。所有物回収請求を受けた側で理由なく占有を否定した者も，これに属する。この者に占有が立証された場合には，原告は，所有権の立証を免じられ，不動産占有回収の特示命令（interdictum quem fundum）によって物の占有を取得し，その効果として，従前の被告が開始した再引渡しを求める訴訟における被告のより有利な地位を手に入れた。

若干の場合には，被告に対し，いわゆる反訴訟（contrarium judicium）が認められた。すなわち，裁判人は，被告を免訴する場合には原告がシカーネ的に行動したのかどうかに関係なく，原告に対し，訴訟物価格の一定の割合（5分の1または10分の1）につき有責の判決をなすべきことを，方式書のなかで指示される。ユスティニアヌスになると，この反訴訟をもはや認めていない。

最後に，訴訟自体によって基礎づけられた負担として，訴訟費用償還義務[9]があり，根拠のないもしくは軽率な訴訟追行に対する刑罰と同様に，敗訴の被告に科せられた。しかし，この原則は，帝政後期において初めて発展したものである。裁判人は，常に，費用負担について同時に裁判することを要し，この点を看過した場合には，自身で費用を償還しなければならなかった。そして，判決には，裁判官の評価した費用額も，ともに記載された。費用の点だけについての独立の上訴は，許されなかった。費用そのものには，裁判上の費用もあり，裁判外の費用もあった。前者の内容は，一定の行為につき下級の官吏に，ときには裁判人にも，支払われるべき手数料であり，紀元後5世紀に至って初めて現われたものであるが，後者の内容は，当事者が訴訟追行の目的のためにした出費（旅費，弁護士報酬など）である。

(b) 裁判所官庁のなす行為の形式

§ 75 (1) 裁判人の手続を命じるという，政務官の最も重要な行為は，法律訴訟（Spruchformel= od. Legisaktionenprozess）では，裁判権を有する政務官が

---

(9) Merkel, Abhandlungen aus dem römischen Recht, 1883, III.

第2章　ローマ訴訟法の体系

法律訴訟の手続を行わせることを通して，黙示的になされたのであるが，そのさい，明示の陳述が必要なときは，口頭の形式でなされた。方式書訴訟（Schriftformel= od. Formularprozess）は，この命令が書面のなかに収められた点から，その名称をえている。訴訟拒絶は，中間的命令が必要なときにそうであったように，口頭で宣言された。

(2)　裁判人の判決（sententia judicis）は，特定の言語形式に拘束されず，むしろ，言語上の表現よりも，合目的性の考慮が決定的であった。しかし，神聖賭金式訴訟では，裁判人の宣言は，「アウルス・アゲリウスの神聖賭金が正当であり，ヌメリウス・ネギディウスの神聖賭金は正当でない」（Ai. Ai. sacramentum justum, Ni. Ni. sacramentum injustum est），というようにいったこと，また，方式書訴訟では，「確認した」（videri）（「スチクスは自由人と確認される」《Stichus liber homo videtur》）とか，「有責と判決する」（condemnare）（「ヌメリウス・ネギディウスが1万セステルティウスにつき責あるものと判決する」《Num. Num. decem milia sestertium condemno》）とか，「免訴する」（absolvere）というように，方式書に含まれていたことばを使用した事実を認めることができる。判決の言渡し（pronuntiatio）は，当事者の在廷する法廷において，裁判人の起案した書面の朗読によってにもせよ，口頭で行わなければならなかった。そして，当事者に対する書面による通知の方法でされた告知は，判決を無効とした[1]。判決の書面化を図ることは，当事者の仕事であった。しかし，帝政後期には，判決は，裁判官または彼の下僚（officium）によって書面をもって作成され，当事者が呼出しを受けた法廷において裁判官が朗読したのであり，そこで，判決自体も判決に先行する弁論も，当事者に職権で謄本により通知されたわけである[2]。判決理由を述べることは，いつの時代にも必要ではなかった。

訴訟指揮上の処分は，常に，口頭で宣言されただけである。帝政後期には，官吏による呼出しについて調書が作成されるのを常とした（§ 64）。

B　当事者の行為と裁判官の行為との相互関係

1　当事者の行為

§ 76　[処分権主義と弁論主義]　当事者の行為は，それぞれ，二つの内容を含んでいる。すなわち，当事者の行為は，係争中の私権についての処分であると同時に当事者の有する訴訟上の権利についての処分でもある。

この考えがローマの民事訴訟を支配している。つまり，ローマの民事訴訟は，

---

(1)　l. 59 pr. § 1, 1. 47 pr. 60 D. de re jud. 42, 1 ; l. 59 D. de jud. 5, 1; l. 1 C. de sent. recit. 7, 44.

(2)　l. 6 C. de sent. 3, 1 ; Cod. Theod. 4, 17 ; C. Iust. 7, 43, 44.

処分権主義および弁論主義に服しているのであるが，純然たる当事者追行に委ねられたわけではない⁽¹⁾。

 (1) それで，訴訟外だけでなく訴訟内でも訴訟を媒介として彼らの処分に服する私権に関し有効な法律行為を締結する当事者の自由を政務官や裁判人は承認しなければならず，当事者の行為を当事者が欲したのとは別なふうに処理することが許されない，という限りでは，当事者の各個の行為は，政務官や裁判人を拘束するものであった。それゆえ，訴えによる請求の放棄・認諾や和解は，その私法上の意義からくる結果として，訴訟関係を終了させる効力をもつ。こういう法律行為が法務官の面前における手続（jus）においてなされた場合には，争点決定による争いの意思の陳述が消滅し，従って，裁判人の面前における手続（judicium）が消滅する。これに反し，こういう法律行為が裁判人の面前における手続においてなされた場合には，判決をなすべき裁判人の公法上の義務は消滅しないが，裁判人は，当事者自身が彼らの権利を処分したようにでなければ裁判できなかった。すなわち，裁判人は，両当事者が共通に裁判人に対して判決を放棄する旨の陳述をすることによってのみ，判決をなすべき義務から解放されえたのである⁽²⁾。それゆえ，裁判人の面前における手続では，認諾と単なる自白を原理的に区別することはできなかった⁽³⁾。しかし，手続の分離がなくなったとき，認諾は，以前に法廷認諾（confessio in jure）がもっていた判決代用物という意義を保有するようになった。

 弁論主義の観念に従い，裁判人は，当事者が要求した以上のものを認めることができなかった⁽⁴⁾。

 最後に，ローマの裁判所官庁が原則として当事者の提出した事実だけを取り上げたことは，疑いを容れない。しかし，裁判人は，範囲の広い釈明権を有し，しかも，裁判理由を告知する義務を負わなかったから，弁論主義は，後のドイツの普通訴訟法でみられたような過度の厳格さで行われたわけではない⁽⁵⁾。

 (2) しかし，各個の訴訟行為は，訴訟法の法律行為でもあり，間接に私法上

（1） これらの概念については，Engelmann, Der Civilprozess, Bd. 1, §§ 128, 132, 135 参照。
（2） Wetzel, System des Civilprozesses, § 46, N. 5.
（3） Vgl. Demelius, Confessio, bes. S. 36. なお，これらの概念につき，Engelmann, Der Civilprozess, Bd. 1, § 130 参照。
（4） §§ 34, 35 J. de act. 4, 6.「われわれは訂正を許す」（corrigere permittimus）というが，当事者の申立てが必要であった，という意味である。
（5） l. un. C. ut quae desunt 2, 10. 異説として，帝政後期の訴訟につき，職権探知主義が支配していたとみるのは，Wieding, Libellprozess, S. 708. しかし，彼の意見に賛成する者がない。

第 2 章　ローマ訴訟法の体系

の処分権の行使と認められるのである。

　このことは，特に，法務官の面前における手続において申し出された宣誓 (jus jurandum in jure delatum) および争点決定について，妥当した。

　前者は，両当事者のなす，かれらの紛争を一方の当事者が他方の当事者に申し出た宣誓によって解決しようとする，意思表示を内容とする (jus jurandum voluntarium)。特定の各個の場合には，原告は，一方的に宣誓を要求する権能をもっていた (jus jurandum necessarium 前述，§ 68(1)参照)。ここでは，支払か宣誓かを強いる (solvere aut jurare cogam) という (法務官によって考案された) 原則が妥当した。従って，宣誓の要求は，ここでは，原告に属する訴訟上の権利の行使であった。

　争点決定が，訴訟法律関係を基礎づける点で，もっとも重要な訴訟上の法律行為であったこと，および，訴訟法律関係がどういう工合に係争の私権に影響をおよぼしたかということについては，すでに詳しく述べた (§ 29，§ 41，§ 42，§ 54 参照)。

　訴訟の進行は，おもに当事者の手中にあったが，専らそうだというのではなかった。呼出しは，当初は，純然たる当事者事項であったが，後には，当事者の申立てに基づいて，政務官ないし裁判人がした。争点決定が行われた場合，裁判人に事件を委託するのは，当事者の仕事であった。証拠方法の蒐集，特に証人の蒐集も，当事者の責任であった。これに反し，裁判所官庁に対し，提起された申立ての解決のために必要なあらゆる行為の実施を促すためには，呼出しと，それから，訴訟申立て (postulatio actionis)，裁判人の面前における出頭，訴状の提出を必要としただけである。上訴，特に控訴を利用する場合には，おおくが，当事者進行に委ねられたが，すべてが委ねられたのではない。なぜなら，事件がひとたび控訴審に移ると，訴訟のその後の進行は，職権で行われたからである。このとおり，当事者進行と職権進行の合目的的な結合があったわけである。

　訴訟上の請求の行使に対抗するものが，いわゆる訴訟抗弁 (Prozesseinreden) である[6]。訴訟抗弁は，ローマの民事訴訟では多数認められていた。しかし，その場合，方式書訴訟の意味におけるエクスケプチオ (exceptio) を考えてはならない。エクスケプチオということばは，決して，抗弁という表現と同一の

---

(6)　Schultze, Privatrecht und Prozess, S. 260-262, 273ff.; Bülow, Die Lehre von den Pro-
　　　zesseinreden und die Prozessvoraussetzugen, 1858 の見解は，しばしば，反論を受けている。

243

意義を有するものではない。ここでいうのは，他方の当事者に訴訟上の有利が生ずること，すなわち，彼が訴訟上有利な「形勢」（Situation）を得ることに反対する事情の陳述なのである(7)。ところで，もっとも重要な訴訟上の請求は，争点決定によって基礎づけられた請求であり，判決を目的とするものであるから，訴訟抗弁の最多数を占めるのも，この請求の成立に対するものである。従って，それらの訴訟抗弁は，法務官の面前における手続に属し，そのひとつに理由がある場合には，訴訟拒絶（denegatio actionis）がなされた。代理人に関する抗弁（exceptio cognitoria, exceptio procuratoria）は，本当のエクスケプチオであった(8)。これらは，法務官の面前における手続で登場する代訟人（cognitor）または管理人（procurator）が当事者のために行為すべき権限を有しないことを主張するものである。ガイウスがそれらを明瞭にエクスケプチオとよんでいるので，法務官の面前における手続でそれらを立証することができた場合には争点決定の実行を拒否しなければならなかったこと，また，立証できなかった場合には政務官は訴訟法に属するこれらの防御方法をエクスケプチオの形式で請求棄却判決の条件とする権能を有したことは，疑いの余地がない。さらに，裁判人の面前における手続でエクスケプチオが理由ありと認められたときは，訴訟からの（ab actione）被告の解放（absolutio），つまり，私法上の請求権についての裁判がなされた。他の訴訟抗弁も，すべて，それらが方式書をとおしてエクスケプチオとして裁判人の審理を受ける場合には，同一の効果を有した(9)。ユスティニアヌスの訴訟では，妨訴抗弁は，争点決定以前に提出されなければならなかった。他の訴訟抗弁（例えば，特定の証拠方法の許容に反対する，いわゆる証拠抗弁）は，これに対応する訴訟法上の請求が提起された手続段階に属していた。

§77　**当事者の行為の懈怠**　当事者が実施しえたであろう訴訟上の行為をしないということは，ローマ法によっても，それ自体，行為をする権利の不行使以上の何ものでもない(10)。しかし，行為をしないことの意義がそれに尽きるかどうかが，問題となる。

（7）　この概念のより詳細な説明として，Engelmann, Der Civilprozess, Bd. 1, §137 参照。
（8）　Gaius, IV, 124.
（9）　Bülow, a. a. O. S. 29ff.；Eisele, Cognitur und Prokuratur, S. 186ff. 201ff；Schultze, a. a. O. S. 277ff.；Wach, Handbuch, I. S. 31a.
（10）　Vgl. Engelmann, Der Civilprozess, Bd. 1, §129. ——欠席手続については，再三引用される労作のほか，とくに，Hartmann, Über das römische Contumacialverfahren, 1851 参照。ただし，彼の結論のおおくは，支持できない。

第2章 ローマ訴訟法の体系

(a) 法務官の面前における手続でなされる訴訟行為に関しては，それらが総て争点決定を招来するという目標だけを目指していること，および，争点決定という行為は裁判人の面前における手続に服することに向けられた当事者の合意の形式だけを含んでいたことを，注意しなければならない。そして，裁判人の面前における手続が命じられるのは，裁判人の裁判を必要とする紛争が存在する場合にかぎられた。紛争を欠く場合には，争点決定は無用なのである。ところで，争点決定の要件という点では，ローマの訴訟形式の古い方の二つは相互に同等であったが，当事者の主張が性質を異にしていたために，防御がなされなかった場合の取扱いを全く異にする必要があった。

法律訴訟では，原告は，完全に定式化された権利主張をもって法務官の面前に現われてくる。被告がこの主張に対し異議を提起しない場合には，紛争を欠くことになる。原告の提示した判決草案は効力を保有し，被告は，有責判決を受けた者と同じように（pro damnato），すなわち，あたかも彼が原告の権利主張を明示的に承認したのと同様に，取り扱われた。それゆえ，沈黙についても，認諾についても，confessio という表現が利用された(11)。このように，最古のローマの訴訟と古代ドイツの訴訟の間で当事者の主張の性質が同一であったことは，おのずから，被告の防御がなされなかった場合の同一の取扱を生ぜしめたのである(12)。

ところが，方式書訴訟では，政務官が方式書の作成をとおして原告の請求に権利主張の形態を与え，たいていの場合，主張された権利の事実的要件を先に掲げたのであって，原告がその申立によってそうしたのではないから，単に，原告の陳述に対し異議が提出されないからといって，それだけで confessio とみることはできなかった。そのためには，原告がそれのために訴訟（actio）を要求したところの原告の請求権を存在するものと認める被告の意思の告知を必要とした。こういうドイツ的な認諾がなかった場合には，原告は，裁判人の面前における手続，従って争点決定によって始めて，彼の権利に達することができた。しかし，争点決定の契約性は，被告の協力を要求したのであり，これを擬制することができないのは明らかであった。それゆえ，被告に対して，彼に争点決定の実行を決意させるに十分なほど強力な強制を加えることが必要であったし，同時に，また，彼の請求権を他の者に対して追行する可能性を原告

---

(11) Karlowa, Civilprozess, S. 112 ; Demelius, Confessio, S. 81ff. ; Schultze, a. a. O. S. 455ff.
(12) 本書第1編 § 61 参照。法律訴訟は，黙示の confessio と合して，権利移転のための形式（法廷譲与 in jure cessio）を作り出した。

245

に与える手段も，必要であった。この手段を与えたのは，被告の財産委付（missio in bona）であり，法務官がこれを原告に許したのであるが，原告は，委付によって被告の財産を占有・管理し，場合によっては，それを売却する，というふうにして，買主（emptor bonorum）を，被告の一般承継人として訴えを向けることのできる相手方とする権能を与えられた。被告が法務官の面前に出頭しなかったか，それとも，訴訟契約の締結を拒否したのかは，それ自体，どうでもよかったし，また，どうでもよいことでなければならなかった。なぜなら，どちらの場合でも，被告の態度の結果として，裁判人の面前における手続は成立しえなかったからである。いうまでもないことだが，法務官の面前における自己の挙動に基づき confessio の効果を与える被告は，従前と同じように，判決を受けた者（judicatus）とみなされ，この被告に対し強制執行をすることもできた[13]。

右に述べた諸効果が発生するためには，被告が適式に呼出しを受けたこと，および，訴訟要件の欠缺がないことを必要とした。被告が逃亡して姿をみせず，あるいは，その不出頭によって自己の立てた再出頭の保証（vadimonium）を破った場合には，直ちに，彼の財産の売却に進むことが許された。

原告が法務官の面前における手続に出頭せず，あるいは，弁論を拒絶した場合に，どういう効果が生じたかは，確実に確かめることができない。おそらく，原告は，方式書訴訟では明示の訴訟拒絶（denegatio actionis）に基づいて，その請求権を喪失したものとおもわれる[14]。

(b) 裁判人の面前における手続では，当事者に行為を強いる強制のための何らの手がかりがなかった。だから，ここでは，純然たる防御主義（Abwehrprinzip）が行われえた。これによれば，実際，手続は，次のようになされている。もっとも，ここでも，法律訴訟（Spruchformelprozess）と方式書訴訟（Schriftformelprozess）との間に対立がある。

前者にあっては，正午まで待って相手方が出頭しなかったときは，単独で出頭した当事者に有利な判決がなされたのであり，その当事者の要求の適法性を審査することはなかった。これに反し，後者の場合には，原告の欠席の場合にのみ，ただちに，欠席当事者に不利な判決がなされる。しかし，被告が欠席した場合には，原告は，その請求および請求を理由づける事実を提示し，この事

---

(13) 出頭しない場合と弁論しない場合とを異別に取り扱うことは，内容的に正当でなく，Gaius, II, 24；lex Rubria, c. 21, 22. ならびに 1. 52 D. de reg. iur. 50, 17 を指示することによっても，正当化されえない。

(14) Suetonii Calig. 39；Hor. Sat. I, 9 v. 36；Livius, 39, 18.

実の立証を許された。立証の結果に従い，原告に有利あるいは不利な判決がなされたわけである。この一方的な手続は，放棄された訴訟（ἔρημος δίκη, lis deserta）の欠席手続（eremodicium）と呼ばれた。

この両種の訴訟における欠席の取扱に差異を生じた根拠は，ここでも，当事者の主張の差異に存する。法律訴訟では，原告の請求を理由づける事実の審理にすすむことができる以前に，まず，原告の請求が，再び，法務官の面前で選択された法律訴訟で包まなければならなかった。つまり，権利主張があらためて立てられたのであり，それゆえ，争われない場合に生ずる効果は，ここでも，原告の判決草案が取り消されないままに残存し，従って，それだけが基準となる裁判人の判決にたかめられる，ということでしかありえなかった。原告が出頭しなかった場合には，裁判人は，専ら被告の判決草案を取り扱わなければならなかったが，被告の判決草案の趣旨は，原告は法務官の面前で彼が主張した権利を有しない，ということであった。従って，裁判人は，この争われない判決草案を自己の判決（sententia）にとり入れる以外のなにごともなしえなかった。

方式書訴訟では，裁判人は，「明白であるときは責あるものと判決せよ」（si paret condemna），という法務官の指示を通して，原告の請求の要件を審理すべき任務を負わされた。この要件は，事実であり，当事者の陳述であり，従って，事実主張であった。それゆえ，裁判人は，被告が出頭せずあるいは陳述しなかった場合でも，原告の陳述した事実の証明を要求しなければならなかった。裁判人がある主張を争われないもの，従って失効しないものとして取り扱ったとすれば，彼は，独立に審理すべき彼の義務に違反することになったであろうし，それどころか，裁判人は，抗弁（exceptiones）を審理すべき義務を負うていた。抗弁もまた，有責判決の要件というかたちで，方式書のなかに受け入れられていたからである。

従って，被告がその欠席にもかかわらず免訴の判決を受けることがありえたのではあるが，彼の欠席が彼に与える不利益は，たいていの場合，やはり，かなり大きかった。裁判人は，被告に有利な判決を導きうるような総ての引用や陳述に耳をかそうとはしなかったからである。原告が欠席した場合には，訴を理由づける事実の証拠を欠いたから，「明白でない」（non paret）場合に該当し，被告は，免訴の判決を受けた。

帝政後期の訴訟およびユスティニアヌスの訴訟では，周知の各段階への手続の分離がなくなると同時に，裁判上の手続も，先行する争点決定に依存しないことになった。従って，原告は，被告がじっさいの協力によって裁判人の手続

247

を可能にすることがなくても，裁判人の判決（sententia）を手に入れることができた。しかし，争点決定の必要性の観念は，なお，長い間，影響を与え，この現象は，訴訟開始の一連の重要な実体法的効果が争点決定と結びつけられていただけに，いっそう明瞭であった。それゆえ，被告が特に（宣誓による保証をとおして）弁論期日における自己の出頭を約束した場合には，罰金刑の負課，また，それどころか，不出頭の被告を実力によって勾引することも認められた。

そのほか，原告は，すでに以前から許されていた，被告の財産の委付（missio in bona）という間接的強制手段の実施と欠席手続における一方的弁論とのいずれかを選択することができた[15]。すでに，290 年に，ディオクレティアヌスとアクシミアヌスが，そのように規定している（l. 8 C. 7, 43）。

(1) 委付（missio）は，古代の訴訟において防御をしない者（indefensus）に対して行われたのと同一にとどまっていた。すなわち，対人訴訟の場合には，財産全体の委付がなされ，また，対物訴訟の場合には，係争物の占有だけが原告に与えられた。委付は，いまや，裁判人の命令なのであるが，本案自体の裁判ではない。本案自体の裁判は，むしろ，被告が一定の期間内に通知をして，原告に担保を供し，本案の弁論をするときに初めて行われる[16]。期間の長さは知られていないが，いずれにしても，今日の観念からすれば非常にゆっくりしたものであった。この期間が経過した後に初めて，差し押さえられた物の売却と売得金からの原告の満足が行われる。

(2) 欠席手続の内容をなすものは，原告の一方的な弁論である。原告がその陳述した事実を立証しなければならなかったということは，そのために援用されたいかなる法源の箇所においても，示されてはいない[17]。裁判人の義務とされたのは，ただ，出席者の陳述を聴取すること」（praesentis allegationes audire l. 8 C. 7, 43），「一方の側からあらゆる精確さをもって事件を審査すること」（ex una parte cum omni subtilitate causam requirere, l. 13 § 3 C. 3, 1），つまり，できるだけ慎重に原告の請求の合法性を審査することである。さらに，裁判人は，l. 1 C. 7, 43（「汝は欠席者に対し有責の判決をなすことができるが，絶対にそうしなければならないというのではない」《ut absentem damnare possis, non ut omnimodo necesse habeas》）において，欠席した被告に給付判決をする権限を与えられているにとどまり，けっして，義務は課されているのではないから，原告の陳述

---

(15) Schultze, a. a. O., S. 570 Anm. 1 ; Grundlage des deutschen Konkurrechts, S. 146ff.
(16) Nov. 53 c. 4 § 1 ; l. 33 § 1 D. de reb. auct. jud. 42, 5.
(17) 同旨，とくに，Puchta, Institutionen, I § 185. 異見，v. Bethmann=Hollweg, III. § 157.

第2章　ローマ訴訟法の体系

を単純に信用するか，それとも立証させるかは，明らかに，裁判人の裁量に委ねられていた。裁判人が原告のことばを無条件に信用しなければならなかった場合でも，つねに，裁判人にとっては，主張された事実だけが確定されるにとどまり，この事実からの帰結として主張された請求が生ずるかどうかという，それ以上の検討が必要であった[18]。

しかし，右に述べた欠席の効果の発生は，疑問の余地をできるだけ残さないような，欠席の確認を前提要件とする。中間の期間をそれぞれおいた3回の呼出し，あるいは，被告に彼の欠席の効果を指示してなされた1回だけの決定的な呼出し，がそれである。

欠席が争点決定前にあったか後にあったかは，問題にならない[19]。このことは，まったく当然の現象であり，争点決定の契約性の観念およびこれから生じる争点決定の不可避性の観念がいずれにしてもユスティニアヌスの時代にはその支配を失っていたことの証左ともなる。

原告が欠席する場合には，被告は，即時に（ab instantia）免訴されうる。しかし，すでに本案の弁論がなされ，3年の訴訟期間の経過が差し迫っている場合には，原告は，3回の呼出しによって出頭を要求されることになっていた。原告がこの呼出しに応じなかったときは，裁判人は，従前の弁論に基づいて得た確信に従い，終局判決をすることができた。その終局判決は，本案については原告に有利な内容をもちえたが，訴訟費用の点では，常に原告に不利であった[20]。

さらに，法廷質問（interrogatio in jure）に基づく，被告または将来にいたって被告たるべき者の態度も，当事者処分のひとつの行為である[21]。法廷質問は，原告の権利追行上重要な一定の事情に関し原告が法務官の面前で被告に発

---

(18)　ビューローは，Archiv für die civ. Praxis, Bd. 62, S. 32 において，この点に，自由人のことばに絶対の信頼がおかれたドイツ法的概念と，エゴイステイッシュに判断する原告のことばに何らの確証力を与えなかったローマ的観念との対立を認めようとする。しかし，ユスティニアヌスの法および一般的に帝政後期の法の規定は，おそらく，まさに，ひとりの当事者だけが裁判人と向い合う事件をできるだけ良心的に取り扱おうとする配慮に基づくものであった。ここでは，このひとりの当事者の陳述が，全くあやしく思われる場合でも，それ以上審査しないで，これを真実と認めようとする強い試みがなされた。

(19)　l. 13 §5 C. de iud. 3, 1.

(20)　v. Bethmann=Hollweg, III. S. 308ff.

(21)　Puchta, Institutionen, I, §173 ; Keller, Civilprozess, §51 ; Guyet, Archiv für die civ. Praxis, Bd. 40, S. 150ff. ; Demelius, Confessio, S. 20ff. ; Baron, Geschichte, §209, 1 ; Savigny, System, VII. S. 20ff.

した質問であり，法務官の告示によって導入され完成された制度である，と解されている(22)。自己の債務者の相続人としての何びとかに対し対人訴訟を提起しようと欲する者は，この者に対し，彼がはたして，まだどれだけの持分で，相続人であるのか，ということに関して，質問を発することができる。また，加害訴訟（Noxalklage），家畜がその性質に反して損害を加えた場合の損害賠償請求訴訟（actio de pauperie）あるいは特有財産に関する訴訟（actio de peculio）を提起しようとする者は，所有権なり父権の問題や特別財産の存在や限度の問題に関し，所有物回収訴訟を提起しようとする者は，被告の占有の問題に関し，相続の訴えを提起しようと考える者は，被告の占有原因（causa possessionis）に関し，法廷質問をとおして，確実な知識を得ることができる。これら総ての場合において，原告がうまく知りえなかった権利追行の要件が問題となっているのであり，これを知ることは，原告にとっては，まさに旧時の手続では過多の請求（plus petitio）はすべて敗訴の結果を招いただけに，より重要な意義をもっていたのである。ところで，原告は，いつでも，その相手方に質問を発することを妨げられてはいないのだが，特別の法制度に作り上げられた法廷質問の特質は，質問を受けた者が彼の与えた返答に（契約による場合に準じて《quasi ex contractu》）拘束された点，および，返答を拒みもしくは不明瞭な返答をした場合には原告はその相手方にとって最も不利益な要件から出発することができた点にあった。従って，いずれの場合でも，返答は意思表示と考えられた。そして返答の拒絶や矛盾する不明瞭な陳述のなかに——ある強制された解釈を義務づけるのではなく，ひとつの擬制と考えなければならないというわけでもないが——原告の出発点となった要件を認める意思の表現が見出された。つまり，被告がそれを欲しなかったとすれば，たしかに，彼にとってより有利な返答を与えたであろう，というわけである。沈黙がこのように扱われるについては，方式書訴訟において支配的な，被告の協力義務という観念が影響していないとはいえない(23)。原告が，その後に自己の提起した訴えにおいて，承認された事実から出発し，この事実が原告の立場を確実にするために方式書のなかで言及された場合には，質問訴訟（actio interrogatoria）とよばれた。

帝政後期の訴訟では，準備の手続は存在せず，訴訟開始前にはなにびとも（裁判外の）返答を強制されることはなかったから，質問訴訟は，いずれにしても，消滅したわけである。訴訟自体のなかでは，裁判官が適当と認めたとき

---

(22) D. 11, 1.
(23) l. 1 §1 D. 11, 1—cogitur respondere. l. 1 §2 D. 25, 4—cogendaque erit respondere.

には，いつでも，当事者に問いを発することができた。ここでなされた自白は，疑もなく，処分行為とみられたし，沈黙なり不明瞭な陳述からは，従前と同じように，被告に不利な結論が引き出されたであろう(24)。

2 裁判所官庁の行為

§ 78 ［消耗効と既判力］ 政務官による，裁判人の面前における手続（judicium）の付与も，裁判人の判決（sententia judicis）によるその終結も，当事者の権利に影響を与える。

(1) 裁判人の面前における手続の付与は，消耗の効力を生ずる。すなわち，争点決定は，当事者間に存する私法関係にとって裁判人の判決の内容が規準となるべきだという当事者の陳述から成る。争点決定に基づいて，判決をなすべし，との命令がなされる。これによって，同一の法律関係について別の争点決定に基づいて別の判決がなされる可能性はなくなる。いいかえると，給付を求める私法上の請求権に代えて，判決を求める訴訟法上の，従って公法上の請求権が設定されたわけである。同時に，さきの私法上の請求権は使い果されて，消耗する(1)（§ 41，§ 42）。このことは，手続の分離がなくなるとともに，変化しないわけにゆかなかった。なぜなら，その後は，争点決定は，もはや，判決を求める請求権を基礎づける行為ではなく，従って，判決だけが消耗的に作用することができたからである。

(2) 裁判人の判決は，当事者の判決を求める訴訟法上の請求権を満足させることによって，これを消耗させる。裁判人は両当事者の同意がある場合でも，この請求権を更新することができない。従って，裁判人は，その裁判を撤回することは許されない。ローマ法は，判決の告知と同時に裁判人の職務を終了させることによって，右の観念をとり入れている(2)。そして，訴訟関係の解消についての同じ原則から，当然の帰結として，判決に対する不服申立が許されない，という結論が出てくるが，これは，ローマ法がまさに実際に引き出した結論であったのである。上訴が導入されるにおよんで，別の裁判人による別の判決を求める可能性が当事者に開かれたのであるが，そのときはじめて訴訟関係は，許容された最終の判決によって，あるいは，当事者の側での上訴権の放棄によって，ようやく解消されたのである。

ところで，「有責判決を受けるべきこと」（condemnari oportere）を求める請

---

(24)　1. 1 § 1 D. de interrog. 11, 1. との比較における 1. 21.
(1)　§ 42 の末尾に述べた判断のほか，Kohler, Der Prozess als Rechtsverhältniss, 1889, S. 98-101 参照。
(2)　Engelmann, Der Civilprozess, Bd. 1, § 142.

251

第2編 ローマの民事訴訟 第2部

求権が判決によって除去され，使い果されることによって，同一訴訟における第2の消耗が生ずる。判決のこの効力は，争点決定の消耗的効力がなくなったときも，依然として存続した。なぜなら，「有責判決を受けるべきこと」を求める請求権は，もはや，争点決定によってはじめて作られるのではなく，むしろ，当初から存在し，訴提起の一方的行為によって行使されたからである。従って，のちの訴訟法では，判決が，消耗効を有する唯一の訴訟行為となり，従前の争点決定完了事項の抗弁（exceptio rei in judicium deductae），すなわち，いま主張された請求権はすでに別の訴訟において争点決定の対象となったものである旨の抗弁もまた，消滅した。かさねて持ち出された請求権がすでに消耗済のものであることを主張する手段は，いまや，既判事項の抗弁（exceptio rei judicatae）だけとなった。そして，この抗弁は，もともとは，たしかに，争点決定完了事項の抗弁と同様に，かさねて持ち出された請求権がさきの判決によって解決され，消耗したものであることを指摘して，その請求権の不存在を主張する，という目的だけをもっていたのである。既判事項の抗弁のこういう利用は，その消耗的機能と呼ばれる。これにかんしては，判決の内容が問題とならないことは，いうまでもない。すなわち，有責判決であろうと免訴の判決であろうと，いずれにせよ，判決の対象となった請求権を判決が除去したわけである。既判事項の抗弁が積極的機能をも有したかどうか，すなわち，判決がたんにその存在によって対象となった請求権を消耗させただけでなく，判決によって宣言されたことを法律と同じ効力で拘束的な規範として定立したのかどうかは，別の問題である。この問題は，争われているが，これには次のように答えなければならない。すなわち，ローマ法は，当初は，既判事項の抗弁の消極的機能だけを認めたが，後には，積極的機能をも認め，これを適用したのである，と[3]。

判決が有責を宣言した場合には，判決で命じられたことをなす（judicatum facere）ということを目的とする別の請求権が従前の請求権に代った。こういう判決は，ローマ人の観念に従えば，判決を原因として生ずる新たな債務[4]（obligatio, quae ex causa iudicati descendit）を，従ってまた，特別の判決債務履行請求訴権（actio judicati）を基礎づけるものであったのであり，この訴権は，当初の請求権の存続に関係なく，30年の時効に服した。

（3） 同旨，Keller, Litiskontestation und Urteil, §§ 28ff.; v. Savigny, System, VI. S. 20ff.; Windscheid, Die Aktio des römischen Civilrechtes, 1856, §10. その他。反対，Bekker, Consumtion, §10 ; Dernburg, Pandekten, I, §162.（ただし，制限つきで）――なお，現在では，Rümelin, Zur Lehre von der exc. rei judicatae, 1875 をも参照せよ。

第2章　ローマ訴訟法の体系

II　手続の進行
第1　訴訟行為の順序

§ 79　法律訴訟と方式書訴訟は，2つの段階から成っていたが，両段階は，争点決定によって相互に厳密に区分され，種類を異にする2つの使命を果たした。

　法務官の面前における手続は，裁判人の裁判を必要とする法的紛争が存在するかどうかを確定するという使命をもっていたが，同時に，この手続は，国家の欲する法だけが適用されるという保証を与えるべきものであった。これらの使命が果された場合には，裁判人は_・この法的紛争について裁判せよ，という国家の命令によって，手続が終了した。法務官の面前における手続は，それゆえ，公法的な利益に奉仕したわけである。

　裁判人の面前における手続は，法的紛争の弁論と裁判に，従って，当事者の私法的な利益に奉仕するものであった。

　このことから明らかとなるのは，裁判人の面前における手続だけが訴訟であったこと，および，法務官の面前における手続は訴訟要件の問題に応えるものであり，訴訟自体を準備したにすぎないこと[(1)]，である。さらに，その帰結として，「訴訟」が2段階に分れるという説明は，第1の段階がその側においても訴訟目的に奉仕する限りにおいてのみ正当といえるが，ローマ人の観念においては，彼らが裁判人の面前における手続（judicium）と呼んでいたものだけを訴訟と呼んだ方がより正当である，ということになる。この意味において，ローマの民事訴訟については，次のようにいわなければならない。ローマの民事訴訟は一定の段階への区分を知らなかったし，引続き，知らないままに終った。もちろん，訴訟の目的から原則として一定の順序を守ることが要求されたが，この順序は法律上の順序でなく，従って，ある訴訟行為がその行為のために定められた手続段階のなかでなされなかったために排除されるというようなことは，問題になりえなかった，と。

　以下には，最初の行為から展開する手続の全体，すなわち，つまり，法務官の面前における手続を含めての手続の全体を述べることとする。

1　法律訴訟における手続の進行

(a)　法務官の面前における手続（Verfahren in jure）および，それが裁判人の面前における手続に進む場合には，従って手続全体が，法廷召喚（in jus voca-

---

(4)　1. 4 § 7 D. de re jud. 42, 1.
(1)　Wlassak, Litiskontestation, S. 56 参照。

253

tio) によって開始される（§64）。

政務官の面前における手続には，ふたつの段階がある。すなわち，無形式の予備弁論と形式的な法律訴訟（legis actio）である。

(1) 無形式の予備弁論[2]は，法律訴訟の厳粛な儀式を準備するためだけでなく，一般的な訴訟要件を確認するためにも，必要であった。

ここで問題となったのは，第1に，原告の主張した請求，原告がその請求を装いこもうと考えた特定の法律訴訟の表示であり，訴訟物の表示と評価であり，被告が訴えに対してとろうと考えた態度であり，また，政務官の管轄，法律訴訟の適法性，当事者の訴訟能力および当事者の代理の適法性の審査である。それゆえ，法務官の面前における手続がときに1日で終結に至らず，弁論の続行が被告のなす再出頭保証の問答契約（vadimonium）によって確保されたことは（Gaius, IV, 184），右のように解してのみ，説明がつく。

(2) この弁論によって，争点決定（litiscontestatio）が，1回の行為で法律上有効に完結されうる程度に，準備され保証された場合には，これにつづいて，法務官の面前における手続の終結行為として，儀式的な争点決定がなされた。争点決定は，訴訟整理（ordinatio judicii），すなわち，十分に準備された諸事件が争点決定に達するについての順序の指定によって開始された。この指定は，法務官がしたが，籤によって決せられた[3]。

順序をなす各個の事件は，これに基づき，執行吏（praeco）によって，呼び上げられた。当事者が登場し，まず，この訴訟行為の全体がその名をえた由来をなすところの行為をおこなった。すなわち，当事者は，いま行われる法律訴訟の儀式に立ち会うべき証人を呼んだ（「汝ら証人となれ！」《testes estote !》）。引続き，当事者は，この訴訟行為にとって重要な——上述（§22, §27）の——諸方式を遵守しつつ，第2の意味における legis actio（§23）として彼らの申立てを装うに役立つところの文言を述べた[4]。行為を完成するためには，なお，裁判所の設定だけが必要であった。これは，原告が提案をし，被告がそ

---

(2) Karlowa, Civilprozess, S. 341-345 ; Voigt, Zwölf Tafeln, I. S. 538, 539 ; Schultze, Privatrecht and Prozess, S.481, 496 ff. ; Hartmann-Ubbelohde, Ordo, I, S. 437 ff.

(3) 「籤によって順序づけられた事件」（causa par sortem ordinata）。Ordo は，順序をさす。この点につき，Hartmann-Ubbelohde, a. a. O. S. 447 ff.

(4) 従来，法律訴訟の儀式が，まず，（予備弁論なしに）行われ，そののち，はじめて証人を呼んだ，という見解が主張されたが，この見解は，誤っている。これを論破したのは，Hartmann, a. a. O. である。前注参照。従来の見解からすれば，当事者は証人の面前で法律訴訟を反覆しなければならないことになる。さもないと，証人を呼ぶのは目的を欠く行為となってしまうだろうからである。

れを受諾するか，法務官が裁判人の職務のために予定された多数の人々のなかから一人または複数の裁判人を選び出し，異議が出ない場合には，指名もし，宣誓させた。神聖賭金式法律訴訟（legis actio sacramento）の際には，当事者は，3日目に裁判人の前に出頭することを約束した[5]。

法務官は，「神の御名を讃えん*！*」（Diis honorem dico！）と呼ぶことによって，法務官の面前における手続の終了を知らせた。

(b)　裁判人の面前における手続（Verfahren in judicio）。

(1)　両当事者が裁判人の面前に出頭したときは，弁論は，直ちに開始することができた。この弁論は，全く形式に縛られず，特に，厳密に相互に区別された段階に分れることはなかった。しかし，ガイウス（IV, 15）が述べているように，全訴訟資料の立ち入った論議にさきだって，事実状態および紛争の状態の簡単な陳述をするのが普通であった（「事件説明」《causae coniectio》）[6]。それは，純然たる口頭の手続では，自然にそうなったというだけではなく，いくらか込み入った事件では，必要でさえあった。この事件説明によって裁判人は訴訟資料についての概観をえたのであるが，証拠方法の申出と挙証がこれと密接に結びついていた。当事者の提出した各個の事実の論議と証拠調べの結果の評価は，事件の最終弁論（peroratio causae）とよばれ，当然のことであるが，証拠調べと結びついていた。

裁判人の面前における手続は，判決をもって終了した。

(2)　一方の当事者だけが裁判人の面前に出頭した場合には，欠席当事者の代理人が政務官の面前に出頭して信頼するにたりる理由により欠席者の不出頭を弁解し，それによって弁論期日の延期をえたのでない以上，弁論を要しないで，出席当事者に有利な判決がなされた。しかし，出頭しない当事者が欠席とみなされ右のような法律上の不利益を科されるには，正午まで待たなければならなかった[7]。

当事者が双方ともに出頭しなかった場合には，いずれにせよ，本案自体についての判決をすることはできなかった。しかし，このような場合に，いったい，どういうことが生じたかは，分っていない。

---

(5)　Gaius, IV, 15.
(6)　Keller, Civilprozess, §13；Bethmann＝Hollweg, I. S. 184 f. なお，Wieding, Libellprozess, S. 78 ff. および Karlowa, Civilprozess, S. 368 ff. は，事件説明（causae coniectio）にひとつの手続段階としての意義を認めようとしているが，彼らは，ガイウスにおける，solebant という語および口頭の手続の要求を看過している。
(7)　Karlowa, Civilprozess, S. 366-368；Voigt, a. a. O. S. 541；Baron, a. a. O. §201^2.

2 方式書訴訟における手続の進行

手続は，法廷召喚（in ius vocatio）とともに，開始する。両当事者が政務官の面前に出頭した場合には，原告は，被告に対し何のために自分が被告を呼び出したか，また，自己の請求をつつむためにどういう方式書を用いようとするかを告知し（訴訟開示 editio actionis），同時に，原告は，政務官に対し，所望の方式書を自己に付与しあるいは新たな方式書を創り出すべきことを申し立てる（訴訟申立て《postulatio actionis》）。被告は，即時に陳述をする必要はなく，むしろ，自己の準備のために弁論の延期を求めることができる。もっとも，政務官が原告の一方的な提出に基づいてそれだけで訴訟拒絶（denegatio actionis）に出た場合には，その限りではない。被告に答弁の準備ができている場合には，方式書の構成について，口頭で，格別の形式に縛られないで，弁論がなされる。その際，特に問題となったのは，方式書の何らかの変更であり，抗弁・前加文・再抗弁などの附加であった。最後に，仲裁人・裁判人あるいは審理員を選任すべきかどうか，指名を直ちに行うべきか，それとも次の訴訟開廷（rerum actus）まで延期すべきか，という点について弁論がなされる。後者の場合には，弁論は差当たり中止され，やがて，訴訟開廷が始まったときに，裁判人の面前における訴訟整理（ordinatio judicii）が行われる。前者の場合には，裁判人がただちに選任される。その名前は，最終的に作り上げられた方式書のなかに書きこまれ，そのうえで，被告との合意により，完成した方式書が原告に交付され，裁判人が宣誓をする。

裁判人の面前における手続での弁論は，裁判人が選任された日の翌々日（comperendino die）に始まるが，その構造は，法律訴訟におけると同一である。

3 ユスティニアヌス訴訟の進行

§ 80　(1)　原告は，訴えを簡単に記載した訴状（libellus conventionis, τὸ τῆς αἰτιάσεως《ὑπομνήσεως》βιβλίον）を裁判所に提出する。裁判官は，訴状の首尾一貫性と適法性を審査し，特別の決定をもって訴状を却下するか，さもなければ，同時に口頭弁論期日を指定して，被告への訴状の送達を命ずる。この弁論期日は，原告にも通知されるが，その指定にあたっては，被告に少くとも 20 日間の応訴期間が残るようにしなければならない[1]。この期間をおかなかった場合には，裁判官の面前で弁論をすることができないのである。

訴状は，裁判所の下級官吏が，日附の入った受領証と引換に，送達する。

裁判所の面前における弁論は，まず，訴訟要件を対象とする。この点につい

---

(1)　Nov. 53 c. 3.

第2章　ローマ訴訟法の体系

ての被告の攻撃，すなわち，いわゆる妨訴抗弁をなすものは，訴訟係属の抗弁 (exceptio litis pendentis)，すなわち，同一請求がすでに他の裁判所で行使されており，そこでの手続がまだ完結していない旨の抗弁であるとか，既判事項の抗弁（exceptio rei judicatae），代理権欠缺の抗弁（exceptio procuratoria），不審な裁判官の抗弁（exceptio judicis suspecti）（すなわち裁判官忌避の抗弁），管轄違の抗弁（exceptio fori incompetentis），および，原告が必要な担保を立てなかった旨の主張，である。このような抗弁が提出され，理由があると認められた場合には，訴え却下（absolutio ab instantia）がなされたが，この裁判は，私法上の請求権について裁判するのではなく，訴えの提起を受けた裁判官のなすべき判決を求める訴訟法上の請求だけを却下するにすぎない。

　しかし，妨訴抗弁が提出されず，もしくは，提出されたが（中間判決《interlocutio》によって）排斥された場合には，訴えのなかで提起された請求自体についての弁論が開始される。原告は，この請求を口頭で提出し，被告が反論する。これによって，争いの意思が表明され，争点決定がなされた（lis contestata）。当事者と訴訟代理人は，濫訴をしない旨の宣誓（Kalumnieneid）をし，ついで，本案につき口頭で弁論する。この弁論は，数段階にわかれてはおらず，特に，主張と証拠は相互に分離されてはいなかった。新たな事実と証拠方法は，判決の言渡があるまで，なお提出することができ（ただ，妨訴抗弁は，争点決定によって打ち切られた），裁判官は，最後に，当事者に対し，まだ述べることがあるかどうかを問うことを要し[(2)]，そのうえで，裁判官は，その陪席と評議に入り，判断を下し，これを書面に作って，当事者の面前で朗読する。

　すでに述べたように，右に述べた意味における訴訟，すなわち裁判人の面前における手続には，なんらの段階がない。一定の攻撃防禦方法の打切を生ぜしめたのは，争点決定だけであり，それも，法学的な帰結によってそうなったのである。争点決定は，争いの意思の陳述，すなわち，請求自体について弁論し請求自体について判決による裁判を受けようという両当事者の意思の陳述を含むので，それ以後は，この陳述を撤回することはできず，ひとたび設定された訴訟関係を廃棄することはできず，争点決定後になお妨訴抗弁を提出することもできなかった。しかし，方式書訴訟において裁判人が方式書に記載され従って法務官の面前における手続で当事者が提出した法的救済だけしか斟酌できなかったことは，失権の原則（Präklusionsprinzip）なり，いわんや同時提出主義

（2）　l. 9 C. de iud. 3, 1.

(Eventualmaxime) といったものの結果ではなくて，一定の要件が存在しもしくは存在しないならば有責判決をせよあるいは免責せよという，法務官の条件附の命令としての方式書の法的性質の結果であった。当事者の法的救済が方式書によって固定されたのは，訴訟資料のすべてを一度に提出することを当事者に強制しようとしたためではなく，また，訴訟資料を整序し概観できるようにしようとしたためでもなくて，国家によって承認された法に基礎を有する攻撃防禦方法だけを許容することが政務官の任務であったからである。失権の原則なり同時提出主義は，ローマの訴訟にとっては，あらゆる時期を通じて，無縁であった。

(2) ローマの訴訟の発展経過が示したように，1つ1つの異った段階において，異った訴訟形式を与えることによって法的保護の必要の差異にできるだけ応じようとする努力が顕われている。

比較的ふるい時代に，通常の民事訴訟である神聖賭金式法律訴訟（legis actio sacramento）とならんで，特別の諸事件のために与えられた裁判人申請式法律訴訟（legis actio per judicis postulationem）および通告式法律訴訟（legis actio per condictionem）が併行した。方式書訴訟と法律訴訟は，長い間，併存し，そのほかに，一定の諸事件のために，特別の訴訟形式としての特示命令手続が生じた。その後，方式書訴訟がひとり支配するに至ったとき，通常の手続を権利追行のきわめてさまざまな必要性に適応させることができたのは，方式書の柔軟性であった。これとならんで特別訴訟手続（extraordinaria cognitio）のなかに発展したものは，あらゆる形式強制を完全に脱却し直接の特定執行を認めることによって，方式書訴訟手続がそれに適しないことを暴露したすべての法的保護の必要に順応する手続方式であった。この特別訴訟手続が通常訴訟に高められると同時に，実際，特別の訴訟形式を与えることは要らなくなったように思われるのであり，事実，特示命令手続も一般の通常訴訟のなかで消え去っている。まだ認められていない利害関係人が彼らの権利の行使のために要求し，出頭しない者が法的な不利益をこうむるような手続をつくる必要は，この時代には，明らかに，少ししか存在しなかったのであり，これは，執行力のある債務名義の迅速な付与をめざす，防御を全面的または一時的に制限する手続をつくる必要についても，同様であった[3]。

（3） これに対し，本書第1編 § 69 参照。

第2 訴訟行為の場所と時間
1 場　　所

§ 81 政務官は，民会が招集されるのを常としたローマ人の市場（forum Romanum）の一部で，裁判所を開いた。そこに，ひとつの壇（tribunal）が設けられ，政務官なり，その顧問および政務官の属官や下僚の席とされた。政務官自身は，一段と高い有輪の肘掛椅子（sella curulis）に着座した。こういう外面的な秩序によって，弁論じたいに，一種の儀式的な調子が与えられたから，重要な行為は，総て，壇上で（pro tribunali）行われたのであり，これに反し，あまり重要でない行為については，政務官は，これをあまり儀式ばらない方法で平地のうえで（de plano）処理するのが普通であった。

裁判人の，かれらの弁論のために，ローマ人の市場の同じ場所を利用したが，政務官がそこを占めている場合だけは，ローマ人の市場の別の場所を利用した。

弁論は，総て，共和政の時代には，露天で行われたが，帝政時代になると，裁判所の場所の増加に伴い，公開の庁舎（basilicae）が建築され，特に，百人官裁判所は，市場に建てられたユリア庁舎（basilica Julia）で法廷を開いた。後の時代には，裁判所の弁論は，非公開の室（auditoria, tabularia, secreta）に退いて行われた。

じっさい，この時代までは，あらゆる弁論につき，全く無制限の公開が行われたのであったが，裁判所が閉めきった室に入るにおよんで，公開は，全く排除され，その代り，いわゆる名望家（honorati）の地位が守られた。皇帝によって開かれる法廷は，公開されなかった。

諸州では，州の首府においてだけでなく，他の比較的重要な場所においても，州長官（praeses provinciae）が裁判期日を開いた。

2 時　　期[1]

§ 82 訴訟行為は，どんな日にもなしえたわけではない。この点で，裁判可能日（dies fasti）と裁判不能日（dies nefasti）が区別された。すなわち，裁判可能日には，神の法（fas）によって裁判や政治的な集会の開催が許されていたが，裁判不能日には，そうではなかった。しかし，裁判可能日にも，2種あり，その1つは，民会招集日（dies comitiales），すなわち，民会を招集することができる日であるが，この目的のために費されない場合には裁判を行うべきものとされた日であり，他の1つは，狭義の裁判可能日（dies fasti im engeren

---

(1) Hartmann-Ubbelohde, Ordo, I, S. 10 ff.；Karlowa, Civilprozess, S. 271 ff.；Keller, rom. Civilprozess, §3；Baron, Geschichte, S. 365.

Sinne) であって，裁判だけはできるが，民会の招集は許されない日であった。これらとならんで，折衷的な性質の日として，中間日（dies fissi, dies intercisi）があり，それらの一部は，裁判可能日たる性質をもち，他の一部は，裁判不能日たる性質をもっていた。

しかしながら，裁判不能日の意義は，政務官が承認し，宣言し，付与する（do, dico, addico）ことができない，という点だけにあった[2]。その結果，裁判人の面前における手続は裁判可能日と裁判不能日の区分とは関係がなかったし，また，方式書訴訟が導入され，法律訴訟手続のあの神官によって厳格に固守された形式から解放されてからは[3]，裁判不能日と結びつけられた禁止は，政務官に対しても，その対象を失った。裁判人の面前における弁論については，一年中，どの日でもよかった。しかし，年頭と秋季の公式大競技の間は，裁判所における弁論は行われなかったから，裁判所の時間は，2つの時期に区分された[4]。この2つの時期の間は，裁判人名簿に登載された人々は，ローマにいて，いつでも裁判人を引き受けることができるよう，待機していなければならなかった。なお，穀物および葡萄の収穫の間も，弁論は，中止された。

帝政の初期に，宗教的観念が変化した結果，行為の時間についての上にみたような古くからの区分は，失われてゆき，アウグストゥス，クラウディウスおよびガルバによって若干の改正がなされたのであるが，その後，マルクス・アウレリウスは，行為の時間を，政務官および裁判人につき統一的に規定し，40日の裁判可能日に裁判に利用できるものとなった民会招集日を加える，というやり方で，230日の裁判日（dies judiciarii）を定めた。それ以外の日は，総て裁判休日（dies feriati, feriae）であり，非訟事件の諸行為を例外として，裁判上の行為は休止し，それにもかかわらず切迫した必要もないのになされた弁論は，無効であった。ユスティニアヌスは，収穫月，キリストの日曜日および教会の祭日ならびに若干の世俗的な祭日を休日と定め（C. 6〔7〕Cod. de feriis 3, 12），それからは，裁判日は240日になった。

（2） Varro de L. L. VI. 4, §29.「そのあいだは，法務官が，総てのことばを罪なしにいうことができる裁判可能日。」(Dies fasti, per quos praetoribus omnia verba sine piaculo licet fari.) §30.「反対の時は，裁判不能日と呼ばれ，その日のあいだは，法務官は，承認する，宣言する，付与する，ということは許されない」(Contrarii horum vocantur dies nefasti, per quos dies nefas fari praetorem do dico addico.)

（3） 例えば，「裁判人を承認する」(judicem do) というかわりに，「裁判人となれ」(judex esto) というようなった。

（4） 「スエトニウス以前には冬期と夏期に分たれていた訴訟開廷を」(Rerum actum divisum antea in hibernos aetivosque menses Suetonii)。Claudius 23.

第3編 ローマ=カノン系訴訟およびドイツ民事訴訟法典の発布に至るまでのドイツにおける訴訟法の発展

序　　章

§1　［歴史的発展の概観］　われわれの訴訟法の歴史においてローマ法とドイツ法が相互に影響を与え合ったことが2度ある。第1の機会は，ローマ帝国の広大な属領がゲルマン民族によって征服されたときであった。そのさい，新興の諸国において勝者の法律と敗者のそれとが当初は同列に併存したが，やがて諸国民の和親が加わり，さまざまの内容の法思想（Rechtsgedanke）が相互に交換されるに至った。第2の機会は，中世の末期にドイツ帝国の法生活が外国法，主としてローマ法の・全・体・（römisches Recht als Ganzes）を取り込んだときであった。

　ガリア，スペインおよびイタリアに存在したゲルマン諸国において，ドイツの民族性がいかにローマ系のそれに吸収され消滅していったかは，周知のとおりである。そして，この民族性の消長とともに，ゲルマン法もまた，たえず強まってくるローマ法の影響に屈した。もっとも，ドイツの法制度のなかでその生命力を保持したものは数多いのではあるが，上記の相互的交換の結果は，ゲルマン法がローマ法上の多数の法制度を摂取したというのではなく，その逆であって，ローマ法がドイツ法上の若干の制度を摂取したのである。従って，訴訟法史のこの時期を指して，ローマ民事訴訟の延長的発展（Weiterentwicklung）の時期ということができよう。この延長的発展は，教会の影響によって促進された。教会は，ローマ法に従って活動していたし，それゆえにローマ法の支配の拡張に著しい寄与を果したのである。このようにして，私法の領域でも訴訟の領域でも，イタリアの多数の法律家の著作のなかに蓄積されていた・ロ・ー・マ・系・の法（romanisches Recht）の発展をみた。この法は，もはや純粋なローマ法（römisches Recht）ではなく，圧倒的にローマ的な基盤に立つゆえにその名をもってよばれる法であったのだが，後にドイツに継受されたのも，これである。ローマ系訴訟は，ドイツでは，帝室裁判所（Reichskammergericht）の訴訟となったが，それによって間接的に多数の領邦裁判所の訴訟にもなった。しかし，ドイツ法は，外国法によって完全に打ち負かされるはずもなかった。ドイツ法

の側からの活潑な反作用が生じ，受容された外国の法と自国の法の諸制度とを素材として，学説と実務は，独特の形象を創り出した。これこそ，ラントの立法によって独自の地方特別規範がおかれていないところでは，どこにおいても，ドイツ普通法の名のもとに，手続を支配したものなのである。それ以後は，普通民事訴訟の学問が，とりも直さず，訴訟法学であった。しかし，その技術的ではあるがぎこちない体系は，実務の役には立たないことがやがて明らかになる。そこで，多数のラント立法が現われて，普通法を完全に排除する独立の訴訟法を創り，また，他の立法では普通法が個別的な諸点において変更されるに至った。

　その間において，フランスでは，自国の慣習とそこにも入りこんできたイタリア＝ローマ系の慣習とを基盤として，当初は17世紀に，さらに19世紀初頭に，ドイツの訴訟法とは著しく違う訴訟法規が創り出された。この法規は，他のローマ系の諸国における模倣をみたばかりでなく，従前のドイツ同盟（Deutscher Bund）に属する諸国の一部において適用され，ドイツ帝国の再建以後も依然としてそうであったし，ドイツ帝国においても簡単で実務上有用であるとの賞讃をえていたので，19世紀に開始され一部は実現もみた多数の訴訟法改正にさいして，普通法からの離反が意図されたところでは，フランス法が模範とされたのも，当然の成りゆきにほかならない。このような改正作業の長い道程の末にドイツ帝国の民事訴訟法典の成立をみるのは，1877年である。しかし，この法典も，それにかけられていた期待を満たすものではなかった。それゆえに，オーストリアで企てられた改正にあたっては，ドイツ民事訴訟法典の採ったやり方に随わなかったし，そればかりでなく，ドイツ自体でも，訴訟法の改正が決定されている。

§2　[本編の概要]　以下の叙述は，史的発展経過について上に略説したところを追っていく。従って，第1章では，若干のゲルマン諸国におけるドイツ法とローマ法の接触がローマ的な基盤のうえにどのような訴訟形象に導びいていったかが示される。次いで，ローマの訴訟の影響の増大を述べた後，独立の1章を設けて，いわゆるカノン訴訟，より正確にはイタリア＝ローマ系訴訟の考察に充てることにする。そのうえで，なぜ，また，どのようにしてこの外国法がドイツに受容されたかを示したい。これに続いて，ドイツ普通訴訟の描写がなされなければなるまい。ドイツの最も強力な諸領邦において，なぜ，また，どのように，普通訴訟からの離反が生じたのか，フランスの訴訟の特徴はどのような諸点にあるか，また，改正作業はどのような道をたどったのか，これらが，その後の諸章における叙述の対象であり，そのなかでは，同時にドイツ帝国民

事訴訟法典の成立について述べる。最後に，イギリスの訴訟法を一瞥しよう。

第 1 章　ローマ的な基盤上のゲルマン諸国における発展

§ 3　[概説]　ゲルマン諸部族が 5 世紀の終りから 6 世紀の初めころに西ローマ帝国の属領に含まれる諸地方において独立の諸国家を建てたときに，彼らは征服されたローマ人のためにローマ法を存続させた。ゲルマン人支配者の中には，彼らの臣下であるローマ人のために，ローマ法の特別な編纂までおこなわせる者もいた。たとえば，テオドリック大王の告示（Edikt Theodrichs des Großen）が 500 年に東ゴート王国のために成立したのがそれであり，この国はイタリアで彼が建て，493 年から 555 年まで続いた。その他に，いわゆる「アラリックの概要」(Breviarium Alaricianum) あるいは「西ゴートのローマ法典」(Lex Romana Visigothorum) といわれているもの，すなわち，アラリック 2 世によって 506 年に西ゴート王国に住むローマ人のために与えられたローマ法の編纂，および，「ブルグンドのローマ法典」(Lex Romana Bugundionum) あるいはパピアヌス (Papianus) の法といわれているもの。すなわち，グンドバード王によって 517 年以後ブルグンド王国に住むローマ人のために作られたと思われるローマ法の編纂もそうである。

　ユスティニアヌスの大きな立法成果は，当初は，東ローマ帝国においてのみ効力を有した。しかし，イタリアの再占領が完了したとみられる時に及んで，ユスティニアヌスは 554 年の命令（特殊勅法 Sanctio pragmatica）により彼が集めた法令をイタリアに施行したが，ユスティニアヌスの法典は主として西ローマ帝国の没落前にそこでも法として効力を有していたものだけを含んでいたので，その施行はそれだけ容易に行われたに違いない。その施行によってユスティニアヌスの書面訴訟（Libellprozeß）もイタリアの法定の訴訟手続になった。そして，イタリアにおける法発展がとりわけ重要である。なぜなら，西ゴート王国においては「概要」(Breviarium) を通して，そしてフランク王国においてさえ，ローマ法の追憶はたえず生き続けていたのではあるが，法の発展にとって非常に重要となった学問と実務におけるローマ法の再生は，イタリアから発生したからである。

　しかし，この再生は何世紀もの後に初めてやって来ることになる。

　ユスティニアニスの法典の施行後まもなく，568 年にランゴバルド族がイタリアに侵入して，7 年間の戦いのうちにポー川沿いの地方を征服し，フリアウル (Friaul) ならびにスポレート (Spoleto) とベネベント (Benevent) に自己の

第3編　ローマ＝カノン系訴訟およびドイツ民事訴訟法典の発布に至るまでのドイツにおける訴訟法の発展

公国（Herzogthümer）を建てたが，イタリア全土を従える力はなかった。ヴェネツィア地方の島々，北方のポー川河口の海岸線からアンコーナ（Ancona）を越えるあたりまで，従って，当時はイタリアにおけるギリシャ（東ローマ）勢力の本拠であったラヴェンナ，シチリア島を含む半島の南端，さらに，ローマとナポリの諸地方ではギリシャ人の占領が続いた(1)。

そういうわけで，イタリアにおける東ローマの支配は短期間続いただけであったが，新たなゲルマンの征服者に完全には屈服しなかったのであり，この事情はローマの訴訟手続が引き続き適用されること，それによってその知識が失われるのを防ぐのに大いに役立った。

ローマの立法活動は，それがローマ人に関してのみ発せられ，もっぱらローマ法のみを作ったので，ここではこれ以上の興味をひかない。そして，当時のドイツの法源の大部分も，ここで述べている法発展については，考慮の内に入らない。それらはゲルマン人に関して発せられ，ドイツ法だけを適用したからである。しかし，西ゴート法典（Lex Visgothorum）およびとりわけランゴバルド法は，ドイツ法とローマ法の結合を含んでいた。

それゆえ，これら両者は，こうして始まった融合の最初の産物として，立ち入った考察を必要とする。

1　西ゴート法書の訴訟(2)

§ 4　西ゴート法典（Lex Visigothorum）は，7世紀中葉，したがって西ゴートのローマ法典（Lex Romana Visigothorum）が1世紀半に亘り効力を有した後に行われた，西ゴート王国で適用される法の体系的な編纂である。この西ゴート法典は，いわゆる Antiqua，すなわち6世紀末にゴート人に関して発布せられたドイツ的内容を持つ法典に代わるものであるばかりでなく，「概要」（Breviarium）の代りともなり，西ゴート王国のあらゆる臣民，また教会に対してさえも絶対的な権威を持つ法となるものである。

従って，われわれがこの蛮民法典（leges barbarorum）に属する作品の中で，ドイツ的というよりもむしろローマ的な訴訟法に出会うのも決して奇異ではない。

すなわち西ゴート法典の訴訟は，西ゴート王国に住むローマ人の民事訴訟のために，当時，したがってユスティニアヌス帝以前に適用されていたローマ法を取り入れていた「概要」を基盤としているのである。その法典は当時の，そ

（1）　Giesebrecht, Geschichte der deutschen Kaiserzeit, Bd. I, S. 86（5. Aufl.）.
（2）　Dahn, Westgothische Studien, Wüzburg, 1874, S. 243 ff.; v. Bethmann = Hollweg, IV. S. 237 ff.

第1章　ローマ的な基盤上のゲルマン諸国における発展

してもっと後の時代[3]のゲルマン法とは反対に民事訴訟と刑事訴訟[4]を分離しており，弁論の公開は裁判官の裁量にかかっている[5]。各当事者は自己が選任した代理人による代理を受けることができるが，代理人が書面による委任状を持つことを要し，また代理人の行為は委任者の行為とみなされる。

　訴えは裁判官に口頭で提起され，その後，裁判官が被告に対し召喚命令を発する (bannitio)[6]。両当事者は，定められた日時に本人または代理人が裁判官の前に出頭すること，そうでなければ違約金を支払うことを，書面でもって約束しなければならない。不出頭は，原則として本案自体についての法的な不利益となるものではなく，ただ占有に関する訴訟において被告が出頭しない場合に裁判官は原告に占有を与え，被告が合法な占有を主張する場合には被告に占有の回復訴訟を行うよう義務づけることができるだけである。また不出頭者は，一定期間内に本当に出頭できない事由を証明して自己の不出頭を弁明するならば，罰を免れることができる。

　両当事者が出頭すると，口頭で弁論が行われる。形式的な争点決定は行われない。証拠制度は全く非ゲルマン的であり，裁判官に真実を探知する義務が課せられ，証明がなされたと見るか，失敗したと見るかは裁判官のおおむね無制限な裁量に任されている。証拠方法の中では文書が優先的に扱われ，証人証拠も許されるが，法律行為の内容に関しては当事者が引き入れた証人のみが尋問され，他の一連の場合では証人証拠が規定されている。証人は宣誓させられ当事者の面前で自己が知覚したことを尋問される。相手方は反対証人を立てることができ，その場合にはどちらの信頼性がより高いかによって決定する。証人尋問の際に出頭しなかった者に対しては反証を提出する権利が失われる。

　確かな証拠がない場合，裁判官がどのような処置をとらなけれならなかったか不明であるが，一方または他方の当事者にその主張について宣誓を要求することが裁判官の任意にゆだねられたかのように思われる。

　判決は裁判官が書面に作成し，両当事者に通知される。

　この判決に対して許される上訴がゲルマン的な起源を有することは否定できない。なぜなら，この上訴が裁判官の人格に対する非難を含んでいるからである。とりわけ当事者は各々，裁判官に嫌疑があることをなんら証拠を挙げないで述べることができるのである。この陳述の結果として訴訟は司教の関与の下

（3）　本書第1編第2部第1章参照。
（4）　L. Visig. II. 1, 14.
（5）　II. 2, 2.
（6）　II. 1, 17.

にもう1度行われることになる。こうして下された判決に対しては国王に上告する道が開かれている。国王が不服を申し立てられた判決を変更すれば裁判官が、また、国王が判決を認容すれば不服を申し立てた当事者が、刑罰に処せられる。不正な判決に対しては、執行の後でもなおこれに対し不服を申し立てることができる。この場合でさえも裁判官は不利益を被るのであり、この不利益を特別な立証に基づいてのみ免れることができた。

　西ゴートの裁判所構成もまた、他のゲルマン部族のそれと異なっていた。なぜなら、法的紛争について判決を下すのは共同体の自由な構成員全体か、またはそれによって選ばれた人人（Ausschuß）ではなく、国王の任命した裁判官だったからである。その他、当事者は、その紛争について自ら選んだ裁判官の裁判を受けることができた。

　ローマとドイツの法思想のこの混合物に関して特に注目しなければならないことは、そこにゲルマンに特徴的な証拠制度と古代ドイツの裁判所構成がないという事実である。しかし、ゴート人はこれらの諸制度を知っていなかったのではないかとの考えは、最初から否定されなければならない。そこで、次のことだけが容認されうる。つまり、法書が発布された当時にはローマ人の優勢な文化に対するゴート人の抵抗力がすでに破れ去っていたのである。しかしながら法典編纂の傾向もやはり、西ゴートの支配者たちがローマ人とゴート人とを融合させようと望んでいたことを示している。法書成立当時には教会が西ゴート国において強大な権力を有していたので、このこともまさに、権力に対する自由人の独立を保障したあの法律制度をゴート人が放棄したことの説明になるであろう。

2　ランゴバルド法の訴訟

§5　ローマの属領を征服したすべてのゲルマン諸部族のなかで、そこに存在したローマの国家制度を保持させることが最も少なかったのは、ランゴバルド族である[(8)]。ローマ人たちが逃げこみ、ゲルマン人がそこまでかれらを追いかけようとしなかった諸都市においてのみ、ローマ人たちの古い自由な都市の体制が守られた。その結果、ランゴバルド族は、古代ローマ文化の中心地において自己の国風と自己の法とを最も長い間、すなわち13世紀に入るまで守り続けたのであり、諸都市は、その古い文化を維持し、他のところでは知られていない独立性をもつに至ったのであった。

　（7）　II. 4, 5.〔この註が本文のどの部分に付せられているか、不明である。〕

　（8）　Nitzsch, Geschichte des deutschen Volkes. Bd. I. S. 189 (2. Aufl. 1892); v. Savigny, Geschichte des römischen Rechts im Mittelalter, I. S. 348 ff.

第1章 ローマ的な基盤上のゲルマン諸国における発展

ランゴバルド族の法は，王の命令に基づき，部族集会の協力のもとに，しだいに告示集（liber edictus）と称する法書に掲記されるようになった。この告示集には，643年のロタリ（Rothari）王の法律，713年から735年に至るリウトプランド（Liutprand）王の法律，さらには，同じ時代にできたグリモワルト（Grimowald），ラチス（Ratchis），アイステュルフ（Aistulf）各王の比較的小さな諸法律が含まれている。

これらに加えて，ランゴバルド王国が774年にフランク王国の一部となったときに，フランク国王の勅令（Capitularien）が登場した。

告示のなかに集められた上記諸法律だけからみても，ランゴバルド族は，その当時に自己の法を記録していたゲルマン諸部族のなかで最も教養の進んだ部族であったように思われる。そのうえ，このランゴバルドの法は，11世紀の初頭以来，主としてパヴィアの法学校における熱心な学習の対象となった。もっぱら授業の目的のためにではあるが，1019年から1054年までの間に告示と勅令の年代順の集録が，注釈や訴訟書式を付して，パヴィア法書（liber Papiensis）の名称のもとに編纂された。その後，1070年頃に解説書（Expositio）のかたちで，実務のために作られた法律注釈書ができ，その内容は，ユスティニアヌスの法にも立ち入っている。ついには，おそらく11世紀末頃であろうが，パヴィア法書を体系的に改訂して3巻としたものができた。いわゆるロムバルダ（Lombarda）である。この本がもとになって，のちにかなり多数の，他の改訂書，注解，要約書および注釈書が出るに至った。

前記の，古い時代の立法例には，まだ純粋にドイツ的な法が含まれている。しかし，ランゴバルド族とローマ人たちとの不断の接触がランゴバルド族にローマ法を理解する眼を開かせ，学校でローマ法が参酌される，ということが起らずにはいなかった。そして，学校を通じて，ロマニスト的な見方が実務にも入りこんでいった。それが訴訟法についてどこまでの範囲で生じたかに関しては，とくに訴訟行為についての多数の文書が解明を与えてくれる。ゲルマンの訴訟のどの箇所がローマの影響の侵蝕にまず屈したかを考察することは，格別に教示に富みかつ興味深いので，後期の，つまり11世紀ぐらいのランゴバルド訴訟を簡単に叙述しておこう。

3　ランゴバルドの裁判所構成と訴訟

§6　すでに指摘したように（本書第1編第1部第1章§4），ランゴバルドの裁判所構成においては，裁判所の命令する権限と判決する権限を厳格に分けるということは知られていなかった。多くの場合，判決をするのは単独裁判官で，彼が弁論を指揮し，判決を発見した。そして，複数の判決人が活動するにい

たった場合でも，裁判長は弁論の指揮だけに限られることなく，判決の発見にも関与した⁽⁹⁾。

カール大王がその支配下に治めたランゴバルド王国にフランクの裁判所構成を導入したときにも，参審員（scabinus）の職務は，裁判長の職務から，フランクの法に特有であったほどの厳格さをもっては分離されていなかった。しばしば，上級の裁判官が，配下の裁判官を陪席として，また裁判長の補助として関与させ，また参審員が裁判権の保持者の代理人として弁論を主宰することもしばしばであった。すなわち，判決人は民間裁判人（Volksrichter）ではなく，国王によって終身官として任命された官吏であり，判決することをその職務とする。しかもその職務は，学問的なものとなっていった。ランゴバルド法は記録され，そしてそれに法源として新たに加えられたものが，フランク王国の勅令であり，後にはドイツ国王の法律もそうであった。従って，判決人の知識はドイツにおけるとは異なり，自己の法確信に基づいているのではなくて，学習によって得られた，文字であらわされた法源に関する知識に基づいているため，ランゴバルドの参審員たちが，審理の場に法書を携え，そこで説明したということも異とするにあたらない。「私は手に，書かれたものを持っているのでなければ判決をしない」（Ego non judico nisi quod scriptum in manibus teneo）⁽¹⁰⁾。有名になったパヴィアの「王の参審裁判所」（Königlicher Schöffenstuhl）は，事実また，10世紀の終りか11世紀の初頭にパヴィアに設けられたランゴバルド法学校と極めて密接な関係をもっていたのである。

ランゴバルドの裁判所における手続は，おおむね完全にゲルマン的であるが，フランク＝ドイツ的な訴訟に対して非常に多くの差異を示しており，そのため外国からの影響の作用については，疑いが生ずる余地はない。

呼出しは，当事者召喚（mannitio）及び裁判官の召喚命令（bannitio）という方法で行うことができたが，召喚命令は時とともに当事者召喚に完全にとって代り，その結果11世紀において唯一の召喚手続になっているように思われる⁽¹¹⁾。召喚——廷吏がそれを口頭または文書で伝えた——にあたっては，訴え

（9） 現在ではこれが支配的見解。特に次の各論者によって主張されている。v. Bethmann＝Hollweg, Ursprung der lombard. Städtefreiheit, 1846, S. 68〜73; Derselbe, Civilpr. d. gem. Rechts. IV. S. 356〜360; Ficker, Forschungen zur Reichs＝und Rechtsgeschichte Italiens, III (Innsbruck 1872), S. 181〜196; Pertile, storia del diritto ital., VI. 20〜25; Skedl, Die Nichtigkeitsbeschwerde in ihrer geschichtl. Entwicklung, 1886, S. 14 ff.; Schmidt, Die Klageänderung, 1888.

(10)　v. Bethmann＝Hollweg, V. S. 236 Anm. 36.

(11)　v. Bethmann＝Hollweg, V. S. 335, 336; Pertile, p. 507.

が被告に知らされるのであるが,原告はその訴訟の対象を裁判官の面前で,口頭で陳述した。その期日に両当事者が出頭した場合には,正式な訴えの提起により,弁論が開始される。訴えは,相手方により原告に加えられたとして原告が非難する不法を指摘して行う単なる権利主張であって,被告の答弁は,訴えの提起のこの方式に対応してなされる(12)。しかし,すでに早い時期に次のような慣行が生じた。すなわち,陳述をする当事者は,その相手に向って直接に陳述するのではなく,裁判官か陪席者の一人に対して行い,その裁判官なり陪席者なりがそのあとで,当事者の陳述を書式に適うように表現し,質疑ふうに他方の当事者に対してこの者が陳述しなければならないことを問うというやり方である。この慣行は,一面では自己の陳述に対して必要とされる方式を当事者自身が整えなければならないという困難から彼を解放するものであったが,他面では裁判官が方式に適っていない陳述の補充と釈明のために,自ら質問するということにもなった(13)。

被告が自白をした場合には,原告を満足させるために,いずれにせよ後の時期においては,裁判官の判決および裁判官の罰令(Bannbefehl)を必要とした(14)。そして,これを得ることによって,原告はその権利につき争うことのできない確認(Feststellung)と執行名義(vollstreckbarer Titel)を取得した。こうした事情に基づいて,それまで争われなかった法的諸関係および法的諸状態の確認を求めて訴えが提起されるようになり(15),また非訟裁判権(freiwillige Gerichtsbarkeit)の行為につき,訴訟の形式が利用されるに至った(16)。

被告がなんら妨訴抗弁(prozeßhindernde Einrede)は出さないが,原告の請求を争う場合には,当初は証拠判決(Beweisurteil)をすることになっていた。後には,パヴィアの法学校の創立後つまり,ほぼ11世紀中頃以後は確実にそうなのであるが,正式な証拠判決はもはやなされなくなり,むしろ当事者の申し出た挙証がとりあげられるか,あるいは必要と認められた証拠の提出がそのまま命じられた(17)。

証明義務のある当事者は,保証人をたてて一定期間内に証拠を提出する旨の厳かな確約をしなければならず(wadia),また他方の当事者は,証拠期日に出

---

(12) Form. Roth. 32, 33. ; v. Bethmann=Hollweg, V. S. 336; Pertile, p. 549.
(13) とくに Pertile, p. 550 nota 5. 参照。
(14) v. Bethmann=Hollweg, IV. S. 378, V. S. 339, 340; Ficker I. S. 25 ff.
(15) Ficker, I. S. 37 ff.
(16) Vgl. Engelmann, Der Civilprozess, Bd. I, §4. S. 6.
(17) v. Btehmann=Hollweg, V. S. 340; Pertile, VI. 646 s.q.

頭して，期日になされる立証を受けとることを確約しなければならなかった。原告がこの確約を守らなかったときには敗訴となった。それは当初は，単に訴訟上の義務の不履行の結果として，ついで原告が明示的に陳述した訴権（Klagerecht）の放棄の結果としてそうなったが，ついには，そのような放棄の有無に関係なく，単に原告側の権利主張の立証不可能が確認されたことの結果として原告が敗訴した。そして徐々に，迂路をたどりながら，次の原則が承認されるに至った。「原告が立証しなければ被告は免訴される」（actore non probante reus absolvitur）(18)。

　ランゴバルドの証拠法は，ゲルマンのそれである。すなわち，相手方の主張を反駁する主張をする者が証明する(19)。そのことは，非常に多くの場合にあてはまるが，とりわけ，単純な債務の訴えおよび被告の財産に関する単純な訴えにおいてそうである。しかし，まさにこの点で，主にパヴィアの法学校を媒介にして，ローマ法が行われるようになった。それに従えば，裁判所は原則としてまず初めに，原告に証明することができるかどうかを問う。しかしながら，裁判所は，「原告が立証しなければ被告は免訴される」の原則を適用せずに，原告が立証できない場合にもなお被告の側が反対主張を宣誓により立証することを要求した(20)。個々の証拠方法の使用に関しても，ローマ法の知識が働いている。証人証拠が利用される場合の増加，および，これにともなう単独宣誓（Eineid）の制限は，これに由来する(21)。証人は，通常，3人要求されるが，証拠期日に彼らを裁判所に出頭させなければならず，そこで彼らは1人1人自分の知っている事実について質問され，そのあとで宣誓させられる。彼らの供述が相互に矛盾する場合には，彼らは証拠にはならず，そして，もしこれらの者と矛盾する陳述をする反対証人が立てられると，決闘によって事が決められる。それゆえ，証人の知識を審査し，彼らの供述の内容を比較するのであるが，証明に影響するのは個々の供述の重要性ではなくて，それが一致しているという事実である。

　書証は，取引，とりわけ商業の発展とともに，重要性を獲得したに違いなく，そして，宣誓証拠を制限するのに寄与した。宣誓証拠は，ランゴバルドにおいてもまったくゲルマン的である。それは，原則として，補助者を伴って，次のような形で行われた。すなわち，挙証者の相手方が不悪意宣誓（Gefährdeeid）

---

(18) Schmidt, Klageänderung, S. 11 ff.
(19) 本書第1編第2部第3章§40を見よ。
(20) v. Bethmann=Hollweg, V. S. 342 ff.; Pertile, VI. p. 322 sq.
(21) Zorn, Das Beweisverfahren nach longobardischem Recht, 1872, S. 28〜30, 51.

第1章　ローマ的な基盤上のゲルマン諸国における発展

(de asto) を行った後に，挙証者が証拠宣誓 (Beweiseid) を行うが，その内容は原則として権利主張，従って判断であり，他方，補助者は当事者の宣誓が真実であることを誓う。神判 (Gottesurteil) も使用されたが，それはドイツにおけるよりも早く法生活から消え去った[22]。

　判決の発見と言渡しは，ゲルマンの慣例に従って行われたが，合議体裁判所においても裁判長が判決の発見に関与するというまことに重要な差異があった。

　勝訴当事者の要求に基づき，裁判所書記が判決を，それに先行する手続も含めて，文書に作成し，参審員 (Schöffen) がこれに署名した (notitia)。

　しかし，判決に対して許される上訴は，他のゲルマン諸部族の場合とは異なる構成をもっていた[23]。ランゴバルドの場合には，裁判官と判決人 (Urteiler) は別人ではなく，裁判所は部族裁判所 (Volksgericht) でなくて官庁であったため，ゲルマン流の判決非難 (Urteilsschelte) の余地がないからであった[24]。判決非難が非難者 (Schelter) と判決発見人 (Urteilsfinder) の間の新たな争訟の原因となったのに対し，ランゴバルドの上訴は，ローマ法の控訴と同様に，従来の訴訟当事者の間で上級裁判官の面前で旧訴訟が続行されうるにすぎなかった。上級裁判官は下級裁判官の判決と手続を審査にかけることを要し，当事者は彼の面前で口頭で弁論し，自己の申立てと立証を繰り返し，そして，新たな判決を受けた。

　執行[25]は，全くゲルマン的であった。判決履行の誓約 (Urteilserfüllungsgelöbniß) は判決に先行する場合もあれば，これに後れる場合もあった。そして，執行の基礎は判決ではなくても，裁判官の執行命令を付した当事者の約束であった。敗訴当事者は，即時に履行できない場合には，保証人を立てることにより担保を提供しなければならなかった。敗訴当事者が占有移転を命ぜられたのであれば，裁判官は原告に占有を得させた。債務者が抵抗する場合には，当初は全財産が，後には財産に属する個個の物が差し押えられた。債務奴隷 (Schuldknechtschaft) は，ほぼ11世紀に消滅した。先行する判決なしに自分で差押えをすることを認めた法が普及していたが，これは法的安全の要求が高まるにつれて後退しなければならなかった。それと同様に，執行の開始命令と実施は，次第に裁判官の仕事になっていった。ここで扱われている時期のランゴバルド法では，自力差押えを認める法は，それ自体としては確かに行われてい

---

(22)　Zorn, a. a. O., S. 39 ff.
(23)　これについては，Skedl, Nichtigkeitsbeschwerde, S. 17 ff. を見よ。
(24)　これについては，本書第1編第2部第2章 § 56 を見よ。
(25)　v. Bethmann=Hollweg, V. S. 384, 385; Pertile, VI. p. 818 sq.

たが，自分のした差押措置を直ちに裁判所において正当づけることが差押えをした者に要求されていたのであり(25)，そのことは，債権者が債務者との合意によって，弁済が得られない場合のために，差押えの権利の設定を受けているときでも，そうであった。

闕席手続（Contumacialverfahren）(27)は，ローマ法の紛れもない影響を示している。フランク＝カロリング流の，不出頭の被告の全財産の差押えは，犯罪に基づく刑事および民事の訴えの場合にのみなされた(28)。しかし，原告が不動産に関する訴えを提起し，かつ，繰り返し被告を呼び出したが被告の出頭がなかったことを裁判所に証明した場合には，裁判官は，原告の申立てに基づき，彼に占有を得させたが，被告には，同様な場合に 1. 8 § 3 C. de praescr. (7, 39)が規定したような，財産の回復を求める権利が留保されていた。この留保は――真に必要な場合を除き――消滅し，そして，被告が彼の権利を防禦する用意がある旨を陳述することがないままに，最初の占有付与から1年が経過した場合には，原告は係争の土地を最終的に取得した。債務の訴えの場合には，被告が不出頭ならば，直ちに差押えが許された。この被告がその後の期日あるいは証拠期日に出頭しなかった場合に初めて，彼は敗訴となる。

後期ランゴバルドの訴訟は，あらゆるローマ的影響にもかかわらず，依然として，ゲルマン訴訟の本質的な基盤を維持していたのであるが，これについての以上の叙述だけでは，まだ，両者の融合過程についての完全な像を与えるに至らない。イタリアのローマ訴訟を一瞥することが，この技術的により良く完成された法もゲルマンの影響を免れていないことを示すために，必要である。

4 11世紀のローマの民事訴訟(29)

§7　イタリアの，ランゴバルド族によって占拠されていなかった領域，つまりロマーニアと，ランゴバルドの法領域においてもローマ法が適用されなければならなかった裁判所では，ユスティニアヌスの訴訟法が存続していた。しかしながら，この領域の住民は何百年来ゲルマン人と緊密な接触をしてきており，それどころか，ついにはフランク王国の支配下となり数多くの訴訟においてランゴバルド法を適用しなければならなくなった。従ってユスティニアヌスの訴訟が一連のゲルマンの法思想を取り入れ，ローマの法とゲルマンの法が接合されて一体となったことは，なんら驚くにあたらない。この訴訟手続に関しては

---

(26)　Wach, der italienische Arrestprozeß, 1868, S. 1, 33, 35, 37.
(27)　Ficker, I. S. 29～37.
(28)　Kohler, Ungehorsam und Vollstreckung im Civilprozeß, 1893, S. 58.
(29)　Ficker, Forschungen, I. S. 52 ff., III. S. 377 ff.；v. Bethmann＝Hollweg, V. S. 393.

第1章 ローマ的な基盤上のゲルマン諸国における発展

数多くの文書が説明している[30]。

これらの文書によれば,原告は被告の召喚を求めるために,まず第1に裁判官に口頭で訴えを提起する。これに基づき裁判官は廷吏を通して被告を弁論に召喚する。弁論において,原告は口頭で訴え (proclamatio) を告訴の形で提起し,被告は答弁する。この争点決定行為の後,両当事者は訴訟が正当に続行されることにつき担保を与え,原告またはその弁護人は文書に不濫訴宣誓 (calumniae sacramentum) と名づけられている宣誓をし,この宣誓によって原告は訴えをシカーネ (Chikane) によって提起したのではないことを誓言した。

被告が訴えによる非難に反対し,証明が必要となれば,通例,証拠を申し出た当事者が証明するよう命じられる。そうでなければ,裁判官は証明義務のある当事者に,彼が証明できるかどうかを問う。その他に,形式に従った証拠判決についても言及される。ローマの証拠法に相応して,質問は,まず原告に向けられる。原告が要求された証明をし,被告が反証を提出——そのことはローマ法およびランゴバルド法においても許されていた——しなければ,被告は敗訴の判決を受ける。しかし,原告の証明不能は被告の勝訴に十分ではなく,この場合にもなお被告が雪冤宣誓 (Reinigungseid) をすることを要するのであって,これはゲルマン法に相応している。

証人証拠は,ランゴバルドの方式に従って証人3名によってのみなされる。証人は証拠期日に出頭させられ,相手方が証人に対して異議を申し出なければ,別別に,かつ宣誓して尋問される。証人たちの供述が一致し,かつ反証などの申出や立証がない場合にのみ,証明がなされたことになる。後者の場合には裁判所は自由な確信に従って裁判する。立証する当事者が指名した証人の供述が矛盾する場合,反証を待つ必要はなく,むしろゲルマンの慣例に従い,証人全員の却下,したがって申し出られた証拠の却下がなされる。

書証の重要性は証人証拠のそれより後退する。提出された書証の真正は,ローマの慣例に従い,筆跡の対照によって証明される。

独得のかたちをとったのが宣誓証拠である。強制的な宣誓も裁判官が課する宣誓も行われない。むしろランゴバルドの雪冤宣誓がローマ系の法に移されたのであるが,それは,原告が証明義務を負う証明をすることができない場合に,被告は宣誓しなければならないというものであった[31]。しかし,この点から「原告が立証しなければ被告は免訴される」(actore non probante reus absolvitur)

---

(30) Fantuzzi, Monumenti Ravennati vol. 1〜6. Venezia 1801-4. 多くの文書が以下に見出される。Ficker, Bd. IV; Pertile, vol. VI の注; Bethmann=Hollweg, V.

(31) なお, Kleinfeller, Die geschichtliche Entwicklung des Thatsacheneides, 1891, S. 34.

273

との原則を完全に放棄したとみることはできない。なぜなら被告の宣誓の前に原告の宣誓が先立ってなされたのであり，それによって，判決の形式ではあるが，訴えが理由ありと宣言されたからである。この原告の宣誓は証拠宣誓ではなかったが，原告が挙証できなかった場合でも，まったくそれが顧慮されなかったわけではない。むしろ，原告の宣誓を除去するために，被告は自己が不当に訴えられたという宣誓をする必要があったのである。

判決は，ローマの慣例により陪席者によって発見され，裁判長によって言渡されるが[32]，その判決は，単にいずれの当事者が権利を有するかを決定するだけでなく，以後に生ずべきことをも決定する。判決が免訴を宣言する場合，ローマの方式に従って原告のアクチオ（actio）が存在しないものと判決に表示される。裁判長の命令により，判決は裁判所書記官によって文書に作成され，裁判所を構成した人々（Gerichtspersonen）と証人によって署名される。判決に対して許される上訴について確かなことは知られていない。

執行は，その結果を同時に確保しつつ行われる。判決履行の誓約は行われなかった。

被告が不出頭の場合の手続は，前述のランゴバルドの手続と一致するが，それはランゴバルドの法がローマ法に基づいていたからである。これに対して数多くの文書は[33]不動産に関する訴えにつき，召喚が繰返しなされたにもかかわらず被告が出頭しなかった場合には，1年経過する前でもその所有権が最終的に原告に与えられることを証明している。ときには，出席している原告が，ローマの慣例に従って自己の権利の証明を要求された。債務の訴えの場合，このローマの法則が常に適用されたし，原告が自己の請求を証明して初めて被告の財産の一部の占有が原告に与えられたが，これは被告が継続して欠席した場合に最終的になされた処置であった。

第2章　ローマ法の影響の増大

§8　［法学校］　ローマ系の手続が示す，このようなローマ的法原則とゲルマン的法原則との併存のなかに，なおローマの民事訴訟の痕跡を再認識するのは困難である。また，ランゴバルドの手続も他の国の手続をかなり多く摂取したので，ゲルマンの訴訟の特徴的な性質も次第に失われていった。しかし，その

---

(32)　Ficker, Ueber die Zeit und den Ort der Entstehung des Brachylogus. Sep. Abdr, aus den Wiener Sitzungs=Berichten Bd. 67, S. 35.

(33)　v. Bethmann=Hollweg, VI. S. 429 Note 8.

第2章　ローマ法の影響の増大

融合過程は，それがローマ系民族のために生じたと同様に，ローマの訴訟法のためにもさらに進展していく。それに至る動因は，法学校（Rechtsschule）から生じた。

1265年に死亡したボローニャの法教師オドフレードゥス（Odofredus）の報告[1]によれば，ローマ法の学習は，当初，ローマに，次いでラヴェンナに，そして最後にはボローニャに，その本拠があったという。この報告の信憑性を疑う理由は何もなく，この報告と近時の学者[2]の研究成果とは一致している。近時の学者の研究によれば，ローマ法は，中世のあらゆる時期にわたって，単に実務上適用されていただけでなく，学問対象としてもとり上げられ，手を加えられている。僧院学校や多数の私的学校において，法は，弁論術の一分肢として，また，それと同時に一般教養のひとつの対象として教授された。専門の法学校が初めてできたのは，ローマにおいて，おそらく11世紀に入ってからであり，11世紀にラヴェンナにおいて有名な法学校ができたことは，全く確実である。これら2つの学校では，ローマ法が教授された。しかし，すでに同世紀の初頭には，たびたびふれたパヴィアの法学校が花と栄えていたのであり，そこでの主要課目はランゴバルド法の取扱いであったが，そのうえに，これと並んで，ローマ法も重んじられた。

このようにして，ローマ法の知識の普及のために絶えず手数が重ねられた。そして，ローマ法の知識が増大するにつれ，その学問的価値に対する敬意や，法適用のさいにローマ法の知識が妥当する度合いを高めようとする努力も，必然的に増大していった。一連の文献的成果が生まれたのは，こうした努力に負うものであり，そのなかには，訴訟法の発展につき重要な多数の著作が存在する。

このような著作に属するものとして，いわゆる偽ユスティニアヌス勅法集（fingierte Constitutionen Justinians）[3]とよばれるものがある。これは11世紀中葉頃に出た，作者不詳の私的な2つの労作である。この2労作のうちのひとつは，ユスティニアヌスの法学提要（Institutionen）とユリアヌスの抄録書（Epitome）に依拠しており，種々のアクチオにつき訴えの定式を含み，はては答弁書（libellus responsionis）をも収めている。第2の勅法集は，訴訟の歴史につき前者

---

(1) v. Savigny, Geschichte, III. § 158, IV. § 2 N. a.; Fitting, Die Anfänge der Rechtsschule zu Bologna, 1888, S. 12.
(2) とりわけ，v. Savigny, 次いで，Ficker, Fitting, Conrat.
(3) v. Bethmann=Hollweg, V. S. 434 ff.; Conrat, Geschichte der Quellen und Literatur des römischen Rechts, 1891, I. S. 583 ff.; Fitting, Gualcausus, S. 16, 17, 64—74.

よりもはるかに重要であり，本書でも以下に論ずるが，そこでは，ローマの裁判所における不濫訴宣誓（juramentum calumniae）に至るまでの訴訟手続を取り扱っており，ユスティニアヌスの訴訟の説明を目的としている。著者は，明らかに，自己の叙述に対し，ローマの諸裁判所の拠るべき権威であるような外観を与えようとする意図をもって，ユスティニアヌスの法律の形式を選んだのである。

§ 9 ［偽勅法集］　この偽勅法集[(4)]は，もっぱら訴訟の開始と欠席手続を扱っている。ローマ系の裁判所（Romanum placitum）における弁論のためには，裁判官，訴訟受付人（acceptor litis），当事者（ローマ的な名称では actor-reus），代弁人（patroni causarum），廷吏（召喚を担当した）および執行人（executor）が必要であり，裁判所書記の職務としては，しかるべく受理されたもの（quae sint digna accipi）のみを記載し，しかるべく却下されたもの（quae sint digna sperni）を記載しないことがあげられている旨の報告がされた後に（§ 1），手続が記述されている。原告は，自分で署名したか，あるいは書士（Tabularius）の署名のある訴状を裁判官に提出するが，その訴状には提起されるべき訴えの告知だけが含まれている。訴状は，裁判官によって発せられた召喚状（原告の起訴により審問する旨の通告（admonitio, de querela actoris audire））とともに廷吏によって被告に送達され，そして被告は送達を受けた旨を証する文書を作成するとともに，本案自体について弁論するか，それとも訴訟上の理由にもとづいて応訴を拒否するかのいづれかを告知する。弁論自体は訴状の送達後20日を経過したのちにはじめて，しかも2月の経過前に行われる。弁論では，告知された訴えの理由づけが原告によってなされ，これに対して被告は異議があること，および，どういう理由によるかを陳述する。これが，表現のうえで争点決定（Litiskontestation）とよばれている（§ 7）。そこでは，原告は訴状の提出に際して，また被告は争点決定の前に，訴訟の必要な続行のために担保を提供しなければならないということが，非常に詳しく説明されている。争点決定の後に当事者は，何人をも買収してはいない旨の宣誓を，また裁判官は法律に従って誠実に裁判する旨の宣誓をし，そしてその後に当事者が不悪意宣誓（Gefährdeeid）をする（§§ 10～12）。

争点決定の前後を問わず，原告が訴訟を続行しない場合には，被告の申立てに基づいて，原告を3度召喚する。そして，原告が1年の期間内に訴訟続行のために出頭した場合には，まず，被告に対して要した費用を償還しなければな

（4）　v. Bethmann=Hollweg, V. S. 435—440 に収載。

らず，そうでなければ，彼は，自己の請求権を失う（careat actionibus suis）。そして1年の期間内に出頭しない場合には，一方的な弁論がおこなわれる。被告が欠席の場合にも，ユスティニアヌスの法が規定したような結果となる。

§ 10 [法学綱要] より興味深くかつより重要なのは，いわゆる法学綱要（Brachylogus）であり，これは，法学提要（Institutionen）の体系に従ったローマ法の簡略な教科書である[5]。訴訟に関する法（jus quod ad actiones pertinet）に当てられた第4巻において，この著作は，アクチオ論の前に訴訟過程の叙述を置いている点で，手本である法学提要と違っており，この叙述こそ，この著作に訴訟法史上の意義を与えるものなのである。この本が成立したのは，現在一般に認められているように，11世紀末ないし12世紀初頭の中部フランク国（Fittingによればオルレアン）においてであり，ローマ法が理論的に研究されていた事実の証拠であるのみならず，実務にも影響を与えようとした意図の証拠にもなる。

この著作（IV. 2）は[6]，一定の者の間の法律関係についての事件の弁論（causae discussio cum certarum personarum interpositione）を審判手続（judicium）とよぶ。そして，当事者（personae），裁判権（jurisdictio），時（tempus），場所（locus）および事件（causa）が扱われている。そして，事件は，裁判権を司さどる者の面前において原告と被告が争論すること（causa autem est ante eum qui jurisdictioni praeest, agentis et rei controversia (IV. 9, 1)），つまり，われわれが弁論および判決手続と呼んでいるものである。この著作は，訴訟行為を弁論（controversia）に先行するもの（quae causam praecedunt），弁論自体に属するもの（quae insunt），および，弁論に後続するもの（quae sequuntur）に分けることにより，訴訟を3つの段階に分けている。最初の段階は争点決定により第2の段階から，そして第2の段階は終局判決により第3の段階から，それぞれ分離されている。

弁論の前に訴訟の開示，法廷召喚および起訴の通知が，この決まった順番で先行する（causam *praecedit* actionis editio, in jus vocatio, libelli conventio et hoc ordine certo (9, 2)）。それゆえ，最初の訴訟行為は訴訟の開示（actionis editio），すなわち，原告によって主張された請求とその理由の私的な通知であり，これ

---

(5) v. Savigny, Geschichte, II. S. 238; v. Bethmann＝Hollweg, V. S. 323 — 327; Ficker, Ueber die Zeit u. d. Ort der Entstehung u. s. w.; Fitting, Ueber die sog. Turiner Institutionenglosse, 1870, S. 39 ff.; Derselbe, Ueber die Heimath und das Alter des sog. Brachylogus, 1880; Conrat, I. S. 550 ff.

(6) Corpus legum sive Brachylogus iuris civilis の 1829年 Böcking 版に従って引用する。

は，相手方が請求を弁済するつもりか，あるいは争うつもりかに関する陳述を相手方にさせることを目的とするものである。後の場合には，原告は訴えを裁判官の前で陳述し，調書に録取させなければならない。裁判官は，この陳述に基づいて起訴通知書（libellus conventionis）を作成し，そして廷吏（apparitor）を通じて被告を裁判所に呼び出す（in jus vocatio）。起訴通知書に関してひとつの見本が伝えられている。「ユグルタの裁判官メテッルス。アドヘルバルが命を狙われているという理由で貴殿のことを私に訴えてきたことは，貴殿に周知のことであろうが，貴殿が指示にしたがって出頭し，この事件に対して法を主張して，彼の告訴の書面に答弁するようにするために，私はこの事件について貴殿に通知する」(Metellus judex Jugurthae. Notum sit tibi, Adherbalem questum mihi de te fuisse, quod vitae ejus fueris insidiatus, cujus rei causa te admoneo, ut ad placitum venias eique justitiam facias libellumque ejus accusationis suscipias)[7]。つまり，起訴通知書は，裁判官から被告に宛てられた，訴えを簡略に示す文書なのである。その受領の日から被告には20日の期間が与えられ，この期間内に被告は裁判官を忌避すること，他の裁判官もしくは司教の関与を求めること，または，原告の請求を認諾することができる。被告が通知書（libellus）を受領すると，彼は保証人を立て，執行吏に手数料を支払い，また，日時を記載して起訴通知書（libellus conventionis）に署名しなければならない。20日の経過の後に，当事者は，裁判官の前に出頭する義務を負う。そのほかに，当事者の一身に関する抗弁は，争点決定前に提出されなければならない。被告は判決債務履行の担保（cautio judicatum solvi）を，原告は判決があるまで訴訟を取り下げないことの保証（cautio se litemusque ad definitivan sententiam executurum）を提供しなければならず，さらに，両当事者と弁護人は一般の不悪意宣誓（allgemeiner Gefärdeeid）をしなければならない。

　これに続いて争点決定（Litiskontestation）が行われる。「出席した双方当事者の一方が陳述し，他方が反駁したときに訴訟の争点決定ありとされる」(Lis autem contestata tunc videtur cum utraque parte praesente unus proponit alius contradicit)（Ⅳ., 13, 1），すなわち，原告は訴えを提出し，そして，被告は事実上または法律上の理由により訴えの請求（Klageanspruch）を争う。それによって弁論（controversia）が開始される。これは，法学綱要（Brachylogus）に従えば，三様でありうる。すなわち，事実関係が争われている場合には事実弁論

（7）　この見本は，告訴（accusatio），従って刑事訴訟について述べたものであるので，あまり良くない。(vgl. Ⅳ. 9. 1)

(controversia facti) であり，事実関係は確定しているが，法が争われている場合には法的弁論 (controversia juris) であり，さらに，争いのない事実をいずれの法的概念にあてはめるかが問題になっている場合には，訴名弁論 (controversia nominis) である (IV. 14)。事実問題 (quaestio facti) に関しては証明責任に関するローマの一般原則が適用され，法的弁論 (controversia juris) にあっては，否定する者が証明すべきであり，訴名弁論にあっては，特定の見解から有利な地位を導き出す者が証明すべきである。

事実弁論における証明手段としては，証人，文書，いわゆる一致した伝聞 (consentiens fama)，推定，および徴憑があげられる (IV. 15)。

証人尋問に際しては，証人に宣誓をさせる。証拠となるのは2人の証人の一致した供述のみであり，1人の証人の供述は推定をもたらすにすぎない。数人の証人の供述が一致しない場合には，身分のより高い者を信頼すべきものとし，身分のより低い証人は拷問することになっていた。

文書は，公証人および証人によって署名されている場合にのみ，証拠となる。公証人の署名がない場合には，証人が文書の真正を宣誓すべきであり，公証人と証人が死亡している場合には，筆跡の対照が行われる。

一致した伝聞 (consentiens fama) は，公知性（事実が全ての人に明らかである場合 (cum factum omnibus paret)）を意味する。

証拠調べの後，判決がなされる。判決は書面に作成しなければならず，かつ，特定の物または分量を明示していなければならない。判決がこれらの要件を欠く場合には，それは無効であり，格別の上訴を必要としない (nec ab ea provocandum est)。10日の期間内に控訴 (provocatio) がなされなければ，判決は執行することができる。控訴は確定遮断の効力を有する。

法学綱要 (Brachylogus) における手続についての叙述は，細かな点で，それが依拠した原典と異っている[(8)]。たとえば，裁判官が発する起訴通知書 (libellus conventionis) と，それとは別の，被告に交付されるべき訴状 (Klaglibell)——これはおそらく裁判官が作成する調書の謄本にすぎない——とを分離している点，さらには，保証金制度についての叙述の点がそれである。これらの差異が誤解に基づくものであるかどうかの点は，ここではこれ以上立ち入らないでおく。なぜなら，法学綱要に書かれている手続がどこかの実務で使われたということを述べることが重要なのではなくて，当時の人がローマの民事訴訟に

---

(8) Wieding, Der justinianeische Libellprozeß, 1865, S. 719 ff.; Conrat, a. a. O., S. 558 Anm. 4; Fitting, Ueber die sog. Turiner Institutionenglosse., S. 77 ff.

学問的に取り組み，かつ，それによってローマの民事訴訟の適用範囲を広めたことだけが重要だからである。

第3章　ローマ＝カノン系訴訟の形成

1　ボローニャの法学校とローマ法学者

§ 11　前述の法学校はすべて，12世紀のボローニャに生じた法学校によって大きく凌駕された。この法学校は数多くの著作の対象になり，その名声と影響は法律家すべてによく知られているので，ここではその成立の事実と訴訟法のその後の形成に与えた影響の原因についてもう一度簡単にふれておくだけで十分であろう(1)。

　ボローニャの法学校の成立は，サヴィニーが指摘したように偶然のなせるわざではなく，またなにか任意の設立行為により意識的につくられたものでもなかった。すでに述べたように，ローマ法は北部イタリアではなおも適用されており，ただ，その学問的価値に対する意味が失われていただけであった。ユスティニアヌスの法はドイツ国民の〔神聖〕ローマ皇帝の法でもあるとの考えがますます活発になるのにしたがい，ローマ法の威信もまた，実務において増してこざるを得なかった。そして，ロンバルドの諸都市が皇帝権力の庇護の下に封建権力から免れて自治都市の独立を勝ち取り，商業交易が再び繁栄してその諸都市を勤勉な市民に富と権力と威信を与えたとき，素朴な人民の単純な生活関係から生じたゲルマン法は役に立たず，ここに発達した取引法の必要が生じた。イタリア諸都市の制定法はまさしく古いロンバルドの法を維持し，簡易迅速な権利追行の利益のために，そこでは萌芽にすぎなかったものを法制度にまで発展させたのであった。しかし，広範な商業交易の要求を満足させるには，世界都市ローマで発達した法がロンバルド＝フランクの法よりもはるかにより適切なものであった。従って，ローマ法に向けられた関心が次第に昂まって，それまで捜し求めていたものをローマ法に見出したとひとが考えたのはきわめて当然といえる。こうして我々は，ローマ法の第2次継受の歴史，つまりドイツにおけるローマ法の普及の歴史において大きな役割を演じた現象にここで初めて出会う。すなわちローマ法を教授する人人のみならず，彼らから教えを受けた人人もまた，至る所で影響力のある地位に就いたという現象である。さら

（1）　この法学校について特に論じている著作の中では，まず第1に，v. Savigny, Die Geschichte des römischen Rechts im Mittelalter, Bd. III. IV. 他に，v. Bethmann＝Hollweg, Bd. VI.

第3章 ローマ＝カノン系訴訟の形成

にまた，芸術と学問の開花した当時にあって，ローマの法律家の思弁的労作を非常に熱烈な理論的研究の対象にしたのは，学問的関心であった。

これらの関心はすべて，卓抜した富と取引を持ち，ラヴェンナと隣接し，主としてローマ系の住民が住んでいたボローニャにおいてとりわけ大きかったのだろう。この都市で，ロンバルド人の文法学者イルネリウス（Irnerius）はおそらく11世紀末にはすでにローマ法を教授し始めていた。1118年以後には，もはや彼についての報告はなされていない。彼の弟子達は彼の真意をくんで教育を続けており，この際忘れてはならないことは，ボローニャの学校が12世紀の中葉，つまり「4博士」の時代に最盛期を迎えたことである。この4博士とは，ブルガールス（Bulgarus），マルティーヌス（Martinus），ヤコブス（Jacobus），フーゴー・デ・ポルタ・ラヴェンナーテ（Hugo de Porta Ravennate）である。これらの法学教授の次の世代にプラケンティーヌス（Placentinus. 1192年死亡）とヨハンネス・バッシアーヌス（Johannes Bassianus），その次の世代にはアーゾ（Azo. 1230年後死亡）とフーゴリーヌス（Hugolinus. 1233年後死亡）がいる。自ら生産的に研究したのではないが前任者達の諸研究を編集した学者として，アックルシウス（Accursius. 1182年～1260年頃）がいる。彼は，この編集，標準註釈（glossa ordinaria）によって，彼以後の非生産的な時代において，彼の前任者達よりも大きな名声を得た。これらの学者の学問活動はローマ法源の条文の確認と解説であった。彼らの解説は註釈（glossae）と呼ばれ，したがって彼ら自身は註釈学者（Glossatoren）の名で呼ばれるのが普通である。しかし，彼らはこの批評的，解説的な活動だけにとどまらず，彼らのみならず，その後継者もまた，標準註釈自体を新たに解説の対象とし，法の体系的な研究にも従事したのである。

この学校からローマ法の知識がどのように広まったか，ローマ法の精通者がどのように官職，名誉職に就き，その中でローマ法を普及させたかについては，後にドイツにおけるローマ法継受の歴史の所で論じることにする。同様の経過はイタリアでも生じており，ただここではローマ法が快く受け入れられた点が異っていた。ドイツと同様にイタリアでも，裁判所と国の法律に実体的ローマ法だけでなく，ローマの訴訟も浸透していった。これは自然にそうならざるをえない現象であった。というのは，貫徹されているとはいえないにしても，今日のわれわれには周知の私法と訴訟の分離は，ローマ法の法源にとって未知のものだったからである。これらの両分野の境界領域となっているのがいわゆるアクチオ法である。アクチオ法はローマ私法の不可分の構成要素であるので，ローマ私法はアクチオ法を同時に理解し，同時に適用するのでなければ，けっ

281

して理解することも適用することもできない。そしてこのことはまた必然的に，ローマの訴訟の諸原則を適用する結果となった。当然ユスティニアヌスの訴訟法が普及したが，ローマの訴訟の歴史を十分に知らないために不可避的に生じた誤解もすべて広まってしまった。法源の中に存在していた純粋なローマの訴訟を教えることも，また適用することもできなかったひとつの原因が，すでにここにあったのである。

　そのうえ，著作物が筆写によってのみ複写することができた当時では，原典の入手は共同体にとってさえ困難であり，まして私人には不可能であったし，また広範囲の文献の中で非体系的に分散した法律素材の取扱いも，実務にさまざまな困惑を与えざるをえなかった。従って，実務では，原典ではなく法の体系的な著述に頼り，またこの体系に従って教授された。そして，次第に法源を直接に適用する習慣から遠ざかるようになり，研究と適用の対象となったのはむしろ当時の法律家が書いた著作であったし，したがって継受されるに至ったのはユスティニアヌスの立法成果の中に収められているローマ法ではなく，当時の法律家がその著作の中に表わしたローマ法の解釈であった。この解釈は清澄なものではなかった。というのは，当時の法学者は単なる理論家ではなく，その教授活動のために，裁判官，弁護士，市参事会員として実務で多く活動していたからである。しかし，この当時，法適用はなおもロンバルドの見解の影響を強く受けており，時には，ローマの法思考に依らず，直接に実務的な法の創造を自ら行っていた。従って，法学者と著述家がローマ法を実務で得た彼らの見解に相応するように解釈し伝授したのは異とするにあたらない。ここに，純粋なローマ法でないものが適用された第2の原因がある。

　上に述べた現象は，とりわけ訴訟法についてみられる。訴訟法は，法源では最も不完全かつ非体系的に記述されていただけであった。学説類集（Digesten）の訴訟法に関する部分は，方式書訴訟の知識がなければほとんど理解し難いし，勅法類集（Codex）と新勅法（Novellen）においては，訴訟法の個別の問題だけが特別法によって解決されたにすぎない。従って，体系的な叙述の必要性は訴訟法において非常に大きかった。法律家はこのことをよく認識しており，その体系的著述を訴訟法に優先的に捧げた。

　そのうえ，後期の註釈学者の志向は直接に実務的なものへ移っていった。法学校の全盛期は，法源の意味の丹念な研究に特徴があり，この時代の法学校の代表者は実務によって刺激され，支援されたが，実務上の法適用を，法に対する理解を促進する以外の方法によって助けようとは思いもよらなかったのである。このことは早くも13世紀後半に変化した。初期の註釈学者の時代の始源

第3章 ローマ＝カノン系訴訟の形成

的な力は消滅し、いまでは、彼らの挙げた成果を直接の法適用のために利用し、権利行使を容易にしようとするに至った。あらゆる法学的活動は、すべて正当なるものの実践的な目的によってもはや導かれなくなると、無益な遊戯に堕落せざるをえないので、ここでのこの傾向は、決して非難されるべきものではない。非難に値するのは、この新しい傾向が堕落したことである。すなわち、それらの代表者のすべての独創的思考を排除し、直接に適用されうるものだけを、冗長な味気のないカズイスティックな叙述により提示することによって、もっぱら実務を促進しようとしたのである。この純粋に役に立つものに向けられた意向は、時勢の変化によって十分説明がつく。つまり、高度の政治的な自由が勝ち取られており、闘争の時代は過ぎ去り、その代りに、その意向がほとんどもっぱら物質的財産の取得に向けられた時代が来た。そして、そのような時代には、すぐには具体的価値に置き換えられない活動はすべて軽蔑して見下されるのが常だからである。

§12 訴訟法の発展に特に影響を与えた著作を以下に述べておこう。

　すでにイルネリウスは、「アクチオの本質について」(de natura actionum) という論文を著していたといわれる[2]。ヘンリクス・デ・バイラ (Henricus de Baila. 1170年頃) も同様である。この問題に関し、現存する最古の著作は、プラケンティーヌス (Placentinus) の著した「各種アクチオ概要」(Summa de varietate actionum)[3] である。そこでは、概要 (Summa) という表現が、簡潔で体系的な著作という意味を表しているということに注意すべきである。また学問的な価値においてはこれより劣っているが、ヨハンネス・バッシアヌス (Johannes Bassianus) の「アクチオの樹」(arbor actionum) があり[4]、そこではたとえば、訴えを法務官法上の訴えと市民法上の訴えとに分類することが基礎となっている。これらの著書は確かに、実体的アクチオ法について論じているが、しかし訴訟法の発展の先に述べた原因に照らせば、それらが訴訟法の点で完全にローマ法に従っているという理由だけからしても重要である。訴訟法に直接の影響を与えたのは、訴状の作成を扱った書物である。なぜなら、それらの書物は、ローマのアクチオ法に依拠しつつ、その訴状の中で提起されたアクチオに応じて訴状はどのように作成されるべきかについて手引きを与えているので、これとは異るランゴバルトの実務を変改する働きをしていたからである。まず第1に、ヨハンネス・バッシアヌスの著作たる「要求者便覧」(Summa Quicun-

（2） v. Savigny, IV. S. 64 ; v. Bethmann＝Hollweg, VI. S. 19.
（3） v. Savigny, IV. S. 210, 223 ; v. Bethmann＝Hollweg, VI. S. 19 ff.
（4） v. Savigny, IV. S. 298 ff ; v. Bethmann＝Hollweg, VI. S. 24.

que vult)が挙げられねばならない。この本は,当時の実務的見地に立っていた他の学者(アルドリクス Aldricus)とは違って,次のような見解をとっていたところから,特に重要である。「被告は,申立てが書面に作成されていなければ答弁する義務を負わない。そして被告は,認諾するため,あるいは争うために書面によって教えられるべきである。」(reus non debet respondere nisi scriptae petitioni et per scripturam debet instrui ad cedendum vel ad contendendum)

　同様な目的を追求したのは,プロヴァンス人ベルナルドゥス・ドルナ(Bernardus Dorna)であり,その著「訴状及び訴状作成要覧」(Summula de libellis et eorum compositione. 1203年頃)においてであり,その中では判決の作成についての指図も与えられていた[5]。ロフレドゥス・エピファニィまたはベネベンタヌス(Roffredus Epiphanii od. Beneventanus)は,そのもっぱら実務の目的に向けられた浩瀚かつ広大な著書である「訴状と裁判手続」(de libellis et ordine judicorum. 1234年ないし1235年)において,ベルナルドゥス・ドルナの右の書物と結びついている。この書物も,すべての可能なかぎりの訴状の作成のため,できるだけ完全な手引きを与えるという目的を追い,また訴点(Positionen)のたて方にも立ち入っている[6]。この本の一部をオドフレードゥス(Odofredus. 1265年死亡)は,その著「訴状作成概要」(Summa de libellis formandis)の中で抄録している[7]。さらに,マルティーヌス・デ・ファーノ(Martinus de Fano. 1272年後死亡)[8]の「契約と訴状についての書式」(Formularium super contractibus et libellis)及び,ヨアンネス・デ・ブラノスコ(Joannes de Blanosco)[9]の法学提要中のアクチオの章についての注釈も同様のものである。

　バガロトゥス(Bagarotus. 1242年頃死亡)[10]は,その「冗言集」(cavillationes)の中で,延期的抗弁(dilatorische Einrede)について,1つの簡単な論文を書いており,またウベルトゥス・デ・ボナクルソ(Ubertus de Bonacurso)[11]は,その「カウサ序説」(praeludia causarum)において,延期的抗弁と永久的抗弁(peremptorische Einrede)について論じている。

　さらに訴訟法の全体を取り扱ったいくつかの作品が大きな影響を与えた。そ

---

(5)　v. Savigny, V. S. 140 ; v. Bethmann＝Hollweg, VI. S. 31 ff.
(6)　v. Savigny, V. S. 163 ; v. Bethmann＝Hollweg, VI. S. 35 ff.
(7)　v. Savigny, V. S. 323 ; v. Bethmann＝Hollweg, VI. S. 49.
(8)　v. Savigny, V. S. 431 ; v. Bethmann＝Hollweg, VI. S. 51.
(9)　v. Savigny, V. S. 438 ; v. Bethmann＝Hollweg, VI. S. 51.
(10)　v. Savigny, V. S. 125 ; v. Bethmann＝Hollweg, VI. S. 57.
(11)　v. Savigny, V. S. 137 ; v. Bethmann＝Hollweg, VI. S. 58.

れらのうちの白眉ともいえるのは，ブルガールス（Bulgarus）の，興味深く，また訴訟法の発展にとって極めて重要な意味をもつ簡潔な著作で，それはプラケンティーヌスの前記「各種アクチオ概要」の第3巻として「裁判手続について」(de judiciis) という表題のもとに出版された。それは1148年よりも前の著述である。注目に価するのは次の諸点である。すなわち，この書が，告訴については書面によるべきことを要求しているにもかかわらず書面による訴えに関してはなにも述べていないこと，また裁判官は証拠規則に拘束されず，自由な心証に従って判断を下すという原則を述べていること，さらには，裁判を原告・被告・裁判官という3者の弁論として描いているなどである。この本によれば，裁判官をも取り込んでいる訴訟関係の発生は，争点決定によって生じ，争点決定は，判決と同様に更改的効果をもった。以上の簡単な叙述からでもすでに明らかなように，この書物はもっぱらローマ法の法源に依拠しており，しかも他からの影響はどこにもみられない。

1150年を過ぎて，同様な性質の著者不明の書物が現われたが，「ウルピアヌス・訴訟開示について」(Ulpianus de edendo) という書名のもとに発見されている。この本は，「グラティアーヌス教令集」(Decretum Gratiani) を熟知しているようであるが，そこにおけると同様に書面による訴えについては，まだ全く認めていない。

次いで現われたこの種の作品は，1181年以降にオットー・パピエンシス (Otto Papiensis) によって書かれた「裁判手続概要」(summa de ordine judiciorum)[(12)]である。それは訴訟の経過を追って述べ，カノン法の法源にふれているが，その法源に対しても裁判慣行に対しても，考慮を払っておらず，かえってローマ法のみを取り扱っており，ローマ法の中に，書面による訴えの提起の要請を見出している。

これらの著書は，後代の実務家たちによってはめったに利用されなかったようであるが，その理由は，おそらく，それらが法源の内容を簡潔な体系にまで理論的に加工していったからであろう。そういうわけで，これらの著書の意義は，当時の実務において行われていた手続を物語る証拠となるという点にではなく，その学問的な価値にあり，そして，訴訟法についての学問的な著書はその当時には専らローマ法に基礎をおいていたということを同時に明らかにしている点にある。それらは，ローマ法を簡潔にかつ体系的に叙述したことによって，ローマ訴訟の継受に間接的に影響を及ぼした。というのは，それらの著書

---

(12)　v. Savigny, IV. S. 320 ; v. Bethmann=Hollweg, VI. S. 70.

が，ローマ法の知識普及の一助となり，その結果としてローマ法の名声と影響が高められたからである。

違った色彩のものが，1198年頃著されたピッリウス（Pillius）の著書「裁判手続概要」（summa de ordine judiciorum）[13]の中にみられる。それは実務に役立つように意図されており，従って当時の裁判慣行にも注意が払われているところから，それについてのいわば証言ともなっている。また実務への奉仕というその理由から，カノン法とロムバルダ（Lombarda）を看過することはできない。アルベルトゥス・ガレオットゥス（Albertus Galeottus. 1272年頃死亡）は，「訴答要覧」（summula quaestionum）を著したが，珠玉の作（Margarita）という名声を与えられ，また同じように，ギド・デ・スザリア（Guido de Suzaria）や，ヤコブス・デ・アレナ（Jacobus de Arena）等々が訴訟に関する著書を著した。

　　　　　2　教会の法とカノン法学者たち[14]

§ 13　法一般および特に訴訟法の歴史的発展に対して教会の影響が作用するのにどのような方向をとらなければならなかったかについては，中世前期にすでに「教会はローマ法に従って生活する」（Ecclesia vivit lege Romana）という命題が確立していたことを考えると，疑問の余地がない。ユスティニアヌスの法典に収められた法は，たんに個々の国家の法としてだけでなく，法そのものとして，すなわち，市民法（jus civile）として妥当した。それによって，ローマ法の知識は，ユスティニアヌスの法律が形式上は適用を全く認められなかったところでも，また，それが排除されたところでも，維持され普及したのである。

教会の伸張は，従って，ローマ法の伸張という結果をもたらした。しかし，教会は決して閉鎖的に，ローマ法以外の法思考の受容を拒んだわけではない。教会は，いまではその勢力圏の内部において，世俗的なものと同等の立法権限のひとつをもつに至ったので，教会としては，ローマ法の継続的形成や，外国法の受容や，新たな法制度の創造によって，独立した，自己の特別の利益に役立つ法を作ることができた。そのような権力的地位を教会に与えたのはどのような事情であったのか，ということは分かっているが，ここでは述べない。自己の勢力圏につき一般的に拘束力をもつ法律を作り，世俗的な法を変更あるいは廃止するという教会の権能が12世紀中頃にはもはや疑惑をもたれなくなっていたことは，事実である。この権能はさかんに行使され，そのようにして，

---

(13)　v. Savigny, IV. S. 268 ; v. Bethmann＝Hollweg, VI. S. 20.

(14)　特に，Muther in Glasers Jahrbüchern für Gesellschafts＝ und Staatswissenschaften, Bd. 9. 1869, S. 234, 235 ff. ; v. Bethmann＝Hollweg, VI. S. 82 ff. ; v. Schulte, Geschichte der Quellen und Literatur des kanonischen Rechts, Bd. I. 1875.

第3章　ローマ＝カノン系訴訟の形成

教会法の領域であれ，世俗法の領域であれ，その成立を教会の立法権に負う諸法規の総称として，カ・ノ・ン・法（das kanonische Recht）ができ上った。それはローマ法に基づくものではあったが，ローマ法は，教会によって継受された限りにおいて，すなわち，変更されなかった限りにおいてのみ，教会にとって規準になるにとどまったのであり，ローマ法は，その後は，本来のカノン法の傍らに立つ法源をなした。カノン法をローマ法に対して完全に独立なものにするために，教皇ホノリウス3世は，1219年の教書（Bulle）によって，聖職者にローマ法の学習を禁止するまでに至っている。

　カノン法の法源は判明している。主として，いわゆるカノン法大全に収められた法令集がそれである。それらの法令集は，世俗法の他の領域についてと同様に，民事訴訟についても多数の規定をしている。これらの規定も，あらゆる点でローマ法を基礎としており，それら自体が訴訟法の体系をなしているわけではなくて，かえって，教会やその裁判権の特別の必要によって要求されたローマ法の変更だけを包含するにすぎない。教会が，そのこれら独自の規範をもちながらも，世俗裁判所の実務に依存し，それによってゲルマンの法思考にも依存していたことは確かであるが，教会がゲルマン法自体のためにそれを受容したと考えるのは，誤りであろう。〔受容の〕基準となったのは，常に合目的的考慮であった。従って，カノン訴訟法の体系を組立てることは，ローマ法の助けを借りずには不可能といえよう。しかし，ローマの訴訟法は，ユスティニアヌスがそれに与えたかたちにおいて適用されたのではなく，かえって，宗教裁判所の実務がそれに与えたかたちにおいてであった。この実務と結びついたのは，カノン法令集に含まれていた教皇の諸教令であった。カノン訴訟の体系を構成するためには，従って，裁判所実務の知識が必要である。ところで，こうした実務についての豊富な開明を与えるものは，カノンの法源，つまり諸宗規（canones）と，諸教令（decreta）に含まれた法を学問的な取扱いの対象とした法律家の著作だけ，つまり，legesすなわちローマ法大全（corpus iuris civilis）を取扱い，ローマ法学者（Legisten）と呼ばれた人々に対して，カノン法学者（Kanonisten）または教会法学者（Dekretisten, Dekretalisten）とよばれた法律家の著作だけである。

　これらの著作は，二重の意義をもっている。それらは，第1に，当時行われていた法およびこの法についてひとが抱いていた見解の証言であるが，さらにまた，それらは学問と実務における法のその後の形成に決定的な影響を与えたものでさえもある。

　固・有・の訴訟法をつくることが教会にとってそもそも可能であったのは，宗教

第3編　ローマ＝カノン系訴訟およびドイツ民事訴訟法典の発布に至るまでのドイツにおける訴訟法の発展

裁判権がその勢力圏をそれ自体は世俗裁判権に服している多数の法的事件にまで拡大していったことに理由がある。とくに，聖職者（Klerus）は，12世紀には世俗裁判権からの完全な免除を獲得し，教会所属財産をめぐるあらゆる紛争は，宗教裁判所に持ち出すべきものとなった。たとえば，婚姻事件は，婚姻が秘蹟とみられたがゆえに，教会の法廷に持ち出されたのであり，ついには，宗教事件（res spirituales）——およびその関連事件（hisque annexae）——の概念に拡大がなされて，それにより，罪とみればみれなくもない事実が問題となるような，純世俗的事件のすべてを宗務のなかへ取り込むことが可能とされた。利息をとることが禁ぜられ，暴利行為が疑いもなく罪悪であったことを考えてみるならば，利息の請求または返還請求をし，あるいは隠された暴利的利益の存否が問題となった争訟のすべてを宗教的法廷に持ち出しえたことが理解できよう。さらにまた，教会は扶助を要する人々（哀れな人々 personae miserabiles）の事件を受け入れる権能があると考えられていた，ということに言及しないでおくわけにはいかない。

　教会の領域に委ねられた法的事件のこのような拡大と，その権力を世俗的権力の上位におこうとする教会の努力からすれば，教会が世俗法の大きな領域を自己の法令（Satzung）によって規制したことも，当然としか思えない。そして，教会は，これによって同時に，法一般の取扱いと理解の仕方に一定の影響を与えたのである。ひとは，教会の規範自体に慣れただけでなく，教会によって正当とされた世俗法の法令を教条（Dogma）とみ，その教条についての独自の思考を人間の恣意とみなすことにも慣れてしまった。カノン法学者的な見方が拡がれば拡がるほど，それだけ多くの法律家たちは，教条から数多くの個別的絶対的な規則を読みとって，移ろいやすい各個人の信念に対し至るところで厳密に定められた限界を設け，考えられるあらゆる個々の出来事が不変の規範に服せしめられるほどにすることを自分たちの使命とみたのである。このことの結果として，事例に応じての判定に傾きすぎるようになり，また，裁判官の自由心証を制約しようとする努力が至るところで目立つようになった。この努力こそ，ローマ系訴訟の〔次に述べる〕2つの顕著な特徴を生じた原因なのである。〔第1に，〕裁判官の自由な，論理と経験だけに服せしめられた心証に任せることが恣意とみられる以上，裁判官が証拠の結果をどのように評価すべきかについての諸原則が定立されねばならなかった。その結果，精巧な微に入り細をうがった法定の証拠理論（gesetzliche Beweistheorie）に到達した。〔第2に，〕裁判官の恣意に対する同じ惧れから，裁判官の訴訟主導権もできるかぎり制限されるに至らざるをえなかった。〔というのは，〕判決をするさいには，

288

第3章　ローマ＝カノン系訴訟の形成

裁判官は，至るところで実体法および形式法の諸規定に拘束されていたが，これに対し，訴訟実施の処分は，訴訟資料の表面的な評価あるいは自分の考えに従って訴訟に立ち入ろうとする努力に基づいてなされることができた。そこで，裁判官に全く受動的な役割り押しつけること，すなわち，いわゆる弁論主義(Verhandlungsprinzip) を強調することが合目的的と考えられたのである。以上の2つの方向について，ひとつの手がかりが古代ゲルマンの訴訟に見出された。

§ 14　カノン法の法源は判明している[15]。民事訴訟の発展と知識にとっては，主として，4部から成るカノン法大全（Corpus iuris canonici）のみが考察の対象となる。その第1部は，修道士グラティアーヌス（Gratianus）の私的な著作である，グラティアーヌス教令集（Decretum Gratiani）であって，彼はボローニャで教会法を教え，そしてこの著作の中で自分の講義の概略を示した。彼は自分の著書の中で従来の法素材の集大成をおこない，そしてそれを1139年と1142年の間に完成した。彼が取り込んだ教令集は，インノケンティウスⅡ世（Innocenz II.）の時代まで，1139年まで及んでいる。

第2部ないし第4部は，それぞれ，第1編と第2編（審判人，審判手続，聖識者，婚姻，犯罪（judex, judicium, clerus, connubia, crimen））において，裁判所構成に関する規定と民事訴訟に関する規定を含んでいる。これらの3部は，1234年9月5日の教書によって，「裁判所と学校において」(in judiciis et in scholis) 用いられるためにパリとボローニャの法学校に送られた，グレゴリウス9世の補遺（Liber Extra Gregors IX.），1298年3月3日の教書によって同じ方法で布告された，ボニファティウス8世の第6書（Liber Sextus von Bonifaz VIII.），そして最後に，いわゆるクレメンス法典（Clementinae），すなわち，クレメンス5世が編纂し，1313年に布告された，1298年から1313年までに発布された教令集の集録である。

すでに述べたように，カノン法学者の著述は，我々にとって極めて重要である。それらが，カノン訴訟法の全体について，体系的で完全な叙述を提供しているからである。

この種の著作のうちで最も古いものは，おそらく，当初は無名の著者によって書かれた，民事訴訟と刑事訴訟についての，1170年頃に成立した著述であり，クンストマン（Kunstmann）によって編集されている[16]。この著述は完全

---

(15) この点に関しては，パンデクテン法と教会法の教科書の参照を指示しておくことができる。詳細な叙述として，v. Schulte, die Geschichte der Quellen und Literatur des kanonischen Rechts von Gratian bis auf die Gegenwart, 3 Bde. Stuttgart seit 1875.
(16) Kritische Ueberschau der deutschen Gesetzgebung und Rechtswissenschaft, Bd. 2

にユスティニアヌスの法に密着しており，世俗裁判所の訴訟との差異をわずかしか示していない[17]。

同様な内容のものとして，フォン・シュルテ（von Schulte）によって発見され，グロース（Groß）によって編集された法律概要（Summa legum）がある[18]。これは，パリで活動したカノン法の教師によって1170年と1190年の間に書かれたものであり，「審判手続論」（tractatus de judiciis），「アクチオ論」（tractatus de actionibus），並びに，添付されている書式において，ボローニャ学派のローマ法学者がしたようなやり方で，ローマ法を扱っている。

この他にも，著作を行った者として，12世紀の最後の10年間にボローニャでカノン法の教師（magister decretorum）をしていたリカルドゥス・アングリクス（Richardus Anglicus）と，カノン民事訴訟に関する韻律に富んだ書物を著したアイルベルトゥス　ブレーメンシス（Eilbertus Bremensis）がいる[19]。

ダマスス（Damasus）の筆になるものとしては，1215年頃に書かれた「裁判手続概要」（Summa de ordine judiciario）がある[20]。彼はピッリウス（Pillius）の著作に依拠しているけれども，重心を教令と宗教裁判所の慣行とに置いている。彼は書面による訴点決定（die schriftlichen Positionen）についてはまだ知らず，ただ，一方の当事者が他方の当事者に対して裁判官をして発せしめる口頭の尋問に言及しているだけである。

特別の強調を必要とするのは，タンクレードゥス（Tancredus）の「裁判手続の書」（libellus ordinis judiciarii）である[21]。彼はボローニャで生まれ，そこでカノン法を，そしてアーゾ（Azo）のもとでローマ法を学び，そしてその地でカノン法の教師（magister decretorum），同地の司教座聖堂付参事会員，および，1226年には司教座聖堂首席助祭になった。彼は1234年を過ぎて間もない頃に，おそらく若くして，没したに違いない。前述の書物は1216年に完成したものと思われる。それは，宗教裁判所において当時行われていた訴訟を論じており，また，ローマ法がカノン法によって変更されていない限り，ローマ法を規準としているが，カノン裁判所の慣行に優位を与えている。この書物は4

---

vom Jahre 1854, S. 17 ff.
(17)　v. Bethmann=Hollweg, VI. S. 89.
(18)　v. Bethmann=Hollweg, VI. S. 94 ; Sitzungsberichte der Wiener Akademie der Wissenschaften 1867 und 1869.
(19)　v. Bethmann=Hollweg, VI. S. 105, 109.
(20)　v. Bethmann=Hollweg, VI. S. 112 ; v. Schulte, I. S. 194.
(21)　v. Bethmann=Hollweg, VI. S. 115 ff. ; v. Savigny, V. S. 106 ff. ; v. Schulte, I. S. 199 ff.

つの章に別れていて，まず初めに，訴訟に関与する者，次に争点決定までの手続，続いて争点決定から判決までの手続，最後に執行および判決の取消しについて論じている。この書物によると，書面による訴えがさかんに行われており，また，訴点決定（Positionen）の使用は裁判所の一般的慣行である。この書物は主に学問的研究のために著されたのであるが，しかし同時に，実務にたずさわる法律家にも役立つものとなり，高い名声を得て数カ国語に翻訳された。今日でもそれは，訴訟法の歴史を知ろうとするすべての者にとって，不可欠の書である[22]。

同じくらい重要なものとして，グラーティア・アーレーティヌス（Gratia Aretinus）の「裁判手続概要」（Summa de ordine judiciario）[23]がある。グラーティアはアレッツォ（Arezzo）で生まれ，そこでカノン法の教師をしていた。上述の著作は，1243年を過ぎた間もない頃に出来上った。それはタンクレードゥスの著作に依拠しており，素材の配列もタンクレードゥスの用いた例に従っている。この著作は訴点決定手続（Positionalverfahren）についても，証明項目（Beweisartikel）についても述べている。

ここではさらに次の者達に言及すべきである。すなわち，1239年に「裁判手続の書」（libellus de judiciorum ordine）を書いたアイルランド人のヴィルヘルムス・デ・ドロケダ（Wilhelmus de Drokeda），「審判人の書」（libellus judicum）を書いたスペイン人のヨハンネス・デ・デオ（Johannes de Deo），1260年に「裁判手続」（ordo judiciarius）を書いたアエギディウス・デ・フスカラリイス（Aegidius de Fuscarariis）[24]，「弁護士教育の書」（libellus instructionis advocatorum）を書いたヤコブス・バルドゥイニイ（Jacobus Balduini），〔著書名不明の〕ウベルトス・デ・ボビオー（Ubertus de Bobio），「教会の法廷における弁護士の職務についての入門的便覧」（Summa introductoria super officio advocationis in foro ecclesiae）を書いたボナグイダ・デ・アレティオ（Bonaguida de Aretio）[25]がそうである。そして，裁判所の調書の作成についての指図を書記に与えた著作の中で注目に値するのは，1281年に書かれたヨハンネス・デ・ボノーニア（Johannes de Bononia）の書物であり，その中で，民事訴訟の過程についての簡

---

(22) これの原文が次の書物にそのままおさめられている。Pillii, Tancredi, Gratiae libri de judiciorum ordine ed Friedr. Bergmann, Göttingen, 1842.
(23) v. Bethmann=Hollweg, VI. S. 131 ; v. Savigny, V. S. 146 ; v. Schulte, I. S. 197.
(24) これらに関しては，v. Bethmann=Hollweg, VI. S. 123 134 ff. ; v. Savigny, V. S. 412, 457. を参照。
(25) v. Bethmann=Hollweg, VI. S. 157 ; v. Savigny, V. S. 446.

第3編　ローマ=カノン系訴訟およびドイツ民事訴訟法典の発布に至るまでのドイツにおける訴訟法の発展

潔できわめて明析な叙述がなされていることが主な理由となって，この書物は「書記便覧」(summa notariae) という名称を得ている（後述 § 17 参照）。

　これら訴訟に関する文献の全体は，グイリエルムス・ドゥランティス (Guilielmus Durantis) の画期的で包括的な著作である「裁判鑑(かがみ)」(speculum judiciale) の中に集大成されている[26]。ドゥランティスは，1237年にラングドック (Languedoc) のピュイミッソン (Puimisson) で生まれ，ボローニャで学び，しばらくモデナ (Modena) でカノン法の教師をしていた。後に彼は，裁判官，教皇の遣外使節，ベテ3世襲領の主管者，さらには司教といったさまざまな資格で実務的な活動をした。事実また，前述の彼の著作は，もっぱら実務的な目的を追求するものであった。ドゥランティスは，1296年11月1日，ローマで没した。

　上述の書物は，4編12巻 (partes) にわかれている。その第1編においては，訴訟にたずさわる者を，第2編においては，民事訴訟を，準備手続 (praeparatoria judicii)，本来の裁判手続 (ordo judiciorum) および弁論に後続するもの (quae causam sequuntur) という通常の3段階〔の構成〕に従って，第3編においては，刑事訴訟を論じており，そして，第4編（書類の作成について (de libellorum conceptione)）においては，必要となるようなすべての訴訟行為の仕方について指示を与えている。

　本書はかなり後になってもなお補充されたり，注釈されたりし，さらにまた，カノン訴訟のドイツにおける継受の際にも，外国法の認識のほとんど唯一の権威のある資料となり，そして今日でもなお，カノン訴訟を知るためには不可欠である，というほどの高い名声を得ているが，それは本書の学問的深さによるのではなく，本書の中で実務向きに詳説されている資料の完全さによるのである。確かに，本書はローマ法の法源をも十分に取り入れ，それも一緒に詳説しているけれども，それでも本書がカノン訴訟法を叙述したものであることにかわりはない。そして，まさにこれら2つの法のこうした結合は，教会の法がローマ法を完全に自己の内に取り入れたことの興味深い証拠となっているのである。そのうえ，この結合は，本書が世俗裁判所によっても利用され，そうした形でカノン訴訟が世俗裁判所によっても適用されたことの原因ともなったのである。ローマ系訴訟法についての前記の叙述も，初めから終りまで，この書を基礎にしている。

　ドゥランティスの「裁判鑑(かがみ)」と書面式カノン訴訟が，大体14世紀にはすで

---

　(26)　v. Bethmann=Hollweg, VI. S. 203 ff. ; v. Savigny, V. S. 501. ; v. Schulte, II. S. 144.

第3章　ローマ=カノン系訴訟の形成

に，イタリアから遠く離れた地でもどの程度広まっていたかを，ヨハンネス・デ・スキンナ，または，ツィンナ（Johannes de Scynna od. Zynna. 普通は，シュティンナ Stynna と呼ぶ）の書物が示している。この書物は，1332年ないし1333年頃に，「簡約鑑(かがみ)」（Speculum abbreviatum）の書名で現れた[27]。これの著者はポンメルンの家系の出で，パリで学び，後にポンメルンのコルバツ（Colbaz）修道院のシトー派修道士，そして修道院長になった。彼は，彼の著作の中で，ドゥランティスの「裁判鑑(かがみ)」を範として，しばしばこれに密着した抜萃を用いているが，それより後の時代の教皇の立法，とりわけクレメンティナ・サエペ（Clementina Saepe）の名で有名になった，教皇クレメンス5世の略式訴訟に関する教令をも参酌している。

ドゥランティスの「裁判鑑(かがみ)」の名声は高まって，この書物が法源のように注釈されるほどになった。その注釈をおこなったのは，ヨハンネス・アンドレアエ（Johannes Andreae）であり[28]，彼は1270年頃にフィレンツェのあたりで生まれ，ボローニャでローマ法とカノン法の教師となり，その地で1348年に没した。ここで彼の名があげられる原因となった書物は，「ドゥランティス裁判鑑(かがみ)の補説」（Additiones ad Durantis Speculum）であり，これは1346年に完成し，ドゥランティスの書物の改訂と補充を内容としている。

訴訟に関するいくつかの小編の著者として，バルトールス（Bartolus）がいる[29]。彼は1314年に生まれ，ペルージア（Perugia）で法学教師となり，1367年に没した。彼が著した論文としては，「召喚について」（de citatione），「裁判権について」（de jurisdictione），「仲裁人について」（de arbitris），「推定論」（tractatus praesumptionum），「証拠論」（tractatus testimoniorum），そしてとりわけ，「カノン法とローマ法の差異」（differentiae inter jus canonicum et civile）がある。この最後の書物において，彼は，ローマ民事訴訟とカノン民事訴訟の差異をいくつか明らかにしており，それによって，当時においてさえもなおそのような対立があったことを証明している。

バルトールスと一緒によく挙げられるのが，1327年頃に生まれ，1400年に没したバルドゥス・デ・ウバルディス（Baldus de Ubaldis）[30]という学者である。

---

(27)　v. Bethmann=Hollweg, VI. S. 234 ff. ; v. Schulte, II. S. 254 ; v. Savigny, VI. S. 498, および，特に，Muther, Zur Geschichte des röm.=can. Prozesses in Deutschland, 1872, S. 1 ff. ; v. Stintzing, Geschichte der populären Literatur des röm=kan. Proz. 1867, S. 239 ff.
(28)　v. Bethmann=Hollweg, VI. S. 238 ; v. Savigny, VI. S. 98 ; v. Schulte, II. S. 205, 221.
(29)　v. Bethmann=Hollweg, VI. S. 242 ; v. Savigny, VI.
(30)　v. Bethmann=Hollweg, VI. S. 247 ; v. Savigny, VI ; v. Schulte, II. S. 275.

彼は8つの異なる学校で法学教師として活動した。彼が書いた訴訟に関する書物の中には、争いのある問題についての個別的な論議を集成した「実務」（Practica）および「ドゥランティス裁判鑑の補説」（additiones ad Speculum Durantis）がある。

さらに、「悪魔対キリストの訴訟」（Lis Belial contra Christum）を著したヤコブス・デ・テラモ（Jakobus de Theramo）[31]（1350年ないし1351年に出生）、および、15世紀の学者ではペトルス・デ・フェラーリス（Petrus de Ferrariis）[32]の名に触れておくべきであろう。

しかし、これらのすべての著作の中で、ドゥランティスの「裁判鑑」が群を抜いて重要であり、同書が何世紀にもわたって、訴訟全体を体系的に論じた最新の書物であった。事実また、カノン訴訟は14世紀初頭にその完成を見ていたのである。

この著作が得た名声や、訴訟のすべての段階を完全に扱っていること、世俗のローマ法も参酌していることが、この書物が世俗の裁判所で活動する人々の間にも普及することを促進した特質である。それ故、法学校で教育を受けた法律家が自分の教師から、そしてカノン法学者の多数の書物から学び取ったのと同じ手続が世俗裁判所で普及したこと、および、これらの書物の中で講述されている訴訟法が世俗裁判所における訴訟そのものに発展していったことは、異とするに足らない。

3　イタリアの領域法（Territorialrecht）

§ 15　ここでイタリア諸都市の自由と経済的躍進の原因を探求するのはふさわしくない[33]。イタリア諸都市の商業交易が11世紀以来全盛期を迎え、とりわけ北イタリアの諸都市が司教と君候に対して独立を守ることに犠牲をいとわず、コンスタンツの和約（1183年）のより諸都市の帝国直属の自由の承認を勝ち得たという事実を指摘するだけ十分である。法発展にとってとくに重要なのは、この和約によって地方団体の最高裁判権が承認されたことである。というのは、このことによってローマ＝カノン法を排除する固有の法令の創造が私法の分野のみならず、とりわけ訴訟法の分野においても促進されたからである。この自由をイタリア諸都市は十分に利用し、古くから受け継がれてきた慣習法

---

(31)　v. Bethmann=Hollweg, VI. S. 251.
(32)　v. Bethmann=Hollweg, VI. S. 255.
(33)　これについては、v. Savigny, III. S. 90 ff.；Hegel, Geschichte der Städteverfassung von Italien, 1847；Goldschmidt, Handbuch des Handelsrechts, 3. Aufl., 1891, I. S. 142 ff.；v. Bethmann=Hollweg, Ursprung der lombardischen Städtefreiheit, 1846. 参照。

が成文化されたばかりでなく, おびただしい条例 (Statuten) により新しい法が創造された。このようにしてローマ＝カノン法に対してゲルマンの法思考を維持し, さらに発展させる可能性が与えられたのである。

　しかし, このことの帰結としてゲルマンの訴訟が都市法の中で生き続けたということは決してできない。諸都市が必要としたのは, 商業交易の利害関係人に好都合な訴訟手続, つまり迅速に目的を達成し, 実質的な真実探究を目指し, したがって不必要な形式性にできる限り拘束されない手続であった。そのような必要に, 全く形式的な証拠法を持つゲルマン訴訟は応じることができず, 後期ランゴバルド訴訟さえも完全に十分なものではなかった。従ってゲルマン法からいわゆる「領域訴訟」(Territorialprozess) に継受されたのは, おもにランゴバルド法に萌芽として含まれていた仮差押訴訟 (Arrestprozess) および執行訴訟 (Exekutivprozess) の発展に限られた。

　確かに, 多くの期日を定めた煩雑なカノン訴訟手続もまた, 理由のある法律上の請求の迅速かつ精力的な貫徹という必要にほとんど応じることができなかった。しかし, カノン訴訟法の基本的諸原理は, ゲルマンの形式主義的な訴訟法よりもはるかによく取引の要求を満たすものであった。したがって都市法による法発展の使命は, ローマ＝カノン訴訟を, その基盤を維持しながら簡略化し短縮化することにあった。実際, 都市法訴訟は, ドイツの個個の制度を発展させながらローマ＝カノン訴訟を簡略化したものにすぎなかった。そして著作を通して, また教壇からローマ＝カノン訴訟を講義した同じ人々によって, 実際に運用されることも多かったこの訴訟手続がそれ自体, 1306 年に既述のクレメンティナ・サエペによって遂げられたような, カノン法学者の訴訟を合目的的に簡略化するための模範となった。14 世紀に至るまで, 訴訟について著した著述家で都市法を綿密に考慮した者はまだ現れなかった。領域訴訟に顧慮を払うようになったのはドゥランティス以後である。

　すでに示唆したように, 都市法はローマ＝カノン法を補充的な法として存続させていた。従って, 後のドイツのように, ひとつの普通法としてのローマ＝カノン法のほかに, イタリア諸都市の慣習, 都市法, 条約の中に領域訴訟という名称で呼ばれる地方特別法 (partikulares Recht) が形成された。

第 4 章　ローマ＝カノン系訴訟

§ 16　［概説］　前章で述べた諸要素が融合することによって, 後にドイツの裁判所で採用され, またそこで訴訟法のさらなる発展を支配した手続が生まれ

てきた。それは，特に，宗教裁判所で行われたが，イタリアの世俗裁判所においても普通法（gemeines Recht）として通用した。その手続にカノン訴訟という名称を与えるならば，この手続がカノン法だけに依拠するものではないという事実と矛盾することになろう。ローマ＝カノン系訴訟という表現は，その手続の基礎を形成したのがローマ法であるということを示すものと言える。以下にこの手続を簡単に概観するわけであるが，その際，当時の裁判所の機構についてはほとんど触れることができない。なぜなら，その裁判所の機構は，〔上述の〕手続が適用されている国々の公法に従って定められており，また，それらの機構も教会裁判所の組織とともに，歴史上の関心を引かないからである。

　従って，ここで描写されるべきものはイタリアの法律家達の著作の中で取り扱われた訴訟である。しかしこの訴訟も，ドイツに継受される前にすでに変更を受けている。すなわち，イタリアの条例法（Statutarrecht）の影響が14世紀初頭に一段と強くなり，それに促されて教皇の立法も通常かつ正規の訴訟手続（solennis ordo judiciorum）からの離反を認めざるを得なくなったのである。従って，以下においてしなければならないのは，まず第1に，通常訴訟をイタリアの法律家，特にタンクレードゥス（Tancredus）とドゥランティス（Durantis）の著作に即して叙述すること，それから，イタリアの条例法上の訴訟がどのような方向をたどったかを示すこと，さらにその上で，ローマ＝カノン系訴訟が14世紀初頭以来すでに，イタリアで経験した変革を論ずることである。

第1節　通　常　訴　訟

§17　［手続経過］　ローマ＝カノン系訴訟についてのすぐれた概説を，ヨハンネス・デ・ボノーニア（Johannes de Bononia）（上述§14）がその「書記便覧」（Summa notariae）の中でしている。その箇所をここで原文のまま伝えよう(1)。

　「まず初めに，両当事者が代理人を通じて出頭した場合には，委任状が提出されると，代理人から提出された委任状および代理人本人に対して書面で述べたり与えたりするための期日が両当事者のために置かれる。そして，また確かに，下付された授権状または命令に対して被告がどのようなことを述べたり与えたりしようと思ったとしても，そのための期日がその被告のために置かれる。そして当事者に与えられた期日以降に作成される提出物の写しが彼らに与えら

　（1）　ヴァッハ（Wach, Handbuch, I. S. 40 N.2）がしたように。

第4章　ローマ＝カノン系訴訟

れる。当事者に与えられた期日が到来し、委任状が確認されると、もし訴状が準備されていないのであれば、訴状を与え、それを受け取るための期日が与えられる。他方、訴状が準備されていると、それは裁判人または裁判人に代って受け取る書記に差し出される。そして、その裁判人が、または彼の委任により書記がその訴状を被告に与え、そして、認める意思であるか争う意思であるかを熟慮するための期日が彼のために置かれる。その後、この期日の日に当事者が在廷していると、裁判人は被告に認めるか争うかを熟慮したかを問う。すなわち、全然はっきりしていなかったことを、認めるか争うかの意思を答弁することを求める。もし、確かに自分が争う意思であると答弁したのであれば、その時には、裁判人は、教皇ニコラウス4世が教皇庁の補佐官たちを使って作成した一定の手続令に従って、被告に、彼が陳述しようと思う何らかの延期的抗弁か回避的抗弁を有しているかどうかを問う。そして、もし被告が有していないと答えるか、たとえ有していると答えても、何ら有効なことを述べない限りは、裁判人は被告に訴状に対して答弁させる。これに反し、もし〔被告が〕何らかの有効なことを述べるか、陳述するならば、全ての延期的抗弁または回避的抗弁が陳述されるべき最終的期日が彼に与えられる。被告の抗弁が提出されると、再抗弁のための期日が与えられる。そして、明白な理由により、もし事案が困難なものであれば、原告の被告に対する再抗弁が提出された後で、再び、再抗弁のためのもう1つの期日が原告に与えられる。このようにして抗弁と再抗弁がそろって与えられると、裁判人はそれらの抗弁自体について中間判決を言い渡すための期日を彼らに与える。原告に有利な中間判決がなされると、被告は争点決定および不悪意宣誓を強制される。それがなされると、裁判人は直ちに両当事者に主張をなすための期日を与え、そして、もし事案が大きなものであれば、その後で再び陳述のための最終的なもう1つの期日を与える。ローマの裁判所の方式に従って、これから訴点が作られると、答弁をすることについて当事者が熟慮できるようにするためにそれからの写しがそこで与えられる。しかし、ボノーニア〔現在のボローニャ〕、および私がいたことのあるその他の相当多くの地にあっては、当事者には相手方当事者から与えられた訴点の写しは与えられず、〔そうした訴点は〕当事者の弁護人にのみ、答弁される必要のない矛盾したこと、混乱したこと、無関係なことが何かあるかどうかを見るために、裁判人を通じて示される。そして、訴点に答弁するための期日が置かれる。続いて答弁が行われると、訴点について私が述べたのと同様に、証明項目決定のための期日が置かれる。すなわち、事案が大きくなければ期日は1回だけ〔与えられ〕、事案が大きければ、第1の延期のために第1の期日が、そ

297

の後にすべてのために第2のしかも最終的な〔期日が置かれる〕。証明項目が承認されると，証人たちがその地で採用されるべき場合，または，証明項目が文書によって証明されるべき場合には，直ちに証明のための期日が置かれる。しかし，証人たちが遠隔地におる場合には，それらの証人たちを採用し尋問するように何びとかに委託されることが要求される。そして，その場合に，当事者が別の管轄区域または離れた土地の者である場合には，両当事者が証明することを欲し，かつ，それらの証人たちを一緒に採用する者または者たちについて——可能な場合に——当事者間でも合意が整うと，場所についての合意がなされる。しかし，そのような協約をすることができない場合には，各当事者は自分のために各々1人〔の証人〕を選び，そして裁判人が3人目〔の証人〕を与え，そして，選任された裁判人たちの面前で当事者が証明しようと思うことを証明するための最終的期日を当事者のために指定する。その後で，証明項目と質問項目が含まれている委託状が作成される——。そして，〔当事者が〕質問項目を与えることを欲する場合には，質問項目を与えるための期日が当事者に与えられる。この期日後に，このようにして提出された証明項目と質問項目が前述の委託状に挿入されていることを見るために，両当事者または少なくとも被告が呼び出される。供述書が送り返されて，その供述書を安全にしている封印が両当事者によって承認ないし証明がなされると，その供述書を開き告知するために特に指定された期日において，その供述書が開かれ告知される。そして，その写しを受け取り，それらの証人たち本人と彼らの述べたことに対して当事者が欲していることの全てを述べるための期日が与えられる。そして，証人たちまたは彼らの証言に対して何も述べられないと，事実関係に対して結論が下される。他方，上で述べた，証人たちに対する審問人に委託するべく，裁判人が特にした委任に関しては，〔もし述べたいことがあれば〕——慣例に従えば，供述書が送り返された時に——いかなる形であれその事件と関係のある自己の一切の攻撃・防御をたずさえて前述の裁判人の面前に出頭する最終的期日がそれらの当事者のために指定されるであろう。しかし，当事者の要求があれば，それにもかかわらず，すべての攻撃・防御方法を提出するための最終的期日が〔今一度〕指定される。そして，その期日の後に直ちに結論が，そしてその後に判決言渡しのための期日が続く。」

(Primo si partes per procuratores comparerent, mandatis exhibitis utrique parti praefigitur terminus ad dicendum et dandum in scriptis tam contra mandata hinc inde exhibita quam contra personas procuratorum, nec non ipsi reo contra commissionem impetratam sive rescriptum quidquid dicere et dare voluerit. Et decernitur eis copia exhibitorum, facienda infra terminum eis datum. Adveniente termino eis dato et comprobatis mandatis, si libelli parati non sunt, datur terminus ad dandum et recipiendum libellum. Si autem libellus paratus sit, offertur judici vel notario recipienti pro judice. Et ipse judex vel notarius de mandato ipsius dat ipsum libellum reo et praefigitur sibi terminus ad deliberandum utrum velit cedere vel contendere. Partibus postmodum in judicio die termini constitutis judex quaerit a reo, utrum deliberaverit cedere vel contendere, scilicet respondere se velle cedere vel contendere quod nunquam planum esset. Si vero responderet se velle contendere tunc judex secundum quandam ordinationem et mandatum factum auditoribus palacii a domino Nycolao papa IV. quaerit a reo si habet aliquam exceptionem dilatoriam vel declinatoriam quam velit proponere. Et si responderit non vel etiam sic, dummodo non nominaverit aliquam efficacem, judex compellit eum respondere libello. Si autem nominet vel proponat alquam efficacem, tunc datur ei peremtorius terminus ad omnes dilatorias et declinatorias proponendas. Exhibitis exceptionibus rei, datur terminus ad replicandum, et ex evidenti causa, si negotium arduum est, exhibitis replicationibus actoris ad reum iterum datur alius actori ad replicandum. Sic communiter datis exceptionibus et replicationibus judex dat eis terminum ad audiendum interloqui super ipsis. Lata interlocutoria pro actore reus litem contestari compellitur et jurare de calumnia. Quo facto judex statim utrique parti dat terminum ad ponendum et si negotium magnum est iterum post illum dat alium terminum peremtorium ad proponendum. Positionibus hinc inde factis secundum modum curie Romane datur hinc inde copia, ut partes deliberare possint super responsionibus faciendis. Bononie vero et in pluribus aliis locis, ubi fui, non datur parti copia positionum ab adversa parte datarum, sed tantum advocato partis per judicem ostenditur, ut videat si est ibi aliqua contraria inplicata vel inpertinens, cui non debeat responderi. Et prefigitur terminus ad respondendum ad positiones. Responsionibus subsecutis prefigitur terminus ad dandum articulos, sicut de positionibus dixi. Videlicet si negotium non est magnum, unus terminus tantum, si negotium magnum est datur primus pro prima dilatione, secundus postea pro omnibus et peremtorius. Approbatis articulis si testes ibi recipi debeant, vel si articuli debeant per instrumenta probari, statim prefigitur terminus ad probandum. Si vero testes remoti sunt, petitur ut committatur aliquibus, quod testes ipsos recipiant et examinent, et tunc, si partes sint de diversis dyocesibus vel locis distantibus, fit conventio de loco, si ambe partes probare volunt et conveniunt etiam inter se—si possunt—de aliquo vel aliquibus qui communiter testes ipsos recipiant. Si autem concordare non possunt,

299

quaelibet pars eligit sibi unum, et judex dat eis tertium et assignat eis peremptorium terminum ad probandum coram electis judicibus id quod probare volunt. Post haec fiunt commissionis littere, inter quas articuli et interrogatoria concluduntur. —— Et datur terminus partibus ad dandum interrogatoria, si qua dare volunt. Post terminum citantur partes vel saltim reus ad videndum, quando articuli et interrogatoria sic exhibita dictis commisariis litteris includuntur. Remissis attestationibus et sigillis quibus vallate sunt recognitis vel probatis a partibus, in termino ad ipsas attestationes aperiendas et publicandas specialiter assignato aperiuntur et publicantur ipse attestationes. Et datur terminus ad recipiendum ipsorum copiam et dicendum contra personas et dicta ipsorum testium quidquid volunt. Et si contra testes vel eorum testificata quicquam non dicitur, sequitur in causa conclusio, cum dicti examinatoris testium de mandato specialiter a judice sibi facto — prout moris est, quando attestationes remittunt — ipsis partibus ad comparendum coram dicto judice cum omnibus actis et munimentis suis qualitercumque causam ipsam tangentibus peremtorium terminum assignassent. Verum si petatur a partibus, nihilominus ad producendum omnia instrumenta acta et munimenta peremtorius terminus assignatur. Post quem terminum sequitur immediate conclusio et postmodum terminus ad sententiam audiendam.）

§ 18 ［書面主義］　ランゴバルドの訴訟は口頭によるもので，ユスティニアヌスの訴訟もまた大体において口頭によるものであった。従って，早い時期のイタリアの法律家たちが知っていたのは，実際，口頭手続だけである。それにもかかわらず，ローマ＝カノン系訴訟は書面手続へと発展していった。それは，書面による訴えの必要性がしだいに強く主張されたからであり，また，特にインノケンティウス3世（Innocenz III.）が1216年の教令（Dekretale）（c. 71 X. de prob. 2, 19）において，裁判官の前でなされた訴訟行為や裁判官がした訴訟行為については調書が作成されねばならない旨命じたからである。ヨハンネス・デ・ボノーニアの訴訟の経過の素描が明らかにしているように，当事者が各個に別々の期日にそれぞれの陳述をなし，相手方は次回の期日に陳述をなすことができるように調書の写しをとった。そして，この手続は当事者が口頭でしなければならなかった陳述を書面にして裁判官に提出するようになった時，簡略になり，裁判上の期日に要する時間も短縮された。この慣行が一般的となり，そして，口頭による手続を駆逐した。

　しかし，口頭性が失われるとともに，手続の公開性もなくならざるをえなかった。

§ 19 ［裁判官と裁判所書記］　裁判官（Richter）は，裁判人（judex）か仲裁人（arbiter）のいずれかである。裁判人は裁判権を有する者により公的に任ぜられる裁判官であり，仲裁人は当事者により選任される裁判官である。

　仲裁人と仲裁手続についての学説は，イタリアの法律家たち，とりわけバルトールス（Bartolus）とバルドゥス（Baldus）によって非常に詳細に論じられている。

　裁判人に関しては，法律家たちの著作の中ではローマ法の単独制裁判所の原則が全く支配している。教皇の立法についても同様である。しかし教皇の立法は，教階制度に対応する階層制を有する宗教裁判所にのみ適用される。ここでは，裁判権はとりわけ司教の手にゆだねられている。つまり司教が正式裁判人（judex ordinarius）なのであり，その裁判権は教皇の裁判権と競合している。もっとも，裁判官はたいてい陪席員（assessoresまたはconsiliarii）と共に出廷し，それらに意見を求めたようであるが，意見を求めるにとどまり，決定権を有するのは裁判人だけであった。

　裁判人は正式裁判人か，受任裁判人（judex delegatus）のいずれかである。正式裁判人は裁判権の支配者により，永続的に，かつ，一定の管轄区域のすべての裁判のために任命される裁判官であり，受任裁判人は，最高の裁判権を有する者，あるいは正式裁判人により，ある管轄区域か，個々の事件か，さらには個々の訴訟行為のために特別な授権（commissio）により任ぜられる裁判官である。ローマ＝カノン系訴訟では受任裁判人は重要な役割を演じる。司教管区が広大なため，授権の権限を広く利用することは不可欠であった。授権を受けた裁判官は授権者の裁判権を，その代理人として行使するのではなく，自己の裁判権を行使するのであるから，その判決に対しては，授権者に対して上訴することができる。彼はいわゆる授権状（commissorium），すなわち，彼に裁判を行う権限を付与するだけでなく，彼に与えられた権限の範囲をも示している辞令書を受け取る。授権状によって行使する権限が与えられていなかった受任裁判人の訴訟行為は無効となるので，できるかぎり厳密に辞令書を作成することが重要であり，したがって，多くの訴訟においては授権の解釈が重要であった。両当事者は，任命されていない，または正当に任命されていない裁判官による訴訟手続を拒絶する権利を当然に有する。両当事者はまた，不公正の疑いのある裁判官を忌避する権限も有するが，無資格原因と忌避原因は，法律家たちの著作では厳密には区別されていない。それらの著作の中で非常に詳細に論じられているのは，裁判管轄のあらゆる問題である。というのは，世俗裁判権と宗教裁判権との限界も流動的であったし，正式裁判人に対する受任裁判

第3編　ローマ=カノン系訴訟およびドイツ民事訴訟法典の発布に至るまでのドイツにおける訴訟法の発展

人の権限を十分明白に決定することがしばしばできなかったため，特別裁判籍（契約・不法行為・反訴の裁判籍）の存在をめぐる問題は全く別としても，裁判管轄に関する多数の紛争を生じさせざるを得なかったからである。

ランゴバルド裁判所の慣例を手本にしたインノケンティウス3世の教令（1216年）[(2)]によれば，裁判所の完全な構成のためには，裁判所書記が必要であった。その教令には，「我々は次のように定めた。裁判人は，裁判所のすべての記録を忠実に作成する職員か，（もし職員がいなければ，）そのような能力を持つ2人の人を常に〔訴訟に〕関与させること」（Statuimus ut judex semper adhibeat aut publicam (si potest habere) personam aut duos viros idoneos, qui fideliter universa judicii acta conscribant.）と書かれている。当事者はすべての調書につき謄本を得ることになっており，原本は裁判所に保管され，裁判官の手続に関して争いがあるさいに証拠方法となる。

§ 20　［当事者］　当事者になり，そして当事者として単独で裁判所に出頭する能力に関してイタリアの法律家達が述べた原則は，歴史上の関心を引かない。ちなみに，当事者についてのカノン〔法〕の理論は，まったくローマ〔法〕のそれである。その理論は，当事者の表示（原告―被告，actor-reus）と共に，当事者の役割の確たる限定を取り入れたのである。最近論証されているように[(3)]，カノン法には，今日では主参加（Hauptintervention）と呼ばれているものについての成文規定がなく，また，ローマ=カノン系訴訟理論にもこれに関する議論がないのはそのためである。それゆえ，他人間で進行中の訴訟に，そこで争われている目的物に対する請求と，その訴訟が停止されるという効果をともなって第三者が介入することは許されていなかった。

補助参加（Nebenintervention）に関しても，中世のローマ系の法はローマ法を超えるものではない[(4)]。訴訟告知（Streitverkündung）の理論はすでにローマ法において売主の追奪担保の義務に関して発展を始めたが，中世においては，ローマ法に基づいてではなく，むしろランゴバルドのゲヴェーレに基づく引込み（Zug auf den Geweren）という法制度に基づいて，売主は買主に代って訴訟を引受ける義務があるという見解に到達したように思われる[(5)]。

（2）　cap. 11 X. de prob. 2, 19.
（3）　Wach, Der Arrestprocess in seiner geschichtlichen Entwicklung. Erster Teil, Der italienische Arrestprocess, 1868, S. 211; Weismann, Die Entwickelung der Principalintervention in Italien, in der Zeitschrift der Savigny-Stiftung, Bd. I, (germanistische Abtheilung) 1880; derselbe, Hauptintervention und Streitgenossenschaft, 1884, S. 1 ff.
（4）　Wach, Handbuch des Deutschen Civilporzessrechts, Bd. I, S. 618, Nr. 3参照。

第4章 ローマ＝カノン系訴訟

当事者は自己を他人に代理させることができる。この原則はすでに12世紀におこなわれていて，ローマ法に由来するものである[6]。なるほど，カノン法の2，3の法文（C. 68, 72 in VI.。de reg. juris 5, 13）は，代理の効果を確かに直接的効果と呼んでいるが，ローマの「訴訟の支配」（dominium litis）を取り入れようとしたことを示すものも見出される。特に，委任の撤回可能性が争点決定により制限されたものとなり，そして，判決は争点決定後は代理人（Anwalt）を名宛人にして下される，というのがそれである。とは言え，判決は当事者本人に対してのみ効力を有するので，判決の名宛人が当事者であるか代理人であるかはどちらでもよいことである，ということはかなり早くから知られていた。

訴訟における当事者の代理人そのものは，訴訟能力を有する者であるならば，誰でも引受けることができる。もっとも，ドゥランティス（Durantis）が代訴人（Advocat）に与えた指南書，並びに，申立およびその他裁判所においてなされる陳述に関して彼が付加した諸書式は，当事者の代理を職業とする身分の存在を前提として作られている。

§ 21 ［訴え］[7]　前期の注釈学者は訴訟開示（editio actionis）[8]を，もとどおり，ローマ法上の初期の形態におけるように，訴訟を準備するにすぎない行為であると理解した。

より厳密に，そしてローマの法源により忠実に従って，プラケンティーヌス（Placentinus）とロゲリウス（Rogerius）（ad tit. Cod. de edendo 2, 1）は，訴訟を開示すること（edere actionem）は将来の訴訟の種類ないし概略を明示すること，すなわち，〔原告が〕何を陳述しようとしているかを予告すること（speciem vel formam futurae litis declarare, ostendere quid dicturus sit）にほかならないと言っている。この訴訟開示は，つまり，被告に対し，訴訟で決着をつけるか，あるいは原告を満足させるか（utrum potius velit cedere an contendere（彼は認めることを望むか，争うことを望むか）），熟慮する可能性を与えようとするものにすぎない。従って訴訟開示は，訴訟に先行し，場合によっては訴訟を不要にす

（5）　Ebenda S. 657. ドイツ法に関しては，本書第1編第2部第2章48頁。
（6）　Endemann, Civilprozessverfahren nach der kanonischen Lehre, ZZP, Bd. 15（1891），S. 187 f.; Wach, Handbuch des Deutschen Civilprozessrechts, Bd. I, S. 560, Anm. 8. ドイツ法に関しては，本書第1編第2部38頁。
（7）　Endemann, a. a. O., S. 192 ff.; R. Schmidt, Die Klageänderung, 1888, S. 17 ff.; Pertile, VI. 571 ff.
（8）　本書第2編第2部64頁。

るものである。

　このことからして，被告は開示を求める権利を有していないことも明らかになる。開示は専ら原告の利益のためにある。というのは，開示には20日の期間が定められており，その経過後には，被告は裁判所における弁論に応じなければならなかったからである。たしかに開示の方式については明瞭にわかっていることは何もなく，ただ，ゲルマンの慣行に従い，口頭により厳正証人（Solennitätszeugen）の面前で行うことはできたのであるが，裁判所が被告に送達するための訴状（libellus actionis）を原告が作成し，裁判所に提出することが，実際的であることがわかり，カノニストたちの学説の影響の下で12世紀中葉よりそれが通常となった。そして，後期ローマ法と関係したという事情のみならず，訴訟の確固不動たる基盤を維持し，いったん提起した訴えを貫徹するよう，原告に義務づけるという実際的な必要により，ついには，書面による訴えの送達を受ける被告の権利が承認されるに至った。こうして，ヨハンネス・バッシアヌス（Johannes Bassianus）は，（その著「要求者便覧」（Quicunque vult）において）[9]次のように断言している。「しかし，このことが誤りであることは明々白々である。なぜなら，被告は書面になっているのでなければ訴えに応答する義務はないからである」（Sed hoc evidenter constat esse falsum : reus enim non debet respondere nisi scriptae petitioni）。そしてピッリウス（Pillius）も「裁判手続概要」（Summa de ordine judiciorum, 1・53），において，すなわち12世紀の終わりには，「原告が開示する前には，被告は応訴することを強いられない」（Antequam actor edat, non compellitur reus respondere）と述べている。これは，ながく確定的な原則となった。しかし，原告が訴えを口頭により裁判所に提起することができる数多くの例外も許された。それらの中で，おそらくもっとも重要であるのは，「簡単に，かつ裁判上の面倒なしに」（de plano et sine strepitu judicii）すなわち，方式に適っていない簡略な手続により審理可能な訴訟における，口頭による訴えの提起の許可である。

　訴えについての書面方式の要求は，訴訟開示と裁判上の訴えの提起に関する学説の変革をもたらした。それまでは，開示は行うことができたにとどまるし，訴えの提起自体（aditio judicis（裁判人の選任））は，裁判官の面前で口頭により行われたが，いまや，原告が裁判官の前に出頭して裁判官に書面の内容を陳述し，書面自体は，裁判官がそれを被告に呼出状とともに送達するために，裁判官に手渡すという方式によって，書面の提示による開示（editio per oblationem

---

（9）　v. Savigny, Die Geschichte des römischen Rechts im Mittelalter, IV. S. 552 に収載。

libelli）が行われることとなった。書面の原本は裁判所の手元に残され，謄本のみが被告に送達された。書面による訴えの原則により，書面の内容についての規定も必要になった。被告は訴状を受ける権利を有したのであるから，この権能の範囲を画定することも必要だったからである。当事者と裁判官の他に，原告が何を請求するのか，およびその申立てがどういう法律上の根拠に基づいているのかを記載しなければならない。アクチオ名を記載するか否かは常に争われていたが，その「アクチオがあたかも母から生まれてきたような」(actio tanquam ex matre oritur) 法律関係（オブリガーチオ（obligatio））が明白でなければならない点については一致していた。対物訴訟では物権の記載で十分であったが，対人訴訟では原因（カウサ（causa）），すなわち，法律関係が生じたところの事実の記載が要求された[10]。この要求の中に，原告の権利主張の厳格な定式化というゲルマンの原則の影響が及んでいる。つまり，訴訟および判決の対象は，書面に挙げられたアクチオ，すなわち，いったん提示された権利主張のままであった。その権利主張に原告は拘束されたのであり，従って，最初に要求した対象のかわりに他の対象を要求することも，その請求に他の請求原因を付することもできなかった。これら2つのいずれかの点で訴えが変更されると，つまり，旧訴にかわって新訴が提起されると，被告は旧訴の免訴判決と，新訴のための新たな手続（新たな書面と新たな熟慮期間）を求めることができた。

　アクチオの提示（oblatio actionis）と争点決定（litiscontestatio）のいずれの時点から原告が拘束されるのかについての見解は動揺していた。後期の学説によれば，争点決定が拘束的訴訟行為とみなされた。争点決定まで原告は訴訟追行を全くやめてしまうこともできたが，争点決定の後は，主張した請求を同時に放棄するのでなければ，もはや意のままにやめることはできなかった。

§ 22　［呼出し］　弁論の前提条件は，被告の呼出しである。それは原告によって裁判官に申し立てられるのであり，原告による直接の呼出しは，12世紀末以降完全に消滅した。この申立てに応えて，次のことがなされる。すなわち，当事者が裁判官の前に出頭すべき期日を裁判官が指定し，そして被告が出席している場合には出頭の催告を自ら言い渡すか[1]，あるいは，これが通常なのであるが，使丁に呼出しを委託するのである。この者は，被告に口頭または書面により伝達し，もし不在者あるいは住所不定者が呼び出される場合には，書面による催告を裁判所の戸口に貼り付けることにより呼出しを実施する。諸

---

(10)　Schmidt, a. a. O., S. 58, 59, 76, 77.
(1)　まれに起きること（Quod raro accidit）. Gratia, 1. 4; Pillius, 2, 19.

条例（Statuten）や学説もこれに関して，被告の出頭義務を基礎付け，したがってまた闕席の効果の発生を可能にするために順守を要する多様な規定を設けている。

§ 23 ［闕席手続］ 単にある行為をしないことは，その行為をすれば当事者の利益になるという場合には，それ自体1つの当事者による処分行為にすぎない。しかしそれは，その行為が裁判官によって命じられたものである場合には，不服従（懈怠 contumacia）となる。ローマ＝カノン系の法によれば，裁判官の命令は，履行を強制されるべき義務の根拠となる。裁判官の弁論への呼出しに応ずる両当事者の義務は最上位にある。イタリアの条例法は，裁判集会出席義務（Dingpflicht）の違反，従って，被告の不答弁に対しても，財産差押えおよび平和喪失をもって威嚇したゲルマンの懈怠制度(1)をさらに発展させたのであり(2)，カノン法はこの発展過程をたどった。それは刑罰，特に罰金刑，禁固および破門を科することを許すのみならず，不服従には事件の弁論自体への影響をも認めている。

通常は3回，例外的には1回きりの，所定の方式に従い，裁判官の定める期間を順守した適式な呼出しが懈怠（contumacia）(3)の前提である。出頭を明示的に拒否した者は真の懈怠（vera contumacia）とされ，事実上出頭しない者は擬制懈怠（ficta contumacia）となり，前者は上訴権を失う。

争点決定の前に原告が欠席した場合には，弁論は一方的に被告のみでなされ，原告については訴状に記載された主張のみが，被告についてはすべての提出された主張と証拠が斟酌された。争点決定の後に原告が欠席した場合には，それまでに両当事者が提出したすべてのもの，およびその後に被告が提出したすべてのものが斟酌され，それによって裁判がなされた。事件がこの一方的な手続によって解明されないと，被告は免訴され（ab instantia lossprechen），原告は再度の訴え提起をする権能を失う。

被告の欠席は，訴訟上の請求の受認とは解されず，また，原告が提出した事実の自白とも解されない。カノン法は，むしろ懈怠者に対し，可能な限り広汎な斟酌をし，事件が一方的な弁論によって明らかにならない場合にのみ被告に不利な判決を下させた。

すなわち争点決定の前に被告の懈怠があると，物的訴訟を提起した原告は，

（1） 本書第1編第2部61。
（2） Pertile, VI. 520 ff.; Kohler, Ungehorsam und Vollgtreckung im Civilprozeß, 1893, S. 58ff.
（3） Durantis. II. 1. Endemann, a. a. O., S. 204ff. を参照。

略式審理の後に，訴求された物の占有を与えられ，被告が1年の期間内に費用を賠償すれば占有を回復できるが，1年経過後には所有物回収訴訟によらねばならない。人的訴訟が提起された場合には，訴求債権の保全に必要な限度で，原告は被告の財産の移付を受ける。争点決定の後に被告の懈怠がある場合には，物的訴訟においては，一方的な弁論がなされ，その結果に基づいて裁判がなされ，それゆえ，懈怠者（contumax）に有利な裁判がなされることもある。事件が解明されない場合には，原告に訴訟客体を与える裁判がなされる。人的訴訟が提起された場合には，争点決定前の懈怠の場合と同様に手続がなされる。まず「第1決定による付与」（missio ex primo decreto）がなされるが，これは原告に保管（custodia）が移るという効果を有するにすぎない。被告に与えられた1年の受戻し期間が経過すると，再度の呼出しを発し，それが無視された場合に，「第2決定による付与」（missio ex secundo decreto）がなされ，これが占有されている物の最終的な移転という効果を有する。

　従って，ローマ＝カノン系手続は，一方で確かに出頭の強制を示しているが，他方で欠席者に対して極めて慎重な配慮を示しており，本来の懈怠手続とはいえない。

§24　［争点決定］　両当事者が裁判官の前にその呼出しに応じて出頭すると，最初の弁論がなされる。この弁論の要点は，原告の側から被告に訴状が手交されることである。ところが書面による訴え提起の導入後でも，裁判官が原告に彼の訴請求を口頭で陳述するように促し，そして被告にその場で質問するのが依然として慣例であった。いずれの場合にも訴状の手交は不可欠であった。被告は訴状に対してその場で陳述する必要はなかった。しかし彼がその場でまたは彼の申し出た新たな期日において，訴請求を争いそしてそれについて裁判官の裁判をうけたいとの意向を表明すれば，それによって争点決定が完了した[(1)]。これによれば，訴状の提出（oblatio libelli）と争点決定とは2つの異なる訴訟行為を形成することになり，これらは確かに時間的には同時に生じうるものであるが，それらの間には比較的長い時間と争点決定をなす義務についての当事者の争いが介在しうる。いずれにせよそれぞれの法的意味は全く異なっている。なぜならば，訴状の受領によっては被告は争点決定を拒む権利をまだ放棄していないが，争点決定をすれば訴訟関係が発生するからである。

（1）　Endemann, a. a. O., S. 211ff., 228 ; derselbe ; Magazin für das deutsche Recht der Gegenwart, Bd. 5, S. 185ff. ; Schmidt, Klageänderung, S. 27ff. ; Wach, in Grünhuts Zeitschrift, VI. S. 527 ; Birkmeyer, im AcP Bd. 66, S. 22ff.

第3編　ローマ=カノン系訴訟およびドイツ民事訴訟法典の発布に至るまでのドイツにおける訴訟法の発展

　争点決定の名称と概念は，ローマ法学者によって後期ローマ法源から引き出された。しかし重大な訴訟法上のおよび民法上の効果がそれに結び付けられたので，明確に現われそれゆえ容易に確定されるべき行為に争点決定を結合する必要性があった。そのような行為として，あるときは訴訟担保の設定が，あるときは不濫訴宣誓の実施が挙げられている。それにもかかわらずこれらの行為の実施は，たとえいまだ非常に簡単なものであるにせよ，訴請求についての討議の先行を要件としており，またローマ法は極めて明瞭に，請求原因事実の陳述（narratio proposita）および防御の反論（contraditio objecta）を争点決定と考えたので，訴請求についての前述の第1の討議は，争点決定を明瞭に表現し，それゆえ必然的に厳粛な行為となった。その行為は，次のことを内容とする。すなわち，原告が訴状を被告が在席するときに朗読し，そして被告に答弁を命じることを裁判官に求めること，そして裁判官が原告に，「汝は述べられたとおりに請求するのか，また汝は正当に請求していると考えるか」（Petis sicut lectum est et credis juste petere?），という質問を向け，そして原告の肯定の答えがあれば，「訴状に記載されていることは事実であると思うか」（an sint vera vel credat quae in libello continentur）と被告に問うことにより彼に見解を明らかにすることを促すこと，そしてこれに対して最後に被告が，「争点決定のために，私は陳述されたことが陳述されたとおりであることを否定し，そして私は請求されたことがなされるべきでないと述べる」（litem contestando nego narrata prout narrantur et dico petita fieri non debere），と答えることである。このような発展はグレゴリウス9世の法律において，すなわち1230年頃に（c. un. X. de litisc. 2, .5）終わるが，その詳細な学問的論述はドゥランティスの裁判鑑（speculum judiciale）の中にある。

　訴状が訴えを理由づける事実についての詳細な叙述を含む必要がなかったのと同様に，被告の陳述も個個の事実に対する応答を含む必要がなかった。訴請求を争い，そしてこの請求について裁判官の判決を得る被告の意思が単純で短く誤解のない文言で表明されることで十分であった。それゆえ，被告が訴えの請求を否定することの理由が，訴えを理由づける事実を争うことであるのか，あるいは原告の法的推論を不当と考えることであるのか，あるいはまた抗弁を有することであるのかは，どうでもよいことであった。ただいずれの場合にも争点を決定するという意思（animus litem contestandi）が要求されたのであった。

　抗弁に関しては，延期的抗弁（exceptiones dilatoriae）と滅却的抗弁（exceptiones peremtoriae）とが区別される。前者は争点決定の義務から解放し，そして争点決定により消滅し，それゆえ争点決定の前に提出されるべきであった。

滅却的抗弁は争点決定と結び付くことができ，それの強制は存在しなかった。

　争点決定の諸効果は一部は民法上のものであり，一部は訴訟法上のものである。前者に属するのは，被告の悪意（mala fides）あるいは遅滞（mora）の成立，対人訴訟の（40年間にわたる）いわゆる永久化，訴えの相続人への移行である。訴訟上の諸効果は，一言でいえば，訴訟関係の発生である。つまり妨訴抗弁の排除，裁判人拒否の排除，訴訟代理人に与えられた委任が撤回できないこと，訴えの変更ができないこと，である。

§ 25 抗弁についての理論には前節で軽く触れただけであるが，これはイタリアの法律家の諸文献において大きく扱われている。

　ローマの方式書訴訟が作り上げたようなexceptioの厳格な概念は，イタリアの法律家には解りやすいものではなかった。彼らには方式書訴訟についての立ち入った知識が欠けていたからである。単なる権利行使（Rechtsausführung）あるいは単なる否認に止まらない被告のあらゆる防御が抗弁（exceptio）の名の下にまとめられたのである。それゆえこの概念の下には，原告の私法上の請求権を無効にしあるいは消滅させる効果をもつ事実のみならず，従前の手続に存する，訴訟関係の成立を妨げる瑕疵も入る。抗弁（exceptio）という共通の名称でくるまれた多様な防御方法を体系的に整序するために，分類の基礎として，防御が理由づけられた場合にそれがもたらす効果が選ばれたのである。さて争点決定は訴訟関係を発生させ，そしてそれと共に請求について原告の求めた判決を受ける被告の義務を発生させるので，防御方法は，それが争点決定をなす義務から解放するものであるのかあるいは解放しないものであるかに従って分類された。前者は延期的抗弁（exceptiones dilatoriae）と，後者は滅却的抗弁（exceptiones peremtoriae）と名付けられた。滅却的抗弁は，さらに2つのグループに分解された。すなわち，第1は，アクチオを消滅させあるいは破砕する（quae actionem perimunt seu elidunt）抗弁（単純な滅却的抗弁 exceptiones simpliciter peremtoriae）であり，これは，訴えの提起前にあるいは訴えの提起によりそれ自体では成立している請求権から効力を奪う法律上の規定の違背があったと主張するものである（悪意の抗弁 exc. doli，脅迫の抗弁 exc. metus，金銭不交付の抗弁 exc. numeratae pecuniae，マケドニア元老院議決の抗弁 exc. Macedoniani，ウェラエウス元老院議決の抗弁 exc. Vellejaniの抗弁など）である。第2は，弁済，免除，債務引受のような，訴請求を法上当然に消滅させるところの（quae ipso jure tollunt）抗弁である。

　延期的抗弁は，①弁済延期の抗弁（exceptio dilatoriae solutionis），すなわち被告の義務を延期するだけの実体法上の抗弁権（Einwendung），または②法廷回

第3編　ローマ＝カノン系訴訟およびドイツ民事訴訟法典の発布に至るまでのドイツにおける訴訟法の発展

避の抗弁（exceptiones declinatoriae judicii），すなわち訴訟上の責問のいずれかである。

延期的抗弁は，争点決定の前に提出されるべきであるが，第２グループのそれは，その前に提出しなければならず，第１グループのそれは，訴訟の成立後でもなお持ち出すことができる。そして回避の抗弁（deklinatorische Einrede）は，それが訴訟のこの第１段階で提出されなければ，消滅してしまうのである。それが争われ，そしてそれが証明されなければならないものであるならば，証明も争点決定前に行われるべきである。被告が提出できる複数の回避の抗弁をもつ場合には，その順序は，それが訴訟にとって有する重要性によって定まり，従って，ドゥランティス(1)は正当にも，まず初めに裁判官の管轄権に対して，次に裁判官の一身に対して，最後に原告の一身に向けられた抗弁が出されるべきであると述べることができた。けれどもイノケンティウス３世は，次のように定めた（cap. 4X. de except. 2, 25）。すなわち，裁判官は，すべての延期的抗弁の提出のための期日を定める権限を与えられているものとし，この期日は失権的に作用するものとする。ただし，期日後に初めて延期的抗弁が成立した場合はこの限りではない，と。そのように延期的抗弁のための最終期日が定められ，同時提出主義の導入の第一歩が踏み出されたが，いかなる抗弁も訴状の受領前に提出されるべきではないということも，また，やはり原則であった。

滅却的抗弁は，確かに争点決定の前に通知できるが，それは争点決定の後でのみ実際に申し立てそして証明されうる。それは，訴訟上の攻撃に対してではなく，訴え請求に対して向けられている。しかし，カノン法は，特有の種類の抗弁，すなわちいわゆる訴訟の開始を妨げる抗弁（exceptiones litis ingressum impedientes）の形成に至った(2)。それは，その要件事実を訴訟の成立に対しても原告の請求権に対しても同様に対抗できた抗弁であり，それゆえこれは，被告によって前者または後者のいずれの目的に使われたかに従って，争点決定の前にまたは後に提出されるべきであった。これに属するのは，既判事項の抗弁，和解の抗弁，仲裁（KomPromiss）の抗弁である。

すべての延期的抗弁について失権期日が定められうるという規定に至ったのと同じ要求，すなわち訴訟遅延を阻止することの要求が，確かに滅却的抗弁についても妥当したが，しかしこれについては確固とした原則には至らなかったようにみえる。なぜなら，被告の自由を制限することをできるだけ少なくする

（１）　本書第３編第３章14。Levy, ZZP Bd. 20, S. 88 を参照。
（２）　Kohler, Prozessrechtliche Forschungen, 1889. S. 88.

ことが望まれたからである。それどころか上訴審においてさえも，新たな抗弁の提出が許され，また当然のことであるが，原審において却下された抗弁の再提出も許された。

　減却的抗弁を提出するさいの手続は，実質的な争訟弁論と一緒であり，後に論ずる。

　延期的抗弁は，裁判官によって指定された期間内に口頭で陳述され調書に録取されるか，または書面（libellus）のなかに記載するかのいずれかである。裁判官は，その適法性を調査し，審理のための（ad probando）期日を指定する。この期日では被告は，不濫訴宣誓の下で（sub juramento calumniae）抗弁について原告に質問することを申し立てる。その応答の内容にしたがって，証拠がなお必要かどうかといった問題が決せられる。延期的抗弁に理由のあることが証明されると，免訴（absolutio ab instantia）の判決がなされ，その他の場合には，中間判決（sententia interlocutoria）により抗弁は棄却されるのである。被告は，今度は争点決定の義務をもはや免れることはできず，それゆえ争点決定のための期日が指定されなければならない。

§ 26　反訴[1]に関しても，教会は後期ローマ法[2]を継受した。この法によれば，反訴（reconventio）は，遅くとも争点決定の時までに提起されるべきであった。この制度は教皇の法律によって，重要でない変更だけを受けた。より重要なことは，ドゥランティスの見解（spec. II. de reconv.）によれば，反訴の提起は争点決定後でも許されるということであった[3]。しかし，この見解が実務において通用したかは疑わしい[4]。反訴状（libellus reconventionis）は，原告が本訴状（libellus conventionis）を被告に手交した後で，原告に手交され，そのうえで両方の訴えについて順次争点決定がなされたからである。それとともに，原告からの訴えを受けた裁判官の反訴についての管轄権は，被告が反訴を追行しない場合でも成立し，また存続したのであり，裁判官はそれゆえまず初めに本訴について裁判するのである。しかし，できるだけ両方の訴えについて同時に弁論をし，裁判をすべきであった。原告は，反訴に対する答弁をしないと自己の訴えについて彼は審尋が受けられないということによって，その答弁を強制される。

（1）　これに関して非常に詳しいのは，Pollak, Die Widerklage, 1889, S. 53ff.
（2）　本書第2編序章第2節 § 66。
（3）　この見解はおそらくドイツ法の影響に帰せられるべきであろう。これに関しては，第2編序章第1節 § 43，および pollak. a. a. O., S. 69ff. を参照。
（4）　Endemann, S. 226 : Fuchs, AcP Bd. 53. S. 160 を参照。

第3編 ローマ=カノン系訴訟およびドイツ民事訴訟法典の発布に至るまでのドイツにおける訴訟法の発展

§ 27 ［担保および不濫訴宣誓］ ローマ=カノン系訴訟の通常手続（solennis ordo）は，狭く限られた範囲でしか裁判官に訴訟指揮の行使を認めていない。しかし訴訟の濫用に対する手段は多数あった。これに属するのが，訴訟上の担保と不濫訴宣誓である。

(1) 訴訟上の担保は，ローマ法におけるよりも数多くのものが現れる。

(a) 原告は訴状を手交した後に，彼が訴訟を終りまで行うこと，また，訴訟追行が不当であることが明らかになった場合には訴額の10分の1を被告に支払うことについて担保を，被告に提供しなければならない。更に，被告が呼出しに応じて出頭すると，原告が2ケ月以内に争点決定を行う用意があることについて再び担保が提供される。

(b) 被告は，彼が訴訟の終結まで持ちこたえること，また訴訟の客体を移動させないことの担保を立てなければならない。懈怠の結果として原告が占有委付（missio in possessionem）を得たことにより被告が占有を失った場合に，被告が占有の回復を求めて訴訟追行をするには，先に担保を提供することが条件となる。

(c) 各当事者は訴訟費用につき担保を立てなければならない。

(d) 原告の代理人は，その代理権を疑われる場合には，本人の追認を得ることの担保（cautio rem ratam haberi）を，被告の代理人は，あらゆる場合に判決債務の履行の担保（cautio judicatum solvi）を立てなければならない。

(2) 不濫訴宣誓はローマ法に由来する。それは争点決定の後に，相手方が申し立てた場合にのみなされる。それはあらゆるシカーネを阻止するものでなければならず，それゆえ訴訟行為について生じうるすべてのものを包含するものでなければならない。それで原告は，何びとにも賄賂をおくらず，不正な方法で期限の許与を求めず，証明をシカーネなしに行うことを誓うのである。原告に引続いて，被告は，自己の権利を信ずるが故に訴えによる請求を争うということを宣誓した。

宣誓の履行の拒否は，敗訴をもたらした。この不利益を言い渡す判決は上訴に服する。

不濫訴宣誓には学説上数多くの見解の相違と論争があるが，それと区別されるべきものに，誠実宣誓（juramentum malitiae）がある。この宣誓は争点決定前に，不誠実を疑う理由のある訴訟行為が行われるたびになされるものである。

§ 28 争訟弁論，訴点，項目 争点決定および不濫訴宣誓履行の後に，別の訴訟行為として本来の実質的な争訟弁論（Streitverhandlung）が始まる。準備的手続においてまた争点決定の行為において，原告が提起した請求の態様およ

び被告の争う意思について大要がわかっているので，その後の弁論においては，予期されるべき証拠手続の準備だけがなお問題になりえた。この準備を行うやり方の中に，我我はローマ＝カノン系訴訟法の特質，すなわちゲルマンの諸観念とローマ法およびカノン法学者の思考方法との結合の産物を見るのである。

　ローマのアクチオ法の受容は必然的に，ローマの一般的な証明責任原則の適用に至った。どのアクチオ（actio）も，どの抗弁（exceptio）も，一定の事実の結果である。それゆえ，陳述された事実が当事者によって選択されたアクチオまたは抗弁をまさしく正当化するかどうかを審査することが法務官そして後にはローマの裁判官の任務であったように，訴状に掲げられ，しばしばローマ的な名称をもったアクチオを根拠づけるのに適した事実が提出されているかどうかを審査することが，ローマ法に従って裁判する中世の裁判官の義務にもならざるをえなかった。それゆえ，ローマ法におけると同様にローマ系の法においても，事実のみが証明の対象でありえた。裁判官の仕事は，陳述されて証明された事実から必要な帰結を自ら引き出すことであったのである。事実また次の原則が堅持された。「証明に任ずるのは主張する者であり，否定する者ではない」（Ei incumbit probatio quidicit, non qui negat）。そして証明義務はまったく正当に負担（onus）として理解された。しかし，一般的な権利主張——訴状（libellus actionis）は通常これに限定される——は，訴状が特定の事実の表示を通常は欠いているというまさにその理由で，証明の対象ではありえなかった。しかしいまや，証明されるべき主張に一定の形式を与えること，そして訴状で主張がその一定の形式にはまっていない場合に証明が失敗したものと見ることは，ゲルマンの慣例でもあった。それによってゲルマンの訴訟法は，過小評価されるべきでない次のような利点を得た。すなわち，当事者は裁判所において，不明瞭な，不確定な，また熟慮されていないすべての発言——それが今日裁判官の職務を非常に阻害している——を差し控えなければならず，そして当事者が提出しなければならないことの厳格な調査を行い，裁判所に明瞭で単純で熟慮をへた主張の形で彼らの調査の成果のみを提示することを強いられるという利点である。この慣行がイタリアの裁判所の実務において保持されたのは，ローマのアクチオ法の支配の下でも当事者は提出しようとする事実を確定的で簡潔な命題にし，相手方の命題に対して確定的に答えるのを強いられたということによる。しかし，学説としては，ローマの法制度である法廷質問（interrogatio in jure）に結びつけて，単なる裁判所の慣行と考えられていたものを法原則として述べることに困難はなかった。一般的な権利主張を一定の命題に分解することがその時代のスコラ哲学的思考方法に合致していただけに，そのこと

自体は，より容易に受け入れられたに違いない。

　こうしてカノン法は，原告に係争権利関係の要件事実を一連の主張，訴点（positio）に分解し，相手方に各訴点につき然りまたは否のはっきりした応答を求めることを強制することにより，いわゆる訴点手続（Positionalverfahren）を形成するに至った。同じ形式化が被告にも彼の主張について要求された。そして争点決定の義務があったように，訴点に答える義務もあった。もちろん，応答しないのは訴点の肯定とみなされたという意味においてだけであるが。それによってその後に始まる証明手続のために次のような大きな利点が得られた。すなわち，明示的に承認されたすべての訴点および応答されなかったすべての訴点が証明を要しないものとしてふるい落されるという利点，および，その後になお残っている証明主題が極めて正確に示されるという利点である[1]。しかしその際に，事実上かつ当然に関係するものの連関的叙述が有する説得力が損なわれ，そして争い好きな当事者に訴点の適法性と形式化について際限なしに争い，それによって訴訟を遅延させる多くの機会が与えられたのである。

　この訴点または項目（Artikel）と並んで，カノン訴訟には現実の質問（interrogatio）が登場した。すなわち，法廷質問（interrogatio in jure）を扱ったローマ法大全の法文が，訴訟方式が全く変わったにもかかわらず，そのまま適用されたが，ローマ方式書訴訟——それは当時の参考資料をもっては正しく説明することを知らなかった——の質問が争点決定の前に置かれたことが認められ，それゆえ質問は，ここでも争点決定前の手続および訴訟の単なる準備に役立つような事実関係に限って許された。その際，被告は応答する義務があると説明されるが，それは原告が質問する場合ではなく裁判官が質問する場合である。つまり質問は裁判官の行為であり，訴訟の開始前になされ，原告に請求の一定の事実上の要件を教示すること，それによって勝ち目のない訴えを最初から抑制することを目的とした。訴点の設定は当事者の行為であり，訴訟資料の確定に奉仕し，それゆえ争訟弁論（Streitverhandlung）自体の中に所在を有した。たとえ訴点の設定が当事者の行為であったとしても，その確定には裁判官の関与が全然なかったわけではなく，この確定はまったく単純な作業というわけでもなかった。次のものは許されなかった。余分な（superfluae）および無関係な（impertinentes）訴点——これらはすでに承認されたことまたは否定されたことを主張するものである——，訴訟に無関係な（impertinentes ad judicium）

（1）　Roffredus, c. 13：「訴点の慣行は，相手方の自白により証明の負担から原告を解放するための発明である」（Positionum usus inventus est ad relevandum actorem ab onere probandi per confessionem adversarii）。

第4章　ローマ＝カノン系訴訟

訴点，事実上重要でない訴点，不明瞭な（obscurae）訴点，一般的な（generales）訴点すなわち一般的な権利主張を内容とするような訴点，消極的（negativae）訴点すなわち積極的主張を内容としない訴点，欺瞞的（captiosae）訴点など。それゆえ，応答義務を負う者は認められた訴点の単なる適法性に対して様様な観点から異議を述べることができた。各異議について裁判官は中間判決（sententia interlocutoria）によって裁判しなければならなかったが，裁判しなければならないだけで，異議の出た訴点を自ら形式化する必要はなかった。項目の却下の場合でも別の訴点を定立し，あるいは前の項目を別の形で定立したのはやはり常に当事者であったので，証明主題の設定の責任を負ったのもまた依然として当事者だけであった。裁判官をすべての訴訟指揮から遠ざけ，争いになった問題の裁判にのみ制限する弁論主義のこの強固な形成は，ゲルマンの法観念の継続的影響の結果であった[2]。

　訴点が確定されると，裁判官が訴点設定者に次のように質問する。「汝はこれらの訴点に含まれていることを，汝のなす宣誓によって主張するか」（Credis tu per juramentum a te praestitum quod in his positionibus continetur?）。肯定の答えがあれば，それに続いて彼は訴訟の相手方の代訴人を遠ざけて，相手方に真実を語ることを諭し，次のように要求する。「汝のなす宣誓によって，汝が何を主張するか答えよ」（responde quid credis per juramentum a te praestitum）。そのように話しかけられた者が熟慮の時間を望めば，彼にそれが与えられ，そしてまた彼に裁判官は個々の訴点の趣旨と影響について教示する。応答は，裁判官に対してなされ，調書に録取された。

　すべてのまたは個個の訴点に対する応答が出席した相手方によって拒否されると，彼は自白者（confessus）とみなされ，彼が応答のために出席しない場合は，懈怠者（contumax）として扱われる。

　訴点の作成には多大な注意を払い，また，訴点と応答が長い時間の後に初めて始まる証明手続に対して重要な意義を持つので，訴点と応答の書面による確定が要求された。こうして，項目の導入により，口頭性は完全に除去された。なぜなら，証明主題としてあるいは自白されたものとして扱われたのは，個々の項目において主張されたことのみであったので，書面によって確定された主張のみが裁判官の判決の基礎にもなりえたし，書面によりなされた主張以外のものは，そもそも存在しなかったからである。関連する要件事実を個個の命題に分解することによって，口頭性とは不可分の直接性もまた失われざるをえな

（2）　本書第2編序章第1節§ 57，§ 60。

かったことは，いうまでもなかろう。

§29 ［その他の手続］　答弁（Responieren）の内容に従ってその後の手続が決まった。なぜなら，カノン訴訟法においては自白が重要な地位を占めたので，答弁に自白を含んでいないかどうかを調べることは，訴点設定者および裁判官の役目となったからである。

すなわち，カノン法とイタリアの学説は，ローマの方式書訴訟についての十分な理解を欠いていたので[1]，法廷認諾（confessio in jure）についてローマ法源の立てた諸原則をその明瞭性と単純性のゆえに，裁判所でなされるあらゆる承認一般に適用し，その結果当事者の意思表示である承認と裁判官を確信させる手段にすぎない承認との間の相違を見失ってしまった。ローマ系の訴訟法[2]は，むしろ訴訟においてなされるあらゆる承認の中に，その当事者は承認したことを争わないという義務を認諾（confessio）により引き受けるという意味の，この訴訟について効力を生じる当事者の処分行為を認めたのである。承認のこの準契約的性質から，一面では絶対的拘束力が導かれ，他面ではそれは契約の申込みと同様に相手方が承諾した場合にのみ効力を生じるという帰結が引き出された。それにもかかわらず，「認諾した者は，有責判決を受けた者と扱われる」（confessus pro judicato）という命題は，原告の請求の個別的な諸要素ではなしに，この請求そのものが容認（zugestehen）された，今日の用語法にしたがえば請求認諾（anerkennen）があった場合にのみ適用できた。そのような認諾が争点決定の前になされると，争点決定および右の命題により判決も不要となり，争点決定の後になされると，裁判官が相手方当事者の申立てに基づいて認諾どおりに判決することが必要であった。争点決定後にのみ生じうることであるが，訴請求または抗弁の個々の事実または要件のみが自白されると，これらの限られた承認だけに基づいて判決することができるかどうかを判断することは，裁判官の仕事である。すべての訴点が承認された場合には，なんらの証拠を要せず，申立てに基づいて判決がなされる。アックルシウス以来，confessio に対して probatio という表示が現われたが，それは confessio が probatio を不要にし，それゆえ probatio と同じ作用をするという意味においてそうであっただけであり，承認がもっぱら自白された事実の真実性を裁判官に確

（1）　この理解は，周知のように，ガイウスの法学提要の発見によって初めて可能となった。本書第2編序章第2節。

（2）　v. Bethemann=Hollweg, Versuche über einzelne Theile der Theorie des Civilprozesses, 1827. S. 293ff.；Endemann. a. a. O., S. 247ff.；derselbe. Beweislehre, S. 131ff,；Pollak, Gerichtlichcs Geständniß im Civilprozesse. 1893, S. 4ff.

信させる特に有効な手段であるという意味においてではない。自白の撤回が困難とされたのは，自白の本質についての当時の理解の当然の結果であった。なお，争点決定前になされた自白の撤回には正当な理由（justa causa）の挙示のみが必要であり，争点決定後になされた自白の撤回には錯誤の証明を必要とした。

進行中の訴訟においてなされたのではない自白は，たとえ他の訴訟においてなされた自白であっても，すべて証拠原因（Beweisgrund）としてのみ利用できた。多くの場合にそれは半分の証明をもたらし，または自己の不利に自白をした当事者に証明責任を移した。

本来の証明を必要としたのは，争いのある訴点または答弁だけである。

証明手続は，しかし，証明主題および証明責任についての裁判官の判断を要することなく開始された。手続の分離は行われなかった。これは，ローマ法に依拠しつつドイツ法に全く反し，今日の我我の目から見ても極めて異質にみえるカノンの訴訟手続の特色の１つである。しかしこの特色は，当事者を裁判官の訴訟指揮上の介入から守る努力として説明できる。当事者が，自分自身で最もよく分かっているはずの自己の利益において主張しまた争うのがよいと思うことを主張しまた争うことは，当事者に任されているのである。

係属中の訴訟から全くかけ離れた領域にまで争いが及ぶことに対しては，争いの適法性，およびこれとともに設定された訴点の不相当について裁判官が最終的に決定できたということがいくらかの保障を与えた。さらに訴訟の濫用に対する一定の保護手段を不濫訴宣誓が与えた。訴点および答弁が立てられると，裁判官にとって重要な訴訟資料も収集された。訴訟資料が悉く提出されたと認めることは当然にできたし，提出されたものが裁判にとって重要であるかどうかは当事者が最もよく判断できたに違いない。従って，裁判官が争いのある訴点から個別の点を取り出し，それを彼にとって重要なものとして証拠判決の対象としまたは証拠調べに向けられた訴訟指揮の命令の対象としたとすれば，それは余分なことであるばかりでなく，まさしく不適法であったであろう。むしろ争われたままとなっている訴点について証拠申出をし，及ぶ限り立証することは当事者の仕事であった。そのことは，証明責任の問題が，各当事者は自己の訴点を証明するということで極めて簡単に答えを与えられたので，それだけ容易に行われえた。証拠が申し出られ，証拠調べがなされた場合，新たな訴点を立ててそれを証明するきっかけとなることがあった。新たな主張と新たな証拠を当事者から奪うことも，当事者の自由な活動を裁判官の処分の干渉から守るという，先に強調した訴訟全体を支配する努力に反するからである。それゆ

え，失権の原則および同時提出主義は，通常手続（solennis ordo）にはない。

しかし，拘束力のある規定がここで欠けていたということは，訴訟の目的と慣行の力が訴訟行為の一定の順序を作りだすのを妨げはしなかった。当事者のすべての訴訟行為は，口頭手続を通じて形成された慣習に従って，実質期日（Substanzialtermine）とよばれる期日において展開された。それには平均して15の期日が必要であった。その中には，最初の手続の3つの期日，すなわち授権に対して述べるための（ad dicendum contra commissi onem）期日，訴状提出のための（ad libellandum）期日および争点決定のための（ad litem contestandam）期日が含まれる。争点決定に続くのが，不濫訴宣誓のための（ad jurandum de calumnia）期日，そして訴点の提出のための（ad ponendum）期日，訴点の答弁のための（ad respondendum positionibus）期日，証明項目提出のための（ad articulandum）期日，項目に対する陳述のための（ad dicendum contra articulos）期日，ついで質問の提出のための期日，最後に終結のための（ad concludendum），すなわちこれ以上述べるべきことがないとの当事者の陳述のための期日であった。

先に述べたように，いつ当事者がいわゆる終結（conclusio），すなわち弁論の終結を生じさせようとするかは，当事者の手中にあった。しかし証明手続の次に直接に終結（conclusio）が続いたわけではなく，むしろそれは討論と陳述（disputationes et allegationes）すなわち証明結果と事件の法的判断についての当事者の意見表明の後に初めてなされた。この討論（disputationes）は，事物の本性にしたがい，まず初めに原告の代訴人によって，ついで被告の代訴人によって，というようになされ，事件の弁論は完全に尽くされたと当事者が思うまで続いた。裁判官は受動的な態度を強いられ，当事者の法的陳述のみを補充または訂正することはできたが，当事者の事実上の陳述を中断することも勝手に終了させることも許されなかった。

この弁述（Plaidoyer）は口頭でなされたが，その重要な内容は記録に加えるべく，それゆえおそらくは，調書が作成された。なぜなら，このような口頭の陳述がなされるのは，そうして口頭で提出されたものだけを排他的な判決の基礎にする目的のためではなく，裁判官の判断形成に影響を及ばすためだからである。判決の基礎をなすのは依然として記録の内容であった。

弁述の終了後，裁判官は，当事者になお何か述べるべきことがあるかどうかを問う。当事者がこれを否定するかまたはそれ以上の提出を放棄した場合，当事者の陳述を口頭で両当事者のいる前で簡潔に要約して，弁論を終結する。それをもってこの裁判官の前での事件のそれ以上の論議がすべて終了したのであ

第4章　ローマ＝カノン系訴訟

り，そこで判決が下されることになる。

§ 30　［判決］　裁判官は，自己の判断に基づきあるいは助言人（Berater）からの聴取の後に判決を下す。

　この助言人は，ローマの制度である。助言人は，単独で裁判する裁判官を助言でもって補佐する陪席判事（assessor）である。中世のローマ系の裁判官は，同様に，彼の陪席判事の鑑定意見に拘束されないが，それにもかかわらず，陪席判事たちの見解に相違がある場合にはさらにもう1人の助言人を呼ぶべきである。陪席判事がいない場合には，裁判官は，イタリアの慣例に従い，当事者によって一致して選択された助言者（Ratgeber）を呼び寄せるべきである。書面により表明されるべきこの者の助言（consilium）にも裁判官は拘束されない。助言者は，代訟人の討議（disputation）を一緒に聴取し，そして記録に基づいて彼の鑑定意見を表明しなければならない。

　さらに裁判官は，事案報告（relatio），すなわち彼が作成し承認のために当事者に提示される詳細な報告により君主への諮問（consultatio principis）に付する権限を有した。裁判官は，訴訟の進行中に必要となるあらゆる裁判に際しこの権限を有し，当事者は裁判官が作成する報告に関してそのつど争うことができる。事案報告の送付後は事件において何事をなすことも許されず，諮問の結果を待たなければならない。諮問は，その名称が示しているとおり，単なる教示を求める以外の何ものでもない。判決――それは助言から簡単には離れないであろうが――を決定して宣言することは，やはり裁判官の仕事であった。

　ローマの手本に従い，判決は，所与の係争事件への法適用である。判決は，単独裁判官であれ合議体であれ，いずれにせよ裁判官によって発見され宣言される。宣言は，所与の法の確定および強制的な法命令の性質を有する。

　判決（sententia）は，終局的（definitiva）であるか中間的（interlocutoria）であるかのいずれかである。前者は訴訟全体を裁判し，後者は訴訟の進行中に争いとなった個個の問題を裁判する。既判力を有するのは終局判決のみであり，それは当事者間において法を創造し，それを下した裁判官が撤回することもできない。これに対して中間判決は，既判力もないし裁判官にとって撤回ができないわけでもない。けれどもこのローマの諸原則は，ゲルマン的理解のために，一定の中間判決に対して独立の控訴が許されたことにより，修正を受けた。終局判決または中間判決に対する控訴により，事件は別の裁判官のところに持ち出されたので，当の裁判官は通常の中間判決が撤回可能な場合には，不服を申し立てられた判決に先行する中間判決を変更しまたは取り消す権限を有した。

　法律家の文献は，既判力という重要な問題よりも判決の形式について詳述し

319

ている。裁判官は，判決を書面に作成し，そのさい「有責判決をする」（condemno）または「免訴する」（absolvo）という言葉を，第2審においては「承認する」（confirmo）または「取り消す」（infirmo）という言葉を用いるべく，また厳密に訴状の申立て（petitum）に従って，特に重要な訴訟経過を報告すべきであるが，裁判理由は，必ずしも付する必要がない。判決をするときには，裁判官は判決を当事者の面前で着席のまま朗読すべきである。

§31 ［判決の取消し］[(1)]　注釈学者たちは，無効な判決（sententia nulla）はそもそも判決ではなく，他の方法での権利追行の妨げとはならない，つまり特に上訴を要しないというローマ法の理論[(2)]を継受した。イタリアの条例法においては特別な無効申立て（Nichtigkeitsbeschwerde）が発展したのに，この点については，クレメンティナに至るまで教皇立法は変わらなかった。

それゆえ，ローマ＝カノン系法上も，それ自体有効な判決のみが不服を申し立てられたのであった。不服が申し立てられないと，判決は既判力をもつに至る。それゆえ，無効と不服申立可能という概念のできる限り正確な区別が必要とされた。しかし，それは一般的な概念規定という方法ではなく，当時の習慣に従い，個々の事例を数え上げることによりなされたのである。タンクレードゥスとドゥランティスは，次のものを区別する点でおおよそ一致している。すなわち，裁判官の人的な瑕疵の結果として裁判権限が欠ける場合には裁判官に関する理由での無効（nullitas ratione judicis），紛争についての対人的または事物的な裁判権だけが欠缺する場合には裁判権に関する理由での（ratione jurisdictionis）無効，当事者の訴訟能力，代理人の資格が欠缺する場合には資格に関する理由での（ratione litigatorum）無効，裁判官が管轄区域外で裁判した場合の場所に関する理由での（ratione loci）無効，許された時間外に裁判した場合には時に関する理由での（ratione temporis）無効，裁判官がその任務を越えて裁判した場合には事件に関する理由での（ratione causae）無効，および，定められた判決言渡の方式に違反した場合には方式に関する理由での（ratione modi）無効，を認める。しかし，それらも最重要な無効原因が挙げられているに止まり，訴訟法の特に重要な諸原則に違反した場合も判決は無効なのではないかという問題も必然的に生じてくるし，また，事実，数多くの論争が生じたのである。この点において満足の行く明瞭な原則に達することができなかった理由は，中間判決を下し，これに対して控訴の方法により不服を申し立てるこ

---

(1)　Endemann, a. a. O., S. 295 ; Skedl, Nichtigkeitsbeschwerde.
(2)　ローマ法につき，本書第2編第2部§73。

第4章 ローマ＝カノン系訴訟

とが可能であったため，たいていは当事者が不当な手続による不利な結果からは護られていたことに求められるであろう。それにもかかわらず明白に不当な判決（sententia manifestae iniquitatis），すなわち錯誤に基づく判決，成文法に違反し或いはそれを潜脱する判決はやはり無効なものと見なされていたのであって，この見解によれば，判決が明白な不当（manifesta iniquitas）を冒しているとの主張があれば，判決により終局的に解決された紛争を始めからやり直してよいということにならざるをえなかった。

　よりよき判決によってそれ自体有効な判決を是正することを目指す本来の上訴には，控訴（Appellation），原状回復（in integrum restitutio）および嘆願（supplication）があった。

　控訴（Appellation）は，ローマ法からほとんど変更されることなく継受されたが，教会の階層構造により助長された。それゆえ，ローマ法学者（Legist）の間では中間判決に対する控訴の可能性が依然として争われていたのに対し，カノン法はゲルマン法と同じくすべての判決に対して上訴を許した[3]。しかし，「懈怠者は上訴しない」（contumax non appellat）との原則は維持された。

　控訴の提起のために，判決の宣告と同時に開始する（a momento ad momentum）10日の控訴期間（decendium appellationis）が与えられている。控訴を提起する意思は，不服が申し立てられる判決を下した裁判官，すなわち原審裁判官（judex a quo）が在廷中は，彼に対して口頭で，それ以外の場合には，彼に宛てられた上訴状（libellus appellationis）によってのみ，表示することができた。この場合，終局判決に対する上訴と中間判決に対して提起された上訴との差異は，後者の場合には不服申立理由が示されなければならないという点にみられる。

　提起後さらに30日以内に，上訴人は，原審裁判官に，移審状（litterae dimissoriae）すなわち控訴が提起されているという上訴審裁判官への通告と，上訴審裁判官への記録の送付を求める。上訴審裁判官は形式を審査し，それが順守されている場合には，新たな弁論を開始する。そこでは争点決定がなされ，新たな事実と証拠方法を提出することができる。中間判決に不服申立てがなされた場合には陳述された不服理由のみを審理し，終局判決に不服が申し立てられている場合には事件全体をあらゆる方向から審理する。これらの場合，弁論主義に従い当事者の陳述に拘束される。それゆえ，控訴は後者の場合には，新裁判（novun judicium）となるのであり，上訴審裁判官によって下される終局判

──────────
（3） c. 18C. 2qu. 6 ; c. 5, 12X. de appell. 2, 28.

第3編　ローマ=カノン系訴訟およびドイツ民事訴訟法典の発布に至るまでのドイツにおける訴訟法の発展

決は，従って本案自体の判決であり，不服を申し立てられた判決を承認し，変更あるいは修正するものである。承認する判決が2度下されると，それ以上の控訴は許されない。しかし第1のまたは第2の控訴に基づいて変更がなされると，その敗訴当事者は，審級が尽きるまでまたは彼にも2つの承認判決が下されるまでは，上訴することができる。

　控訴が直ちに延期的効力を有するのか，あるいはそのためにはまず初めに上級審の裁判官の停止決定（inhibitoriale）が必要であるかについては，争いがある。

　上訴手続は，通常は1年内に，正当な理由（justa causa）が存在する場合には2年内に，終了すべきものであり，これに反する場合には不服を申し立てられた判決がその通用力を保持した。しかし，この原則が事例に応じての判定により認められる一連の例外によって破られていたことは，ほとんど言及を要しない。

　原状回復（restitutio in intgrum）は，副次的な意義を有する。それは，裁判上の手続というものに不可避的な結果として生じる，不当な不利益からの保護のための非常手段という性格を有するものであり，それゆえ，主として，判決が偽証あるいは偽造文書に基づく場合，または新たに生じあるいは知られた事実が判決の認定と矛盾する場合に認められ許容された。それにより原状回復は，確定した判決に対して許される不服申立てとなったのであり，懈怠者にもその責めに帰しえない懈怠のもたらす不利益に対して許容された。この法的救済手段の特異性から，どの場合でも，一定の期間の順守が必要とされた。

　ローマの訴訟におけるのと同様にカノン訴訟においても，嘆願（Supplikation）は，最上級審が第一審として裁判した場合に欠けることになる控訴の代償であった。それは再度の弁論と裁判を導いた。

§32　［証拠］　カノン訴訟の証拠制度は，ローマ法とゲルマン法との結合の産物である。しかし，カノン法はローマの実体的アクチオ法を受容したので，「原告が立証しなければ被告は免訴される」（actore non probante reus absolvitur）というローマの原則も適用し，そしてローマの法源の実体的証拠制度を継受しなければならなかった。そのようにして，主張された事実の真実性を裁判官に確信させる（überzeugen）努力は，ローマ系の訴訟法の指導的原則となった。その原則から直ちに証明の二面性，すなわち証明活動の成果を弱める反対証明の許容が生じる。しかし，その裁判官の確信は決して，無制約で無秩序な確信であってはならない。あらゆる点で極めて細かい細目に至るまで周到に個別事例的規定を立てるカノン法の傾向とその当時支配的であった学問的方法とに応

322

じて，裁判官の確信形成について確固たる規則を与えることも合目的的と考えられた。そしてこの点で，イタリアで発展を続け，もはや完全には首尾一貫していないゲルマン法が，その形式的な証拠制度とともに至るところで手掛かりを提供した。このようにして次の原則が獲得されるに至った。すなわち，証明義務を負う当事者は裁判官に彼の主張の真実性を確信させなければならないが，この確信はただ一定の規則に従ってだけ形成されることが許される，という原則である。ローマ系の訴訟法は，それゆえ法定証拠法則の支配下にある(1)。

　証明責任に関しては，前述のように，「原告が立証しなければ被告は免訴される」という原則が妥当した。それ自体としては当然なこの原則は，原告は彼の請求を証明しなければならない，ということ以上に何も意味していない。そして原告（actor）という言葉に非常に大きな価値が置かれたので，被告の証明責任は比喩的なものとしてとらえられたが，そのことによって事実上不当な結果に至ることはなかった。なぜなら，真の抗弁（exceptio）を提出する者または原告に有利な推定を弱めなければならない者が証明責任を負うということが見誤られなかったからである。「証明に任ずるのは主張する者であり，否定する者ではない」（ei incumbit probatio, qui dicit non qui negat），という同様に継受されたローマの命題から，積極的主張のみが証明の対象となりうるということが，不適切ながら読み取られた。

　あらゆる証拠方法の価値について諸原則を立てることができるためには，裁判官の確信に影響を及ぼすことのできるすべての事実をできるだけ完全に列挙することが必要であった。ところで，多数の著作者によって証人（testis），証書（instrumetum），自白（confessio）だけ，必要ならば強制的推定（violentae praesumtiones）も，が挙げられているのに対して，ドゥランティスは13の証拠方法の表を示している。当然のことであるが，そこには真の証拠方法と証拠原因との混同がある。彼がそこで挙げているのは次のものである。①証人による証明（probatio per testes）。②当事者の自白による（per confessionem partium）証明。③証書による（per instrumenta）証明。④顕著な事実による（per evidentiam facti）証明，すなわち検証または公知による証明。⑤推定による（per praesumtionem）証明，すなわち必ずしも必然的ではなく，それ故に反対証明によって覆されうる推論による証明。⑥世評による（per famam）証明，これは刑事事件においてのみ使用可能である。⑦当事者によってなされた相手方当事者への宣誓の転嫁による（per juramentum delationem factam a parte parti）証明。

（1）　これについては，Engelmann. Der Civilprozess, Bd. 1, §109, S. 127参照。

⑧裁判官によってなされた当事者への宣誓の転嫁による（per jur. delationem factam a judice parti）証明。⑨古文書，標石または柱石に書かれた古い文面による（per antiquos libros, scripturas antiquas in lapidibus vel columnis scriptas）証明。⑩封印された書状による（per literas sigillatas）証明。⑪刑事事件における公的な告知による（per denunciationem publicam）証明。⑫公衆の意見による（per communem opinionem）証明。⑬疑いない証拠による（per indicia indubitata）証明。こうした豊富さにもかかわらず，鑑定証拠が欠けている。しかし，例えば医者（medicus）が彼の医術について（de sua medicina）供述する場合にはその医者の言うことが，細工職人（faber）が彼の細工について（de sua fabrica）供述する場合にはその細工職人の言うことが信用されなければならない，と述べられていることから明らかなように，鑑定証拠も用いられたことには疑いを容れない。

　最も重要な若干の証拠方法について解説しておこう。

　(1) ・証・人・証・拠（Zeugenbeweis）は，あらゆる民事訴訟において許されている。証言をすることは，例外のなくはない義務である。

　ローマ法によれば証人の知識が重要であるが，ゲルマンの訴訟法からは証人の数と資格とを厳密に取り決めることが取り入れられた。ここに多数の例外があるにもかかわらず，2人の信用するに足りる証人の一致した供述が完全な証明をなすために必要であり，かつそれで十分であるということが規則と見なされた。しかし，どの証人が無条件に信用すべきで，有力であるかという問題は，詳細極まる議論を引き起こした。そこでは，評価されなければならないことであるが，優れた経験則が書き記されている。しかし，それを強制的な法規にまで高めたことは，誤っている。その理由は，多くの事件においては適切な規則が，適切でない場合にもその規則に従い裁判官の確信に反して裁判することを裁判官に強いることになるからである。ドゥランティスは，96を下らない番号の下で証人に対する可能な異議を論じている。これらの異議は，当然のことながら重要度に差異があり，そうして，証人は疑わしくない（有力）証人，疑わしい証人および不適格な証人に分類されるに至っている。

　疑わしくない証人が1人だけ存在する場合には「半分の証明」（semiplene probatio）が，疑わしい証人が1人だけいる場合には「半分に足りない証明」が，疑わしくない証人1人と疑わしい証人1人が存在する場合には，「半分より多い証明」があった。

　手続は，要するに，次のようになる。

　訴点の設定後，申立人は証人証拠を通知する。彼が証人を指名した後で，提

案された証人の適法性について争われ，裁判官が判断する。裁判官は，証人をまず宣誓のために呼び出す。この宣誓は，臨時のもので，当事者の在席するところでなされる。それに続いて証明を行う当事者は，証人に対して尋問されることを望む事柄を，先行する訴点手続にかかわらず一連の個々の質問（articuli, intentiones, capitula, assertiones）に分解して，それを裁判官に提出し，裁判官はそれを相手方当事者に通知し，その異議と反対質問を受け取り，質問の適法性と文言についての当事者の争いを裁き，最後に証人を当事者の在席しないところで尋問して調書に録取する。当事者には繰り返し証人を指名することが許されており，その場合には最終的に証人尋問が尽くされ，裁判官が当事者を調書の朗読のために呼び出すまで，同様に手続が進められる。その公表後は――多数の例外を別とすれば――同一の項目について証人を尋問することはもはや許されない。しかし，いわゆる再査（Reprobation），すなわち証人の一身に対する異議で相手方がその時初めて知ったようなもの，および彼の供述に対する異議が，その時に初めて始まるのである。これに新たな争いが続き，場合によっては，証人によって行う反対証明が同じ形式でなされる。証人尋問がようやく終わると，証拠調べの結果の論議が始まる。その際，各当事者は，純粋に機械的なやり方で彼が証明されたと思う項目をある標識でもって示し，裁判官はこれらの項目をまとめて，何が証明され，何が証明されないままであるかを単純に計算するのである。

　ここではただ簡略に要約したにすぎないこの手続は，長く連なる期日を経てだらだらと進み，双方審尋の必要性の原則は厳格に守られ，その結果あらゆる異議と責問が相手方に通知され，当事者にはまさに揚げ足とり的な争いを促すことになったのである。結局のところ，手続全体は，判断にとって有害な分裂と「諸結果のほとんど算術的な算出」に終った。

　(2) 書証　証書（Urkunde, instrumentum）と認められるのは，証明の目的で作成された文書（scriptura）だけである。それゆえ石や円柱などの碑文その他のそれ自体が証拠となる伝承物には，書証について立てられた諸原則は当たらない。

　証書の証明力は，それが公の証書であるか私証書であるかによって異る。前者は，それによって認証される事実の証明を直ちにもたらす。しかし，反証は決して，またいかなる場合にも，排除されてはいなかった。私証書は３つの亜種に分かれる。すなわち，「汝のためだけに作成された文書」（scriptura tibi tanturm facta），この自己専用文書は証明しようとする人の自身の記録であり，証明力をまったく有しない。「他人のために作成された文書」（scliptura alii facta），

これは作成者に不利な証明をもたらす。「汝のためおよび他人のために作成された文書」(scriptura tibi et alii facta)、これは、例えば会計簿あるいは商業帳簿がそうであるが、他の証拠方法と結合してのみ証明をなすことができる。

書証の手続は、証人証拠の手続よりも簡単である。当事者が自己の手中にある証書を引用すると、ただちに裁判官は、相手方がそれについて意見を述べるために、その証書の提出を命じる。しかし、そのような明示の引用を別にしても、支配的な見解によれば、裁判官は当事者に対して、彼らが証拠方法として用いようとするすべての証書を提出するための失権効付きの(peremtorisch)期間を定める権限を有し、その期間の経過とともにその他の書証は遮断される。

提出義務(Editionspflicht)、証書提出の方法、および謄本を作成すべき者については、著作者たち、とりわけドゥランティスが詳細で極めてカズイスティックな議論を長々としており、その議論はここでは立ち入らないのが適当であろう。

(3) これと同じ詳密さで、いわゆる推定(praesumtiones)が論じられている。しかし、その際、証明責任を移動させるための権利推定と、単なる事実推定、すなわち、一定の事実のために一定の他の事実からする推論とが、相互に厳密に区別されてはいなかった。

(4) 宣誓[2] ローマ系の法律学は、この点でも大筋において最後期ローマ法の諸原則に依拠しているが、それらをそのまま適用できたわけではなかった。それを妨げたのは、まず、ローマの訴訟の歴史的発展についての正確な理解の欠如と、法学理論の教育と結び付いた弁論主義の厳しい貫徹であった。

ローマ系の訴訟法は、「裁定宣誓」(juramentum judiciale)と呼ばれた「当事者によって当事者に要求された宣誓」(juramentum a parte parti)、および、「必要的宣誓」(juramentum necessarium)と呼ばれた「裁判官によって要求された宣誓」(juramentum a judice)を認めている。

両制度は、僅かな、そして不十分な発展しか見ていない。それは、おそらく、c. 5. C. 22 qu. 1 に含まれている宣誓を控えよとの警告に原因が帰せられる現象である。

裁判官によって要求される宣誓が許されたことは、厳密にいえば、弁論主義の発展と矛盾していた。裁判官にある事実が真実であることを確信させることができない者は、たとえ彼がその挙証により主張を蓋然性のあるものにしよう

---

(2) Hinschius, Beiträge zur Lehre von der Eidesdelation, 1860 ; Endemann, Beweislehre, S. 453ff. ; Planck. Lehrbuch, II. S. 288 ; Kleinfeller. Die geschichtliche Entwicklung des Thatsacheneides, 1891, S. 49ff.

と，挙証のために全く何もしなかったのであろうと，証明を行わなかった者であった。しかし，裁判官は，その自由な心証により裁判することを許されているので，自己の主張を蓋然性のあるものにするのに成功した当事者に彼の主張を宣誓させるならば，蓋然性を確信にまで高めることができる。そして，カノンの裁判官は，ますます1つの制度に発展していった証拠法の支配のもとにあった。それゆえ，カノンの裁判官は，ローマの裁判官とは異なり，当事者がなおも自分自身の良心をもってその主張を保証するならば裁判官として十分な確信をもつであろう，ということができた。むしろ，カノンの裁判官は，当事者が宣誓のための法定の条件を満たしているかどうか，すなわち「半分の証明」(semiplene probatio) をしたかどうかだけを検討することができた。なぜなら，それをした者は宣誓を許されなければならなかったからである。それにもかかわらず，多くの場合に，「半分より多い証明」(plus quam semiplene probatio) が求められ，難しいまたは大きな事件においては (in causis arduis s. magnis) この宣誓はそもそも許されなかった。しかし，宣誓が許される場合に宣誓が不完全になされた証明の補充に役立つのであれば，それはまた挙証者にのみ課することができた。それにもかかわらず矛盾する主張および矛盾する証明結果が対立する場合，あるいは挙証者が宣誓されるべき事実を知りえない場合には，証明されるべき主張の宣誓による否定を相手方に許すという手段として，ゲルマン法から知られていた雪冤宣誓 (Reinigungseid) が存した。そして，雪冤宣誓は，履行宣誓 (Erfüllungseid) 以上に弁論主義と矛盾するにもかかわらず，重要な事件においては，ゲルマン的観念にしたがって，挙証者が半分の証明すらしなかった場合でさえも，それが許されたのである。

　一方および他方の当事者にとって有利なすべての理由を衡量するうえで，宣誓されるべき事実を自己の感覚的知覚により知った当事者に宣誓させることの原因は，人は自己の知識に支えられた宣誓によってのみ確信させることができるという当然な理由にではなく，裁定による宣誓 (richterlicher Eid) を許された当事者は彼の事件における証人であるということに帰せられた（とくに，1190年に発せられたイノケンティウス3世の c. 3X. de procuratoribus 1, 38 を見よ）。この理解の必然的な帰結は，事実だけが宣誓を許されるのであり，法律関係までがそれを許されるわけではないということであった。

　宣誓転嫁[3]は，争点決定の前でも後でも許された。宣誓転嫁が争点決定の前になされると，それは，訴えが争われ，他のなんらかの方法で提出された証拠が成功しなかった場合にのみ，効力を生じた。争点決定後は，宣誓要求は，それが訴点の回答後にかつ証拠申出前になされ，かつ相手方がそれに任意に応

じるか，または挙証者が少なくとも若干の証拠を提出した場合にのみ，意味を有した。なぜなら，これらの場合にのみ宣誓履行に至ったからである。しかし証拠がすでに提出されていれば，その後になってからなされる宣誓転嫁は不適法であった。それは，真実に合する確たる解明という宣誓要求に含まれている要請が，訴点に対する不濫訴宣誓の下での回答によってすでに達成された，ということにその説明が見出される現象である。宣誓転嫁の対象は単に事実だけではなく，とりわけ法律関係でもあった。これは法廷において要求された宣誓（juramentum in jure delatum）におけるローマの手本に合致するものであった。

§ 33 ［判決の執行］　なされた判決の執行は，原告の申立てに基づき裁判官がその処分を行った。すなわち，執行の実施を任務とする官吏に対して執行命令（Vollstreckungsbefehl）が発せられた。この命令の発付を管轄するのは，給付判決の言渡しをした裁判官であり，正規の裁判官（judex ordinarius）またはその代理者である。

前提要件となるのは，執行の適法性である。執行は，判決が確定しているか，停止効を有しない上訴によってのみ不服申立てがなされている場合に，許される。さらに，執行保留期間（Exekutionsfrist）が経過していなければならない。物的訴訟（特定物の引渡しを目的とする訴え）の場合には10日，いわゆる人的訴訟の場合には4ケ月で，判決の言渡しと共に進行を開始する。

これらの訴えにおける右の相違は，当然のことながら，強制執行の対象の差異をもたらす。物的訴訟（actio realis）の貫徹は，引き渡されるべき物の執行人（executor）による占有取得と，原告へのその物の引渡しとによりなされる。しかし，他の種類の債権，とくに金銭債権を満足させるべき場合には，債務者にとって最も負担の少ない執行方法が選択されるべきである。それゆえ，差押えに至る場合には，まず初めに被告の動産，次に不動産，最後に債権を捆取すべく，また債権は，第3債務者が債権を承認する場合にのみ差し押さえられる。

被差押物は，比較的古い時代には支払いに代えて債権者に引き渡されるのを常としたが，後の時代には売得金から債権者に満足を与えるために競売されるようになった。しかし，売却に入る前に，比較的長い期間（通常は4ケ月）が経過し，かつ，繰返し公開の売出しがなされなければならなかった。一定の物は債務者にとって不可欠なものとして執行から除外された。

被差押物のうえに第三者が権利を有し，それが強制執行により侵害される場合には[1]，その第三者は裁判官になされる解放申立て（Freigebungsantrag）に

（3）　とくに，Kleinfeller, a. a. O., S. 50, 51. を見よ。

より強制執行の停止を得ることができる。裁判官はこの申立てにつき略式手続により裁判して，停止を命ずることができる。この命令は，訴訟指揮の性質を有する。

これと並んで，第三者は自己の権利を，訴えにより追行し，それについて既判力を生じうる判決を受けることができる。この訴えをイタリア人らは，おそらく，私法上の所有権の訴えと考えていた。

債務者が判決に定められた期間（Judikatsfrist）の経過後も支払わない場合には，債務者の財産の不足の調査がまずなされた後で，あるいは不払いの事実のみに基づいて，債務者に対しその宣誓による財産開示を強制することができる(2)。「裁判官は，債務者および保証人が固有の宣誓により自己の財産を明らかにし告知することを強制し，また，彼らがこれに従わなかった場合には彼らを処罰することができるであろう」(3) (Poterit judex cogere et compellere utrumque, tam debitorem quam fidejussorem per proprium juramentum manifestare et indicare bona sua et multare eos si fuerint in hoc contumaces)。宣誓のこの使用は，ひろく広まっていた慣習法と多数の条例上の規定に合致していた。これらによれば，宣誓は確言的であるか約言的であるかのいずれかである。前者の場合には，宣誓は，既に存在する財産陳述を前提にし，そしてこれをまたは支払不能の単純な陳述を強化する。後者の場合には，宣誓は，後に財産状態の陳述をすることを約束するものである。そして約束された財産開示がなされると，債権者は陳述された財産（bona）の占有付与（missio）を求めることができる。宣誓の強制のために用いられたのは，人的拘留または罰金であるが，人的拘留は，規準となる法に従い宣誓が履行された場合にも人的拘留が債務者を威嚇するのであれば，あまり効果のない手段であるし，罰金は，支払不能者に対しては通常あまり適切でない。宣誓は，そのランゴバルドの起源に従い，債権者の要求に基づき，債務者自身によっても彼の家族構成員および使用人によっても，それどころか債務者の物を占有する者によってもなされなければならなかった。

最終的な強制手段は，依然として対人執行であった(4)。債務奴隷制はラン

（1） Schrutka=Rechtenstamm, Zur Dogmengeschichte und Dogmatik der Freigebung fremder Sachen im Zwangsvollstrekung sverfahren, 1888/89 の第3節以下，および Frommhold, Die Widerspruchsklage in der Zwangsvollstreckung, I. Teil, 1890, S. 21ff. 参照。
（2） Wach, Der Manifestationseid in Italien, ZRG Bd. 7, S. 439 ff.; Pertile. VI. p. 831.
（3） Jacobus de Arena（13世紀末に死亡），Bartolus および Petrus de Ferrariis によれば，そうである。
（4） Wach. a. a. O., S. 447 ff.; Ficker, Bd. 3, S. 382; Pertile, VI. p. 845 sq.

ゴバルド＝フランク法から出て，14世紀に至るまで地方特別法の中で保持された。しかし，この制度は，ローマの史料から引き出すこともできず，カノン法に承認を見出すこともなかった。カノン法は，グレゴリウス3世の教令の中で次のようにいう。「たとえ債務のために競売されうる物がない場合でも，自由人が債務のために拘束されることがないことを，法は認める」（Lex habet, ut homo liber pro debito non teneatur etsi res defuerint quae possint pro debito addici）（c. 3X. de pign. 3, 21）。これに対して，公的な債務拘留の制度は，普通法の学説によって認められ，諸条例の中に一般的に取り入れられて，債務者に支払いを強制すると同時に軽率に債務を作ったことを理由に処罰する手段となった。それは，ローマ法におけるのと同様に，財産譲与（cessio bonorum）によって，すなわち任意的な破産開始によって，避けることができた。しかし，財産譲与のために考案された侮辱的な形式のために，これの利用は尻込みされ，それゆえ債権者たちのために債務拘留を求める権利を守ることになった[5]。

　それにもかかわらず債務者が財産譲与を利用する場合には，債務者は自己の財産を陳述して宣誓をもって開示しなければならなかった。裁判所は債務者の申立てと届け出られた債権について裁判し，申立てに理由があると認める場合には，裁判所の任命した管理人（curator）に財産の目録作成，管理，換価および債権者の満足を委ねた。そのほか，債務者は，財産状態がよくなれば債権者にその被った損失を償うであろうことの保証を提供しなければならなかった。

　債務者が譲与を選ばないか，あるいは譲与が認められなかった場合には，本来の破産手続に至りえた。この手続はローマ法上の諸原則とランゴバルドの差押法との結合から発展した。すなわち，支払不能の債務者が恥辱となった委付（cessio）を避けたいが，しかし債務拘留も受けたくないという場合には，彼は身を隠すか逃亡する外はなかった。この絶望的な手段がしきりに用いられざるをえなかったことの説明は，破産者（decoctor）が苛酷に取り扱われた，ということの中に見出される。Straccha de decoctor. II. 1 の与える概念規定においては，「支払不能とされて市場に属することとなった」（qui...non solvendo factus foro cessit）者も破産者（decoctor）として挙げられている。さて，債務者が逃亡するか，あるいは彼が発見されない場合には，彼は信頼できない債務者であった。信頼できない債務者——逃亡のおそれがある者（fugae suspectus）もこれであった——に対しては，債権者は保全仮差押えの権利を有した。保全仮

---

(5) Wach, a. a. O., S. 452 ; Pertile, VI. P. 878 sq. ; Fuchs, Das Konkursverfahren, 1863, S. 12.

差押えを得るためには，債権者は，債務者の支払停止および仮差押原因を証する書面を裁判所に提出しなければならなかった。そして裁判所は債務者の全財産の差押えと債務者の拘束を命じた。この差押えは，「第1決定による付与」（missio ex primo decreto）とよばれた。それに続いて債務者が公に召喚された。彼が出頭しなければ，先には疎明されただけの支払不能が証明されたことになり，債権者は，今や債務者の財産から満足を得る権限，すなわち「第2決定による付与」（missio ex secundo decreto）を裁判所から得て，仮差押えは本執行に移行した。財産の目録作成，管理，換価のために，および主張された請求権の調査のために，裁判所は債権者らの提案に基づいて財産管理人（curator bonorum）を任命した。裁判所はいわゆる一般の仮差押え，すなわち債務者の財産を占有するすべての者に対して，その財産を管理人に引き渡すべき旨の公の催告，さらにまた債権者に対して請求権を届け出ることの公の催告をした。主張された各個の請求権の資格およびそれらの順位については，裁判所が同じひとつの判決において裁判した。債権者の満足は，財団の競売によって得た売得金の配当または各個の財産の評価額での移付によってなされた。

　学説によって立てられたこれらの原則は，多数のイタリア諸条例において細かく規定された[6]。

　普通法の理論におけると同様に諸条例においても，破産についての基本的見解は，末期ローマ法においてもなお支配的であった見解と同じであった。すなわち，破産は，私法上の請求権の満足に奉仕する債権者の私的な事件であり，裁判所の協力は，財団の保全のために，および利害の抗争が生じた場合に裁判をするために必要なものにすぎないと考えられた。

第2節　略式訴訟の発展と領域法の影響[1]

§ 34　［イタリア条例法の訴訟］　イタリアの条例法が正規のカノン訴訟に影響を与えたこと，およびそれをどのような形で与えたかは，若干の個所で示した。この影響は，14世紀初頭までは僅かなものであった。しかしイタリアの諸都市の力の増大が，そこで通用する法にも威信の高まりをもたらし，そして普通訴訟のだらだらした諸形式から逃れる必要が，まさに諸条例において訴訟法のより実り豊かな取り扱いを導いたのである。ローマ＝カノン系普通訴訟の

（6）　Pertile, VI. P. 886 sq.；Fuchs, a. a. O., § 4；Kohler, Lehrbuch des Konkursrechts. 1891, S. 11 ff.

（1）　とりわけ，Wach, Der italienische Arrestprozeß, S. 179ff. を参照。

根本的な変革もそこから出たと思われる。イタリアの諸都市が相互に締結し，異なる公共団体（Gemeinwesen）の市民の訴訟において手続が進められる場合に基準となるべき諸原則を確立した若干の条約においてのみならず，諸条例自体においても，裁判手続の短縮のために，訴訟の長さに一定の限界を置くための手段が取られたのであった。それによって，引伸ばしのための策動に強固なかんぬきが掛けられ，同時に当事者の思慮と活力に刺激が与えられた。なぜなら，先になされた主張について進行中の弁論の終了が期待されうる瞬間まで主要な事実を保留していた者には，期間の経過およびそれと共に彼の法的救済の終局的な喪失という威嚇があったからである。そして，裁判官は期間の設定によって直ちに，不必要なあるいは引き延ばしに向けられた当事者の主張を簡単に遮断し，当事者が弁論の終結をまだ申し立てていなくても判決に進む権限を有したのであった。カノン訴訟の多数の中間上訴も，訴訟を短縮するための手段によって不可能にされた。期間は事件の重大性にしたがって様々に定められたので，まったく単純な，急を要する，少額の事件では，普通訴訟の方式からの極めて強い乖離が，そして大事件においては極めて強い依拠がなされた。こうしてここで初めて，事件の重要性による通常手続と略式手続との相違が生じた。

　これと並んで，個個の条例においては争点決定前にすでに懈怠当事者に対する出頭当事者の一方的弁論の許容が見られるので，ここで双方による争点決定というカノン法の要請さえも回避されるのである。そしてほとんど至るところで純粋に形式的な争点決定の必要性が放棄されるのである。

　訴状の手交の後に，事件の重要性に従って異なる長さで定められる，答弁と抗弁のための（ad respondendum et excipiendum）期間が設定された。応訴の義務から解放したのは，延期的抗弁または妨訴抗弁だけである。しかし，裁判官は，これらの抗弁の主張のためにわずかな日数の失権期間を定める権限を有し，それどころか本案について即時に予備的に応訴することを命ずる権限もある。特別の期日においてとり行われる行為ではなく，実際になされる応訴が，争点決定を構成する。不濫訴宣誓はイタリアの自治体の法から消え失せる。訴えに対する陳述がなされるべき期日は，しばしば双方の当事者主張の即時の立証のために（「証明のためにおよび証明に対する行為のために」ad probandum et probatum habendum）定められる。いずれにせよ，第1回弁論期日の後に直ちに証拠調べのための期日が設定され，相手方には反証のための期間が与えられる。中間の争いは訴訟の進行を止めるべきものではなく，それ以上の証明を行うための新たな期間は通常は許与されない。主張と証明の分離はなされない[(2)]。

第 4 章　ローマ＝カノン系訴訟

　そのように厳格な手段の使用によって訴訟の理想が達成されるかどうかは，まったく疑問でありうる。裁判官に広範な訴訟指揮権を付与することがどんなに目的に適っているにせよ，それでも遅れた提出を遮断する場合には，弁論を通じて当事者に初めて知られた重要な論拠までたやすく斟酌を封ぜられてしまう。しかしこの精力的な手段はその成立を，カノン訴訟の冗長さを何としてでも抑制し，すべての不濫訴宣誓にもかかわらず自由である当事者のシカーネの実行を不可能にしたいという要求にのみ負っていたにせよ，それは他方で，普通訴訟のその後の発展にとって指導的であった人々に，目的にかなった改革への道を示した。

§ 35　［クレメンティナ・サエペ］　教皇たちは，かねてから，教会裁判所および都市裁判所以外の世俗裁判所において扱われる訴訟が，当事者の紛糾工作に広い活動の場を与えており，また，極めて繁雑で冗長なものであり，あらゆる単純な，少額の，急を要する事件，すなわち全訴訟中の大多数について，その迅速な処理の要請を満たしえないものであると感じていた。それゆえ彼らは，訴訟の弁論と裁判を委ねる管区長（Kommissar）に，事件の状況に応じ，「より単純にかつ簡単に，訴訟手続，すなわち通常訴訟の煩瑣と形式なしに」（simpliciter, de plano, sine strepitu et figura judicii），手続を進めるように指示するのが常であった。しかしその種の授権の意味について疑問が生じたので，教皇クレメンス 5 世は 1306 年にひとつの法律を発した。それは，その大きな重要性のゆえに，文言どおりに伝えられなければならない。

　「次のことがしばしば生じている。……余はこの種の疑いをできるだけ解決することを意図して……，この今後も誰持されるべき勅法により次のように定める。すなわち，余がこのようにして事件を委任した裁判官は，訴状を必須とするのではなく，争点決定を求めるのではなく，また人々の取引の必要のために法が定めた裁判所休暇においても手続をすることができ，あらゆる期間伸長の口実を取り除き，可能な限り訴訟をより短縮すること，そしてそれは訴訟の引延ばしをはかる欺罔的な抗弁と上訴を排斥し，当事者，弁護士および代言人の諍いや口論ならびに証人の余分な多さを抑制することによってなすということである。しかし裁判官は，必要な証拠と法定の防御方法が許されないという形では手続を短縮すべきではない。また呼出しおよび濫訴あるいは悪意についての，または真実の陳述についての宣誓の履行は，真実の判明が妨げられないために，このようにしてした委任によって排除されているわけではないと理解

（ 2 ）　Planck, Beweisurtheil, 1848, S. 142.

第3編　ローマ＝カノン系訴訟およびドイツ民事訴訟法典の発布に至るまでのドイツにおける訴訟法の発展

する。けれども，判決は申立ての内容に接着しなければならないから，原告の側から，また被告が申し立てることを欲する場合には被告の側からも，訴訟の開始にさいして，書面と口頭とをとわず，申立てがなされるべきである。しかし，口頭の場合でも，一部は，どのような点について訴点および項目が形成されなければならないかについてより充分な確実性が存しうるために，また一部は判決がより明瞭になされうるために，訴訟記録に直ちに記入されるという形でなすべきである。そして，訴訟における古くからの慣行が，訴点を当事者の自白に基づくより容易な裁判の展開のために，また項目をより明瞭な証明の作出のために許したのであるから，余は，このような慣行が今後も順守されることを望んで次のように定める。このように余が委任した裁判官は，両当事者が別段の合意をしない限り，訴点ならびに項目の迅速な提出のために両当事者に対して期日を定めることができ，また，両当事者が所与の事件において利用しようとするすべての証拠方法を提出するために，項目の交付がなされた後に，適当と思われる一定の日を指定することができる。そこで免除がされることとなるのが確かならば，証人を立てることに代えて証書を提出することも当事者は可能であり，この種の指定がその妨げになることはない。裁判官は，当事者をも尋問することになるが，それは，あるいは当事者の申立てに基づき，あるいは職権でも衡平によると職権発動が納得される場合にでも行われる。しかし，終局判決は，（当事者の呼出し――失権的な効果はなかったけれども――がなされた後に），書面をもって，かつ（裁判官の裁量に従い）起立または着席して言渡すべきであり，手続の終結が，（もし適当と思われるならば）たとえ事件における申立内容，証拠および事実状態に従いされるべくしてされていない場合においても言渡しをすべきである。そしてこれらすべての規定が，複数と単一を問わず余の他の命令によって進められうる事件においても，そしてその事件が無条件かつ明白で混乱なしに訴訟のかたちをとらない事件であっても，そこで守られることを余は望む。しかし，先に述べた事件において正規の訴訟の方式が全部または一部順守されなくても，当事者の異議がないときは，訴訟はこのことだけにより無効とはならないし，また無効と宣言されるべきではない。」

(Saepe contingit ... Nos autem dubitationem hujusmodi ... decidere cupientes, hac ... constitutione sancimus, ut judex cui taliter causam committimus, necessario libellum non exigat, litis contestationem non postulet, in tempore etiam feriarum ob neccessitates hominum indultarum a jure procedere valeat, amputet dilationum matenam, litem quanto poterit faciat breviorem, exceptiones, appellationes dilatorias et frustratorias repellendo, partium, advocatorum et procuratorum contentiones et jurgia

第 4 章　ローマ＝カノン系訴訟

testiumque superfluam multitudinem refrenando. Non sic tamen judex litem abbreviet quin probationes necessariae et defensiones legitimae admittantur. Citationem vero ac praestationem juramenti de calumnia vel malitia sive de veritate dicenda ne veritas occultetur, per commissionem hujusmodi intelligimus non excludi. Verum quia juxta petitionis formam pronunciatio sequi debet, pro parte agentis et etiam rei si quid petere voluerit est in ipso litis exordio petitio facienda sive scriptis sive verbo : actis tamen continuo (ut super quibus positiones et articuli formari debeant possit haberi plenior certitudo et ut fiat definitio clarior) inserenda. Et quia positiones ad faciliorem expeditionem litium, propter partium confessiones et articulos ad clariorem probationem usus longaevus in causis admisit : Nos usum hujusmodi observari volentes statuimus ut judex sic deputatus a nobis (nisi aliud de partium voluntate procedat) ad dandum simul utrisque terminum dare possit et ad exhibendum omnia acta et munimenta, quibus partes uti volunt in causa post dationem articulorum diem certam quandocunque sibi videbitur, valeat assignare : eo salvo quod ubi remissionem fieri contingeret, pro testibus producendis possint etiam instrumenta produci assignatione hujusmodi non obstante. Interrogabit etiam partes sive ad earum instantiam sive ex officio ubicumque hoc aequitas suadebit. Sententiam vero definitivam (citatis ad id licet non peremtorie partibus) in scriptis et (prout magis sibi placuerit) stans vel sedens proferat, etiam (si ei videbitur) conclusione non facta prout ex petitione et probatione et aliis actitatis in causa fuerit faciendum. Quae omnia etiam in illis casibus in quibus per aliam constitutionem nostram vel alias procedi potest simpliciter et de plano ac sine strepitu et figura judicii volumus observari. Si tamen in praemissis casibus solennis ordo judiciarius in toto vel in parte non contradicentibus partibus observetur, non erit processus propter hoc irritus nec etiam irritandus.）

　簡潔な言葉の中に，このクレメンティナ・サエペ（Clementina Saepe）は，全く新しい，通常訴訟手続（solennis ordo judiciorum）とは根本的に異なる訴訟規定を含んでいる。

　訴状を提出する義務に代えて，同法は，口頭での弁論の許容を定めている。争点決定の義務を廃止し，裁判官に延期的抗弁を却下する権限を与えることにより，同法は訴訟の中に後のいわゆる同時提出主義を芽生えさせている。一面的に誇張された弁論主義に代えて，同法は質問権を含む裁判官の力強い訴訟指揮を定めている。慎重に進行する実質期日（Substantialtermin）に代えて，同法は1回または少数の期日においてすべての訴訟資料を処理し，事件が判決に熟すると裁判官に見えるときは直ちに判決をくだす裁判官の裁量的権限を定めて

335

いる。判決の上訴可能性に関する改革も，特に重要である。確かに同法には，「訴訟の引延ばしをはかる偽罔的な上訴を排除することにより」，というわずかな言葉があるにすぎないが，しかしそれによって，いわゆる中間判決（sententiae interlocutoriae）の上訴不能が達せられた。すなわち，下級審の裁判官が自ら異議に対して救済を与えず，またその異議を終局判決に対する不服申立てによっても救済することができない場合には，上訴を拒んだのである[1]。

　クレメンティナ・サエペは，1311年に発せられたクレメンティナ・ディスペンディオサム（Clementina Dispendiosam）（c. 2 C lem. 2, 1）によって，新たな手続が適用されるべき諸場合が指定されることにより，まもなく補充と限定を受けた。それは，多数のイタリアの条例において，——そこでは教皇の法律の諸原則がさらに乗り越えられたのであるが，手続形態の手本となった[2]。それはまた，皇帝ハインリッヒ7世の勅令（Konstitution）において模倣され，学問的議論の対象となり，その議論に我我はそもそもカノン訴訟法の体系的叙述の恩恵を受けているのである。たしかに，教会の裁判所においては，通常訴訟手続（solennis ordo）とクレメンティナ・サエペによる簡略化された手続との対立が存続したが，後者は世俗裁判所の実務において徐々に通常手続となった。それと共に，世俗裁判権に関しては，従前の通常訴訟手続が駆逐され，クレメンティナ・サエペが訴訟法のその後の歴史的発展の基礎となった。そうなりえたというのも当然で，むしろ，すでにその当時に成立し，そして比較的最近まで堅持された見解，すなわちクレメンティナの手続が「略式の」手続であるとの見解が誤っているのである。なぜなら，クレメンティナは限定的な審理ではなく，「形式的に単純化され迅速化されたが，実質的には完全な審理」を目指しているからである。

　クレメンティナは，同時に，必要な訴訟行為と不必要な形式主義との区別のための理解，および当事者処分の無制限な実行と裁判官の訴訟指揮との間の限界のための理解をたかめ，裁判の徹底性を危うくすることなく，以前よりも迅速に目標に到達する道を示した。それゆえ，それはまたイタリアの諸条例よりも高い地位にある。確かにそれらのイタリアの諸条例から訴訟改革の刺激が出ているのであるが，それは訴訟の短縮を力づくの手段によってのみ達成したのである。

§ 36　[イタリア法の略式訴訟]　イタリアの諸条例から，単純で明瞭な，と

---

(1) Briegleb. Einleitung in die Theorie der summarischen Process, 1859, § 14.
(2) Briegleb, a. a. O., § 10 ; Pertile, VI. 597 sq.

第 4 章　ローマ＝カノン系訴訟

りわけ文書化された請求権の迅速な確定を目指した手続形式を形成するための更なる刺激と基礎が得られた。

　(1)⁽¹⁾　ゲルマン法において，とりわけランゴバルド法においても，一方の当事者の一方的な要請に基づいて，相手方に対して履行命令ないし・支・払・命・令 (Zahlungsgebot) を発することが裁判官に認められていた。そのようにして請求を受けた者が一定の期間内に異議を提起して，この方法により対席手続を開始させるのでなければ，その支払命令は執行力を有するものとなった。しかし学説においては，当初は，ただローマ法源⁽²⁾において許されていた新工事 (opus novum) の一時的停止だけが顧みられ，そして建築行為の一時的停止から，申請人 (Nuntianten) の申立てに基づき事実調査なしに裁判官によって発せられ，相手方により異議によってのみ失効させられるべき建築禁止命令がつくられた。それにもかかわらず，13世紀にはまだ，イタリアの法律家たち，とりわけドゥランティスにおいて，条件付支払命令という実務に存する制度が論議され，承認されたが（「なぜなら同様に，それはこのようになされるのが常であり，それゆえそれはこのように守られるべきだからである」 item quia sic consuetum est fieri et ideo sic observandum est)，次の世紀には疑問の余地なく適法なものとされ，実務の需要にまったく適った制度として詳細に論述された。

　(2)　・執・行訴訟 (Exekutivprozeß) の発展も，同様な道をたどった⁽³⁾。

　すべてのゲルマン法と同様にランゴバルド法に固有なものとして，疑いの余地のない義務を追求するにあたっての容赦のない苛酷さがあった。ここで特に関心のあるランゴバルドの債務法にあっては，穏やかな気風が根をおろした後でも，この往時の厳格さの残滓が債権者の自力差押権 (Selbstpfändungsrecht) の中に保持された。しかしこの権利は，それを契約上かつ書面により自己の債務者から認められている者にだけ認められた。そしてこの権利は債権者に，履行期が到来した場合に彼に特に指定された物または彼にとって適当と思われる物を差し押さえる権限を与えた。それによって，ローマ法の再生よりも前に，執行権の付与にはただ債務者の明確な陳述だけが必要である，との原則に到達した。ローマ法は，そのような原則を知らなかったが，この原則が実務においては一般的に行われ，イタリア諸都市の繁栄した商業が人的信用の強化，そしてそれとともに信用上の債権を迅速に実現するための手段を必要とすればする

（1）　Skedl, Das Mahnverfahren. 1891.
（2）　L. 1 pr. 5 § 10 D. de op. novi nunt. 39. 1.
（3）　Briegleb. Ueber exekutorische Urkunden und Exckutivprozeß. Bd. 1, 2. Aufl., 1845 ; Wach, Ital. Arrestprozeß. 1868 ; Pertile, VI. 608 sq.

ほど，いっそう有用なものとなった。そのためロマニストの法学にとっては，実務上の法制度をローマ法上の諸原則に結び付け，それによりそれら諸原則の意味において実務上の制度を是認するという課題が生じた。そしてロマニストの法学は，この課題を，自力差押権を法廷認諾（confessio in jure）についてのローマの諸原則に服させることによって解決した。「認諾した者は判決を受けた者とされる」（confessus pro judicato habetur）との命題は，裁判所または公証人の面前で自己の債務を承認し，書記（Urkundeperson）から強制執行に必要な弁済命令（praeceptum de solvendo）を得た債務者についてのみ適用された。そのさい，法学は初期においては仮装訴訟を用いた。なぜなら，他の方法では裁判官の面前でなされる認諾を得ることができなかったからである。しかしこの手段は，非訟事件の行為に表面上の資格を与えたにすぎないのであり，それゆえその実施は公証人にも認められた。

このようにして成立した証書は，認諾証書（instrumenta confessionata），あるいはより頻繁に保証証書（instrumenta guarentigiata）と呼ばれた[4]。

しかしそれは，ロマニストの法学がこのドイツ法上の制度を自己流に整える方法にすぎなかった。その法学は，この制度に深く取り組み，その制度がイタリアの慣習法において果たした発展に絶えず依拠した。この制度自体は，ローマ的な外被を必要としなかったが，この実務的な制度をそれで装う試みがなされた。そのことは次のことから最も明らかとなる。すなわち，私証書については訴訟の擬制や法廷認諾（confessio in jure）の擬制は全く問題となりえないはずであるのに，債務者が執行に服するとの条項さえ含んでいるならば，私証書にも，公の証書と同じ効力がここで付与されたのである[5]。この発展は，手形および手形取引の発達と密接な関係がある。そうした拡張をもローマ系法学は是認した。

しかし，初期には弁済命令（praeceptum de solvendo）があれば強制執行の開始要件が満たされ，それゆえ債権者は直ちに裁判所において執行開始を申し立てることができたのであるが，後には債権者の援用する証書が実際に保証証書の要件に合致しているかどうかについての裁判官による審理が必要とされた。こうして，ひとつの特別訴訟手続が成立し，そこでは原告が相手方および裁判官に証書を提示し，被告はその証書が自己に起因するか否かを陳述しなければならず，裁判官は証書の執行適格を判決により承認あるいは否定するという

（4） Guaran とは，担保である。
（5） Briegleb a. a. O., S. 87 ; Pertile. VI. 613.

任務を有した。この訴訟が，執行訴訟（Exekutivprozeß）である。通常の訴訟との差異がどこにあるかは，ブリーグレブの前掲書84頁が次の言葉で適切に示している。すなわち，「執行訴訟の対象はもっぱら，保証証書の中で約束された給付の執行による取立てであり，この給付の義務が法的に実際に存在するかどうかは斟酌されない。これに対し，通常訴訟は第1次的にはまさにこの義務の裁判官による承認，被告の債務の宣言に主として向けられているのであり，間接的にのみ執行に導くのである」。

それにより，債務自体に関する債務者の抗弁は，すべて排除された。事実また，イタリアの法律家たちは，この手続について，「執行により手続がなされる」（proceditur executive）という表現を用いていた。後に執行訴訟（Exekutivprozeß）という名称が造られる元となった言葉である。それは，執行をもって手続がなされるということを言おうとしているのにほかならなかった。それにもかかわらず，債権者の執行申立てと裁判官の強制執行の命令との間に，執行が適法であるとの裁判官によってなされるべき確認だけが入りこんだ。

しかし，この手続が長い間そのように単純であったのではない。学説が新しい法制度によりいっそう立ち入って取り組んだとき，学説は，ここでもそれを認諾（confessio）の理論と結びつけながら，認諾の成立ないし有効性を争う手段となるその同じ抗弁が保証証書にも対抗できなければならない，ということに気づいた。さらに，認諾を判決と同視することに接続して，そこから，確定判決の執行に対して対抗できるのと同一の異議が保証証書に対して許されなければならないと説かれた。それ故に，証書の中でなされた約束の実体的な成立に対する，および証書により創設された請求権が今もなお有効に存続していることに対する抗弁が許されたが，そのような抗弁によって展開された手続は，裁判官に求められた執行命令だけを問題にするのだという考えが固執され，そしてそのために債務者はその主張を直ちに証明することを要求された。もし彼が証明できなければ，執行の開始は妨げられなかった。しかしそのような場合に，不当に取り立てられたものの償還を求める債務者の返還の訴え（condictio）や，証書の無効宣言を求める訴え（condictio instrumenti）も許された。これらの訴えは通常訴訟手続により審理された。しかし執行手続においても書証以外の証拠が許された。原告が私証書を提出し，被告がその真正を争えば，原告にはその真正のためにあらゆる証拠方法が許され，どんなに悪くても，債務者がその不真正を宣誓しなければならなかった。抗弁の証明のためにも，多くの場所で証書以外の証拠方法が許された。

(3) 仮差押訴訟（Arrestprozeß）も，ランゴバルドの自力差押権から発展し

第3編　ローマ＝カノン系訴訟およびドイツ民事訴訟法典の発布に至るまでのドイツにおける訴訟法の発展

た(6)。

　中世後期に至るまで，債務者が債権者に対し自力差押えにより債務者の財産から弁済を求める権利を認める契約，すなわち占有取得の合意（pactum de ingredienda possessione）は，債権者が裁判官に訴えることなく自らの手で彼の気にいるものを債務者の財産から取り出して債務者の弁済に充てることが許される，という趣旨に解釈された。しかし比較的秩序ある状態が現れると，ひとはこの権利を制限に服させようとする。ロマニストの法学は，たしかにこの権利をローマ法の命題によって理由づけようとしたが，それとともに，限定にもつとめた。1. 3 Cod. de pign. 8. 14 が引用されたが，これは次のように述べている。「債務の返済がなされない場合に合意による権利を占有の取得により行使する債権者は，確かに暴力をふるっているとは見られないが，しかし彼らは保証人の同意を得て占有を得るべきである」（Creditores qui non reddita sibi pecunia conventionis legem ingressi possessionem exercent vim quidem facere non videntur, attamen auctoritate praesidis possessionem adipisci debent）。

　こうして，ひとは，占有取得の合意（pactum de ingrediendo）は抵当権の合意（pactum hypothecae）と同等であり，担保の提供を求める請求権を与えるにすぎず，この請求権は裁判官の前で追及されなければならないか，あるいは少なくとも完了した差押行為の裁判官の前での正当化が必要であるとの見解に達した。

　こういう形で，この制度はまず初めに，債権者の共同体において短期の信用債務を負った他国者で，その財産が債権者の共同体に在る限り，それが債権者によって要求されうる者に対する法的請求権の追求に役立った。それは，他の国に属する者に対する権利追及に付着する不確実性が特別の処置をなす権利を与える，という考えであった。特別の処置を許容する根拠をあらゆる経済的な不確実性の中に見いだすことは，何にもまして当然であったのであり，ひとは，そのような処置の開始は占有取得の合意がなくとも債権者に担保の提供を要求する権利を与える，という見解に達した。しかし，この担保の提供は，合意（pactum）がなければ，いずれにせよ裁判官への申立てを通してのみ要求できた。こうして，本案請求に関する訴訟から分離された，もっぱら保証金の提供に向けられかつそれによって終了する手続が発達した。その手続は，もし別におよそその目的を達成するには必然的にその目標に迅速に到達しなければなら

（6）　これについて，たびたび引用されている Wach の著作 Der italienische Arrestprozeß, 1868 を見よ。

ず，それゆえローマ系訴訟法のゆっくりした進行に拘束されてはならなかったのである。危ぶまれる請求権の即時に取り調べうる証拠方法による疎明および占有取得の合意あるいは債務者が信頼できないと思わせる事情の証明以外のことは要求されなかったのであり，それらに基づいて裁判官は債務者に担保の提供を命じ，あるいは債権者に担保を自分で取ってくる権利を認めたのである。

　この発展全体は，イタリア法の土台のうえになされた。法学は，当初はそのような発展に対しても，当時の比較的穏やかな習俗に応じて，慣習法上の制度を解説しそれをローマ法的に理由づける，ということ以外の関心をもっていなかった。もっと後になって初めて，法学は法制度全体を立ち入って論じたのである。しかし，ロマニストの法学がともかく慣習法上の制度に取り組んだことにより，その法学は，それを地方特別法の形成範囲からローマ＝カノン系訴訟の制度に高めたのである。

§ 37　［カノン占有訴訟］　このようにして，クレメンティナ・サエペにより，およびローマ＝カノン系の法の学問がドイツ法上の諸制度を取り上げたことにより，略式手続の許容のための道が地ならしされた後に，これを機縁として普通法の基礎のうえに別の簡略化された手続方法が成立した。それが，いわゆる略式占有訴訟（possessorium summarium）である[1]。

　後期カノン法学者は，とりわけドゥランティスもそうであるが，占有争訟においてしばしば生じる暴力行為の危険に対し，裁判官が武力でもって威嚇をなす当事者にいかなる占有行為をなすことも禁ずることにより，あるいは裁判官が係争物を裁判上の保管（sequestration）に付することにより防止する権利を裁判官に与えた。裁判上の保管のためには，1. 13 § 3 D. de usufr. 7. 1 を援用することができた。裁判官がそのような権限を有することが指摘されたとき，なにか新しいものが創造されたというわけではない。しかし相手方の武力の行使または威嚇を非難し，占有保持の特示命令に基づき（ex interdicto retinendae possessionis）訴えようとするか，あるいはすでに訴えている当事者は，裁判官に対し，自己が現在のところ（augenblicklich）占有していることを裁判官に明らかにすることができる，ということがありえた。そのような場合には，裁判官の権力的命令により彼から占有を奪い，占有訴訟の結果に，希望をつながせるのは不当と考えられた。それゆえ自己が現在占有していることの蓋然性を裁判官に示した当事者を占有させたままとし，そして相手方には，たとえ彼の

---

(1)　Delbrück. Die dingliche Klage des deutschen Rechts, 1857 ; Bruns, Das Recht des Besitzes im Mittelalter und in der Gegenwart. 1848. §§ 28, 33, 44, 45 ; derselbe, in Bekker's Jahrbüchern des gem. deutschen Rechts. IV. S. 1ff.

側に占有をなす権利があるとしても，あるいはたとえ彼が以前占有していたとしても，現在の占有者に対する妨害を刑罰の制裁をもって禁止する権利が裁判官に認められた（奪取禁止命令 mandatum de manutenendo）。ここでも，現実の権利保護の必要は，できるだけ略式の審理による場合にのみ満足されえた。それゆえ，決着の困難な抗弁は，たとえそれが重要なものであっても，特に占有瑕疵の抗弁（exceptio vitiosae possessions）は，手続から排除されざるをえず，そして申請人には，彼が申請前に存していた最近の占有行為を直ちに証明することが要求された。この後で占有訴訟の前にまたは訴訟中に申し立てられそして発せられうる裁決（奪取禁止の裁決 decretum de manutenendo）は，従って，最近の占有を保護した。この種の上記のような効力を有する保護手段を与えることは，占有保持の特示命令（interdictum retinendae possessionis）に基づく訴えが通常の訴訟経過に従っており，しかも，この訴えがその提起の当時に暇庇のない占有をしている者を保護しただけに，それだけ多くの動機づけをもっていた。ところで，当時，一旦占有した者は今もなお占有していると推定され，また，以前にかつて適法な占有行為をしたことを証明できる者は，現在もなお暇庇のない占有者と見なければならない，との命題が主張された[2]。そこでは，ひとは，以前に占有していたものは占有権原を有する者と見なされる，という明らかにドイツ法的な見解に従っていたのである。いずれにせよ，それによれば，自分がかつて適法な占有行為をしたことを証明した者であれば占有訴訟において勝訴するという可能性が存在し，それゆえ以前にした瑕庇のない占有行為を援用できる場合には，占有の訴えを提起したいという誘惑を与えることになった。このようにして，この特示命令に基づく訴えは占有すべき権利に基づく訴えとなり，そして現在の最近の占有の事実を略式に保護することが正当化されたのであった。

§ 38 ［判決無効の申立て］　最後にローマの訴訟の知らなかった1つの上訴が，条例法からローマ＝カノン系訴訟に移行した。判決無効の申立て（Nichtigkeitsbeschwerde）という上訴である[1]。

　ローマ人たちは，無効判決（sententia nulla）を判決とは見なかった。判決の効果を敗訴の当事者に対して主張する者は，無効の抗弁（exceptio nullitatis）によって打ち負かされた。ゲルマン人たちの法，それゆえにまたランゴバルド人たちの法においては，そうでなかった。ここでは判決の形式効（Formalk-

---

（2）　Cap. 9X. de prob. 2. 19.

（1）　Skedl. Die Nichtigkeitsbeschwerde in ihrer geschichtlichen Entwicklung, 1886.

raft）の原則が妥当した。非難されなかった判決は，あらゆる取消しを免れた。注釈学者とカノン法学者は，ローマ法に従った。しかし，条例法においては，ランゴバルド法が依然として効力をもっていた。やがて，ここにもローマ法が入ってきて，ここでも，上訴に服し，不服申立てがないときには既判力をもつに至る不当判決（sententia iniqua）と，単純な無効の抗弁（exceptio nullitatis）によりいつでも排除されうる無効判決（sententia nulla）とを区別するに至るが，それでも，やはり無効の観念は，特別の性質をもつ若干の諸場合に限定されたのである。無効の他の場合は，特別の上訴によって主張しなければならなかった。それがなされなければ，判決は既判力を得た。この理論は，ほぼ14世紀の始まりとともに初めて条例法からローマ系法学に移行した。

それによって，ドイツ法の正当で実際的な考えがローマ系訴訟に導入されただけでなく，後にドイツでなされた治癒可能な無効と治癒不可能の無効との区別のための基礎も置かれたのである。

第5章　ドイツにおけるローマ＝カノン系訴訟の受容

§39　［総説］　前章の目的としたのは，イタリアにおいてローマ法およびドイツ法がいかにして相互に接触するに至ったか，ゲルマン法に従って生活している国民が，歴史上，最初にローマ法を継受したのはどのようにしてであったのか，さらには，教皇の立法という第3の要素の媒介により両要素が結びついたことから，特に訴訟法の領域で，新しい構造がいかにして形成されたのか，を示すことであった。同じ歴史的経過は，他の文化的諸国家，つまり，スペインや，とりわけ，フランス南部にも発生した。これらの国では至るところでドイツ法が優勢を保っていた，などとは誰も主張することはできないであろう。

さらに驚くべきことに，本質的には外国法であるものがドイツ自体にも侵入し，おもむろに，かつ，緩慢にではあるが，それでも，あたかもローマ皇帝たちや教皇たちの法律が，それどころか，ローマやイタリアの法学者の著作でさえもが，ドイツにおいて拘束力を持つかのような観を呈した。

「ローマ法の継受」という名称で知られているこの歴史的事実は，ここではさらに，より立ちいった評価が必要である。なぜなら，現行訴訟法を，継受の結果発生した，いわゆる普通法の継続と考慮するか，あるいは，これを，フランス法により現代の諸関係にあわせて作り変えられたローマ＝カノン系法のその後の発展と見るとしても[1]，いずれにせよ，外国訴訟の受容は，この分野の法の歴史的発展にとってきわめて重要な事実だったので，私たちは，訴訟法

の領域において継受の結果を克服した、という説明で、このことを片づけてしまうことは許されないからである。

　この説明は、また、外国の民法の受容という明白な事実を指摘し、訴訟法の受容はこの事実の結果であると述べることによって簡単に済ませることはできない。この２番目の継受を論じる際にも、ランゴバルドにおけるローマ訴訟の継受の説明のところで強調したことをもう一度繰り返さなければならない。すなわち、ローマのアクチオ法は、ローマ訴訟の根本的な基礎になるものと一緒に受容されない場合には適用できない、ということである。しかしながら、これによっても以下の特異な現象は説明されたことにはならないであろう。つまり、外国訴訟の受容は、たいていの場所では外国の民法の受容に先行したこと、そして、ひとは外国訴訟を全面的に受容する代りに、アクチオ法の適用が内国訴訟の改造を無条件に必要とした限度においてのみこれを改造したのではない、ということである。たしかに、訴訟の継受と私法の継受は交互作用のうちに行われた、という主張を覆すことはできない。つまり、ローマ系の訴訟形式が受け継がれたところでは、ローマ民法の諸アクチオや諸抗弁を、ドイツ法の訴えの内訳のところに据えねばならなかったし、アクチオ法が適用されたところでは、ローマ訴訟法の受入れを避けることはできなかったのである。

　次の説明では、まず始めに、なぜローマ＝カノン系訴訟が受け入れられたのかという問題を議論し、さらに、この継受がいかに進行していったのか、ということに言及してゆくことにする。

　§ 40　［継受以前の法状態］　ひとつの大きな国民全体が故国の法制度を離れ、見知らぬ、その上、他国の言葉で伝えられた諸制度、つまりは、国民の大部分にとって理解されなかった諸制度を自ら望んで受容し、あるいは、特権的な社会階級によってそれを押しつけられるということは、特異な現象であって、それは、ローマ法は拘束力を持つものと見られていたのだというありきたりな説明で片づけることはできない。国民の間に広く外国法を受容する現実の必要が存したに違いない。

　そのような必要は現実に存在していたのであり、また、自国の法源の状態によって引き起こされていた。

（１）　前者を主張しているのは、Planck, Lehrbuch des deutschen Civilprozeßrechts, Bd. I, (1887), 特に、S. 499, および祝賀講演 Ueber die hist. Methode auf dem Gebiet des deutschen Civilprozeßrechts, München, 1889; 後者を主張しているのは、Kohler, Der Prozeß als Rechtsverhältnis, 1888, S. 5 Anm. また、Seuffert in der krit. Vierteljahrsshrift, Bd. 17. S. 485 ff. 参照。

第5章　ドイツにおけるローマ＝カノン系訴訟の受容

　確かに，ドイツにおいて，すでに14世紀には見通すこともできないほどたくさんの法源が存在していた。あらゆるラント，あらゆる都市，あらゆる共同体は，それらに固有の法規範を持っていた。しかし，現存する法令集は，1つとして市民生活のあらゆる領域を包含するものはなかった。そして，いわゆる諸シュピーゲル法書に於けると同じく，かなり多数の実験済みの，国民の法的確信に根ざす諸法規が示されたところにおいては，列挙の際に避けることができない欠缺を補充する一般的諸原則を欠いていた。もしも，法の適用や継続的形成を任務とする人人が，法的確信という尽きせぬ源泉から，確実に一般に適用できる法的諸命題を創り出すという任務を従前のように果たすことができていたのならば，列挙の欠缺は，それ自体として，なんらの不利益にもならなかったであろう。まさに，むき出しの慣習法の無制約的な支配に付着する不確実性，つまり，単なる思念と現実の確信との中間での動揺が慣習法の個々の特別に重要な規範だけを掲げるようになった。これらの法令集によって，さらに，不文慣習法自体によって十分にまかなってゆけたのは，国民が従前の簡素で純朴な生活関係の中で引き続き過ごしていた場所においてであった。しかし，自己の商業的利益の確保のために強大かつ広範な同盟を結んだ諸都市の重要性の増大，商業と交通の発展，職業階級とそれらの利益との分離の進行，つまり，一言で言えば，経済的発展が実定法及び実定法の継続的形成にあたる人々に，新たな，そして困難な課題を与えることになった。通常，具体的な形をとっていた諸法規は，それ以外の生活関係へ移してゆくことができなかった。そして判決をすることを任務とする審判人（Schöffen）の法知識に寄せられる信頼は，彼らが，特殊な範囲の利害関係人の特別の法観念を問題とするところでは，もはや成文法が欠けている状態を補充することはできなかった。その結果，法の不確実性が高まり，それに伴なって，確固たる指導的原則を持つ統一的な成文法への要求が生まれた。人々は，イタリアの繁栄している諸都市が確実な法状態を享受しているということを知っていたので，彼らが，ローマ法の中で，自分たちが探していたもの，つまり，より確実な取引法を見い出そうと望んだことは何の不思議もない。

　これに加えて，古ゲルマンの訴訟法が完全に老廃してしまった。この法は，古典期においてさえ，農村生活のきわめて単純な係争問題のためには十分であった。百人組（Hundertschaft）や代伯職（Gografschaft）では，共同体全部の個個の構成員の諸経験や諸関係が知れわたっていた。比較的重要な全ての法的行為や全ての紛争処理は，いささかの制限もなく公開されて行われた。そして，この場合に人々が必要とした法概念は，非常に単純な性質であるので，分別の

345

第3編　ローマ＝カノン系訴訟およびドイツ民事訴訟法典の発布に至るまでのドイツにおける訴訟法の発展

ある人間ならば，だれでもその正確な理解ができるはずのものであった。当事者宣誓は，多数の宣誓補助者による保証を必要とした場合が非常に多かったので，当事者宣誓の許される範囲を拡大しても危険はなかった。しかし，その様式において驚嘆に値する手続の全体は，その生存の基本である個人の判断能力及び誠実さへの絶対の信頼，及び共同体構成員の全ての法生活の公開性がその手続から奪われてしまうや否や，消滅せざるを得なかった。共同体が，もはや個々の人間を十分に知ることができないほどに大きくなったところでは，その結果として，構成員の法生活について共同体構成員の関心が薄れてゆき，さらには，経済活動に個人が多くの時間を費やして公共の生活が重視されなくなったところでは，何よりもまず，従来からの当事者により宣誓された権利主張によって示された信用が動揺せざるを得なくなり，宣誓補助者の必要な数の獲得も困難に遭遇せざるを得なくなった。当事者の立てた権利主張の裁判官による審査の必要，及び，とりわけ反対の証明を許す必要も生ぜざるを得なかった。権利主張の解明は，この権利主張を基礎づける事実の中で行なわれることが求められたので，裁判官には，この事実の有理性（Schlüssigkeit）を審査する権限が与えられねばならなかった。さらに，人々は反証を許されたので，裁判官には，自らの心証に従って証明の結果を判定する権限が与えられた。そうなると，古ゲルマン訴訟の特徴的な性質は失われてゆくことになる。法の発展が，その方向でどの程度進んだのかということは例えば，1433年のブレーメン民事訴訟[1]で示される。そこでは，ラント法訴訟法書などに載っているような古ザクセン訴訟からはかなり離れており，当事者は，強制のない陳述と反対陳述によって係争事件を討議し，裁判官は釈明権を行使した。そして，当事者の単独宣誓は，法的に構成された主張をではなく，相手方の主張した事実を否定するものであった。そして，書証は従前の法とは異なり，重要な役割を演じるに至った。この一例から見てとれるのは，取引量の多い共同体で古い形式主義的手続が被らなければならなかった変更がローマ訴訟の基礎に近づいたということである。

　以上のことに付け加えて，古い訴訟の形式厳格性が空虚な形式主義となった（本書第1編第2部§54）。この事情は，ひとが形式の重要性の理解を失ってしまったということによって説明される。神判の不謬性に対する信頼は，ずっと以前から衰退しており，14世紀及び15世紀には，ある一定の形式の履践は特定の主張の真実性に対する保障を与えると信じられることが困難となっていっ

（1）　Kühtmann, Die Romanisirung des Civilprozeßes in der Stadt Bremen, 1891.

第5章　ドイツにおけるローマ＝カノン系訴訟の受容

た。

　ドイツの法生活が，手続を時代に適合するように改善できるような力を，この時期にまだ保持していたかどうかはかなり疑わしい。ライヒや諸領邦の立法による現行の法の改良は，いずれにせよ，その当時は期待できなかった。また，そのような改良は少しも必要とはされていなかった。なにしろ，ローマ法やローマ＝カノン訴訟がきわめてすぐれた救済を与えたのである。オットー3世以来のドイツ諸皇帝は，再三にわたり，自分はローマ皇帝の承継者であり，ローマ皇帝の法律は自分達自身の法律である，ということを全く決然と繰り返した。ドイツ国王の支配に服する者は，それゆえに，いずれにせよ，自国の法で裁判されない場合には，ローマ法大全（corpus juris）に含まれる諸法律に拘束されると信じていた。また，教皇の教令集も一般的に拘束力を持つ法規と看做され，そして，教会が使用したこの手続は，ドイツの至る所で知られるようになった。教会裁判権はドイツにおいても拡張され，その際に多くの俗人を支配したからである。ここで使用された手続は，しかしながら，前章で述べたようにローマ＝カノン系手続であった。この手続の流布については，かなり以前から多くの著作が役立った。すでに，1227年には，ドイツでカノン訴訟の教科書「裁判手続（ordo judiciarius）」が現われた。そして，1405年には，ヨハンネス・ウルバッハ（Johannes Urbach）の有名な著作が現われた。この本は，他のいかなる著作にもまして，この訴訟法をドイツでますます広く知らせるのに貢献した。ドイツ語で著わされた数多くのポピュラーな著作が出て，学者でない者にもカノン訴訟を学習可能にした。というのは，この当時には，いまだに，学習の困難さがそれの適用を妨げていたからである[2]。

　ドイツにおいて外国法の適用を望ましいものとしたのは，外国法が自国法と考えられ，かなり以前から外国法が知られていたという外面的な事情だけではない。この他にも，外国法は，学問上の必要，ならびに，実務上の切実な必要を満足させたのであった。

　ローマ法およびそれの研究者の著作に対する感覚と理解をドイツにおいて呼び起こし，そしてこれを広めたものは，かつてのイタリアにおいてそうであったように，とりわけ学問的な学校の設立であった。1348年にプラハにおいてドイツの最初の大学が設立された後，次から次へとかなりの数の他の大学がドイツにおいて生まれたということだけを挙げておこう[3]。学問的な活動に対

（2）　v. Stintzing, Geschichte der popul. Literatur des römisch＝kanonischen Rechts in Deutschland, 1867, S. 337 ff.

347

する切実な需要は，上述の学校においてその充足が求められたところのものであるが，自国法ではこの需要を満たすことができなかった。それは，地方特別法の調っていなかったという状態のもとでは異とするに足らない。大学での授業の対象とされることができたのは，ドイツにおいても，イタリアにおいて育成され，また，ドイツ人も多く訪れたパリ大学において育成されたのと同じ法学だけであった。この点から，訴訟法において，まさしく，ローマ＝カノン系の理論が受け継がれたことが説明できる。イタリアでは完全に作りあげられた法学が存在しており，学問上の必要を満たすためにはこの法学を身につけるだけでよかった。しかし，イタリアの理論の内容は，上述のとおり，すでにかなり前から，もはやローマ法ではなかった。訴訟の領域では，生粋のローマ法ではどうしようもないということが分かっていたのであろう。それで，ドイツにおいても，ローマ法大全に著わされていることではなく，ドゥランティスやヨハンネス・アンドレアエ及びその後の著者が，彼らの著作の中で訴訟法そのものとして呈示したところのものを教えたのである。

　実務も，外国訴訟法の中に，自国の訴訟法とよく似てはいるが，自らの求めるものを見い出したと考えた。それというのも，ドイツ証拠法が陥った空虚な形式主義のかわりに，日常生活の経験から発して，証拠の合理的な評価を可能にし，それと共に，かなり込み入った事実関係でも現実に解明できるようにした諸原則の体系を包含する手続であり，そして，これこそが実務の求めていた手続であったからである。

§ 41　[継受を促進した諸事情]　こうして，外国法導入への道が開かれた。一方において，自国法，特に証拠法の衰退があり，他方，理論と実務とを同じように満足させるに適していると思われた外国法の諸利点があって，この両者が，継受の経緯を説明できるものとしてくれる。自らの内から新しいものを作り出す力が欠けていたということが，上述の学問的な法は自らの法であって外国法ではないという観念と結びついて，その適用を強行させた。その直接の移入の妨げとなったのは，ローマ皇帝やローマ教皇の法などは，ドイツには無縁なそれどころか敵対的な力の産物であると見るようなドイツの国民感情といったものではなく，むしろ外国法を適用することの困難さであった。その法の法源があまり理解できない言葉で書かれていたことだけでなく，その法の知識は立ち入った学習によってのみ習得できたことも，裁判所が学問のない参審員によって構成されていた所ではどこでも，外国法の適用を不可能にした。外国法

　（3）　1506年までに16の大学が発生し，16世紀には，さらに4校が加わった。

第5章　ドイツにおけるローマ＝カノン系訴訟の受容

の普及は，学者によってのみ進められ，また，民間裁判人（Volksrichter）を完全に駆逐することによってのみ完成しえた。このことは一挙に起こるというわけにはいかなかった。立法といっても，1回の宣言だけで，自国の法を廃棄して，外国の法を導入すると言い切ることはできなかった。立法も，学者たちがそれに先立って研究をしたのちに，はじめて介入することができたのである。

　ボローニャやパリにかの有名な法学校ができ，そこでローマ法やカノン法が講述されただけでなく，現代生活の必要に応じてこれらの法がなお形成されるようになってからは，知識欲に燃える多数のドイツ人が，ローマ法を学ぶためにアルプスを越え，ライン川を渡って行った。彼らは，先進国の法を学び，そしてそれによって母国の法を継続的に形成する基礎を固めてきたという意識で帰国したわけではない。かえって，自分の国の法と外国法の区別をせず，「迷知（Aberwitz）と学問（Wissenschaft）」とを区別したがゆえに，法なるものを学んだという考えで帰国したのである。彼らが，この知識の唯一の担い手であった。それというのも，ローマ法を広めることができたはずの書籍はなかったからである。ドイツ自体においても，法を学ぶ機会が得られ，法知識という貴重な持ち物を自由に使える人の数が，自ずから大きくなっていったときでも，法学者は高い名声を保有していた。諸侯や諸都市は，重要な指導的地位に法学の教育を受けた人たちを充て，そしてそうすることによって，自己の領内における学問的な法の適用を可能にするため高額の支出を行った。この法学教育を受けた人たちは，自分たち自身の知らない地方特別法を軽視し，その擁護者たる学問のない参審員たちを見下しており，彼らが，ローマ法の利益に作用は静かではあるが絶える間のない持続的な影響を与えた。ドイツの訴訟のいまや不便となった理解しがたい諸形式を回避しようとする努力は，やがて仲裁裁判人（Schiedsrichter）による裁判を求めるという傾向を導いた。仲裁裁判人となったのは，当然のことながら，法知識をもちそして領国主の信任により卓越した地位に任ぜられた人たちであった。これらの仲裁裁判人たちは，自分たちのよく知っているローマ法のみを適用し，そして当事者たちとの弁論に際してローマ系訴訟の諸方式に従って処理したことは説明するまでもない。しかし，その博士たちの仲介的な裁判権の影響を過大評価してはならない。それは，ローマ法の若干の知識を広めそして内国訴訟手続についての公衆の信用をますます失わしめたという以上の作用は持ちえなかった[1]。外国訴訟法の継受にとって

（1）　博士たちの仲介的職務の影響についての見解は分かれる。これをかなり高く評価するものとして，Stölzel, Die Entwicklung des gelehrten Richterthums in Deutschland,

はるかに重要なのは、いずれにせよ、学者たちが参審員団に入り込んだということであった。学者で領国主の宮廷裁判所に任を得た者の数がふえればふえるほど、重要な法取引において、当事者のために、学識ある代弁人（Fürsprecher）が登場する回数が多くなるほど、職務を聖職者または法学博士（doctor juris）に任せることが通例となればなるほど、それだけますます、学識のない判決発見人の地位はよりみじめなものとなり、また訴訟審理のローマ系訴訟法の諸原則がそれだけますます厳格に適用されるようになった。参審員に残されていた道は、自ら外国法の知識を獲得し、それに従って判決するだけでなく手続をも行なうという以外にはなかった。外国法を自分の身につけたいという熱望に応えたのは15世紀中頃以降などでは、一部の特殊な文献つまりは通俗的な法律書であった。多数の体系書、書式集や訴訟書類を仕上げるための手引書が、少数の本物の学者にしかわからない非常に貴重な学問的著作と並んで、外国の民法及び訴訟法についてのうわすべりないくらかの知識を手に入れる機会を与えた。そして、まさしく中途半端な学者たちが、自分たちの知識を通用させようとしたのである。このようにして、彼らは学問的な法の諸原則の実施につき本物の学者たちの支えとなったのであった[2]。

ドイツで最も多くの影響を与えた学問的著作の中では、1405年エルフルトでヨハンネス・ウルバッハの著わした「訴訟手続概要」（processus judicii）が際立っている[3]。その著作は、完全にイタリア学説の基盤に立って、そしてデュランティスその他の訴訟著述家の理論を再現したものであった。それよりも前にすでにおそらく13世紀の前半に「裁判手続」がドイツで著わされ、後にヨハンネス・アンドレアエの名前のもとに広く流布をみた上述の著作がローマ訴訟を知るのに役立った[4]。既述（§14）のシュティンナの著作は、同様に、ポンメルンで書かれ、「簡約鑑」（Speculum abbreviatum）という名を借りて厳密にデュランティスに依拠したが、クレメンティナ・サエペ（Clementina Saepe）を参考としており、これもドイツで広く流布をみていた。通俗的な著作の中で特に挙げるとすれば、15世紀前半に著わされ、誤ってセバスチャン・

1872. これに反対の理解を示すものとして、Rosenthal, Geschichte des Gerichtswesens und der Verwaltungsorganisation Baierns, I, 1889.
(2) v. Stintzing, Geschichte der popul. Literatur des römisch=kanonischen Rechts in Deutschland, 1867, S. 337 ff.
(3) Muther=Landsberg, Johanes Urbach, 1882.
(4) Rockinger, Ueber einen ordo judiciarius, 1885; v. Stintzing, Geschichte der pop. Lit. S. 202 ff. ; Muther, Zur Geschichte der Rechtswisensschaft, S. 179 ff.

第5章　ドイツにおけるローマ＝カノン系訴訟の受容

ブラント（Sebastian Brant）が書いたとされた，「訴訟シュピーゲル」（Klagspiegel）があり，及びウルリッヒ・テングラー（Ulrich Tenngler）の1509年に著わした俗人シュピーゲル（Laienspiegel）がある。2つの著作は，司法に関与する俗人にハンドブックとして役に立とうという目的を追求するものであった。ドイツの，特にザクセンの参審員裁判所では，法の記述の利用はもはや目新しいものではなかった。慣習法が曖昧かつ不確実であったために生じた混乱の際，人はまさしく法書に解決を探し求めたのであり，法書は参審員にいくつかの手掛りを与えた。こうして実際，法の記述をもっていた所ではかなり以前からそうであったのだが，以前ならば判決発見人が行った法製造（Rechts-produktion）の代りに，今度は法書によって裁判する裁判官の包摂作用（subsumierende Thätigkeit）が登場した。つまり，学術的文献及び半学術的文献は，裁判官の適用すべき法規範についての教示を得たいという切実な必要をこそ満足させたのである。

　なるほど，古ドイツ訴訟の諸形式は，なお長い間維持されてはいた。なぜなら，外国法の継受は，外国法の適用の上から下への拡大であったからである。参審員制は，多数の地方で，最初は上級裁判所による持続的圧迫に，そして最終的には立法に屈服した。参審員制は，参審員団が専ら領国主の顧問たちによって占められ，また弁論や判決言渡しの際，外国法を適用するようになったときでも，かなりの地方ではまだ維持されていた。18世紀に入っても，小さなフーフェ裁判所（Hübnergerichte），村落裁判所（Dorfgerichte），マルク裁判集会（Märkendinge）は，古ゲルマン手続の諸形式や特質の全てを固持していた[5]。のちになると，ドイツのすべてのラントの中で最も良い法状態を享受していたザクセンから，訴訟の完全なローマ系化に対する力強い反発が生じた。そして，この反発がどのような永続的な影響を与えたのかは別の箇所で示すこととする。しかし，以上のすべては，指導的なドイツの裁判所の訴訟手続が長期にわたってローマ＝カノン系訴訟の諸形式によって支配されたという事実を何ら変えるものではない。

　すでに1311年ないし1312年にドイツにおいて書面訴訟が全くカノン法の諸原則に従い，儀式的な争点決定をもち，証拠判決はなく，訴点と証人項目をもって審理されたということ[6]は，確かに興味深いことであるが，ことさら奇抜なことではない。なぜならば，訴訟は宗教裁判所に係属していたからであ

（5）　Zöpfl, Alterthümer, II, S. 293 ff.
（6）　Schaumann, Die Akten des ersten schriftlichen Prozesses in Deutschland, 1847.

351

第3編　ローマ=カノン系訴訟およびドイツ民事訴訟法典の発布に至るまでのドイツにおける訴訟法の発展

る。それどころか，これがドイツにおける最初の書面訴訟であったのだという諸説を疑う方がわかりやすい。

　書面主義の発展は，イタリアにおけると同じく，訴訟のローマ系化と手を携えて進んだ。旧時の訴訟の支配下においてすでに，判決を記録しておくことが必要となり，一般的慣例となった。ひとは，それを裁判所証言（Gerichts-zeugniß）の代りとした。この裁判所証言の証拠方法としての価値は，大きな裁判所では重要でない経過の一つ一つを何年も記憶にとどめておくことが不可能となったため，損なわれずにはいなかったのである。判決と同じ価値を必要としたものに，自白，放棄および懈怠がある。かくて，裁判記録の作成に移行してゆくのであり，裁判記録は，審理された訴訟のあらゆる重要な経過についての書類をそこに編綴することになっていた。しかし，当事者が自己の陳述の正確な記入が確実になされることを望んだ場合には，当事者か，または彼らの面前で裁判官が，裁判所書記に調書の内容を口述した。こういう手続は，口頭弁論の生き生きした力を欠いており，全ての関係者からあまりにも多くの時間を奪うことになる。書面が，調書の代りになるように，書面を提出することがより簡単である。「調書添付書類」（Protokollanlage）の内容は，口頭で述べられ，あるいは朗読される方がより良かった。この弁論の外面的形式の変化は，15，16世紀[7]，すなわち，外国訴訟の受容が実現された時に完成した。そして，人がひとたびすべての訴訟資料を書面に留めておくことに慣れてしまうと，15ほどのいわゆる「実質期日」に区分された訴訟手続の導入に対する大きな障害はなくなった。なぜならば，従前の期日に弁論され裁判されたものの記憶が失われていくかもしれないという危険は除かれたからである。

　進行する，特に上から浸透してくる訴訟のローマ系化を鮮やかに表象しているのは，1491年から1496年に至る間に第一審をハーナウのラント裁判所で，また第2審を帝室裁判所で審理されたひとつの民事訴訟についての報告[8]である。その第1審では口頭で弁論がなされ，裁判所書記により裁判記録に簡潔な記入がなされた。第1回期日に原告は口頭でその訴えを呈示し，出席している被告が否認し，そのあとで原告は証人申請をした。第2回期日には，証人尋問がなされ，引続き両当事者は証拠結果につき弁論し，そしてシュルトハイス（Schultheiß）および参審員から成る裁判所は，判決で証明の成立を宣言した。たとえ，この手続はザクセン法源の古典訴訟からすでにかけ離れてはいるにし

（7）　Stölzel, Entwicklung des gelehrten Richterth, 1872, S. 175 ff.
（8）　Stölzel, Zeitschrift für Rechtsgeschichte, Bd. 12, S. 257 ff.

第5章　ドイツにおけるローマ＝カノン系訴訟の受容

ても，やはりドイツの手続である。しかし，帝室裁判所における第二審では，全面的にローマ＝カノン系の法の諸形式において審理されたのである。

帝室裁判所こそは，実際，その影響によって，継受の経過を完結させた主体なのであった。その理由はこうである。この帝室裁判所について，帝国の立法は絶え間なく活動した。帝室裁判所が訴訟を進める基準となる手続を帝室裁判所に指示した諸法律は，最上級の裁判所の裁判がもつ重みによって作用しただけでなく，ラント立法の規範ともなった。ラント立法は，帝室裁判所が設立された時以来17世紀に至るまで，活発な活動を展開したのである。帝室裁判所と同様な影響を与えたのは，帝国宮廷顧問会議（Reichshofrat）である。これら2つの官庁の活動が「我々の訴訟法の発展において」たいそう「重要な中間項」（Mittelglied）をなすので，とりわけそれらの設置やそれらの歴史を特別に述べなければならない。

§ 42　［帝室裁判所］（Reichskammergericht）[1]　フリードリッヒ三世治下に帝国宮廷裁判所が陥った諸状態が，1495年の，皇帝マクシミリアン一世による固定した所在地を持つ「皇帝および帝国の王室裁判所」（kaiserliches und Reichskammergericht）の設立をもたらした[2]。

皇帝の宮廷裁判所は，それの管轄及び同時にそれの意義を1356年の金印勅書（Goldene Bulle）により害された。それというのも，金印勅書は，選定諸侯の臣民たちは彼らの領国主の面前においてのみ裁判を受け皇帝の裁判所にはもはや召喚されないということを，規定したからである。この法律の規定以上に帝国宮廷裁判所を害したのは，皇帝の宮廷地が移動していたこと，及び，その宮廷地がしばしば何年にもわたってドイツ帝国の外に存在していたという事実である。それにより，帝国宮廷裁判所を恒常的に，必要な数のドイツ帝国所属の諸侯及び騎士によって構成することが不可能となった。それゆえ，皇帝は彼の法学博士たち及びその他の自分の信頼のおける人々を身近に置き，彼らからの助言によって裁判所の単なる議長を務める代りに自ら裁判を行う，という習慣が形成された。この種の官房裁判（Kabinetsjustiz）は，人々が古代ローマで数世紀に亘り耐えてきたものであり，ドイツ人において人々が有していた独立の司法についてのすべての観念に矛盾するものであった。そして，帝国司法の

---

(1)　Thudichum, Das vormalige Reichskammergericht und seine Schicksale, in der Zeitschrift für deutsches Recht, Bd. 20, S. 148 ff.; Stobbe, Leipziger Rektoratsrede, 1878; Endemann, Vom alten Reichskammergericht, Zeitschrift für deutschen Civilprozeß, Bd. 18, S. 165 ff. なお，ドイツ法史の諸文献参照。

(2)　本書第1編第1部第2章 § 26 参照。

改良についての帝国議会の多くの概念および要請もこのような事情から発生した。司法からの皇帝の排除が求められ，そして，皇帝が自分の気にいる助言者を勝手に選ぶ代りに裁判所の固定した正式の構成が求められ，また，帝国裁判所のために帝国内部に存する固定した所在地が求められた。

　これらの要請に，マクシミリアン一世は，ヴォルムスの帝国議会で応えた。すなわち，彼は，そこで，1495 年 8 月 7 日に永久ラント平和令（ewiger Landfriede）を発布し，同時に，帝室裁判所令（Kammergerichtsordnung）によって，このラント平和令の監視をするための継続的な組織体，すなわち，帝国裁判所（Reichsgericht）を創ったのである。異常なほどの迅速さで，人人はこの仕事の実施にあたった。すでに，1495 年 10 月 31 日に，皇帝は自ら新しい皇帝裁判所をフランクフルト・アム・マインのブラウンフェルスの館で開き，議長，つまり，帝室裁判官であるホーエンツォレルン家のアイテル・フリードリッヒ（Eitel Friedrich von Hohenzollern）および 16 人の陪席判事に宣誓させ，裁判所に帝笏を付与した。

　1495 年の帝室裁判所令（KGO）は，裁判所の構成に関して，ドイツの慣例に依拠していた。すなわち，同令は裁判官と判決人の分離を維持しており，裁判所は，1 人の裁判官，つまり，帝室裁判官と，16 人の陪席判事（Assessor）あるいは判決人によって構成されることになっていた。前者は，1 人の聖職あるいは世俗の諸侯，グラーフ，あるいは，フライヘルであるべく，陪席判事については，半数は法学者によって，そして他の半数は「少くとも騎士身分」（auf das Geringst der Ritterschaft）に属する貴族によって構成された。裁判官には裁判長の地位が与えられていたが，主要な活動は裁判所の管理であって，開廷の際，彼がいつも出席していることは当てにされてはいなかった。裁判官は皇帝によって任命され，陪席判事たちは「助言と意志により」（mit Rat und Willen），すなわち，等族の提案に基づき，裁判所自体が指名し，皇帝が任命した。そのほか，特に重要なことは，裁判所は，皇帝がどこに在るかにかかわらず，帝国の特定の都市にその恒常的な所在地をもつことになった点である。

　裁判所の全構成員は帝国直属と看做され，そしてまた，裁判所自体の，あるいは，帝国査察代表者会議（Reichsvisitationsdeputation）の決定によってのみ解任されたので，人々は，帝国の司法は領国主や皇帝の干渉から十分に守られていると考えた。それにもかかわらず，マクシミリアンは，「皇帝および帝国の王室裁判所」という名の新しい裁判所は彼自身が裁判官であった彼個有の今までの王室裁判所の継続にすぎない，という見方を脱しなかった。彼は，実際，繰り返し裁判長たる地位を要求し，また，これをつかさどった。そして，帝室

第5章　ドイツにおけるローマ＝カノン系訴訟の受容

裁判官を彼自身の代理人としか見なかった。しかし，等族は，はなはだ精力的に，繰り返し，新たな裁判所は皇帝1人の裁判所ではなく帝国の裁判所でもあり，それゆえ，裁判所の秩序及び司法に対する皇帝のあらゆる干渉は許されない，ということを強調した。帝国司法の独立性がこのように決然と強調されたことによって，実際，次の事態が導かれた。すなわち，帝室裁判所に対する皇帝および領国主の地位についての正当な見解が今や広く行き渡ったばかりでなく，また，官房裁判の排除がドイツの裁判所構成の一般的な不可侵の原則となったのである。

　帝室裁判所が管轄権をもったのは，すべてのラント平和の侵害，私力による差押えおよび逮捕，皇帝の命令または帝国法律の規定の違反により科せられた刑罰に基づく帝国国庫（Reichsfiskus）の訴え，そして，帝国直属者または異なる領主の臣民間の占有争訟であった。これにより，発布された永久ラント平和令のあらゆる違反を妨げ，フェーデの時代の無法な状態を取り除くべき制度ができた。この帝室裁判所は，さらに，ラント裁判所の裁判拒否および帝国直属者に対する訴えについて管轄権を有していたし，また，民事事件では，すべてのラント裁判所に対する最上級の上訴裁判所として設置されていたのであった。

　この裁判所の公法の領域にまで及ぶ異常なほど広範囲な権限は，必然的に，この裁判所に国法上重要な地位を与えることになった。この裁判所の最高級上訴裁判所としての権限は，その裁判に，必然的に，帝国全体を支配する権威を与えることになった。この裁判所では，いかにして手続を行なうのか，および，どのような法的諸原則に従い裁判がなされるのかということは，確かに，必然的に，すべてのラント裁判所に対して最終的に基準となった。多くの帝室裁判所令は，実際，領邦の立法の模範となった。

　残念ながら，帝国がこの最上級裁判所に認めた実質的な設営は，この裁判所の高度な重要性には全く相応しなかった。帝室裁判所の歴史は，ドイツの歴史の最も喜ばしくない諸章の1つである。つまり，この歴史は，帝国自体の衰弱の歴史であり，滅亡の歴史である。すでに設立1年目において，この裁判所は何度も所在地を変更したし，さらに，何回もその活動を停止した。帝国には陪席判事に支払う給料のための資金がなかったために，法律で決められた数の陪席判事が集まったことは稀であった。ある時期には，例えば，16人の陪席判事のうち4人しか在籍していなかった。新旧両教の等族のいがみ合い，帝国等族の嫉妬，30年戦争，さらには，17世紀末のフランスとの戦争は，裁判所に手痛い打撃を与えた。その当時，事件の負担は非常に多くなり，また，裁判所の構成は非常に薄くなってしまったので，業務の完全な遂行は不可能となり，

第3編　ローマ=カノン系訴訟およびドイツ民事訴訟法典の発布に至るまでのドイツにおける訴訟法の発展

緊急な事件でもその解決に数年を要する有様であった。裁判所の正式な構成および司法の改善は，実際，帝国の立法及び行政にとって絶えざる憂慮の種であった。

　とりわけ構成に関しては，上述のように，陪席判事の数は最初は16人と決められたが，その後，1566年には32人となり，1648年には50人に増えたが，1719年には25人に減少した。しかし，18人以上の陪席判事が存在したことは稀であった。ヨーゼフ二世に至って初めて法定の員数の確保に配慮した。いうまでもなく，何度も補助員が動員された。当初は，裁判所の各開廷ごとに，そのときどきの裁判所に事実上在籍していた陪席判事全員の出席が必要と考えられていた。しかし，事件の負担はいくつかの部への裁判所の分割を強く要請した。8人の判決人が裁判官席に着けば十分であると考えられていたが，特別裁判部および中間判決部を4人の陪席判事，それどころか2人の陪席判事で構成するところまで立ち至った。その結果として，2人の，後には3人の部長の選任が必要となった。裁判は，あらゆる事件について1人の担当官と1人の副担当官が任命され，前者は書面で報告書を，後者は副報告書を作成し，部の残りの構成員が書面で投票する，という方法で行われた。初めは，5対3の投票比率は同数と看做され，その結果，再度の審議及び投票が必要であったが，後には，単純な過半数の得票で十分となった。——提案された人々は一般試験と特別試験を受けさせられた。一般試験は被推挙者の一身上の関係の調査だけを行い，特別試験は報告書の作成と口頭試験から成っていた。継受の歴史にとってとりわけ重要なのは，1521年と1555年の帝室裁判所の諸規定である。前者は貴族の陪席判事もできるかぎり法学識者の中から選ばれるべきであることを要求したが，後者は同じ規定を絶対的な形で表現している。これは，ひとが，すでにその当時，学識のない陪席判事は法学博士たちに比べると不十分であるということを感じていた，というあらわれである。

　管理人（Prokuratur）と代訟人（Adovokatur）とを区別するローマ的な原則は堅持された。それゆえに，帝室裁判所には管理人も代訟人も存在していた。前者は当事者の代理人として行為し，後者は補佐人として当事者と並んでのみ行為をした。手続の書面性の激増にともない，この区別は当然のことながら不明確とならずにはいなかった。なぜならば，帝室裁判所では代訟人の口頭の申述がきわめて稀な場合にしか行われなかったので，代訟人の機能が訴訟書類の作成に限定されたからである。そして，代訟人についても管理人についても法知識が要求され，管理人は裁判所自体により代訟人の中から選択されたので，訴訟追行を委任された管理人も，同時に，代訟人として登場し，訴訟書類を作成

するようになった。

　帝室裁判所の所在地は，初めはフランクフルトであったが，帝室裁判所はその後数年の間に繰返し所在地を換え，1527年に至ってシュパイアーに置かれた。そして，この都市が1689年にフランス人によって荒廃させられるまでそこに存したが，同年，ヴェツラーに移され，1806年に帝室裁判所が迎えたその消滅まで，そこにとどまったのである。

§ 43　［帝国宮廷顧問会議］　前節で言及したように，皇帝から帝室裁判所の裁判に関与する権限がはっきりと奪われ，そのために，皇帝に対しこの裁判所は皇帝の最高の司法職ではなくて，帝国のそれであることを観念させた。それにもかかわらず，帝室裁判所の設立によって，裁判への皇帝の個人的関与の権利は排除されることなく，皇帝は依然として従前と同じく，帝国の最高の裁判官であることが認められていた。そのようなわけで，事実上彼がそれまで帝室裁判所で行っていたように，いまや帝国議会で裁判官としての職務を行った。そしてまた，彼が以前に彼固有の王室裁判所で行っていたのと同じ方法で，法を宣言する資格がそのまま異論なく認められていた。マクシミリアン一世は，1497年，宮廷顧問会議の中に一種の帝国省庁を創った。この官庁が帝国の事件だけでなく皇帝の世襲地の事件をも審理したのであり，皇帝は自己に到達した直訴についての裁判に際し，この官庁から助言者を得た。1559年，フェルディナンド一世は，宮廷顧問会議から諸世襲地の事件を奪い，特別の官庁に移した。それ以来，いまやいわゆる帝国宮廷顧問会議は司法官庁へと発展していった。帝国宮廷顧問会議が管轄権をもったのは，帝国レーエン事件，帝国直属者に対する刑事訴訟，皇帝の特権及び全ての皇帝の留保権についての争訟及びイタリアの法律事件であり，その他に，皇帝の裁判所として帝室裁判所の裁判権と競合する裁判権を要求した。それゆえ，司法の独立の問題に敏感な等族が，帝国裁判所の権限への皇帝の裁判所による干渉や帝国宮廷顧問会議の恣意的な構成について不平を抱いたことは必然的であったといわなければならない。それら等族の活動によって，実際，帝国宮廷顧問会議は確たる組織を与えられ，皇帝の命令から独立のものとなり，その裁判への皇帝の関与が排除されるに至った。しかし，ヴェストファーレン和約（Westphälischer Friede）は明示的に宮廷顧問会議を皇帝の裁判所と確認し，そして2つの最上級司法官庁の裁判権の競合をも承認した。それは，その条約が，ある事件を扱った裁判所がその事件をそのまま担当し裁判すべく，さらに，帝室裁判所の基準となる手続は宮廷顧問会議においても遵守されるべきものと規定することによってであった。同時に，宮廷顧問会議の組織についての1つの帝国法律が見込まれていた。しか

し，その成立には至らず，むしろ 1654 年に，フェルディナンド三世が発した，帝国宮廷顧問会議令が適用されるようになった。

§ 44　［帝室裁判所の訴訟］　帝室裁判所について § 42 で述べたところからすぐにわかるのは，この裁判所の設立によってドイツにおける外国訴訟法の受容が決定的となったということである。なぜなら，当初から陪席裁判官の半数は法学識者で構成されることになっていたし，さらに 1521 年には他の半数も法律知識を具えてほしいという要望が明言され，さらに 1555 年に及んで陪席裁判官は法知識を有する人々でなければならぬという定言的な規定が設けられたからには，帝室裁判所の面前における手続はその当時の学問的に養成された法律家にしかわからない諸原則，あるいは，それらの人々にだけ適用に値すると思われた諸原則に従って処理されるということにならざるを得なかったからである。

　ここでは次の点は論じないでおくことにする。それは，実体ローマ法の継受も立法の諸行為に因るのではないか，つまり，1495 年の帝室裁判所令の制定や一連の帝国の諸制度を模倣した領邦の法律，すなわち，裁判官が皇帝及び普通の法の適用を義務として行わなければならないという規定に因るのではないか，という点である。実際，外国法の継受が 1495 年にはすでに完結していたと主張することはできないであろうし，従って，この同じ年にすでに事実上既存の状態であったものが帝国につき，また少し後に，マルクブランデルブルグにつき認可されたにすぎなかったと主張することもできないであろう。外国の訴訟法の受容は，しかし，上に述べた諸事実によって高度に恵まれた状態にあり，そのため自然に出来上がったように思われるほどであるが，最終的には，やはり立法の仕事であった。

　帝室裁判所における裁判を処理するための規範を付与する帝国法律には，1495 年の帝室裁判所令のほかに，1521 年，1548 年，そして 1555 年の帝室裁判所令があった。第 4 の帝室裁判所令は起草されたが，1603 年のこの草案は法律とはならなかった。しかし，それにもかかわらず，帝室裁判所により適用された。そのうえ，訴訟にとって特に重要な 1500 年及び 1507 年の帝室裁判所令がある。1495 年の帝室裁判所令は，当事者にその陳述を「書面で提出する」のを許しただけであるが，1500 年及び 1507 年の訴訟法令は，すでにローマ＝カノン系の法から導き出される訴訟諸原則の明白なる導入を内容としていた。同様なことは，とくに，1555 年の同令及び 1603 年の上述帝国代表者会議最終決定の中においても生じた。今日的な意味の，あらゆる個別の法制度の詳細な取り扱いを伴う訴訟法令の発布は必要ではなかった。なぜならば，外国訴訟法

のほんのわずかな基本的命題だけを法律として取り上げたのではあるが，それによって，イタリアの訴訟理論全体の適用が当然のこととされたからである。つまり，人は，法律が明示的規定を置いていないところでは，訴訟に関する著作の中で訴訟理論として提示されたものを全く法律の意味において適用したのである。

しかし，ドイツ帝国の立法は，それが導入し，また，認可した訴訟手続の欠陥を除去し，とりわけ，手続を簡素化し，それによって短期化することに継続的に努めた。

この処理が16世紀および17世紀前半にどのように行われたのかということは，訴訟法史にとって重要な以下の諸事実から明らかとなる。

(1) §21で述べたように，ローマ系訴訟法の訴えの内容としては，いわゆる訴訟原因（causa actionis）の簡単な記載だけを必要とした。訴えによる請求を理由づける個個の事実の陳述は訴点または項目の形で争点決定の後に続いた。このことはドイツにおいても，とりわけウルバッハによって彼の訴訟手続概要（167頁以下）において訴訟理論として提示されたので，法となった。手続の簡素化のために1570年の帝国最終決定（Reichsabschied）88条はその当時すでに存在していた慣習を法律に高めたのであり，この決定はすでに訴状において訴えを理由づける個個の諸事実を項目という形で記載すべきものと定めた（訴えの項目化の要請）。これにより，訴え項目の提出のために特別の期日を指定する必要がなくなった。

(2) 訴えの項目化の導入は，争点決定の変改に影響を与えた。争点決定は，古い帝室裁判所の訴訟においても，また，ローマ系の訴訟においても一般的に行われた形式的宣言であって，それ以外の何ものでもありえなかった。しかし，被告には訴状の項目化により個個の訴事実に対して意見を述べる機会が与えられてはいたけれども，応訴についてのユスティニアヌスの法の忠実な解釈に立ち返ることを妨げるものもなくなった。すなわち，被告には訴え項目への特別な応答が求められ，彼のこの意見表明は争点決定と呼ばれた。しかし，この要請は，さしあたり，単なる慣習にとどまったので，それにより，一般的争点決定と特別争点決定が長期にわたって併存した。

(3) 帝室裁判所の訴訟は，より厳格な闕席制度を備えるに至った。とりわけ，出頭懈怠と弁論懈怠とを区別するようになり，争点決定の際の出頭懈怠には，訴訟の後日再開の許容を伴う処置だけによる代りに，より強力な手段，すなわち，アハトや追放を科することによりこれに強制を加えたが，単なる弁論懈怠に対しては，すなわち，相手方の陳述に対する一定の意見表明がなされない場

359

合には，自白罰（poena confessi）の制裁をもって脅すにとどまった。

§ 45 ［ラント立法への影響］　このように，帝室裁判所で受け入れられて，さらに発展をしたローマ＝カノン系の訴訟手続は，直接帝国立法の支配下におかれていた帝室裁判所にとってのみ基準となった。帝室裁判所の設置は，領国主権（Landeshoheit）の形成が発展しつつある時期になされた。領邦は，その当時にはすでに，帝国に対してかなり広く独立したものとなっており，従前のグラーフの諸権利の中の最も重要なものである裁判高権は，いまや一定の関係においてのみ帝国に所属し，大体において領国主の権利を成すほどであった。従って，帝国裁判所による外国訴訟法の継受も，それ自体は，ラントの裁判所において古ドイツの訴訟形式が生き残っていくことの妨げとなるものではなかった。しかし，帝国の立法は，ラント裁判所の訴訟手続に間接的に変革を加えていく作用を有していた。

　帝室裁判所は，ラント裁判所に対する最上級の上訴審となり，以前の皇帝の宮廷裁判所に取って替った。帝国宮廷顧問会議も，帝室裁判所で基準となっていた訴訟手続に服していた。この２つの最上級裁判所は，それらが，上級審となる場合，もはやかつての判決非難の方法ではなく，今や，上訴によってのみ不服申立てを受けることができた。つまり，上訴提起の際にすでに，ローマ系の訴訟規定に服したのである。しかし，この最上級審での審理に際して，厄介な事が起こった。それは，ここではもっぱらローマ訴訟法に従って手続が進められねばならなかったのであり，判決は最上級裁判所の非難に屈したのであるが，最上級裁判所の批判を受ける判決は，その成立が完全に異る手続経過によるものであった，ということである。証拠判決が，それ自身の訴訟手続には証拠判決というものを持たない帝室裁判所において攻撃される，という事態を考えてみるがよい。最上級の裁判所が，そのすぐれた英知を参審員たちの「迷知」にかまわず押し通し，攻撃された判決がその訴訟法の諸原則に反して成立したという理由だけでそれを破棄するということが，必然的に起こった。このようにして，１つの耐えがたい状態が発生した。なるほど多くの領邦裁判所は，上から加えられた圧迫に自分で屈従し，学識のない審判人の立場はますます苦しくなっていった。彼の職務は，いまや，彼にとって特権というよりはむしろ難儀であった。法が，それを理解していない人によって，そればかりか，しばしば，およそ読み書きを習ったこともないような人たちによって適用されているという不満がますます強くなった。そこで，法知識をもつ書記を招くことによって援助を受けようとする試みがますます多くなされ，その場合には書記が参審員たちを教えるのを常としたが，しかし，参審員席ができるだけ法学識の

第5章　ドイツにおけるローマ＝カノン系訴訟の受容

ある人によって構成されるように配慮するということもますます多く行われた。しかし，あらゆるところで任意に屈従したわけではなく，多くの所で，特に地方で，とりわけザクセンでは，従来からの慣習に固執した。

　この状態を終熄させるために，まず，1521年の帝室裁判所令は，全ての領邦裁判所で書面手続を行い，口頭で提示されたものは少くとも記録するよう命じた。帝室裁判所が要求できたものは僅少にすぎなかった。なぜなら，上訴審での弁論は，書面を基礎とせずにはできなかったからである。しかし，繰り返し，帝国議会は，帝国等族に対し，その裁判制度を帝室裁判所の制度を手本として整備するよう緊急の命令を発した。特に，1555年の帝室裁判所令や1600年の帝国代表者会議最終決定がそれであった。

　これらの警告は，ずっと効果のないままではなかった。これまでラント立法は，訴訟法の分野の改革をどうしても急いで行おうとしていたわけではなかった[1]。ラント立法に服した裁判所では，外国法の知識の普及された程度に従い，「共通の成文の法」に従い，法書に従い，慣習に従い，また裁判所で行われ形成された実務に従って，裁判がなされた。ラント立法が入っていったところでも，今日の意味における訴訟法令が発布されたわけでは決してない。ライヒ立法がそれに服する裁判所に対してそうであったのと全く同様に，ラント立法は領邦裁判所に対して以下のようにした。すなわち，ラント立法は，一般的には，皇帝の法を指示しただけであり，個別の特殊規定を与えたが，それは，裁判所に，外国法の知識を私的研究から手に入れ，法律が与えた規定の不備を自己の実務により補充してゆくに任せたことによる。その1つの例は，1384年に，ヘッセンの方伯ヘルマン／・ドクトが発布した命令であった。それは，1つの領邦につき外国の訴訟法を導入し，そしてそのことを一般的に皇帝の法の指示とともに行った最初の法律であった。ラント立法がより活発な活動を展開したのは，帝室裁判所の設置以後においてである。1498年のヴォルムスの改革法典がその1つであり，この法典は，その最初の3巻の中で訴訟をカノン系訴訟を手本にして，詳細に規定していた。さらにこの方向で作用した特に重要な法律は，1555年のヴュルテンベルクのラント法である。このラント法は，その第1編において，訴訟を法典化している。他の諸ラント立法も同じように努力してこれに倣った。

　しかし，手続がこれらのラント訴訟法令において統一的にかつ一致して作ら

---

(1) Kleinfeller in der Festgabe für Planck S. 275 ff. ; v. Stintzing, Geschichte der Rechtswissenschaft, S. 478 ff.

361

れ，いわゆる「一般的」訴訟法ができたと考えるなら，それは誤りであろう。それらのラント訴訟法令の多くは，通常手続と迅速手続の区別を立てていたし，従来の略式手続を通常手続にしたものも多かった。当事者提出の項目化の命令は，4種の形態で現われている。すなわち若干の法律では，項目化された訴えの提起を要求し，他の法律は，争点決定後に項目（この表現は，完全に，訴点及び答弁という用語に取って代った）を立てることを許した。多数の法律は，項目化の命令を制限的にのみ宣言しているし，また，他の法律は，当事者たちが，彼らの主張を関連づけて提出すべきことを前提に，項目化を許したものもある。一般的不濫訴宣誓（Kalumnieneid）がすべてのこれらの法律の中に見られ，その規定によれば被告の要求に基づき，原告が宣誓を行った。この転嫁宣誓（zugeschobener Eid）は，ほんの稀にしか言及されず，その現象はたぶん不濫訴宣誓の取扱いから明らかにされよう。補充宣誓（Ergänzungseid）は，16世紀のたいていの訴訟法令のおよそ知らなかったところであり，後代の法律がそれを許した。それは，しばしば，法律がこの宣誓を，宣誓義務者が固有の知識を誓い得ることを条件としていたことによる。多くの法律は，古ドイツ宣誓法から完全に脱しきれてはいない。

　このように，ドイツの大部分における地方特別立法は，ローマ系訴訟手続への決定的かつ意識的な移行を示してはいるが，個個の点では，なお不明確なところが多い。

第6章　外国訴訟法の受容に対する反動と普通訴訟法の形成

§46　［ザクセン古法と学問］　外国法は，統一的かつ完結的な法制度に対する取引上の必要を自国法が満足させない所ではどこでも，進んで受容されたが，ドイツ法自体が発展して確たる統一に至っている所では，抵抗に遭遇した。ザクセン法の諸ラントにおいて，まさにそうであった。そこでは，ザクセンシュピーゲルや訴訟法書が1つの，もっと統一的な，そしてその理由からザクセン普通法といわれるものの中心を成していた。その形成に大きく貢献したのは，ザクセンの参審員職，特にマグデブルクの参審員職の高い名声であった。彼らから1つの統一的な，法を同時に確定しかつ形成する裁判が出た。ザクセンは，その他に，その当時の精神的変動において支配的地位を持っていた。これらすべてが一緒になって，皇帝の法は自国の法に欠陥が現実に存在する場合にだけ適用する必要がある，という意識を高める方向に作用した。ひとはここでは，外国法に対しては他の何処よりも批判的であった。すなわち，自国法より，よ

第6章　外国訴訟法の受容に対する反動と普通訴訟法の形成

り良いと認められたものだけが受け入れられたのである。とくに，ドイツとローマの法制度を相互に結びつける傾向があった。当時のドイツ訴訟の有用性について特徴的なのは，ザクセンでは15世紀の終わりになって，ローマの証拠原則を継受することによりはじめて外国法のひとつの影響を受けるに甘んじたということであった。

しかし，ドイツの他の地域でも，16世紀の立法がライヒや領邦において，外国訴訟法を導入する際に行った強引なやり方が，外国の権力によって打ち負かされたという意識を喚起し，そして反抗心を呼び起こした。ひとは，以前には，外国の訴訟法は自国法が破綻に至るのを救ってくれるものとみていたのであったが，いまでは新しい諸制度の卓越性に対する信仰は全くの錯誤に基づくものだったと考えるようになった。普通の人には自分の訴訟追行が不可能となり，彼らは破廉恥な三百代言の搾取の対象となった。裁判所の裁判は，もはや理解できないものとなり，裁判がこういった非難を被らないところでも，それらは屁理屈と受けとられた。最悪なのはなんといっても，新しい手続が長い期間を要したことであった。法律がより自由な活動の余地を法慣行に残していたところでは，好んで自国法を適用し，少くともこれと結びつけるようになった。

それに加えて，訴訟法学において1つの変化が生じた。当初は単純に，イタリアの法律家に追従していた。イタリア人の著書に完全に従っている多数のポピュラーな書物と並んで，顕著な影響を与えたのは，帝室裁判所の2人の陪席判事，すなわち，ミンジンガー・フォン・フルンデック（Mynsinger von Frundeck）（1588年没）およびガイル（Gail）（1587年没）の著作である。それらは，16世紀の後半に出版され，当時の活発な需要に応えて，帝室裁判所の訴訟を扱っている。さらに，ザクセン法の諸ラントでは，4つの法科大学（Juristenfakultäten）（エルフルト，ライプチヒ，ヴィッテンベルク及びイェーナにおける）が活動し始めると，独自の訴訟法学が育まれた。それはもはや，単にあれこれの点が，多くの裁判所において，イタリア法の諸学者が説くところと違って行われていることを，おずおずと指摘するのではなく，かえって自覚的に自己の説を，イタリア人の説と並べまたはそれに代るものとして提示した。この学問がその任務としたのは，自己の祖国に現に存する状態における訴訟法に手を加えるということであった。その際，外国法と内国法との対立から出発したのでは決してない。その当時に，裁判所で行われていた手続を取り扱い，それによって外国の訴訟法をも，まだ自国法が行われていた限りではそれを特別に斟酌しながら，取り扱ったのである。

16世紀の最初の10年の間に現われたヨハンネス・プルゴルト（Johannes

第3編　ローマ=カノン系訴訟およびドイツ民事訴訟法典の発布に至るまでのドイツにおける訴訟法の発展

Purgolt）の法書の他に，ここで特に挙げなければならないのは，1529年に初めて出版されたゲオルク・フォン・ロートシッツ（Georg von Rothschitz）の著書「ドイツの訴訟，裁判所手続の諸規則」（Processus juris deutzsch ader Ordnunge der Gerichtsleuffe）である。それは，ゲルマンおよびローマ系の諸要素から構築され，ザクセンの実務において創り上げられた民事訴訟法を（その第1編において）叙述した最初の著書であった。1541年には，キリアン・ケーニッヒ（Chilian König）の著書が現われた。「皇帝および教会双方の成文法に基づく訴訟，実務および裁判所規則。ザクセンその他の慣行による集約」（Proceß, Practica und Gerichtsordnung aus beiden Kaiserlichen und Geistlichen beschriebenen Rechten, durch dem Sächsischen und anderm Gebrauch nach zusammengezogen）である。この著作は，非常に高い価値を持ち，また非常に大きな影響を与えたので，最近のある論者[1]は，この本の著者について次のように言っている。すなわち，ケーニッヒは，ザクセンの実務の父と呼んでよいだけでなく，またドイツの訴訟の父だと言っても過言ではないであろうと。ザクセンの実務をもって外国の訴訟法を摂取するという同じ目的を追求したものとしてその他に，コンラート・マウザー（Conrad Mauser），キリアン・ゴルトシュタイン（Chilian Goldstein），ペトルス・テルミネウス（Petrus Termineus），アルベルト・ポルマン（Albert Polmann），モデスティーヌス・ピストーリス（Modestinus Pistoris），ミヒャエル・トイバー（Michael Teuber）等の著作がある。実務から生じたこれらの著作は，総じて実務のために作られたものであった。

　この実務の中心となったのは，1483年に設立され，後にザクセン王朝のアルベルト家及びエルネスト家双方によって共同に維持された，ライプニッツとアルテンブルクの上級宮廷裁判所であった。この実務は，手続の口頭性を原則として維持していたが，それにもかかわらず，裁判官は記録に拠ってのみ判決を下すことができるとするカノン法の規定に馴染んでいた。代理人たちは，彼らの申述を裁判所書記に口述して筆記させるという方法で手続を行った。それとともに，訴点決定の適用は自ずからなくなり，一般的不濫訴宣誓も同様である。訴えはドイツの慣習に従い一般的な権利主張を含んでいた。その結果，争点決定も，被告の認めるとか否認するという一般的な宣言を内容としてのみ行われ得た。訴えの特別な理由づけと権利滅却の抗弁の呈示は，争点決定の後でなされたので，争点決定によって被告が失うのは，妨訴抗弁のみであった。しかし，特に重要であるのは，ザクセンの実務が古ゲルマンの証拠判決を維持し，

（1）　Muther, in Glasers Jahrbüchern für Gesellschaftswissenschaft Bd. 9. S. 249.

第6章　外国訴訟法の受容に対する反動と普通訴訟法の形成

それとともに，主張と証拠の峻別を貫いたことである。それによって，同時提出主義（Eventualmaxime）が認められたというわけではまだなかったが，厳格な失権原則が認められた(2)。証拠法はローマのものであり，「原告が立証しなければ被告は免訴される」（actore non probante reus absolvitur）という原則に基づいていた。しかし，証拠法をドイツの証拠法の最近の発展と結びつけようとする努力は行われた。すなわち，特に当事者宣誓が，かなりしばしば利用された。それは，原告がその権利主張について被告に宣誓を押しつけ，被告はその宣誓を権利主張の形で行わなければならなかった。しかし，被告は，このような場合，他の証拠により彼の良心を主張する権限を，すなわち，他の証拠方法を指定する権限を有した（良心の訴え Gewissensklage）。原告は，すでに訴えにおいて，証拠方法を挙げる権能を持ち，そうした場合には，古ドイツ訴訟におけると同じく，被告に宣誓によって免訴を受ける道を塞ぐことになったが，その場合，特定の事実をも主張しなければならなかった(3)。闕席手続の法においては，被告闕席の際，否定的争点決定ではなくて，肯定的争点決定が採用され，それについて，ザクセンシュピーゲル（II. 9 §1. III. 39 §3.）が援用された。

ザクセン法のすべてのラントでこのように実務が運用されたわけではない。特に，マルク・ブランデンブルクでは完全にローマ系の陣営に移行した(4)。そしてザクセン本来のラントにおいても，古ゲルマン訴訟のそういった改革への反対者が出現した。とりわけ，カノン法学者のヘニング・ゲーデ（Henning Göde）が，そうであり，彼は16世紀の初頭，カノン訴訟についての1冊の教科書を書き，その中でザクセンの実務に反対の論陣を張った。他方，ザクセンの訴訟法は，ライプチヒやヴィッテンベルクの大学で明らかな支持者を見出し，そして彼らによって学問的扱いを受けた。この宗教改革の祖国において，教皇の法の適用に対し教会的立場から反抗が起されたのだと人は考えるかもしれない。しかし，そんなことは起りはしなかった。教皇の立法は，民法や訴訟法の領域では認められていたのであり，それらが自国の法によって適用外に置かれていないと思われたところでは，それらの規範は遵守された。これと同じ立場を立法はとった。1488年の上級宮廷裁判所法において，アルブレヒト勇敢公（Herzog Albrecht der Beherzte）は，次のように定めている(5)。

（2）　この点に関し，Engelmann, Der Civilprozess, Bd. 1, §148 参照。
（3）　Muther, Gewissensvertretung, 1860, S. 70 ff.; Kleinfeller. Geschichtliche Entwicklung des Thatsacheneides. S. 107 ff.
（4）　Kleinfeller, a. a. O., S. 105.; Holtze, Geschichte des Kammergerichts in Brandenburg＝Preußen, I. S. 259 ff.

第3編　ローマ=カノン系訴訟およびドイツ民事訴訟法典の発布に至るまでのドイツにおける訴訟法の発展

「裁判所におけるすべての事件は，ザクセン法が法的かつ確定的に表現されている場合には，それに従って裁判し，また，それが不明瞭あるいは卑賤な場合には，普通法によって補完，解釈しなければならない。」(Es sullen auch alle Sachenn vor dem gerichte nach Sächsischenn Rechtenn, wu das rechtlich und bestendigk ausgedruckt, vorsprochenn werdenn, wu es aber unausgedruckt, tunkel adder unvornehmlich ist, Sal es erföllunge und dewtunge nach gemeynem Rechtenn nehmenn.)

§ 47　［ザクセンの律令立法］　確かに，このように侵入して来るローマ系の法に対して，ドイツ法の信頼できると分った諸制度を救おうという決然とした努力が存在し，また，あれやこれやの問題について，法学者たちの著作の中に及び基準となる上級裁判所の慣行に助言を受けることができたが，それでも，常にかつ多数の場合において，自国の慣習法と普通法との間に限界を見い出すことは依然として困難であったし，外国法のある制度が実務によって変改されたかどうかということは争われる問題であった。このような状態に終止符を打とうとしたのがザクセンの律令立法であった。

この争われる問題を解決する法律を用意するために，1571年にライプチヒおよびミッテンベルクの法科大学の代議員たちがマイセンに召集された。この委員会の審議の諸結果は，鑑定意見として選定候に具申された。すでに1572年4月21日には，ザクセン律令 (constitutiones Saxonicae) という名称で知られた諸法律（法的訴訟並びにそれ以外の裁判所に係属する事件に関する律令及び諸規則）が現われた。ザクセン律令の鑑定意見 (consultationes constitutionum saxonicarum) も，これらの法律自体も，その当時の最も重要な諸成果の1つであり，われわれの訴訟法史の最も重要な出来事に属する[1]。

これらは，一連の個別的な諸点を規定しているが，その際，手続上の諸期間を規整し，とりわけ，争点決定前になされる陳述のためには，ただ1回の期日だけしか指定してはならないとし，さらに，当該の段階に属しないすべての訴訟行為の排除を伴う厳格な規則を定め，その他，特に担保制度について規定した。しかし，この法律の歴史的意義は以下の点にある。すなわち，この法律が項目別の訴えを禁止し，訴えの中に既に訴えによる請求の具体的な理由づけをするように求め，その結果として，被告に対して，争うという一般的，形式的

---

(5)　Muther., Gewissensvertretung, S. 40 に拠る。
(1)　文献の中では，しばしば本文に引用した Muther の論文のほか，次の論文が挙げられる。Muther, Zeitschr. für Rechtsgeschichte Bd. 4 S. 295 ff. 及び，Schletter, Die Constitutionen Kurfürst Augusts von Sachsen vom Jahre 1572. Leipzig 1857.

第6章　外国訴訟法の受容に対する反動と普通訴訟法の形成

な陳述を禁じ，そして，訴事実に対する応訴を要求することにより，いわゆる特別争点決定の負担を負わせた点である。弁論は口頭で行い，言葉どおり記録することになっていた。

　これらの諸原則の定立とともに，それまでザクセンの裁判所の実務に入り込むことができないでいたカノン系の訴点手続は，ザクセンの訴訟法から決定的に遠ざけられた。また，この律令立法は証拠判決を維持した点でもドイツ法を堅持している。

　これは，確かに，個別の重要な諸原則を定立しただけであったが，実務の統一を妨げていた大抵の疑問や争われる問題はそれによって除去され，学問に確固たる基盤が与えられた。この基礎の上に，多数の，ザクセンの外でも名声を得た実務的な文献が引き続いて現われ，17世紀の20年代には完全な訴訟法を発布するための準備が十分に整うに至った。そのような訴訟法は，1622年7月28日に「ザクセンの諸ラントにある上級裁判所および下級裁判所において均一に順守されるべき，ザクセン選定候ヨハン・ゲオルク1世の訴訟法兼裁判所法」という名称で出たが，この法律は，本質的に新しいものを何ら創っておらず，それまでの法に完全な規整を与えただけであった。しかし，特筆されるべきは，この法律が権利滅却の抗弁を争点決定と結合させ，それゆえ，当初手続の2段階への分離をやめたことである。ただ，証拠判決だけが，いわゆる当初手続と証拠手続に訴訟を分かち，区切りとして作用するのである。

　このザクセンの立法は他の諸領邦の立法に影響を及ぼさずにはいなかった。多くの訴訟法令は全ての基本原則においてザクセン法に従い，ザクセン法とローマ系の法とを折衷する立場の法も多かった。それらに対抗して，ローマ系の法および帝室裁判所訴訟に支配された法律もあった。つまり，ヴェストファーレン和約が成立し，ドイツ帝国が再び文化を高める課題に取り組めるだけの平安と時間を得た当時には，ドイツのすべてのラントを包括する，本質的な点だけでも統一的な訴訟法なるものが存在しなかった。ローマ系の法とゲルマン法との闘争は，その後も長く続き，きわめて重要な諸問題についての学者たちの見解は分かれていた。そして，下級裁判所の実務は，一方において，ライヒの諸裁判所および領邦の宮廷諸裁判所の影響と，他方において，固く根をおろした自国の慣習との間で動揺した。一言で言えば，法状態はきわめて不満足なものであり，そして新たに，帝国等族はライヒの立法に対し司法運営の改善を呼びかけた。

　訴訟法の改革が進むべき方向については1つの事情が決定的な意義を果した。ドイツでは，もともと，イタリア人の著作と，ドイツ人によって書かれてはい

るがイタリア人に追従した文献とを頼りにしていた。しかし，これらの文献がドイツの実務を支配し始めてから約 200 年の歳月が過ぎ去り，ライヒおよび領邦の立法が活発に行われ，ドイツの大学も存在するに至って，ドイツ独自の訴訟法学が成立した。実務は，諸事情や考え方の変化に直面して，もはやイタリアの法学者の理論ではやってゆくことができなくなり，イタリア人の学問の研究は冷却した。それとともに，イタリア人の理論の名声は次第に消えてゆき，自国の学問に目が向けられ，この理論が 15 および 16 世紀に果たした躍進は挫折し，現に在るものと過去に在ったものとの歴史的な関連に対する興味が失われ，ごく最近の人々が持たらした諸成果に頼るのを通例としたのであった。このようにして，実際，ローマ系の理論は訴訟法の改革に着手したころにはまだ少しは影響を及ぼしたのではあるが，その影響は，この改革の後にはほとんど完全に消失した。

§ 48　［最後の帝国最終決定］　ライヒ立法は，帝国等族の司法運営の改善に対する公然と述べられた希望に耳を貸そうとしなかったわけではない。1654 年 5 月 17 日に「最終決定のあった（verabschiedet）」レーゲンスブルクでの帝国議会において，訴訟法の歴史にとって重要な 1 つの法律が成立した。1663 年にレーゲンスブルクで召集されたすぐ次の帝国議会は，その後もはや解散されず，恒常的に開催されたままであったので，1654 年の決議について「最後の帝国最終決定」（Jüngster Reichsabschied）という呼称が一般化した。

　この法律は，もちろん，ライヒの権力のますます狭められている限界を乗り越えることはできず，帝国裁判所の手続についてのみ規定を置くことができた。しかし，その第 137 条において，すでにしばしば表明された命令が繰り返されている。すなわち，帝国等族はそれができる限りその自己の裁判制度を帝室裁判所のそれを模範として決めよという命令である。この度も，この戒告は功を奏せずに終わったわけではない。すなわち，帝国裁判所の訴訟がまだ完全にイタリア理論の軌上で動いていた当時に，同じような戒告が初めてなされたさい起ったのと同じことが繰り返された。つまり，かなり多数の領邦が，実際上固有の立法をもライヒの立法を模範にして変更したということであり，また，実務がラント法によって顧みられなかったところでは，実務はライヒの法を補充的法源として適用しようと努めたということである。ラント立法と実務は，ライヒが最後の最終決定によりザクセンの法理念のために行ったのと同じ方法で，共に変換を行った。

　実際，1654 年の改革は，ローマ系の法に対するザクセン法の勝利として性格づけることができる。その改革は，先行した諸法律の中で最も包括的なもの，

第6章　外国訴訟法の受容に対する反動と普通訴訟法の形成

すなわち，1622年のザクセンの訴訟法に依拠しており，以下の諸原則の，帝国の法律としての承認を内容とする。

(1) 項目別の手続は，ただ証人証拠の場合にだけ行い，当事者の申述については今後は行わない。それによって，特に項目別の訴えの禁止が宣言されたことになる。最後の帝国最終決定第34条によれば，原告は，「その訴えもしくは訴状を項目別でなく簡略なやり方で，その中に事実を簡潔かつ細心に，しかし明瞭かつ判然と陳述すべきであるが，原告が望む場合あるいは事案の幅の広さと事情がそれを必要とした場合には，各点を追い明瞭に編成して叙述し，さらに，結論と申請とをこれに附さなければならない」(seine Klag oder Libell anbringen nit Artikuls, sondern Summarischer weiß, darinne das Faktum kurz und nervose, jedoch deutlich und distinkte, klar, da ihme beliebt, order der Sachen Weitläuffigkeit und Umbeständen es erforderten, Punkten weiß, verfast und ausgeführt seyn, mit angehenckter conclusion und Bitt)。つまり，訴えを理由づける諸事実は相互に関連させて叙述すべく，これらの諸事実から原告が結論した権利主張があとに続き，かつ訴申請においてその表現を見出すべきものとされた。

(2) 同様に，第37条によれば，裁判所により被告に送達された訴えに対する被告の答弁がなされる。被告は，最初の期日において，「訴えに対しては，簡潔，細心かつ明瞭に答弁し，その際，原告が提出した事実と果して異なるか，またどの点で異なるのか，および事実が本来はどうであったのかを区別して明白に，すべての事情を附して各個の点に即して述べなければならない (auf die Klage kurtz, nervose und deutlich, auch unterschiedlich und klar, ob und worinn das Faktum arderst als vom Kläger vorgebracht, und wie es sich eigentlich verhalte, specifice und uff jeden Punkten mit all seinen Umständen anzeigen)」。その際，被告が延期的あるいは永久的抗弁を有するなら，その全てを一度に提出しないと失権するという制裁があった。つまり，ここでも関連的な事案叙述が行われたのであり，その際，同時提出主義の導入による特別争点決定の命令が存した。

(3) ローマ系の手続においては，裁判官は本案に属さない (impertinent) 項目を単純に却下し，当事者は，その他の依然として争われている項目の証明に立ち入ったのであるが，裁判官は，今度は簡略な当事者の申述から主要な事実を独自に捜し出し，ローマの証明責任原則に従いこの主要な事実を証明しなければならない当事者に対し，確定力を生じうる，つまり上訴に服する判決によって証明を課するのである。古ゲルマンの証拠判決はこの判決の中に理念上でだけ生き続けている。古ゲルマンでは，当事者の申述は主として権利主張だけを内容としていたので，証拠判決も全く一般的に権利主張のみを証明の対象

369

とすることができた。しかし，いまや，非常に広い余地を当事者に残すことはもはやできなかった。なぜなら，当事者は「事実」を述べなければならず，また，事実主張のみを立証しえたからである。それゆえ込み入った事実関係は，必然的に込み入った証拠判決に導くことにならざるを得なかったのである。

§ 49　［ドイツ普通訴訟法の学問］　訴訟法史にとって最も重要な 1654 年の改革は，以上で尽きる。これは，ドイツの大部分において既に実際の法であったところのものをライヒの法律として承認したが，これは帝室裁判所の訴訟の完全なる変改に導いた。この改革の手が直接に及ばない各個の法諸制度の構成は，特別立法によって何か新しいものが作られなかったところや，従前の法が時代に適合するように継続的に形成されなかったところでは，従前どおり外国の訴訟法に従った。

この継続的形成は，1654 年以降はライヒ立法によっては全く取るに足らない程度でしか行われなかった。力を増しつつあった領国主権（Landeshoheit）は，帝国権力の作用にますます狭い限界を引き，多くの領邦およびその中でもきわめて有力な領邦は，いわゆる不上訴特権（privilegia de non appellando）を得た。すなわち，比較的高い不服額が存在する場合にだけ，ラント裁判所の判決に対する帝国裁判所への上訴ができると定められていた。ラントの立法は，それだけより重要にならざるを得なかった。法がその後より発展を続けていくのはラントの立法によったのであり，これに対してライヒの立法については，例えば，1713 年の帝室裁判所の査察決定が挙げられる程度にすぎない。

今やドイツにおいて独特の法状態が形成された。その最も重要な基礎をなしていたのはライヒの諸法律であったが，それが直接に拘束力を持つのはライヒの諸裁判所に対してだけであった。加えて，ラントの諸法律が成立するが，それはライヒの法律とは常にかつあらゆる点で一致したわけではなかった。法律を編纂する技術では，17 世紀末および 18 世紀初頭に発布された諸法律を 15 世紀および 16 世紀の立法作業と比較すれば，そこには紛れもない進歩が認められるのではあるが，しかし，相変わらず個個の特定の諸原則の定立および特定の係争問題の解決で十分だと考えられていた。つまり，その他のすべては実務に委ねられたのであり，この実務がこれまでどおりの道を歩むであろうことを，ひとは知っていた。今日普通に発布されるような法律は，法の一定の素材を完全に規律し，そしてそれ自体に基づいてのみ解明されることを欲するが，そういう法律は当時にはまだ未知のものであった。学問と実務には，従って，当時には今日以上に法律の不備を補完するという任務が与えられた。この欠陥の補充は，それがうまくゆくところでは従来の法を維持する方法で，また，必要が

第6章　外国訴訟法の受容に対する反動と普通訴訟法の形成

あるところでは自力でもやってのけるという方法によった。ドイツのあらゆる所で重んぜられている権威に立ち戻ろうとするときは，「皇帝の成文法」（das kaiserliche, geschriebene Recht）を適用したし，当時の多くの法律は明文をもってこの法をラント法に次ぐ補充的な法源として指示した。しかし，この皇帝の法は，いずれにせよ，訴訟に関する限りでは単一の認識源として存在しなかった。そして，以前にはイタリア人の著作が頼りにされたのであるけれども，今では，ひとは，ドイツの，とりわけ，ザクセンの訴訟法学者の著作から教えを受けようとした。この実務の需要には，ドイツの大学で生い育った訴訟法学が進んで応じた。ここでは，かつてボローニャおよびその他のイタリアの大学で法学者が行ったのと同じ方法で，ローマ系の法に依存し，かつ，実務の成果や需要ならびに立法の諸規範を全体的に結びつける訴訟法理論が創造された。このような理論を身につけて，法学徒たちは陪席判事補として，あるいは弁護士としてドイツの法廷に入り込んでゆき，そして，自国のラント法が補完ないし解釈されねばならない場合には，常にこの理論を適用した。

　こうして，実際，学問には，一方において，立法によりほとんど狭められることのない活動の余地が与えられ，他方において，実務に対する広範な影響が確保された。こうして，さらに，実務による法の継続的形成につき，単なる可能性ではなくて，まさしくその必然性が与えられていた。この「法曹法」（Juristenrecht）の統一性のために共通の基盤が働いたのであり，地方特別法の実質的な一致もそれに貢献した。学問により教授され，実務により用いられ，そして，ライヒの諸法律に依拠したこの統一的な法が，ますます多く全ドイツにおいて権威として認められた補充的な法源にまで自らを作り上げていったのであり，これはまさに「ドイツ普通法（Gemeines Recht Deutschlands）」という名称で呼ばれるようになり，こうして各個のラントの特別法に対置されることになった。

　普通民法がほぼ排他的に外国の法源に基づいているという事実に疑いを差し挟むことはほとんどできないが，もしも同じことが普通訴訟法について主張されるならば，それは誤りであろう。ドイツの法生活は当初はローマ系の法により圧倒されたが，この影響に対する反動が，しかしながら，重要なドイツの法諸制度を救い出した。確かに，普通訴訟法には，比較にならないくらい普通民法よりもより多くのゲルマンの諸要素が含まれていた。果してそれが非常に幸せな出来上りであったかどうか，また，国民の取引が権利追行に役立つ諸制度について立てる要求を満足させたかどうかということについては，さしあたり論じないでおこう。

371

第3編　ローマ＝カノン系訴訟およびドイツ民事訴訟法典の発布に至るまでのドイツにおける訴訟法の発展

　学問における普通訴訟法の取扱いは，必ずしも常に同じではなかった。
　最後の帝国最終決定が成立した時期は，30年戦争により引き起こされた沈滞の時期であった。ひとは，なお，学問が以前にもたらした成果を攝って生きていた。確かに，訴訟法学がまさに任務とするところは正当にも実務を支援するにあると考えられていたが，実務は，訴訟の本質および訴訟上の諸制度の本質の根本的な研究から，訴訟における挙動のための単なる手引からよりも比較にならないほどより大きな効用を引き出すものだ，ということが見過されていた。ひとは，伝統的な概念の定義を忠実に再現したり，資料のできるだけ見通しのよい整理に作業を限った。しかし，それによって，統一的で，できる限り疑問の余地のない理論の樹立のためにその当時特に必要であったものが与えられたのである。
　18世紀の中葉以降，自然法学派が訴訟の学問にも影響を与えた。自然法学派は，理性に適う一般的な諸原理を獲得しようとし，法哲学の立場からわれわれの訴訟法の検討を行うことにより訴訟法学に貢献したが，しかし，実定法に無縁な新しい諸原理を打ち立てて実定法を疎かにし，それにより実定法の確実な存続を脅かすことによって，この学問並びに実務に損害を加えた。自然法学派は，所与の法の上位に理性を置くことによって，何が理性に適うかについての個人の主観的な見解に危険な活動の余地を与えた。この方向の主たる論者は，ゲンナー（Gönner）とグロールマン（Grolmann）であった（前者は，主として彼の「ドイツ普通訴訟法提要」（Handbuch des deutschen gemeinen Prozesses, 1801年～1803年）の中で，後者は，彼の「裁判手続の理論」，（Theorie des gerichtlichen Verfahrens, 1800年およびそれ以降）の中で）。
　訴訟の学問が歴史学派によって促進されたことは，比較にならないほど大きい。自然法学派とは反対に，歴史学派は歴史上与えられた法から出発し，そして，この法が流れ出てきた源泉までこの法を追跡した。歴史学派は，われわれの法がローマの，カノンの，そして，ドイツの諸要素から構成されていることを指摘し，そしてこの諸要素をその純粋な状態で再び描き出そうとしようと努めた。その結果，多数の制度が単なる誤解から生まれ出た奇形として認識されるに至るという成果を収めた。この方向は，1816年のガイウス（Gaius）の発見により著しい促進をみた。そのときになってやっと，ローマ民事訴訟の，とりわけ方式書訴訟の立ち入った理解が可能となった。時を同じくして，復活しつつあるドイツの国家意識の影響の下に，始源的にドイツ的な法の理解と正当な評価が目覚めた。さらにまた，熱心な研究が長い間かなり等閑視されて来たイタリア人の文献と取り組むのも見られ，また，法比較の作業もわれわれの自

国の法制度の理解及び批判的な考察を促した。

　このような諸方向の全てが１つに合して，普通訴訟の理論を訴訟法の学問にまで形成した。

　次の章では，訴訟経過に即し，バイアー（Bayer），ヴェッツエル（Wetzell），プランク（Planck），エンデマン（Endemann），およびレナウド（Renaud）の諸著作に基づいて，この独得に形成された普通民事訴訟の概要を述べることとする。

第７章　ドイツ普通民事訴訟

§50　［一般的諸原則］　ドイツ普通民事訴訟については，それが辿った発展経過に従い，以下の一般的諸原則が形成された。

　(1)　ドイツ普通民事訴訟は書面主義に拠っていた。確かに，帝国の法律がこの原則を明示的に宣言したことは一度もないが，書面主義は既にカノン訴訟において作り上げられていた。外形上，訴訟は一連の期日に展開され，それらの期日には，一方の，あるいは，双方の当事者が裁判所に対して口頭で陳述を行い，あるいは，裁判官の決定を受領する，という方式が堅持された。しかし，口頭の陳述に代えて，かなり以前から，書き記された文言が登場している。すなわち，裁判所書記に当事者の申述を口述筆記させ，あるいは，書面を手交し，その内容を援用したか[1]，また，あるいは，当事者に書面の提出のための期間が定められ，その結果，期日が行われずに済んだ。いずれにせよ，裁判官の諸裁判の基礎として役立ったものは，口述された文言ではなく，もっぱら，書面という手段により裁判所が知るに至ったものであった。それどころか，口頭の陳述だけを斟酌した判決は無効で治癒しえないものとみられるまでに至った。裁判官の諸裁判も記述され，書面という手段を通して当事者に告知されなければならなかった。当事者書面，調書，裁判官の諸裁判および執行官吏によって作成された文書は，それらを併せて「記録」（die Akten）を成し，そして，「記録にないものは世界にない」（Quod non in actis non est in mundo）という原則が，次のような意味を得た。つまり，なんらかの方法で記録に受け入れられなかったものは，すべて，裁判をする裁判官にとっては存在しない，という意味である。

（１）　1555年の帝室裁判所令Ⅰ40第１条及び最後の帝国最終決定第102条によれば，そうである。

(2) 口頭性の完全な消失と手を携えて，公開性の消失も進んだ。

(3) 手続は，弁論主義によって支配されている。弁論主義の中に，イタリアの法学者の諸見解と自国の訴訟手続についての諸見解とが結びついたのである[2]。

(4) 普通法上の訴訟は，当事者進行と職権進行の結合を示す[3]。およそ民事訴訟上の手続に当事者進行の原則が完全に欠けているということはありえない。なぜなら，当事者の要求なしには訴訟は開始されないからである。そして，古ドイツ訴訟も，また，ローマ＝カノン系訴訟も当事者進行の原則に立っていた。しかし，クレメンティナ・サエペは，広範な訴訟指揮権を裁判官の手に委ねた。この基礎の上に，既にイタリアにおいて，後にはドイツにおいて，さらに構築がなされ，そして，普通民事訴訟になると，訴訟を進行させることは当事者の仕事である，という原則を承認しつつも，裁判官に対し，彼に向けられた申立ての職権調査の義務及び職権進行の義務を，次の限度で課したのである。つまり，それは，当事者の行った申立てに基づき，当事者が追求する目的に到達するために欠くことのできないもののすべてを職権で行うべきことを定めたのである。この結合がどのようにしてなされたかは，訴訟経過の叙述のところで明らかになろう。

(5) 手続は厳格な順序主義の支配の下にあっただけでなくて，同時提出主義にも服していた。それは，手続を一定の諸段階に区分し，前の段階を締め切って元に戻すことができない基盤の上に，それぞれの次の段階を積み上げる，という古ゲルマンの観念に相応するものであった。それゆえ，あらゆる係争問題，並びに，単に疑問があるだけの問題の解決も，すべて，判決によってなされる。ローマ系訴訟も厳格な順序配列を守っていた。しかし，最後の帝国最終決定に至って始めて，それまであちらこちらで芽ばえていた同時的処理を，以下の方法で訴訟を支配する原則にまで作り上げた。すなわち，今や，当事者が手続のあらゆる段階において，その段階に属する全ての攻撃防御方法を，すべての場合につき (in omnem eventum)，すなわち，そのうちの１つが功を奏さなかった場合のために，提出しなければならないものとするに至ったのである。

(6) なお，ドイツでは，その以前から官房裁判の禁止 (Verbot der Kabinetsjustiz) が存在していた。

§ 51 ［裁判所］ 裁判所の組織は，常にラント国法の構成部分を成していた。

---

(2) Engelmann, Der Civilprozess, Bd. 1, § 132.
(3) Engelmann, a. a. O., § 135.

ライヒの法の諸規定は，帝国裁判所についてのみ存在した。

しかし，裁判官のあらゆる行為の効力は，裁判所の正式な構成に依存し，その構成には裁判官のほかに裁判所書記（notarius, actuarius）が必須である，という一般原則が発展した。

合議制裁判所は，古くからドイツ人の性向に適合していた。それゆえ，あらゆる比較的大きなそして困難が予想される事件は，合議体において審理される。けれども，人は簡略化および迅速化のために，ほとんどあらゆる所で比較的重要でない法的紛争の大多数を単独裁判官に委ね，そして上級審のためのみに合議体を設けた。ついには，あらゆる裁判官に，最下級審の裁判官にも，ならびに，裁判所書記についても，ある程度の法知識を要求することが通例となった。弁護士の認可も，法学習という前提条件にかからせられた。

§ 52 ［通常訴訟と特別訴訟の対立］　クレメンティナ・サエペおよびその後のイタリアの諸条例以後の訴訟法の発展の結果，正式訴訟と略式訴訟の厳格な分離が生じた。ドイツにおいて，この分離の形成に作用したのは，通常訴訟の進行の著しい遅延である。

第1節　通　常　訴　訟

§ 53 ［概説］　通常訴訟は，ふつう4段階に分かれた。第1の段階は，「書面交換」（Schriftenwechsel）である。その段階で，当事者の責務であったのは，攻撃防御方法の理由づけに役立つ諸事実を裁判所に申述することであった。裁判所の活動は，ここでは，当事者の書面による申述につきそれらの形式的な適法性と有理性を審査することであり，また，書面を相手方当事者に通知することであった。第2の可能な段階は，証拠手続であり，第3の段階は，判決およびこれに接続することのある上訴であり，上訴は，再び上訴についての書面交換と証拠手続の分離に導くことができた。さらに第4の段階として，執行が続いて行われ得た。

1　書　面　交　換

§ 54 ［書面交換］　当事者に要求される書面の数は，裁判所の裁量およびそれとともに事件の状態にかかっていた。しかし，同時提出主義が既に訴状およびこれに対する答弁書においてすべての攻撃防御方法，すなわちここでは，訴訟原因および抗弁をまとめて提示することを当事者に強制したので，3つまたは4つの書面で足りるのが全く通常であった。すなわち，訴状，答弁書（上申書），抗弁書および再抗弁書である。

1　訴えは，三段論法の思考形式をとり，常に，いわゆる赤欄（Rubrum）

第3編　ローマ=カノン系訴訟およびドイツ民事訴訟法典の発布に至るまでのドイツにおける訴訟法の発展

(当事者の表示)を含み，ある一定の法規が存在すること(大前提)から出発して，その法規に服する事実を述べ(小前提)，そして，被告が一定の態様の義務を負っているという結論を引き出すのである。法規は明示的に述べられる必要はない。なぜならば，「法は裁判所の知るところ」(jura novit curia)だからであり，事実は，最後の帝国最終決定以降は完全に陳述されることを要し(叙事的請求原因 historischer Klagegrund)，末尾に一定の申立ての形で表現された原告の要求と論理的に関連していなければならない。叙事的訴原因に属するものは，対物訴訟および対人訴訟においては，原告の権利を発生させる諸事実の記載，並びに，事件適格，すなわち，主張された権利がまさに原告に属すること(能動適格)，および，まさに被告に対する関係で属すること(受動適格)の説明である。

　申請(Gesuch)は，訴えの主目的を表明する主申請と，主たる請求に従属して主張される付随的申請，および訴訟請願(Prozessbitte)，すなわち，裁判官にどのような行為をしてほしいかという申立てに分かれる。しかし，このような申立ては，原告が略式手続の開始，その他およそ特別の行為を求める場合でない限り，通常は不必要であった。同一の訴状において多数の訴えを併合することができた。すなわち，多数の原告が1人の被告に対して，1人の原告が多数の被告に対して，あるいは，多数の原告が多数の被告に対して訴えを提起することができ(訴えの主観的併合)，あるいは，一方の当事者が他方の当事者に対して多数の請求を1つの訴状でまとめて訴えることができた(訴えの客観的併合)。ただし，訴えが提起された裁判所が全ての訴えに対し管轄権を有し，全ての訴えが同一の訴訟種類において実行できることを前提としていた。

　2　提出された訴状は，原告がその後全く手を加えることができなかったというわけではない。原告は，当事者および訴えの対象をより詳しく表示し訴えの申立てを訂正することができるが，被告の応訴後は訴請求の理由づけに役立つ新たな事実を提出することはもはや許されず，訴えを変更してはならなかった。訴えの変更は，常に訴申立ての変更と訴原因の変更を含み，すなわち，異別の法律関係を呈示する他の事実による訴えの理由づけを含んでいた。

　訴えは，既にこの段階で裁判官の審査に服する。裁判官は，訴えに侮辱が含まれているというような理由でその浄化のために(ad purificandum)原告に訴えを突き返すことができるのを別として，訴えを，その訴訟指揮権に基づいて，訴えの中で呈示された事実を真実と仮定した上で，その形式的および実質的理由づけを検討する。訴えが有理的に理由づけられていない場合には，裁判官は，いわゆる先決命令(Prälokut)を発し，それによって裁判官は，原告に訴えを

改訂させるために（ad emendandum）差し戻した。しかし，呈示された事実からすると訴申立ては全く支持できないと思われる場合には，裁判官は，この訴えを理由が付された，上訴による取消しに服する命令をもって，入口で（a limine）却下する。見込みのない訴訟追行はこれにより効果的に阻止される。しかし，そのいずれの場合にも，訴えは被告に通知される。

　何ら不備が見当たらない場合には，いわゆる伝達命令（Kommunikativdekret）——召喚（citatio）と呼ばれるが適切でない——が発せられ，その中で裁判官は，被告への訴えの通知を命じ，被告にその態度決定のための期間を定める。この命令の送達に，普通法ではローマ法が争点決定に付着させていた諸効果が結びつけられる。この——実体法的および訴訟法的な種類の——効果は，以下のとおりである。すなわち，(a)多数の同じく管轄権を有する諸裁判所間における優先，(b)訴訟係属の発生，であり，訴訟係属は，その効果として，他の場合には管轄に影響を与えるような事実に変更が生じた場合における受訴裁判所の管轄権の恒定（「訴訟が始められた所で，それは完結されるべきである」ubi lis coepta est, ibi finiri debet），また，争訟の対象となっている物または権利の譲渡不可能，を生じた。従って，訴えの送達は，普通法上は訴訟設定行為である。その送達が有効に実施された場合に，それは訴訟法律関係を生ぜしめるのである。被告は，その態度に関し，次のような3つの可能性をもつ。

(1)　被告が原告の請求を認諾する場合。この場合には，訴訟の続行は必要でない。「認諾した者は判決を受けた者とされる」（confessus pro judicato habetur）からである。争いがないのであるから，判決はそれ自体としては不要である。それにもかかわらず，実務は，判決の適法性を承認してきた。こういう判決がないと執行は許されないであろうからである。

(2)　被告が何ら陳述をしない場合。この場合には，かつては原告は，被告の財産の質的差押え（Immission），法外（Acht）や破門（Exkommunikation）を科する命令を要求し，それによって被告の弁論を強要するか，もしくは，被告の出頭を断念し，事案の一方的な弁論を要求するかの選択ができた。この選択権は，1495年の帝室裁判所令およびその後の帝国の諸法律によって存続した。しかし，最後の帝国最終決定（1654年）は，第36条において質的差押えおよび法外の罰を廃し，専ら訴訟の続行のみを認めた。原告の一方的な訴訟弁論の際には，しかし，被告は争ったものとみなされる。従って，原告は自己の主張を立証することを許され，証明の結果に従って判決が下される。被告が防御しないため，当然のことながら，被告には延期的抗弁および滅却的抗弁があっても，それを全く喪失する。すなわち，既に最後の帝国最終決定が，被告の応訴

377

義務（Einlassungsptlicht）を廃除し，訴えに対する防御を被告の権利として位置づけるという重要な一歩を踏み出したのである。もちろんその考えは，完全に貫かれたわけではない。というのは，被告がその防御を放棄する場合には，単に争うということもしないわけだからである。そのうえ闕席手続は，被告に対し，滅権的，つまり闕席効果を威しつつなされる出頭要求がすでに行われたこと，および，原告が闕席手続の開始を求める申立て（闕席起訴 accusatio contumaciae）をしたことを前提とする。被告が出席したが，その陳述が完全でない場合には，帝室裁判所の実務によれば，相手方の主張の自白とみなされる。同じことが，原告の瑕疵ある反対陳述にも妥当する。

(3) 被告が訴えに異議を唱える場合。この場合には，書面の交換を伴う対立的手続が生じる。異議は次の3つの形式をとりうる。

(a) 被告は訴事実を認めるが，それらの事実によって，原告が客観法に基づいてそれらの事実から引き出すような帰結は出るわけではない，と争う。いいかえれば，被告が当該事件への大前提の適用または大前提の存在を争うという形をとる場合である[1]（法的な反対演繹）。

(b) 次に，被告は叙事的請求原因，つまり，小前提を争う場合である（消極的争点決定と呼ばれる）。

以上2つの場合には，裁判官は最初の手続を終結できる。その後，裁判官は原告に対し被告の陳述を了知させるために通知することを要する。

(c) 被告が抗弁を提出する場合。この場合には，原告はこの抗弁を認めるか，あるいは争うか，という原告の陳述が必要である。最後の帝国最終決定は，被告に対し，抗弁を主張する際にも訴事実に対する陳述をすることを，すなわち，争点決定をすることを要求した。そうでなければ被告陳述は不完全とされる。

争点決定は，しかし，方式書訴訟においてそれがもっていた意義をもはや有せず，また，カノン法がそれに与えていた意義をも有しなかった。最後の帝国最終決定が訴事実に対する応訴を要求したとき，それによって追求したのは，失権の原則を事実上実施するという目的だけであった。つまり，裁判官は被告がどのような方法で防御したいかという事について完全に明白にすべきであった。従って，被告の応訴は，もはやアクチオを消耗する訴訟上の契約[2]では

---

(1) Engelmann, a. a. O., § 71 参照。

(2) ヴェッツェル（Wetzell, System §14）は，この見解を，もちろん，おそらく支配的であった，そして疑いもなく正当な見解に反して堅持していた。彼は，依然として厳格にローマ的な把握の上に立っていたが，それは既に帝政後期にはその基礎が失われている。

なく，また，要式行為でもなく，かえって被告の一方的な訴訟行為であった。この訴訟行為によって被告は訴要求及び事実的な理由づけに対して態度決定を行い，その後では，なお，原告の有利にしかこの態度決定を変えることができなかった。訴訟法律関係の成立は，もはや応訴によるのではなく，訴えの送達により生じたのである。

応訴をする義務から被告を解放するのは，いわゆる延期的抗弁の提出だけである。この抗弁は多数ある。つまり，管轄違いの抗弁（exc. fori incompetentis），裁判官不適格の抗弁（exc. judicis inhabilis），疑惑裁判官の抗弁（exc. judicis suspecti），訴訟係属の抗弁（exc. litis pendentis），保護無資格の抗弁（exc. loci non tuti）であり，これらすべては，ともに法廷回避の抗弁（exc. fori declinatoriae）あるいは裁判所拒絶の抗弁の亜種を成すものである。これらのほか，通常の延期的抗弁は次のとおりである。つまり，裁判における当事者の不適格の抗弁（exc. deficientis personae standi in judicio）（訴訟能力の欠缺），侵奪の抗弁（exc. spolii），手続・慣例不順守の抗弁（exc. deficientis legitimationis ad processum vel ad praxin）（弁護士に対して），無意味・曖昧な訴状の抗弁（exc. libelli inepti vel obscuri），適式手続欠缺の抗弁（exc. non rite formali processus），担保欠缺の抗弁（exc. deficientis cautionis），不請求合意の抗弁（exc. pacti de non petendo）。これらの抗弁は実務上明確に（liquid）なされねばならない。その後，裁判の前提問題についての口頭弁論が分離されて行われ，抗弁が判決により棄却されるか，あるいは，その他の方法で処理された後に始めて，本案の手続がこれに続いて行われる。

争点決定と結びつけられ，しかも，集中主義に従いあらゆる場合に終局的な敗訴を避けるために結びつけられるものが，滅却的抗弁である。

被告の上申書は，反訴という形をとればもっと特別な追加内容をもつことができる。こういう反訴が単なる抗弁と区別されるのは，反訴により被告が訴えの防御ではなく，被告の側で原告に対する攻撃と給付判決を目的とするという点である。帝国裁判所の実務では，反訴の請求は訴えの請求と事実上関連していなければならず，そして，反訴の対象は訴えを受けた裁判所の事物管轄に服しないものであってはならなかった。反訴がこのような要求を満たし，そして争点決定と結びついたならば，それにより，反訴はまず管轄の合意の効力を生じた。すなわち，原告は自分が提訴した裁判所において応訴しなければならなかった（管轄合意の効果 effectus prorogationis）。そして第2に，反訴は両方の訴えの同時審理及び同時判決を結果としてもたらした（同時手続の効果 effectus simultanei processus）。

被告が新たな事実を提出した場合，特に抗弁を提出した場合，この申述に対し意見を述べる機会が原告に与えられねばならない。これは，裁判官が原告に再抗弁のための（ad replicandum）期間を定め，この目的のため上申書を原告に通知することによって行われる。

再抗弁は，反訴が提起された場合には同時に反訴に対する応訴の意味を持つことになるのだが，再び3つの態様がありうる。第1は，抗弁が訴えの却下を求める被告の請求であり，それゆえに，抗弁が理由とした法規に対して法的な反対演繹がなされ，あるいは抗弁の基礎をなす諸事実が争われ，さらに反対抗弁が提出される（本来の再抗弁）。すなわち，抗弁権の発生または存続の要件の欠缺を明らかにする事実が提出される場合である。原告が何らかの陳述を差し控えるのであれば，訴答書面に消極的に応じたとみなされる。原告が不完全な陳述をすれば，自白とみなされる。

再抗弁が新たな事実的提出を含むならば，それを裁判官は期間を定め被告に再々抗弁のために通知する。再々抗弁は，通常，要求される最後の書面である。しかしながら，なおこれに続いて再々々抗弁書，再々々々抗弁書等々が要求され，提出されることがある。

裁判官が予め送付された書面に従いすでに，答弁書以降に出てくる可能性のあるものについて，紛争関係は十分に論議されたと考える場合，裁判官は，記録終結処分（Aktenschluss）をする。すなわち，裁判官は書面交換を終了するとの命令を発する。後に，裁判官の特別な命令は要求されなくなった。これによって，この訴訟段階における当事者の活動は終了し，次に裁判官の訴訟を裁判する活動が始まる。

裁判官は，事案の全ての状態を当事者の申立てに基づいて審査し，そして通常は，裁判へと至る。裁判は，次の3様でありうる。

第1は，妨訴抗弁についての判決である。妨訴抗弁が却下され，被告が依然として応訴しないのであれば，判決は当然，この訴訟抗弁だけを対象としうる。この裁判が確定すると直ちに本案自体についての弁論が始まる。被告が予備的に争点決定をした場合には右の判決と本案の判決が結びつけられる。しかし，裁判官が抗弁を理由ありと見た場合には訴えを即時に却下する判決（absolutio ab instantia）を言い渡す。訴えを「差し当り」「茲に」もしくは「提出されたままで」却下するこういう判決は，訴請求を否定するのではなく，本案の審理および裁判を求める原告の訴訟上の権利だけを否定するものであった。

第2に，本案を終局的に解決する判決が発せられるのは，記録の状態に従い本案が裁判をなすに熟すると思われる場合，つまり，特に裁判所が重要と思う

全ての事実が自白されている場合である。

　第3に，重要な事実が争われている場合には，いわゆる証拠判決がなされる。すなわちこれは，確定力を生じ，上訴に服する中間判決である。証拠判決は，条件付の判決であり，それによって本案は，要求された証明が成功した場合にも成功しない場合にも，直ちに裁判される。その本質的内容を成すのは，一定の事実について証明がなされるべきであるとする命令である。これによって，法的争訟の第2段階が始まる。すなわち，証拠手続である。

2　証 拠 手 続

§55　証拠判決が決定するのは，第1に，何が証明されるべきか（証明主題），第2に，誰が証明しなければならないか（証明責任），第3に，どれだけの期間内に証明されるべきか（証明期間），である[1]。

　(1)　証拠判決はすべての主要な（erheblich），そして，争いのないわけではない事実を含むべきである。裁判官は，従って，証拠判決をする前に一定の事実が争われているか否かについてだけでなく，争いのある事実及び争いのない事実の主要性（Erheblichkeit）についても自ら明確にしなければならない。なぜなら，証拠判決は，その後の手続について拘束力を持つからである。証拠判決をする裁判官は，それを撤回することはできず，また，変更することもできない。そして当事者も，それが確定するに至ればその決定に拘束される。

　証拠判決の対象となりうるのは，以下のものに限られる。

　(a)　事実。法規は裁判所がこれを知るので対象とはならない。また，事実についての判断も，対象とならない。事実を証明することが当事者の任務なのであり，それを裁判官がその判断作用の基礎となしうるのだからである。

　(b)　主要な事実。すなわち，裁判に影響を与える事実に限られる。

　(c)　争いのある事実。従って，一方当事者の自白，顕著性，あるいは権利推定により裁判官にとって既に確定されている諸事実は，対象とはならない。

　弁論主義の基本命題からの帰結として，書面交換の中で一方の当事者が主張した事実の証明だけが求められうる。

　(2)　証明責任は，以下の諸原則に従って定まる。つまり，「証明に任ずるのは主張する者であり，否定する者ではない」（ei incumbit probatio, qui dicit, non qui negat），また，「被告が抗弁を提出するときは，彼が原告となる」（reus excipiendo fit actor）。個個の事件において誰が証明義務を負うのかは，実体法に従って定まる。従って，証明責任の正しい分配は，係争事件の正しい法的判

---

(1)　本書総論（Engelmann, a. a. O., §73）において，証拠判決の例を挙げた。

断を前提とする。

　(3)　証明期間は1つの猶予期間であるが，この期間内に求められた証明の結果がもたらされるという意義をもつのではなくて，この期間内に証拠の申出，すなわち，証明されるべき事実について存在し証明義務を負う当事者によって選択された証拠方法の挙示がなされるという意義をもつ。なぜなら，普通民事訴訟は，先行的な証拠申出の原則をとらず，書面交換においては当事者の主張だけが呈示されるのであり，各主張につき当事者が意図した証拠方法までも呈示されるわけではないからである。

　しばしばあったことだが，特に・一・方・の・当事者だけが証明しなければならず，しかも証明事項が非常に簡単で，証明はただ成功するか失敗するかのいずれかでしかありえない場合には，見込まれる終局判決が証拠判決にその副次的な構成部分として付加された。

　証・拠・判・決・は，古ゲルマンの訴訟制度であり，カノン訴訟によっていったん駆逐されたが，ザクセンの法律家の影響の下に，最終的には最後の帝国最終決定によって，普通民事訴訟の中に導入された。しかし，ローマの証拠法はその固有の証明責任分配を持ち，また，そこでは証明は双方の当事者によってなされ，証拠結果を裁判官が審査するので，その受容は，この古ドイツの制度にやはり著しい変改を加えることになった。古ドイツ法では，判決の対象となることができたのは，常に一方の当事者の主張だけであり，これが事実主張であろうと権利主張であろうと，変わらなかった。同時に証拠方法が挙げられ，これによってのみ証明を行うことができた。既にザクセンの実務ではこのような形の証拠判決を用いることはできず，証拠判決はきわめて一般的に，原告が自己の訴えの原因を証明すべく，被告が自己の抗弁の原因を証明しなければならないということを宣言し，その他のすべては証拠手続に留保されたままであった。最後の帝国最終決定以来，いわゆる特別証拠判決が通例となった。これは，す・べ・て・の・主要な事実を証明の対象とし，そして，証明及び反証を命じ，裁判官にはどの証明が成功したのかという判断を留保する，という方法をとった。この判決は手続に明確な仕切りを生じさせる。これが確定した後に始めて証拠手続が開始できるのである。この証拠手続は，さらに3つの段階に分けられる。すなわち，(a)証拠申請手続，(b)顕出手続または証拠調手続，(c)終結手続又は証明完了，である。

　(a)　証拠申請手続は，次の行為により開始する。すなわち，証明義務を負う当事者が証拠判決の確定した日から起算される証明期間内に，自分はその義務である証明を，あれこれと正確に記載される証拠方法により行う旨の陳述を書

面で裁判所に提出する行為である。この書面は，裁判所の命令により，相手方にその陳述及び反証の申出のために通知される。抗弁書および必要があれば第4の書面がこれに続くことになる。証明期間内に挙示されない証拠方法は，同時提出主義の結果，後にはもはや提出することはできない。しかし，当事者の責によらないで喪失された証拠方法に代えて，つまり，特に死亡した証人に代えて，他の証拠方法を挙げることは許されていた。しかし，その際，この証拠方法は後になって始めて知ったものだということを宣誓しなければならなかった。争点が生じたような時は中間判決で解決しなければならない。

(b) 続いて顕出手続（Produktionsverfahren），すなわち，呈示された証拠方法の本来の取調べと利用が行われる。この場合，挙証者は「顕出者」（Produzent）と呼ばれ，その相手方は「被顕出者」（Produkt）と呼ばれる。すなわち，裁判官は個々の証拠方法の適法性を審査した後，それを利用し，これに続いてこの利用結果を当事者に通知する。どのような方法で本来の顕出とその開示が行われるかは個々の証拠方法の特質による。

(c) より複雑な証明に際しては，カノン法及び多くの帝国諸法により認められた終結手続が行われる運びとなる。この手続では，当事者に対して以前に提出できなかった証拠抗弁をここで提出し，証拠調べの結果について意見を述べる機会が与えられた。この手続は，通常，2つの書面により行われる。その第1はいわゆる反撃書面（Impugnationsschrift）であり被顕出者が提出し，これに対抗して顕出者はいわゆる防御書面（Salvationsschrift）を提出する。

§56 証拠方法は，証人，鑑定人，検証物，証書および宣誓である。

一度取り調べた証拠方法は，共同のものとなる。すなわち，挙証者の相手方は挙証者が援用しなかった証拠方法を自己のために利用することができる（「顕出された証人および文書は共通となる」testes et documenta productione fiunt communia）。

(1) 証人証拠

普通法によれば，証言義務は一般的な国民の義務として認められた。証言義務は刑罰により強制され，そして，これに違反する者に対しては，その結果として損害賠償を求める訴えを提起することができた。この義務に関しては，一定の例外がある。

証人証拠が完全に有効なためには，以下の事項が必要である。第1に，信憑性，第2に，最低2名の証人数，第3に，少なくともすべての主要な点における証人の見解の一致，第4に，証言の対象については証人自身の五官の作用により獲得した知識であること，第5に，証人に対する相応の尋問，である。こ

れらの諸要請は普通訴訟の当時に支配的であった正当証拠の理論の帰結である。

　証人証拠の申請は，個個の証人に呈示されるべき質問の挙示によりなされる（尋問項目 articuli probatorii）。この尋問事項は証明主題がそれらに解消される短い諸命題であり，通常はただ１つの事実だけに関係し，そして，「真実であるか」または「真実でないか」という言葉で始まる。その場合，証人は各人が尋問されるべき項目を記載（尋問事項 directorium）して指名される（証人の喚問 denominatio testium）。相手方は特別な個別の尋問箇所（反問 interrogatoria），すなわち，顕出者の証人に向けられるべき質問を挙示できる。このかぎりで，つまり，カノン項目手続が維持されたことになる。しかし，この手続は後になって次第に廃れていった。

　決定で解決されるべき中間の争いがない場合には，証人および当事者が期日に呼び出される。この期日では，まず始めに，当事者は自分が指名した証人を呈示する。それから証人の宣誓が行われ，そして，これに続いて，当事者のいないところで項目の内容に従って証人に対する尋問がなされる。供述は，調書にとられ，そして，証人は解放される。その後，裁判官はいわゆる証人要録（Zeugenrotulus）を作成する。これは，証人尋問の際の経緯を記載し，そして，同一項目につき種々の証人が供述した全ての事を総括したものである。この目的のために定められた期日には，両当事者も呼出しを受けるのだが，証人要録が当事者に開示される。両当事者は，謄本を受け取った後に，一定の期間を定めて最終書面の提出が要求される。

　鑑定人は判決が下される場合には裁判官の補助者であり，そして，裁判官と同じ理由で鑑定人の忌避ができる。鑑定人が，しかし，たとえ特別な専門知識によってのみ知ることができる事実であろうとも，自分の五官で認識した事実を報告する場合には証人であり，証人について定められた諸規定に服する。

(2) 鑑　　定

　自分の特別な専門知識に基づく鑑定意見を示すという一般的な義務が存在したかどうかは争われていた。しかし，多くの人々にとっては，鑑定義務は同時に職務上の義務とみなされた。

　証拠の申請は，鑑定人に期待される鑑定意見を，項目形式による呈示ではなく鑑定人の指名により呈示することによって行われる。被顕出者には問題の提出だけでなく反対鑑定人の指定が要求される。その後，裁判官により単独の又は複数の鑑定人が選定され期日に呼び出される。その期日には両当事者も呼出しを受ける。この期日には鑑定人は当事者のいるところで宣誓をし，自分たちの問いただされる事項を告知され，そのうえで当事者のいないところで尋問さ

れる。両当事者に鑑定意見の謄本が1通ずつ伝達され，最後に両当事者は終結手続に入ることを要求される。

(3) 検　　証

証拠申請は検証実施の申立てによってなされ，必要な場合には，この解明手段の合目的性の説明がなされた。その後，検証のための期日が設けられ，当事者は検証に常に立会うことができ，時には立会わねばならず，裁判官は検証に際し自分自身の情報を得るために職権で鑑定人を関与させることができた。検証については詳細な調書が作成される。そのうえで終結手続に入る。

(4) 書　　証

証拠申請書には顕出者は証明主題を述べ，あるいは，これを簡潔に引用しなければならず，そして，顕出者が証明主題に対する証拠方法として掲げる文書を，原本あるいは謄本で提出しなければならない。これに基づいて裁判官は顕出のための期日を定め，文書を提出させるために顕出者を，そして，文書の真正について陳述させるために被顕出者を呼び出す。闕席者は闕席起訴（accusatio contumaciae）を受け，これに基づいて失権の効果を受ける。それは顕出者の闕席の場合には文書の使用の排除であり，被顕出者の闕席の場合には文書の真正を争う権能の排除である[1]。

被顕出者が文書の真正を争う場合には，被顕出者はそれが公文書（instrumentum publicum）である場合には一定の期間内に偽造の立証をしなければならず，それが私文書（instrumentum privatum）である場合には否認宣誓を供しなければならない。この宣誓の内容は，「被顕出者が文書を自ら書いたことも，署名したこともなく，また，他人をして自らのためにこれを書かせ，あるいは，署名させたこともない」という被顕出者の宣誓陳述である。宣誓は，ザクセンの法および裁判所慣行の所産であり，いわゆる必要的宣誓，すなわち，当事者宣誓とは別個独立の宣誓に属する。しかし，顕出者は，真正を証する別の証拠方法を呈示することにより宣誓の履行を阻止することができたし，被顕出者は真正ではないという明確な立証をすれば宣誓義務を免れた。

被顕出者が提出された文書を承認し，あるいは否認宣誓を行い，もしくは偽造の立証を行った場合には，それによって顕出手続は終了し終結手続がこれに続く。

当事者が証拠方法として利用したいと思う文書が相手方あるいは第三者の手

---

(1)　帝室裁判所の実務は，動揺しつつあった。これについては，Guyet, Archiv, 40, S. 163. 参照。

中にあり，そして，当事者への引渡しが拒絶される場合には，中間の争いが発生しうる。この場合には，中間判決により提出義務について裁判されねばならない。被要求者が文書の占有を争うならばその者は提出宣誓を行わねばならない。つまり，自分は文書を占有していないし，また，悪意をもって占有を止めたこともない旨を宣誓により陳述しなければならない。占有者が提出命令を受けるにつき闕席していた（contumax）場合には，原則として，添付されていた文書の謄本を承認したものとみなされ，また，謄本が提出されえない場合には証明主題が自白されたものとみなされる。

　以上に大要だけを述べた書証法は，主要な点では，現行法にも維持されており，そこでより詳細に取り扱うこととする。より大きな歴史的関心を呼ぶのは宣誓法の発展である。

　(5) 宣　　誓

　たしかに，外来の法も自国の法も事実及び法律関係について宣誓を知っていた。ところが，ドイツの宣誓法とローマ系の宣誓法との間の対立はきわめて大きかったので，ここでも一般的に妥当する諸原則が支配的となるのに数世紀に及ぶ発展が必要であった。ドイツ法的であったのは，裁判官が客観的な証拠原則に従い，かつ，証明する当事者の，訴訟を解決する権利主張について宣誓を課したという点であり，カノン法から来たものは，事実関係を細かく分解し，そして，一定の事実についての一方当事者の証明が不完全である場合に宣誓を課そうと努めたことであり，古ローマ的であったのは，これはローマ系の法に受け継がれたのであるが，相手方に対して申し立てられ，そして，相手方により受け入れられた宣誓によって争訟全体を解決する当事者の権利であった。

　地方の訴訟特別法の多数は，カノン法に基づいていたが，その他の地方では，宣誓転嫁（Eideszuschiebung）と宣誓負課（Eidesautlage）の差異が不鮮明であった。そして，当時の学説も，この区別を認識していなかったように思われる。おそらくは，ゲルマンの法観念がまだ影響を与えていたため，なお，学説は宣誓を裁判官により課せられるものとして取り扱っている[2]。

　ザクセン法の諸国における発展はこれと異なっていた。ここでは，なおも長く通常の訴えと強化された訴えの区別が堅持されており[3]，そして，項目別の訴え，訴点および一般的争点決定という外国の諸制度は斥けられた。しかし，原告は証拠申請によって強化された訴えと被告の良心に委ねられた通常の訴え

（2）　Zimmermann, Glaubenseid, S. 335 ff.; Kleinseller, Festgabe für Plank, S. 62 ff., 94 ff.
（3）　本書第1編第2部第2章 54—56 頁および，そこでの引用。

のいずれかを選択できたので，後者の訴えの提起の中に訴えの内容についての宣誓転嫁を見てとることを知り，かつ，そうすることができた。しかし，今や訴えは，この時期のザクセン法によれば，もはや単純な権利主張にとどまることは許されず，「原因」（Ursache）すなわち請求の事実による理由づけを含まねばならなかったので[(4)]，それにより宣誓が転嫁されたのは，権利主張についてというよりは，むしろ事実についてであった。

　宣誓転嫁は，つまり，訴えの提起の中に存在した。被告の特別な応訴の後には，原告は自分が行った選択から離れることはできず，もはや強化された訴えを提起することはできなかった。そのために，宣誓転嫁に対して一定の時間的限界が設定され，転嫁宣誓と負課宣誓との区別が必要となった。ここで存在する対立は今や立法によっても，また，学説によっても認められ，そして，評価された。今や，すでにローマ系の訴訟法におけるように，履行宣誓又は免訴宣誓は事実の証明だけを補完し，あるいは，除去することができたので，訴えは事実の理由づけを含まなければならないという上述の事情が特別争点決定と結びついて，転嫁宣誓も，たとえ権利宣誓が許されないことはなかったかもしれないにせよ，一定の事実に制限されるという効果をもった。権利宣誓が完全に除去されたのは，17世紀の終末以降，転嫁された宣誓も証拠方法に他ならないという見解が支配的となった後においてであった。なぜならば，主要な事実についてだけ証明が必要とされたので，それにより，宣誓転嫁の重要性も裁判官の評価に服せねばならなかったからである。つまり，裁判にとって重要となりうるものは事実だけであって，当事者により主張された自分の権利についての見解ではありえないからである。

　このような方法により，宣誓転嫁は裁判官が主要であると考えた全ての事実について許されるようになったので，それにより，自然と被告にも自分の抗弁主張を転嫁宣誓によって証明する権能が与えられた。さらに，宣誓転嫁は必然的にその場所を証拠申請が属する場所，すなわち，証拠判決の後すぐに続く訴訟段階の中に位置づけられることになった。

　不濫訴宣誓は，その一般的な形式においては依然として許されてはいたが，裁判所の実務からは次第に消えていった。そして，転嫁された宣誓およびさらに裁判官の負課する宣誓をも適用する際に陥った困惑から脱するために，証拠規則に従えば宣誓義務のある当事者が宣誓されるべき事実を自己の五官によっ

（4）　Constitutiones vom 21. 4. 1572, Titel, 10.；Prozeß- und Gerichtsordnung Johann Georgs I von Sachsen vom 28. 6. 1862, Tit. 5, §1.

第3編　ローマ＝カノン系訴訟およびドイツ民事訴訟法典の発布に至るまでのドイツにおける訴訟法の発展

て知覚していない場合には，ドイツ法において行われてきた，宣誓補助者の信憑性についての宣誓，ならびに，被相続人の債務を相続人は知らなかったということについての宣誓に(5)，容易に結びつくことができた。それは，不濫訴宣誓によって単なる信憑性も宣誓による強化が実務に一般的となっていたから，容易にそうなったのである(6)。この道程を経て，ドイツの，とりわけザクセンの実務は，他人の行為についての信憑性宣誓を形成するに至った。それも，相手方当事者がその主張を明示的に，宣誓を要求された者の「意思と熟知に」(in Willen und Wohlbewußt）向けた場合だけでなく，相手方当事者がその主張を宣誓被要求者の良心に向けた場合，すなわち，真実宣誓の実施を求めたが，被要求者は自己の知識を欠くため真実を宣誓することはできないということに裁判官が気付いた場合もそうであった。これにより，信憑性宣誓は真実宣誓と完全に同じ意義を獲得した。

　このようにして，実際，普通法に対しては以下のような法状態が存したことになる。

　裁判官の命ずる宣誓は，挙証者が半分の証拠を提出したか，それとも，弱い証拠だけを提出したかに従って履行あるいは免訴宣誓として行われる。まさに半分の証拠の場合には，裁判官は宣誓を課さなければならない。そして，半分以上の証明がなされた場合には挙証当事者に宣誓が課せられる。それは，挙証当事者が宣誓されるべき事実を自己の知覚に基づいて認識していない場合でもそうであり，同様に，半分よりも少ない証拠が提出された場合には挙証者の相手方に宣誓が課せられる。これらの場合に，信憑性宣誓は，事実不知の際，証拠規則の適用の妨げとなる障害を除く助けとなった。裁判官の命ずる宣誓は，従って，証明手続の先行を不可欠な前提としたが，それ自体はもはや証明手続の行為ではない。すなわち，裁判官は宣誓義務を負う当事者に判決により宣誓を課さなければならなかったのであり，この判決は宣誓規範を確定するだけでなく，宣誓履行および宣誓拒否の場合についても終局的な裁判を行った。つまり，条件付終局判決であったのである。

　宣誓転嫁は，当事者から当事者に行われ，第三者に対しては宣誓を申し立てることはできない。そして，宣誓被要求者は宣誓を引き受けるか，あるいは転嫁するかのいずれかを選択しなければならない。後者が選ばれるならば，宣誓

（5）　Sachsenspiegel Landrechtes, I, 6, §2, 3.；II, 22, §5; Richtsteig Landrechts, cap 10, § 1, 2. 及び，ザクセン並びに南ドイツ法のその他の多くの法源。
（6）　この点につき，特に，Zimmermann, Der Glaubenseid, 1863；Wetzell, a. a. O., §25 参照。

第7章　ドイツ普通民事訴訟

要求者が宣誓を行わなければならない。宣誓要求者が宣誓を行わないならば，それによって，その者は宣誓転嫁のもとに立てられた自己の主張を放棄することになった。宣誓被要求者が宣誓を引き受け，そして，これを履行した場合には，それによって，宣誓要求者の主張と反対のことが確定された。しかし，宣誓被要求者が宣誓の履行を拒否した場合には，宣誓要求者の主張が認められたことになる[7]。

　宣誓の履行および宣誓の拒否の際に生じるこのような効果は，この訴訟において弱められたり，あるいは，取り消されたりすることはない。なぜなら，この効果は，当事者処分及び宣誓のもとに立てられた主張の真剣さに基づいているからである。そのことの帰結として次のようになる。すなわち，同一の主張につき宣誓による証明と他の証拠方法を援用しての証明とが申請される場合には，宣誓は，他の証拠方法により証明が行われない場合についてのみ転嫁されたものとみなされる。従って，宣誓被要求者は，そのような証明が行われた後，始めて宣誓転嫁を宣言する必要が生じる。そして，宣誓被要求者は相手方の主張を他の証拠方法により覆すことができる場合には，その者は普通法の実務に従い彼の良心を証拠により主張できる[8]。すなわち，宣誓被要求者は，その後必要でなくなるかもしれない宣誓の引受け又は転嫁について意思表示する前に，自分の申し出た他の証拠方法（「良心を吐露する代りに提出される証拠」probatio pro exoneranda conscientia）を先に取り調べるよう求めることができる。さらに，宣誓の効果からして，その反対が既に証明されているような主張についての宣誓要求は許されなかった。

　証拠申請は，相手方が宣誓すべき事実を正確に記載した申請書により行われる。宣誓義務者は，その陳述のための猶予期間を定められて，この書面を受け取る。その者が良心の主張を選ぶならば，彼にはこのために新たな期間が定められる。宣誓義務者が宣誓転嫁の許容性について証拠抗弁を提出した場合には，特別な判決によりそれにつき裁判がなされる。裁判官は，宣誓規範を定め，そして，陳述させるために当事者にそれを通知する。通常は，条件付判決によって裁判官はそのうえに宣誓規範を終局的に決定し，そして，宣誓の履行のために当事者を呼び出す。宣誓義務者が出頭しない場合には宣誓を拒否したとみな

（7）　この取扱いについての説明として，Engelmann, a. a. O., § 85, S. 98 参照。また，Heyßler, Grünhuts Zeitschrift, Bd. 25, S. 62.；Bähr, Jherings Jahrbuch für Dogmatik., Bd. 25, S. 402 参照。
（8）　Muther, Die Gewissensvertretung, 1860; Nissen, Die Gewissensvertretung, 1861; Wetzell, a. a. O., § 25 Anm. 4.

され，出頭した場合にはその要求に基づき，まず，宣誓要求者が不濫訴宣誓を履行しなければならない。そのうえで，偽誓に対する戒告がなされた後に宣誓被要求者からその宣誓が取られる。

　この著述の中では，鑑定人を証拠方法と呼んできた。これは，本書総論（Engelmann, a. a. O., § 87）で示したように正しくはないが，当時支配的であった普通法理論には適合している。自白については，立ち入らないできた。自白は，裁判外のそれも裁判上のそれも，決して証拠方法とはならなかったからである(9)。裁判外の自白は，それ自体が証拠方法によって裏付けられねばならない証拠原因である。しかし，訴訟自体の中でなされた自白は，自白された事実が要証事実の列から除かれるという効果をもった。

3　判　　決

§ 57　証拠手続の後に，記録は，判決をなすため裁判所に提出される。裁判官の重要な作業は，証拠判決の言渡しの際にすでにされている。この証拠判決を下すために争訟資料の法的判断が不可欠であった。この判断は，証拠判決の中に表明されており，裁判官が他の見解に達した場合でも，もはや変更することはできなかった。従って，証拠手続の後に残っていたのは，証拠が成功したか否かを審査することだけである。

　この審査の際に，裁判官は法定の証拠理論に従い，ある一定の規則および指示に拘束された。つまり，裁判官は，ある事実を，たとえ自分がそれは真実であるとの確信を得たとしても，もしその事実を証する証拠の，法律で明瞭に定められた量が得られてない場合には，証拠があったものとみることはできなかった。半分証明の際には履行宣誓が，半分に未だ至らない証明の際には雪冤宣誓が課せられたので，それゆえ，法定の証拠規則を助けとして，半分の，あるいは，4分の1等の証明がなされたか否かの演算が行われた。

　判決は，普通訴訟法の表現に従えば裁決命令（Decisiv-Dekret）である。裁決命令とよばれるのは，いわゆる単純な命令とは反対に，両当事者の審尋の後に発せられる命令である。裁決命令は，本件を裁判する終局判決（Definitiv-Urteil），または，中間の争いあるいは先決問題を解決する中間判決のいずれかである。

　上述のように，書面交換の後に本案が裁判をなすに熟することがあり，最終の判決がなされうる。しかし，証拠判決も，たとえ中間判決にすぎないにしても現実の判決である。そういう判決が発せられると，さらに，終局判決を必要

（9）　Engelmann, a. a. O., § 83.

とする。

判決は，次の3つの部分から成る。

(ア) 前文。「Xに対するNの事件において，当裁判所は次のとおり判決する。」(いわゆる赤欄 (Rubrum))。

(イ) 裁決し，処分する部分，すなわち，判決主文 (tenor sententiae)。この主文は，できる限り明確に，裁判官の与える命令を，その直接の執行ができるような形式で表現する。棄却の際には，次のような文言が用いられた。すなわち，「原告の提起した訴えを棄却し，静謐 (Ruhe) を命ずる。」あるいは，「被告を訴えから解放する (Beklagter wird von der Klage entbunden, losgesprochen)。」

(ウ) 判決理由。この判決理由を付するということは，ローマ系の起源でも，古ドイツの起源でもなくて，ドイツの帝国法律および実務の良き慣習に基づいていた。

単独裁判官が裁判する場合には，当然のことながら，自分自身の記録審査によってのみ判決に至る。合議裁判所の場合には，1人の報告者を指名するのが常で，その報告者が，いわゆる事案報告 (Relation) を作成した。それは，事案関係を記録の状態に従って述べ，かつ，法的な判断を包含する準備作業であり，いかに裁判すべきかという提案 (votum) をともなう。この事案報告は，報告者により口頭で合議体に呈示されるか，あるいは，書面による票決のために，文書で他の裁判官に提出される。上級審では，副報告書を作成する第2の報告者をも任命するのが常であった。裁判は，票決の絶対多数で行われる。票決同数の場合は，被告の利益に (pro reo) 判決がなされる。相対多数が明らかとなれば，記録送付，または，それの合議体の増員の方法によった。

判決の内容が決まり，そして，書面に作成されたときは，その言渡しのための期日が定められる。その後に，当事者は，判決の正本を受領する。期日には，判決が読みあげられる。この告知形式は，やがて，裁判慣行により廃止された。当事者には判決の正本が送達され，そして，特別な告知期日が設けられるのは，上級裁判所，合議裁判所のした判決の言渡しのときだけであった。

あらゆる判決は，未だ既判力を生じていないかぎりは，上訴 (Rechtsmittel) による取消しに服する。上訴という表現は，ここでは最も狭い意味で用いるのだが，それは，違法だとされる裁判の変更を導くために法が与えた手段を示す。

普通訴訟法は，上訴として，控訴 (Appellation)，治癒可能な，または治癒不可能な判決無効の申立て，再考案の申立て (Revision)，原状回復の申立てを認めており，そして，上訴を，移審の効力を持つものと，持たないものに，停止効を有するものと有しないものに，通常のものと特別なものに分かつ。

391

第3編　ローマ＝カノン系訴訟およびドイツ民事訴訟法典の発布に至るまでのドイツにおける訴訟法の発展

　移審の効力を有する上訴は，事件を上級審へ移す上訴であり，停止効を有する上訴は，争われた裁判の執行を阻止する上訴である。最も重要な分類は，通常上訴と特別上訴との分類であり，前者は10日の不変期間内に提起せねばならず，後者はこの期間が経過した後でも許された。

(1)　通　常　上　訴

(a)　まず最初に，すべての上訴のうちで最も重要であり，そして，最も内容のあるものとして，常に移審効を有する控訴が挙げられる。

　この控訴は，各当事者により，また，従たる当事者にすぎない者によっても提起されることができ，それは，直近上級の審級に向けられ，すべての終局判決に対して許された。そして，──トリエント公会議第24期第20章の規定，および，いくつかの帝国法律，とりわけ最後の帝国最終決定第58条により──，それ自体で終局判決の効力を有する中間判決，あるいは，将来の終局判決によって除去されえないような不服を包含する中間判決も，従ってとくに，証拠判決に対して許され，審級が存在するかぎり，重ねて提起することができる。帝室裁判所への控訴のためには，50グルデン，後には，400グルデンの不服額（summa gravaminis）が要件とされた。

　控訴は，これまで疑われたことはないのが，前審の裁判官が確定した事実への法の適用を誤った，ということを理由とすることができるし，また，事実が前審では適切に評価されなかったという不服により根拠づけられることもできる。通常，しかし，控訴は，上級審裁判官に，たんに前審の訴訟資料の審査を行わせるにすぎず，そして，例外的にのみ，新たな事実および証拠方法により，この訴訟資料を拡大する機能を与える。そのような新たな提出は，訴えの変更を導いてはならず，およそ，新たな請求を理由づけてはならないのであり，最後の帝国最終決定（第73条・74条）は，そのうえ，控訴人は，自分が新たな事実を前審ではまだ了知せず，あるいは，それを有用とは考えていなかった[1]旨を宣誓することを要求している。控訴は，上級審において，争訟資料の全く新たな弁論を起こさせるのではなく，むしろ「判決段階の継続」にすぎず，前審において正当に判決がなされたか否かを事後審査するだけである[2]。

　手続は，以下のとおりである。

---

(1)　l. 4 C. 7, 63.—quae non ad novum capitulum pertinent, sed ex illis oriuntur et illis conjunctae sunt, quae apud anteriorem judicem noscuntur propositae.（新たな争点を生じない限りで，しかしながら，前審において知られていた事実が取り出され，そして，提出される）C. 10 X 2, 22.

(2)　Planck, Beweisurteil, 1848, S. 343 ; Briegeleb, Summarische Prozesse, S. 92.

判決は違法であると考える当事者は，この判決を下した裁判官に，判決の言渡し後 10 日の不変期間内に（初日を算入する a momento ad momento），控訴を提起しなければならず（interpositio appellationis），それは，ただ単に（書面で），判決に対して控訴する旨を表示するだけである。これに続いて，控訴人は，執拗にかつしばしば（instanter et saepius），すなわち，たとえ 1 つの文書においてであれ，原審裁判官（judex a quo）に彼の申請を繰り返して述べることにより，控訴の提起は有効になされたことの証明を求めることになる（控訴認否状 litterae dimissoriales od. apostolos）。争われる判決を下した裁判官は，上訴がそれ自体許されるかどうか，および，不変期間が順守されたかどうかを審査しなければならない。これらの要件の存在を認める場合，彼は命令を下し（敬白伝達状 apostolos reverentiales），その中で，控訴は適式に提起されたので，上訴は「認許（deferieren）」される旨を宣言する。上記の要件の 1 つを否定するならば，彼は，上訴を認めることはできない旨を宣言する（拒絶伝達状 apostoli refusatorii）。命令は，いずれの場合にも両当事者に告知される。

　この伝達状（apostolis）の中で，原審裁判官（judex a quo）は，控訴を上級裁判官に送致するための不変期間を定める。この送致（控訴の送致 introductio appellationis）は，諸方式が適切に順守されたことを書面で証明するものであり，また，争われた判決に存する不服の諸点をこれと結びつけて列挙するものである。そこに述べられた諸点が，どういうわけで不服を生じさせるのか，という理由づけは，この書面では未だなされず，この書面では，諸方式が順守され，そして，事件は移審したことを宣言すべき旨の申立てだけを含むにとどまる。上級裁判所は，諸方式を改めて審査し，そして，上訴は適切に提起されなかったという結論に至るならば，控訴を却下する（却下決定 decretum rejectorium）。そうでない場合には，裁判所は，控訴人に対して控訴を正当づけるための期間を定める。この正当づけ（justification）にあたっては，なぜ前審の判決に不服ありとするかの理由を述べるのであり，その内容は，先に述べたように，法的演繹の点か，あるいは，事実の提出の点か，あるいは，その両者でありうる。そして，常に，争われた判決を変更すべき旨の申立てでもって締めくくる。上級裁判所は，この正当づけを審査し，そして，その際，次のような結論に至る。すなわち，㋐不服は明らかに理由がないとする場合。その時は，裁判所は，直ちにこれを棄却する（確認判定 konfirmatorischer Relevanzbescheid）。㋑不服は明らかに理由があるとする場合。この時は，裁判所は，いわゆる整序（Ordination），すなわち，不服を是正あるいは除去する裁決（rescriptum de emendando vel tollendo gravamine）をすることができる（改良決定 reformatorischer

第3編　ローマ＝カノン系訴訟およびドイツ民事訴訟法典の発布に至るまでのドイツにおける訴訟法の発展

Relevanzbescheid）。こういう一方的なやり方で手続をすることができるのは，裁判所が，控訴人を審尋しても事件の処理を促進することにならないのであろうという確信を持つ場合に限られる(3)。

(ウ)　書面からでは上記の(ア)，(イ)のいずれにあたるとも明瞭でない場合には，控訴審における対立手続が必要である。すなわち，「上級裁判所が控訴の訴訟を審判する」。とくに，ここにいう上級裁判所の処分は，まず，下級裁判所が記録を送付し（必須記録 litterae compulsoriales），そして，被控訴人に送致書面及び正当づけ書面を，控訴抗弁の提出のための期間を指定して通知することで始まる。その後の手続は，第1審の審理における諸原則に従う。

単純な決定（Dekret）に対して不服が申し立てられる場合には，略式手続が行われる。

(b)　再考案の申立て（Revision）

再考案の申立ては，ローマの請願（supplicatio）から発展した移審効を有しない上訴であり，判決を下した同一審級に向けられた，事件の再審査を求める申立てである。その上訴が10日以内になされた場合には停止効を有した。

この再考案の申立ては，控訴が許されない判決に対してのみ，すなわち，最上級審で下された判決か，不服額（summa gravaminis）の不足から帝国裁判所への控訴が許されない下級裁判所の判決に対して認められた。従って，この上訴の個別的発展は，地方特別立法の対象であった。帝室裁判所の判決に対する再考案の申立てがあった。それは，4か月以内に帝国尚書長官（Reichs-Erz-kanzler）に提起されなければならなかった。帝国尚書長官は，事件を毎年召集される査察委員会に回付した。査察官は，不服を申し立てられている判決を下した裁判官と協同して，その再考案の申立てにつき裁判をした。しかし，その許容性は，2000ライヒターレルの再考案申立不服額（summa revisibilis）と結びつけられていた。

原判決を変更する判決は，同一の裁判所からでは必ずしも期待されないので，最後の帝国最終決定第113条は記録の大学への送付を規定していた。しかし，記録送付（Aktenversendung）は，既に以前から慣行的に行われていた。それは，「より純粋な法源としての」ある母都市裁判所（Oberhof）に依頼して法の教示を受けた参審裁判所の慣行に根ざしている。他国の法が関与した時には，法科大学に依頼するのを常とした。イタリアにおいても，元首の意見，すなわち元首の顧問たちの意見を得るのが慣例となっていた（上述§30参照）。いずれの

---

(3)　Linde, Handbuch über die Lehre von den Rechtsmitteln, §§ 170 ff.

法によっても，照会を受けた者が，照会をした裁判官に代わって裁判をしたのではなく，下されるべき判決の内容を裁判官に伝えたにすぎない。ドイツにおいてもそれにとどまったのであり，法科大学が固有の裁判権を委ねられたことは決してなかった[4]。

(c) 判決無効の申立て (Nullitäts-Querel)

既に述べたように (§ 38)，判決無効の申立ては，ローマおよびランゴバルドの法観念の結合の産物である。ドイツに到来した型は，基本的にはイタリアの条例法において整えられた。とくに初めは，ありうべき様々の無効をその意味に応じて区分することが行われ，ドイツにおいて取りあげられ展開されたのは，その1つの考えであった。発生した無効により不利益を受けた当事者が控訴を提起した場合にのみ，その当事者は，判決無効の申立てについても控訴の期間に拘束された。当事者が控訴を利用せず，あるいは，無効を生ぜしめた違背が特に重大なものであった場合には，不利益を受けたものが無効を主張するのは30年の期間内であればよかった。ザクセンにおいては，その期間は6週間と3日に短縮された。そしてついに，取るに足らない違背を理由とする不服申立ては10日間の控訴期間内においてのみ申し立てられうる，という見解が現れるに至った。それまでの不安定な法状態に対する是正は，1521年帝室裁判所令第21章第1条の適切とは言えない試みの後に，最後の帝国最終決定によって初めて行われた。すなわち，その第121条，122条は，治癒可能な無効と治癒不可能な無効とを区別し，前者による不服申立てを10日間の不変期間に結びつけ，裁判手続の目的に矛盾する違背を含むような瑕疵による場合にのみ，古くからの30年間の申立てを，なお許した。

それゆえ，治癒可能な無効の申立ては，通常上訴の1つとなった。その理由とすることができたのは，内容明白な法律に反して (contra jus in thesi clarun) 判決がなされたこと，または，法律上規定されてはいるが訴訟にとって不可欠ではないような訴訟上の方式の違背があったことである。それは，新たな事実に基づくことを得ないのであり，むしろ終結された記録に基づいてのみ判断することができたのである。この無効申立ては，本質的には，統一的な手続と統一的な裁判を保障することを目的とし，通常は移審効を有したが，不服額に拘束されることはなかった。

---

(4) ただし，異論がある。Schultze, Privatrecht und Prozeß, 1883, S. 28 ff. 127 ff. 193 ff. ; Wach, Handbuch des Deutschen Civilprozessrechts, Bd. I, S. 10, Anm. 11. ; Bülow, Archiv für civilistische Praxis, Bd. 64, S. 1 ff.

(2) 特別上訴

(a) 治癒不能な無効による抗告は，不可欠な訴訟上の方式に違反すること，あるいは，裁判官または当事者に，当該訴訟を無効にする人的欠格が存することに基づく。

それは，第1審裁判官にも，上級裁判官にも提起することができ，また，同旨の3判決が存する場合であっても提起することができる。それは，新たな主張を理由とすることはできない。停止効も有しない。その効力は，不服を申し立てられた瑕疵にかかわる限度で手続を取り消すことにある。実際には，それは判決の外形的な存在を排除することに向けられた1つの訴えである。

(b) 原状回復の申立て

判決無効の申立てと逆に，この上訴は，不都合な事実を所与のものとして受け入れる。それは，普通法上の原状回復（restitutio in integrum）が裁判上の判決に適用された特例にすぎない。それゆえ，4年の期間に拘束され，移審効を有せず，また，停止効も有しないこの上訴は，法律行為に対する原状回復について基準となるのと同じ原則に服する。それは，権利侵害の存在と原状回復を正当化する原因の存在を要件とする。そのようなものとして，当事者の欠席，または未成年者であること，裁判官に呈示された要件事実が偽造文書，偽証した証人，偽りの当事者宣誓により歪曲されていたこと，がある。それゆえ民法におけると同じく，原状回復は次の場合に認められた。すなわち，裁判官は，事実の状態によれば法違反をおかすことなしには別様の裁判をすることはできなかったが，もし彼に偽りのない争訟資料が提出されていたならば異なった裁判がなされたであろうという場合である。原状回復申立人が，新たに，陳述した事実を以前には了知せず，または，有用とは考えていなかったことを宣誓すれば，新たな主張でも原状回復の理由となる。従って，原状回復は，いわば，控訴の場合の，いわゆる更新権（beneficium novorum）の制限に対する調整として働いたのである。原状回復の申立てに理由がある場合には，前判決を取り消したうえで新判決が下される。新判決に対しては，通常の上訴が許される。

4 強 制 執 行

§ 58 強制執行をすることができるのは，判決によって被告が一定の性質および量の給付を命ぜられ，かつ，判決の強行可能性の妨げとなる障害がない場合だけである。判決はまた，すでに確定していなければならず，この要件は裁判官が記録により認定する。さらに，履行期間（Erfüllungsfrist）が満了していなければならない。普通訴訟においても，そのような期間が判決のなかで，あるいは，独立の命令により，定められるのを常とした。期間の長さは，裁判官

第7章　ドイツ普通民事訴訟

の裁量にかかっていた。そのうえ，後になると，裁判官がすでに判決において期間を定めていたのではない場合には直ちに強制執行を申し立てうるということが認められるに至った。

　古い時代には，間接的な強制手段によって債務者に圧迫を加えるのを常とし[1]，とりわけ，原告に被告の総財産を委ねることが，数次の帝国法律や数多くのラント法律によりこのような圧迫手段として許容されていた。間接強制は，実際，全くなしで済ますことはできないのであり，作為または不作為が問題となる場合には，つねに必要である。しかし，イミシオンは，ほとんど至るところで利用されなくなったし，金銭給付判決の場合には，おそらく最後の帝国最終決定以後においては一般的に，間接強制はもはや行使されなくなった。普通訴訟の強制執行は，従って，「懲罰的な不服従手続」（pönales Ungehorsamsverfahren）ではなく，「明確にされた原告の権利の執行」（Vollstreckung des liquid gesetzten klägerischen Rechts）と把握すべく[2]，行使される強制は，通常は，債務の目的たる給付の調達に直接向けられた強制なのである。

　強制は裁判所が実施するが，裁判所の強制発動は，債権者の申立てによる。

　執行実施の方法は，判決が命じた給付によって，また，執行の対象によって，異る。

　次の4種の執行がある。第1は，作為の実施のための執行，第2は，忍受または不作為のための執行，第3は，特定物の引渡しを求める執行，第4は，動産，とくに金銭の給付を求める執行である。

　第1の作為執行は，直接強制の原則に従い，原告または第三者が作為を実施すること，および，原告が生じた費用を動産執行の方法で取り立てることによって，行われた。給付が被告しか実行できない性質のものであれば，間接強制にうったえる以外には方法がなかった。多数の立法例によれば，被告にいわゆる「加圧人」（Presser）が付された。それは，1人または数人の裁判所の下級官吏が被告方に泊まりこんだのであり，被告はその賄いを負担せねばならなかったのを常とする。もっと多いのは，刑罰を科することであった。第2の不作為執行にあっては，刑罰の手段だけが用いられた。被告が引き渡し，あるいは，明け渡されなければならない物は，武力によって（manu militari）被告か

（1）　Engelmann, Der Civilprozess, Bd. 1, §93.
（2）　Degenkolb, Einlassungszwang und Urteilsnorm, S. 115. 異説として，Bayer, Vorlesungen über den gemeinen Civilprozeß, §338.；Sohm, Grünhuts Zeitschrift, Bd. 4, S. 471. なお，Kohler, Ungehorsam und Vollstreckung im Civilprozess, AcP Bd. 80, S. 58 ff. も，おそらくは異説に属する。

ら取り上げられた。最も重要であったのは，つねに，（第4の）金銭執行である。ここでは，執行官は，差押えをなすべき旨，しかも，まず現金，それがなければ債務者にとって不可欠でない物を取り上げるべき旨の書面による申立てを受けた。こうした物が見当たらないときは，債権者は，開示宣誓（Manifestationseid）の履行を債務者に要求する権利をもち，その履行を強制するために拘留（Personalhaft）を科することができる。差し押さえた動産は，通常14日の期間の満了をまって競売される。売得金は，競売に当たる裁判官吏が領収し，債権者に支払うのである。普通法は，ローマ・カノンの法と同じように，いわゆる執行順序（Exekutionsgrade）を維持しており，また，その諸規定は，実際，一般的に非常に広い債務者の保護が支配している。十分な動産が存しない場合には，未回収の債権その他の権利（たとえば用益権）が掴取され，最後に不動産に及んだ。債権執行にあっては，裁判所の仕事は，債権の差押えに限られ，その債権の取立ては債権者に委ねられた。

　不動産執行には2種がある。

　(1)　ひとつは，質的差押え（Immission）であり，裁判所が債権者に対し，不動産を占有して収益から弁済を受ける権能を与える方法である。

　(2)　他は，土地公競売（Subhastation），すなわち不動産の競売である。この手続については，帝国法律上の規定がなかった。しかし，実務は，売買がつねに裁判上実施されることを固執し，手続を細部に至るまで作り上げていった。不動産所有者の債権者は，だれでも，土地公競売を申し立てることができる。その実施に先立って不動産の評価がなされ，続いて競売期日が指定され，この期日を通例の方法で告示する。地方特別法上は，伝統的な中間の期間をおく3回の買受申出期日が要求された。これらの期日には，一定の刻限が到来（点鐘，1本の蝋燭の燃え尽きなど）するまで買受申出がなされ，あるいは，買受申出が可能である。最高価買受申出は，それを受け容れてよいかどうかを審査したうえ，諸般の状況に従い最も有利な，あるいは，確かに適切な買受申出と認められる場合にはじめて，競落許可がなされた。競落許可は，裁判官の決定によって宣せられるが，それによっては未だ不動産の所有権は競落人に移転せず，むしろ，普通法の実務では，競落許可とともに売買契約が成立するだけであり，従って，競落人は所有権移転を求める債権的権利を取得するにすぎず，所有権移転そのものは，その後の期日に買受代金の支払いがなされたときにはじめて生ずる，と解していた。

　通常は，それをもって土地公競売の手続は終了した。売得金の裁判上の配当が行われたのは，ふつう，債務者の財産につき破産が開始された場合だけであ

る。

　土地公競売の手続は，その後の時期に地方特別法上きわめて多様な発展を遂げた。多くのラントでは，土地公競売が一種の特別破産に作り変えられ（たとえば，プロイセンにおいて），総ての請求権，従ってまた，総ての抵当権につき，期限が到来し支払ができるものとされた。しかし，普通法としては，従前と変わることなく，「競落人は先順位抵当権を自己の買受申出に算入せずに引き受けるか，それとも先順位抵当権者に完全な満足を与えうるだけの金額で買受申出をするかのいずれかでなければならなかった[(3)]」。また，譲渡が専ら裁判所の指揮のもとに行われることも，ローマ法とは反対に，依然としてドイツでは通例であった。このことは，他に，動産の売却についてもいえる。ただし，そこでは競売自体は，下級官吏によって実施された。

　ドイツ法上の「手と手綱の約束」（Versprechen zu Hand und Halfter），および，イタリア人の理論と結びついて，ドイツ一般に拘留が，判決で命ぜられた支払をしない債務者に対する間接的な強制手段に発展した。そして，拘留は，国家が債権者に使用を委ねた強制手段と認められ，それゆえに，公共の牢屋において執行された。その後の時期には，間接強制につき一般にそうであったように，とくに債務拘留（Schuldhaft）に対して反対が強まったが，それは正当であった。まず，緩和の動きとして，債務拘留は手形債務の場合にのみ許されることがここかしこで宣明された。最近に至って，1868年5月29日の（北ドイツ）連邦より，強制手段としての債務拘留は完全に廃絶されている。

§ 59　中世ドイツの訴訟について述べてさいに（本書第2章§ 50）明らかにしたとおり，ドイツの破産法は，外国法の継受前にすでにドイツの商業諸都市において発展し高度の完全さを具えるに至っていた。その後の形成に格別の影響を与えた2つの歴史的な出来事がある

　第1は，イタリア破産法の継受であり，それは，大した抵抗もなく行われた。実際，イタリア法はとくに商業諸都市において発展したのであり，そこでは同じ必要が同じ法制度に導いたのである。ドイツでも，イタリアでも，破産は，「執行手続に終わる仮差押手続」であった。しかし，イタリアの理論から担保権および優先権についてのローマ法の諸原則が取りこまれたのであり，破産実体法の総てがローマ的となる。財産譲与（cessio bonorum），公告による債権者の呼出し，財産管理人（curator bonorum）による財産の管理についてのイタリ

---

(3)　Krech u. Fischer, Die Preußisches Gesetzgebung betreffend die Zwangsvollstreckung ins unbewegliche Vermögen, Einleitung, S. 27.

第3編　ローマ=カノン系訴訟およびドイツ民事訴訟法典の発布に至るまでのドイツにおける訴訟法の発展

アの理論がドイツの破産法に移行した。

　第2の出来事は，スペイン人サルガド・デ・サモーザ（Salgado de Samoza）の著作の出現であった。この本は，1646年に出版され，その特徴そのままに「債権者の迷宮」（Labyrinthus creditorum）という表題が付せられていた。当時のスペインでは，破産における債権者の活動はほとんど無に等しく裁判所の職権活動が総てだとする見解が支配的であったが，前記の著作は，雄弁に，しかも精細に，そして総ての個別問題を論じつつ，この見解を表明している。この見解によれば，財産譲与（cessio bonorum）は債権者への財産の移転ではなく，かえって裁判所への移転なのであり，裁判所が，それによって財産を管理し，その財産につき主張された諸請求権を確定し，債権者に弁済をしたのである。裁判所は管財人を選任し，管財人が裁判所に代って活動する。破産者は，自己の財産の所有権と占有を保有し，行為能力も失わない。債権者はその諸債権を破産裁判所において主張し，破産者に対する総ての訴えは，破産裁判所に提起され，債務者自身に属するもろもろの抗弁を他の債権者が提出できるという効果が生じた。これらの債権の総てが確定した場合，また，さらに特権を与えられた債権の優先権が確定した場合に初めて順位判決（sententia graduationis）がなされ，これに基づいて配当を実施できる。優先権序列が複雑であること，総ての債権の確定と訴訟が破産裁判所の一手に，そしてそれによって破産手続の中に総合されていたことは，前記の著作の表題（「債権者の迷宮」）をもっともと思わせるに足りるものであった。

　前記の著作は，ひとつの重要な現象であった。破産は裁判所の事件であるという基本観念をあらゆる細かな点まで貫き通したことによって，この本は，高い学問的な評価を得て，実務でも範とされた。それがスペインで生まれ，スペインの諸事情を考慮においているということは，国による相違を意に介しなかったその当時には，なんら障害とはならなかった。ドイツでも，その所説は，進んで受容されたのである。

　破産法は，ドイツにおいては，帝国法律上の規制を受けなかった。ラント立法からも放置されていたところでは，学説と実務がその欠陥を補充した。そのさい，国民のなかに支配的であった法観念や，イタリア人の理論，および，前記のスペイン人の新たな学説による加工をすることができた。これに加えて次の事情がある。すなわち，ひとは，17世紀当時には，そして18世紀にはそれ以上に，取引の経済的必要にはあまり注意せず，できるだけ円滑な形式的処理に最も重きをおくことに慣れていたのである。こうして，普通法上の破産手続は，厳格に段階をもって組み立てられた裁判上の訴訟形式にまで発展すること

となった。手続の各段階は，一定の目的に役立てられ，その上にその後の手続を築き上げることのできる確かな基盤を与えるために，判決によって締め切られた。

(1) 第1の段階は，準備的な手続である。その目的は，破産手続の諸要件が存するか否かを確定するにある。そのさい，裁判所は，当事者の陳述には拘束されず，かえって，自ら探知・調査[4]を行った。

債務者が支払不能の状態にあること，および，その債務者に多数の債権者がいること（従って，債権者の競合 concursus creditorum）が確定されたときは，破産開始決定（decretum de aperiendo concursu）をもって手続が開始され，財産の管理のために1人の管財人（curator）が，また，破産者の権利を守るための対抗補佐人（contradictor）が，選任される。財産譲与（cessio bonorum）は，その当初の性格を失い，もはや債務者の無資力宣言以外の何ものでもなくなって，これに基づき，あたかも債権者が破産開始を申し立てた場合のように，破産を開始することができた。

(2) これに続くのが，清算手続（Liquidationsverfahren）である。その目的は，加入を許すべき諸請求権，つまり債務財団（Schuldenmasse）の確定である。公の催告によって債権届出のための除斥期間，または，失権期日が定められた。破産者に属しない物の引渡しを求める。いわゆる取戻権者（Vindikanten）ならびに動産質権者（Faustpfandgläubiger）は，破産に関与しないのに対し，抵当債権者は，破産への加入を余儀なくされる。対抗補佐人は，債権届出のそれぞれについて意見を述べなければならなかった。対抗補佐人が債権を争う場合には，個別訴訟により債権が確定されることになる。

(3) 多くの地方では清算手続と併せて，また，他の地方ではこれと分離して，優先手続（Prioritätsverfahren）が行われた。この手続は，各個の債権に対して，極めて複雑なものとなっていた優先順位の序列に従い，それが属すべき地位を与える目的をもつ。ここでも，要求された優先権についての個別訴訟が可能であったし，しばしば行われた。債権およびそれに属することのある優先権が既判力をもって確定された後に初めて，いわゆる等級判決（Lokationsurteil ; sententia collocatoria）がなされ，各個の債権に対しそれぞれの席を指示した。

(4) 等級判決が確定したときは，それまでの換価の結果に基づき配当決定（Distributionsbescheid）がなされ，これが各債権者の受けるべき額を定める。もっとも，賦払いの配当を行うこともできた。しかし，通常は，清算手続と優

---

(4) この概念につき Engelmann, a, a. O., § 70. 参照。

先手続にかなりの長期間を必要とせざるをえなかったので，財団の換価はとっくに終了していったのである。

第2節　特別訴訟

§ 60　法律上のまたは慣例的な定則をなす手続に反するあらゆる手続は，特別手続（Ausserordentliches Verfahren）と呼ばなければならない。この相違がどこに存するのか，そして，手続の短縮をめざすものか，あるいはより徹底した審理をめざすものか，その際に訴訟法の本質的な諸原則が適用外に置かれるのか，あるいは本質的でない諸原則が適用外に置かれるのか，ということは，それ自体としては大きな意味を持たない。しかし，普通法の通常訴訟は，すでに極めて繁雑かつ時間のかかるものとなっていたので，手続の相違という考えと結びつけて，常に短縮または簡易化が採りあげられ，この相違した手続を略式手続と呼ぶことになった。普通法上の学説は，しかし，さらに先に進んだ。すなわち，様々な訴訟の種類が，互いに，また極めて著しく相違するので，新たな分類根拠を求めることが学問上必要であり，そしてまた，実務上も役に立つと考えたのである。

こうして人は，次のような概観に達した。

(ｱ)　まず，たしかに通常訴訟とは相違するが，その基本原則から遠ざかるわけではなく，つまり，本質的でない点においてのみ，例えば，期間の長さ，書面の数，証拠手続の厳正さなどにおいて異なる種類の諸手続がある。

(ｲ)　次に，訴訟法の諸原則から離れ，従って，通常の訴訟過程を完全にはずれた種類の手続がある。

ところで，(ｱ)の種類の手続は，統一的で拘束力のある規範に服せず，それらの離反は，むしろ，それらの手続の略式である点がいくらか不特定なものであったけれども訴訟規則は順守されていたので，裁判官の裁量にかかっており，この種の訴訟は，通常＝不定式略式訴訟（regulär＝unbestimmt summarische Prozesse）という名称で総括される。しかし，上述の第2の種類の手続では，訴訟法の規則から離れ，しかも，それゆえこの離反を許し，かつ，それの程度を定める規範が必要であったので，これは，非常＝定式略式訴訟（irregulär＝bestimmte summarische Prozesse）と呼ばれた。

ブリーグレブ[1]が論証したように，略式審理（summaria cognitio）および略式手続（summarisches Verfahren）という表現は，訴訟資料（Prozeßstoff）が通

---

(1)　Briegleb, Einleitung in die Theorie der summarischen Prozesse, 1859.

常訴訟と異なる訴訟に適合するだけで，手続形式（Verfahrensform）が通常訴訟と異なる訴訟には適合しない限りで，この分類は正しくないものである。つまり，いわゆる不定式略式訴訟は，この意味での略式手続ではなく，通常手続の促進にすぎない。本来の略式手続は，訴訟資料を制限し，そして，被告の防禦を実質的におさえる点にある，とされる。この指摘は全く適切であったけれども，従来からの分類は，その，通りの良さのゆえに，やはり維持されよう。

1　通常＝不定式略式訴訟

§ 61　この意味の略式手続，むしろ短縮された手続といった方がよいが，その許容性はクレメンティナ・サエペ（Clementina Saepe）によって初めて法律上承認された。クレメンティナ・サエペは，繰り返し援用されたが，ここで論じられる訴訟の種類が発展するにともない，かなり以前に，もはや略式訴訟法の法源ではなくなった。なぜならば，クレメンティナ・サエペの手続は，ドイツでは通常訴訟となったからである。

この種の訴訟の特徴は，以下の点にある。すなわち，争訟事件全体について余すことなく弁論が行われ，とくに被告の防禦は制限されないが，裁判官は，迅速化が必要であると感じたところでは，期日や書面を削減し，期間を短縮し，あらゆる不必要な形式を無視する権限を有する，という点である。しかし，必要的双方審尋の原則，書面性の原則，弁論主義を逸脱することは許されなかった。また手続も，他の訴訟につき規定されているような順序で進行する。すなわち，書面交換に続いて証拠手続があり，その後に判決がなされ，判決に続いて執行がなされる。

定式＝略式訴訟は，この手続に適するあらゆる法的争訟において選択することができるが，そのためには原告の申立てが必要であり，それは，訴訟上の申請において訴えの申立ての構成部分として表明される。略式手続が選択されるのを常とした事件は，次のようなものであった。まず，少額事件（Bagatellsache）がある。しかし，その概念規定については，一定の訴額に関する普通法上の規定が欠けていたので裁判官の裁量で決せられた。さらに，扶養を求める直接の請求権が主張され，遅滞があれば危険が生じる場合における扶養料事件（Alimentensache）があり，さらに，建設紛争（新工停止告知，未発生損害担保 operis novi nuntiatio, cautio damni infecti），仮の処分，中間の争い，占有訴訟，起訴催告訴訟，提示事件，賃貸物明渡訴訟，僕婢に関する紛争があった。格別の考察に値するのは以下の諸事件である。

(1)　起訴催告訴訟（Provokationsprozess）

普通法上，一方当事者が他方当事者に彼の権利を裁判上主張するよう催告す

ることを許す2つの場合が認められていた。なお，この起訴催告訴訟は，起訴催告の理由が，訴えの中ですでに疎明されなければならないかぎりにおいてのみ，略式手続なのである。

(a) ある者が，他のある者に対する請求権を持っていると言いふらす場合，債務者と言われた者（被非謗者 Diffamat）は，言いふらした者（非謗者 Diffamant）に対し，自己の住所地の裁判所に訴えを提起して，非謗者は一定の期間内に彼が持つという請求権を主張すべく，それをしない場合には今後いっさいその請求権を口にしないよう彼に命ずべき旨の申立てをすることができる。申立てを理由づける諸事実は，ある程度の疎明を要する（最後の帝国最終決定第83条）。訴状は非謗者に期間を定めて通知される。彼が否定するならば，対立的に弁論が行われ，そして，場合によっては被非謗者の申立てに従い判決が下される。非謗者が本案の訴えを提起したときは，起訴催告訴訟は終了したことになる。しかし，非謗者に定められた期間が徒過したときは，闕席起訴（accusatio contumaciae）により申立てに従って判決が下される。

この訴訟形式は，実務が1. 5 C. 7, 14 を適用して作りあげたものであるが（1555年の帝室裁判所令，最後の帝国最終決定第83条参照），非謗者云々の法律基づく起訴催告訴訟（provocatio ex lege diffamari）と呼ばれる。

(b) さらに，抗弁権を有する者は，事情が変更すると自己の抗弁権を失う恐れがあると考える場合に，訴えを提起できる者に対し，訴えを即時提起するよう要求することができる。この起訴催告は，ここでもローマ法の一部が根拠とされるが（1. 28 D. 46. 1），実は裁判所慣行上の1つの制度なのであり，次の内容を有する。すなわち，訴えを提起できる者に対して，一定の期間内に訴えを提起すべきことを命じ，たとえ事情の変更があっても起訴催告者の抗弁権の対抗を免れないものとするのである。被催告者が期間内に本訴を提起した場合には，起訴催告訴訟は終了したものとなり，彼が期間を徒過した場合には，闕席起訴（accusatio contumaciae）により起訴催告に従って判決が下される。しかし，彼が異議を述べるならば，対立的に弁論がなされる。

(2) 占有訴訟

占有訴訟（Possessorischer- od. Besitzprozess）は，誰が事実上占有者であるかという問題だけを対象とする訴訟であり，占有を求める権利が誰に帰属するかは問題としない。占有権問題は，いわゆる本権の訴えの対象である。

(a) 不動産占有妨害禁止命令（interdictum uti possidetis）の場合，すでにイタリア人の間で（上述§37），通常占有訴訟（possessorium ordinarium）と略式占有訴訟（p. summarium）との分離がすすんでいた。この考えは，ドイツでは

明らかにドイツ法上の諸見解に源を発するだけに，ことさらすすんで受け入れられた。両者の区別はさらに厳密となった。すなわち，通常占有訴訟（p. ordinarium）は占有する権利を審理する訴訟となり，これに対して略式あるいは即決占有訴訟（p. summarium oder summariissimum）は本来の占有訴訟となった。この略式占有訴訟について，できる限り短縮された手続が必要であったが，通常占有訴訟（p. ordinarium）については迅速化の必要はますます後退した。

　即決占有訴訟（p. summariissimum）の特殊性は以下の点にある。すなわち，訴え事実の単なる疎明で十分であったという点，および，すぐに明白となるような抗弁だけが許されたという点である。さらに，判決（引渡命令 Manutendenzdekret と呼ばれた）に対して提起される上訴は停止効を有しなかった。通常占有訴訟（p. ordinarium）では，単なる疎明では十分ではなく現実の証明が必要であったし，判決は，上訴により停止効が生じうる真の終局判決であった。

　(b)　占有取得の特示命令（interdictum adipiscendae possessionis）の場合には，手続は事件の状況に従い，定まった。

　(c)　占有回復の特示命令（interdictum recuperandae possessionis）（今日の占有回収の訴え）も，同様に通常，簡略に取り扱われる（1555年の帝室裁判所令，III. 3. § 6.）。

2　非常＝定式略式訴訟

§ 62　これらは一定の諸場合にのみ許され，そして，法定の一定の過程を経て進行する訴訟であるが，特別の権利保護の必要を充足する目的を持つ。その特別な権利保護の必要の充足は，一方当事者だけが審尋を受け他方の当事者は全く審尋を受けないか，あるいは一定の要件のもとでのみ審尋される場合にだけ問題となりうる。この必要は，即時に立証でき，しかも，相手方が到底争えないような請求権の迅速な確定を求め，あるいはまた，債務者が悪意により生じさせる損害に対して保全することを求める。この第1の場合には，訴訟は，即時に執行を開始しうる基礎となるいわゆる執行力ある債務名義のできるだけ速やかな付与をめざしており，第2の場合においては，執行が先取りされる。すべての場合において被告に対する容赦の無さが優先しており，それゆえ法律は，略式手続のエネルギーが実在する権利のためにのみ奔出するように，一定の保障を要求する。そして，いずれの場合においても略式訴訟では仮の裁判に至るだけである。なぜならば，この裁判は確実とは言えない基礎に基づいているからである。これらの訴訟は以下のとおりである。(1)執行訴訟，(2)命令訴訟，(3)仮差押訴訟。

第3編　ローマ＝カノン系訴訟およびドイツ民事訴訟法典の発布に至るまでのドイツにおける訴訟法の発展

(1)　執　行　訴　訟（Exekutivprozess）

　執行訴訟の特徴は，この訴訟が証明で始まるという点にある。この訴訟は，原告が自分の請求権を証書により証明しうることを前提とする。

　従って，手続の内容は次のとおりである。原告は，すでに訴えの中で，証書を少くとも謄本で提出することによって証拠の申出を行い，その後，裁判官は期日を指定し，期日には両当事者を呼び出し，被告には訴えにつき陳述をさせ，原告には証書の原本を提出させる。被告が出頭しない場合には証書を承認したものとみなし，それゆえ給付判決がなされる。被告が出頭した場合には証書の提出の後にその真正について陳述をしなければならない。被告が真正を否認する場合には彼は否認宣誓を行わねばならない。抗弁は，これが即時に明確となる場合にのみ斟酌され，普通法の実務は書証だけを認めたが，ザクセンの裁判所の実務は宣誓要求も認めた。これにより，執行訴訟で審尋されなかった抗弁を，被告は後に通常手続において主張することができたが，そのためにはいわゆる事後訴訟（Nachklage）が必要であった。執行訴訟は事後訴訟においてなされる判決をもって終了したのである。

　執行訴訟がイタリアにおいてどのように発生したかということは，上述した（§ 36, (2)）。ドイツでは，同様の諸制度を外国訴訟の継受が始まったときにはすでに有するに至っていた。証書および裁判所証言を持つゲルマンの債務訴訟は，イタリア人の執行訴訟と同一の必要に役だったが，後者とはやはり以下の点で本質的に異っていた。それは，イタリア法では被告の防禦が制限されたのに対し，ドイツでは被告の不利となる証明問題だけが通常の諸場合と異る処理を受けたのである[1]。ドイツにおける教会裁判所は，しかし，すでに13世紀以来，以下の制度を受け継いでいた。すなわち，イタリアの執行保証文書（documenta guarentigiata）を範とするいわゆる認証文書（Consessatbrief）を受け入れ，そこに含まれる債務承認の実現のためにイタリアの執行訴訟を許容する制度である。世俗の裁判所もこの制度に倣った。ここでは裁判所帳簿に記載された債務承認に執行条項を具えるのが常であった[2]。この条項は債務者に自力で差し押さえる権利を与えた。しかし，自力差押権には濫用が付きものであったので，債権者には債務者が「法なしに」（ohne Recht）――というのは裁判所なしにという意味であるが――という文言を付加して差押えに服した。そ

---

(1)　異説として，v. Bar, Das Beweisurtheil, S. 225 ff. しかし，これに対する反論は，ブリーグレブの他にもヴァッハにみられる。Wach, Ital. Arrestprozeß, S. 67. Anm. 39. 本書第1編 § 41 参照。

(2)　Heusler, Zeitschrift für Rechtsgeschichte (germ.), Bd. 6 S. 127 ff.

うでない場合には債権者に裁判所に向わせ，そこで裁判所が彼の債権の執行力を審査した。1495年のラント平和令は，遂に自力差押えを完全に廃し，それによりあらゆる場合に裁判上の手続が回避できなくなった。この訴訟には，イタリア学説の執行訴訟が単純に適用されて実務となるに至り，その実務はヴェストファーレン和約および最後の帝国最終決定（第107，174条）によって認可されるに至った（オスナブルック和約Ⅳ第47条）。このように，上に述べた種類の訴訟は，本質的にはゲルマン的な諸要素から発展したのである。

(2) 命令訴訟[3]（Mandatsprozess）

ドイツおよびイタリアにおいても支払命令（praecepta executiva）は知られている。この命令は，債権者の申立てに基づき債務者に対して発せられ，執行を準備した。そのような命令は，債務者が裁判所に出頭し，自己の債務を否認する場合には効力を失う。つまり，その命令は，債務者が異議を唱えない場合に執行力を生じた。この法制度は普通法の理論により命令訴訟へ形を変えた。

帝国裁判所は，すでに以前から，ラントの平和の保護のために，明らかな不法が存する場合に事前に弁論を行うことなく無条件の刑罰命令および原状回復命令を下していた。後になって，この種の命令に対して，詐取あるいは窃取の抗弁（exceptio ob- oder subreptionis）が許され，そして，1555年の帝室裁判所令は，わずかの場合を除いて，是認文言（clausulae justificatoriae）を含む命令，すなわち受命者に対し命令に異議を唱えることが許される旨通告するような命令だけが認められた。無条件命令が下された場合であっても，受命者は命令を順守した後に自分の抗弁を主張することができた。そのようにして無条件命令訴訟と条件付命令訴訟の区別が作られた。

条件付命令訴訟は，1555年の帝室裁判所令及び1600年の代表者会議最終決定により以下の場合に許された。すなわち，明らかな不法が存在し，相手方の正当な異議や防禦が期待できないことが証明された場合（ob factum nullo jure justificabile），償い難い損害が生じる場合（ob damnum irreparabile），公共物損害の場合（ob detrimentum rei publicae），遅滞すると危険が生じる場合（ob periculum in mora），さらに，「法に従い，先行する判決なしに命令により（a pracepto）開始されうるその他の場合」，さらに，執行約款を具えた証書に基づく債務上の請求の場合である。

申立人は，その申請の中でその申立ての理由を述べ，そして，これに対する抗弁が恐らく「考えられ」ない程度に至るまで証明することが以前から求めら

---

[3] とりわけ, Skedl, Das Mahnverfahren, 1891, S. 36 ff.

れていた。申立てがこの要求を充足している場合には，裁判官は求められた命令を具体的な事件の必要に応じて下し，そして，これに不服従の場合につき刑罰を威嚇した。1570年の帝国最終決定（第82条）以降，命令に付して被告を期日に呼出すことが行われ，その期日には被告は命令の順守を証明するか，あるいは威嚇された刑罰の負課を受忍すべきものとされた。しかし，1600年の代表者会議最終決定において，次のことが規定された。命令を順守していない場合には，被告は期日にその理由を陳述しなければならない。命令が順守されるならば，闕席起訴（accusatio contumaciae）により新たな命令が下される。この命令も順守されない場合には，原告の申立てに基づき執行が行われる。被告が出頭した場合には，詐取あるいは窃取の抗弁（exceptio ob- oder subreptionis）を主張できた。実務は，ライヒの諸法律を根拠に以下の諸原則を立てるに至った。すなわち，被告は，それを斟酌しないと治癒不可能な無効が結果として生じるであろう，すべての延期的抗弁を主張できた。また，適式手続欠缺の抗弁（exceptio non rite formati processus）も同様であるが，しかし，主たる請求に関するすべての滅却的抗弁については，別の手続によるべきものとされた。命令になんらかの異議が唱えられたがその異議は理由がないと判断された場合には，当初単純な命令の形式で下された命令が判決により認可される。

　条件付命令訴訟は，特定の諸場合には限定されなかったが，実務はこの訴訟を次のような場合にだけ適用した。すなわち，訴え事実が少くとも確からしく見え，そして，抗弁の主張は考えられるにしても，予期はされないような場合である。被告は，この場合には，彼が通常訴訟であれば主張できたであろうすべての延期的および滅却的抗弁を提出できる。被告が彼に下された命令を順守しないならば，原告の申立てに基づき新たな命令が条項を付することなく下され，そして，この命令もまた効果を収めなかった場合には，申立てに基づいて執行がなされる。被告が抗弁を提出するならば，それが重要である場合には，通常手続におけると同様に対立弁論が行われ，抗弁が最初から重要でないならば，被告の闕席の場合と同様に手続が行われる。命令を維持する判決は，服従判決（sententia paritoria）と呼ばれる（判決の中で服従が被告に命ぜられるからである）。判決は，無条件命令訴訟では中間判決の意味を有するにすぎないが，条件付命令訴訟では終局判決の意味を持つ。だから，命令訴訟は判決をもって始まる，と説かれているのは，完全に正しいというわけにはいかない。

　(3) 仮差押訴訟（Arrestprozess）

　仮差押訴訟もイタリアで発生し，そして，自力差押権から生じた（上述§36）。この訴訟もゲルマンにその源を発し，そして，外国法の継受の際に異論

なく受け入れられた。それというのも，ドイツにおいても裁判所の仮差押え措置はかなり一般的に認められており，本訴訟と結びついていたからであった（上述第2編第1章§52）。

仮差押え（Arrest）というのは，債務者に対し，彼のある特定物について，あるいは彼の全財産について処分をできなくさせることによって請求権を保全すること，と解されていた。この目的を達する手段とされたのは，財産の裁判上差押え（物的仮差押），または債務者の人身の差押え（人的仮差押え）であった。それゆえ，仮差押訴訟の非定式は，これが執行で始まるという点にあるといえる。

この手続は，以下のことを要件とする。すなわち，まず最初に，財産権上の請求権。これは疎明，すなわち確からしいという程度までの立証をしなければならない。次に，仮差押えの理由。つまり，将来の効果的な執行に対する危険を内含する事実である。この事実も確からしいという程度までの立証をしなければならない。通常，この他にも担保を立てることが要求された。申立ては理由がある，と判断された場合には，裁判官は命令を発し，それにより，求められた差押えが命ぜられ，そして，廷吏に委ねられる。同時に，仮差押えの認可のための期日が指定され，両当事者が呼び出される。その期日には仮差押えの適法性についてのみ弁論が行われ，必要な証拠調べであっても，できる限り簡略な方法で行われる。申立人の主張が正当であると証明されるならば，仮差押えは「認可された」とみなされ，そうでない場合には，これは取り消される（仮差押えの免除 relevatio arresti）。判決に対して認められる上訴は停止効を有しない。

債務者（被申請人）が承認期日に出頭しない場合には，仮差押えは認可され，債権者（申請人）が出頭しない場合には，仮差押えは取り消される。

第8章　フランス民事訴訟の発展[1]およびイギリスの訴訟

§63　[フランスの法発展とドイツの法発展の対比]　フランスの民事訴訟は，

（1）　Schäffner, Geschichite der Rechtsverfassung Frankreichs, 1845 ; Warnkönig u. Stein, Franz. Staats- u. Rechtsgeschichite. 特に，L. シュタインによる III, 1875. 訴訟手続方例集 (stilus curiae) に関するシュヴァルバッハの以下にあげる研究と Tardif, proced. civ. aux XIII. et XIV. siècles ; D'Espinay, de l'influence du droit canonique sur la législation francaise, 1856 ; Feuerbach, Betrachtungen über die Oeffentlichkeit und Mündlichkeit der Gerechtigkeitspflege, 1825. ミッテルマイアー，コーラーなどの多くの論文。また，Man-

第3編　ローマ=カノン系訴訟およびドイツ民事訴訟法典の発布に至るまでのドイツにおける訴訟法の発展

1806年に編纂された法典の形で長期にわたりドイツの大きな一部の地域に適用された。ドイツにおいては，その民事訴訟の改革にさいして，しばしばこのフランスの模範に忠実に従ったのであり，時には密着していたのである。この理由からしても，フランスの民事訴訟の主要原則を簡単にでも述べておかねばならない。しかし，さらにフランスの訴訟法の発展は法史上極めて興味深い事実を示している。ドイツの訴訟法の発展に最も重要な影響を与えた，あの諸要素，すなわち古ゲルマン法とローマ=カノン系の学説とが，フランスの訴訟の発展をも規定していたのである。

それにもかかわらず，その発展は，ほとんど同時期に，すなわちドイツでは1654年，そしてフランスでは1667年に全く異った結果に到達した。

フランスは，カロリング時代以来，言語と法とが相互に異った2つの地域に分裂していた。南部ではラテン語に近いオク語（langue d'oc）が，北部ではゲルマン諸語の影響を強く受けているオイル語（langue d'oil）が主に使われている。そして，南部では成文の法，主としてローマ法が適用され，北部ではゲルマンに起源を有する慣習法が，たとえ共通の性格を有しつつも種種の多様性のもとで行われていたのである。南部の諸国，つまり成文法地域（terrae juris scripti）には，上部イタリアに由来するかのローマ=カノン系理論がフランス北部よりも早期に入りこんでいた。その地から，その理論は慣習法地域（terrae juris consuetudinarii）に伝播したのである。教会はイタリアや他の国々におけるのと同様の要求をし，他の国々と同様にその地にも教会独自の法規（Satzung）を適用した。かようにして自国の法と外国法との争いは，ドイツよりも2，3世紀前に燃え上がっていたのである。そしてまた，その争いは，かなり以前に1つの満足すべき結果に至っていた。この争いにおいて決定的に作用したのは，フランスの王権の強大化と国王裁判所の関与である。この国王裁判所では世俗と聖界との両権力が共働していたが，一方はその旧来の法を適用させようとし，他方はカノン法を適用させることを要求していた。王会（curia regis）は，古フランクの国王裁判所の後をうけたものであり，そしてそれと同じく衡平裁判所の機能を果たしていた。そこで重要であったのは厳格な法的一貫性ではなく，個々の事件において理性的かつ合目的的と思われたものを適用することであったのである。この裁判所では，ローマ法と自国の法とが相互に接触した。ローマ法からは合目的的と思われたものを受け継いだが，固有の法でその存在が有用とわかっているものは何ひとつ捨てなかった。しかし，

---

fredini, il procedimento civile e le riforme, 1885.

第8章　フランスの民事訴訟の発展及びイギリスの訴訟

フランス法の歴史にとって転換期となるこの時期は，まさにローマ教皇がフランスの諸王に完全に従属するに至った時代なのである。そして，ドイツにおいてはドイツ皇帝がローマ皇帝の継承者であるという観念が決定的な意味を有していたが，フランスではそのような観念は歴史的な根拠を欠いていた。従って，それらすべてのことからフランスにおける外国の法の取り扱いは，ドイツにおいてローマ法に対してとられた態度とは本質的に異ったものになったのである。ドイツでは外国の法を拘束力あるものとして遵守したが，フランスでは外国の法は任意的に取り入れられ，そして合目的的であると見なされた限りでのみ利用された。

こうしてフランスでは1つの法実務が形成され，それは王会から全国へ伝播していった。

その法実務は，ゲルマン的慣習を伴なう封建法の弊害を克服し，封建期の全証拠法は，外国の法の合理的な諸原則に道を譲らなければならなかった。しかし，他方，カノン法の証拠規則は，拘束力あるものとしては見なされなかったのである。

フランスの諸王は，彼ら自身の裁判所における実務に則って立法を行い，そしてその法律をよく訓練された官僚による行政の集権化によって，抵抗を試みる封建的勢力に対して全土に貫徹したのである。13世紀以来のほとんどすべての王令（Ordonnanz）は，実務によってつくり出された法を裁可し，改善に努めた。この実務は，上級貴族と高級官僚との法確信の表現として，当然のことながら飛躍的に発展することはありえなかったが，それと同じように立法もまた一定の恒常的な発展経過をたどった。ともあれ，このようにしてフランスの民事訴訟の発展には安定性が与えられていたのであり，一方ドイツの訴訟法史にはそれが欠けていた。しかもフランスの立法は，ドイツにおいて実務的でないスコラ的かつペダンティックな教義が法形成に与えた一定の有害な影響からも免れていた。

§ 64　［法源］　より以前のフランス法における慣習法（consuetudine）と慣例（usage）とは繰り返し記録されてきたが，その豊富な法源[1]の中では，次のものが特に際立っている。

(1)　「エルサレム王国裁判書（Assises de Jérusalem）」　十字軍従軍者が建設した東方のキリスト教国家においては，フランス法が適用されるに至った。上級

（1）　フォン・ホルツェンドルフのRechtsencyklopädieにおけるブルンナーによる概観を参照。

裁判所（Haute Cour）と下級裁判所（Baisse Cour）の両裁判所における実務については，しばしば補修が加えられ，特にフィリップ・ド・ナヴァール（Philippe de Navarre）とジャン・イブラン（Jean d'Ibelin）とによってその作業がなされた。後者が実務向けにつくった作品は，1369年，キプロスにおいて法律として公布された。その著作の内容は，まだローマ＝カノン系の影響を受けてはおらず，なお純粋な古フランス法を保持している。

(2) 1283年のボーマノワール（Beaumanoir）による「ボーヴェジ地方慣習法書（Les Coutumes de Beauvoisis）」 ボーマノワールは，国王の官吏として様々な職務を担っていたが，しかし最高法院（Parlament）の成員でもあった。そして，彼はボーヴェジ地方に妥当していた慣習的な法について叙述したのである。彼は，ローマ＝カノン法，特にタンクレードゥス（Tankredus）の「裁判手続（ordo judiciarius）」に通じていたが，外来の法観念には2次的な影響しか認めていなかった。彼の著作は，それが地方的な慣習の叙述に限定されていなかったので，たとえば北ドイツにおいてザクセンシュピーゲルがそうであったようにフランス北部において広がり，権威を獲得したのである。しかし，ザクセンシュピーゲルは旧来の慣習を堅持することを助けたが，ボーマノワールは国王と裁判官との権限を強化するという意味における，法の時宜を得た改革のための理解をいたるところで促進した。

(3) 最も重要な著作は，依然としてパリ最高法院の弁護士（Advokat）であったデュ・ブルーユ（Du Brueil）による「最高法院手続方例集（Stylus Curiae Parlamenti）」であった。それが作られたのは1330年頃であり，従ってちょうどドイツで「ラント法訴訟法書（Richtsteig Landrechts）」が出版されたのと同じ時期であった。しかし，「ラント法訴訟法書」が，それがなお全くもって古ザクセン法に基づくものであり，それとともにイタリアの理論における諸原則がドイツでは知られていないということを明らかにするものである一方で，方例集はカノン法の適度な継受がすでに完了していたことを示しているのである。王会における実務のなかで生まれ，その後の法発展の基礎をなした訴訟手続は，それによって体系的に叙述されるに至った。それゆえに，その内容については特に以下において述べるが，その場合その著作の個々の部分，すなわち略式訴訟，執行訴訟，そしていわゆる新占有訴訟（Novitätenprozess）について述べることは断念しなければならなかった。

それ以降の著作については，以下のものだけをあげておこう。

(4) ジャン・ブテエ（Jean Bouteiller）による「田舎約書（Somme rural）」，それは14世紀以来，あるいは15世紀初めに現われたもので，ローマ法の強い影

第8章　フランスの民事訴訟の発展及びイギリスの訴訟

響のもとにある。

　(5)　そして「フランス大慣習法書（Le Grant Coustumier de France)」，これは方式書，判決，王令，そして論文の編纂物であり，1539年までたびたび実務向けの手引書として出版されたものである。

§ 65　［デュ・ブルーユの最高法院手続方例集］　13，14世紀の訴訟には，ローマ＝カノン系訴訟の影響が一貫して見られる[1]。確かに封建領主の裁判所は，なお形式的な証拠体系を伴なう古ゲルマンの訴訟に固執しており，そしてそこでは決闘が適用されたのである。そのことは，その訴訟を1つの手続から1つの単なる武力行使におとしめるものであった。しかし，このようないわゆる訴訟手続と称された最後の残りくずは，この時期に消滅した。

　しかしながら，この過渡期における個々の事象についてさらに詳論する必要はないであろう。その代わりに，当時における手続の典型として，ただパリ最高法院の訴訟だけをデュ・ブルーユの「最高法院手続方例集」に従って叙述することにしよう[2]。

　パリ最高法院では，多くの場合，代訟人（Parteianwalt）が許された。しかし，どの場合でも，被告の召喚は，原告自身で行わなければならなかった。当事者は，その弁護人とともに裁判所に出頭した後に初めて，裁判所と相手側とに対して代訟人によって代理された。

　最高法院における手続は，原則として口頭手続であった。なぜなら，裁判所がその判決の基礎とすべき諸事実は，口頭の陳述という手段によって，すなわち口頭弁論（plaidoirie）によってのみ裁判所の知るところとなるからである。しかし，もし受命裁判官による証拠調べ，すなわち証人尋問（enquête）がされる場合には，証拠調べの結果については，ただ，作成された調書と両当事者がそれに添付した書面（訴答書面 rationes juris）だけに基づいて判決が下された。しかしながら，その口頭陳述にどれほど価値がおかれていたかということは，つぎのことから明らかである。すなわち，1277年と1320年の王令は最高法院に，裁判官が聴取したことをその間に忘れてしまわないように，弁論後直ちに，またはせいぜい2，3日のうちに判決を下すことを義務づけたのである。しかしそれにもかかわらず，不動産に関する訴えは書面をもってなされるべきものとされ，そしてその他の訴訟においても，裁判所はその訴えが口頭でなされた

───────
(1)　Tardif, la procédure civile et criminelle aux 13. et 14. Siècles ou procédure de transition, Paris 1885.
(2)　私は，ここでは主にシュヴァルバッハ（Schwalbach）の著作 Der Civilprozeß des Pariser Parlaments nach dem Stilus du Brueils, 1881. に依拠した。

413

後に訴状の交付を命ずることができた。

しかし，その口頭性は，両当事者にとっては危険なものであった。口頭性と並んで弁論主義が最も厳格に手続を支配していたので，当事者が陳述した言葉には，たとえそれが当事者の意思に一致しないことが明瞭に認識できる場合にも拘束されると考えられていたのである。特に，陳述に完全でないところがあると，それを現実に陳述された意味に従って補充することなく，かえって当事者の不利に放棄または自白として利用された。従って，手続の口頭性の価値は，全くおぼつかないものであった。

弁論に参加できたのは，両当事者と代訟人だけであった。裁判所の評議は秘密であったが，判決の言渡しは両当事者の面前において口頭でなされた。

訴訟は，呼出し（adjornamentum, ajournement）をもって始まる。呼出しは，裁判所の命令に基づき執達吏（Huissier）によって実施され，しかも呼出しを受ける者自身に，あるいはその住所ではそこに居合わせた者に口頭形式でされた。書面で呼出しを委任する場合は，提起すべき訴えを記載し，そしてそれは簡単に理由づけることができた。訴えの提起自体は，裁判所での口頭弁論において初めて行われる。しかし，そのような弁論に先立ち頭初出頭（Präsentation）がなされる。つまり，両当事者は，最高法院の開廷期の開始に際して，最高法院の構成員の面前に自身で出頭しなければならないのである。この頭初出頭の順番に従って，弁論のために定められた日における弁論される事件の順番が決まる。つまり，パリ最高法院は毎年11月初めに開廷期のために召集された。そこで，両当事者はたびたびパリに赴く必要がないように，各個の地区のそれぞれから出されている諸事件に対して地区ごとに一定の期間が割り当てられ，その期間内にそれらの諸事件はその順序に従って審理されたのである。その期間の最初の日は，頭初出頭に予定されていた。従って，呼出しは頭初出頭とそれに続いて直ちになされる弁護のために行われた。頭初出頭は，当事者が弁論において陳述をなすことを許されるための前提である。それ故に，一方当事者が闕席した場合には，以下で詳論する懈怠の効果（Versäumnißfolgen）が生じる。

口頭弁論においては，被告は，(a) 延期的抗弁（exceptio dilatoria）か法廷回避の抗弁（exceptio declinatoria）に基づいて免訴（congedium, congé）を求めるか，または (b) 延期（dilatio）を求めるか，あるいはまた，(c) その本案の抗弁に入ることができる。

(a) 訴訟抗弁は，当然，延期請求の前に提出されねばならず，そしてしかもその抗弁には一定の順序があった。

(b) 延期は，種種の理由から請求しうるものであり，そして極めて頻繁に請求がなされたと思われる。被告が準備するために延期を求めることができたのはつぎの場合であった。すなわち，呼出しの際に訴えの対象と原因があげられていなかった場合，または被告が他人の行為 (factum alienum)，特に自己の被相続人の行為を代行する場合である。不動産の訴えの場合には，事前の検分 (veuta)，そしてそれとともに不動産の正確な表示を行わなければならないゆえに弁論の延期を求めることができた。さらに，「前占有者への順送り (Zuge an den Geweren)」の権利，すなわち被告が承継取得した物をめぐる紛争の場合に被告の保証人を指定し，彼をその訴訟に参加させうるという被告の権利があったのである。そのような延期は，フランスの訴訟における１つの弊害となっていった。パリでは延期された弁論は翌年の新たな最高法院においてようやくなされたからである。

(c) 被告の応訴は，ローマ＝カノン系訴訟におけるような方式行為と異り，訴訟事実に対する異議権あるいは永久的抗弁 (défense) の主張である。その抗弁に対しては順序が規定されていない。原告の請求を破棄することを主張するすべての抗弁は，その請求が成立したということの自白を含んでいる。従って，ドイツ普通法において形成された原則である「抗弁をする者は自白を行わない (Qui excipit non fatetur)」は妥当しないのである。判決は口頭弁論 (plaidoirie) と，裁判所がその記憶を助けるために提出することを要求した書面に基づいてなされた。一方当事者が引用する証書は即時に提出される。もしそれが可能でないか，あるいはその証書の真正について争いが生じた場合にはともかく延期がなされた。尋問 (enquête) による証人調べについては以下に詳しく述べる。証人尋問が必要とされたのは，両当事者が事実について，あるいは地方の慣習法の存在について争った場合であった。その場合，各当事者は３日以内に王会に対して，彼が立証したい項目 (Artikel) を，しかも書面で示さなければならなかった。それから，裁判所は諸項目を調整するために (ad concordandos articulos)，すなわち何が争われ，何が争われていないかを明らかにするために１名の受命裁判官を任命する。この仕事は15日以内に完了すべきものとされた。その後に，原告はまだ争いのある項目について証拠調べを遂行する。その方法として，原告は証人尋問を託された裁判官を現場に連れて行き，証人に対する呼出命任状 (adjornamentum) を取得し，そして国王の官吏にそれを執行させるのである。各立証項目について10人以上の証人は尋問できず，ある証人の人格に対する異議については，その受命裁判官 (Kommissar) ではなく裁判所が決定する。しかし，その場合通例は証人の尋問がなされた後に初めて行

われる。宣誓させられるべき証人の審尋は，当事者双方と他の証人がいないところでなされる。もし一方当事者は証人尋問が終了したものと考えたならば，最高法院にその尋問に基づいて判決を下すことを申請する。しかし，そのことは，再度尋問が命じられることを妨げるものではない。

　懈怠の効果は，一方当事者が頭初出頭のさい出頭しない場合に，また弁論の際に出頭しない場合にも生じる。そして，不出頭（defectus, défaut）の場合には，出頭した当事者はただその相手方の懈怠を確認することだけを請求しうる。原告側は，彼が被告を適法に召喚したことを立証しなければならず，被告側は，彼が召喚されたことを立証しなければならない。

　出頭した当事者は，自己に有利な懈怠の効果を引き出しうるためには，「懈怠の利益が判決されるのを見るために」（ad videndum judicari utilitatem defectus），闕席した相手方を次回の最高法院に呼び出さなければならない。しかし，この期日に懈怠した当事者は，その闕席を弁明しうる。もしそれがなされず，原告が闕席した場合には，被告は免訴（congedium）と，それとともに原告に費用を負担させる判決を求めうる。被告が闕席した場合には，以下のような区別がなされる。人的訴訟（actio personalis）が提起されてはいるが，呼出しの際に訴状の記載がまだ十分でなかった場合には，被告は一定の新たな期日に，同じ最高法院に呼び出される。そして，もし被告が再び闕席した場合は，原告は彼の訴えの立証を許される。しかし，訴えがすでに被告の出席のもとに提起されていた場合には，その訴えの請求は認諾されたものと見なされる。物的訴訟（actio realis）が提起され，検分（veuta）の実施後被告が1回闕席した場合，しかしまだ現地検分（veuta）が事前になされていない場合には，3回呼び出されたが闕席した時には，原告は占有を取得し，被告には1カ年の期間内に所有権訴訟を提起するか否かの判断が委ねられたのである。

　いずれにせよ，裁判所によって懈怠の効果を判決において言い渡す旨の申立てを，懈怠しなかった者が提起することが必要であった。さもなければ，彼は懈怠の利益（utilitas defectus）に対する権利を喪失したのである。

　上訴（Rechtsmittel）に関しては，最高法院手続方例集（Stylus Curiae）では慣習法地域と成文法地域との対立がまだ見られる。前者の地域では，まだ判決非難（Urtheilsschelte）が利用されていたのであるが，それは同時期にドイツで成立していたものとは本質的に異った形態においてであった。しかし，後者の地域ではカノン法の控訴（Appellation）が通常の上訴であった。控訴は，つぎのような意思表示によって申し立てられた。すなわち，それは口頭によるもので，判決言い渡しのとき直ちになされ，調書に記されるべき意思表示か，ある

いは，10日間の上訴期間（decendium appellationis）に限られた書面による意思表示で，原審裁判官（judex a quo）に向けられた。そのような陳述の効果として，裁判官はその不服を申し立てられた判決を執行させることはできなかった。しかしながら，そのような効果も，もし上訴人（Appellant）が3カ月以内に相手方を最高法院に呼び出さなければ再び失効した。もし上訴人が闕席したならば，その相手方の申立てによって上訴人の懈怠が確認され，不服を申し立てられた判決は執行に移されたのである。被上訴人（Appellat）が闕席した場合には，上訴人の申立てによって呼出しが適法になされたことが確認され，それから上訴人は，その相手方を次回の最高法院に「懈怠の利益が判決されるのを見るために」（ad videndum etc.）呼び出した。対立的口頭弁論においては，新たな事実や証拠の提出が許されていたが，それらは判決非難のさいには認められていなかった。

　その他に，判決無効の申立て（Nichtigkeitsbeschwerde）が存在した。

§66　[1667年の民事訴訟王令]　デュ・ブルーユの著作の影響には，非常なものがあった。ドイツにおいてザクセンシュピーゲルがそうであったように，この著作は，フランスで繰り返し法律による承認を受け，その結果，彼の諸理論は下級裁判所をも支配した。しかし，この著作を法史の最も重要な出来事のひとつとしたのは何かというと，それは，フランスの民事訴訟の範型がそこに含まれていることである。たしかに，フランスの民事訴訟へのイタリア＝カノン系の法の浸透はまだ完了するには程遠く，また，たしかに多数の立法が訴訟法の改革によってもろもろの見解の変化や生活上の必要を取り入れてはいたが，本質的には，訴訟手続方式書の諸原則は今日に至るまで維持されてきている。民事訴訟に関する多数の法律のなかで最も重要なのは，1453年のモンティユ・レ・トゥールス（Montil-les-Tours）の諸王令と1539年のヴィレル・コトゥレ（Villers-Cotterets）の諸王令である。やがて，フランス訴訟法の発展は，1667年のルイ14世民事訴訟王令（ordonnance civile）をもってひとつの終点に達するのであり，フランス法は今日まで未だこの王令を乗り超えるに至っていない。というのは，1806年のフランス民事訴訟法典の制定は本質的な変改をもたらしたわけでなく，民事王令の諸規定の大部分を逐語的に繰り返していただけだったからである。従って，法史上の目的にとっては，1667年の立法に特に立ち入って述べる必要がある。

　この王令は，まず，呼出し（ajournement）を書面で行い，呼出状には理由を付した訴え（請求の結論および簡略に請求の理由 les conclusions et sommairement les moyens de la demande）を包含すべき旨の，これまでから繰返し定められた

規定を厳達している（文書および訴状によってなされた召喚 ajourment donné par écrit et libellé）。原告から呼出しを委任された執達吏は，呼出状の謄本を被告に交付し，この行為について証人の署名のある文書を作成しなければならない。この書面による訴えは，その後，それ以上の手続を実施する基礎となるのである。

呼出しに続いて代訟人の選任（constitution de procureur）がなされる。従前の，単独裁判官の面前での頭初出頭（Präsentation）は，1575年に，書記（記録官）の面前での頭初出頭に改められた。民事王令は，原告の頭初出頭の必要性を廃したのであったが，1695年の告示によって再び導入されている。当初出頭は，従前と同じく，書記の面前に当事者自身または代理人が自ら出頭することを内容とする。両当事者が代訟人によって代理されている場合には，両当事者が代訟人にかれらの委任状を手交し，それによって事件の追行が代訟人の手に移り，代訟人だけが相互に弁論するという効果が生じた。

最高法院手続方例集によれば，頭初出頭のすぐ後に口頭弁論を実施することができたが，この当時には，まず，当事者間で準備的な書面交換が始まった。手続は，依然として口頭で行うのを原則とし，裁判所は，口頭で裁判所に提出された事実だけに基づいて裁判することができた。しかし，立法としては，つねに，口頭弁論の延期が多発するのを避ける配慮をしてきた。被告の準備が調わないために手続が遅延する事がないようにするために，両当事者には，裁判所の面前での弁論において提出したいと考えているさまざまの主張や申立てを予め通告することが要求された。この通告は，裁判所の関与なしになされたのである。裁判所は，この書面交換には関心を有せず，その内容についてなにも知らなかった。

呼出状に訴えが未だ完全には包含されていなかった場合には，訴えをここで追完しなければならなかった。原告は，立件（bailler une demande），すなわちひとつの訴えを作り上げて，そのなかに，完全な事実経過の説明，法的原因の陳述および申立て（conclusion）を示さなければならない。この訴えについては，demande という用語のほかに，action という表示も使われ，また，古法から採った Plainte という表現も用いられている。しかし，ローマ＝カノン系のアクチオ法が，訴えの本質や内容についてのゲルマン的な観念に全く取って代った。

被告も，同じようにして，防禦書面を原告に送達した。被告は，なお熟考したりあるいは原告の請求する不動産を提示させておくという目的のために自己の応訴を拒否する権利をもはや有しなかった。さらに，民事王令の定めるとこ

ろでは，被告は，その総ての延期的抗弁を一度に提出する。このような抗弁が提出された場合，被告は争訟応諾義務および滅却的抗弁（exception péremtoires proprement dites, défentes au fond）を提出する義務を免れたのであり，従って，口頭弁論に移り延期的抗弁を裁決しなければならなかった。民事王令がそこで要求したのは，被告がその総ての防禦資料を単一の書面にまとめ上げ，それを，短かく定められた期間内に原告に送達することであり，原告は，これに対して，もう一度，書面で応答することであった。これらの規定は，行き届いていたが，順守はされなかった。

さて，本案の口頭弁論の準備が十分にできたと考えた，その同じ当事者が書記課（greffe）に届け出て事件簿（rôle）への登載を受けた。それと同時に，追行当事者は，口頭弁論のための期日指定を求めた。この申請を容れて裁判所の側で発せられるのが，いわゆる出廷催告書（avenir）である。右の申請が訴訟応諾（contestation en cause）であるが，カノン系訴訟の争点決定（Litiskontestation）と混同してはならず，両者は完全に異ることが明らかである。事件は，この行為をもって裁判所に到達したのであり，訴訟係属が生じたのである。

口頭弁論は，公開であった。両当事者は，順番に，それぞれの事実主張や法的陳述を提出し，申立て（conclusion）をもって結びとした。この弁論に訴訟全体の重心が存した。それゆえ，民事王令は，可能ならばこの弁論に基づいて直ちに判決をなすべき旨を定めたのであり，実際は，たいていの事件が口頭弁論に基づいて裁判をなすに熟するはずだと王令は考えることができたのであった。なぜなら，証人証拠は著しく制限されていたし，当事者の援用する証書は，弁論前に書記課に預けなければならなかったからである。

このあたりまでは，民事王令の手続は，概して単純かつ素朴であった。しかし，特異であったのは，事案がまだ十分に解明されたとは裁判所が考えない場合につき民事王令が従前の法の継続的形成のなかで把握した手段であった。要点判決（appointement, appunctatio）がその手段であり，それは書面手続を命ずる決定であるが，要点判決とよばれるのは，それがもともと裁判所に対し各個の要点を釈明させるのに役立ったからである。この決定によって得られるところは，両当事者がそれまで準備的な書面交換において相互に告知してきたものを書面で項目的に繰り返したこと，および，裁判所がよりこみ入った事件においてその裁判のために，口頭ならばたやすく消え去るであろう提出がそうであるよりも，もっと確実な基礎を得たことであり，それ以上に得られるものは何もないのがしばしばであった。その場合には，要点判決の実質は，代訟人たちがかれらの書類を裁判所に提出するように，という命令以外の何ものでないこ

とが非常に多かった。各事件において報告裁判官（rapporteur）が任命され，所在の記録に基づいて事件と争論の状態（status causae et controversiae）をまとめて裁判所に提出した。裁判所は，そこで，この報告に基づいて判決をするのである。民事王令は，訴訟を書面訴訟に変換するこの手段を維持したが，ここでも不必要な遅延を防ぐために，一連の諸場合には要点判決を用いてはならない旨を規定した。いわゆる略式事件は，これに属したのである。

　証拠手続においても，カノン法の影響が明らかに看てとれる。カノン法におけると同じように，フランスの訴訟でも，なにが証明されるべきか，および，どちらの当事者が証拠を挙げなければならないかは，当事者が決定した。裁判所は，あれこれの点に関して明らかにしてほしい旨を一般的に表明するにとまる。この表明があれば，両当事者は証明項目を立てて裁判所に通告する成行きである。証拠調べを託された裁判官は，適切でない項目を削除する権能をもつが，それ以上にまで裁判官の権能が及ぶわけではない。証明は，争われたままに残っている項目に限られ，この項目については，当事者が証拠を挙げることを欲するがゆえに，証拠調べができるのであり，証明責任はなんら問題でない。証人を尋問する場合，その尋問は，それを託された裁判官が実施する。証明手続が終了した後，作成された調書を参酌しながら再度の口頭弁論（plaidoyer）が行われる。真実を確定するひとつの特異な手段を，1539年の王令がカノン法から継受し，民事王令が維持した。「事実項目に関する当事者尋問」（interrogatoire sur faits et articles）が，それである。各当事者は，訴訟がどの状態にあるかをとわず，裁判所を介して相手方に一定の質問を提示することができる。裁判所は，相手方を呼び出し，他方の当事者のいないところでこれを尋問した。応答が拒絶されたときは，当該項目につき自白があったものとみなしたのである。しかし，この手段は，実施した結果，実際的でないことが判明した。

　証拠方法については，ここでは，証人証拠の重要性がしだいに書証のかげに後退し，立法によって明示的に制限されるに至ったことくらいを付記するにとどめたい。さらに，転嫁宣誓や補充宣誓および雪冤宣誓も認められてはいた。ここでも，ローマ＝カノン系の訴訟のやり方が踏襲されていたのであるが，やがて，この訴訟から離反して，裁判官の証拠諸規則への拘束をカノン法がそうであった程度ほどには認めなくなった。

　判決は，終局判決（sentences définitives）と中間判決（sentences interlocutoires）のいずれかであった。判決は，多数決によって決せられ，公開の開廷期日に言い渡された。この言渡しの際に告知されるのは，裁判自体（判決主文

dispositiv) だけであった。判決理由 (motifs) は，当事者が判決の謄抄本を要求した場合にだけ，付加されるのを常とした。このような場合には，判決とその理由に事実関係の記述 (qualités) も付け加えられた。これらは，しかし，裁判所が作成したのではなく，追行当事者が作成したのであり，相手方に同意を求めて提示され，万一必要なときは，裁判長が訂正した。

　控訴 (Appellation) は，原則として，判決の言渡し後ただちに提起しなければならなかった。しかし，控訴の懈怠に対し 30 年の期間内ならばまだ原状回復を許すという，独特の実務ができていった。この不都合に対し，民事王令は，少ししか是正を加えなかった。判決の送達は，当事者の追行によってなされた。判決がおよそ送達されなかった場合には，既判力は生じなかった。一方の当事者が相手方に判決を送達させた場合，判決は，10 年後に既判力を生じた。ただし，追行当事者が 3 年以内に相手方に対し控訴提起のための期間を定めさせたときは別である。控訴自体は，もはや原審裁判官にではなく，代訟人から代訟人への告知，上級裁判所への呼出し (ajournement) および上級裁判所の面前での当初出頭と口頭弁論によって行われた。その場合の手続は，第一審におけると同様である。

　もう一つの，すべての審級に共通な法的手段は，異議 (opposition) であった。これは，原審裁判官に向けられた，その裁判の撤回または変更を求める単純な申立てであり，従って，裁判官に再度の考案を促したのである。当然のことながら，このように単純な法的手段には著しい制限が存したが，やがて，とくに闕席判決に対して許される攻撃手段となるに至り，その場合には 1 週間以内に (dans la huitaine) 申し立てなければならなかった。この期間を徒過したときは，なお上訴が許され，これは異議とは反対に移審効をもったが，多数の裁判所では異議として取り扱われたため事件は同一の審級に留った。

　民事再審の申立て (requête civil) は，最終審の判決に対して向けられる，最終審裁判所自身によって審理されるべき法的手段であって，停止効を有せず，普通法上の原状回復の申立てに最もよく似ている。

　民事王令は，さらに，破毀手続 (Cassationsverfahren) が許されることを宣言した。これは，議会の権力の下降と国務顧問会議 (Staatsrat) の権力の上昇とに関連するひとつの重要な前進である。本来の判決無効の申立て (Nichtigkeitsbeschwerde) は，フランスでは，存在しなかった。

　判決を行えば，裁判官の活動は終了した。執行は，勝訴者の要請に基づき別個の機関が行ったのである。

　闕席手続は，民事王令により改善され，一層厳格さを加えた。いわゆる故障

421

申立て（rabats），すなわち，闕席当事者がその後の開廷期日に出頭した場合に闕席判決を取り消す制度は廃止され，闕席の効果の発生に基づき，一方当事者が出頭しなかった当の期日において判決をすることができた。

§ 67　[民事訴訟法典]　民事王令は，その後，なおいくつかの改変を経，また，実務も行届いてはいるが複雑で形式主義的な諸規定から多くの点で離れていった。民事王令の下で重大な不都合が生じ，訴訟は遅延し又費用のかさむものとなったので，1793年の国民公会は訴訟を抜本的に変革するに至った。しかし，なされた改正は余りに徹底したものであり，また，目的適合性に疑わしいところもあったため，1793年の法律は2，3年後に取り消され，それ以前の法状態が復活した。1807年1月1日に至って初めて改正が実施された。すなわち，この日に執政政府の下で既に国務顧問トレラールを議長とする委員会により起草された民事訴訟法典（code de la procédure civile）が施行された。

この法律は，フランスの法統一を完成し，個々の点で手続を簡略にしまた改善したが，基本的諸原則だけでなく個々の法制度の基礎となる全ての観念をも維持して，民事王令の大部分を逐語的に取り込んでいる。

手続は，それで口頭手続に留まったが，法廷外での書面交換により準備される手続であった。弁論主義および当事者進行主義を維持しており，本来の証拠判決も同時提出主義も知るところではなかった。訴訟の引延ばしの危険に対しては裁判所の強化された主導権が対抗した。これによって，裁判所は形式的に理由づけられてはいるが，真実性の欠けるあらゆる申立て，証拠の申立て，主張を簡単に切り捨てることができるようになる。さらに，150フラン以上の契約については証人証拠は禁ぜられ，また，書証および証人証拠が優先されたので，手続全体が確かに一定の円滑さと柔軟さをもっていた。これが，常にフランスの訴訟手続をドイツ普通法訴訟の手続方法に比して，徹底性を犠牲にしているとはいえ，最も優れたものとして際立たせる長所である。そのうえ，ドイツにおいて一時は民事訴訟への口頭主義と公開主義の導入が理想的な状態を一挙にもたらすだろうと考えられたので，フランスの訴訟はドイツでしきりに，しかし著しく誇張され誉めそやされたのだが，当のフランスにおいては訴訟手続の改正の必要性がはっきりと自覚されていた。

個別的には，なお，ドイツにおいて我我に参考となる興味深い以下の点が挙げられよう。

フランスには，治安判事（juges de paix），郡裁判所（tribunaux civils d'arrondissement），商事裁判所（tribunaux de commerce）労働裁判所（conseils de prud'hommes），控訴院（cours d'appel）および破毀院（cour de cassation）が

第8章　フランスの民事訴訟の発展及びイギリスの訴訟

ある。治安判事は単独裁判官であるが，他はすべて合議体である。治安判事は，200フランまでの対人および動産訴訟と一連の迅速な終結を必要とする事件について裁判する。その裁判に対して控訴が許される場合には郡裁判所に赴く。郡裁判所は，商事裁判所と競合して，治安判事に属しないあらゆる事件について第一審として裁判する。控訴院は，郡および商事裁判所に第一審として係属した事件についての控訴審裁判所である。破毀院は，下級裁判所が最終審として下した判決に対する破棄申立てにつき管轄を有する。破毀院は，すべてを支配する強化された国王権力から見て，独立した裁判所であり同時に政治的組織体であった最高法院の裁判がその特権を侵害する場合に，その裁判を無効にしようとする動きから発している。最高法院は，国王顧問会議（conceil de roi）に取って代られ，破毀院はこれに由来する。それは裁判所でも，第3審でもなく，全体的な裁判所の裁判について法統一の確保という関心から監視はするが，自らは裁判は行わない機関である。フランスにおいては，各個の最高法院の所轄領域での法の不統一が立法権力のあらゆる努力にも拘らず続いていただけに，そのような機関の必要は一層大きかったと思われる。従って，破棄申立ては，主として，裁判所が実体法規定または重要な訴訟規定を不当に適用せずまたは正しく適用しなかった場合になされている。破毀院は申し立てられた異議のみを審査し，それを棄却するか，あるいは異議を申し立てられた判決を取り消し，事件をそれと異った弁論と裁判のために他の裁判所に差戻すという方法で異議を認めるか，である。この場合の他の裁判所，すなわち差戻審裁判所（tribunal de renvoi）は破毀院の法的意見に拘束されない。その判決に対して再度破毀申立てがなされ，破棄院が自らの見解を維持した場合には，かつては宣言的な法律によって裁判されねばならなかった。しかし，1837年以来破毀院の2度目の判決に拘束力が認められるようになった。それと共に，破毀院は単なる監視機関としての地位から一歩を踏み出し，真の裁判所となった。

　治安判事および商事裁判所では本人出頭ができたが，その他の裁判所については弁護士強制が行われている。

　フランス民事訴訟の特異性は，検察官の関与にある。合議裁判所での口頭弁論には検事局（ministére public）のひとりの代表者の立会が，若干の事件については必要的であり，その他のすべての事件でも可能である。弁護士の弁論の後で検察官が判決の起案について発言をする。このような制度において，私法上の事案の裁判に関する公的利益の保護を確実にするために手段を尽そうとしたのである。

　当事者の代理人は代訴人（avoué）か弁護士（avocat）である。代訴人は口頭

弁論の準備をし，書面を作成し又書面による申立て（conclusions）をする。しかし，弁論手続において当事者に代って出頭したのは弁護士だけであり，弁護士だけが弁論をした。

　治安判事の面前における手続は，かなり無方式である。しかし，治安判事の下での和解の勧試が郡裁判所の訴訟に先行しなければならない。訴状は原告の委任した執達吏により送達される。同時に，被告に対して，裁判所に出頭し弁護士を選任するよう，催告が発せられた。それが通常は8日間という所定の期間内になされないと，出席懈怠（défaut faute de comparaître）が生じ，原告は懈怠判決を申し立てる権限を取得する。被告が催告に従うと，弁護士間での書面交換がなされ，より積極的な側が事件を事件簿にのせ，それによって口頭弁論の呼出しがなされる。口頭弁論の3日前に両当事者は求める裁判の申立て（conclusions motivées）を裁判所に提出しなければならない。

　証人または鑑定人による証明が必要となる場合には，裁判所は，どの点について尋問が行われるべきかを一般的に指示するだけである。

　証拠調べの後に裁判所で再度の口頭弁論がなされる。

　民事訴訟法典は，闕席手続についても，以前の法の若干の変更を定めた。すなわち原告とその委任を受けた執達吏との馴合いの結果として，呼出しも，それに基づいて下される闕席判決も被告には送達されなかったり，それにも拘らず両書面の送達が適式に証明されるということが生じた。被告の経済的破滅をもたらし得るそのような不意打ちを回避するため，法典は闕席判決が裁判官によって指命された執達吏によってのみ送達されることを規定している。そのような判決には，たとえそれに基づいて執行が開始された場合であっても，無方式の異議によって攻撃をすることができた。しかし，原告が強制執行をなすことなく6ヶ月を経過すると，闕席判決は効力を失う。第1回の口頭弁論期日に両方の代訴人が出廷してそれぞれの裁判の申立て（conclusions motivées）を提出した場合には，訴訟は対審となり，一方の弁護士がその後の口頭弁論のすべてに闕席したとしても，闕席判決が下されることはない。裁判所は被告闕席の場合にも訴えによる申立てを認容することを強制されては居らず，むしろ原告がその請求を裁判所に疎明することを求めている。

　異議は闕席者がその不出頭の理由を挙げることを要件としない。その他，闕席者には，異議期間経過後には上訴も許されている。闕席者は上訴せず（contumax non appellat）の原則はフランス法には妥当しない。

　なお付言すべきことがある。フランスの民事訴訟は，1879年10月1日まで，かつてフランスに属していたライン右岸に位置するドイツの部分，つまりプロ

イセン，バイエルン，ヘッセンの一部およびエルザス・ロートリンゲンにおいては効力を有していたが，そこでは，定着したその訴訟手続を一掃しようとするあらゆる試みは決然たる抵抗に遭遇したのである。

フランスの訴訟手続は，さらにベルギーにおいて，また，ずっと改善された姿でジュネーブのカントンにおいて，行われている。

§ 68 ［イギリス民事訴訟の概要］(1)

イギリスにおいて適用される民事訴訟法は，そこで支配する法諸制度につき，同様の諸制度をわれわれのところでも適用したいとの望みをもって言及することが以前からよく行われているので，ここで一瞥しておくことにしよう。われわれのドイツ法の形成に，イギリスの訴訟諸制度は，しかしながら，影響を与えなかったし，そのような移入は可能でもなければ，勧められるものでもないであろう。この訴訟諸制度は，ノルマン人によりイギリスへ持ち込まれた法的諸観念および諸制度から発展し，そして，この発展は，フランスのそれよりも一層強くイギリス人の保守的精神に相応する歴史的な連続性が堅く守られたことを示している。なぜなら，フランスでは，外国法の継受は広範囲に亘って行われたが，イギリスの法発展は，1066年以降，外国の法的諸観念の浸透により妨げられることはなかったからである。たしかに，イギリスではかなり以前からローマ法は学習されたが，しかし，それは実際に利用できる規範ではなく，常に教育手段としてしか考えられていなかった。

アングロサクソン人の訴訟手続は，古ゲルマンのそれであった。ノルマン人も，ゲルマン法に従って生活していたのである。しかし，イギリスにおける法発展にとって決定的となったのは，ノルマン人の国王裁判所が征服地へ移入されたことであった。この王会（curia regis）は，行政および司法の中央集権化がより強化されたので，フランスにおけるよりもいっそう司法全体の中心的存在であった。この裁判所の実務は，イギリス法の認識の源となっただけでなく，その発展の源となり，今日に至るまで続いている。なぜなら，今でもイギリスの裁判官の判決は，法の適用というよりは，むしろ法の創造だからである。

国王裁判所とともに，いわゆる審問（inquisitio），すなわち，部族法上の形式的な証拠手続と対置される手続がノルマンディーからイギリスにもたらされた(2)。ひとは，部族法上の証拠手続が有する形式性及び危険性を回避したいときに，国王に依頼することを常とし，それに伴い国王は，自分の絶対権によ

（1） Brunner, Die Entstehung der Schwurgerichte, 1872.
（2） これについては，本書第1編第2章65—68頁参照。

る干渉を行った。最初は，いわば恩恵であったが，ヘンリー2世以降，正式な法的救済となった。国王が申立てを認容するにあたっては，令状（writないしbreve）により事件のすべての弁論及び決定を国王裁判所のもとで行うか，それとも，認証令状（breve recognitionis）により，シェリフ（vicecomes）に対し，陪審認定（jurata recognitionis），つまり，証明陪審の実施を委任するか，そのいずれかによるを常とした。しかし，イギリスというところでは，証明陪審は判決陪審へと変容を遂げたが，おそらくは，より合理的な証拠手続が普及し，そしてそれゆえ証明陪審の必要が弱まったからであろう，そのうえ，個々の陪審員は，証人と判決人との中間的地位を占めるようになり，そして，陪審員（jurata）は，自らが判決をなす権利，それゆえ，証拠を与えるのではなく受けとる権利を要求するようになった。

イギリスでは陪審は長い歴史を有する。陪審は現在でもあるが，陪審が招集される場合は時の経過とともに，とりわけここ数十年の訴訟改革以後は，ますます減ってきている。

少し前までは，すなわち，コモン・ロー（common law）に服する普通法上の裁判所は，大法官府のエクイティ裁判所（chancery courts）と対置されていた。後者においては，1人の単独裁判官が裁判をなし，前者においては，裁判官の諸機能は裁判官と陪審員とに分かれていた。このことは，1873年の裁判所法（judicature act）以降は，エクイティ裁判所が，高等法院（High court）の1つの裁判部（division）となったので，ほぼ消滅した。

今日のイギリスの訴訟は，2つの段階に分けられる。第1の段階では，書面手続により，何が争われているかが確定され，第2の段階では，こうして確定された争点につき口頭弁論が行われる。

書面手続の内容は，両当事者が，簡略に書かれた書面を交換するにある。書面に記載が許される範囲は定められている。しかし，訴えは原告の請求の理由づけに役立つことのできるすべてを含まねばならず，そして，答弁書は，被告が使用できる全ての防禦方法を包含しなければならない。手続は，すなわち，同時提出主義の支配下にあり，新たな事実の提出を後の訴訟段階で行うことは，一定の要件を満たすときに裁判官の許可を得て認められるにすぎない。書面交換により，両当事者が何を争っているかにつき明らかとなったならば，口頭弁論へ移行する。この弁論では，両当事者は書面に記載したことだけを提出することができるが，この弁論においても争いのある主張につき立証しなければならない。

弁論は裁判官の面前でのみ行われ，その場合に裁判官が単独で裁判するか，

あるいは，陪審が招集されるかのいずれかである。陪審の面前の審理は，厳格に組み立てられた進行をたどった。裁判官は，純然たる法律問題を弁論の前に裁判することができ，従って，法律問題の裁判だけが問題となる場合には訴訟全体を解決することができる。事実的な性質の諸問題は陪審が裁判するのであるが，陪審も，裁判官がその際に考慮される法律問題につき陪審に説示した後では，訴訟全体を裁判することができる。裁判官は，陪審員にいくつかの特定の問題を呈示し，そして，その際，このいくつかの問題の決定は訴訟全体を裁決するにあたりどのような影響を及ぼすかということを説明することによって陪審員の任務を軽減することができる。

すべての手続は独特な形で発展したのであるが，イギリスの訴訟は，ここ数10年の改良立法以降，われわれ大陸系の諸見解により一層近づいたことで，われわれにとって理解しやすいものとなった。それゆえ，スイス人リュッテマン (Rüttimann) の 1851 年の著作で「イギリスの民事訴訟 (Der englische Civilprozeß)」は，なお非常に分かりにくいが，他方，シュスター(Schuster) の著作「イギリスにおける民事司法 (Die bürgerliche Rechtspflege)」は，改革の終了後 1887 年に著されており，イギリスの手続の明瞭な姿を示してくれる。シェスターのこの著作は，実際，参照されねばならない。なお，グナイスト (Gneist) がリュッテマンの著作の序文において，イギリスの手続とプロイセンにおける 1833 年および 1846 年の諸令により作られた訴訟と比較していることを付け加えておこう。

第 9 章　ドイツの地方特別立法および統一的訴訟法の創成

§ 69　[普通民事訴訟の批判]　ひとは，古い時期のローマの訴訟法を，統一的な計画に従ってしっかりと組み合わされ，そして合目的的に組み立てられた装飾のない家にたとえ，後の時期のローマの訴訟を，華美ではあるが，しかし一定の計画に従って構築された宮殿にたとえ，そして，教会には次のような非難を投げた。すなわち，教会は，その宮殿を占拠するに至った後は，その美しさと合目的的性を理解する能力がなかったこと，それゆえに教会は，合目的的性を考慮した個々の部分を無計画に修正し，そしてそれとともに全体の調和を壊してしまったという非難である[1]。さらに，ドイツ普通法の民事訴訟が，「その個個の片隅 (Ecke)，切り妻，そして翼部 (Flügel) の至るところで，そ

---

(1)　Pollak, Die Widerklage, 1889, S. 53.

れを建てた建築者の数百年にわたる勤勉さを認識させるような，壮麗で広大な建築物にたとえられなくはない」ことを認めたが，しかし，そのような称賛には次のような非難が付け加えられた。すなわち，「その大建築物の，しばしば迷宮にたとえられた広大な回廊においては，良き法が道に迷うことも稀ではなかった」と[2]。

普通法の訴訟が確かな成果を享有していることを認めないわけにはいかない。また，次のことも承認しなければならない。すなわち，その手続における書面性と煩瑣性が裁判における入念さの確実な保証となっていること，多数の上訴が事件の誤った審理や裁判に対する担保をどの場合にも提供しようとしていること，厳格な秩序が混乱を引き起こすあらゆる試みに断固として対抗したこと，その証拠規則が，裁判官が単なる思念を確信と称し現実の証拠の瑕疵を恣意的に無視するのを防いでいたことである。広い範囲に及ぶ訴訟指揮権によって，裁判官に訴訟の簡素化を導き手続を促進する可能性が与えられたことにもふれないわけにはいかない。

それにもかかわらず，ありとあらゆる種類の多様に交錯する影響の所産たる普通訴訟に対する不満が絶えず増大しながら残存し，ついにはそれを非難することについて稀にみる一致が支配することになった。加えられる批判は，特に以下の諸点であった。

(1) 手続の書面性は，裁判官と当事者との直接的な交渉を不可能にし，それと共に当事者から自己の事件の特色を裁判官により一層詳しく理解してもらう機会を奪った。裁判官は書面の血の通っていない文字に固執し，そして弁護士は常識に矛盾するような揚げ足取りに努めている。

(2) 書面性と結びついた密室性（Heimlichkeit）は，弁護士の行動と裁判官の活動を，その義務感を鼓舞する当事者および公衆の有益な監視から遠ざけている。

(3) 弁論主義の厳格な遂行は，不慣れな当事者にとっては１つの落とし穴である。裁判官は，当事者の申述を完全なものとし明確にすることや，そして取引や法律に疎い当事者に，彼が利用できる攻撃防御方法を気づかせる権能も義務もない。

(4) 手続をそれぞれ飛び越すことができない各段階に組み分けていること，意味のない主張と抗弁を至るところで提出でき，訴訟が各個の段階で与えている多数の機会のそれぞれにおいて疑義を述べ，争い，それによってさらに多数

---

(2) Von Bar, Recht und Beweis im Civilprozeß, 1867, S. V.

第9章　ドイツの地方特別立法及び統一的訴訟法の創造

の中間的裁判を導くことができ，それらに不服の申立てができること。——これらすべてが甚しく訴訟を遅延させ，たいていは単純なものである事件の核心から逸らせている。

(5)　同時提出主義は，当事者に訴訟の経過がまだ予測できない時期に当該事案と何らかの関係がある事実をすべて主張することを強いており，そしてそれと共に裁判官には，最も簡単な訴訟をも紛糾させてしまう不快な訴訟資料の負担を強いている。その際，ほとんどすべての訴訟において強いられる経験として次のことがある。すなわち，当事者がそれまで重要でないと思っていた他の事実の提出を必要とするような新しい観点が，証拠調べによって明らかにされるということである。しかし，同時提出主義は，そのような事実を考慮することを禁じており，裁判官にはみすみす誤判を犯すことを余儀なくさせる。

(6)　証拠判決は，当事者と裁判官を拘束し，訴訟資料を些事にわたって細分化することになり，事前に一連の条件と可能性を立てることを余儀なくするもので，それを訴訟半ばで行うことは不当である。それによって，証明責任の抽象的な諸原則が極端にまで押し進められるであろう。もし後に至って終局判決のさいに，裁判所が証拠判決を下した時とは異った構成をとるか，あるいはその同じ裁判官らがより一層洗練された法解釈に達した場合にも，一度確定力を持った証拠判決は，そのまま貫徹されなければならないことになる。

(7)　主張と証拠の分離は，証明不可能な主張の安易な提出に導く。

(8)　裁判官を，彼独自の経験と判断力に任せずに，一定の証拠規則に縛りつけることは，全く誤っている。そのようなことは，恐らく争われる余地がないはずなのに現に争われている事実に対しても証拠を要求することに通じ，そして，特に，だれでも分別のある人の判断に従えば真実が明白な場合にも，裁判官の命じる宣誓という手段に訴えることになる。しかし，宣誓法全体が余りにも形式主義的に過ぎ，そして単なる誠実宣誓（Glaubenseid）によることを許すと，ある人には軽々しい宣誓へと誘い込み，良心的な人には深刻な精神的葛藤に陥れることになる。

(9)　不服申立方法があまりに多すぎる。それによって，簡単な訴訟がいつまでも生きながらえることになる。

(10)　裁判官は，副次的な仕事をあまりにも多く負わされている。当事者相互の交渉を仲介したり，適式な送達がなされるように配慮したり，執行を指揮したりすることは，裁判官の仕事ではない。

いずれにせよ，長期にわたる，錯綜した訴訟手続は，当事者を弁護士の手中に陥れるという結果をもたらし，彼ら弁護士のなかの大部分の者は，できる限

り長く訴訟を引きのばすことに自分の任務を見出している。

§ 70 [プロイセンの立法] 普通法の訴訟のもつ不都合な諸点が18世紀の間にドイツ帝国の有力な諸邦において精力的かつ大がかりな訴訟改革を導いた。ここでは、まず、プロイセンで成立した独特の立法所産とそれの事後の諸改革を述べておこう(1)。

　フリードリヒ大王は、司法を改善することを自己の生涯の使命のひとつとみていた。その即位後まもなく、彼は、自分の改革計画の実施を大法官サムエル・フォン・コックツェーイ（Samuel von Cocceji）に委ねる。それは、数個の法律や「ポンメルン・フリードリヒ勅法の草案」（Projekt des Codicis Friedericiani Promeranici）および「マルク・フリードリヒ勅法の草案」（Projekt des Codicis Friedericiani Marchici）（1747年および1748年）の完成に及んだ。これらの「草案」はポンメルン地方やマルク地方において公示され、「一般訴訟法」（General＝Prozeß＝Ordnung）の制定に至るまで適用されることになっていた。これらの草案による手続は、口頭で行うのを通例としたが、重要度の高い事件については「書面による通常訴訟手続」（processus ordinarius per libellos）が許された。証拠中間判決も維持され、これに対する控訴も許されたが、停止効はなかった。予期されていた一般訴訟法は、さしあたり、発布に至らなかった。コックツェーイが1755年に死亡したからである。1780年になってようやく、訴訟改革が再び取り上げられ、1781年、スワレツ（Suarez）がコックツェーイの手がけていた草案に変改を加えた。この草案は、さまざまの審議と手直しの後、王の死後になって1793年に法律となったが、それは、「プロイセン諸国一般裁判所法」（Allgemeine Gerichtsordnung für die preußischen Staaten、以下にAGOと略称）の、訴訟法と題する第1章としてであった。

　この法律は、法史の、とくに訴訟法の歴史の最も興味深い諸現象のひとつである。その出発点をなすのは、独自の探求によって真実を探知することが裁判官の義務であるという観念であり、両当事者はそれに際して裁判官を援助、もちろんそれは極めて重要な援助ではあるが、すべきものだとする考えである。冒頭部分の中でこれらの原則が明瞭に宣言されている。すなわち、以下のとおりである。

（1）「プロイセン諸国一般裁判所法」（Allgemeine Gerichtsordnung für die preussischen Staaten）の成立史は、Stölzelの諸著作と、特に、Carl Gottlieb Swarezの著作（1885年）の中で詳細に叙述されている。最後には一般裁判所法典の発布にまで導いた論争は、むしろ地方特別の関心を惹くものであるから、ここでは、功績のある上述の著作、とくに後者の190頁から219頁までを指示するにとどめたいと思う。

第9章　ドイツの地方特別立法及び統一的訴訟法の創造

　第6条　国が任命した裁判官は，法律を事件の基礎に存する事実に正しく適用することによって紛争を裁判すべきであり，これらの事実の真のかつ本来の状態を確かめる直近の義務，従ってまた直近の権利を有する。

　第7条　裁判官は，従って，訴訟に現われる諸事実の根拠の有無を自らかつ直接に探究し，かつ，当該事件への法律の正しい適用のために必要なかぎり，それを解明する責任と権能とを有する。

　第8条　訴訟に現われ，その裁判に必要な諸事実の収集と調査は，訴訟の審査（Instruktion）とよばれる。

　第10条　訴訟の審査における裁判官の義務は，従って，裁判官が事件の基礎に存する主要な諸事実の真実性を，最も確実で同時に最も近い方法により探究し発見すべく努めなければならないという本質的な原則に基づく。

　第13条　……従って，両当事者は，彼らの訴訟の裁判に必要な諸事実を裁判官に対し真実に即しかつ彼らの最良の知識に従い提示する責任がある。

　第16条　主要な事実が否認される場合には，その事実を自らの主張根拠とする側の当事者が特に，その事実の真実性を明るみに出すことのできる手段を裁判官に提示する責任がある。

　第17条　しかし，裁判官は，この陳述に拘束されることなく，かえって，両当事者の提出から，また，彼らの弁論の関連から判明する別の手段を，真実の探究のために，当事者の明示の要求がないときでも，適用する権利と義務を有する。

　これ以上の明確さをもって職権探知主義を表現することは，できるものではない。ここに法律の諸規定をその文言どおりに再現したのはそのゆえであり，また，それらの規定が同時にこの法律全体の文章を流れるくどくどしく教育的な調子についての例証となるからでもある。しかし，法律自体に含まれるものは，それらの基本的諸規定のいうほどではない。もし，職権探知主義が首尾一貫して貫徹されるのならば，転嫁宣誓は当事者のたんなる処分行為として放棄され，裁判官にその裁量に従って一方または他方の当事者に対しかれらの主張の宣誓による補強を課することを委ねなければならないはずであるが，その代わりに，依然として転嫁宣誓は，証拠方法の名のもとにではあるが実は当事者の処分行為としてそのすべての効果とともに存続した。自白の拘束力が維持されたのも，これと関連しており，刑事訴訟におけるとは異なって自白を真実発見のたんなる手段とみることはなかった。それどころか，一方当事者の陳述の懈怠を自白と擬制するところまで進んだのである。立法者自身も自分の立てた原則からの帰結を極度まで引き出すつもりはなかったのであり，従って，上述の

法律冒頭の諸規定はいわゆる「裁判官の高貴な職務」(nobile officium judicis)をひとつの法義務に高めようとしただけだと考えることさえできる。AGOの諸原則をこのように制限して把握するならば，それらに完全な承認を表せざるをえない。手続は，簡単なものであり，すべての無用な方式強制から解放されていた。両当事者と裁判官は，相互に直接の交渉をもった。両当事者は最も明確な陳述につとめ，裁判官は錯雑した陳述の意味を理解すべく努力しなければならなかった。すべては，真実を明るみに出すことをめざしていた。

　手続の進行は，これに応じた構成をもつ。原告は，裁判所に訴えを届け出る(anmelden)。これに基づいて，裁判官のなかから審査官（Instruent）が指名された。審査官は，原告を呼び出して，訴えを調書に収める。こうして成立した訴えの通知を受けて，被告は，審査官の面前に呼び出された。被告が出頭しなかったときは，いわゆる確認的争点決定，すなわち，原告の主張に対する自白ありと認められた。被告が出頭したときは，その答弁（Klagebeantwortung）を審査官が調書に収めた。この録取手続は，当事者双方がその陳述を尽くしたと審査官が認めるまで続行されたのである。その後，審査官は「事実争点書」(status causae et controversiae) を起案し，そのなかで，事実関係は，当事者間に争いがない限り，当事者の述べたとおりに記載し，これに対し，当事者の相反する主張や申立ては，法的な推断を全く加えないで対照させて記載した。これに引き続いて，両当事者は，この事実争点書についての弁論のために呼び出され，事実争点書の終局的な確定に至る。依然として争われている主張に関する証拠の重要性と必然性について両当事者の一致をみたときは，審査官が自ら証拠調べを行い，そのあとで訴訟記録を，評決のために裁判官合議体に提出した。合議体は，審査の補充または続行を命ずることもできたが，あるいは，事件が評決に熟すると合議体が認めるときは，1人の裁判官，つまり受任裁判官(Decernent) の報告に基づいて判決を下すこともできた。証拠調べにつき両当事者の一致がなかった場合には，事実争点書は，訴訟記録とともに直ちに合議体に提出される。合議体が証拠調べあるいは審査の補充を必要と認めたときは，合議体は決定の形式でその命令を発し，この決定は取消しまたは変更ができた。重要な進歩があったといえるのは，証拠判決を訴訟から取り除き，同時提出主義をも廃棄したことである。原告は，その訴えだけはもはや変更することは許されなかったが，新たな事実や証拠を挙げることはできたのであり，もし，それを遮断したとなれば実体的な真実の探求という原則の趣旨に反することになったであろう。

　疑いもなくこの中には普通民事訴訟に対する重要な進歩があった。しかし，

第9章　ドイツの地方特別立法及び統一的訴訟法の創造

裁判官の職務（officium judicis）の増大には欠陥のあることが明らかとなった。手続が規定されると直ぐに，次のようなことになった。裁判官は，事案の説明を受けるだけで，そこから必要な結論を引き出し，当事者の主張とその根拠となる事実を事件についての自らの見解に沿うように構成し，整理するのである。裁判官は，原告が細心の注意をもって被告には弁明の余地もないと思われるほどに訴えを理由付けた場合にも，同様に熱心な努力をもって，被告のありとあらゆる抗弁に立ち入り，いかにして原告を打ち負かすことができるかを考えなければならなかった。それゆえ，裁判官は，しばしば自分自身の結論に対する攻撃者にならねばならなかったし，単独裁判官の場合には，自分自身の法的見解についての判定を強いられさえしたのである。また，他の裁判官が裁判する場合には，審査官により当事者に擬せられた法的見解及び審査官の考えに従って付された当事者の主張のついての理由付けを全く誤ったものとし，あるいは欠陥のあるものとして却けるというようなことが起り得たのである。

それに加えて，先ず一方の，それから他方の当事者の立場に立たねばならず，その際に独立性を保持し，しかも偏頗の外観をも避けなければならないというのは，限りなく困難なことであった。法を求める公衆はこの点に極端に敏感であり，不信に陥る傾向が余りに強く，しかも上述の手続全体が当事者の裁判官に対する無条件の信頼の上に建てられているため，この信頼が失われるや否やその手続は欠陥のあるものとされたに違いない。その上に次のようなことも加わった。あらゆることが審査官の勤勉さと注意深さに依存していたため，手続は非常に長い時間をかけることができたのである。

このようにして，善意に満ちた立法がほとんど全面的に非難されるということとなった[1]。解放戦争以後，愚かな臣民に対する家父長的な保護が立派な公民に対する煩しい後見と感ぜられるようになり，立法が誤った方法をとったことが気付かれた。方向転換が決断されたが，訴訟法を完全に改造する勇気も，現行法の長所とライン＝フランス訴訟の長所とを結びつける正しい道を見つけることもできなかった。最も容易であったのは，職権探知主義を廃止し，「裁判官の高貴な職務」（nobile officium judicis）を釈明義務の程度に引下げ，同時提出主義を普通訴訟限りのものとし，そして，そこで始められた当事者と裁判官との直接の交渉を自由心証を伴った本当の口頭手続に導くことであったであ

（1）　これについても，文献は非常に多い。以下の著作を指示するだけで十分であろう。
G. F. Gärtner, Kritik des Untersuchungsprinzips des preussischen Civilprozesses, 1832; Beiträge zur Revision der preussischen Gesetzgebung von Gans, Bd. I Abs. V. Nr. 27; Brühl, Ueber Instruktion des Civilprozesses, 1831. なお，Abegg, a. a. O., S. 117 ff. 参照。

ろう。これらの代りに，1833年6月1日の命令訴訟，略式訴訟，少額訴訟についての条令は，全ての訴訟の一部について弁論主義および同時提出主義に復帰した。普通法上の証拠判決は斥けられたが，書面手続は維持され，最後にいわゆる口頭弁論（mündliche Verhandlung）が認められた。それについては，なお後に述べる。当事者陳述は，書面で提出されるか，あるいは裁判官に述べて調書に録取された。しかし，立法自体はこの改正を1つの分割払いとしか見ておらず，訴訟法の改革を将来に望み見て，立法担当大臣フォン・サヴィニーにそれを委ねたのである。本当の口頭主義，職権主義の訴訟手続法導入を求める声はますます高くなり，ライン＝フランスの訴訟法は唯一の有効な治療法として一層強く推奨された。サヴィニー自身は40年代の初めに広範囲にわたる法律草案を起草したが，これは司法大臣の同意を得られなかった[1]。その代りに1つの反対草案，それはプロイセン一般裁判所法（AGO）の一般的な訴訟理論を維持したもので，従ってまたもや単なる部分改正にすぎないものであったが，その反対草案が採用され，「民事訴訟における手続についての条令」（Verordnung über das Verfahren in Civilprozessen）の名の下に1846年7月21日に法律となった。それは，本質的には，1833年の略式手続の通常手続への格上げという以外の何らの内容を有するものではなかった。

　この弁論主義および同時提出主義が支配する訴訟手続においては，第1段階には書面交換が，第2段階には必要とされる場合の証拠手続が割りあてられていた。原告は，訴状を裁判所に提出するか，または1人の裁判所代表（Gerichtsdeputierte）の前で陳述し調書に録取した。裁判所は被告に，答弁の期日を確定して訴状の謄本を伝達する。被告がこの期日に出頭せず，期日又はそれに先立って答弁を含んだ書面を提出しなかった場合には，確認的争点決定がなされ，闕席審理（Kontumazialerkenntniß）により，訴えによる申立てに従った給付判決が下された。訴えの有理性は既にあらかじめ審理されていたからである。書面の交換は通常再々抗弁をもって終了したが，同時提出主義に対応して争訟の範囲は訴えとその答弁により画されていた。その上で合議体の面前での聴問期日が定められた。その期日においては1人の裁判官により作成された報告が主任裁判官（Referent）により朗読されたが，それは在廷当事者による補充訂正ならびに裁判所の資料了知のためでもあった。当事者は，新たな事実を提出することができず，事実説明または法的陳述のためにのみ発言する

（1）　Stölzel, Brandenburg=Preussens Rechtsverwaltung und Rechtsverfassung, 1888, Bd. 2, S. 500 ff.

ことができたが，それも最も稀な場合になされたにすぎない。その上で裁判所の合議と評決が行われた。証拠は，変更可能な決定により命ぜられ，受託裁判官の取調べがなされた。その上で再度の期日が口頭弁論のために定められたが，この期日においては第1回の期日におけると同様の手続が進められ，判決がなされるのが通常であった。

　口頭の最終弁論によりこの手続が口頭手続となるのだというのは，全くの錯覚に過ぎなかった。裁判の基礎となったのは，書面と調書の内容だけであって，その口頭弁論が単なるセレモニー以上のものとなったのは稀であった。実際には，合議体の資料了知は，読み上げられた報告によるよりも，合議室における，報告担当裁判官がした口頭の，そして彼自身の見解によって染めあげられた報告によることの方が多かったのである。弁論主義と同時提出主義を厳格に貫くことは，多くの不公正をもたらした。しかし，その手続は正確で短く，また裁判の徹底性にとって充分な保障を与えたので，多くの味方も得たのであった。それは1879年10月1日に至るまで効力を有し，50ターレルを超える全ての訴訟について適用された。いわゆる少額訴訟（Bagatell-Prozess）は，同じ原則に基づいていたが，単独裁判官により判決され，従って主任裁判官の報告はなくなった。合議体の判決は控訴に服し，そこでは更新権（beneficium novorum）が認められたが，少額裁判官の裁判に対しては，注目すべきことには，更新の全く認められない一種の無効申立てだけが許されていた。少額訴訟においても弁論主義および同時提出主義が妥当しており，従って理由付けに瑕疵があれば常に敗訴に導かれることが多かったこと，これに対して何ら有効な法的手段がなかったことを考えると，次のような疑問を生ぜずにはいられない。すなわち，そのような訴訟手続が，裁判への信頼を全面的に損うことなく数十年の間存続しえたなどということがどうして可能であったのだろうか。

§ 71　[オーストリアの訴訟]　広範囲に及ぶ訴訟立法を同時期にオーストリアも備えた。ここでの現行訴訟法は，1781年3月3日の一般裁判所令および後になって多数の他の地方で導入された西ガリチアの1796年12月19日の裁判所令に基づく。両方の法律は，ほとんど逐語的にお互い一致する。多数の，より後の法律，とくに，有名なオーストリアの法律家グラーザー（Glaser）の作品である（25フローリーンまでの）少額手続についての1873年4月27日の法律が挙げられよう。

　オーストリア訴訟法も，1つの建物にたとえられた。「それは，丸1世紀の間に時折行われた増改築，修繕および補綴のために外見を損ね，ほとんど全てのヨーロッパ諸国の民事訴訟法のために最近数十年の間に建てられた荘大な宮

殿のかたわらに，非常にみすぼらしい印象を与え，そしてまた，かなり前から取り壊されることに決まっている，そういう建物に似ている[1]。」

そして，事実，2つのかなり古い法典によるオーストリア民事訴訟は，普通法と1846年のプロイセン民事訴訟とのほぼ中間にとどまっている。手続は書面により，同時提出主義の下にあり，そして，それゆえ厳格に区分された段階に分かれ，弁論主義によって支配され，そして，若干の自由を伴う法定証拠理論を堅持した。しかし，書面交換の段階において主張と証拠申請は互いに結びつけられ，そして，証明の命令は，すなわち証拠中間判決あるいは証拠副判決と呼ばれる裁判官の処分により行われるが，実際は，しかし，いずれにせよ現行法でいえば，裁判官を拘束せず，判決後に始めて不服を申し立てうる訴訟指揮の処分以外のなにものでもない。

少額訴訟は，口頭の手続により，直接性及び自由心証の原則に服する。この訴訟は，そこにおいて両当事者に宣誓のうえ尋問されうる，という特徴を持っている。同時提出主義は廃止された。

やがてオーストリア訴訟は，根本的な変革を迎える。何年か前の無益な試みの後に1つの草案が公にされ，この草案は，オーストリアにおける自らの体験，とくにまた，ドイツ帝国において1877年の民事訴訟法について得られた諸経験を詳細に，そして，きわめて合目的的に利用する。いずれにせよ，草案は高い評価と強い関心を得るに値する[2]。

オーストリア訴訟は，少額訴訟を別として，独自のものを含まないので，上に略述したところで十分であろう[3]。

§ 72 ［改革の諸提案］　ほとんど全てのドイツ諸邦が訴訟法を作ったが，それらは，普通法上の手続を完全にあるいは部分的に廃除し，あるいは，補充的な法としてのみ存続させるものであった。しかし，こういう個別的に生じる改革では満足できず，既存の法の批判と改善や変革の提案の理由づけを自らの任務とした，ほとんど網羅できないほどの文献が現われた。これらの文献の大部分は，今では法史上及び文化史上の関心を引くにすぎない。これらの文献の他の部分は，主に，最終的には統一訴訟法へ到達したものの理解に貢献する。し

---

(1) von Canstein の，Lehrbuch des Oesterr. Civilprozeßrechts, 1892/93. 初版序文中の言葉。
(2) ドイツ民事訴訟雑誌（ZZP）において，Klein と Pollak のいくつかの論説が発表された。また，故人となった Bähr も草案の評価に努めた。
(3) 詳細な著作は，von Canstein の上記の教科書，Menger, System des öst. Civilprozeßrechts, 1876; Ulmann, das öst. Civilprozeßrecht, 2. Aufl. 1887. である。

第9章　ドイツの地方特別立法及び統一的訴訟法の創造

かし，いずれにせよ，これらの文献の研究は，これらの文献は既存の諸制度の長短を見る目を研ぎ澄ますという有益な効果を持つ。

　1つのことが，19世紀のこれら全ての著作において繰り返されている。それは，公開および口頭手続の導入を民事事件についても求める声である。とくに，手続公開の効験については，人は過大の考えを持っていた。その考えはもっともであるし，当然と言ってよい。しかし，ひとが今日，1821年―1825年の間にフォイエルバッハ（Feuerbach）が裁判の公開性及び口頭性についての考察の中で，また，デルブリュック（Delbrück）[1]が1849年の「民事訴訟の改革」という著作においてやりすぎた公開性の称揚――彼らにとっては公開という言葉はひとつの呪文であり，われわれの裁判手続の全ての悪霊を一撃のもとに払いのけるためには，それを唱えさえすればよかったのであった――を読むとき，ひとは，最高の頭脳でもあいまいな理念に振り回されて馬鹿げた考え（Absurdität）に陥ることがある，という教訓を引き出して微笑むのである。

　全ての理論的提案および全ての立法提案が克服しなければならなかった難点は，引続き次のとおりであった。すなわち，きわめて複雑な状況にある私たちの文書化した時代において，いかにして口頭性の優位と書面の不可欠性とを一致させるのか，いかにして全ての訴訟資料，当事者の主張，法的陳述，証明を，両当事者から新たな探知とそこから新たな重要な主張をする可能性を奪うことなしに，1回の口頭弁論でとりまとめるのか，そして同時に，いかにして争いの事実上の基礎につき裁判する少くとも2つの審級を与えられる両当事者に，彼らの提出につき正当な判断のための，そして，性急な処理や避けられない誤謬に対しての保障を与えるにつき配慮すべきであるのか，という困難である。訴訟が書面により準備されねばならないであろうことは明白であった。しかし，この準備手続はどのような限界を有するのか，そして，この手続は両当事者をどの程度拘束すべきであるのか，裁判官は記録された文言に立ち返ってそれを裁判の基礎にして良いのか――これらすべては解答することが困難であったし，何よりも経験が欠けていた。なぜならば，既存の訴訟立法のいずれも，すべてのこの問題に対する満足のゆく回答を与えなかったし，大いに称賛を受け，数々の子法を有するフランスの法でさえもそうでなかったからである。これに加えて，弁護士身分（Anwaltstand）の適切な組織化の問題，弁護士職（Advokatur）の自由化と制限の問題が生じ，多少ながら裁判所構成の問題もあった。

（1）　Delbrück は，後になって以下の著作により知られるようになった。すなわち，Die dingliche Klage des deutschen Rechts，および，Die Uebernahme fremder Schulden である。

すべてのこの疑問についての論議は，時には独特な提案をもたらした。

例えば，古ローマの方式書訴訟の復活が考えられた。また，ある学者は，いかにして事実問題についての2つの審級を許しつつ，両方の審級に弁論におけるそれぞれの直接の印象に基づいて裁判をする可能性を与えるか，という困難の解決策を次の点に見出した。すなわち，第二審の裁判官は第一審のあらゆる弁論に立ち会い，それによって裁判官は第一審で自己の判決を形成するが，この判決をしかるべく保管し，必要な場合にはじめて表に出すことができるというようにしては，というのである。また，イギリスの事情を模倣することも考えられ，そして，民事陪審の導入も推奨された。この提案には，これをした学者でさえ，刑事事件において喜ばしくない経験を経た今日では，そこに立ち返ることはないであろう。すなわち，12人づつの陪審員の中で，裁判上の弁論の流れを追い，正当な判断は言うに及ばず自分の判断を形成できる者が3人以上いることはめったにない，という経験である。

ここで挙げたこれらすべての難点は，本書第1部で論じたものであるが今日なおも存在している。なぜならばドイツ帝国民事訴訟法によっても決して解決されていないからである。

立法が1848年以降これらの難点を解決するためにいかに努力してきたかについては，§73・§74で明らかにされよう。すなわち，1848年に，諸立法作業は決定的な転機を迎えたのである。

§73 ［地方特別改革諸法］　その改革諸立法に1850年3月19日のブラウンシュヴァイク訴訟法はまだ属していない。なぜなら，まさにすべての主要な諸点において，その法令は既存の法に倣っていたからである。

改革立法の端初は，むしろ，1850年11月8日の・ハ・ノ・ー・フ・ァ・ー・民・事・訴・訟・法・である。それは，口頭手続を，フランスとジュネーヴにおいて形成されたような普通民事訴訟法と結び付け，前者からは口頭性を，後者からは証拠判決をそれぞれ借りたものである。それによれば，弁論は書面によって準備され，その書面は弁護士の間で交換される。それに続いて口頭弁論が行われ，その弁論は裁判所に提出されるか，あるいは調書において確認されるべき，簡単な事実説明を付した申立てに基づいていた。その弁論には同時提出主義が廃止されている。証拠が必要な場合には，証明責任と証明事項について判断し，そして独立して不服を申し立てうる証拠判決が下される。しかしながら，控訴は，終局判決が下された後にはじめて提起することができ，そして当事者は証拠判決に瑕疵がある場合に，それに対して非難を行うか，あるいはただ終局判決に対してだけ控訴するかのいずれかを選ぶことができる。証拠手続については同時提出主義

が適用される。証拠調べは，受訴裁判所の面前で行うが，しかし裁判所の裁量によって受命ないし受託裁判官が行うこともできる。いずれにしても，証拠中間判決が下された後は口頭性は萎縮した。この中間判決を受け継いだことは，実際，最も厳しい非難を蒙っている。

　ハノーファー訴訟法は，幾つかの立法がその模範としたのであるが，その最初のものが 1864 年 3 月 18 日のバーデン訴訟法であった。しかしながら，そのバーデン訴訟法は，ハノーファー訴訟法とは特に次の点で異っていた。すなわち，挙証の命令は確かに判決と呼ばれていたが，しかしそれは独立に不服を申し立てることができず，そして裁判官を拘束するものでもなかったのである。バーデン訴訟法はその形式と体系構造においてハノーファー訴訟法に劣っているかもしれないが，しかしいずれにせよ証拠判決の放棄には 1 つの進歩が含まれている。

　1868 年 4 月 3 日のヴェルテンベルク訴訟法はハノーファー訴訟法に倣ったものであるが，しかしハノーファーにおいて草案を作成した委員会の成果（§ 74 参照）を，独自の方法で利用している。

　1869 年 2 月 1 日のバイエルン民事訴訟法は，プファルツで適用されていたフランス法に強く準拠している。

　現実に完成した一連の地方特別訴訟法は，これをもって終わる。他の諸邦では諸草案が練り上げられてはいた。しかし，それと平行して 1866 年以前にも共通のドイツ民事訴訟法を公布することが熱心に考えられていたのであり，そしてヴュルテンベルク法とバイエルン法が公布されたのは，ただ 1866 年以後には 1 つの共通の法律を作る希望がさしあたり見捨てられていたためであった。

§ 74　［ドイツ民事訴訟法の成立］[(1)]　1849 年 3 月 28 日のライヒ憲法（Reichsverfassung ＝ フランクフルト憲法）第 64 条は，次のとおり規定した。

「民法，商法および手形法，刑法および裁判手続につき一般的な諸法典の発布によってドイツ民族における法統一をうち立てることは，ライヒ国権の責務に属する」。

　フランクフルト憲法が挫折し，ドイツ同盟（Deutscher Bund）が再び結成されたあと，その後の数年は，統一的な訴訟法の作成のために何らの寄与をみることなしに，過ぎ去った。1859 年 12 月 17 日に至り，ドイツの一連の諸邦が同盟議会に申立てをして，民事法および刑法の領域におけるドイツ共通の立法が

（1）　以下につき，とくに，Hellwig, AcP Bd. 61, S. 78-140. なお，Wach, Handbuch des Deutschen Civilprozessrechts, Bd. I, S. 143 ff.

第 3 編　ローマ＝カノン系訴訟およびドイツ民事訴訟法典の発布に至るまでのドイツにおける訴訟法の発展

望ましいか，また実行可能かどうかにつき，1 つの委員会に調査と報告をさせることを求めた。1861 年 8 月 12 日に行われた報告は，肯定の結論を出したが，その際，訴訟法の領域における共通の立法を，共通の実体法の作成の必然的な帰結として挙げている。また，この報告では，後者の課題の解決はさして困難でないと述べられている。プロイセンは，同盟が共通の法を作成する権限をもつことを争い，独立して実行し共通の合意をするラント政府の自由を求めた。しかし，同盟議会は，1862 年 7 月 17 日に決議を行い，一般的な民事訴訟法の草案の作成に当たるべき委員会の設置を決めた。委員会は，同年 9 月 15 日，ハノーファーにおいて会合をもち，1850 年のハノーファー訴訟法典を委員会での審議の基礎とすることとし，やがて，その委員会がその草案をまとめ上げたうえ同盟議会に提出することによって，1866 年 3 月 24 日にその作業を終了した。これがいわゆるハノーファー草案（sog. hannöverscher Entwurf）であるが，予期されたとおり，すべての主要な諸点において，その基盤となったハノーファー訴訟法典に依拠していた。とりわけ，この草案は，証拠決定により手続に区切りをつけ，この決定を判決についての諸原則に服させ失権効果をもたせるという，ハノーファー訴訟法典の好んだやり方を受け入れている。

プロイセンは，この委員会の作業には関与しなかったが，1864 年にはすでに自己のひとつの草案，つまりプロイセン草案（Preußischer Entwurf）を公表に及んだ。この草案は，フランス民事訴訟法典を翻訳して若干の変更を加えたもので，それゆえに，ほとんど一般的といえる悪評を蒙った。その後の作業では，この草案は基礎とされていない。

これらの草案のどれも，法律とはならなかった。1866 年の出来事［普墺戦争，ドイツ同盟の解散など］がその間に起ったからである。1867 年 7 月 26 日の北ドイツ連邦（Norddeutscher Bund）憲法は，その第 4 条第 13 号において，裁判手続についての共通の立法を連邦の権限に委ねた。同年 10 月 2 日，連邦参議院（Bundesrat）は，プロイセンの提議に基づき立法作業の再開を決議し，1868 年 1 月 3 日に委員会が会合をもち，それいらい，委員会は 1870 年 7 月 20 日に至るまで活動を重ねて，1866 年のハノーファー草案を基礎に，いわゆる北ドイツ草案（sog. norddeutscher Entwurf）を作り上げた。しかし，この草案とても，法律への格上げは決定されていない。1870 年から 71 年にかけての出来事が介在したためである。

すでに 1870 年のうちに，プロイセン司法省において 1 つの新しい草案が作成され終っていた。それが翌 71 年に公表され，その後，「第 1 ドイツ草案」（erster deutscher Entwurf）という名称をえた。この草案が，ついに，手続の固

第9章　ドイツの地方特別立法及び統一的訴訟法の創造

く区分された2段階への分離を廃棄したのである。

　1871年5月8日に，連邦参議院は，法律案の終局的作成のために1つの委員会を設けた。その活動から第2ドイツ草案（zweiter deutscher Entwurf）が生まれ，翌72年に公表されている。この草案は，第1草案を僅かな諸点で変更したに止まるが，第一審で合議体がした判決に対する控訴を排除し，それに代えて自由に構成された上告と再上告だけを許すという特色を含んでいた。この点に対して活発な非難が加えられ，そのため，連邦参議院は，その司法委員会にこの草案を回付する。司法委員会が控訴を復活し，その他の修正を施した。こうして，第3ドイツ草案（dritter deutscher Entwurf）が成立したのである。

　第3草案は，1874年10月29日にライヒ議会に提出され，ライヒ議会は，同年11月27日に審議を開始した。この草案ならびに刑事訴訟法，裁判所構成法および破産法の各草案が，ひとつの委員会，つまりライヒ司法委員会に付託されたのであり，この委員会は，ライヒ議会の会期の終了後も次の通常会期の開始に至るまで委員会の審議を続行するための授権を得ていた。委員会は，2回にわたる読会を経て，多数の規定を変更したが，草案の基礎を動かすことはなかった。ライヒ議会は，連邦参議院から少数の疑義が出たため，議案を委員会に差し戻した後，第2読会における委員会の決定を経て，草案を採択した。しかし，終局的な採択がなされたのは，ようやく，1876年12月21日においてであった。というのは，刑事訴訟法および裁判所構成法の若干の規定について連邦参議院とライヒ議会との間に意見の相違を生じ，その意見の相違は妥協によって漸く解消できたが，それは民事訴訟法の採択をも危くしたのである。ライヒ司法諸法律の全体が単一のものとみられ，議会の立法会期が1876年をもって閉じるからである。

　1877年1月30日，連邦参議院の同意が与えられた後に法律は皇帝によって裁可され，翌79年10月1日より施行された。

　それ以来，ドイツ帝国は，統一的な訴訟法を享受している。この法の叙述は，本書第3部の課題である。

事項索引

あ 行

AGO（= Allgemeine Gerichtsordnung für die preubischen Ataaten）……*430*
アーゾ（Azo）……*290*
アイケ・フォン・レプガウ（Eike von Repgau）……*4*
アエブチア法（lex Aebutia）……*114, 142*
赤欄（Rubrum）……*375, 391*
悪意の抗弁（exceptio doli）……*160, 309*
アクイリア法（lex Aquilia）……*171*
アクイリア法訴訟（actio legis Aquiliae）…*240*
アクチオ（actio）……*179, 313*
アクチオ法（Aktionenrecht）……*281*
「アラリックの概要」（Breviarium Alaricianum）……*263*
荒れ狼（wilder Wolf《wargus》）……*61*
異議（opposition）……*421*
異議義務（Pflicht der Einsprache）……*31*
イギリスの民事訴訟……*425*
移審状（litterae dimissoriae）……*234, 321*
イタリアの条例法（statutarrecht）…*296, 331*
イタリア破産法……*399*
一応の証明（prima-facie-Beweis）……*83*
一致した伝聞（consentiens fama）……*279*
一般執行（Generalexekution）……*223*
一般的争点決定（litiscontestatio generalis）……*359*
田舎約書（Somme rural）……*412*
委付（missio）……*248*
インクイジチオ（inquisitio）……*89*
ヴェストファーレン和約（Westphälischer Friede）……*357, 407*
ヴェッツエル（Wetzell）……*373*
訴え（Klage）……*38, 46, 50, 208, 253, 256, 305, 376*
訴えの即時却下（absolutio ab instantia）……*380*
訴えの併合（Klagenhäufung）……*376*
訴えの変更（Klageänderung）……*309, 376*
訴えの有理性（Schlüssigkeit）……*375, 434*
ヴュルテンベルク訴訟法……*439*
ウルピアヌス（Ulpianus）…*106, 159, 171, 172*
ウルリッヒ・テングラー（Ulrich Tenngler）……*351*
永久告示（edictum perpetuum）……*124, 177*
永久的抗弁（défense）……*415*
永久ラント平和令（ewiger Landfriede）……*354, 355*
エクイティ裁判所（chancery courts）……*426*
エクスケプチオ（exceptio）……*243*
エルサレム王国裁判書（Assises de Jérusalem）……*411*
延期（dilatio）……*414*
延期的抗弁（exceptiones dilatoriae）……*309, 310, 379, 414*
エンデマン（Endemann）……*373*
王会（curia regis）……*410*
応訴管轄……*191*
応訴義務（Einlassungspflicht）……*377*
王の代官（comes）……*8*
オーストリア民事訴訟法……*436*
オドフレードゥス（Odofredus）……*275*

443

事項索引

か 行

加圧人（Presser） ……………………… 397
ガイウス（Gaius） …… 106, 134, 139, 144, 148, 159, 185, 195, 372
開示宣誓（Manifestationseid） ……… 223, 398
外人係法務官（praetor peregrinus） …… 117, 190
懈怠（contumacia） ……………… 306, 416
開廷時期（Dingzeit） …………… 19, 77, 93
開廷場所（Dingstatt） ………………… 77, 93
解放申立て（Freigebungsantrag） ……… 328
加害訴訟（Noxalklage） ………………… 250
下級裁判所（Niedergericht） ……………… 15
下級裁判所（Baisse Cour） ……………… 412
確言宣誓（Sicherungseid） ………………… 81
各種アクチオ概要（Summa de varietate actionum） ……………………… 283
学説類集（Digesten） ………………… 105, 282
確定貸金額請求の訴え（actio de certa credita pecunia） ……………………… 121
確認的争点決定 ……………………… 432, 434
確認判定（konfirmatorischer Relevanzbescheid） ………………… 394
家臣（Ministerialen） ………………… 16, 23
家人裁判所（Dienstmannengericht） ……… 23
カスケリリアヌム訴訟（judicium Cascellianum sive secutorium） …… 175
過多の請求（plus petitio） ……………… 250
カノン訴訟（Kanonischer Prozess） …… 262
カノン法（kanonisches Recht） ………… 287
カノン法学者（Kanonisten） …………… 287
カノン法大全（Corpus iuris canonici） … 289
仮差押え（Arrest） …………… 68, 224, 409
仮差押訴訟（Arrestprozess） …… 295, 339, 408
仮差押えの免除（relevatio arresti） …… 409
仮占有の付与（vindicias dicere） ……… 136

仮追放（blosse Acht） …………………… 87
カルプルニア法（lex Calpurnia） …… 120, 140
灌漑用水路原状回復の訴え（actio aquae pluviae arcendae） ………………… 121
管轄権（Zuständigkeit） ……………… 190
管轄権の恒定 ……………………… 377
管轄合意の効果（effektus prorogationes） ……………………………………… 379
管轄違いの抗弁（exceptio fori incompetentis） …………………… 379
管区長（Kommissar） ………………… 333
管財人（magister） ………………… 220, 401
慣習法（consuetudine） ……………… 411
慣習法地域（terrae juris consuetudinarii） ……………………… 410, 416
間接強制（indirekte Zwang） … 216, 397, 399
完全宣誓（Volleid） …………………… 56
鑑定証拠（Sachverständogenbeweis） … 324
鑑定人（Sachverständige） ………… 215, 384
官房裁判（Kabinetsjustiz） ………… 353, 374
簡約鑑（Speculum abbreviatum） …… 350
管理人（procurator） ………………… 197
管理人（curator） ………………… 220, 330
管理人（Prokuratur） ………………… 356
慣例（usage） ………………………… 411
儀式証人（Solennitätszeugen） ……… 214
偽誓（Meineid） ……………………… 54
擬制自白 ……………………………… 245
起訴催告訴訟（Provokationsprozess） … 404
起訴担保（Klagengewere） ………… 81, 93
起訴通知書（libellus conventionis） …… 278
北ドイツ草案（Norddeutscher Entwurf） ……………………………………… 440
北ドイツ連邦（Norddeutscher Bund） … 440
既判事項の抗弁（exceptio rei judicatae） ……………………… 166, 185, 236, 252
既判力（Rechtskraft） ………………… 251

444

事項索引

忌避（recusatio suspecti）……192
却下決定（decretum rejectorium）……393
宮廷裁判官（justitiarius curiae regis）……19
宮廷裁判所（Reichshofgericht）……28, 87
宮廷裁判所書記（notarius curiae）……20
給付の訴え……42
教会法学者（Dekretisten, Dekretalisten）……287
強制執行（Exekution, Zwangsvollstreckung）……60, 62, 215, 274, 328, 330, 396
強制的推定（violentae praesumtiones）……323
強制和議（Zwangsvergleich）……67
共同訴訟……194
協約（Austräge）……28
教令（decreta）……287
挙証責任（onus probandi）……210
拒絶伝達状（apostoli refusatorii）……393
キリアン・ケーニッヒ（Chilian König）……364
記録（Akten）……373
記録官（ab actis）……128
記録終結処分（Aktenschluss）……380
記録送付（Aktenversendung）……394
「記録にないものは世界にない」（Quod non in actis non est in mundo）……373
疑惑裁判官の抗弁（exceptio judicis suspecti）……379
金印勅書（goldene Bulle）……20, 353
キンキア法（lex Cincia）……199
グナイスト（Gneist）……427
国代官（Reichsvogt）……26
グラーザー（Glaser）……435
グラティアーヌス教令集（Decretum Gratiani）……289
クレメンス法典（Clementinae）……289
クレメンティナ・サエペ（Clementina Saepe）……293, 333, 335, 336, 350, 374, 403
クレメンティナ・ディスペンディオサム（Clementina Dispendiosam）……336
グロールマン（Grolmann）……372
郡裁判所（tribunaux civils d'arrondissement）……422
君主への諮問（consultatio principis）……319
経験証人（Erfahrungszeuge）……57
形式主義（Formalismus）……70
形式的対物訴訟（actiones in rem scriptae）……150
刑事裁判所（Vehmgericht）……89
刑事訴訟法（leges judiciorum publicorum）……187
敬白伝達状（apostolos reverentiales）……393
契約の裁判籍（forum contractus）……191
ゲオルク・フォン・ロートシッツ（Georg von Rothschitz）……364
闕席起訴（accusatio contumaciae）……378, 385, 404, 408
闕席者は上訴せず（contumax non appellat）……424
闕席審理（Kontumazialerkenntniss）……434
欠席手続（Versäumnißverfahren）……248, 278
闕席手続（Contumacialverfahren）……272, 365, 421
決闘（Zweikampf）……54, 270
「原告が立証しなければ被告は免訴される」（actore non probante reus absolvitur）……270, 273, 322, 323, 365
検察官の関与……423
検事局（ministére Public）……423
「顕出された証人および文書は共通となる」（testes et documenta productione fiunt communia）……383
顕出者（Produzent）……383
顕出手続（Produktionsverfahren）……383
検証（Augenscheinbeweis）……215, 385
原状回復（restitutio in integrum）……169, 178,

445

事項索引

232, 321, 322, 396
原審裁判官（judex a quo） ……234, 393, 417
厳正証人（Solennitätszeuge）……………304
顕著な事実（notorische Tatsache）…323, 381
ゲンナー（Gönner）………………………372
検分（veuta）………………………………416
合意管轄……………………………………191
合議制裁判所（Kollegialgericht）………375
公共訴権（actio popularis）……………189
公共訴訟（Popularklage）………………122
更新権（beneficium novorum）………396, 435
控訴（provocatio）………………………279
控訴（Appellation）………321, 391, 416, 421
控訴院（cours d'appel）…………………422
控訴期間……………………………………324
公訴裁判所（Rügegericht）………………89
控訴送致（introduetio appellationis）……393
控訴認否状（litterae dimissoriales od. apostolos）……………………………393
控訴の提起（interpositio appellationis）…393
皇帝顧問（consilium principis）…………125
皇帝裁判官（judices sacri）………………125
皇帝の裁判権………………………………125
皇帝の成文法（das kaiserliche, geschriebene Recht）……………………………371
皇帝の直臣（Reichsministerialen）………26
高等按察官（aedilis curulis）……………117
口頭主義（Mündlichkeitsprinzip）……69, 225
口頭弁論（plaidoirie）……………413, 415
口頭弁論（mündliche Verhandlung）……426, 434
高等法院（High court）…………………426
公文書（instrumentum publicum）………385
抗弁（exceptio）……………158, 243, 309, 313
「抗弁をする者は自白を行わない」
　　（Qui excipit non fatetur）……………415
項目（Artikel）………………314, 359, 415

拘留（Personalhaft）………………………398
国王顧問会議（conceil de roi）…………423
国王裁判所（Königsgericht）………………19
告示権（jus edicendi）……………113, 117
告示集（liber edictus）……………………267
コグニチオ（cognitio）……………………176
故障申立て（rabats）……………………422
コックツェーイ（Cocceji）………………430
顧問（consilium）……………117, 120, 127
コモン・ロー（common law）……………426
混合命令権（imperium mixtum）……115, 220
コンスタンツの和約………………………294

さ 行

裁決命令（Decisiv-Dekret）………………390
債権執行………………………………………65
債権者平等の原則……………………………66
再考案の申立て（Revision）………391, 394
再考案申立不服額（summa revisibilis）…394
再抗弁（replicatio）………………………160
再抗弁（Replik）……………………………380
最高法院手続方例集（Stylus Curiae Parlamenti）……………………………412
最後の帝国最終決定（Jüngster Reichsabschied）………368, 374, 377, 382, 392, 394, 397, 407
財産委付（missio in bona）……168, 219, 223, 246
財産開示（Vermögensmanifestation）……329
財産管理人（curator bonorum）……331, 399
財産譲与（cessio bonorum）……221, 330, 399, 400, 401
祭司（Pontifices）…………………………132
財団の買主（bonorum emptor）…………168
裁定権限付与の表示（Adjudicatio）………152
裁定宣誓（juramentum judiciale）………326
裁判可能日（dies fasti）…………………259

事項索引

裁判官（judices） ………………………125
裁判鑑（Speculum judiciale） ……………292
裁判官の高貴な職務（nobile officium judicis） ………………………………432, 433
裁判官不適格の抗弁（exceptio judicis inhabilis） ………………………………379
裁判権（Gerichtsbann） ………………………8
裁判権（jurisdictio） ………115, 116, 117, 167
裁判上の保管（sequestration） ……………341
裁判所共同体（Gerichtsgemeinde） ……7, 16
裁判所協力義務（Dingpflicht）…11, 30, 75, 86
裁判所構成員（Dingmannen）…………………75
裁判所証明（Gerichtszeugnis） ……47, 59, 70
裁判所書記（Gerichtsschreiber）…18, 70, 271, 302, 375
裁判所代表（Gerichtsdeputirte）…………434
裁判所罰金（Gewedde, Wette）……………81
裁判所法（judicature act）………………426
裁判人（judex）………120, 122, 139, 226, 301
裁判人・仲裁人申請式法律訴訟 …………139
裁判人の判決（sententia judicis） ………229
裁判人の面前における手続（in judicio） ………………………………112, 129
裁判の申立て（conclusions motivées） …424
裁判不能日（dies nefasti）…………………259
財物委付（missio in rem）…………………169
債務拘禁（Schuldhaft）……………………218
債務拘留（Schuldhaft）………………330, 399
債務財団（Schuldenmasse）………………401
債務支払命令（Schuldheischung）…………99
債務取得原因（causa debendi）……………137
債務承認（Schuldbekenntniss）……………63
債務奴隷（Schuldknechtschaft）…61, 65, 271
サヴィニー（Savigny）……………………434
作為執行 ………………………………………397
ザクセンシュピーゲル（Sachsenspiegel）…3, 32, 34, 53, 64, 76, 78, 365

ザクセン普通法 ……………………………362
ザクセン法 …………………………………362
ザクセン律令（constitutiones Saxonicae） ………………………………366
サケバローネ（Sacebarones）………………11
差押え（Beschlagnahme）……………………66
差押え（pignoris capio） ……………141, 219
差押式法律訴訟（legis actio per pignoris capionem） ……………………141, 215, 219
差戻審裁判所（tribunal de renvoi）………423
詐取あるいは窃取の抗弁（exceptio ob- oder subreptionis）………………………407
査問訴訟（Quästionenprozess） …………187
サリカ法典（Lex Salica） …………………1, 3
サルガド・デ・サモーザ（Salgado de Samoza）……………………………………400
参加要約人（adstipulator） ………………195
参審員（Schöffen） …………3, 12, 26, 75, 271
参審員（scabinus） ……………………12, 268
参審裁判所（Schwurgericht）………………59
事案報告（relatio）…………………………319
事案報告（Relation）………………………391
シェリフ（vicecomes）……………………426
事件説明（causae conjectio）………………255
事件適格（Sachlegitimation）………………376
事件の最終弁論（peroratio causae）………255
事件簿（rôle）………………………………419
自己専用文書（scripta tibi tanturm facta） ………………………………………325
事後訴訟（Nachklage）……………………406
自己の計算における訴訟代理人（procurator in rem suam）……………………………185
事実状態（Tatumstände）……………………51
事実上の推定（praesumtio facti）…………210
事実争点書（status causae et controversiae） ………………………………………432
事実に基づく訴訟（actio in factum

447

事項索引

事実の主要性（Erheblichkeit der Tatsache concepta）……208
事実の主要性（Erheblichkeit der Tatsache）……381
事実弁論（controversia facti）……278
使者（Bote）……35
事前の検分（veuta）……415
自然法学派（naturrechtliche Schule）……372
質権……224
失権の原則（Präklusionsprinzip）……92, 96, 257
執行官（exector）……228
執行順序（Exekutionsgrade）……222, 398
執行訴訟（Exekutivprozess）……98, 295, 337, 339, 406
執行人（executor）……276, 328
執行認諾（confessio）……339
執行保証文書（documenta guarentigiata）……406
執行保留期間（Exekutionsfrist）……328
執行命令（Vollstreckungsbefehl）……328
執行吏（praeco）……254
実質期日（Substanzialtermine）……318
執達吏（Huissier）……414
質的差押え（Immission）……377, 398
質問（interrogatio）……314
質問訴訟（actio interrogatoria）……250
自認（Bekenntnis）……85
自白（Geständnis）……85, 315, 390
「自白した者は判決を受けた者とされる」（confessus pro judicato habetur）……377
自白罰（Poena confessi）……360
支払命令（nexti cantichio）……42, 61, 83
支払命令（Zahlungsgebot）……337
支払命令（praecepta executiva）……407
私文書（instrumentum privatum）……385
司法と行政……29, 187
市民係法務官（praetor urbanus）……116, 190

市民法（jus civile）……286
釈明義務……433
シュヴァーベンシュピーゲル（Schwabenspiegel）……4
宗規（canones）……287
宗教会議（Synode）……25
宗教会議監事（juratores synodi）……25
宗教会議裁判所（Sendgericht）……25
宗教裁判権（geistliche Gerichtsbarkeit）……24, 128
宗教事件（res spirituales）……288
終局判決……94
終局判決（sententia definitiva）……319
終局判決（Definitiv-Urteil）……390
終局判決（sentences définitives）……420
集合判決（Gesammenturteil）……76
州裁判所（Grafengericht）……15
州裁判所（Landgericht）……26
自由裁判所（Freigerichte）……26
自由参審員（Freischöffen）……26
州代官（Landvogt）……26
自由代伯（Freigrafen）……26
十二表法（zwölftafelgesetz）……103, 121, 129
十人官裁判所（Decemviralgericht）……119
授権状（commissorium）……301
主参加（Hauptintervention）……302
主張（確言）宣誓（Behauptungs-《assertorischer》Eid）……58
出席懈怠（défaut faute de comparaître）……424
出廷催告書（avenir）……419
出頭保証契約（vadimonium）……202
受任裁判官（Decernent）……432
主任裁判官（Referent）……434
受任裁判人（judex delegatus）……301
シュルトハイス（Schultheiß）……13, 18, 352
順位判決（sententia graduationis）……400

448

事項索引

巡察使（Sendboten, Königsboten, missi dominici） ……………………… *21, 58*
順序主義（Ordnungsprinzip） ……………… *374*
準セルウィアナ方式書（formula quasi Serviana） ……………………………… *152*
少額訴訟（Bagatell=Prozess） ……… *435, 436*
召喚（citatio） ………………………………… *377*
召喚命令（bannitio） ……………………… *268*
上級宮廷裁判所（Oberhofgericht） ……… *364*
上級裁判所（Haute Cour） ………………… *411*
証言義務 ……………………………………… *214*
条件付命令訴訟 ……………………………… *407*
証拠共通の原則 ……………………………… *387*
上告（Revision） …………………………… *395*
証拠宣誓（Beweiseid） …………………… *271*
証拠中間判決（Beweis-Interlokut） ……… *436*
証拠判決（Beweisurteil） … *35, 94, 96, 269, 369, 381, 382, 429, 438*
証拠副判決（Beweis = Beiurteil） ……… *436*
証拠方法 ……………………………… *210, 323*
小事件（leviores causae） ………………… *14*
商事裁判所（tribunaux de commerce） … *422*
証書（instrumentum） ……………………… *325*
証書証人（Urkundszeuge） ………………… *57*
証書の無効宣言を求める訴え（condictio instrumenti） ………………………… *339*
常設裁判所（echtes Ding） ………………… *12*
上訴（Rechtsmittel） ……………… *231, 391*
上訴期間（decendium appellationis） …… *417*
上訴状（libellus appellatorius） … *234, 321*
上訴の濫用 …………………………………… *233*
証人（Zeuge） ………………………… *56, 214*
証人証拠（Zeugenbeweis） ……… *273, 324, 383*
証人尋問（enquéte） ……………………… *413*
証人の喚問（denominatio testium） ……… *384*
証人要録（Zeugenrotulus） ………………… *384*
上伯（Graf） ………………………… *11, 15*

証明期間 ……………………………………… *382*
証明権（Beweisrecht） ……………… *43, 49*
証明責任（Beweislast） …… *313, 317, 323, 381*
証明手続 ……………………………………… *317*
「証明に任ずるのは主張する者であり，否定する者ではない」（ei incumbit probatio, qui dicit non qui negat）…… *323*
「証明に任ずるのは主張する者であり，否定する者ではない」（ei incumbit probatio, qui dicit, non qui negat）… *381*
証明役割（Beweisrolle） ……………… *43, 48*
証明優先（Beweisvorzug） ……………… *49, 52*
消耗（Consumtion） ………………… *165, 251*
消耗効（Konsumierende Wirkung, Consumtion） ………………… *165, 251*
条例法（Statutarrecht） …………… *295, 296, 331*
書記（Urkundsperson） ……………………… *58*
職権進行（Offizialbetrieb） ………………… *374*
職権探知主義（Untersuchungsmaxime） … *431, 433*
職権調査（Offizialprüfung） ……………… *374*
贖罪金（Friedensgeld, Sühnegeld） …… *11, 61*
助言（consilium） …………………………… *319*
助言人（Rathgeber） ……………………… *319*
書士（Tabularius） ………………………… *276*
叙事的請求原因（historischer Klagegrund） ………………………………… *376, 378*
書証（Urkundenbeweis） ……… *214, 325, 385*
処分権主義（Dispositionsmaxime） … *84, 242*
書面交換（Schriftenwechsel） ……………… *375*
書面主義（Schriftlichkeit） …… *300, 316, 352, 373, 428, 437*
書面訴訟（Libellprozess） ………………… *182*
書面訴訟（schriftlicher Prozess） ………… *351*
書面による通常訴訟手続（processus ordinarius per libellos） ……………… *430*
書面の提示による開示（editio per

449

事項索引

oblationem libelli） ………304
所有物回収訴訟（rei vindicatio） …………204
所有物回収方式書（formula petitoria） …204
シリア法（lex Silia） ……………120
自力差押権（Selbstpfändungsrecht） …68, 272, 337
指令告知（editio rescriptiti） ……181
指令訴訟（Reskriptsprozess） ………181, 230
臣下（Hintersassen） ………22
人格消滅者（capite minutus） ………161
神官（pontifices） ………103
新工停止告知（operis novi nuntiatio） ……189
申請（Gesuch） ……………376
神聖賭金（sacramentum） ……………132
神聖賭金式法律訴訟（legis actio sacramento） ………103, 131
新占有訴訟（Novitätenprozess） ………412
侵奪の抗弁（exceptio spolii） …………379
新勅法（Novellen） ………282
人的拘留（Personalhaft） ……………67
人的訴訟（actio personalis） ………416
神判（Gottesurteil） ……………53, 271, 346
審判手続（judicium） ………277
審判人（Schöffen） ………345, 351, 360, 362
人民集会（Landesthing） ……………8
審問（inquisitio） ………425
尋問権（Inquisitionsrecht） …………58
審理員（recuperator） ………119, 121
推定（praesumtiones） ………210, 326
水判（Wasserurteil） ………49
スワレツ（Suarez） ………430
請求原因事実の陳述（narratio proposita） ………308
請求原因の表示（demonstratio） ……148, 208
請求の認諾（Anerkenntnis） ………85, 316
請求の放棄・認諾 ………242
請求表示（intentio） ………148, 149

清算手続（Liquidationsverfahren） ………401
正式裁判人（judex ordinarius） …………301
誠実宣誓（juramentum malitiae） ………312
誠実宣誓（Glaubenseid） ……………429
整序（Ordination） ……………394
生地裁判籍（forum originis） ……………190
制定法（leges） ………113
成文法地域（terrae juris scripti） ……410, 416
政務官（Magistrate） ………226
誓約（sponsio） ……………174
雪冤宣誓（Reinigungseid） …40, 54, 273, 327
是認文言（clausulae justificatoriae） ……407
前加文による訴訟（actio praescriptis verbis） ………158
先決命令（Prälokut） ……………376
先行宣誓（Voreid） ……………80
宣誓（Eid） ………54, 95, 210, 326, 386
宣誓証拠（Eidesbeweis） ………270, 273
宣誓訴権（actio juris jurandi） ………211
宣誓転嫁（Eideszuschiebung） …327, 386, 387
宣誓の抗弁（exceptio juris jurandi） ……211
宣誓負課（Eidesauflage） ………386
宣誓補助者（Eideshelfer） …………55
前占有者への順送り（Zuge an den Geweren） ………415
選帝候（Kurfürst） ………20
占有委付（missio in possessionem） ……168
占有回収の特示命令（interdictum quem fundum） ………240
占有回復の特示命令（interdictum recuperandae possessionis） …………405
占有瑕疵の抗弁（exceptio vitiosae possessions） ………342
占有取得の合意（pactum de ingredienda possessione） ………340
占有取得の特示命令（interdictum adipiscendae possessionis） ………405

450

事項索引

占有訴訟（Possessorischer-oder Besitzprozess） ……404
占有保持の特示命令（interdictum retinendae possessionis） ……341, 342
争訟弁論（Streitverhandlung） ……312, 314
争点決定（Litiskontestation） …138, 163, 183, 254, 276, 278, 287, 307, 379, 419
争点決定完了事項の抗弁（exceptio rei in judicium deductae） ……166, 185, 252
争点決定は訴権を消耗する（litis contestatione actio consumitur） ……138
双方審尋の必要性の原則（Grundsatz von der Notwendigkeit beiderseitigen Gehörs） ……325
双面的特示命令（interdicta duplica） ……173, 193
ゾーム（Sohm） ……5, 6, 107
俗人シュピーゲル（Laienspiegel） ……351
訴権の消耗（actio consumitur） ……166
訴状（libellus conventionis） ……182, 203, 206, 225, 256
訴状（libellus actionis） ……313
訴訟受付人（acceptor litis） ……276
訴訟応諾（contestation en cause） ……419
訴訟開示（editio actionis） ……193, 206, 303
「訴訟が始められた所で、それは完結されるべきである」（ubi lis coepta est, ibi finiri debet） ……377
訴訟拒絶（denegatio actionis） …137, 146, 206, 207, 211, 228, 244, 246, 256
訴訟係属 ……377
──の抗弁（exceptio litis pendentis） …379
訴訟原因（causa actionis） ……359
訴訟行為の懈怠 ……245
訴訟抗弁（Prozesseinreden） ……243, 414
訴訟告知（litis denuntiatio） ……180, 202
訴訟告知（Streitverkündung） ……302

訴訟指揮権（Prozessleitungsrecht）…374, 376, 428
訴訟指揮行為（prozessleitende Tätigkeit） ……79
訴訟シュピーゲル（Klagspiegel） ……351
訴訟上の担保（cautio） ……81, 312
訴訟請願（Prozessbitte） ……376
訴訟整理（ordinatio judicii） ……254
訴訟追行（Prozessbetrieb） ……34
訴訟当事者 ……31, 192, 304
訴訟の継受と私法の継受 ……344
訴訟能力 ……32
訴訟能力（Prozessfähigkeit） ……194
訴訟の開始を妨げる抗弁（exceptiones litis ingressum impedientes） ……310
訴訟の学術（Prozesswissenschsft） ……372
訴訟の支配（dominium litis） ……303
訴訟の審査（Instruktion） ……431
訴状の提出（oblatio libelli） ……307
訴訟の濫用（Prozessmissbrauch） …237, 312
訴訟罰（Prozessstrafen） ……81
訴訟物評価の宣誓（jus jurandum in litem） ……213
訴訟弁論（Prozessverhandlung） ……36, 203
訴訟法学（Prozessrechtswissenschaft）…368, 371
訴訟法律関係（Prozessrechtsverhältniss）…88
訴訟申立て（postulatio actionis） ……206, 243
訴訟要件（Prozessvoraussetzungen）…93, 253
即決占有訴訟（possessorium summarium oder summariissimum） ……405
訴点（Position） ……314
訴点決定（Positionen） ……291
訴点手続（Positionalverfahren）…314, 367
訴答書面（rationes juris） ……413
訴名弁論（controversia nominis） ……279
村落裁判所（Dorfgerichte） ……351

451

事項索引

た 行

代官（Vogt） ……………………………*15*
対抗補佐人（contradictor） ……………*401*
第三者異議の訴え ………………………*331*
第三者訴訟（Dritthandverfahren） ………*39*
第三者手続（intertiatio, Dritthandverfahren）
　……………………………………………*41*
第三者手続（Dritthandsverfahren） ………*80*
大事件（maiores causae） ………………*14*
代訟人（cognitor） ………………………*196*
代訟人（Adovokatur） …………………*356*
代訟人（Parteianwalt） …………………*413*
代訟人の選任（constitution de procureur）
　……………………………………………*418*
対人執行（Rersonalexekution） …*63, 217, 330*
対人訴訟（actio in personam） ……*134, 148*
代訴人（avoué） …………………………*423*
代伯（Cent- od. Gografen） ……………*16*
対物執行（Realexekution） ………………*63*
対物請求表示（intentio in rem） ………*150*
対物訴訟（actio in rem） …………*134, 149*
代弁人（Fürsprecher） …………………*73, 350*
代弁人（patroni causarum） ……………*276*
代弁人（Vorsprecher, Fürsprech） ………*33*
代理人（Stellvertreter） …………………*195*
代理人に関する抗弁（exceptio cognitoria,
　ex. procuratoria） ……………………*244*
タキツス（Tacitus） ………………………*7*
諾約被告（reus promittendi） …………*194*
奪取禁止の裁決（decretum de
　manutenendo） ………………………*342*
奪取禁止命令（mandatum de manutenendo）
　……………………………………………*342*
他人の行為（factum alienum） ………*415*
拿捕（manus njectio） …………………*140*
拿捕式法律訴訟（legis actio per manus
　injectionem） ……………………*140, 215*
嘆願（supplication） ……………………*321*
嘆願（Supplikation） ……………………*322*
タンクレードゥス（Tancredus）……*290, 296, 323, 412*
単純命令権（imperium merum） ………*115*
単独宣誓（Eineid） …………………*54, 270*
担保欠缺の抗弁（exceptio deficientis
　cautionis） ……………………………*379*
担保の問答契約（stipulationes cautionales）
　……………………………………………*171*
治安判事（juges de paix） ……………*422*
地方特別法（partikulares Recht）………*295*
中間判決（interlocutio, Interlocut）…*257, 390*
中間判決（sententia interlocutoria） ……*311, 315, 319*
中間判決（sentences interlocutoires）……*420*
仲裁契約（compromissum） ……………*120*
仲裁裁判人（Schiedsrichter） …………*349*
仲裁訴訟（actio arbitraria） ………*208, 214*
仲裁人（arbiter） …………………*120, 139, 301*
仲裁判断（arbitratus） …………………*156*
仲裁約款付方式書（formula arbitraria）…*174*
註釈（glossae） …………………………*281*
註釈学者（Glossatoren） ………………*281*
中世ドイツの訴訟 ………………………*1*
調書添付書類（Protokollanlage） ………*352*
勅書（epistola） …………………………*182*
勅法類集（Codex） ………………………*282*
勅令（Capitularia） ……………………*2, 3*
沈黙による権利の喪失（verschwiegen）…*92*
追加訴訟（actiones adjecticiae qualitatis）
　……………………………………………*161*
追及（Anefang） …………………………*40*
追及訴訟（Anefangsprozess） …………*41, 80*
追及手続（Anefangsverfahren） …………*41*
追及の訴え（Anefangsklage） …………*50*

事項索引

追放簿（Achtregister）……………20
通告式法律訴訟（legis actio per condictionem）………………140
通常裁判官（judices ordinarii）………125
通常占有訴訟（possessorium ordinarium）………………404
通常訴訟手続（solennis ordo judiciorum）………………335
通常手続（solennis ordo）………318
通常＝不定式略式訴訟（regulär=unbestimmt summarische Prozesse）………402
ディオニシウス（Dionysius）……………109
定期金売買（Rentenkauf）……………67
帝国宮廷顧問会議（Reichshofrat）…353, 357
帝国国庫（Reichsfiskus）……………355
帝国最終決定（Reichsabschied）……359
帝国裁判所（Reichsgericht）………354
帝国査察代表者会議（Reichsvisitationsdeputation）………………354
帝国代表者会議最終決定（Reichsdeputationsabschied）………361
帝国直属都市（Reichsstädte）………28
帝国等族（Reichsstände）……………367
帝国尚書長官（Rerichs-erzkanzler）……394
帝室裁判所（Reichskammergericht）…25, 261, 353, 357
帝室裁判所令（Kammergerichtsordnung）………………354
抵当権の合意（pactum hypothecae）……340
抵当訴訟（actio hypothecaria）…………156
廷吏（apparitor）………………276, 278
テオドリック大王の告示（Edikt Theoderichs des Großen）……263
適式手続欠缺の抗弁（exceptio non rite formali processus）………379, 408
手続・慣例不順守の抗弁（exceptio deficientis legitimationis ad processum vel ad praxin）………………379
手と手綱の約束（Versprechen zu Hand und Halfter）………………399
デュ・ブルーユ（Du Brueil）………412
デルブリュック（Delbrück）………437
伝達命令（Kommunikativdekret）………377
伝統的告示（edictum tralaticium）………124
ドイチエンシュピーゲル（Deutschenspiegel）………………4
ドイツ同盟（Deutscher Bund）………439
ドイツ普通法（gemeines Recht Deutschlands）………………371
ドイツ普通民事訴訟………………373
ドイツ民事訴訟法（Zivilprozessordnung）………………441
等級判決（Lokationsurteil; sententia collocatoria）………………401
動産差押え（Pfändung）………………64
動産質権者（Faustpfandgläubiger）………401
動産執行（Mobiliarexerution）………64
当事者（Parteien）……………31, 192, 302
当事者召喚（mannitio）………………268
当事者進行主義………………422
当事者進行（Parteibetrieb）………374
当事者宣誓（Parteieid）………………54
当事者追行の原則（Prinzip des Parteibetriebes）………………88
当事者能力（Parteifähigkeit）………194
当事者の不適格の抗弁（exceptio deficientis personae standi in judicio）………379
当事者罰金（Busse）………………81
同時提出主義………………97, 369
同時提出主義（Eventualmaxime）…374, 426, 429, 434, 435, 438
頭初出頭（Präsentaion）………414, 418
盗人追跡（Spurfolge, vestigii minatio）……40, 50

453

事項索引

盗品訴訟（actio furti） ……………… *196*
答弁（Responieren） ………………… *316*
答弁書（libellus responsionis） ……… *275*
ドゥランティス（Durantis） …… *292, 296, 303, 320, 323, 348*
討論（disputationes） ………………… *318*
トゥンギヌス（thunginus） ………… *11*
特示命令（interdicta） ……………… *171*
特定執行（Spezialexekution） ……… *217*
特別上訴 ……………………………… *396*
特別審理手続（extraordinaria cognitio） *124*
特別争点決定（litiscontestatio specialis）
　……………………………… *359, 367, 369*
特別訴訟手続（extraordinaria cognitio）… *176*
特別法（jus extraordinarium） ……… *179*
都市裁判所（Stadtgerichte） ………… *18*
都市参事会（Stadtrath） ……………… *27*
土地公競売（Subhastation） ………… *398*
土地領主（Grundherr） ……………… *21*
取立手続（Betreibungsverfahren） …… *36, 42*
取戻権者（Vindikanten） …………… *401*

な 行

西ゴートのローマ法典（Lex Romana Visigothorum） ……………………… *264*
西ゴート法典（Lex Visigothorum） ……… *264*
偽勅法集（fingierte Constitutionen） …… *276*
偽ユスティニアヌス勅法集（fingierte Constitutionen Justinians） ………… *275*
認証文書（Consessatbrief） ………… *406*
認証令状（breve recognitionis） …… *426*
「認諾した者は判決を受けた者とされる」
　（confessus pro judicato habetur） …… *338, 377*
認諾証書（instrumenta confessionata） … *338*

は 行

バーデン訴訟法 ……………………… *439*
バイアー（Bayer） …………………… *373*
バイエルン民事訴訟法 ……………… *439*
倍額の取消し（revocatio in duplum） …… *236*
売却管財人（magistri bonorum vendendorum） ……………………… *220*
陪審員（jurata） ……………………… *426*
陪審認定（jurata recognitionis） …… *426*
陪席裁判官（Assessor） ……………… *354*
配当決定（Distributionsbescheid） … *402*
パヴィアの法学校 ……………… *267, 269*
パヴィア法書（liber Papiensis） …… *267*
パウルス（Paulus） …………………… *106*
破毀院（cour de cassation） ………… *422*
破毀手続（Cassationsverfahren） …… *421*
破産（Konkurs） ……………………… *66*
破産開始決定（decretum de aperiendo concursu） ……………………… *401*
破産債権（Konkursforderungen） …… *67*
破産財団の買主（bonorum emptor） …… *161*
破産者（decoctor） …………………… *330*
破産法 …………………………… *399, 400*
破産優先権（Konkursprivilegien） …… *67*
罰令（Bannbefehl） …………………… *269*
罰令権（Bann） ……………………… *10*
──の付与（Bannleihe） …………… *10*
ハノーファー草案（Hannöverscher Entwurf）
　……………………………………… *440*
ハノーファー民事訴訟法 …………… *438*
破門（Bann） ………………………… *87*
バルドゥス（Baldus） ………………… *293*
バルトールス（Bartolus） …………… *293*
破廉恥（Infamie, infamia） ……… *168, 239*
反撃書面（Impugnationsschrift） …… *383*
判決 …………………………………… *90*

事項索引

判決（sententiae） ……………*229, 231*
判決（Urteil, sententia）…*73, 74, 228, 319, 390*
判決権限付与の表示（condemnatio）……*148, 152*
判決債務の履行の担保（cautio judicatum solvi）……………………*239, 312*
判決債務履行請求訴訟（actio judicati）…*197, 218, 240*
判決主文（tenor sententiae） ……………*391*
判決主文（dispositiv）………………*420*
判決提案（Urteilsvorschlag）……………*9*
判決人（Urteiler）………………*9, 12, 42*
判決の無効 ……………………………*235*
判決発見人（Urteilsfinder）………………*9, 13*
判決非難（Urteilsschelte）…*16, 31, 77, 78, 416*
判決簿（Urteilsbücher）………………*20*
判決無効の再抗弁（Replik der Nichtigkeit des Judikats）………………*236*
判決無効の申立て（Nichtigkeitsbeschwerde）……………………………*342, 417*
判決無効の申立て（Nullitäts-Querel）……*395*
判決履行の誓約（Urteilserfüllungsgelöbnis）……………………*35, 60, 73, 87, 271*
判決理由（Entscheidungsgründe）………*391*
判決理由（motifs）………………*421*
反訴（reconventio）………………*311*
反訴（Widerklage）………………*50, 379*
反訴訟（contrarium judicium）……………*240*
反訴状（libellus reconventionis）…………*311*
反対証拠（Gegenbeweis） ………………*51*
半分の証明（semiplene probatio）………*327*
半分より多い証明（plus quam semiplene probatio）…………………*327*
蛮民法典（leges barbarorum）………*3, 264*
引渡命令（Manutendenzdekret）…………*405*
被顕出者（Produkt）………………*383*
「被告が抗弁を提出するときは，彼が原告となる」（reus excipiendo fit actor）…*381*
非訟裁判権（jurisdictio voluntaria）………*116*
非訟裁判権（freiwillige Gerichtsbarkeit）……………………………*28, 269*
非訟事件（Freiwillige Gerichtsbarkeit）…*189*
非常＝定式略式訴訟（irregülar=bestimmte summarische Prozesse）…………*402, 405*
必須記録（litterae compulsoriales）………*394*
必要的宣誓（jus jurandum necessarium）……………………………*212*
必要的宣誓（juramentum necessarium）……………………………*216, 326*
ピッリウス（Pillius）………………*286*
ピナリア法（lex Pinaria）………………*119, 137*
百人官裁判所（Centumviralgericht）……*118, 145*
百人組裁判所（Hundertschaftsgericht）…*11*
百人組集会（Hundertschaftsthing）………*7*
百人組長（Hundertschaftfürst）……………*7*
標準註釈（glossa ordinaria）………………*281*
不悪意宣誓（Gefährdeeid）………*49, 276*
不移審特権（privilegia de non evocando）……………………………*20*
封職（Belehnung） ………………*16*
封土（Reichslehn）………………*15*
フーフェ裁判所（Hübnergerichte）………*351*
フェーメ（veme）………………*26*
フォイエルバッハ（Feuerbach）…………*437*
フォン・バール（v. Bar）………………*6, 44*
服従判決（sententia paritoria）……………*408*
副代官（Cent-oder Gografen） ……………*16*
不上訴特権（privilegia de non appellando）……………………………*20, 370*
不真実の異議（praescriptio mendacii）…*181*
不請求合意の抗弁（exceptio pacti de non petendo） ………………*379*
普通訴訟法（gemeines Prozessrecht）……*371*

455

事項索引

普通法（gemeines Recht）……………296
普通民事訴訟 ……………………………427
普通民法（gemeines Civilvecht）………371
物的訴訟（actio realis）……………328, 416
不動産差押え（Frohnung）……………64
不動産執行（Immobiliarexekution）………64
不動産占有妨害禁止命令（interdictum uti possidetis）……………173, 174, 404
不当判決（sententia iniqua）……………343
不特定物に関する対人訴訟（actiones in personam incertae rei）……………148
不特定物に関する対人訴訟（actiones in personam incerti）……………149
不服額（Beschwerdesumme）……………370
不服額（summa gravaminis）………392, 394
プブリキアナ方式書（formula Publiciana）………………………………204
不法行為地の裁判籍（forum delicti commissi）……………191
ブラウンシュヴァイク民事訴訟法………438
プランク（Planck）……………5, 6, 44, 373
フランクフルト憲法 ……………………439
フランス大慣習法書（Le Grant Coustumier de France）……………413
フランスの民事訴訟 ……………………409
不濫訴宣誓（juramentum calumuniae, Kalumunieneid）…237, 273, 276, 312, 362, 387
ブリーグレブ（Briegleb）………………402
プロイセン諸国一般裁判所法（Allgemeine Gerichtsordnung für die preussischen Staaten）……………430
プロイセン草案（Preußischer Entwurf）………………………………440
プロイセンの立法 ………………………433
フローンボーテ（Frohnbote）……17, 35, 64
文書提出義務（Editionspflicht）…………326

文書非難（Urkundenschelte）……………60
平和宣言（Friedewirken）……………68, 88
ベートマン＝ホルヴェーク（Bethmann=Hollweg）……………5, 107
返還請求の訴え（Konditionen）…………148
弁護士（advocati）………………………199
弁護士（avocat）…………………………423
弁護士職（Advokatur）…………………437
弁護士身分（Anwaltstand）……………437
弁済命令（praeceptum de solvendo）……338
辺州（Markgrafschaft）……………………17
弁述（Plaidoyer）…………………………318
辺地裁判所（Markerdinge）………………23
辺伯（Markgraf）…………………………17
片面的特示命令（interdicta simplicia）…173
弁論（controversia）………………277, 307
弁論主義（Verhandlungsprinzip od. -maxime）………84, 89, 242, 374, 422, 434, 435
弁論の公開（Öffentlichkeit der Verhandlungen）……………100
弁論の終結（conclusio）…………………318
法外（friedlosigkeit）…………………61, 87
法外処分（Friedloslegung）………………2, 35
法外宣言（Friedloserklärung）……………61
法学綱要（Brachylogus）………………277
法学提要（Institutionen）………………277
法学博士（doctor juris）…………………350
法科大学（juristenfakultäten）…………363
法学校（Rechtsschule）…………………275
防御書面（Salvationsschrift）……………383
防御の反論（contraditio objecta）………308
封建裁判権（Lehngerichtsbarkeit）………23
報告裁判官（rapporteur）………………420
方式強制（Formenzwang）………70, 72, 114
方式書（formula, Schtiftformel）……114, 145
――の瑕疵 ………………………………162
――の前加文（praescriptiones）………156

456

――の付与（formulam dabo）……*207, 227*
方式書訴訟（Formularprozess）……*113, 145*
方式書変更（translatio judicii）……*163*
法宣言者（Gesetzsprecher）……*9*
法曹法（Juristenrecht）……*371*
妨訴抗弁（Prosshindernde Einrede）……*244, 257, 269, 380*
法廷回避の抗弁（exceptio fori declinatoriae）……*379, 414*
法廷警察（Sitzungspolizei）……*100*
法廷質問（interrogatio in jure）……*249, 314*
法廷召喚（in jus vocatio）……*200, 253, 256*
法定証拠主義（Legaltheorie）……*50*
法廷譲与（in jure cessio）……*134, 190*
法定序列主義……*97*
法廷認諾（confessio in jure）…*216, 316, 338*
法定の訴訟（judicium legitimum）……*122*
法的弁論（controversia juris）……*279*
法に基づく訴訟（actio in jus）……*208*
「法は裁判所の知るところ」（jura novit curia）……*376*
法発見者（Rachimburge）……*11*
法務官（praetor）……*115*
法務官の面前における手続（in jure）……*112, 129*
法務官の問答契約（stipulationes praetoriae）……*116, 171*
法律関係としての訴訟……*30*
法律上の推定（praesumtio iuris）……*210*
法律訴訟（legis actio）……*103, 113*
法律訴訟（Legisaktionenprozess）……*129, 142*
ポエテリア法（lex Poetelia）……*140*
ボーヴェジ地方慣習法書（Les Coutumes de Beauvoisis）……*412*
ボーマノワール（Beaumanoir）……*412*
保護無資格の抗弁（exceptio loci non tuti）……*379*

輔佐人（Beistand）……*32, 198*
補充宣誓（Ergänzungseid）……*362*
保証証書（instrumenta guarentigiata）…*338*
保証人（vindex）……*196*
補助裁判官（judex deputatus）……*8*
補助裁判官（judices pedanei）……*178*
補助参加（Nebenintervention）……*302*
補助人（assessor）……*117, 127*
ホスティリア法（lex Hostilia）……*195*
保全仮差押え（Sicherungsarrest）……*331*
母都市裁判所（Oberhof）……*394*
ホラチア法（lex Horatia）……*119*
ボローニャの法学校……*280, 281*
本追放（Oberacht）……*87*
ポンメルン・フリードリヒ勅法の草案（Projekt des Codicis Friederhciani Pomeranici）……*430*

ま 行

マインツ平和令（Landfriede）……*19*
マルク裁判集会（Markendinge）……*351*
マルク・フリードリヒ勅法の草案（Projekt des Codicis Friederhciani Marchici）…*430*
密室裁判（Kabinetsjustiz）……*10*
未発生の損害賠償の担保（cautio damni infecti）……*169*
民会（thing）……*11*
民間裁判人（Volksrichter）……*268, 349*
民事再審の申立て（requéte civil）……*421*
民事訴訟王令（ordonnace civile）……*417*
民事訴訟と刑事訴訟……*29, 186*
民事訴訟における手続についての条令（Verordnung über das Verfahren in Civilprozessen）……*434*
民事訴訟法典（code de la procédure civile）……*422*
民事通常訴訟手続（ordo iudiciorum

privatorum）⋯⋯⋯⋯⋯⋯⋯176
無意味・曖昧な訴状の抗弁（exceptio libelli inepti vel obscuri）⋯⋯⋯379
ムキウスの推定（praesumtio Muciana）⋯210
無効な判決（sententia nulla）⋯⋯⋯320, 342
無効の抗弁（exceptio nullitatis）⋯⋯⋯342
無責宣誓（Unschuldseid）⋯⋯⋯⋯⋯53, 54
無帝時代（kaiserlose Zeit）⋯⋯⋯⋯⋯28
命令権（imperium）⋯⋯⋯⋯⋯⋯⋯115
命令権に基づく訴訟（judicium, quod imperio continetur）⋯⋯⋯⋯⋯122
命令訴訟（Mandatsprozess）⋯⋯⋯⋯407
滅却的抗弁（exceptiones peremtoriae）⋯⋯⋯⋯⋯⋯⋯⋯308, 309, 310
滅却的抗弁（perem(p)torische Einrede）⋯⋯⋯⋯⋯⋯⋯⋯⋯⋯⋯379
免除（Immunität）⋯⋯⋯⋯⋯⋯⋯22
免除裁判権（Immunitäts-Gerichtsbarkeit）⋯⋯⋯⋯⋯⋯⋯⋯⋯⋯⋯24
免除裁判所（Immunitätsgericht）⋯⋯⋯22
免訴（absolutio ab instantia）⋯⋯⋯307, 311
免訴（congedium, conge）⋯⋯⋯⋯414, 416
申立て（postulatio）⋯⋯⋯⋯⋯⋯193
物所在地の裁判籍（forum rei sitae）⋯⋯191

や 行

約束宣誓（promissorischer Eid）⋯⋯⋯24
約束（約言）宣誓（Versprechens-《promissorischer》Eid）⋯⋯⋯⋯⋯⋯⋯58
有責判決（condemnatio）⋯⋯⋯⋯⋯229
優先手続（Prioritätsverfahren）⋯⋯⋯401
ユリア法（lex Julia）⋯⋯123, 142, 145, 221
用益競売（fructus licitatio）⋯⋯⋯⋯175
要求者便覧（Summa Quicunque vult）⋯283
要件事実（Tatbestand）⋯⋯⋯⋯⋯314
要点判決（appointement, appunctatio）⋯419
要約被告（reus stipulandi）⋯⋯⋯⋯194

ヨハンネス・アンドレアエ（Johannes Andreä）⋯⋯⋯⋯⋯⋯⋯348, 350
ヨハンネス・ウルバッハ（Johannes Urbach）⋯⋯⋯⋯⋯⋯⋯⋯⋯347, 350
ヨハンネス・シュティンナ（Johannes Stynna）⋯⋯⋯⋯⋯⋯⋯⋯293, 350
ヨハンネス・デ・ボノーニア（Johannes de Bononia）⋯⋯⋯⋯⋯⋯⋯⋯296
ヨハン・フォン・ブッフ（Johann von Buch）⋯⋯⋯⋯⋯⋯⋯⋯⋯⋯⋯4, 69
予備訴訟（praeiudicium）⋯⋯⋯143, 154
予備訴訟（actio praejudicialis）⋯⋯⋯208
——の前加文（praescriptio praejudicii）⋯⋯⋯⋯⋯⋯⋯⋯⋯⋯⋯⋯157
呼出し（ajournement）⋯⋯⋯⋯⋯417
呼出し（adjornamentum, ajournement）⋯414
呼出し（bannitio, mannitio）⋯⋯⋯34, 35
呼出し（Ladung）⋯⋯⋯⋯⋯⋯268, 305
呼出命任状（adjornamentum）⋯⋯⋯415

ら 行

ライヒ憲法（Reichsverfassung）⋯⋯⋯439
ラテラン宗教会議（lateranensische Concilium）⋯⋯⋯⋯⋯⋯⋯⋯⋯53
ランゴバルドの裁判所構成⋯⋯⋯⋯267
ランゴバルド法の訴訟⋯⋯⋯⋯⋯266
ラント平和の侵害⋯⋯⋯⋯⋯⋯⋯359
ラント法訴訟法書（Richtsteig Landrechts）⋯⋯⋯⋯⋯⋯⋯4, 32, 37, 346, 412
ラント立法（Landesgesetzgebung）⋯⋯361
リキニア法（lex Licinia）⋯⋯⋯⋯115
履行期間（Erfüllungsfrist）⋯⋯⋯⋯396
履行宣誓（Erfüllungseid）⋯⋯⋯⋯327
立件（bailler une demande）⋯⋯⋯418
立証確約（wadia）⋯⋯⋯⋯⋯⋯272
略式審理（summaria cognitio）⋯⋯⋯402
略式占有訴訟（possessorium summarium）

......................................*341, 405*
略式訴訟（summarischer Prozess）.........*331*
略式手続（summarisches Verfahren）......*332, 402*
領域訴訟（Territorialprozess）..............*295*
領域法（Territorialrecht）.............*294, 331*
領国主（Landesherr）..................*15, 25*
領国主権（Landeshoheit）..........*25, 365, 370*
良心の訴え（Gewissensklage）..............*365*
「良心を吐露する代わりに提出される証拠」
　　（probatio pro exoneranda conscientia）
　...*389*
臨時裁判所（gebotenes Ding）.........*11, 12*
ルイ14世民事訴訟王令.....................*417*
令状（writ, breve）.......................*426*
レーエン法訴訟法書（Richtsteig Lehnrechts）
　...*4*

歴史学派（historische Schule）..........*372*
レナウド（Renaud）....................*373*
連邦参議院（Bundesrat）................*440*
労働裁判所（conseils de prud'hommes）
　...*422*
ローマ＝カノン系訴訟（romanisch＝kanonischer Prozess）....................*296*
ローマ系の法（romanisches Recht）......*261*
ローマ法（römisches Recht）..............*261*
ローマ法学者（Legisten）...............*287*
ローマ法大全（corpus juris）........*287, 347*
ローマ法の継受（Reception des römischen Rechts）.............................*343*
ロムバルダ（Lombarda）................*267*

わ行

和解の勧試（Sühneversuch）.............*24*

459

欧文索引

A

ab actis（記録官） ……………………*128*
absolutio ab instantia（訴えの即時却下）…*380*
absolutio ab instantia（免訴） ………*306, 311*
acceptor litis（訴訟受付人）……………*276*
accusatio contumaciae（闕席起訴）…*378, 385, 404, 408*
Achtregister（追放簿）……………………*20*
actio（アクチオ） ……………………*179, 313*
actio aquae pluviae arcendae（灌漑用水路原状回復の訴え）……………………*121*
actio arbitraria（仲裁訴訟）…………*208, 214*
actio consumitur（訴権の消耗） ………*166*
actio de certa credita pecunia（確定貸金額請求の訴え）……………………………*121*
actio furti（盗品訴訟） ………………*196*
actio hypothecaria（抵当訴訟） …………*156*
actio in factum concepta（事実に基づく訴訟）……………………………………*208*
actio in jus（法に基づく訴訟）…………*208*
actio in personam（対人訴訟）…………*134*
actio in rem（対物訴訟）………………*134*
actio in rem scriptae（形式的対物訴訟）…*150*
actio interrogatoria（質問訴訟）………*250*
actio judicati（判決債務履行請求訴訟）…*197, 218, 240*
actio juris jurandi（宣誓訴権）…………*211*
actio legis Aquiliae（アクイリア法訴訟）……………………*240*
actio personalis（人的訴訟）……………*416*
actio popularis（公共訴権）……………*189*

actio praejudicialis（予備訴訟） …………*208*
actio praescriptis verbis（前加文による訴訟） ……………………………………*158*
actio realis（物的訴訟）………………*328, 416*
actiones adjecticiae qualitatis（追加訴訟）……………………………………*161*
actiones in personam incertae rei（不特定物に関する対人訴訟）………………*149*
actore non probante reus absolvitur（「原告が立証しなければ被告は免訴される」）……………*270, 273, 322, 323, 365*
aditio judicis（裁判人の選任）…………*305*
adjornamentum（呼出命任状）…………*415*
adjornamentum, ajournement（呼出し）…*414*
Adjudicatio（裁定権限付与の表示）………*152*
Adovokatur（代訟人） …………………*356*
adstipulator（参加要約人） ……………*195*
advocati（弁護士）………………………*199*
Advokatur（弁護士職）…………………*437*
aedilis curulis（高等按察官）……………*117*
AGO（= Allgemeine Gerichtsordnung für die preußischen Staaten）……………*430*
ajournement（呼出し）…………………*417*
Akten（記録）……………………………*373*
Aktenschluss（記録終結処分）…………*380*
Aktenversendung（記録送付）…………*394*
Aktionenrecht（アクチオ法）……………*281*
Allgemeine Gerichtsordnung für die preußischen Staaten（プロイセン諸国一般裁判所法）……………………*430*
Anefang（追及） ………………………*40*
Anefangsklage（追及の訴え）……………*50*

460

欧文索引

Anefangsprozess（追及訴訟） *41, 80*
Anerkenntnis（請求の認諾） *85, 316*
Anwaltstand（弁護士身分） *437*
apostoli refusatorii（拒絶伝達状） *393*
apostolos reverentiales（敬白伝達状）......*393*
apparitor（廷吏）..................*276, 278*
Appellation（控訴）..........*321, 391, 416, 421*
appointement, appunctatio（要点判決） ...*419*
arbiter（仲裁人）...............*120, 139, 301*
arbitratus（仲裁判断） *156*
Arrest（仮差押え） *68, 224, 409*
Arrestprozess（仮差押訴訟）......*295, 339, 408*
Artikel（項目）..............*314, 359, 415*
Assessor（陪席判事）................*319, 354*
assessor（補助人）..................*117, 127*
Assises de Jérusalem（エルサレム王国裁判
　書）............................*411*
Augenscheinbeweis（検証） *385*
Austräge（協約） *28*
avenir（出廷催告書） *419*
avocat（弁護士） *423*
avoué（代訴人） *423*
Azo（アーゾ） *290*

B

Bagatell-Prozess（少額訴訟）........*435, 436*
bailler une demande（立件）.............*418*
Baisse Cour（下級裁判所）..............*412*
Baldus（バルドゥス）...................*293*
Bann（破門）............................*87*
Bann（罰令権）..........................*10*
Bannbefehl（罰令）.....................*269*
bannitio（召喚命令）...................*268*
bannitio, mannitio（呼出し）........*34, 35*
Bannleihe（罰令権の付与） *10*
Bartolus（バルトールス）................*293*
Bayer（バイアー）......................*373*

Beaumanoir（ボーマノワール） *412*
Behauptungs-《assertorischer》Eid（主張
　（確言）宣誓）........................*58*
Beistand（輔佐人）................*32, 198*
Bekenntnis（自認） *85*
Belehnung（封職） *16*
beneficium novorum（更新権）......*396, 435*
Beschlagnahme（差押え） *66*
Beschwerdesumme（不服額） *370*
Bethmann = Hollweg（ベートマン＝ホル
　ヴェーク） *5, 107*
Betreibungsverfahren（取立手続） ...*36, 42*
Beweis-Beinrteil（証拠副判決）..........*436*
Beweis-Interlokut（証拠中間判決）........*436*
Beweiseid（証拠宣誓） *271*
Beweislast（証明責任）......*313, 317, 323, 381*
Beweisrecht（証明権）...............*43, 49*
Beweisrolle（証明役割）.............*43, 48*
Beweisurteil（証拠判決）...*35, 94, 96, 269, 369,
　381, 382, 429, 438*
Beweisvorzug（証明優先）............*49, 52*
blosse Acht（仮追放） *87*
bonorum emptor（破産財団の買主，財団
　の買主）......................*161, 168*
Bote（使者） *35*
Brachylogus（法学綱要） *277*
breve recognitionis（認証令状） *426*
Breviarium Alaricianum（「アラリックの概
　要」） *263*
Briegleb（ブリーグレブ） *402*
Bundesrat（連邦参議院） *440*
Busse（当事者罰金） *81*

C

canones（宗規） *287*
capite minutus（人格消滅者）...........*161*
Capitularia（勅令） *2, 3*

461

欧文索引

Cassationsverfahren（破毀手続）………*421*
causa actionis（訴訟原因）……………*359*
causa debendi（債務取得原因）………*137*
causae conjectio（事件説明）…………*255*
cautio（訴訟上の担保）………………*81, 312*
cautio damni infecti（未発生の損害賠償の担保）………………………………*169*
cautio judicatum solvi（判決債務の履行の担保）……………………………*239, 312*
Cent- od. Gografen（副代官）…………*16*
Centumviralgericht（百人官裁判所）…*118, 145*
cessio bonorum（財産譲与）……*221, 330, 399, 400, 401*
Centgrafen（代伯）……………………*16*
chancery courts（エクイティ裁判所）……*426*
Chilian König（キリアン・ケーニッヒ）…*364*
citatio（召喚）…………………………*377*
clausulae justificatoriae（是認文言）……*407*
Clementina Dispendiosam（クレメンティナ・ディスペンディオサム）…………*336*
Clementina Saepe（クレメンティナ・サエペ）………*293, 333, 335, 336, 350, 374, 403*
Clementinae（クレメンス法典）………*289*
Cocceji（コックツェーイ）……………*430*
code de la procédure civile（民事訴訟法典）………………………………………*422*
Codex（勅法類集）……………………*282*
cognitio（コグニチオ）…………………*176*
cognitor（代訟人）………………………*196*
comes（王の代官）………………………*8*
commissorium（授権状）………………*301*
common law（コモン・ロー）…………*426*
compromissum（仲裁契約）……………*120*
conceil de roi（国王顧問会議）…………*423*
conclusio（弁論の終結）………………*318*
conclusions motivées（裁判の申立て）…*424*

condemnatio（判決権限付与の表示）……*148, 152*
condemnatio（有責判決）………………*229*
condictio instrumenti（証書の無効宣言を求める訴え）…………………………*339*
confessio（執行認諾）…………………*339*
confessio in jure（法廷認諾）…*216, 316, 338*
confessus pro judicato habetur（「認諾した者は判決を受けた者とされる」）……*338, 377*
congedium, conge（免訴）…………*414, 416*
conseils de prud' hommes（労働裁判所）………………………………………*422*
consentiens fama（一致した伝聞）………*279*
Consessatbrief（認証文書）……………*406*
consilium（顧問）………………*117, 120, 127*
consilium（助言）………………………*319*
consilium principis（皇帝顧問）………*125*
constitution de procureur（代訟人の選任）………………………………………*418*
constitutiones Saxonicae（ザクセン律令）………………………………………*366*
consuetudine（慣習法）…………………*411*
consultatio principis（君主への諮問）…*319*
Consumtion（消耗）………………*165, 251*
contestation en cause（訴訟応諾）………*419*
contradictor（対抗補佐人）……………*401*
contraditio objecta（防御の反論）………*308*
contrarium judicium（反訴訟）…………*240*
controversia（弁論）……………………*277*
controversia facti（事実弁論）…………*278*
controversia juris（法的弁論）…………*279*
controversia nominis（訴名弁論）………*279*
contumacia（懈怠）…………………*306, 416*
Contumacialverfahren（闕席手続）…*272, 365, 421*
contumax non appellat（闕席者は上訴せず）

············424
Corpus iuris canonici（カノン法大全）···289
corpus juris（ローマ法大全）·········287, 347
cour de cassation（破毀院）············422
cours d'appel（控訴院）················422
curator（管財人，管理人）······220, 330, 401
curator bonorum（財産管理人）······331, 399
curia regis（王会）····················410

D

défaut faute de comparaître（出席懈怠）
···424
défense（永久的抗弁）·················415
Decemviralgericht（十人官裁判所）·······119
decendium appellationis（上訴期間）······417
Decernent（受任裁判官）···············432
Decisiv-Dekret（裁決命令）·············390
decoctor（破産者）····················330
decreta（教令）······················287
decretum de aperiendo concursu（破産開
 始決定）··401
decretum de manutenendo（奪取禁止の裁
 決）··342
Decretum Gratiani（グラティアーヌス教令
 集）··289
decretum rejectorium（却下決定）·········393
Definitiv-Urteil（終局判決）·············390
Dekretisten, Dekretalisten（教会法学者）
···287
Delbrück（デルブリュック）·············437
demonstratio（請求原因の表示）······148, 208
denegatio actionis（訴訟拒絶）···137, 146, 206,
 207, 211, 228, 244, 246, 256
denominatio testium（証人の喚問）·······384
Deutschenspiegel（ドイチエンシュピーゲ
 ル）··4
Deutscher Bund（ドイツ同盟）···········439

Dienstmannengericht（家人裁判所）·········23
dies fasti（裁判可能日）················259
dies nefasti（裁判不能日）···············259
Digesten（学説類集）··············105, 282
dilatio（延期）······················414
dilatorische Einrede（延期的抗弁）···379, 414
Dingmannen（裁判所構成員）············75
Dingpflicht（裁判所協力義務）···11, 30, 75, 86
Dingstatt（開廷場所）················77, 93
Dingzeit（開廷時期）·················77, 93
Dionysius（ディオニシウス）············109
Dispositionsmaxime（処分権主義）····84, 242
dispositiv（判決主文）·················420
disputationes（討論）··················318
Distributionsbescheid（配当決定）·········402
doctor juris（法学博士）················350
documenta guarentigiata（執行保証文書）
···406
dominium litis（訴訟の支配）············303
Dorfgerichte（村落裁判所）·············351
Dritthandsverfahren（第三者訴訟，第三者
 手続）·······································39, 80
Du Brueil（デュ・ブルーユ）············412
Durantis（ドゥランティス）······292, 296, 303,
 320, 323, 348

E

echtes Ding（常設裁判所）················12
edictum perpetuum（永久告示）······124, 177
edictum tralaticium（伝統的告示）·········124
Edikt Theoderichs des Großen（テオド
 リック大王の告示）························263
editio actionis（訴訟開示）·········193, 206, 303
editio per oblationem libelli（書面の提示に
 よる開示）·································304
editio rescriptiti（指令告知）·············181
Editionsptlicht（文書提出義務）··········326

463

欧文索引

ei incumbit probatio, qui dicit non qui negat (「証明に任ずるのは主張する者であり，否定する者ではない」) ……323, 381
Eid (宣誓) ………………54, 95, 210, 326, 386
Eidesauflage (宣誓負課) ………………386
Eidesbeweis (宣誓証拠) ……………270, 273
Eideshelfer (宣誓補助者) ………………55
Eideszuschiebung (宣誓転嫁) ……328, 386
Eike von Repgau (アイケ・フォン・レプガウ) ………………………………4
Eineid (単独宣誓) ………………54, 270
Einlassungspflicht (応訴義務) ……………377
Endemann (エンデマン) …………………373
enquéte (証人尋問) …………………413
Entscheidungsgründe (判決理由) ………391
epistola (勅書) …………………………182
Erfüllungseid (履行宣誓) ………………327
Erfüllungsfrist (履行期間) ………………396
Erfahrungszeuge (経験証人) ………………57
Ergänzungseid (補充宣誓) ………………362
Erheblichkeit der Tatsache (事実の主要性) ………………………………381
Eventualmaxime (同時提出主義) …374, 426, 429, 434, 435, 438
ewiger Landfriede (永久ラント平和令) …354, 355
exceptio cognitoria, ex. procuratoria (代理人に関する抗弁) ………………244
exceptio (抗弁) ……………158, 243, 309, 313
exceptio deficientis cautionis (担保欠缺の抗弁) …………………………379
exceptio deficientis legitimationis ad processum vel ad praxin (手続・慣例不順守の抗弁) …………………379
exceptio deficientis personae standi in judicio (当事者の不適格の抗弁) ……379
exceptio dilatoria (延期的抗弁) ……309, 310, 414
exceptio doli (悪意の抗弁) …………160, 309
exceptio fori declinatoriae (法廷回避の抗弁) ………………………………379, 414
exceptio fori incompetentis (管轄違いの抗弁) ………………………………379
exceptio judicis inhabilis (裁判官不適格の抗弁) ………………………………379
exceptio judicis suspecti (疑惑裁判官の抗弁) ………………………………379
exceptio juris jurandi (宣誓の抗弁) ……211
exceptio libelli inepti vel obscuri (無意味・曖昧な訴状の抗弁) ………………379
exceptio litis pendentis (訴訟係属の抗弁) ………………………………379
exceptio loci non tuti (保護無資格の抗弁 (exceptio loci non tuti) ……………379
exceptio non rite formali processus (適式手続欠缺の抗弁) ………………379, 408
exceptio nullitatis (無効の抗弁) ………342
exceptio ob- oder subreptionis (詐取あるいは窃取の抗弁) ………………407
exceptio pacti de non petendo (不請求合意の抗弁) …………………………379
exceptio rei in judicium deductae (争点決定完了事項の抗弁) ………166, 185, 252
exceptio rei judicatae (既判事項の抗弁) ………………………166, 185, 236, 252
exceptio spolii (侵奪の抗弁) ………………379
exceptio vitiosae possessions (占有瑕疵の抗弁) ………………………………342
exceptiones litis ingressum impedientes (訴訟の開始を妨げる抗弁) ……………310
exceptiones peremptoriae (滅却的抗弁) …308, 309, 310
executor (執行人) ………………276, 328

Exekution（強制執行）…60, 215, 271, 328, 396
Exekutionsfrist（執行保留期間）…………328
Exekutionsgrade（執行順序）………222, 398
Exekutivprozess（執行訴訟）……98, 295, 337, 339, 406
extraordinaria cognitio（特別審理手続）
　………………………………………124, 176

F

Fürsprecher（代弁人）………………73, 350
Fürst（諸侯）………………………………19
factum alienum（他人の行為）……………415
Faustpfandgläubiger（動産質権者）………401
Feuerbach（フォイエルバッハ）……………437
fingierte Constitutionen（偽勅法集）……276
fingierte Constitutionen Justinians（偽ユスティニアヌス勅法集）………………275
Formalismus（形式主義）……………………70
Formenzwang（方式強制）……………70, 114
formula（方式書）……………………113, 145
formula arbitraria（仲裁約款付方式書）…174
formula petitoria（所有物回収方式書）…204
formula Publiciana（プブリキアナ方式書）
　………………………………………………204
formula quasi Serviana（準セルウィアナ方式書）……………………………………152
formulam dabo（方式書の付与）…………207
Formularprozess（方式書訴訟）……114, 145
forum contractus（契約の裁判籍）………191
forum delicti commissi（不法行為地の裁判籍）……………………………………191
forum originis（生地裁判籍）………………190
forum rei sitae（物所在地の裁判籍）……191
Freigebungsantrag（解放申立て）…………328
Freigerichte（自由裁判所）…………………26
Freigrafen（自由代伯）………………………26
Freischöffen（自由参審員）…………………26

freiwillige Gerichtsbarkeit（非訟裁判権）
　………………………………………28, 269
Friedensgeld（贖罪金）……………………11
Friedewirken（平和宣言）……………68, 88
Friedloserklärung（法外宣言）……………61
Friedlosigkeit（法外）…………………61, 87
Friedloslegung（法外処分）……………2, 35
Frohnbote（フローンボーテ）……17, 35, 64
Frohnung（不動産差押え）…………………64
fructus licitatio（用益競売）………………175

G

Gaius（ガイウス）……106, 134, 139, 144, 148, 159, 185, 195, 372
gebotenes Ding（臨時裁判所）…………11, 12
Gefährdeeid（不悪意宣誓）……………49, 276
Gegenbeweis（反対証明）…………………51
geistliche Gerichtsbarkeit（宗教裁判権）…24, 128
gemeines Civilvecht（普通民法）…………371
gemeines Prozessrecht（普通訴訟法）……371
gemeines Recht（普通法）…………………296
gemeines Recht Deutschlands（ドイツ普通法）……………………………………371
Generalexekution（一般執行）……………223
Georg von Rothschitz（ゲオルク・フォン・ロートシッツ）……………………364
Gerichtsbann（裁判権）………………………8
Gerichtsdeputirte（裁判所代表）…………434
Gerichtsgemeinde（裁判所共同体）……7, 16
Gerichtsschreiber（裁判所書記）…18, 70, 271, 302, 375
Gerichtszeugnis（裁判所証明）……47, 59, 70
Gesammenturteil（集合判決）………………76
Gesetzsprecher（法宣言者）…………………9
Geständnis（自白）……………85, 315, 390
Gesuch（申請）……………………………376

欧文索引

Gewedde, Wette（裁判所罰金） ·············· *81*
Gewissensklage（良心の訴え） ············· *365*
Glaser（グラーザー） ····················· *435*
Glaubenseid（誠実宣誓） ·················· *429*
glossa ordinaria（標準註釈） ················ *281*
glossae（註釈） ························· *281*
Glossatoren（註釈学者） ·················· *281*
Gneist（グナイスト） ····················· *427*
Gografen（代伯） ························ *16*
goldene Bulle（金印勅書） ············· *20, 353*
Gönner（ゲンナー） ····················· *372*
Gottesurteil（神判） ············· *53, 271, 346*
Graf（上伯） ························ *11, 15*
Grafengericht（州裁判所） ················· *15*
Grolmann（グロールマン） ················ *372*
Grundherr（土地領主） ···················· *22*
Grundsatz des Parteibetriebes（当事者進行の原則） ···························· *374*
Grundsatz von der Notwendigkeit beiderseitigen Gehörs（双方審尋の必要性の原則） ···························· *325*

H

Hübnergerichte（フーフェ裁判所） ········· *351*
Hannöverscher Entwurf（ハノーファー草案） ······························ *440*
Hauptintervention（主参加） ··············· *302*
Haute Cour（上級裁判所） ················ *411*
High court（高等法院） ··················· *426*
Hintersassen（臣下） ····················· *22*
historische Schule（歴史学派） ············· *372*
historischer Klagegrund（叙事的請求原因） ···························· *376, 378*
Huissier（執達吏） ······················· *414*
Hundertschaftfürst（百人組長） ············· *7*
Hundertschaftsgericht（百人組裁判所） ····· *11*
Hundertschaftsthing（百人組集会） ··········· *7*

I

Immission（質的差押え） ············ *377, 398*
Immobiliarexekution（不動産執行） ········· *64*
Immunität（免除） ······················· *22*
Immunitäts-Gerichtsbarkeit（免除裁判権） ······························ *24*
Immunitätsgericht（免除裁判所） ············ *22*
imperium（命令権） ····················· *115*
imperium merum（単純命令権） ··········· *115*
imperium mixtum（混合命令権） ······ *115, 220*
Impugnationsschrift（反撃書面） ············ *383*
in integrum restitutio（原状回復） ·········· *321*
in judicio（裁判人の面前における手続） ····· *112, 129*
in jure（法務官の面前における手続） ······ *112, 129*
in jure cessio（法廷譲与） ············ *134, 190*
in jus vocatio（法廷召喚） ········ *200, 253, 256*
indirekter Zwang（間接強制） ··· *216, 397, 399*
Infamie, infamia（破廉恥） ············ *168, 239*
inquisitio（インクイジチオ） ················ *89*
inquisitio（審問） ······················· *425*
Inquisitionsrecht（尋問権） ················· *58*
Institutionen（法学提要） ················· *277*
Instruktion（訴訟の審査） ················ *431*
instrumenta confessionata（認諾証書） ··· *338*
instrumenta guarentigiata（保証証書） ··· *338*
instrumentum（証書） ··················· *325*
instrumentum privatum（私文書） ········· *385*
instrumentum publicum（公文書） ········· *385*
intentio（請求表示） ················ *148, 149*
intentio in rem（対物請求表示） ············ *150*
interdicta（特示命令） ···················· *171*
interdicta duplica（双面的特示命令） ······ *173, 193*
interdicta simplicia（片面的特示命令） ··· *173*

466

interdictum adipiscendae possessionis（占有取得の特示命令）··················405
interdictum quem fundum（不動産占有回収の特示命令）··················240
interdictum recuperandae possessionis（占有回復の特示命令）··················405
interdictum retinendae possessionis（占有保持の特示命令）··············341, 342
interdictum uti possidetis（不動産占有妨害禁止命令）················173, 174, 404
Interlocut（中間判決）··················390
interlocutio（中間判決）··················257
interpositio appellationis（控訴の提起）···393
interrogatio in jure（法廷質問）······249, 314
intertiatio（第三者手続）··················41
introduetio appellationis（控訴送致）······393
irregülar=bestimmte summarische Prozesse（非常＝定式略式訴訟）··············402, 405

J

Jüngster Reichsabschied（最後の帝国最終決定）······368, 374, 377, 382, 394, 397, 407
Johann von Buch（ヨハン・フォン・ブッフ）··················4, 69
Johannes Andreä（ヨハンネス・アンドレアエ）··················348, 350
Johannes de Bononia（ヨハンネス・デ・ボノーニア）··················296
Johannes Stynna（ヨハンネス・シュティンナ）··················293, 350
Johannes Urbach（ヨハンネス・ウルバッハ）··················347, 350
judex（裁判人）········120, 122, 139, 226, 301
judex a quo（原審裁判官）······234, 393, 417
judex delegatus（受任裁判人）··················301
judex deputatus（補助裁判官）··················8
judex ordinarius（正式裁判人）··················301

judicature act（裁判所法）··················426
judices（裁判官）··················125
judices ordinarii（通常裁判官）··················125
judices pedanei（補助裁判官）··················178
judices sacri（皇帝裁判官）··················125
judicium（審判手続，訴訟）··········123, 277
judicium Cascellianum sive secutorium（カスケルリアヌム訴訟）··················175
judicium legitimum（法定の訴訟）··········122
judicium, quod imperio continetur（命令権に基づく訴訟）··················122
juges de paix（治安判事）··················422
jura novit curia（「法は裁判所の知るところ」）··················376
juramentum calumuniae（不濫訴宣誓）···237, 273, 276, 312, 362, 387
juramentum judiciale（裁定宣誓）··········326
juramentum malitiae（誠実宣誓）··········312
juramentum necessarium（必要的宣誓）···216, 326
jurata（陪審員）··················426
jurata recognitionis（陪審認定）··················426
juratores synodi（宗教会議監事）··············25
jurisdictio（裁判権）········115, 116, 117, 167
jurisdictio voluntaria（非訟裁判権）··········116
juristenfakultäten（法科大学）··················363
Juristenrecht（法曹法）··················371
jus civile（市民法）··················286
jus edicendi（告示権）··················113, 117
jus extraordinarium（特別法）··················179
jus jurandum in litem（訴訟物評価の宣誓）··················213
jus jurandum necessarium（必要的宣誓）··················212
justitiarius curiae regis（宮廷裁判官）······19

欧文索引

K

Königsgericht（国王裁判所）……19
Kabinetsjustiz（密室裁判，官房裁判）……10, 353, 374
kaiserliches, geschriebenes Recht（皇帝の成文法）……371
kaiserlose Zeit（無帝時代）……28
Kalumunieneid（不濫訴宣誓）…237, 273, 312, 362, 387
Kammergerichtsordnung（帝室裁判所令）……354
Kanonischer Prozess（カノン訴訟）……262
kanonisches Recht（カノン法）……287
Kanonisten（カノン法学者）……287
Klage（訴え）……38, 46, 50, 208, 253, 256, 305, 376
Klageänderung（訴えの変更）……376
Klagengewere（起訴担保）……81, 93
Klagenhäufung（訴えの併合）……376
Klagspiegel（訴訟シュピーゲル）……351
Kollegialgericht（合議制裁判所）……375
Kommissar（管区長）……333
Kommunikativdekret（伝達命令）……377
Kondiktionen（返還請求の訴え）……148
konfirmatorischer Relevanzbescheid（確認判定）……394
Konkurs（破産）……66
Konkursforderungen（破産債権）……67
Konkursprivilegien（破産優先権）……67
Konsumierende Wirkung（消耗効）……165
Kontumazialerkenntniss（闕席審理）……434
Kurfürst（選帝侯）……20

L

Ladung（呼出し）……268, 305
Laienspiegel（俗人シュピーゲル）……351
Landesgesetzgebung（ラント立法）……361
Landesherr（領国主）……15, 25
Landeshoheit（領国主権）……25, 360, 370
Landesthing（人民集会）……8
Landfriede（マインツ平和令）……19
Landgericht（州裁判所）……26
Landvogt（州代官）……26
lateranensisches Concilium（ラテラン宗教会議）……53
Le Grant Coustumier de France（フランス大慣習法書）……413
Legaltheorie（法定証拠主義）……50
leges（制定法）……113
leges barbarorum（蛮民法典）……3, 264
leges judiciorum publicorum（刑事訴訟法）……187
legis actio（法律訴訟）……103, 113
legis actio per condictionem（通告式法律訴訟）……140
legis actio per manus injectionem（拿捕式法律訴訟）……140, 215
legis actio per pignoris capionem（差押式法律訴訟）……141, 215, 219
legis actio sacramento（神聖賭金式法律訴訟）……103, 131
Legisaktionenprozess（法律訴訟）…129, 142
Legisten（ローマ法学者）……287
Lehngerichtsbarkeit（封建裁判権）……23
Les Coutumes de Beauvoisis（ボーヴェジ地方慣習法書）……412
leviores causae（小事件）……14
lex Aebutia（アエブチア法）……114, 142
lex Aquilia（アクィリア法）……171
lex Calpurnia（カルプルニア法）……120, 140
lex Cincia（キンキア法）……199
lex Horatia（ホラチア法）……119
lex Hostilia（ホスティリア法）……195

lex Julia（ユリア法）......... *123, 142, 145, 221*
lex Licinia（リキニア法）..................... *115*
lex Pinaria（ピナリア法）............ *119, 137*
lex Poetelia（ポエテリア法）............ *140*
Lex Romana Visigothorum（西ゴートの
　ローマ法典）..................................... *264*
Lex Salica（サリカ法典）..................... *1, 3*
lex Silia（シリア法）........................... *120*
Lex Visigothorum（西ゴート法典）......... *264*
Libellprozess（書面訴訟）..................... *182*
libellus actionis（訴状）..................... *313*
libellus appellationis（上訴状）...... *234, 321*
libellus conventionis（起訴通知書）...... *278*
libellus conventionis（訴状）...... *182, 203, 206,
　225, 256*
libellus reconventionis（反訴状）......... *311*
libellus responsionis（答弁書）............ *275*
liber edictus（告示集）..................... *267*
liber Papiensis（パヴィア法書）............ *267*
Liquidationsverfahren（清算手続）......... *401*
litis contestatione actio consumitur（争点
　決定は訴権を消耗する）..................... *138*
litis denuntiatio（訴訟告知）...... *180, 202*
litiscontestatio generalis（一般的争点決定）
　... *359*
litiscontestatio specialis（特別争点決定）
　.................................. *359, 367, 369*
Litiskontestation（争点決定）...... *138, 163, 183,
　254, 276, 278, 287, 307, 379, 419*
litterae compulsoriales（必須記録）......... *394*
litterae dimissoriae（移審状）......... *234, 321*
litterae dimissoriales od. apostolos（控訴認
　否状）... *393*
Lokationsurteil; sententia collocatoria（等
　級判決）... *401*
Lombarda（ロムバルダ）..................... *267*

M

magister（管財人）........................... *220*
Magistrate（政務官）......................... *226*
magistri bonorum vendendorum（売却管財
　人）... *220*
maiores causae（大事件）..................... *14*
Mandatsprozess（命令訴訟）............ *407*
mandatum de manutenendo（奪取禁止命
　令）... *342*
Manifestationseid（開示宣誓）...... *223, 398*
mannitio（当事者召喚）............ *34, 35, 268*
manus njectio（拿捕）........................ *140*
Manutendenzdekret（引渡命令）............ *405*
Markending（マルク裁判集会）............ *351*
Markerdinge（辺地裁判所）..................... *23*
Markgraf（辺伯）............................... *17*
Markgrafschaft（辺州）........................ *17*
Meineid（偽誓）................................. *54*
ministére Public（検事局）............ *423*
Ministerialen（家臣）........................... *16*
missio（委付）................................. *248*
missio in bona（財産委付）...... *168, 219, 223,
　246*
missio in possessionem（占有委付）...... *168*
missio in rem（財物委付）..................... *169*
Mobiliarexerution（動産執行）............... *64*
motifs（判決理由）............................ *421*
mündliche Verhandlung（口頭弁論）...... *426,
　434*
Mündlichkeitsprinzip（口頭主義）...... *69, 225*

N

Nachklage（事後訴訟）..................... *406*
narratio proposita（請求原因事実の陳述）
　... *308*
naturrechtliche Schule（自然法学派）...... *372*

欧文索引

Nebenintervention（補助参加）............302
nexti cantichio（支払命令）.........42, 61, 83
Nichtigkeitsbeschwerde（判決無効の申立て）..................................342, 417
Niedergericht（下級裁判所）...............15
nobile officium judicis（裁判官の高貴な職務）...............................432, 433
Norddeutscher Bund（北ドイツ連邦）...440
Norddeutscher Entwurf（北ドイツ草案）..440
notarius curiae（宮廷裁判所書記）........20
notorische Tatsache（顕著な事実）...323, 381
Novellen（新勅法）........................282
Novitätenprozess（新占有訴訟）........412
Noxalklage（加害訴訟）..................250
Nullitäts-Querel（判決無効の申立て）...395

O

Oberacht（本追放）........................87
Oberhof（母市裁判所）..................394
Oberhofgericht（上級宮廷裁判所）......364
oblatio libelli（訴状の提出）.............307
Odofredus（オドフレードゥス）........275
Öffentlichkeit der Verhandlungen（弁論の公開）.....................................100
Offizialprüfung（職権調査）..............374
onus probandi（挙証責任）...............210
operis novi nuntiatio（新工停止告知）...189
opposition（異議）........................421
ordinatio judicii（訴訟整理）.............254
Ordination（整序）........................394
Ordnungsprinzip（順序主義）............374
ordo iudiciorum privatorum（民事通常訴訟手続）...................................176
ordonnace civile（民事訴訟王令）........417

P

pactum de ingredienda possessione（占有取得の合意）...........................340
pactum hypothecae（抵当権の合意）......340
Parteien（当事者）...............31, 192, 302
Parteianwalt（代訴人）...................413
Parteieid（当事者宣誓）....................54
Partefitähigkeit（当事者能力）............194
partikulares Recht（地方特別法）.........295
patroni causarum（代弁人）..............276
Paulus（パウルス）........................106
perem(p)torische Einrede（滅却的抗弁）..379
peroratio causae（事件の最終弁論）......255
Personalexekution（対人執行）...63, 217, 330
Personalhaft（拘留）......................398
Personalhaft（人的拘留）...................67
Pfändung（動産差押え）...................64
Pflicht der Einsprache（異議義務）........31
Pflicht des Offizialbetriebes（職権進行義務）..374
pignoris capio（差押え）............141, 219
Pillius（ピッリウス）.....................286
plaidoirie（口頭弁論）..............413, 415
Plaidoyer（弁述）........................318
Planck（プランク）..............5, 6, 44, 373
plus petitio（過多の請求）................250
plus quam semiplene probatio（半分より多い証明）..................................327
Poena confessi（自白罰）.................360
Pontifices（祭司）........................132
pontifices（神官）........................103
Popularklage（公共訴訟）................122
Position（訴点）.........................314
Positionalverfahren（訴点手続）....314, 367
Positionen（訴点決定）..................291

Possessorischer-oder Besitzprozess（占有訴訟）……404
possessorium ordinarium（通常占有訴訟）……404
possessorium summarium（略式占有訴訟）……341, 405
possessorium summarium oder summariissimum（即決占有訴訟）……405
postulatio（申立て）……193
postulatio actionis（訴訟申立て）……206, 243
Präklusionsprinzip（失権の原則）……92, 96, 257
Prälokut（先決命令）……376
Präsentaion（頭初出頭）……414, 418
praecepta executiva（支払命令）……407
praeceptum de solvendo（弁済命令）……338
praeco（執行吏）……254
praeiudicium（予備訴訟）……143, 154
praescriptio mendacii（不真実の異議）……181
praescriptio praejudicii（予備訴訟の前加文）……157
praescriptiones（方式書の前加文）……156
praesumtio facti（事実上の推定）……210
praesumtio iuris（法律上の推定）……210
praesumtio Muciana（ムキウスの推定）……210
praesumtiones（推定）……210, 326
praetor（法務官）……115
praetor peregrinus（外人係法務官）……117, 190
praetor urbanus（市民係法務官）……116, 190
Presser（加圧人）……397
Preußischer Entwurf（プロイセン草案）……440
prima-facie-Beweis（一応の証明）……83
Prinzip des Parteibetriebes（当事者追行の原則）……88
Prioritätsverfahren（優先手続）……401
privilegia de non appellando（不上訴特権）……20, 370
privilegia de non evocando（不移審特権）……20
probatio pro exoneranda conscientia（「良心を吐露する代わりに提出される証拠」）……389
processus ordinarius per libellos（書面による通常訴訟手続）……430
procurator（管理人）……197
procurator in rem suam（自己の計算における訴訟代理人）……185
Produkt（被顕出者）……383
Produktionsverfahren（顕出手続）……383
Produzent（顕出者）……383
Projekt des Codicis Friedericiani Marchici（マルク・フリードリヒ勅法の草案）……430
Projekt des Codicis Friedericiani Pomeranici（ポンメルン・フリードリヒ勅法の草案）……430
Prokuratur（管理人）……356
promissorischer Eid（約束宣誓）……24
Prozesshindernde Einrede（妨訴抗弁）……244, 257, 269, 380
Protokollanlage（調書添付書類）……352
provocatio（控訴）……279
Provokationsprozess（起訴催告訴訟）……404
Prozessbetrieb（訴訟追行）……34
Prozessbitte（訴訟請願）……376
Prozesseinreden（訴訟抗弁）……243, 414
Prozessfähigkeit（訴訟能力）……194
prozessleitende Tätigkeit（訴訟指揮行為）……79
Prozessleitungsrecht（訴訟指揮権）……374, 376, 428
Prozessmissbrauch（訴訟の濫用）……237, 312
Prozessrechtsverhältniss（訴訟法律関係）……88
Prozessrechtswissenschaft（訴訟法学）……368,

471

欧文索引

371

Prozessstrafen（訴訟罰）……………*81*
Prozessverhandlung（訴訟弁論）……*36, 203*
Prozessvoraussetzungen（訴訟要件）……*253*
Prozesswissenschsft（訴訟の学術）………*372*

Q

Quästionenprozess（査問訴訟）…………*187*
qui excipit non fatetur（「抗弁をする者は自白を行わない」）………*415*
quod non in actis non est in mundo（「記録にないものは世界にない」）…………*373*

R

rabats（故障申立て）………………*422*
Rachimburge（法発見者）…………*11*
rapporteur（報告裁判官）……………*420*
Rathgeber（助言人）…………………*319*
rationes juris（訴答書面）……………*413*
Realexekution（対物執行）……………*63*
Reception des römischen Rechts（ローマ法の継受）………*343*
Rechtskraft（既判力）………………*251*
Rechtsmittel（上訴）…………*231, 391*
Rechtsschule（法学校）………………*275*
reconventio（反訴）……………………*311*
recuperator（審理員）……………*119, 121*
recusatio suspecti（忌避）……………*192*
Referent（主任裁判官）………………*434*
regulär=unbestimmt summarische Prozesse（通常＝不定式略式訴訟）………*402*
rei vindicatio（所有物回収訴訟）………*204*
Reichsabschied（帝国最終決定）………*359*
Reichsdeputationsabschied（帝国代表者会議最終決定）………*361*
Reichsfiskus（帝国国庫）………………*355*
Reichsgericht（帝国裁判所）……………*354*

Reichshofgericht（宮廷裁判所）………*28, 87*
Reichshofrat（帝国宮廷顧問会議）…*353, 357*
Reichskammergericht（帝室裁判所）…*25, 261, 353, 357*
Reichslehn（封土）……………………*15*
Reichsministerialen（皇帝の直臣）………*26*
Reichsstädte（帝国直属都市）…………*28*
Reichsstände（帝国等族）………………*367*
Reichsverfassung（ライヒ憲法）………*439*
Reichsvisitationsdeputation（帝国査察代表者会議）………*354*
Reinigungseid（雪冤宣誓）…*40, 54, 273, 327*
relatio（事案報告）……………………*319*
Relation（事案報告）…………………*391*
relevatio arresti（仮差押えの免除）………*409*
Renaud（レナウド）……………………*373*
Rentenkauf（定期金売買）………………*67*
replicatio（再抗弁）……………………*160*
Replik（再抗弁）………………………*380*
Replik der Nichtigkeit des Judikats（判決無効の再抗弁）………*236*
requéte civil（民事再審の申立て）………*421*
Rerichs-erzkanzler（帝国尚書長官）……*394*
res spirituales（宗教事件）……………*288*
Reskriptsprozess（指令訴訟）……*181, 230*
Responieren（答弁）……………………*316*
restitutio in integrum（原状回復）…*169, 178, 232, 322, 396*
reus excipiendo fit actor（「被告が抗弁を提出するときは，彼が原告となる」）…*381*
reus promittendi（諾約被告）……………*194*
reus stipulandi（要約被告）……………*194*
Revision（再考案の申立て）…………*391, 394*
revocatio in duplum（倍額の取消し）……*236*
Rezeption des Prozesses（訴訟の継受）…*344*
Richtsteig Landrechts（ラント法訴訟法書）………*4, 32, 37, 346, 412*

Richtsteig Lehnrechts（レーエン法訴訟法書）……………4
rôle（事件簿）……………419
römisches Recht（ローマ法）……………261
Rügegericht（公訴裁判所）……………89
romanisch=kanonischer Prozess（ローマ＝カノン系訴訟）……………296
romanisches Recht（ローマ系の法）……261
Rubrum（赤欄）……………375, 391

S

Sacebarones（サケバローネ）……………11
Sachlegitimation（事件適格）……………376
Sachsenspiegel（ザクセンシュピーゲル）…3, 32, 34, 53, 64, 76, 78, 365
Sachverständige（鑑定人）……………215, 384
Sachverständigenbeweis（鑑定証拠）……324
sacramentum（神聖賭金）……………132
Salgado de Samoza（サルガド・デ・サモーザ）……………400
Salvationsschrift（防御書面）……………383
Savigny（サヴィニー）……………434
scabinus（参審員）……………268
Schöffen（参審員）……………3, 75, 271
Schöffen（審判人）……………345, 351, 360, 362
Schiedsrichter（仲裁裁判人）……………349
Schlüssigkeit（訴えの有理性）………375, 434
Schriftenwechsel（書面交換）……………375
Schriftformel（方式書）……………145
schriftlicher Prozess（書面訴訟）……………351
Schriftlichkeit（書面主義）……300, 316, 352, 373, 428, 437
Schuldbekenntniss（債務承認）……………63
Schuldenmasse（債務財団）……………401
Schuldhaft（債務拘禁）……………218
Schuldhaft（債務拘留）……………330, 399
Schuldheiß（シュルトハイス）……13, 18, 24, 352
Schuldheischung（債務支払命令）…………99
Schuldknechtschaft（債務奴隷）…61, 65, 271
Schwabenspiegel（シュヴァーベンシュピーゲル）……………4
Schwurgericht（参審裁判所）……………59
scripta tibi tanturm facta（自己専用文書）……………325
Selbstpfändungsrecht（自力差押権）…68, 272, 337
semiplene probatio（半分の証明）………327
Sendboten, Königsboten, missi dominici（巡察使）……………21, 58
Sendgericht（宗教会議裁判所）……………25
sentences définitives（終局判決）………420
sentences interlocutoires（中間判決）……420
sententia（判決）……………228, 319
sententia definitiva（終局判決）……………319
sententia graduationis（順位判決）………400
sententia iniqua（不当判決）……………343
sententia interlocutoria（中間判決）……311, 315, 319
sententia judicis（裁判人の判決）………229
sententia nulla（無効な判決）………320, 342
sententia paritoria（服従判決）……………408
sequestration（裁判上の保管）……………341
Sicherungsarrest（保全仮差押え）……………331
Sicherungseid（確言宣誓）……………81
Sitzungspolizei（法廷警察）……………100
Sohm（ゾーム）……………5, 6, 107
solennis ordo（通常手続）……………318
solennis ordo judiciorum（通常訴訟手続）……………335
Solennitätszeuge（厳正証人）……………304
Solennitätszeugen（儀式証人）……………214
Somme rural（田舎約書）……………412
Speculum abbreviatu（簡約鑑）………350

欧文索引

Speculum judiciale（裁判鑑）……………292
Spezialexekution（特定執行）……………217
sponsio（誓約）………………………………174
Spurfolge, vestigii minatio（盗人追跡）……40, 50
Stadtgerichte（都市裁判所）………………18
Stadtrath（都市参事会）……………………27
status causae et controversiae（事実争点書）………………………………432
Statutarrecht（条例法）…………295, 296, 331
Stellvertreter（代理人）……………………195
stipulationes cautionales（担保の問答契約）………………………………171
stipulationes praetoriae（法務官の問答契約）………………………………116, 171
Streitverhandlung（争訟弁論）………312, 314
Streitverkündung（訴訟告知）……………302
Stylus Curiae Parlamenti（最高法院手続方例集）………………………………412
Suarez（スワレツ）…………………………430
Subhastation（土地公競売）………………398
Substanzialtermine（実質期日）…………318
Sühnegeld（贖罪金）…………………………61
Sühneversuch（和解の勧試）………………24
Summa de varietate actionum（各種アクチオ概要）………………………………283
summa gravaminis（不服額）…………392, 394
Summa Quicunque vult（要求者便覧）…283
summa revisibilis（再考案申立不服額）…394
summaria cognitio（略式審理）……………402
summarischer Prozess（略式訴訟）………331
summarisches Verfahren（略式手続）……332, 402
supplication（嘆願）…………………………321
Supplikation（嘆願）…………………………322
Synode（宗教会議）……………………………25

T

Tabularius（書士）……………………………276
Tacitus（タキツス）……………………………7
Tancredus（タンクレードゥス）……290, 296, 323, 412
Tatbestand（要件事実）……………………314
Tatumstände（事実状態）……………………51
tenor sententiae（判決主文）………………391
terrae juris consuetudinarii（慣習法地域）………………………………410
terrae juris scripti（成文法地域）…………410
Territorialprozess（領域訴訟）……………295
Territorialrecht（領域法）……………294, 331
testes et documenta productione fiunt communia（「顕出された証人および文書は共通となる」）……………………383
thing（民会）……………………………………11
thunginus（トゥンギヌス）……………………11
translatio judicii（方式書変更）……………163
tribunal de renvoi（差戻審裁判所）………423
tribunaux civils d'arrondissement（郡裁判所）………………………………422
tribunaux de commerce（商事裁判所）…422

U

ubi lis coepta est, ibi finiri debet（「訴訟が始められた所で，それは完結されるべきである」）……………………………377
Ulpianus（ウルピアヌス）…106, 159, 171, 172
Ulrich Tenngler（ウルリッヒ・テングラー）………………………………351
Unschuldseid（無責宣誓）……………………53, 54
Untersuchungsmaxime（職権探知主義）………………………………431, 433
Urkundenbeweis（書証）………214, 325, 385
Urkundenschelte（文書非難）………………60

Urkundsperson（書記）··············58
Urkundszeuge（証書証人）············57
Urteil, sententia（判決）···73, 74, 228, 231, 319, 390
Urteiler（判決人）···············9, 12, 42
Urteilserfüllungsgelöbniss（判決履行の誓約）
　　　　　　　···········35, 60, 73, 87, 271
Urteilsfinder（判決発見人）············9, 13
Urteilsschelte（判決非難）···16, 31, 77, 78, 416
Urteilsbücher（判決簿）··············20
Urteilsvorschlag（判決提案）············9
usage（慣例）·····················411

V

v. Bar（フォン・バール）············6, 44
vadimonium（出頭保証契約）···········202
Vasallen（家臣）···················23
Vehmgericht（刑事裁判所）············89
veme（フェーメ）··················26
Verbot der Kabinetsjustiz（官房裁判の禁止）
　　　　　　　·····················374
Verhandlungsprinzip od. -maxime（弁論主義）
　　　　　·········84, 89, 242, 374, 422, 434, 435
Vermögensmanifestation（財産開示）······329
Verordnung über das Verfahren in Civilprozessen（民事訴訟における手続についての条令）···········434
Versäumnißverfahren（欠席手続）···248, 278
verschwiegen（沈黙による権利の喪失）···92
Versprechen zu Hand und Halfter（手と手綱の約束）·····················399
Versprechens-《promissorischer》Eid（約束（約言）宣誓）··················58
veuta（検分）····················416
veuta（事前の検分）················415
vicecomes（シェリフ）··············426
vindex（保証人）··················196

vindicias dicere（仮占有の付与）·········136
Vindikanten（取戻権者）·············401
violentae praesumtiones（強制的推定）···323
vocatio in jus（法廷呼出し）············253
Vogt（代官）·····················15
Volksrichter（民間裁判人）·······268, 349
Volleid（完全宣誓）················56
Vollstreckungsbefehl（執行命令）········328
Voreid（先行宣誓）·················80
Vorsprecher, Fürsprech（代弁人）········33

W

wadia（立証確約）·················272
Wasserurteil（水判）················49
Westphälischer Friede（ヴェストファーレン和約）···············357, 407
Wetzell（ヴェッツエル）·············373
Widerklage（反訴）·············50, 379
wilder Wolf《wargus》（荒れ狼）········61
writ, breve（令状）················426

Z

Zahlungsgebot（支払命令）···········337
Zeuge（証人）················56, 214
Zeugenbeweis（証人証拠）·····273, 324, 383
Zeugenrotulus（証人要録）···········384
Zivilprozessordnung（ドイツ民事訴訟法）
　　　　　　　·····················441
Zuge an den Geweren（前占有者への順送り）·······················415
Zuständigkeit（管轄権）·············190
zwölftafelgesetz（十二表法）······103, 121, 129
Zwangsvergleich（強制和議）··········67
Zwangsvollstreckung（強制執行）······60, 62, 215, 271, 328, 396
Zweikampf（決闘）·············54, 270

〈著者紹介〉
Arthur Engelman（エンゲルマン）

〈編訳者紹介〉
小野木　常（おのぎ　つね）　　　　元大阪大学教授（平成3年2月逝去）
中野貞一郎（なかの　ていいちろう）　大阪大学名誉教授・日本学士院会員

　　（共訳者・現職）
　栗田　　隆（くりた　たかし）　　関西大学教授
　角森　正雄（かくもり　まさお）　神戸学院大学教授
　角田　猛之（つのだ　たけし）　　関西大学教授
　内山　衛次（うちやま　えいじ）　関西学院大学教授
　酒井　　一（さかい　はじめ）　　立命館大学教授
　渡邉　惺之（わたなべ　さとし）　立命館大学教授
　三成　賢次（みつなり　けんじ）　大阪大学教授

A.エンゲルマン　民事訴訟法概史

2007（平成19）年5月28日　第1版第1刷発行
3251-01010：P472, S070, Y15000E：A5上変151*213

　　　　著　者　　A.エンゲルマン
　　　　訳　者　　小野木　　常
　　　　　　　　　中野貞一郎
　　　　発行者　　今　井　　貴
　　　　発行所　　株式会社信山社
〒113-0033 東京都文京区本郷6-2-9-102
　　　　　　　　Tel 03-3818-1019
　　　　　　　　Fax 03-3818-0344
出版契約No. 2007-3251-6　henshu@shinzansha.co.jp

©訳者 2007　印刷・製本／松澤印刷・大三製本
ISBN978-4-7972-3251-6 C3332　分類327.192 a001
3251-0101-012-060-010

―――― 既刊・新刊 ――――

塙　浩著作集

1　ランゴバルド部族法典
2　ボマノワール「ボヴェジ慣習法書」
3　ゲヴェーレの理念と現実
4　フランス・ドイツ刑事法史
5　フランス中世領主領序論
6　フランス民事訴訟法史
7　ヨーロッパ商法史
8　アユルツ「古典期ローマ私法」
9　西洋諸国法史（上）
10　西洋諸国法史（下）
11　西欧における法認識の歴史
12　カースト他「ラテンアメリカ法史」
　　クルソン「イスラム法史」
13　シャヴァヌ「フランス近代公法史」
14　フランス憲法関係史料選
15　フランス債務法史
16　ビザンツ法史断片
17　続・ヨーロッパ商法史
18　続・フランス民事手続法史
19　フランス刑事法史
20　ヨーロッパ私法史
21　索　引（未刊）

―――― 信 山 社 ――――